GERD-KLAUS KALTENBRUNNER · EUROPA I

GERD-KLAUS KALTENBRUNNER

EUROPA

Seine geistigen Quellen in Porträts aus zwei Jahrtausenden

Band I

regio · Glock und Lutz

CIP-Kurztitelaufnahme der Deutschen Bibliothek

Kaltenbrunner, Gerd-Klaus
Europa: seine geistigen Quellen in Portr. aus zwei Jahrtausenden / Gerd-Klaus Kaltenbrunner. – Sigmaringendorf: regio, Glock und Lutz
1. Auflage im Verlag Glock und Lutz Heroldsberg bei Nürnberg

Band 1 — 2. Auflage – 1987
ISBN 3-8235-6105-7

63

Zweite Auflage 1987

Gesamtherstellung: Hohenloher Druck- und Verlagshaus, Gerabronn
Printed in West-Germany · ISBN 3-8235-6105-7

Inhalt des Ersten Bandes

Diese Blätter widme ich dem Andenken von
Diana C. Wyssdom (1933 – 1972),
in der mir europäische Schönheit, Noblesse und Bildung
unvergeßlich erschienen sind.
Ihrer Freundschaft verdanke ich das Glück,
daß ich meinen Weg gefunden habe.

Gerd-Klaus Kaltenbrunner

Vorwort zur ersten Auflage

Im Laufe der Jahre habe ich Aufsätze über die verschiedensten Gestalten der europäischen Geistesgeschichte geschrieben: Versuche über Philosophen, Dichter, Heilige, Mystiker und politische Denker, auch über in keinem Schubfach so recht unterzubringende Außenseiter und Sonderlinge. Manche dieser Beiträge sind in Zeitungen oder Zeitschriften veröffentlicht worden, vielfach zu irgendwelchen Gedenktagen. Doch ich hätte die meisten der Arbeiten auch ohne solche Anlässe geschrieben. Die verschiedenen Jubiläen dienten mir überwiegend nur als willkommene Vorwände, um gewisse Spuren zu verfolgen, entlegene Winkel der Überlieferung aufzusuchen, dieses oder jenes Gerücht auf seinen Wahrheitsgehalt zu prüfen. Dabei reizten mich neben manchen Großen, zu denen ich immer wieder zurückkehre, auch oft wenig bekannte Einzelgänger, Käuze und Sonderlinge. Man kann, wie Grillparzer einmal gesagt hat, die Berühmten nicht verstehen, wenn man die Obskuren nicht durchgefühlt hat. Gut entsinne ich mich noch der Wochen und Monate, als ich Mitte der sechziger Jahre in München den Theosophen Franz von Baader entdeckte, der in neueren philosophiegeschichtlichen Darstellungen oft nicht einmal mit einem Satz gewürdigt wird. Ich habe mich damals durch intensive Lektüre in einem solchen Ausmaß in seine Welt hineinversetzt, daß ich eine Zeitlang ganz in ihr lebte, auch die alltäglichsten Dinge und Begebenheiten mit seinen Augen, im Widerschein seiner Erleuchtungen wahrnahm. Ähnlich erging es mir mit dem Gnostiker Mani, dessen Lehre von den im Dunkel dieser Welt ihrer Erlösung entgegenharrenden Lichtfunken mir die in den Auen bei Fürstenfeldbruck nächtlich umherschwebenden Glühwürmchen anmutig veranschaulichten.
Wenn ich mich auf diese Weise in Leben und Denken mancher längst abgeschiedener Gestalten vertiefte, wußte ich manchmal kaum zu sagen, ob ich mir Unbekanntes, Fremdes und oft Erstaunliches erschloß, um durch solche Aneignung mich am Ende selbst besser verstehen und mitteilen zu können, oder

ob ein Gewesener sich meiner bemächtigte, mich als Bühne, Organ und Medium gebrauchte, um sich vorübergehend zu vergegenwärtigen. Die Gesetze, die bestimmen, was aus der ungeheuren Welt der einmal formulierten Einsichten und Ideen jeweils von einem einzelnen ausgewählt, aufgenommen und weitergedacht wird, sind nach wie vor weitgehend in Dunkel gehüllt. Es ist verlokkend, eine Biologie und Ökologie des Geistes zumindest hypothetisch zu entwerfen. Vielleicht kann man Ideen als eine besondere Art von Lebewesen betrachten, die, wie die Viren, in bestimmten organischen Umwelten sich festsetzen und vermehren, und dieses Milieu wäre das menschliche Bewußtsein. Die Viren sind allerdings Schmarotzer, während die Beziehungen zwischen den Ideen und den sie aufnehmenden Gehirnen eher als symbiotisch, weil im günstigen Fall beide Partner fördernd, anzusprechen wären.

Wer sich durch Jahrzehnte immer wieder in fremde, entfernte, teilweise sehr abgelegene Menschen und geistige Hervorbringungen hineinversetzt, was nur möglich ist, wenn man den eigenen Selbstbehauptungswillen zumindest vorübergehend in der Schwebe läßt, der steht eines Tages unvermeidlich vor der Frage: Wer bist du selbst, wo stehst du, was ist denn nun deine eigene Meinung? Gegenüber jugendlicher Originalitätssucht ist freilich allemal an Mephistos Wort zu dem Baccalaureus zu erinnern: »Wer kann was Dummes, wer was Kluges denken, das nicht die Vorwelt schon gedacht!« – eine Einsicht, die Goethe nicht nur im »Faust«, sondern auch an zahlreichen anderen Stellen ausgesprochen hat. Was mich zutiefst bewegte und trieb, war wohl eine eigentümliche Lust am Suchen, Finden und Lesen, eine Freude an geistesgeschichtlichen Entdeckungsfahrten, die sich von der Fülle der Ansätze, Meinungen und Denkformen nicht verwirren läßt, sie vielmehr als Ausdruck eines überfließenden Reichtums versteht. Seitdem ich mir meiner Neigung zu philosophischem Nachdenken bewußt bin, lasse ich mich von der Vermutung leiten, daß irgendwie, irgendwann, irgendwo jeder Geist recht hat. In allem, was je gedacht, gesagt und geschrieben worden ist, liegen Wahrheiten, die aufgehoben zu werden verdienen. Es gibt eine *recherche collective de la vérité,* von der niemand von vornherein ausgeschlossen ist. Das Problem liegt nur darin, jeweils die Ebene angeben zu können, auf der eine noch so unwahrscheinliche oder auf den ersten Blick geradezu verkehrte Aussage durchaus gültig wäre. Goethe hatte es im Blick, als er am 6. Januar 1813 an Jacobi schrieb: »Die himmlischen und irdischen Dinge sind ein so weites Reich, daß die Organe aller Wesen zusammen es nur erfassen mögen.« Unmittelbar vor diesen Worten stehen in dem Brief die Sätze: »Ich für mich kann, bei den mannigfaltigen Richtungen meines Wesens, nicht an einer Denkweise genug haben; als Dichter und Künstler bin ich Polytheist, Pantheist hingegen als Naturforscher, und eines so entschieden wie das andere. Bedarf ich eines Gottes für meine Persönlichkeit, als sittlicher Mensch, so ist dafür schon gesorgt.«

Nur einen eigenen Kopf zu haben, genügt nicht. Wir bedürfen des hilfreichen Umgangs mit den Geistern der Vergangenheit, wir können nur um den Preis selbstverschuldeter Borniertheit auf das verzichten, was uns an Denkweisen, Einsichten und Geistesrichtungen überliefert ist. Und so antwortet in diesem Band bald ein Aufklärer dem Romantiker, bald ein Seher dem Zweifler, ein Konservativer dem Revolutionär, ein Anarchist dem Hierarchisten. Epikur,

Jakob Böhme und Ludwig Feuerbach, Hildegard von Bingen, Torquato Tasso und Voltaire, Hobbes, Dostojewski und Josef Weinheber gehören zu der Geisterschar, die hier versammelt ist. Niemand ist ausgeschlossen, jeder von ihnen verkörpert eine Facette jenes noch immer unverbrauchten Reichtums an Intelligenz, Energie und Schöpfertum, den wir »Europa« nennen dürfen. Europäisch ist ja, nach einem wunderbaren Wort von Jacob Burckhardt, »das Sichaussprechen *aller* Kräfte, in Denkmal, Bild und Wort, Institution und Partei, bis zum Individuum, – das Durchleben des Geistigen nach *allen* Seiten und Richtungen, – das Streben des Geistes, von *Allem,* was in ihm ist, *Kunde* zu hinterlassen, sich nicht an Weltmonarchien und Theokratien, wie der Orient, lautlos hinzugeben. Von einem hohen und fernen Standpunkt ... klingen Glocken zusammen schön, ob sie in der Nähe disharmonieren oder nicht: *Discordia concors.*«

Burg-Kirchzarten, 23. Juli 1980 *Gerd-Klaus Kaltenbrunner*

EPIKUR

Für Manfred Schlapp

Der aus Samos gebürtige Weisheitslehrer Epikur, der etwa von 341 bis 271 vor unserer Zeitrechnung gelebt hat, nimmt in den meisten Philosophiegeschichten keinen besonders rühmlichen Platz ein. Er gilt als Epigone Demokrits, des Begründers der Lehre von den Atomen, und als Prediger oberflächlichen Lebensgenusses. Platoniker, Christen, Puritaner und überhaupt alle Idealisten ließen im Laufe der Jahrhunderte kein gutes Haar an ihm. Theologen und Moralisten bekämpften ihn als Leugner der Unsterblichkeit der Seele sowie eines absoluten Sittengesetzes. Bekannt ist das Wort von den Schweinen aus dem Garten Epikurs. Hegel stand ihm mit einer Abneigung gegenüber, die nur noch durch seine Verständnislosigkeit übertroffen wurde, obwohl er nicht umhin konnte, der epikureischen Atomistik das Verdienst zuzubilligen, »daß sie sich dem Aberglauben der Griechen und Römer entgegengesetzt und die Menschen darüber erhoben hat«. Wilamowitz, der bedeutende Altphilologe, sprach Epikur den Ehrentitel eines Philosophen ab, und ein anderer Kritiker meinte, der Epikureismus sei eine bequeme, philiströse und seichte Weltanschauung.

Es ist wahr, daß Epikur die Lust, die *hedoné*, für das höchste Gut erklärte und eine Ethik heiterer Diesseitigkeit begründete. Sein Ideal war weder der Held noch der Heilige, sondern der sich selbst genügende, von Furcht und Hoffnung nicht behelligte, die Verstrickungen der großen Politik wie religiösen Eiferertums meidende Weise. »Die Krone der Seelenruhe ist unvergleichlich wertvoller als hohe Führerstellungen«, lautet einer seiner Aussprüche und ein anderer: »Man kann sogar mit Zeus wetteifern, wenn man Gerstenbrot und Wasser hat.« Mehr als zweitausend Jahre später sagte Emerson ganz ähnlich: »Die Lebensführung des Dichters sollte so einfach sein, daß die allergewöhnlichsten Dinge ihn bewegen können; seine Freudigkeit müßte wie eine Frucht einem bloßen Sonnenstrahl entwachsen; die bloße Luft müßte die Kraft haben, ihn zu begeistern; Wasser müßte genügen, um ihn trunken zu machen.« Der Amerikaner Emerson war allerdings vorsichtig genug, eine solche Haltung nur dem Dichter abzuverlangen, während Epikur sie dem Philosophen, ja recht eigentlich jedem vernünftigen Menschen zumutete. Daß dieser angeblich so platte Materialist immer wieder auch Dichter und Schriftsteller von Rang angezogen hat, sei hier nur kurz erwähnt; am Schluß sollen einige Namen genannt werden. Epikur war also das, was man einen Hedonisten nennt, und das ist ein Typus, der zwar immer wieder in der Literatur- und Sittengeschichte, kaum jedoch in der Philosophie anzutreffen ist. Man kann sich gut vorstellen, wie Idealisten aller Fakultäten sich bekreuzigen, wenn der griechische Denker geradeheraus erklärt, er verstehe nicht, welchen Sinn der abstrakte Begriff »das Gute«, die Idee des Guten an sich, haben könnte, wenn man die Lust des Gaumens, die Entzückungen der Liebe, den Genuß der Musik und die Freude beim Anblick schöner Gestalten ausschließe. Epikur spricht auch von den »schönen, sanften und wohltuenden Erregungen des Fleisches«, die, ohne daß es dazu der Empfehlungen eines Lehrmeisters bedürfe, von selbst einladend sind. Seelische und intellektuelle Freuden hängen mit unserem leiblichen Befinden zusammen, haben eine physiologische Grundlage. Im Anschluß an Demokrit führt Epikur die gesamte Welt auf das freie Spiel kleinster Elementarteilchen, eben der Atome, zurück, die sich im leeren Raum zusammenballen und wieder auflösen. Auf den ersten Blick mag eine solche Lehre, verglichen mit der Ideenmetaphysik Platons oder der spekulativen Mystik Plotins, überaus prosaisch erscheinen. Doch hier gilt es festzuhalten, daß für Epikur Naturerkenntnis nicht Selbstzweck ist, auch nicht Mittel zu technischer Verfügung über eine total verdinglichte, als bloßes Material aufgefaßte Welt, sondern vor allem die Grundlage eines von Vorurteilen und Illusionen freien, sich selbst bejahenden Daseins. Es gilt, wie Montaigne einmal ganz im Geiste Epikurs gesagt hat, »sanft die Gesetze unseres Menschseins zu ertragen«, und eben dazu verhilft uns nüchterne Naturerkenntnis.

Dieser diesseitsbejahende, am sinnfällig gegebenen Dasein sich erfreuende Materialist war jedoch – wir staunen wie vor nie Gehörtem! – kein Leugner der Götter. Um von ihnen zu erfahren, so lehrt Epikur, bedarf es keiner Theologen und Propheten. Wir wissen von den Göttern durch unmittelbare Wahrnehmung; sie erscheinen uns in Träumen wie in Augenblicken entzückten Daseins. Sie sind ewige Lichtgestalten; in schicksalloser Seligkeit leben sie in den Intermundien, den leeren Zwischenräumen zwischen den unendlich vielen Welten, unbekümmert um den Lauf des Universums, das sie nicht geschaffen haben, in das sie auch niemals eingreifen. Die epikureischen Gottheiten sind *dii otiosi,* müßig-entrückte Himmelswesen, deren Leiber sich von denen der Menschen dadurch unterscheiden, daß sie aus überaus feinen Atomen bestehen. Sie sind weder durch Opfer noch durch Gebete zu beeinflussen. Daher ist auch Furcht vor ihnen völlig unbegründet; sie können und wollen so wenig strafen wie belohnen. Hölderlin hat in Hyperions Schicksalslied diese ätherischen Gestalten sehnsüchtig beschworen. Von dem in seiner Doktorarbeit

(1841) Demokrit und Epikur behandelnden Karl Marx stammt die treffende Bemerkung: »Und doch sind diese Götter nicht Fiktionen des Epikur. Sie haben existiert. Es sind die plastischen Götter der griechischen Kunst.« Epikurs Religion ist, anders als die biblisch-christliche, keine ethische, sondern eine ästhetische. Der Christ mag, von seinem Standpunkt aus mit Recht, den Einwand erheben, daß die Götter Epikurs, die die Welt weder erschaffen noch lenken noch erlösen, schlimmer seien als gar keine. Dennoch ist Walter F. Otto zuzustimmen, der den ursprünglichen Epikureismus »eine der großartigsten Erscheinungen im ganzen Umkreis der Religionen« nennt. Nur handelt es sich um eine elitäre, den schönen Schein anbetende Ästheten-, ja Artistenreligion. Den wenigen, die mit einer solchen Haltung zu leben vermögen, genügt die beglückende, durch die Schöpfungen klassischer Kunst verbürgte Gewißheit, daß die Götter *sind,* unbefleckt von menschlichen, allzumenschlichen Sehnsüchten, Hoffnungen und Ängsten. Epikureische Frömmigkeit ist deshalb auch kein »Glaube«. Sie vertraut nicht auf Gottes Erbarmen, Fürsorge und Wundertaten. Sie findet ihre Erfüllung im freien Ausblick, der das Göttliche als Göttliches rein wahrnimmt. Epikurs Götter sind leuchtende Verkörperungen schönen Lebens; der sie als ästhetisches Ereignis anschauende Mensch wird ihnen ähnlich durch Heiterkeit, Gelassenheit und Weisheit. Sie bewegen die Welt ohne Handeln, so wie ein geliebtes Wesen das liebende bewegt – einfach durch die Gnade seines Daseins. So sah und verehrte der Lebenskünster Epikur die Welt des Göttlichen. Mit Recht lesen wir, daß bei diesem angeblichen Atheisten »Religiosität gleichsam ein angeborenes Gefühl gewesen sein muß«. Nie habe er Zeus größer gesehen, als da Epikur zu seinen Füßen lag, rief Diokles, ein antiker Zeitgenosse des Philosophen, aus. Sein vielgeschmähter Materialismus erweist sich als eine von Aberglauben und Magie befreite Weise helleren, uneigennützigen Frommseins.

Wer so dachte, kann denn auch nicht ein so seichter Ethiker gewesen sein, wie Epikur meistens nachgesagt wird. Gewiß: Er lehrte, daß alle Lust sinnlich ist. Doch er fügte dieser Einsicht die weitere hinzu, daß alle Lust sich erst im Geiste vollende. Der vulgäre Hedonismus hascht nach dem bloß Sensationellen, nach heftigen Erregungen und Reizen. Epikur hingegen strebt nach der göttlichen Freude, die in der gewaltlosen, nicht asketisch verstandenen Befreiung von den Leidenschaften, von Furcht, Zorn, Hoffnung und Gier liegt. Daß er selbst diesen Zustand nicht nur gepriesen, sondern auch erreicht hat, beweisen seine letzten Briefe und das Zeugnis seiner nächsten Freunde. Die leichtlebenden Olympier Homers waren ihm so evident wie das Licht eines spätsommerlichen Nachmittags auf windstiller See: »Wie man von Meeresstille spricht, wenn nicht einmal der schwächste Lufthauch die Flut bewegt, so spiegelklar und befriedet liegt die Seele da, wenn keine Wirrnis mehr da ist, durch die sie beunruhigt werden könnte.«

Epikur starb im Jahre 271 vor Christus. Ist er wirklich gestorben? Gehaßt von Kirchenmännern, Platonikern und Moralisten, hat er dennoch immer wieder Freunde, Verehrer und Nachfolger gefunden. Dichter wie *Horaz* und *Vergil* fühlten sich zu Epikur hingezogen. »Der ist Herr seiner selbst und heiter, der täglich sich sagen darf: Ich habe gelebt«, dieses Horaz-Wort war *Montaigne* besonders lieb. Montaigne, der es mehrmals zitiert, spricht einmal mit Sympathie von den »süßen Früchten der bequemen Gärten Epikurs«. Er bekannte sich zur Weisheit maßvollen Genusses, die weiß, was sich lohnt und was nicht: »Es ist eine höchste und fast göttliche Vollendung, wenn man seines eigenen Wesens auf anständige Weise *(loyallement)* froh zu sein vermag.« Montaigne war mit der Lehre Epikurs nicht nur aus dem zehnten Buch der philosophiegeschichtlichen Darstellung des spätantiken Schriftstellers Diogenes Laërtios vertraut, sondern vor allem auch durch die Lektüre des großen Lehrgedichts »De rerum natura«. Als einziger unter allen Denkern der Antike hat Epikur einen überragenden Dichter, nämlich den Römer *Lukrez,* zu einem gewaltigen Werk inspiriert, zu dem sechs Bücher umfassenden philosophischen Epos über die Natur der Dinge, das mit einer hymnischen Anrufung der lebensspendenden Liebesgöttin Venus beginnt und mit dem Bericht über die Pest zu Athen schließt. Lukrez' Lehrgedicht, das in vier Proömien Epikur als Menschheitsbefreier feiert, hat mehr als irgend etwas anderes dazu beigetragen, daß sich seit Humanismus und Renaissance wieder Freunde und Nachfolger um den Philosophen aus Samos geschart haben. Neben dem bereits erwähnten Montaigne sei *Erasmus von Rotterdam* genannt, der die epikureische Haltung kultivierter Hingabe an die Freuden des Lebens mit der christlichen Idee der ewigen Seligkeit zu versöhnen suchte. Auch *Spinoza* bewunderte Epikur, und in seiner »Ethik« finden sich zahlreiche Sätze, die Gedanken des hellenistischen Lehr- und Lebensmeisters aufgreifen und vertiefen: »Der freie Mensch denkt an nichts weniger als an den Tod; und seine Weisheit ist nicht ein Nachsinnen über den Tod, sondern ein Nachsinnen über das Leben« (Teil 4, Lehrsatz 67) oder: »Glückseligkeit ist nicht der Lohn der Tugend, sondern die Tugend selbst« (Teil 5, Lehrsatz 42). *Goethe* hat auf seine Weise, zum Teil unter dem unmittelbaren Einfluß Spinozas, die epikureische Tradition kraftvoll erneuert; man lese einmal im Hinblick darauf »Wilhelm Meister«, »Maximen und Reflexionen«, seine Gespräche und Briefe. *Schopenhauers* Aphorismen zur Lebensweisheit verdanken Epikur weit mehr als Buddha und Kant, die er sonst als seine Laren und Penaten hochhielt. *Nietzsche* empfand den griechischen Philosophen gleichsam als den Nachsommer der klassischen Antike, als »das Glück des Auges, vor dem das Meer des Daseins stille geworden ist«. Er feierte Epikur als den »Erfinder einer heroisch-idyllischen Art zu philosophieren«. An anderer Stelle spricht er vom »ewigen Epikur« als einer bleibenden Möglichkeit humaner Selbstfindung, Selbstbestimmung und Selbstbegrenzung: »Epikur hat zu allen Zeiten gelebt und lebt noch, unbekannt denen, welche sich Epikureer nannten und nennen, und ohne Ruf bei den Philosophen.« In »Menschliches, Allzumenschliches« steht ein großartiger Aphorismus, »Hadesfahrt«, wo Nietzsche Epikur an erster Stelle in der Reihe jener acht Männer nennt, zu denen er aufblickt: »Was ich auch nur sage, beschließe, für mich und andere ausdenke: auf jene acht hefte ich die Augen und sehe die ihrigen auf mich geheftet.« Ähnlich wie Nietzsche erging es auch dem 1958 verstorbenen Tübinger Philosophen und Altertumswissenschaftler *Walter F. Otto,* wie dessen postum erschienenes kleines, aber schönes Buch über Epikur bezeugt.

Die Verächter des antiken Lebensphilosophen haben es sich mit ihren abschätzigen Urteilen zu leicht gemacht. Mag sein, daß Epikur kein Philosoph für alle Jahreszeiten und Lebenslagen ist. Was mich betrifft, so lese ich ihn am liebsten an manchen fast wolkenlosen Nachmittagen zwischen Spätsommer und Frühherbst und finde mehr Trost und sogar mehr Hoffnung bei ihm als bei gewissen Apokalyptikern, die eine totale Erlösung zu verheißen wagen. Mir sagt Epikur auch deshalb zu, weil er ein Denker ist, der noch niemals Fanatiker, Folterknechte und Demagogen angesprochen oder gar begeistert hat.

(1976–1978)

MARK AUREL

Obwohl der Stoizismus aus Griechenland, genauer: von der Insel Zypern, stammt, dem Geburtsort des Philosophen Zenon, erlangte diese philosophische Richtung erst in Rom, vor allem zur Zeit der Kaiser, ihre volle Blüte. Der Stoizismus war gleichsam die Religion der Gebildeten im römischen Weltreich. Bereits Cicero und Horaz sind von stoischen Gedanken beeinflußt. Dazu gehört der Grundsatz, in »Übereinstimmung mit der Natur« zu leben, die Vision einer den Kosmos durchwaltenden Weltseele und die Lehre, daß das wahre Glück auf der Beherrschung der blinden Leidenschaften, der Gleichgültigkeit gegenüber Furcht und Hoffnung, der gelassenen Ruhe auch angesichts ärgster Niederlagen gegründet sei.

In welchem Maße diese Ethik die verschiedensten Menschen anzusprechen vermochte, wie wenig sie die Ideologie einer bestimmten Klasse war, beweist schon ein Blick auf die drei größten Stoiker der römischen Antike. Der erste, nämlich *Seneca,* war Lehrer, Ratgeber und schließlich das Opfer eines Kaisers – Nero trieb ihn zum Selbstmord. Der zweite stammt von einer Sklavin ab und war, bevor er einen breiten Schülerkreis um sich scharte, auch selber Sklave gewesen: *Epiktet,* der Verfasser des berühmt gewordenen »Encheiridion«, eines katechismusartigen Handbüchleins der Moral. Die dritte und letzte Hauptgestalt der römischen Stoa ist schließlich *Mark Aurel,* Adoptivsohn des Kaisers Antoninus Pius und seit 161 n. Chr. dessen Nachfolger, zuerst gemeinsam mit Verus, dann als Alleinherrscher.

Mark Aurel, der Stoiker auf dem Cäsarenthron, erschien schon vielen seiner Zeitgenossen, noch mehr aber den Nachgeborenen als der vollkommene Herrscher. So wie griechisch-orthodoxe Christen Sokrates als einen vorchristlichen Seligen verehren, haben römisch-katholische Theologen Kaiser Mark Aurel bereits früh geradezu als einen unbewußten Wegbereiter abendländischen Christentums gefeiert und seine »Selbstbetrachtungen« ein »fünftes Evangelium« genannt. So zeigt ihn etwa ein Gemälde in der Wallfahrtskirche Maria-Lanzendorf bei Wien, wie er, dankbar für die Siege im Kampf gegen die Germanen, eine Kapelle zu bauen befiehlt. Historisch gesehen ist diese Legende zwar völlig falsch, denn gerade unter der Regierung Mark Aurels mußten viele Christen den Märtyrertod erleiden. Sie mußten ihm von seinem Standort aus als abergläubische Sektierer, staatsfeindliche Anarchisten und unduldsame Fanatiker erscheinen, die er mehr bedauerte als haßte. Doch richtig ist die Einsicht, daß das Zeitalter dieses Kaisers zumindest das beginnende Ende der antiken Welt markiert, den Übergang zum christlichen Äon. Im Zusammenhang damit sei auch John Stuart Mills gedacht, eines der bedeutendsten liberalen Denker des neunzehnten Jahrhunderts. Mill fragte einmal seufzend, wie verschieden die Entwicklung des Christentums wohl gewesen wäre, wenn es nicht unter Konstantin, sondern bereits unter Mark Aurel den Rang einer Reichsreligion erhalten hätte... Daß Mark Aurels bronzenes Reiterstandbild, das Michelangelo auf Geheiß Papst Pauls III. vom Platz vor dem Lateran auf das Kapitol versetzte, alle Wirren der für so viele heidnische Denkmäler verhängnisvollen christlichen Zeit unbeschädigt überstanden hat, verdankt es bloß dem Umstand, daß die Nachgeborenen durch fast ein Jahrtausend den majestätisch ernsten Herrn zu Pferde fälschlicherweise für Kaiser Konstantin, den Begründer des christlichen Rom, gehalten haben.

Es gehört zu den Paradoxien, an denen die Geschichte so reich ist, daß dieser grüblerischste, feinfühligste und friedfertigste aller römischen Kaiser, der schon als Knabe nichts sehnlicher wünschte, als einzig der Philosophie und den Büchern leben zu dürfen, in den knapp zwei Jahrzehnten seiner Regierung immer wieder Kriege führen mußte: Kriege im Osten gegen die skythischen Parther, Kriege im Norden gegen die Markomannen, Quaden und andere germanische Stämme. Zu den militärischen Auseinandersetzungen kamen Verrat und Rebellion im Innern, das jahrelange Wüten der Pest von Mesopotamien bis Gallien, die dadurch bedingte Entvölkerung ganzer Landschaften und Städte, Unruhe und Bewegung in Ost und West.

All diesen Herausforderungen hat sich Mark Aurel besonnen, tapfer und mannhaft gestellt, und gewiß gibt es keine andere Philosophie, die ihn dazu besser hätte befähigen können, als die stoische. Deren vornehmlichste Tugenden sind ja Selbstbeherrschung, Gleichmut und Gelassenheit, die würdevolle Haltung des »Entsage und ertrage«. Dies hat nichts mit schwächlicher Verzagtheit und trübsinniger Passivität zu tun, sehr viel hingegen mit einem Ethos heroischer Humanität, nüchterner Bescheidung und zuchtvoller Einsicht in die Vergänglichkeit aller irdischen Dinge. So waren es denn immer wieder durchaus tatkräftige, den Pflichten des Tages sich stellende Männer, die sich im Laufe der europäischen Geistesgeschichte zu Mark Aurels Stoizismus hingezogen fühlten, dessen Grundlagen er in den zwölf Kapiteln seiner »Selbstbetrachtungen« zusammengefaßt hat. Viele Teile dieses an Umfang kleinen, kraft seines Gehalts freilich, wie Goethes »Maximen und Reflexionen«, überaus großen Buches hat der Kaiser im Feld geschrieben. Es sind die höchstpersönlichen Aufzeichnungen eines Herrschers, der, unerbittlich gegen sich selbst, bescheiden im Anspruch, großmütig gegenüber Besiegten, die staatsbürgerlichen Pflichten über seine privaten Neigungen stellte. Manche Passagen wirken wie kurze Essays, andere haben den Charakter von Aphorismen, manche sind Variationen über Themen älterer Denker, knappe Ratschläge, Denksprüche und Lebensregeln. Bisweilen erhebt sich ein Hymnus auf die Harmonie des Alls und die mit freudigem Fatalismus hinzunehmenden Fügungen der ihren unaufhebbaren Gesetzen gehorchenden Natur aus einer lapidaren ethischen Meditation.

Der Gedanke der ewigen Wiederkehr ist dem Philosophen-Kaiser nicht fremd. Wer drei, vier Jahrzehnte gelebt hat, weiß im Grunde alles – sofern er sich nicht blenden läßt. Es macht keinen Unterschied, ob einer dieselben Dinge hundert oder zweihundert Jahre hindurch beobachtet. Der lang Lebende wie der jung Dahinsterbende verlieren gleich viel: den gegenwärtigen Augenblick, und der ist etwas Winziges. Das Bild vom Fluß, das Heraklit in die Philosophie eingeführt hat, kehrt öfters wieder: die Zeit, das Leben, der Kosmos als Strom, ein ständiges Werden und Vergehen. Allgegenwärtig ist der Gedanke an Tod und Vergänglichkeit, an die verschwindende Kleinheit des Menschen im Insgesamt der Welt: »Auf wie winzigem Klümpchen der ganzen Erde kriechst Du einher!« – »Asien, Europa – zwei Winkel im All! Das gesamte Meer ein Tropfen im All, der Athos eine kleine Scholle, die ganze Gegenwart ein Pünktchen in der Ewigkeit.« Weder mystische Flucht noch prometheische Empörung sind demgegenüber die dem Menschen angemessene Haltung, sondern durch Einsicht in den notwendigen Gang der Dinge erwachsende Selbstdisziplin, die den eignen Tod mit heiterer Ruhe erwartet, – den als Auflösung der Elemente, aus denen jedes Wesen sich vorübergehend zusammensetzt, verstandenen Tod: »Was stirbt, kommt damit nicht aus der Welt, sondern wird nur verwandelt.« Ironischerweise hat eben jener Kaiser, der vom Nachruhm, vom Fortleben im Gedächtnis späterer Geschlechter, vom Kult der Toten und der großen Männer überaus wenig hielt, durch seine »Selbstbetrachtungen« eine Berühmtheit wie nur wenige spätantike Autoren erlangt. Es ist eben ein Unterschied, ob ein Professor oder Prediger über Tod und Vergänglichkeit sich ausläßt, oder ob wir uns von einem Autor belehren lassen, der, über Millionen Menschen gebietend, seine philosophischen Gedanken inmitten furchtbarer Kriege, die er nicht angezettelt hatte, an der vordersten Front niederschrieb, ohne dabei an eine Veröffentlichung zu denken. Einem solchen Denker nehmen wir es ab, wenn er schlicht sagt: »Lenken Dich etwa die von außen einfallenden Dinge ab? Verschaff Dir doch die Ruhe, etwas Gutes hinzuzulernen, und hör auf umherzuirren... Fang endlich an, Mensch zu sein, solang Du lebst.«

Mark Aurels Größe liegt darin, daß er *beides* zusammendachte und lebte: den melancholischen Gedanken an die Flüchtigkeit und Kürze des menschlichen Daseins einerseits, das Ethos disziplinierter Selbstbehauptung, gelassenen Ausharrens und unsentimentaler Humanität andererseits. Dieser Imperator war bestrebt, nur solche Gedanken zu haben, über die er, unvermutet darnach gefragt, nicht würde erröten müssen. Er mahnte: »Sieh zu, daß Du nicht zu einem Höfling wirst, daß der Purpur nicht auf Dich abfärbt« und: »Tu alles, was Du tust, mit dem Gedanken, es könnte die letzte Handlung Deines Lebens sein.«

Mark Aurel starb am 17. März 180 im Feldlager von Vindobona, dem heutigen Wien. Seine Schlachten sind nur noch für Historiker interessant, doch seine herbe Philosophie menschlicher Anständigkeit ist unverbraucht und vermag noch immer wenn schon nicht zu trösten, so doch zu ermutigen. Mit ihr kann auch der leben, der den Glauben an Dogmen und Utopien verloren hat, doch nicht den Willen zur Form, den Sinn für Haltung und Noblesse. Im Kern ist sie eine Gentleman-Ethik, verbunden mit einem kosmischen Bewußtsein. Sie lehrt, das Schicksal zu beherrschen und, wo Beherrschung nicht gelingt, es gefaßt zu ertragen. Die stoische Lehre, das Glück nicht krampfhaft zu verlangen, sondern es eher zu verachten, ist der beste Weg, es zu finden. Es ist jammerschade, daß heute in den Schulen Mark Aurel nicht mehr gelesen wird. Seine Schrift faßt auf zeitlos gültige Weise zusammen, was man vom Leben vernünftigerweise erwarten und wie man es ohne Illusionen und Panik bestehen kann. Stoiker wie Mark Aurel sind die wahren, die aufgeklärten Epikuräer, Meister gelingender Lebenskunst durch Selbstzucht, Besonnenheit und Gleichmut. Das ahnte auch der Preußenkönig Friedrich II., der das Buch des stoischen Kaisers in die Schlacht mitnahm und zu seinem Vorleser sagte: »Das sind brave Leute, die im Unglück einen Halt geben. Wissen Sie, was ich tue, wenn ich einen Verräter entdecke? Ich lese Mark Aurel.« Ein Dichter unseres Jahrhunderts, der Wiener Josef Weinheber, hat diesem im edelsten Sinne des Wortes »preußischen« Philosophen im römischen Kaiserpurpur die Verse gewidmet:

»Du selbst ein Gott an edlem Gleichgewicht,
ein Mensch im dunklen Hinsehn auf den Tod:
Bleib, zwischen Abendrot und Morgenrot,
erhabner Mahner unsres Teils: Der Pflicht.«

(1980)

HILDEGARD VON BINGEN

In zunehmendem Maße wenden sich neuerdings Historiker, Kunstwissenschaftler, Symbolforscher, Mediziner und Mystik-Experten einer der erstaunlichsten Frauengestalten der Stauferzeit zu: der durch Jahrhunderte fast vergessenen Nonne Hildegard von Bingen. Obwohl von Kindheit an schwach und oft an Krankheiten leidend, wurde die einem rheinländischen Adelsgeschlecht entstammende Klosterfrau über achtzig Jahre alt. Sie war eine überaus vielseitige, ja geniale Frau: bedeutend als Klostergründerin, Äbtissin, Schriftstellerin, Mystikerin, Missionarin, heilkundige Naturforscherin und den Mächtigen ihrer Zeit ins Gewissen redende Prophetin. Geboren 1098 in Bermersheim bei Alzey, ist sie am 17. September 1179 in dem von ihr erbauten Kloster auf dem Rupertsberg bei Bingen gestorben. Schon bald nach ihrem Tode wurde sie, obwohl bis heute nicht kirchenoffiziell zur Ehre der Altäre erhoben, als Heilige verehrt.

Hildegard ist die erste deutsche Mystikerin, von der wir wissen. Sie hat ihre Visionen in einer großen Trilogie aufgezeichnet und erläutert: im »Liber Scivias« (Wisse die Wege), einem theologischen Buch, in dem Kosmologie und Anthropologie aufs innigste mit christlicher Gottesschau verknüpft sind; im »Liber vitae meritorum« (Buch vom verdienstlichen Leben), einer mystischen Tugendlehre; und schließlich im »Liber divinorum operum« (Buch der göttlichen Werke), das mit Recht als überragendste Hervorbringung der rheinischen Seherin gilt. In zehn Visionen entfaltet die Benediktinernonne das Drama der Weltgeschichte von der Genesis bis zur Apokalypse, die Geschichte von Schöpfung, Fall und Erlösung des Menschengeschlechts. Mit einbezogen in dieses Geschehen ist der ganze Kosmos. Die Sphären der Engel und Dämonen gehören ebenso dazu wie das Reich der Pflanzen und Tiere. Immer wieder betont Hildegard, schon zu Lebzeiten als »prophetissa teutonica« verehrt, daß die übermächtigen Gesichte, mit denen sie in ihren Büchern ringt, weder von ihr erfunden, noch von einem andern Menschen beeinflußt seien. Ihre Schauungen haben keinen privat-intimen Charakter, sondern umfassen das Universum in seiner Dynamik: Weltgeschichte und Heilsgeschehen, Natur und Gnade. Gott erscheint in ihnen nicht als Freund einer in einsamer Frömmigkeit ekstatisch verglühenden Seele, sondern als Pantokrator, als souveräner Allherrscher, Weltenrichter und Herr der Heerscharen. Die Schöpfung enthüllt sich als eine von den Seraphim und Cherubim bis zu den Blumen, Kräutern und Steinen herabreichende Stufenordnung, als Ort göttlicher Erscheinungen und Wunder, ja geradezu als Kleid und Schmuck Gottes.

Hildegards Mystik hat einen prophetischen Zug; sie steht alttestamentlichen Kündern, Mahnern und Gotteszeugen näher denn einem Meister Eckhart, Tauler oder Angelus Silesius. Wie die biblischen Propheten weiß sie sich auch verpflichtet, in die Welt hinein zu wirken, Volk, Priester und Fürsten zu warnen, zu beschwören, zur Rechenschaft zu ziehen. Sie hat sich zu diesem Amt nicht gedrängt, vielmehr ihre Eingebungen und Gesichte lange Zeit für sich behalten in ihrer Zelle auf dem Rupertsberg, bis sie eines Tages sich von göttlicher Autorität zu öffentlicher Wirksamkeit verpflichtet fühlte: »Tu kund die Wunder, die du erfährst. Schreibe sie auf und sprich!«

Sie unternimmt zu Pferd, auf dem Schiff und zu Fuß Missionsreisen nach Franken und Schwaben, an die Mosel bis nach Metz und Lothringen, den Rhein abwärts und ins Ruhrgebiet, vielleicht auch nach Lüttich. Sie, die von Natur eher empfindsam-scheue, oft kranke und am Gehen gehinderte Frau, in der kirchlichen Hierarchie ohne Amt und Auftrag, predigt in den Kapitelsälen angesehener Mönchs- und Nonnenklöster, nimmt die Beichte von Domherren und Prälaten entgegen, ruft Könige, Fürsten und Bischöfe zur Umkehr auf, zürnt wider das »tempus muliebre« – das weibische Zeitalter –, stiftet Frieden zwischen verfeindeten Adeligen, bezwingt mit ihrer Begeisterung auch gelehrte Theologen, tröstet und ermutigt das einfache Volk, heilt Kranke und wird geradezu zur Schutzmantelmadonna des ganzen Rhein- und Nahegaus. Sie steht im Rufe, »Tischgenossin Gottes« zu sein, wird zur Pythia für hoch und niedrig, verfaßt neben ihren mystischen Werken, die mit rätselhaften Bildern illustriert sind, auch Gedichte, Lieder, Singspiele, Heiligenviten, naturkundliche und medizinische Schriften, korrespondiert mit Kaiser und Papst, redet den Mächtigen von Kirche und Reich energisch ins Gewissen. Hunderte von Briefen sind erhalten. An den Staufer-König Konrad III. (1138–1152) schreibt sie: »Bessere Dich, daß Du nicht mehr über Deine Tage erröten brauchst«, und an den ebenfalls staufischen Kaiser Friedrich Barbarossa (1152–1190): »Hüte Dich, daß der höchste König Dich nicht um der Blindheit Deiner Augen verwerfe.« Und dies alles wagt eine gottbegeisterte Frau des hohen Mittelalters, mit apostolischem Sendungsbewußtsein sich unerschrocken über das paulinische Gebot hinwegsetzend, daß das Weib in der Kirche zu schweigen habe. Ein französischer Forscher nannte sie »das Wunder des zwölften Jahrhunderts, nicht allein im Hinblick auf ihre Heiligkeit, sondern auch auf ihr Wissen«. Trotz all ihrer Kenntnisse ist Hildegard freilich primär keine Wissenschaftlerin, sondern Dichterin, Seherin und Prophetin. Ihr Weltbild ist durchaus symbolisch, nicht begrifflich. Sie denkt anschaulich-poetisch, nicht diskursiv-abstrakt. Das Universum, wie es sich ihrem Auge darstellt, ist gleichsam der christlich getaufte Kosmos der Vorsokratiker: gebildet aus den vier Elementen Feuer und Luft, Wasser und Erde, durchwaltet von göttlichem Wort, eine Stätte von Wundern und Epiphanien. Was die etwa ein Jahrhundert nach dem Tode der deutschen Seherin auftretenden Scholastiker trennen werden, ist für Hildegard noch eingefügt und eingeborgen in die archaisch-sakramentale Lebensordnung des frühen Abendlandes: Natur und Übernatur, Geist und Leib, Gesetz und Gnade.

Der Mensch, gefährdet und zwiespältig, zur Entscheidung aufgefordert, steht als »Werkmeister« zwischen der Ordnung der Engel, deren Gesetz der Lobpreis Gottes ist, und dem Reich der raunenden, brausenden und stammelnden Natur. Er ist Mikrokosmos, von der Gottheit »mit allen Kräften der Natur gefestigt«, »mit der Rüstung der Schöpfung angezogen, damit er alle Welt im Sehen erkenne, im Hören verstehe und im Geruch unterscheide, damit er im Geschmack von ihr genährt werde und sie im Tasten beherrsche«. Seine Organe und Sinne stehen in geheimnisvoller Beziehung zu den Elementen und Kräften des Kosmos, wie auch die Tages- und Jahreszeiten bestimmten geistig-seelischen Zuständen entsprechen. Mit einer Unbefangenheit, die spätere Jahrhunderte verloren haben, entwickelt Hildegard in diesem Zusammenhang eine Symbolik, Ethik und Physiologie des menschlichen Sexus, äußert sie sich ohne Prüderie über die wechselseitige Anziehungskraft von Mann und Frau, über Umarmung und Zeugung sowie zu Fragen der Eugenik. Der Kosmos strebt, so wie er durch Adams Fall in Unordnung geraten ist, mit dem in Christus Heil und Heilung suchenden Menschen nach Erneuerung, Reintegration und Verklärung. Der Mensch steht für das All. Er ist verantwortlich für Himmel und Erde, für die Wiederherstellung und Erlösung der Natur, und bei dieser Aufgabe stehen ihm die Engel als Schutzgeister, Boten, Helfer und Zeugen bei. Symbol dieses universalen Vorgangs ist die Farbe *Grün,* die numinose Farbe des Frühlings, der Hoffnung und der Genesung. Das Weltall ist eine reichnuancierte »grüne Bewegung«, sie blüht grünaufwärts der Fülle der Gottheit entgegen, und alles diesem Prozeß Förderliche funkelt in mystischer Grünheit. Nicht Gold repräsentiert in der sichtbaren Welt die lebendig-lebensfreundliche Gottheit, sondern Grün. Im Grün, das Hildegard unermüdlich rühmt, ist das Göttliche sinnenfällig Ereignis. Die Leidenschaft für diese Farbe läßt an eine geheimnisvolle Gestalt der islamischen Überlieferung denken, an Chidr oder (wie er in Goethes West-östlichem Divan heißt) Chiser. Er ist der geheimnisvolle Hüter des Lebensquells, ein Liebling Allahs, bewandert in der Alchymie und anderen Künsten. Vor allem aber verkörpert er die ewige Jugend. Chidr-Chiser verjüngt sich alle hundertzwanzig Jahre. Er läßt die Erde sprossen und blühen, und deshalb ist Grün seine Farbe, er selbst heißt auch kurzweg »der Grüne« oder »der Ewig-Grüne«, und so erschien er auch dem Dichter Hafis mit einem Becher, aus dem er ihn unsterblichen Ruhm trinken ließ. Hildegard ist eine weibliche Chidr-Gestalt auf deutschem Boden. Für sie durchwaltet das Himmelreich »Lebenskraft der Schönheit und Grünheit«. Nicht überschwänglich genug kann sie das Grün hymnisch lobpreisen: Maria ist die »viridissima virgo«, die allergrünste Jungfrau; Jesu Geburt geschieht in

»milder Grüne«; grün sind die sieben Gaben des Heiligen Geistes und die guten Werke des Menschen; Barmherzigkeit sprießt als »ein überaus liebliches Heilkraut in Luft und Tau und aller grünenden Frische«. Daß des Lebens goldner Baum grün ist, dieses Wort Goethes ist wie ein Widerhall des dithyrambischen Jubels aus dem Munde der heilkundigen Sibylle von Bingen: »O edelstes Grün, du wurzelst in der Sonne, strahlst in leuchtender Helle in einem Kreislauf, den kein irdischer Sinn begreift: Du bist umfangen von den Umarmungen der Geheimnisse Gottes. Du schimmerst auf wie Morgenrot, du glühst wie der Sonne Flammen!« – »Der lebendige Geist geht aus, wird grünender Leib und bringt seine Frucht –: Das ist das Leben!«

Das ist die hymnische Botschaft der rheinischen Visionärin Hildegard von Bingen, ihre Botschaft von den grünerlei Mysterien zwischen dem zarten Grashalm zu unseren Füßen und der grünenden Lebenskraft in unendlichen Höhen, zwischen der unvordenklichen Grünfülle des Paradieses und der smaragdenen Schönheit des himmlischen Jerusalem. (1979)

THOMAS VON AQUIN

Thomas ist uns ferner gerückt... Thomas ist für uns nicht mehr derselbe, der er für die theologische Generation noch unmittelbar vor uns war. Das ist nüchtern und ehrlich zu sehen und zu sagen.«

Diese Worte Karl Rahners, eines der bedeutendsten katholischen Theologen der Gegenwart, aus dem Jahre 1962 sind nach wie vor gültig. Es ist ein offenes Geheimnis, daß Thomas von Aquin heute in keinem hohen Ansehen steht – am wenigsten bei katholischen Intellektuellen. Während Scholastik-Experten – Männer der Kirche und Computer-Fachleute – mit Hilfe elektronischer Datenverarbeitung einen »Index Thomisticus«, eine exakte und vollständige Kartographie der Werke des breitnackigen »Ochsen von Aquino«, vorzulegen beginnen, haben die Entwicklungen seit dem Zweiten Vatikanischen Konzil eine tiefe Krise im Katholizismus offenbar werden lassen, die auch vor einem Mann nicht haltmacht, dessen Lehre eine Reihe von Päpsten mit der der Kirche geradezu gleichgesetzt hat.

Das Vordringen der thomasischen Philosophie und Theologie im katholischen Raum, das im neunzehnten und beginnenden zwanzigsten Jahrhundert seinen kaum mehr zu überbietenden Höhepunkt fand, gehört zu den erregendsten geistesgeschichtlichen Entwicklungen. Ich nenne nur einige der augenfälligsten Stationen dieses Prozesses: 1309 bestimmt das Generalkapitel der Dominikaner von Zaragoza, daß die Lehre des am 7. März 1274 verstorbenen Ordensbruders Thomas als Richtschnur für das mönchische Studium zu dienen hat; auf dem Generalkapitel von Metz 1313 wird die »doctrina venerabilis doctoris fratris Thomae de Aquino« als »sanior et communior«, als die gesündere und allgemeinere Doktrin gefeiert und angeordnet, daß kein Dominikaner an die Universität Paris geschickt werden soll, der nicht zuvor drei Jahre lang Thomas studiert hat; diese Verordnungen gehen schließlich so weit, daß die

Mitglieder des Dominikanerordens sich durch einen Eid auf die Lehre ihres berühmtesten Bruders zu verpflichten haben; am 18. Juli 1323 wird Thomas von Aquin durch Papst Johannes XXII. in der Kirche Notre Dame zu Avignon feierlich heiliggesprochen; 1567 erfolgt die Erhebung des Aquinaten zum Kirchenlehrer; zunächst ohne direkte Kontinuität mit den italienischen sowie spanischen Thomas-Kommentatoren und Barock-Scholastikern des sechzehnten und siebzehnten Jahrhunderts, die vor allem aus dem Dominikaner- und dem neugegründeten Jesuitenorden entstammten, entfaltete sich in der ersten Hälfte des neunzehnten Jahrhunderts, insbesondere in Deutschland, Italien und Frankreich, ein vorwiegend philosophisch interessierter Neu-Thomismus, der seine höchste kirchenamtliche Sanktion 1879 durch die Enzyklika Papst Leo XIII. »Aeterni Patris« erhielt; Leos Nachfolger auf dem Stuhle Petri, Pius X., Benedikt XV., Pius XI. und Pius XII., haben diese kirchliche Indienstnahme des Aquinaten fortgeführt, indem sie die thomasische Philosophie und Theologie nicht nur zum Bollwerk gegen alle Häresien, vor allem gegen den deutschen Idealismus und die verschiedensten Richtungen des »Modernismus«, erklärten, sondern auch als Grundlage der gesamten kirchlichen Bildung vorschrieben; diese Vorschrift wurde im Codex iuris canonici, dem 1918 in Kraft getretenen Gesetzbuch der römischen Kirche, ausdrücklich verankert: Es heißt dort im canon 1366, § 2, daß Studium und Unterricht des Klerus streng nach den Methoden, Lehren und Grundsätzen des »doctor angelicus«, des engelgleichen Lehrers (Thomas von Aquin), zu geschehen haben.
Konnte es vor einigen Jahrzehnten noch scheinen, daß der kirchlich institutionalisierte Thomismus im katholischen Raum jene Rolle spiele, die der Marxismus-Leninismus in der kommunistischen Welt einnimmt, so ist dieser Vergleich inzwischen problematisch geworden. Die kirchenrechtliche Vorschrift, daß die Prinzipien des Thomas »heiligzuhalten« sind, wurde durch ein Dekret des Zweiten Vatikanums zu einer allgemeinen Empfehlung ermäßigt, die ohne Namensnennung nur noch vom »immerwährend gültigen philosophischen Erbe« und einzig im Hinblick auf die systematische dogmatische Theologie in einer Kompromißformel von einem spekulativen Bemühen »Sancto Thoma Magistro« spricht.

Es ist in diesem Rahmen nicht möglich, den Ursachen der gegenwärtigen Stille um das Werk des Aquinaten nachzugehen. Eine davon besteht gewiß in dem schon erwähnten Umstand, daß der Thomismus seit dem neunzehnten Jahrhundert autoritativ »verordnet« und als kirchliches Disziplinierungsmittel im Abwehrkampf gegen alle modernen Geistesströmungen eingesetzt wurde. Deshalb führte der seit dem Zweiten Vaticanum nachlassende amtliche Druck in der katholischen Theologie geradezu notwendig zu einer Abkehr vom bisherigen Schulthomismus, abgesehen davon, daß es hier auch einen wirklichen Nachholbedarf an geistigem Experimentieren, an produktiver Auseinandersetzung mit der Philosophie und den Wissenschaften der Neuzeit gibt. Hinzu kommt, daß durch die Ergebnisse der modernen Physik zentrale Bestandteile der thomasischen Ontologie, so vor allem die von Aristoteles übernommene Unterscheidung von Materie und Form, unhaltbar geworden zu sein scheinen. In noch stärkerem Maße gilt dies für die biologischen Aussagen des Aquinaten,

die besonders deutlich erkennen lassen, wie sehr er als Kind seiner Zeit von einem inzwischen völlig überholten naturwissenschaftlichen Weltbild ausgeht. Darüber hinaus hat die philosophiegeschichtliche Forschung nachgewiesen, wie unhistorisch, scholastisch im schlechten Sinne des Wortes, das Thomas-Bild des kirchlich sanktionierten Neuthomismus gewesen ist. Im Zusammenhang damit stellt sich aufs neue die schon von Thomas' Zeitgenossen in Kirche und Universität heftig diskutierte Frage nach dem Verhältnis von Religion und Philosophie im allgemeinen sowie nach der Vereinbarkeit von Christentum und Aristotelismus im besonderen. Kaum ein katholischer Theologe wäre heute bereit, das Diktum des um die Erforschung des mittelalterlichen Geisteslebens verdienten Jesuiten Franz Kardinal Ehrle zu unterschreiben, daß die aristotelische Philosophie die höchste Leistung und vollste Zusammenfassung des kraft ihrer Natur der menschlichen Vernunft Erreichten sei und die Grundlage aller von gläubigem Denken betriebenen Wissenschaft bilden müsse. Vollends absurd wird einer von Hegel, Marx und der Frankfurter Schule inspirierten »politischen Theologie« oder einem an Teilhard de Chardin anknüpfenden christlichen Evolutionismus die These des Dominikaners Gallus M. Manser dünken: »Eine christliche Philosophie, eine christlich-wissenschaftliche Synthese muß auf die aristotelische Akt-Potenz-Lehre aufbauen wegen der Offenbarung.«
Auch Denker, die nicht im Verdacht stehen, an die Stelle des von Thomas getauften Aristoteles eine andere weltliche Autorität setzen zu wollen oder gar das Christentum für eine Fortsetzung des Marxismus mit anderen Mitteln zu halten, haben mit guten Gründen auf die Spannung zwischen dem antiken Philosophen weltfreundlicher Immanenz und der evangelischen Botschaft vom Reich Gottes hingewiesen. Sie haben trotz aller Bewunderung für Thomas den Eindruck, daß die von ihm versuchte Synthese zwischen diesen beiden Elementen nur so lange haltbar ist, als ein radikales Zu-Ende-Denken vermieden wird.

Somit steht, wer sich heute der Geschichte von Philosophie und Theologie zuwendet, weil er im Sinne Goethes eine geistige Existenz für verfehlt hält, die »nicht von dreitausend Jahren sich weiß Rechenschaft zu geben«, zum Teil vor denselben Fragen, die auch für Thomas und seinen Zeitgenossen eine Herausforderung gewesen sind. Wer so denkt, wird dennoch aus der Problemlage *unserer* Zeit heraus philosophieren, das heißt: seiner Situation in der Welt, den Beziehungen zum eigenen Selbst, zu den Mitmenschen und zum Universum mit offenen Augen gegenübertreten müssen. Bei diesem Bemühen begegnet der Philosophierende allerdings Wahrheits- und Weisheitszeugen der Vergangenheit, die für die von Leibniz stammende Idee der *philosphia perennis* bürgen. Obgleich er davon überzeugt ist, daß es auch in der Philosophie nicht sinnvoll ist, stets von vorne zu beginnen, so als ob noch niemand zuvor über die Rätsel des Daseins nachgedacht hätte, wird er dennoch sich darüber im klaren sein, daß es weniger die Antworten denn die Fragen sind, die in der Geschichte menschlichen Denkens perennieren. Er wird sich der Einsicht nicht verschließen, daß die *philosophia perennis* mit keinem bestimmten philosophischen System identisch ist. Dies gilt auch für das von Thomas geschaffene. Nicht gerecht wird ihm, wer etwa in katholischer Heroenverehrung mit seiner Stärke renommiert, um die eigene Schwäche und Furchtsamkeit zu verbergen. Nicht gerecht wird ihm auch, wer sich einbildet, er könnte noch in der Sprache der Summen und Quästionen sprechen und denken oder umgekehrt ohne weiteres die Fragen und Fronten unserer Zeit dem Aquinaten unterstellen. Wer sich illusionslos der unaufhebbaren geschichtlichen Distanz und der gewaltigen Veränderungen des Problemstandes bewußt ist, wird dem ursprünglichen Anliegen des Aquinaten gerechter als ein devoter Thomist oder sonst ein Kleriker im Dienste unbefragter Orthodoxien. In diesem Sinne will auch dieser Versuch weder zu distanzloser Annäherung noch zu forcierter Aktualisierung einladen, sondern zum Hinsehen auf einige etwas weniger bekannte Seiten seines Werkes.

Thomas von Aquin liebte die Einsamkeit und Stille. Er war nicht begierig nach Rang, Ansehen und Macht. Auch an der praktischen Politik war er desinteressiert. Dennoch war sein Leben auf vielfache Weise in die politisch-sozialen Entwicklungen seiner Zeit verflochten. Das dreizehnte Jahrhundert, dessen Mitte mit der Lebensmitte des Kirchenlehrers zusammenfällt, war alles andere als ein harmonisches Säkulum, wenngleich zu seiner Bezeichnung die Worte Blütezeit, Höhepunkt, Zenit und »klassische Fülle« immer wiederkehren. Es war vielmehr eine Epoche der Krise, in der die mittelalterliche Lebensordnung sich aufzulösen begann. In Mittel- und Westeuropa schwanden die großen Hungersnöte – eine Folge des sich ausbreitenden Ackerbaus und des zunehmenden Getreidehandels. Die landwirtschaftlichen Fortschritte beruhen zum Teil auf technischen Verbesserungen und der Benutzung der Wasserkraft. Das dreizehnte Jahrhundert ist auch die große Zeit des Handwerks, insbesondere des Metall- und Textilgewerbes. Walkmühle, horizontaler Trittwebstuhl und Spinnrad verbreiten sich im ganzen Abendland. Straßenbau, Transportunternehmen, internationaler Handel und Messewesen sind deutliche Zeichen für den wachsenden Wohlstand. Ebenso dringt die Geldwirtschaft vor. Die bäuerlichen Naturalabgaben werden zunehmend in Geldabgaben umgewandelt. Das alte kirchliche Zinsverbot bleibt zwar offiziell in Kraft, doch in den Handbüchern für Beichtväter finden Entschuldigungen und Rechtfertigungen immer mehr Raum. Diese neuen Entwicklungen bleiben vorläufig noch im Rahmen der überlieferten ständisch gegliederten Gesellschaft und ihrer christlichen Einheitskultur. Marc Bloch, der große französische Historiker des Feudalismus, schreibt dazu: »Dem 13. Jahrhundert, diesem Zeitalter der Klarheit und Hierarchie, war der Versuch vorbehalten, aus bis dahin eher lebhaft empfundenen als genau umrissenen Unterscheidungen ein streng entworfenes System zu errichten.«
Dieses System gliedert sich in Adel, Freie und Leibeigene. Die Edelleute gliedern sich dem Range nach in Könige, Herzöge, Grafen und Ritter. Die Freien bilden die bürgerliche Mittelklasse in den Städten und die Bauern, soweit sie nicht leibeigen sind. Auch unter den Leibeigenen gibt es ausgeprägte Differenzierungen mit verschiedenen Stufen von sozialer Hörigkeit. Es ist schwierig, aus diesen weitgehend geschlossenen, aber in sich reich gegliederten Ständen auszubrechen. Dieses System von Systemen ist bemerkenswert stabil, und das harmonische Zusammenspiel zwischen den verschieden gelagerten Schichten

wird ideologisch als »Gemeinwohl« interpretiert. Dennoch gibt es ein Bewußtsein von der letzthinnigen Gleichheit aller Menschen, das sich dem Christentum verdankt, wie eine französische Quelle aus dem letzten Viertel des dreizehnten Jahrhunderts beweist: »Obschon es jetzt verschiedene Stände gibt, waren zu Beginn alle frei und von gleicher Freizügigkeit, denn jeder weiß, daß wir alle von einem Vater und einer Mutter abstammen. Aber als die Völker zu wachsen anfingen ...«

Die vertikale Differenzierung der feudalen Gesellschaft gilt hier nicht mehr, wie bei Hildegard von Bingen, als unmittelbarer Ausfluß eines göttlichen Ratschlusses, sondern als eine natürliche Folge der geschichtlichen Entwicklung. Sie wird aber auch noch nicht als Ausbeutungs- und Gewaltverhältnis angeprangert wie in dem rebellischen Slogan aus dem 14. Jahrhundert:

»Als Adam grub und Eva spann,
wo war denn da der Edelmann?«

Es ist dies eine Gesellschaft, die sich im Gleichgewicht befindet, obwohl sie von den verschiedensten Seiten mit neuen Entwicklungen konfrontiert wird oder selber Neuerungen sozialer, kultureller, politischer und religiöser Art hervorbringt. Dazu gehören das Aufblühen der Städte und eine Bevölkerungszunahme in Europa von einundsechzig auf dreiundsiebzig Millionen zwischen den Jahren 1200 und 1300; das Aufkommen des Bankwesens und die allmähliche Festigung der öffentlichen Gewalt gegenüber den feudalen Mächten; die zunehmenden Ansprüche des römischen Papstes auf die Oberhoheit nicht nur in religiösen, sondern auch in weltlichen Dingen; die neuen Bettelorden der Dominikaner und Franziskaner, die sich nicht wie die älteren Mönchsgemeinschaften auf dem Lande niederlassen, sondern in die aufstrebenden Städte gehen. Diese Orden bilden ein »demokratisches« Element in der noch intakten Feudalgesellschaft, da sie für sich sowohl Besitz als auch Rangordnungen ablehnen; sie spielen aber auch eine große Rolle an den damals aufkommenden Universitäten, die ein weiteres »demokratisches« Element verkörpern. Fügen wir noch hinzu, daß das, was wir heute »ritterlich« im Unterschied von reckenhaft nennen, jene Verbindung von beherrschtem Mut und Selbstbehauptungswillen mit Anstand, Hilfsbereitschaft und Bildung, in diesem Jahrhundert zum aristokratischen Ideal wurde. Es ist die Blütezeit der Gotik: das Jahrhundert der Kathedralen, der lächelnden Engel von Reims, der Stiftergestalten in Naumburg, des Bamberger Reiters, der Glasmalereien in den Domen von Chartres und Straßburg. 1248, als Thomas mit seinem Lehrer Albert von Paris nach Köln geht, wird der Grundstein des Kölner Domes gelegt; als er nach Paris zurückkehrt, ist die gotische Westfassade von Notre Dame vollendet. Es ist die Zeit der Herrschaft Friedrichs II., den man »stupor mundi«, das betroffene Erstaunen der Welt, genannt hat, und des darauffolgenden Interregnums in Deutschland. Es ist die Zeit, in der auf verschlungenen Wegen über die arabische Welt die antike Wissenschaft und Philosophie, insbesondere Aristoteles, nach Europa zurückkehren, ohne daß kirchliche Verbote sie daran zu hindern vermögen. Es ist die Zeit der Inquisition, der sich vor allem Mitglieder des noch jungen Dominikanerordens im Kampf gegen die Häresien widmen, nachdem militärische Maßnahmen allein nicht imstande waren, die Katharer, Waldenser und andere Ketzerbewegungen auszurotten.

Derart ist die Welt beschaffen, in der Thomas von Aquin lebte und wirkte. Geboren um 1225 auf dem Schloß Roccasecca bei Neapel, kommt er im Laufe seines nur knapp neunundvierzig Jahre langen Lebens direkt oder indirekt in Berührung mit fast allen großen gesellschaftlichen Bewegungen und Mächten seines Zeitalters. Roccasecca ist das Stammschloß der Herren von Aquino, die normannischer, vielleicht auch langobardischer Herkunft sind. Der Grafentitel war schon 1137 erloschen, so daß Thomas nicht aus dem hohen, sondern dem niederen Lehensadel entstammt. Die soziale Umwelt, in der er aufwuchs, war geprägt durch die schwäbischen Hohenstaufenkaiser. Viele Aquiner waren Beamte und Vasallen Kaiser Friedrichs II. Ein Onkel von Thomas bekleidete sogar das Amt eines Vizekönigs auf dem zum Königreich Sizilien gehörenden süditalienischen Festland mit Ausnahme von Kalabrien. Der Vater, Landulf von Aquino, Herr von Roccasecca, wurde vom Kaiser zum Justitiar der Terra di Lavoro ernannt. Seine zweite Frau, Theodora von Theate, die Mutter Thomas', entstammt ebenfalls aus normannisch-sizilianischem Adel. Auch die Brüder aus beiden Ehen stehen größtenteils im Dienste der Hohenstaufen. Diese befinden sich jedoch im Konflikt mit dem Papsttum; als Beamte des Kaisers stehen die Aquiner somit auf der Seite der »Feinde der Kirche«. So stehen schon die frühesten Kinderjahre des späteren Kirchenlehrers im Zeichen des 1227 wieder offen ausgebrochenen Ringens zwischen imperium und ecclesia, Reich und Kirche, Kaiser und Papst. Später, als Papst Innozenz IV. den Kaiser mit dem Kirchenbann belegt und das staufische Geschlecht verflucht hatte, zerriß dieser große Zwist auch die Familie der Aquiner: ein Teil wandte sich vom Kaiser ab, während der andere ihm weiterhin die Treue hielt. Einige Verwandte ließen sich in eine Verschwörung gegen Friedrich II. ein. Ein Bruder von Thomas, Reginald, wird daraufhin auf Befehl des Kaisers hingerichtet. Mit etwa fünf Jahren wird Thomas von seinem Vater der Obhut der in der Nachbarschaft liegenden Benediktinerabtei Monte Cassino anvertraut. Es ist wohl nicht nur Frömmigkeit, die die Eltern dazu veranlaßt. Sie hoffen, ihren Sohn einst als Abt zu sehen, wodurch ihre eigene Stellung in Süditalien verbessert würde. Die Benediktiner stellen bis zum heutigen Tag die klassische Verkörperung des abendländischen Mönchtums dar. Ihr Stammkloster, Monte Cassino, wurde 529 gegründet – im Jahre der Auflösung der platonischen Akademie. Sie sind ein aristokratischer, aber auch weltzugewandter Orden. Auf keine bestimmte Tätigkeit einseitig spezialisiert, haben sie im Laufe der Jahrhunderte sich in den verschiedensten Bereichen bewährt: in dem der Seelsorge, der Erziehung, der Wissenschaft, der Kunst, der Kultivierung von Mensch und Natur. Das Beste der altrömischen Patrizierkultur ist in ihrer Ordensüberlieferung aufgehoben: Sinn für Autorität, Würde und Maß, Ehrfurcht vor der Vergangenheit, intellektuelle Nüchternheit und Zucht, der Geist eines getauften Stoikertums. In dieser Welt erhält Thomas von Aquin die Grundlagen seiner Bildung, hier lernt er einen klassisch-patrizischen Frömmigkeitsstil kennen.

Mit etwa fünfzehn Jahren verläßt er die Stille des Klosters. In Wirklichkeit war es eine Flucht. Und diese Flucht hängt mit dem bereits erwähnten Ringen zwischen Kaiser und Papst zusammen. Monte Cassino lag im Kampfgebiet zwischen den beiden streitenden Parteien. Das Kloster war auch Kastell, und es war schon zweimal zerstört gewesen, einmal durch die Langobarden, einmal durch die Sarazenen. Unter diesen Umständen riet der Abt dem adeligen Schüler aus antipäpstlicher Familie, Monte Cassino zu verlassen.

Die nächste Station seines Lebensweges ist Neapel. Nach dem bis in die eigene Familie hineinragenden Kampf zwischen den beiden universalen Mächten Kaisertum und Papsttum und der noch frühmittelalterlich feudal geprägten Kultur benediktinischen Mönchswesens begegnet Thomas hier vier neuen Geistes- und Lebensmächten, die sowohl die Gesellschaft des Jahrhunderts als auch seine weitere persönliche Entwicklung maßgebend prägen: der *Stadt,* der *Universität,* dem wiederentdeckten *Aristoteles* und dem Bettelorden der *Dominikaner.*

Die Universität in Neapel war keine kirchliche, sondern eine kaiserliche Gründung. Friedrich II. hatte sie errichtet, um seine Beamten im eigenen Lande ausbilden zu können. Thomas oblag hier dem Studium der *artes liberales,* der freien Künste, die die logisch-grammatischen Fächer des Triviums (Grammatik, Rhetorik, Dialektik) und die mathematisch-naturwissenschaftlichen des Quadriviums (Arithmetik, Geometrie, Astronomie und Musik) umfaßten. In Neapel war es möglich, ungehindert von kirchlichen Verboten, die als für den christlichen Glauben gefährlich empfundenen Werke des Aristoteles zu studieren.

Da Thomas von Aquin als der christliche Aristoteliker schlechthin, als der größte Christ antik-aristotelischer Prägung im Mittelalter gilt und sein getaufter Aristotelismus schließlich bis in unsere Zeit hinein das begriffliche Gerüst der gesamten katholischen Dogmatik bildete, müssen wir fragen: Was bedeutete der Heide Aristoteles, dieser nüchtern-realistische Schüler und Kritiker Platons, für den mehr als eineinhalb Jahrtausende später lebenden Christen? Josef Pieper schreibt mit Recht, daß der abendländischen Christenheit des dreizehnten Jahrhunderts Aristoteles geradezu unheimlich »lag«; dabei ist zu berücksichtigen, daß sie ihn gar nicht im griechischen Original, sondern größtenteils durch Übersetzungen aus dem Arabischen ins Lateinische kennenlernte. Aristoteles bedeutete für sie *die* Möglichkeit, über Gott und die Welt vernünftig sprechen zu können. Es scheint, daß die überaus weltfreundliche, diesseitszugewandte und unmystische aristotelische Philosophie sich zur begrifflichen Darstellung, Verteidigung und »Rationalisierung« religiöser Gehalte besser eignet als etwa der wesentlich theologischer ausgerichtete Idealismus Platons. Zumindest gilt dies für religiöse Lehren, die nicht von kleinen Gemeinden und Sekten, sondern von etablierten, institutionell ausgeprägten Makroorganisationen, eben »Kirchen«, verwaltet werden. Jede kirchlich verfaßte Religion, so scheint es, zeigt in einem bestimmten Zustand der Reife eine spontane Affinität zu Aristoteles, dem »Meister derer, die da wissen«, wie ihn Dante, der genialste Schüler des Aristoteles-Schülers Thomas, in seiner »Divina Commedia« nennt. Was Thomas für die katholische, das haben Averroes für die islamische und Moses Maimonides für die jüdisch-rabbinische Theologie geleistet: die Aristotelisierung, und das heißt vor allem Intellektualisierung, Systematisierung und Objektivierung überlieferter Glaubenslehren. Dies gilt sogar noch für den Protestantismus des siebzehnten Jahrhunderts, dessen Schulphilosophie sich, trotz der Abneigung Luthers gegen Aristoteles und

Thomas, stark an die durch die spanische Barockscholastik vermittelte aristotelisch-thomasische Metaphysik anlehnt.

Doch dies ist nur die eine Seite der Aristoteles-Rezeption von Thomas. Die andere, für die abendländische Geistesgeschichte weit bedeutsamere und folgenreichere bietet diesen Anblick: Aristoteles erscheint hier nicht als dogmatisierte Autorität, sondern als Lehrer der natürlichen Vernunft, als Befreier von mystischer Weltverachtung, als intellektuelle Norm für eine Diskussion mit den »gentiles«, den »Ungläubigen« und »Gottlosen«, mit den »mahumetistae et pagani«, den Mohammedanern und »Heiden« außerhalb des christlichen Weltkreises – im dreizehnten Jahrhundert dringen die Mongolen bis weit nach Europa vor, doch gleichzeitig gelangen christliche Bettelmönche bis in die Mitte Asiens und disputieren in Karakorum mit islamischen und buddhistischen Gelehrten!

Aristoteles bedeutet für Thomas darüber hinaus: die Rehabilitierung der materiellen Natur, der »Physis«, der Empirie, des Leibes, der Sinne, der Welt als Welt. Um dies an einem vom Aquinaten selbst verwendeten Beispiel zu erläutern: man kann das Feuer als Symbol der Majestät Gottes auffassen und insofern in ihm eine Widerspiegelung der absoluten Transzendenz erblicken; man kann es aber auch in seinem An-sich-Sein, in seiner Natur und Wirksamkeit zu sehen versuchen, eben als Feuer, so wie es in sich selbst ist.

Heutzutage mag eine solche Feststellung trivial klingen, da unser Geist eher in Gefahr steht, die Dinge überhaupt nicht mehr als Symbole und Chiffren auffassen zu können. Doch im dreizehnten Jahrhundert war solch ein auf die natürlich-sinnfällige Wirklichkeit der Dinge gerichteter Ansatz schlechthin revolutionär. Thomas erkannte freilich in dieser ihm durch den Heiden Aristoteles vermittelten Welthaltung und Weltbejahung nicht etwas der biblischen Botschaft grundsätzlich Fremdes oder gar Feindliches. Vielmehr ging es ihm darum, diese Zuwendung zum Sinnlich-Konkreten aus einem zutiefst religiösen Impuls her zu vollbringen: aus dem biblisch-christlichen Glauben an die essentielle Gutheit aller Dinge, eben weil sie sich verdanken der Schöpfung eines absolut guten Gottes, dem Sein selbst in seiner Fülle. Deshalb kann der Theologe Thomas sagen: »Es ist für jegliches Ding das gleiche: zu sein und gut zu sein.« »Offenkundig falsch ist die Meinung derer, die sagen, es sei – im Hinblick auf die Wahrheit des Glaubens – völlig gleichgültig, was einer über die Schöpfung denke, wofern er nur über Gott die rechte Meinung habe: ein Irrtum über die Schöpfung wirkt sich aber aus in einem falschen Denken über Gott.«

Der dies sagte, war Dominikanermönch. Thomas hat den Bettelorden des heiligen Dominikus, der erst 1215 gegründet worden war, in Neapel kennengelernt und mit etwa neunzehn Jahren das Ordenskleid gegen den Willen seiner feudalen Eltern angezogen. In der Liebe zur freiwilligen Armut mit der Brüderschaft des *poverello* Franz von Assisi wetteifernd, ist dieser Orden der Predigermönche, der *fratres praedicatores,* eine gezielte Antwort auf die große geistig-religiöse Krise, die seit dem zwölften Jahrhundert vor allem Oberitalien und Südfrankreich ergriffen hatte. Er wurde ausdrücklich ins Leben gerufen zur Bekämpfung der Häresien, insbesondere der neomanichäischen Katharer, und zwar durch Mission, Gespräch und Unterweisung sowie ein vorbildliches, apostolisches, der Güter dieser Welt entsagendes Leben. Alsbald nahm er freilich, entgegen seinem ursprünglichen Auftrag, auch das Amt der Inquisition an. Die Dominikaner sind ein inmitten der Städte lebender, insbesondere Wissenschaft, Bildung, Studium und Predigt pflegender Orden. Sie sind an den Universitäten tätig. In den Zellen der Jünger des heiligen Dominikus wurden die kühnsten theologischen Gedanken des Mittelalters gedacht. In ihnen waren auch die größten Mystiker der Gotik zu Hause. Wie Thomas von Aquin gehörten auch Meister Eckhart, Seuse und Tauler dieser leidenschaftlichen Armutsbewegung von gläubigen Intellektuellen an. Deshalb verherrlicht Dante in seiner *Divina Commedia* ihren Stifter Dominikus und die von ihm ausgehenden geistigen Ströme Scholastik und Mystik:

»Durch Lehrweisung wie Willenskraft drang dieser,
Mit apostol'schem Amt bekleidet, vorwärts,
Dem Gießbach gleich, der tiefem Spalt entquillet
Und auf der Ketzer Dorngestrüppe stürzt' sich
Sein Ungestüm gerade dort am stärksten,
Wo Widerstand am heftigsten sich zeigte.
...
Von ihm verschiedene Ströme dann entsprangen,
Um den kathol'schen Garten zu bewässern,
Daß Büsche noch lebend'ger sprossen«

(Paradiso XII, 97ff.)

Thomas' Eintritt in diesen nicht den Bischöfen, sondern unmittelbar dem Papste unterstellten städtischen Brüderorden, der, anders als die Benediktiner, mit dem feudalen Privilegien- und Pfründenwesen ebenso gebrochen hatte wie mit dem frühmittelalterlichen Herrentum, mußte seine adelige Familie, die zum Teil der antipäpstlichen Partei des Kaisers anhing, als Skandal empfinden. Der Schock glich etwa dem einer viktorianischen Familie, deren Sohn eine »unmögliche« Frau, zum Beispiel eine Zigeunerin, zu heiraten beabsichtigte.
Mit seiner Hinwendung zu Aristoteles und zur Kirche, konkret: seinem Eintritt in den dem evangelischen Ideal der Armut verpflichteten Dominikanerorden, hatte Thomas die Bahn betreten, auf der er sich zeitlebens bewegte. Nach dem Studium auf den Universitäten Neapel sowie in Paris und Köln, wo er Schüler des Albertus Magnus wurde, widmete er sich der akademischen Lehrtätigkeit. Von 1252 bis 1259 lehrte er als Bakkalaureus, zuletzt als Professor der Theologie an der bedeutendsten Universität der Christenheit: in Paris. Dann finden wir ihn am päpstlichen Hofe in Viterbo und Orvieto. Hier entstanden seine *Summa contra gentiles,* die Summe gegen die Heiden (das heißt: gegen die mohammedanischen Araber), ein entgegen dem Anschein des Titels durchaus nicht polemisches, sondern zutiefst »dialogisches« Werk, sowie die meisten seiner insgesamt zwölf Aristoteles-Kommentare. Hierauf wurde Thomas 1265 an die Ordensschule nach Rom berufen, nachdem er den ihm vom Papst angebotenen erzbischöflichen Stuhl von Neapel ausgeschlagen hatte. Vier Jahre später (1269) sandten ihn seine Oberen wieder nach Paris an die Universität, wo er in den dort tobenden philosophisch-theologischen Streit zwischen dem mehr konservativ eingestellten Augustinismus und dem sich bereits vom katholischen Dogma lösenden Aristotelismus eingriff. Hauptführer des Augustinismus war der Franziskaner Bonaventura; der leidenschaftlichste Verfechter

des bis zur Häresie revolutionären Aristotelismus Siger von Brabant. Es handelt sich hierbei keineswegs um ein bloßes Professorengezänk, sondern um eine Auseinandersetzung über die geistigen Grundlagen und das Selbstverständnis der mittelalterlichen Gesellschaft. Ist mit der Annahme der Philosophie des Heiden Aristoteles notwendig eine Absage an den christlichen Offenbarungsglauben verbunden? Kann etwas philosophisch wahr, aber theologisch falsch sein und umgekehrt? In welchem Verhältnis stehen Glaube und Vernunft?

Religion und Rationalität, Natur und Übernatur, Wissen und Glauben scheinen heute für viele ohne Zusammenhang zu sein und sich völlig auszuschließen. So dachten ansatzweise auch schon die radikalen Aristoteliker um Siger von Brabant. Thomas hingegen war gleichsam schon von Geburt an auf Einheit und Ganzheit angelegt. Er weigerte sich, zwischen Vernunft und Offenbarung, zwischen Evangelium und Aristoteles, zwischen Natur und Übernatur zu wählen: mit einer nichts ausschließenden, das Ganze des Seins nicht auslassen wollenden Einbewältigungskraft wählte er *beides*. Doch diese Entscheidung konnte damals als zwielichtiger, der Häresie verdächtiger Kompromiß erscheinen, und in der Tat haben manche traditionalistisch eingestellte Zeitgenossen seinen philosophischen Standpunkt mit dem Sigers von Brabant verwechselt.

Als er nach drei Jahren aufreibender Lehrtätigkeit und unablässiger schriftstellerischer Arbeit nach Ostern 1272 von Paris abberufen wird, ist Thomas, erst siebenundvierzigjährig, ein verbrauchter Mann. Er übernahm auf Geheiß seiner Oberen die Leitung des Generalstudiums, einer theologischen Akademie für Dominikaner, in Neapel. Bei der Arbeit an seinem zweiten Hauptwerk, der zyklopischen *Summa theologica,* die drei Hauptteile umfaßt mit 38 Traktaten, 631 Quästionen, etwa 3000 Artikeln und 10000 Objektionen, das sind: Argumente gegen die eigene Lehre, auf die er im einzelnen mit Gegenargumenten antwortet, – bei dieser bereits vor seinem letzten Pariser Aufenthalt begonnenen Arbeit fühlte er allmählich seine Kräfte schwinden. Im Dezember 1273 hörte er auf, noch etwas zu schreiben oder zu diktieren. So blieb die *Summa theologica* unvollendet. Sie bricht ab im dritten Teil, mitten in der Abhandlung über das Sakrament der Buße. Auf die Frage, warum er nicht weiterschreibe, gab dieser gelehrteste aller Heiligen die erschütternde Antwort: »Alles, was ich geschrieben habe, kommt mir vor wie Stroh.« Später fügte er hinzu: »Alles kommt mir vor wie Stroh – verglichen mit dem, was ich geschaut habe.« Drei Monate später, am 7. März 1274, starb Thomas, unterwegs zum Allgemeinen Konzil von Lyon, in einer schmucklosen, winzigen Zelle des Zisterzienserklosters Fossanuova am Rande der Pontinischen Sümpfe.

Thomas' Lehre von der Gesellschaft hat überwiegend *normativen* Charakter. Sie ist gleichzeitig *ontologisch* fundiert. Das, was sein *soll,* ist von dem, was *ist,* nicht durch einen Abgrund getrennt; vielmehr sind Sein und Sollen, Wert und Wirklichkeit, das Gute und das Reale miteinander vermittelt. Das Sein selbst ist normativ angelegt. Thomas' Lehre von der Gesellschaft wurzelt in einer bestimmten Ethik. Diese Ethik beruht auf einer besonderen Anthropologie, die ihrerseits ontologisch fundiert ist. Ontologie bedeutet wörtlich: Lehre vom

Sein. Das Sein schlechthin, *ipsum esse,* ist jedoch für Thomas Gott: »Das Wesen Gottes ist nichts anderes als das Sein.« – »In Gott ist das Sein selbst seine Wesenheit.« – »Mit Recht ist deshalb ›Ich bin der Seiende‹ der am meisten gotteigene Name.« – »Die erste Frucht des Wirkens Gottes in den Dingen ist das Sein selbst; alle übrigen Wirkungen setzen es – das Sein – voraus.« – »Weil Gott kraft seines Wesens das Sein selber ist, darum ist notwendig das Sein der Kreatur seine wesenseigentümliche Hervorbringung: so wie das Entflammen die wesenseigentümliche Wirkung des Feuers ist.«

Dieses Sein selber, das Gott ist, hat nichts zu tun mit dem abstrakten, begrifflich leeren Sein, das als letztes gemeinsames Element übrig bleibt, wenn wir die konkreten Dinge analysieren. Das Sein selbst ist vielmehr etwas eminent Konkretes, die absolute Fülle und das höchste Gut, zu dessen Vervollkommnung nichts mehr hinzugefügt werden kann. Alles Endliche ist, sofern es ist, von dem, der der absolut Seiende ist, gleichsam entflammt. Somit ist es einfach aufgrund der Gnade seines Seins Ihm ähnlich und insofern auch gut.

Was aber ist der Mensch? Thomas bestimmt den Menschen als Wesenseinheit von Seele und Leib. Die Seele ist Lebensprinzip, Entelechie und »Form« des Leibes. Innerhalb der Seele gehört der Primat der Vernunft. Als vernünftiges Wesen ist der Mensch ein handelndes Wesen. Handelnd verfolgt er subjektive Zwecke. Er handelt im Hinblick auf bestimmte Ziele. Setzt der Mensch diese Ziele und Zwecke völlig selbstherrlich, aus eigener Machtvollkommenheit und Willkür, oder sind sie ihm in gewisser Weise schon vorgegeben durch irgendein Gesetz und Maß, irgendeine ihn umgreifende Norm und Ordnung? Und ist diese Ordnung, falls es sie gibt, mit den Mitteln der natürlichen Vernunft erkennbar?

Thomas antwortet: Der Mensch kann nur deshalb Zwecke verfolgen und sich Ziele setzen, weil seine Natur auf bestimmte Ziele hin angelegt ist. Welchen Zweck er subjektiv auch immer verfolgen mag, stets orientiert sich jede menschliche Entscheidung und Handlung an einem bestimmten Gut. Das hat bereits Aristoteles gesagt. Thomas stimmt dieser These zu: »Gut ist das, wonach alle Wesen verlangen, wie der Philosoph (Aristoteles) es aufs beste zuerst gesagt hat.« – »Unmöglich ist es, daß ein Schlechtes als Schlechtes erstrebt wird – weder durch die naturhafte Begehrungskraft noch durch die sinnliche noch durch die geistige, welche der Wille ist.« – »Das Schlechte zu wollen ist weder Freiheit noch der Freiheit Teil.« – »Es gibt keine Begehrungskraft, die sich nicht auf ein Gut richtete.«

Immer wieder betont Thomas: Alles menschliche Handeln zielt auf etwas, was zumindest dem Handelnden als Gut erscheint. Der Mensch ist insofern nicht frei, etwas für ihn subjektiv Schlechtes zu wollen. Das, was ihm als Gut erscheint, kann jedoch nur als solches erscheinen, weil es in irgendeiner Hinsicht auch wirklich gut ist. Jede Handlung, auch die moralisch schlechte, zielt im Grunde auf etwas Gutes. Wörtlich sagt Thomas: »Nichts ist so sehr schlecht, daß es nicht doch noch einen Anschein des Guten haben könnte; und kraft solcher Gutheit vermag es die Begehrungskraft zu bewegen.« – »Es ist unmöglich, daß durch die Sünde das Gute unserer Natur völlig aufgehoben würde.« – »In der Welt findet sich nichts, das ganz und gar schlecht wäre.«

Mit anderen Worten: auch noch die schlechte Handlung meint und enthält irgend etwas, was nicht von Übel ist. Schlecht ist eine Handlung nur insofern, als ihr Ziel zwar ein relatives Gut ist, aber als absolutes Gut erstrebt wird, das heißt: insofern sie nicht die rechte Ordnung der Handlungsziele einhält. Welches aber ist die rechte Ordnung, gemäß der wir, die wir schon von Natur aus nach dem Guten streben, das wahrhaft Gute erkennen können?

Thomas antwortet: Der Mensch strebt, solange er lebt, kraft seiner zielstrebigen Natur nach bestimmten, konkreten Zielen. Die Ziele erweisen sich wieder als Mittel zu ferneren Zielen, und auch diese können wieder als Mittel zu noch ferneren Zielen aufgefaßt werden. Jedes mögliche Handlungsziel weist über sich selbst auf ein noch höheres hinaus. Das, wonach aber alle Wesen – nicht nur der Mensch! – im Grunde und zuletzt verlangen – das *optimum* oder *summum bonum* –, ist: zu *sein.* In der *Summa contra gentiles* heißt es:

»Alle Wesen aber verlangen danach, auf ihre Weise wirklich zu sein. Das wird darin offenbar, daß jegliches Wesen von Natur sich dagegen wehrt, zu verderben. Das Wirklichsein also macht den Begriff des Guten aus.« Und ähnlich in der *Summa theologica:* »Was an sich angestrebt wird, ist das Sein. Das Nicht-Sein wird aber insofern angestrebt, als der Mensch nach einem gewissen Sein verlangt, dessen Verlust er nicht tragen kann.«

Das Sein, das erstrebt wird, ist nicht irgendein Sein. Es ist das Sein, von dem uns Goethes Gedicht »Vermächtnis« emphatisch Kunde gibt:

> »Kein Wesen kann zu Nichts zerfallen!
> Das Ew'ge regt sich fort in allen,
> Am Sein erhalte dich beglückt!
> Das Sein ist ewig ...«

Es ist *die* Art und Weise von Sein, in der ein Wesen sich selbst verwirklicht und ganz es selbst sein kann. Sein meint mehr als einfach existieren. Es bedeutet Vollkommenheit, Fülle, Leben und, auf den Menschen bezogen, *beatitudo,* Glück: »Am Sein erhalte dich beglückt!« Dieses Sein aber ist Gott. Der Mensch ist nur er selbst, wenn er auf *seine* Weise wirklich sein, sich selbst verwirklichen kann. Indem er sich jedoch als denkend-handelndes Wesen verwirklicht, übersteigt er sich selbst, um schließlich in der »Freundschaft mit Gott« seine Glückseligkeit zu finden. Nur insofern Gott *ist,* kann also menschliches Handeln, individuelles und gesellschaftliches, sinnvoll und rational sein. Wäre Er nicht, die ursprüngliche, allem Handeln vorausgehende Einheit von Sein und Sinn, dann würde alles Begehren irrational und vergeblich sein. Das aber kann nicht sein, sagt Thomas:

»Unmöglich kann ein naturhaftes Begehren vergeblich sein.« – »Denn das natürliche Streben ist nichts anderes als die Hinneigung (inclinatio), die den Dingen dank des ordnenden Befehls des ›Ersten Bewegers‹ innewohnt. Und dieser kann nicht betrügen.«

Der erste Beweger, der von keinem andern bewegt wird – das ist die aristotelische Definition für Gott.

So erstaunlich es für aufgeklärte Zeitgenossen klingen mag: Für Thomas von Aquin ist Gott die notwendige Bedingung rationalen Handelns. Er ist damit auch die notwendige Bedingung einer rationalen, das heißt: einer geordneten, der menschlichen Natur angemessenen und auf einsehbare, der argumentativen Begründung fähige Ziele ausgerichteten Gesellschaft. Daß Thomas' Beweise für die Existenz Gottes seit längerem auch Theologen problematisch erscheinen, braucht hier nicht diskutiert zu werden. Dennoch bleibt es eine erstaunliche und der Nachdenklichkeit würdige Tatsache, daß nicht nur der Aquinat, sondern auch noch alle bedeutenden politischen Denker der Neuzeit im Grunde *theologisch*-politische Traktate geschrieben haben. Vielleicht waren sie damit, was ihren Ansatz betrifft, gar nicht so übel beraten. Möglicherweise richten sich die entscheidenden Einwände weniger gegen die grundsätzliche Annahme, daß Gott die notwendige Bedingung guter Politik sei, als gegen die optimistische Unterstellung, es sei relativ leicht, aus dieser Annahme vernünftige und allgemein akzeptierbare Handlungsmaximen abzuleiten. Thomas sagte nicht nur, sondern bestätigte auch durch sein Leben, daß es intelligent ist, zu glauben. Aber lebte er heute, so würde er wohl mehr Nachdruck darauf legen, daß Gott keine einfache Idee ist.

Da jede Gesellschaft von verhaltensmotivierenden Normen, also juristischen, moralischen, politischen und sonstigen »Gesetzen« durchwaltet wird, fragt Thomas, ähnlich wie im Zusammenhang mit der Frage nach dem höchsten Gut, von dem alle anderen Güter abhängen, nach dem letzten Grund aller Gesetze.

Er geht davon aus, daß es eine *lex aeterna* gibt; das ist die im göttlichen Geiste ewig vorgebildete Weltordnung. Da uns Menschen jedoch ein unmittelbarer Einblick in diesen Plan über die Hinführung aller Dinge zu ihrem Ziel versagt ist, können wir ihren Inhalt nur aus der *lex naturalis,* dem in der natürlichen Ordnung der Dinge begründeten Sittengesetz, erschließen. Die *lex naturalis* ist die in den Menschen »eingepflanzte« und von ihm mit seiner natürlichen Vernunft erkannte *lex aeterna.* Dieses »Naturgesetz« umfaßt verschiedene Normen: einmal die elementarsten, die sich bereits in dem natürlichen Drang nach Selbsterhaltung äußern; hierauf folgt alles das, *quod natura omnia animalia docuit,* was die Natur alle Lebewesen lehrt, wie Paarung, Zeugung und Kinderaufzucht; schließlich jene Normen, die nur für den Menschen als *animal rationale et sociale* gelten. Zu diesen gehört das Gebot, nach Wahrheit zu streben und in Gesellschaft zu leben. Die *lex naturalis* bietet freilich keine detaillierten Vorschriften. Ihre Prinzipien sind nicht angeboren, sondern nur grundsätzlich mit der Vernunft erkennbar. Sie bedürfen überdies der Konkretisierung. Sie erfolgt, wenn wir mit Hilfe unserer Vernunft unsere natürlichen Neigungen und die von ihnen erstrebten Güter erforschen. Unsere Neigungen lenken uns aber notwendig auf den Mitmenschen hin. Der Mensch lebt nicht allein, und Gemeinschaft ist für ihn in weit höherem Maße ein Naturbedürfnis als anderen Lebewesen:

»Denn für die Tiere hat die Natur Nahrung, die schützende Kleidung der Haare, Verteidigungsmittel gegen die Feinde, wie Zähne, Hörner, Krallen oder doch die Schnelligkeit zum Fliehen, bereitet. Der Mensch hat von all dem nichts von der Natur mitbekommen, es ist ihm dafür die Vernunft verliehen worden, auf daß er durch sie mit Hilfe seiner Hände sich all das verschaffe. Der einzelne Mensch kann dies aber nie und nimmer sich verschaffen, wenn er auf sich allein angewiesen ist. Darum ist es für den Menschen Naturforderung, in Gesellschaft mit vielen zu leben. Eine ähnliche Erwägung stützt sich auf die Tatsache, daß bei den Tieren der Instinkt für all das, was ihrem Leben nützlich oder schädlich ist, viel ausgebildeter ist als beim Menschen. Dieser muß durch seinen Verstand sich diesbezüglich orientieren. Er kann es erfolgreich aber nur tun, wenn er in Gemeinschaft mit anderen lebt. In der Gemeinschaft unterstützt der eine den anderen, indem die verschiedenen Menschen durch ihren Verstand an der Erfindung von Verschiedenem sich beteiligen. Der eine gibt sich mit Medizin ab, der andere mit anderem usw. Am deutlichsten aber bekundet sich die soziale Veranlagung des Menschen darin, daß er allein das Sprachvermögen hat, die Fähigkeit, seine Gedanken voll auszudrücken, während die Tiere ihre Affekte nur ganz allgemein gegenseitig äußern.« (De regimine principum I, 1)

Die *lex naturalis* ist kein inhaltloses Prinzip. Sie beschränkt sich auch nicht nur auf das individuelle, im engeren Sinn moralische Handeln, sondern regelt darüber hinaus die sozialen Beziehungen des Menschen in Familie, Beruf, Gemeinde und Staat. Es gibt Normen, die sich aus ihr unmittelbar ableiten lassen, etwa die, daß Mord verwerflich und daß die Wahrheit der Lüge vorzuziehen sei:

»Weil der Mensch von Natur ein gesellschaftliches und staatliches Wesen ist, ein *animal sociale atque politicum,* schuldet er von Natur wegen jedem das, ohne das die menschliche Gesellschaft nicht bewahrt werden kann. Menschen könnten aber nicht zusammenleben, glaubten und vertrauten sie nicht einander, daß jeder die Wahrheit sagt. Der Mensch kann ohne Wahrheit in der Gesellschaft nicht leben.«

Die Normen der *lex naturalis* sind also mit Hilfe unserer Vernunft aus jenen Gütern zu erschließen, auf die unsere eigene zielstrebige Menschennatur durch ihre natürlichen Neigungen *(inclinationes naturales)* hinweist. Wenngleich die *lex naturalis,* wie alle Gesetze, ihren letzten Ursprung in der *lex aeterna,* also in Gott hat, so ist sie doch unmittelbar in der dynamisch-zielstrebig verstandenen menschlichen Natur verwurzelt. Sie liefert uns die allgemeinen und unaufhebbaren Grundsätze sittlichen Handelns und damit auch der sozialen Ordnung. Sie lassen sich zusammenfassen in Sätze wie: Tue das Gute und meide das Böse! – Handle naturgemäß, das heißt: vernunftgemäß! – Werde, der du bist! Diese Sätze sowie die sich aus ihnen unmittelbar ergebenden Folgerungen sind allgemein einsichtig. Die entfernteren Konklusionen können dagegen nur von den Sachkundigen erkannt werden. Auf diese Weise entsteht, als Ausfaltung, Konkretisierung und Ergänzung der *lex naturalis,* das nicht mehr unfehlbare, von menschlicher Autorität erlassene Gesetz, die *lex humana.* Es verpflichtet und ist unwandelbar, soweit es die Normen der höheren *lex naturalis* sozial effektiv macht oder aus diesen unmittelbar abgeleitet ist. Es enthält aber auch zu großen Teilen Bestimmungen, die zwar die *lex naturalis* konkretisieren, jedoch nur im Hinblick auf bestimmte Verhältnisse, die räumlich, zeitlich und gesellschaftlich variabel sind. Das menschliche Gesetz ist insofern veränderlich. Es kann und muß den Umständen angepaßt werden. Es gibt Fälle, wo die menschliche Gemeinschaftsautorität, die zur Gesetzgebung berufen ist, sogar einen sehr großen Spielraum für eigene Entscheidungen hat, weil die *lex naturalis* verschiedene Möglichkeiten offen läßt. Dies gilt sogar für die konkrete politische Verfassung, die sich ein Volk gibt, aber auch für die Art und Weise, in der naturgesetzlich verbotene Verbrechen von Menschen bestraft werden. Das menschliche Gesetz ist nicht nur veränderlich. Der Mensch hat sogar die Aufgabe, es schrittweise zu verbessern, fortzuschreiten von einer unvollkommenen zur vollkommeneren Verfassung; es gibt in diesem Bereich eine Pflicht zur *Evolution*.

Trotz dieser relativ allgemeinen, viele Möglichkeiten offenlassenden Lehre vom Gesetz, in der Thomas auf Aristoteles, die Stoa, Cicero und Augustinus zurückgreift, gibt der mittelalterliche Denker deutlich zu verstehen, welche Staats- und Gesellschaftsordnung er bevorzugt:

»Wenn es nun auf diese Weise dem Menschen natürlich ist, in Gemeinschaft mit vielen zu leben, dann muß es auch unter den Menschen etwas geben, wodurch die Vielheit regiert wird. Bei der so großen Zahl von Menschen und bei dem Bestreben des einzelnen, egoistisch für sein Privatinteresse tätig zu sein, würde die menschliche Gesellschaft nach den entgegengesetzten Richtungen aus den Fugen gehen, wenn niemand da wäre, dem die Sorge für das Gemeinwohl der Gesellschaft obliegt, geradeso wie der Leib des Menschen und überhaupt jedes lebendigen Wesens sich auflösen müßte, wenn nicht eine gemeinsame leitende Kraft im Körper vorhanden wäre, welche auf das gemeinsame Wohl aller Glieder sich richtet... Dies hat einen tieferen Vernunftgrund. Das Individuelle, das Eigene, und das Gemeinsame ist nicht ein und dasselbe. Im Eigenen liegt das unterscheidende und trennende, im Gemeinsamen das einigende und verbindende Element. Was aber unterschieden und verschieden ist, das hat auch verschiedene Ursachen. Es muß also außer dem, was jeden zu seinem eigenen Wohl hinbewegt, noch etwas geben, das auf das allgemeine Beste von vielen hinarbeitet. Deswegen nehmen wir überall, wo vieles auf eine Einheit hingeordnet ist, ein leitendes Prinzip wahr. In der Körperwelt werden durch den obersten, den himmlischen Körper, die anderen Körperwesen gemäß der Ordnung der göttlichen Vorsehung geleitet. Alle Körper werden wieder durch die vernunftbegabte Kreatur regiert. Wie im Makrokosmos ist es auch im Mikrokosmos. Im einzelnen Menschen beherrscht die Seele den Leib, und unter den Teilen der Seele wird der iraszible und konkupiszible durch die Vernunft gelenkt. Desgleichen ist von den Gliedern des Leibes eines das vornehmste Glied, das alle anderen bewegt, nämlich das Herz oder das Haupt. Es muß daher bei jedweder Vielheit ein regierendes Prinzip geben.«

Somit begründet Thomas aus der Natur des Menschen heraus die Entstehung, Berechtigung, ja Notwendigkeit einer sozialen Autorität, die uns stufenweise im Familienvater, im Oberhaupte einer Gemeinde und schließlich auf der politischen Ebene im König des Landes entgegentritt. Der Staat ist für Thomas – anders als für Luther, Stahl und die meisten Protestanten – keine erst aus dem Sündenfall sich ergebende Notwendigkeit. Er ist nicht eine Strafe für den gefallenen Menschen. Nach seiner ausdrücklichen Lehre hätte es im Paradiese, wäre es nicht zum Sündenfall gekommen, Gesellschaft, Autorität und Staat als Herrschaft gegeben; ebenso wie die Menschen im Stande der Unschuld Sexualität, Ehe und Familie gekannt haben würden. Auf die Frage, ob auch eine Menschheit ohne Sündenfall von Herrschaft und damit Ungleichheit geprägt wäre, gibt der Kirchenlehrer folgende Antwort:

»Herrschaft wird doppelt genommen. In der *einen Weise* ist sie der Gegensatz zu Sklaverei und heißt einer Herr, dem einer als Sklave untergeben ist. *In der anderen* wird sie insgemein für die Unterstellung in irgendwelcher Weise angewandt: so kann auch, wem das Amt obliegt, Freie zu regieren und zu lenken, Herr heißen. Nimmt man Herrschaft in der ersten Weise, so war im Unschuldsstande der Mensch nicht Herr über den Menschen; aber im zweiten Sinne einer Herrschaft hätte im Unschuldsstande der Mensch über den Menschen Herr sein können... Es hat einer dann die Herrschaft über den anderen als Freien, wenn er ihn zu dessen eigenem Gut oder zum Gemeingut hinlenkt. Eine derartige Herrschaft von Mensch zu Mensch wäre im Unschuldsstande um zweierlei willen vorhanden gewesen. Erstlich, weil der Mensch naturhaft ein Gesellwesen (animal sociale) ist: weshalb die Menschen im Unschuldsstande gesellhaft gelebt hätten. Ein Gesellschaftsleben von Vielen kann es aber nur geben, wenn irgendeiner, der das gemeinschaftliche Gut in seinen Absichten trägt, Vorsteher ist: denn die Vielen streben an und für sich zum Viel, der Eine hingegen zum Einen. Und deshalb sagt der Philosoph (Aristoteles): wo auch immer nur das Viel auf das Eine hingereiht wird, trifft man stets das Eine als Haupt und Leitung an. – Zweitens, wenn ein Mensch eine Überragung an Wissen und Gerechtigkeit gegenüber dem anderen aufgewiesen hätte, so wäre es unangebracht gewesen, wenn das nicht in Nutzen für die andern sich ausgewirkt hätte, gemäß dem Wort des ersten Petrus-Briefes: ›Dienet einander, ein jeder mit der Gnadengabe, wie er sie empfangen hat.‹ Deswegen sagt Augustinus im 19. Buch von *De Civitate Dei:* ›Die Gerechten führen nicht den Befehl in Herrschgier, sondern im Ratsamt: das ist das Gebot der natürlichen Ordnung, so hat Gott den Menschen geschaffen.‹«

Mit anthropologischen, theologischen, ethischen und, wie man heute sagen würde, systemtheoretischen Argumenten vertritt Thomas die These von der natürlichen Angewiesenheit des Menschen auf Autorität, Herrschaft und Staat. Gilt dies bereits für den noch nicht gefallenen Menschen, dann in noch höherem Maße von dem, dessen Natur infolge der Erbsünde zwar nicht total verdorben, jedoch geschwächt und getrübt ist. Mit Aristoteles unterscheidet der Aquinat zwischen drei guten Regimenten, denen er drei schlechte gegenüberstellt. Die ersten gliedern sich in Demokratie, Aristokratie und Monarchie – je nachdem, ob die gerechte Staatsgewalt von vielen, von einigen oder von einem ausgeübt wird. Dementsprechend erscheint die ungerechte Staatsgewalt in drei Zerrformen: Demokratie im schlechten Sinne von Demagogie und Pöbelherrschaft, Oligarchie und Tyrannis.

Für das beste Regiment hält Thomas die Monarchie, für das schlechteste die Tyrannis, also die Entartung der Monarchie.

Um der Tyrannis vorzubeugen, empfiehlt der Scholastiker eine »gemischte Verfassung«, ein *regimen mixtum,* mit einer monarchischen Spitze, einem aristokratischen Element und einer demokratischen Basis in den mit aktivem und passivem Wahlrecht ausgestatteten Bürgern. Das Gesetz ist dann die Verfassung des Volkes: *lex est constitutio populi.* Dieses demokratische oder besser gesagt: liberale Element ist, unabhängig von der jeweiligen Staats- und Regierungsform, insofern unaufhebbar, also von der *lex naturalis* geboten, als der mit Vernunft begabte und freie Mensch Selbstzweck ist:

»Die verstandbegabte Natur allein ist frei; in jeder Herrschaftsform aber geschieht die Waltung für die Freien um dieser selbst willen.« Gewiß: Allein auf

sich gestellt, wäre kein Mensch imstande, das Leben so zu führen, daß er seinen Zweck erreicht und den Sinn seines Daseins erfüllt. Er bedarf der Mitmenschen, er bedarf der Gesellschaft, der Autorität und des Staates. Doch er bedarf ihrer, um *»sein eigenes Ziel«, proprium finem,* erreichen zu können. Der Mensch ist nicht nur ein politisches und soziales Wesen – er ist *auch* eines: »Homo non ordinatur ad communitatem politicam secundum se totum et secundum omnia sua.« Er ist nicht Zelle eines Organismus, sondern selbständige Substanz und daher der politischen Ordnung nur insoweit unterworfen, als diese im Dienste des allgemeinen Wohles tätig ist. Das allgemeine Wohl ist keineswegs mit der »Staatsräson« oder dem Wohl eines übergeordneten hypostasierten Kollektivs identisch, denen sich der einzelne unbedingt zu fügen hätte. Das allgemeine Wohl umfaßt vielmehr jene Bedingungen, die für alle Individuen notwendig oder nützlich sind, um ein gutes, glückliches und ihrer Natur angemessenes Leben führen zu können. Dazu gehört neben den materiellen Voraussetzungen an erster Stelle der Friede. So sehr das organisierte *bonum commune,* das der Staat ist und garantiert, von den einzelnen Opfer und Verzicht beanspruchen darf, so wenig gilt für Thomas' Gesellschaftslehre und Staatsphilosophie der Satz: »Du bist nichts, dein Volk ist alles.« Staat, Gesellschaft, Volk sind ihm keine selbständigen Substanzen, vielmehr bestehen sie aus individuellen, personalen Substanzen, den auf Vernunft, Freiheit und Glückseligkeit hin angelegten einzelnen, die einen ontologischen Vorrang vor allen Allgemeinheiten einnehmen:
»Persona significat id quod est perfectissimum in tota natura« – Die Person ist eben doch das Vollkommenste, was es auf der ganzen Welt gibt. »Ipsa individua sunt de principali intentione naturae« – Die Natur zielt auf den einzelnen als solchen.
Dieser Primat des Individuums hat zur Folge, daß im Zweifelsfalle jede Obrigkeit vor der Souveränität der freien personalen Gewissensentscheidung zurückzutreten hat. Obwohl er als Christ, Theologe und Mann der Kirche neben der Autorität der Heiligen Schrift auch die Autorität des über dem weltlich-staatlichen Regiment stehenden päpstlichen Amtes anerkannte, hatte Thomas gleichwohl den Mut, dem Gewissen des einzelnen absoluten Vorrang vor jeder Obrigkeit einzuräumen: selbst das irrende Gewissen binde mehr als staatliche oder kirchliche Gesetze und lasse sogar die Gehorsamspflicht gegenüber dem Papst erlöschen. Es ist dieselbe Kühnheit, mit der Thomas in seinem Kommentar zum alttestamentlichen Buche Hiob auf die Frage antwortet, ob denn nicht eine freimütige Disputation des Menschen mit Gott unziemlich sei wegen des überragenden Unterschiedes zwischen beiden:
»Die Wahrheit ändert sich nicht aus Rücksicht auf die Stellung der Personen. Wenn also jemand die Wahrheit sagt, kann er nicht besiegt werden – er mag streiten, mit wem er wolle.«
Vielleicht dachte Lord Acton an diese fromm verwegenen Worte des mittelalterlichen Mönchs, als er das Bonmot prägte: »Nicht der Teufel, sondern der heilige Thomas war der erste Liberale.«

Mit diesem Zitat von Lord Acton soll nicht versucht werden, den Aquinaten gewaltsam zu aktualisieren und ihn zu einem Emanzipationstheologen umzumodeln. Er war gewiß kein Anwalt der »Säkularisierung« im Sinne einer totalen Befreiung aller Lebensbereiche von der Welt des Glaubens. Er lehrte sogar eine Unterordnung der staatlichen Gewalt unter die der Kirche, wenngleich er dem Papste keine potestas directa, keine absolute Autorität über das Weltliche und Geistliche zugleich, sondern nur eine potestas indirecta in temporalia zuspricht: sie erstreckt sich nur so weit auf das Zeitliche, als dasselbe für das Übernatürliche belangvoll ist. Thomas philosophierte über Staat und Gesellschaft als gläubiger Christ im Raume der Kirche. Doch zugleich gab er der Vernunft – die er im Sinne seines Zeitalters mit der aristotelischen Philosophie gleichsetzte – einen Rang innerhalb der Welt des Glaubens, den sie vorher dort nicht eingenommen hatte. Seine Lehre von der Wesenseinheit aus Seele und Leib, derzufolge der Mensch beseelter Leib und verleiblichter Geist ist, und sein Grundsatz von der Eigenständigkeit und Eigenwirklichkeit der natürlichen »causae secundae«, der geschöpflichen »Zweitursachen«, gehören zu den entscheidenden geistesgeschichtlichen Wurzeln der Neuzeit. In einer im Ganzen noch hierarchisch gegliederten Welt hat Thomas damit einen bedeutsamen Schritt auf eine Gesellschaft hin getan, in der die autonome menschliche Vernunft die Strukturen der Wirklichkeit unabhängig von Theologie und Dogma erforscht.

In Leben und Lehre des Aquinaten stoßen antike, feudale und bürgerliche Elemente aufeinander, zu einer relativ stabilen Synthese zusammengefügt kraft des architektonisch-systematischen Genius dieses Kirchenlehrers, dessen Summen man mit Recht als enzyklopädische Kathedralen, Theologie gewordene gotische Baukunst bezeichnet hat. Wollte man die Fugen und Nähte auftrennen, so zeigte sich, daß sein System eine Reihe von sehr verschiedenen und im Grunde kaum miteinander zu vereinbarenden Komponenten enthält. Autorität und Freiheit, Glaube und Wissen, Dogma und Philosophie, Natur und Übernatur, Diesseits und Jenseits, Kirche und Staat, Evangelium und Aristoteles – es gibt keinen noch so großen Gegensatz, den Thomas nicht mit seinem Drang zu rationaler Harmonisierung zu überbrücken versucht. Dies zeigt sich insbesondere auch in seiner Sozialphilosophie. Sie birgt auf verschiedenen Ebenen – entsprechend den verschiedenen Stufen von der *lex aeterna* über die *lex naturalis* bis zur *lex humana* – völlig heterogene Gesellschaftsbilder und politische Idealvorstellungen. Um diesen Pluralismus an einem Beispiel zu zeigen, sei an die thomasische Lehre vom Eigentum erinnert. Im ersten Teil der *Summa theologica,* und zwar im ersten Artikel der 98. Quaestio sagt Thomas: »Im *Jetztstand* muß notwendig mit der Vermehrung der Herren die Besitzteilung geschehen, *weil gemeinschaftlicher Besitz die Gelegenheit zu Unfrieden ist,* wie der Philosoph (Aristoteles) sagt. Im *Unschuldsstand* (das heißt: im Paradiese) wären aber die Willen der Menschen so geordnet gewesen, daß sie ohne Gefahr des Unfriedens die ihrer Herrschaft unterliegenden Dinge *gemeinsam gebraucht* hätten, je nachdem es einem jeden von ihnen zugestanden hätte: *wie das auch jetzt noch bei vielen guten Leuten üblich ist.*«

Thomas sagt hier also, daß der Mensch im Stande der Vollkommenheit – also Adam und seine Nachkommen vor dem Sündenfall – die Güter dieser Welt in der Weise eines familialen Kommunismus benutzt hätten. Gütergemeinschaft entspricht dem Naturgesetz des ursprünglichen Menschen. Die Entstehung des

Privateigentums wird aber von ihm nicht als Sündenfall, sondern nur als eine Folge des Sündenfalls angesehen. Mehr noch: das Privateigentum ist für die im Zustand der Erbsünde geborenen Menschen sogar eine Art Heilmittel, da geteilter Besitz zu weniger Streit führe als gemeinschaftlicher. Zugleich sagt der Kirchenlehrer aber, daß es auch nach dem Sündenfall des Urelternpaares »viele gute Menschen« gibt, die dennoch die Güter dieser Welt auf kommunistische Weise zu gebrauchen verstehen. Thomas denkt hierbei offenkundig an die in Klöstern und Ordensgemeinschaften lebenden Christen. Somit führt Thomas die Gütergemeinschaft zwar auf die *lex naturalis* zurück, ohne daß diese jedoch den Kommunismus unbedingt vorschreibt. Dieses Naturgesetz enthält nämlich gar keine *ausdrückliche* Regelung über Eigentum und Besitz; es läßt an sich verschiedene Möglichkeiten offen. Für die Menschheit im Sündenstande ist jedoch das Privateigentum dem Gemeineigentum vorzuziehen. Das Privateigentum läuft somit dem Naturgesetz nicht zuwider, aber es entbehrt auch der Weihe höheren Rechtes. Es stellt nur eine von der menschlichen Vernunft hervorgebrachte *adinventio,* eine Ergänzung dar und fällt deshalb bloß unter das positive Gesetz der jeweiligen Gesellschaft (vgl. Summa theologica II, II, 66, 2 ad 1).
Während bei den älteren Kirchenvätern wie Clemens von Alexandrien, Tertullian, Cyprian, Laktanz, Origenes, Johannes Chrystomos und anderen der Akzent auf dem Gemeineigentum liegt und das Privateigentum moraltheologisch diskriminiert wird, legt Thomas, indem er auf Aristoteles zurückgreift, den Akzent mehr auf das Privateigentum, ohne daß er jedoch den Kommunismus als Möglichkeit für »gute Leute« ausschließt. Insofern äußert sich hier, wie auch sonst in seiner Sozialphilosophie, der Geist des sich allmählich emanzipierenden Bürgertums der Städte, das die materielle Wirklichkeit und deren geistige sowie wirtschaftliche Aneignung nicht mehr den Klöstern zu überlassen gewillt ist. Da aber die Institution des Privateigentums nur eine Ergänzung zum Naturgesetz darstellt, kann es auch durch menschliche Vereinbarung wieder abgeschafft werden – sei es, daß die Menschen im Laufe ihrer Geschichte sich moralisch entwickeln; sei es, daß das Gemeinwohl dies erforderlich erscheinen läßt.

So finden wir im Werk des Aquinaten verschiedene Schichten. Es ist das Werk einer Übergangszeit. Manches wirkt heute *befremdlich* und *obsolet;* anderes erscheint von *erregender Modernität* – so modern, wie es auch seine Zeitgenossen empfanden, für die er einer der kühnsten Neuerer war, einer jener »moderni«, denen der aufgebrachte Papst Gregor IX. zurief: »Contenti terminis a patribus institutis!« – Begnügt euch mit den von den Vätern festgesetzten Grenzen!
Wieder anderes mag *trivial* klingen, obgleich es immer wieder Situationen gibt, in denen es angebracht ist, an gewisse verdrängte Selbstverständlichkeiten zu erinnern.

Befremdlich, ja geradezu ungeheuerlich nehmen sich im Werke eines Denkers, der den Menschen als »Zweck seiner selbst«, als sich in Freiheit vollbringendes Wesen angesehen und seinem Gewissen die höchste Souveränität zugesprochen hat, jene Abschnitte aus, in denen er Leibeigenschaft und Sklaverei rechtfertigt und die Todesstrafe für Häretiker mit der Begründung fordert: Wenn es gerecht ist, die Falschmünzer zum Tode zu verurteilen, dann müsse auch der getötet werden, der viel Schlimmeres verübe, als nur die Mittel zum zeitlichen Leben zu verfälschen.

Zu den thomasischen Aussagen, die auch nach mehr als siebenhundert Jahren von erregender Modernität sind, gehören die Abschnitte im zweiten Teil seiner *Summa theologica,* in denen er die Umrisse eines Rechts-, Sozial- und Kulturstaates zeichnet, eine Ethik des Widerstandsrechts entwirft und so etwas wie eine Soziologie der staatlichen Beziehungen entwickelt. Dazu zähle ich auch die Lehre des heiligen Thomas von der leibhaften Struktur der Menschenseele, eine Lehre, die Péguy in das Wort zusammengefaßt hat: »Das Geistige selbst ist von Fleisch.«

Zum Schluß einige Sätze aus dem dritten Bereich. Sie formulieren möglicherweise triviale Wahrheiten; sie deshalb als überholt abzutun, könnte freilich einen hohen Preis haben – den Verzicht auf Klugheit:

»Man muß die Ansichten der Alten, seien diese wie auch immer, hören. Es hat dies einen doppelten Nutzen, indem wir das von den Alten richtig Gesagte uns aneignen und das, was bei ihnen sich Irriges findet, vermeiden.« – »Der Mensch besitzt von Natur aus eine gewisse Veranlagung zur Tugend. Aber die Vollendung der Tugend kann dem Menschen nur zukommen durch zuchtvolle Übung... Nicht leicht ist indes der Mensch aus sich selber genügend imstande, diese zuchtvolle Übung auf sich zu nehmen. Denn die Vollkommenheit der Tugend besteht vor allem darin, daß der Mensch von aller unerlaubten Lust fern bleibt. Zu dieser neigen die Menschen jedoch sehr, besonders die jungen Menschen, an denen sich die Zucht stärker wirksam erweist. Deswegen müssen die Menschen diese Zucht, durch die sie zur Tugend gelangen sollen, von einem anderen erfahren... Es gibt jedoch widerspenstige und dem Laster zuneigende Menschen, die sich nur schwer durch Worte bewegen lassen. Diese müssen durch Zwang und Furcht vom Bösen abgehalten werden, damit sie wenigstens so ihr übles Treiben aufgeben, das Leben der Mitmenschen nicht beeinträchtigen und schließlich durch derartige Angewöhnung selbst dazu gebracht werden, freiwillig zu tun, was sie vorher nur aus Furcht taten, und tugendhaft werden. Diese Zucht, die durch Furcht vor der Strafe zwingt, ist aber die Zucht der Gesetze.« – »Das Geringste an Erkenntnis, das einer über die erhabensten Dinge zu gewinnen vermag, ist ersehnenswerter als das gewisseste Wissen von den niedrigen Dingen.« – »Denn von den höchsten Dingen auch nur mit kleiner und geringfügiger Betrachtung irgend etwas erschauen zu können ist das Allerangenehmste.« (1974)

NICCOLÒ MACHIAVELLI

Niccolò Machiavelli, der im Alter von achtundfünfzig Jahren am 22. Juni 1527 starb, erzählte nicht lange vor seinem Tode seiner Frau Marietta einen Traum. Er sei darin einer Schar von Leuten begegnet, alle abgestumpft, gelangweilt und müde, und auf seine Frage habe er vernommen, daß dies die Seligen aus dem Paradiese seien. Danach habe er eine andere Gruppe getroffen: Männer mit ernsten, würdevollen Gesichtern, die über erhabene Dinge sprachen, und unter ihnen habe er griechische Philosophen und römische Staatsmänner erkannt. Das seien, so wurde ihm erklärt, die Verdammten auf dem Weg zur Hölle. Als man ihn vor die Wahl stellte, sich einer der beiden Gruppen anzuschließen, habe er ohne zu zögern geantwortet: »Ich möchte lieber mit großen Männern in der Hölle, als mit jenen Wichten im Himmel sein.«

Ob wahr oder erfunden, ist diese Anekdote typisch für Machiavelli. Im Vergleich zu ihm gehört Dante noch ganz zum Mittelalter. Mit Machiavelli hat die Neuzeit endgültig begonnen. Seit fast ebenso langer Zeit wird gegen ihn geschrieben. Sein Ruhm ist so alt wie sein böser Ruf. Er ist der meistgeschmähte politische Schriftsteller und Staatsphilosoph aller Zeiten. Seine Gedanken faszinieren und beunruhigen seit bald einem halben Jahrtausend Europa und die europäisch geprägte Welt. Machiavelli ist von Dilthey mit Recht als eine »Weltmacht« bezeichnet worden. Er wurde befehdet, verdammt und als Agent der Hölle angeschwärzt. Machiavellismus galt (und gilt noch immer) als Synonym für alle möglichen Arten von politischer Weiße-Kragen-Kriminalität, für Verrat, Heimtücke und Mord. Shakespeare läßt König Richard II. sagen, er wolle so teuflisch handeln, daß selbst der ruchlose Machiavelli bei ihm noch werde in die Schule gehen können. Wer in England den Satan nicht direkt nennen will, pflegt ihn mit Machiavellis Vornamen anzusprechen: »Old Nick«. Der überwiegende Teil der Machiavelli-Literatur hat bis weit ins vorige Jahrhundert hinein exorzistischen Charakter; bekannt ist der »Antimachiavell« Friedrichs II. von Preußen. Die Akten über ihn sind noch nicht geschlossen. »Machiavelli hat den Reiz der Sphinx; man wird nicht müde, sich mit ihm zu beschäftigen«, sagte vor mehr als hundert Jahren Karl Hillebrand, der zeitweilige Sekretär Heinrich Heines. Die Sphinx ist ein mythisches Doppelwesen, halb Mensch, halb Löwe, das vor der Stadt Theben den Wanderern auflauert; jedem gibt sie ein Rätsel auf, und wer es nicht zu lösen vermag, den bringt sie zu Fall. Ein Herrscher, sagt Machiavelli in »Il Principe«, müsse imstande sein, »die Natur des Tieres und des Menschen anzunehmen«, also eine Art von Sphinx sein. Der Florentiner meint damit die für alles politische Handeln notwendige Verbindung von Recht und Gewalt. Was diese betrifft, so soll sie in sich vereinigen die Art des Löwen mit der des Fuchses: »Man muß Fuchs sein, um die Schlingen zu wittern, und Löwe, um die Wölfe zu schrecken.«

Machiavellis politisches Denken gründet in einer bestimmten Anthropologie: in seiner Lehre vom Menschen als Zwitterwesen, schwankend zwischen Vernunft und Leidenschaft, Recht und Gewalt. Der Mensch ist von Natur »undankbar, wankelmütig, verlogen, heuchlerisch, ängstlich und raffgierig«. Dieser schwankenden Natur entspricht Machiavellis Begriff der »fortuna«. Fortuna – das Glück, die Gelegenheit, der Zufall – ist »zur Hälfte die Herrin über unsere Taten«. Die andere Hälfte gebührt der »virtù«, der menschlichen Entschlossenheit, Energie und Kreativität. »Virtù« besteht darin, sein Boot über die stürmische See zu steuern, der Willkür der Fortuna planend, gestaltend und kämpfend entgegenzutreten.

Die naturwüchsige Macht der Fortuna fordert eine Gegenmacht heraus, die das blinde Chaos bändigt und ordnet. Und die Ordnung dieses Chaos ist allemal künstlicher Natur, das Resultat von Manipulation, List und Gewalt. Auflösung, Verfall und Regellosigkeit sind das natürlich Gegebene; sie stellen sich stets von selbst ein. Ihre Bändigung ist stets die Ausnahme, eine unwahrscheinliche Abrungenschaft.

Der angebliche Zyniker und Immoralist ist, mitten in der Zeit der Renaissance, der erste große Theoretiker der Dekadenz. Belehrt durch das Studium der antiken Geschichtsschreiber, vor allem aber aufgrund seiner eigenen Erfahrungen als Diplomat und Politiker in einer stürmischen Epoche des Übergangs und der Krise, entwickelt er eine Lehre von den Ursachen politischen Verfalls und den Bedingungen politischer Größe, der Erneuerung und Regeneration der *res publica.* Ausdrücklich widmet er seine »Discorsi« jenen »jungen Menschen«, die die gegenwärtigen Zeiten des Verfalls ablehnen und eine neue »virtù« vorbereiten. Die »necessità« (Notwendigkeit), von der Machiavelli immer wieder spricht, ist kein eherner Determinismus, und seine Einsicht in die Gesetze des Verfalls völlig frei von pessimistischer Resignation. Immer ist es möglich, durch schöpferische Initiative den Verfall aufzuhalten; so wie ihr Fehlen den Zusammenbruch beschleunigen kann. Diejenigen Krisen gereichen den Gemeinwesen zum Heil, die sie zu ihren Ursprüngen zurückführen. Am besten geordnet und am zukunftsreichsten sind Staaten, die institutionelle Vorkehrungen zur Selbsterneuerung aufweisen: »Das Mittel, sie zu erneuern, ist, sie zu ihrem Anfang zurückzuführen; denn alle Anfänge müssen notwendig etwas Gutes haben, mit Hilfe dessen sie ihr ursprüngliches Ansehen und Wachstum wieder annehmen.«

Vor dem Hintergrund dieser Lehre von *decadenza* und *riordinamento,* von Niedergang und Erneuerung, wie sie Machiavelli in den »Discorsi« niedergelegt hat, muß sein berüchtigtes, eigentlich »machiavellistisches« Werk über den erfolgreichen Fürsten, »Il Principe«, gelesen und beurteilt werden. Es lehrt, daß Staat zuerst und zuletzt Macht bedeutet. In einem Staate leben heißt, dazu verurteilt sein, mit der Macht leben zu müssen. Wer staatliche Macht will, der *politicante,* muß sie ganz wollen. Die *via del mezzo* der Halbheiten führt ins Verderben. Man kann nicht Staatsmann und Heiliger zugleich sein. Nur bewaffnete Propheten haben Erfolg – freilich um den Preis, daß sie dann aufhören, Propheten zu sein. Mit Recht nennt Nietzsche den Machiavelli des »Principe« in einem Atemzug mit dem Thukydides der Geschichte des Peloponnesischen Krieges. Gemeinsam ist beiden der Mut vor der Realität, der unbedingte Wille, sich nichts vorzumachen. Sie gehören zu der kleinen Schar heroischer Realisten, die ungerührt aussprechen, was ist.

Machiavelli hat die Autonomie des Politischen entdeckt. Mit ihm beginnt das Zeitalter der Demaskierungen. Es ist ein sinniger Zufall, daß er bald nach dem

»Principe«, in dem er offen ausspricht, was ungeschminkte Machtpolitik zu allen Zeiten bedeutet, auch die anzügliche Komödie »Mandragola« geschrieben hat, eine Bloßstellung der Scheinheiligkeit. Die Bildhauer und Maler der Renaissance stellten den menschlichen Leib in strahlender Nacktheit dar. Machiavelli, der Landsmann Donatellos und Michelangelos, wagte als erster, die Figur der Macht nackt zu zeigen: Macht als unaufhebbares Faktum der Weltgeschichte, als natürliches Wesensmerkmal aller Politik, als elementaren Ausdruck der menschlichen Natur. Vernunft vermag nicht, die Macht zu beseitigen; sie kann uns jedoch Mittel und Wege weisen, mit ihr erfolgreich umzugehen.

Machiavelli nahm teil – als Mitspieler und Opfer – an den dramatischsten Ereignissen, die seine Stadt je erlebte. Er ist Zeitgenosse des theokratischen Propheten Savonarola und des autokratischen Abenteurers Cesare Borgia; er wird Zeuge der bewaffneten Interventionen der französischen Könige und der habsburgischen Kaiser in Italien; er wird nach der Rückkehr der Medici amtsenthoben, gefangengesetzt, gefoltert und schließlich auf sein kleines Landgut San Casciano verbannt, wo er seinen »Principe«, die »Discorsi« und sein Buch über die Kriegskunst schreibt. Er litt an der von hemmungslosen und selbstsüchtigen Fürsten bewirkten Vielstaaterei Italiens, das zur Beute der europäischen Großmächte zu werden drohte. Er verglich den Ruin seines Volkes mit dem Aufstieg Roms zur Weltmacht, wie ihn Livius dargestellt hat. Unmöglich erschien ihm angesichts der Zustände rings um ihn eine Rettung durch ehrbare Politik. Beeindruckt von dem ruchlosen Condottiere Cesare Borgia imaginierte seine politische Phantasie die Gestalt des Befreiers, der die »Barbaren« aus Italien vertreiben sollte. Ranke meint dazu: »Machiavelli suchte die Heilung Italiens; doch der Zustand desselben schien ihm so verzweifelt, daß er kühn genug war, ihm Gift zu verschreiben.« So standen die Dinge vor den Augen dieses Skeptikers und Realisten, dessen Dämon die Politik war: »Fortuna hat bestimmt«, schrieb der zwangspensionierte Staatsmann an einen Diplomaten, »daß ich weder vom Tuchgewerbe noch vom Seidenhandel, weder über Gewinn noch über Verlust, sondern vom Staat allein zu reden weiß, oder das Gelübde tun muß, zu schweigen.«

Keineswegs hat der *segretario fiorentino,* wie immer wieder unterstellt wird, die Moral als solche abgelehnt. Als Denker der Regeneration ist ihm durchaus bewußt, daß kein Staatswesen ohne bürgerliche Moral, ohne das, was Tocqueville und Pareto »les croyances« nennen, sich zu erhalten und zu erneuern vermag. Machiavelli hat ausgesprochen, daß die Wirklichkeit des Kampfes um die Erringung und Bewahrung politischer Macht moralisch anrüchig ist. Er hat, eingedenk der Ursachen altrömischer Größe, den Ausspruch gewagt: »Wo von einem Entschluß die Existenz des Staates abhängt, darf keine Erwägung über Recht oder Unrecht, Menschlichkeit oder Grausamkeit, Ruhm oder Schmach den Ausschlag geben. Unter Hintanstellung aller anderen Gründe darf es nur eine einzige Frage geben: Welche Handlungsweise rettet das Leben und die Freiheit des Landes?«

Wer will bestreiten, daß nach diesem Rezept zu allen Zeiten große Politik gemacht wurde? Nicht moralische Gesinnung ist der Maßstab für die Richtigkeit einer politischen Handlung, sondern der durch nüchterne Sicht der Dinge und zweckmäßigen Einsatz von Machtmitteln erzielte Erfolg. Zu diesem Erfolg können gegebenenfalls auch die in einer konkreten Gruppe lebendigen moralischen Überzeugungen entscheidend beitragen. Machiavelli leugnet durchaus nicht, daß es so etwas wie Moral gibt. Sie ist für ihn allerdings nur eine soziale Tatsache neben anderen. Er spricht die brutale Erkenntnis aus, daß im Machtkampf der Fürsten und Völker dem Verbrechen seine Rolle zukommt, doch Verbrechen bleibt für ihn Verbrechen. Er ist kein Sophist. Im Gegensatz zu den revolutionären Moralisten späterer Zeitalter nennt er das Böse nicht gut. Er spricht aus, daß der Staatsmann als Staatsmann auch Böses tun müsse; doch er sagt nicht, daß der um politischer Ziele die Gesetze der Moral verletzende Staatsmann der wahre Heilige sei.

Zu seiner Sphinx-Natur gehört mit der Umstand, daß sich des Machiavellismus – verstanden als rationale Technik der Machtbehauptung – Konservative wie Revolutionäre, regierende wie zur Regierung drängende Diktatoren bedienen können. Mussolini hat den »Principe« ebenso studiert wie der von ihm verfolgte Marxist Antonio Gramsci, einer der Lehrmeister Enrico Berlinguers. Gibt es auch einen Machiavelli für Demokraten? Wenn man dem Florentiner vorhielte, daß er den Tyrannen die Mittel anvertraut habe, die Völker zu versklaven, könnte er mit Recht entgegnen, daß seine Lehren auch die Völker befähigen, die Listen ihrer Zwingherren zu durchschauen und ihr Joch abzuschütteln. Im Grunde seines Herzens war Signore Niccolò ein Republikaner. Sein Ideal war das vorkaiserliche Rom der Bauern, Soldaten und Juristen; daneben bewunderte er die Schweiz mit ihren sowohl freiheitlichen als auch wehrhaften Institutionen. In einem Brief schreibt er: »Wenn ich nicht absichtlich jeden Dogmatismus vermieden hätte, wäre es mir leicht gefallen, aus den von mir festgestellten Voraussetzungen die Folgerung zu ziehen, daß eine auf gute Ordnung gegründete Demokratie die beste und vortrefflichste Regierungsform ist.« Beachten wir, daß Machiavelli ausdrücklich von einer auf gute Ordnung gegründeten Demokratie spricht, nicht von jener, die, nach einem Wort Nietzsches, bloß eine Form staatlichen Verfalls ist. In seiner auf Anregung von Giulio de' Medici – dem späteren Papst Clemens VII. – geschriebenen »Istorie fiorentine« läßt er einen Würdenträger der Stadt Lucca seine Mitbürger ermahnen, daß sie sich über die Angriffe der Feinde nicht wundern mögen: »An ihnen ist es, darauf zu sinnen, daß sie euch die Freiheit rauben, an euch ist es, daß ihr die Freiheit verteidigt.« Machiavelli hat, so der unverdächtige Historiker Gerhard Ritter, als erster die eiserne Lehre von der Notwendigkeit der Macht als Voraussetzung aller Freiheit gelehrt. Er hat aber auch das Dämonische im Wesen aller Macht erkannt, ihre latente Neigung, sich absolut zu setzen. Diese Einsichten haben auch mehr als 450 Jahre nach Machiavellis Tod nichts von ihrer Gültigkeit verloren. Das Schicksal der liberalen Demokratien des Westens wird davon abhängen, ob sie bereit sind, diese Lektion von Machiavelli sich gründlich anzueignen. Hegel ist zuzustimmen, wenn er in seiner Schrift über die Verfassung Deutschlands den vielgeschmähten Italiener so beurteilt: »Man kann wahrnehmen, daß ein Mann, der mit dieser Wahrheit des Ernstes spricht, weder Niederträchtigkeit im Herzen noch Spaß im Kopfe hatte.« Das Ende des Zeitalters Machiavellis, das der französiche Philosoph Maritain vor einigen Jahren verkündet hat, ist noch nicht gekommen. Seine

Sphinx-Natur ist die der Politik selbst. Und deshalb werden wir den Florentiner nicht los. (1977)

THOMAS MORUS

Hat die katholische Kirche – bereits Jahrzehnte vor dem in Italien immer wieder beschworenen künftigen »historischen Kompromiß« zwischen Christdemokraten und Kommunisten – einen kommunistischen Theoretiker heiliggesprochen? Ist ein zur Ehre der Altäre erhobener Märtyrer der Ahnherr der Lehren von Marx und Engels? So könnte fragen, wer im Alexandergarten am Moskauer Kreml den Obelisk der Sozialrevolutionäre betrachtet. Auf ihm stehen die Namen von insgesamt neunzehn Männern, die den Kommunismus oder Sozialismus utopisch entworfen, theoretisch begründet oder zur Sache politischen Kampfes gemacht haben. Genannt werden Babeuf, der Anführer der »Verschwörung der Gleichen« zur Zeit der Französischen Revolution, die Frühsozialisten Saint-Simon und Fourier und selbstverständlich auch die beiden Begründer des Marxismus. In dieser Gesellschaft findet sich der Name eines britischen Lordkanzlers und Humanisten, der 1935, vierhundert Jahre nach seinem Tode, vom Papst heiliggesprochen wurde: *Thomas More.* Morus (dies ist sein im Stil des Renaissance-Humanismus latinisierter Name) ist der Verfasser der »Utopia«, des ersten und berühmtesten jener sogenannten Staatsromane, der einer ganzen literarischen Gattung den Namen gab. Das griechische Kunstwort Utopia ist eine Neuschöpfung des Thomas Morus; es bedeutet: »Nirgendland« oder »Land Nirgendwo«. Das lateinisch geschriebene Büchlein erschien, unter der Obhut des Freundes Erasmus von Rotterdam, im Jahre 1516 in Löwen und bald darauf auch in Basel. Es schildert ein Staatswesen ohne Privateigentum auf einer Insel im Meer, wo die Menschen, ohne vom Christentum berührt worden zu sein, friedlicher, glücklicher und harmonischer leben als in dem dynastisch, national und bald auch religiös zerrissenen Europa – ein Jahr nach dem Erscheinen der »Utopia« schlug Luther seine Thesen an der Türe der Wittenberger Schloßkirche an. Marxisten wie Karl Kautsky und Ernst Bloch erblicken deshalb in dem englischen Autor einen Propheten des neuzeitlichen Kommunismus. Auch die in Opposition zur SED stehenden Verfasser des Manifests demokratischer Kommunisten, das der »Spiegel« 1977 veröffentlichte, nennen Morus an erster Stelle als Kronzeugen für ihre systemkritischen Vorstellungen. Ob man vom Lordkanzler Sir Thomas More oder vom Märtyrer der katholischen Kirche, dem heiligen Thomas Morus, vom Humanisten oder gar Kommunisten Morus spricht, ist auch heute noch fast ein Glaubensbekenntnis. Die äußere Erscheinung dieses vielseitigen Staatsmannes, Schriftstellers, Sozialkritikers und Glaubenszeugen hat der Augsburger Maler Hans Holbein – seit 1536 Hofmaler König Heinrichs VIII. – festgehalten. Eine Reihe seiner Bilder und Zeichnungen sind zur Zeit in der Londoner National Portrait Gallery ausgestellt. Ein literarisches Porträt hat uns Erasmus überliefert. Morus, so schreibt er an Ulrich von Hutten, sei von mäßiger Körpergröße, seine Haut hell, das Haar dunkelblond, die Augen blaugrau, der Blick freundlich. Er sei zum Lächeln geneigt, mehr herzlich als ernst und würdevoll. Im Umgang angenehm, vermeide er übertriebene Förmlichkeit, wiewohl er sich in jeder Gesellschaft, in bürgerlichen Kreisen oder bei Hofe, vorzüglich zu benehmen wisse. Selber höchst geistreich, genieße er den Witz bei anderen. Die Torheit anderer amüsiere ihn eher, als daß er sich über sie ärgere. Seine Schrift »Lob der Torheit« hat denn auch Ersamus dem englischen Lordkanzler gewidmet. Ein anderer Zeitgenosse berichtet: Morus sei ein Mann von außerordentlicher Geisteskraft und Bildung. Je nachdem, wie es die Gelegenheit erfordere, sei er von herzlicher Heiterkeit und manchmal von stillem Ernst: *»A man for all seasons«*, ein Mann für alle Jahreszeiten. Er hatte die Gewohnheit, seine tiefsten Überzeugungen spielerisch humorvoll auszudrücken, und wenn er scherzen wollte, sprach er manchmal mit feierlich gravitätischer Miene. Er besuchte täglich die Messe und pflegte mit seiner Familie aus dem Psalter zu beten, hielt sich aber auch einen Spaßmacher in seinem großen Landhaus in Chelsea. Ebenso weiß er von dem Volk der Utopier zu berichten, daß es an Narren seine Freude habe. Als er, wegen angeblichen Hochverrats von dem tyrannisch vulgären König Heinrich VIII. zum Tode verurteilt, am 6. Juli 1535 sein Haupt auf das Schafott zu legen hatte, bat er den Scharfrichter noch um einen Augenblick Geduld. Morus rückte hierauf seinen Bart zur Seite, um ihn zu schonen, und bemerkte dazu: »Der Bart hat ja keinen Hochverrat begangen.« So beschloß er sein Leben mit einem Scherz und verwirrte damit, ähnlich wie einst Sokrates, die Zeitgenossen.

Thomas Morus, dieser christliche Sokrates im Herbst des Mittelalters, entstammte einer guten, doch nicht vornehmen Familie. Sein Vater war Jurist und wurde später Richter. Sein wie seines Sohnes Lebensstil war gehoben bürgerlich, nicht adelig. Er ließ dem 1478 geborenen Thomas eine gute Ausbildung angedeihen. Morus war zuerst Lateinschüler, dann Page des Erzbischofs von Canterbury und damaligen Lordkanzlers, Kardinal Morton, schließlich Student der Rechte in Oxford. An der Lincoln's Inn, einer der vier Anwaltskammern, vollendete er seine juristischen Kenntnisse. Vier Jahre lang lebte er, wenngleich ohne Gelübde, bei den Kartäusern in London, und einen mönchischen Zug, dem freilich nichts Düsteres anhaftete, behielt er zeitlebens. Auch das in der »Utopia« gezeichnete insulare Gemeinwesen wirkt wie ein großes, wohlgeordnetes Kloster, in dem die benediktinische Ordensregel »Ora et labora« (Bete und arbeite!) für alle Bürger gilt. Morus wurde Parlamentsabgeordneter, Unter-Sheriff von London, Berater des Königs, Sprecher des Unterhauses und 1529 Lordkanzler, also Präsident des House of Lords und höchster Richter des Königreichs. Dem Volk von London blieb er noch lange nach seinem Tode als unbestechlicher Richter und Anwalt der Armen im Gedächtnis. Nach dem Hinschied seiner ersten Frau heiratete er wieder. Er war Vater mehrerer Kinder; seine besondere Vertraute war, vor allem in seinen letzten Lebensjahren, die älteste Tochter, Margaret. An Erasmus von Rotterdam, den jahrzehntelangen Freund, schrieb er von dem Glück, das er mit beiden Frauen gehabt habe. Deshalb entwarf er folgende Grabschrift: »O wie gut hätten wir drei in der Ehe zusammen leben können, hätten Schicksal und Religion es so gewollt.« Unter der Staatsrobe und der goldenen Amtskette trug der ein vollendetes klassisches Latein sprechende und schreibende Weltmann freilich ein härenes Büßergewand. Er verfaßte eine Reihe von religiösen Schriften, darunter eine über die Traurigkeit des leidenden Christus, und schrieb an Erasmus, der sich zeitlebens allen politischen Würden entzog und schließlich auch vom Priesteramt dispensieren ließ, wie sehr er ihn wegen seiner zurückgezogenen Lebensweise beneide. Er erhoffe für sich einen ähnlichen Lebensabend, um in der Stille nur Gott und sich selbst obliegen zu können. Dies war Morus' höchstpersönliche spirituelle »Utopie«.

Sie erfüllte sich ihm anders, als er gewünscht hatte. Als König Heinrich VIII. die von ihm gewünschte kirchliche Nichtigerklärung seiner Ehe mit Katharina von Aragon nicht erhielt, betrieb er selbst die Scheidung, heiratete die Hofdame Anna Boleyn (die er drei Jahre später hinrichten ließ) und erhob sich eigenmächtig zum obersten Herrn der Kirche Englands. Damit wurde die anglikanische Kirche als eine von Rom unabhängige Nationalkirche konstituiert, die dem jeweiligen Herrscher unterstand. Der König galt von nun an nicht nur als höchste politische Instanz, sondern beanspruchte auch die Oberhoheit in kirchlichen und theologischen Belangen. Morus trat von seinem Amt zurück. Sein christliches Gewissen verbot es ihm, einem Monarchen länger Gefolgschaft zu leisten, der die Einheit der Kirche zerriß und den Vorrang der geistlichen Autorität vor der weltlichen Gewalt bestritt. Morus wollte kein Rebell und kein Revolutionär sein. »Er haßt aufrührerische Lehren«, schrieb Erasmus über ihn. Nicht er, sondern der skrupellose und tyrannische König war der Revolutionär. Der Verfasser der »Utopia« war alles andere denn ein Verwandter Thomas Münzers, Karl Marx' oder sonstiger Umstürzler. Er war ein zutiefst konservativer Geist, der sich gegen fast alles, was zu seiner Zeit als »fortschrittlich« galt, zu stemmen erkühnte. Dieser Gegensatz wird schlagartig klar, wenn wir uns vergegenwärtigen, daß Machiavelli und Morus Zeitgenossen sind: des Florentiners berühmt-berüchtigter »Principe« entstand in den nämlichen Jahren, in denen der Londoner seine »Utopia« schrieb. Nicht zu Marx, Lenin und Mao führt der von ihm gewiesene Weg, sondern zu Thomas von Aquin, zu Burke, Kardinal Newman, Lord Acton, Gilbert Keith Chesterton und Hilaire Belloc. Obwohl die Mehrheit des Parlaments und des Klerus sich Heinrich zuneigten, blieb der ehemalige Lordkanzler, gestützt auf eine mehr als tausendjährige Tradition, unerbittlich in der Sache – und höflich in der Form. Er suchte keine Anhänger und rief nicht zum Aufstand auf. Er war bereit, die Entscheidungen anderer zu respektieren, sofern man ihn nur in Ruhe seinem Glauben leben ließe. Er zog sich vom öffentlichen Leben zurück und schwieg. Bis hierher, nicht um eine Haaresbreite weiter, wollte Morus »ein treuer Diener seines königlichen Herrn« sein. Sein Schweigen war beredt genug und beunruhigte den König. Er forderte Morus auf,die Suprematsakte zu beschwören. Die von Heinrich usurpierte kirchliche Suprematie verstieß gegen den Glauben und die institutionelle Einheit der Kirche. So wie er Luther bekämpft hatte, lehnte Morus auch Heinrichs Kirchenpolitik ab – *nicht* weil sie reformatorisch, sondern weil sie revolutionär war. Morus betonte seine unveränderte Loyalität gegenüber dem König; doch den *Eid* auf die Suprematsakte, der von allen Priestern, Beamten und Professoren gefordert wurde, verweigerte er standhaft. Durch diesen Eid hätte er mit seiner Person öffentlich und unter Anrufung Gottes etwas bezeugt, was nach seinem Gewissen falsch war. Er hätte sich damit abgefunden, auch harte Gesetze zu respektieren, und beanspruchte keinen Augenblick lang das Recht auf Widerstand gegen die Staatsgewalt. Doch der Staat verlangte von ihm nicht bloß Gehorsam gegenüber bestehenden Gesetzen, sondern ein grundsätzliches Bekenntnis, das keinen Kompromiß vertrug und dessen Verweigerung schärfste Strafen zur Folge hatte. So wurde der humanistisch gebildete Weltmann im April 1534 in den Tower geworfen und des Hochverrats angeklagt. Der Kerker war ihm nun Mönchszelle, in der er seine heitere Gelassenheit nicht verlor, über dem Evangelium meditierte und, solange man es ihm erlaubte, eine Reihe ergreifender Briefe und zwei religiöse Abhandlungen schrieb – bisweilen mit einem Stück Kohle. Nach einem Schauprozeß wurde er zum Tode verurteilt und am 6. Juli 1535 hingerichtet. Er starb nicht für den Kommunismus, den er in seiner »Utopia« halb spielerisch, halb ernst ausgemalt hatte, und eigentlich auch nicht als Mann des Papsttums, das sich damals auf seinem moralischen Tiefpunkt befand, sondern als Märtyrer seines Gewissens. Er wäre bereit gewesen zu schweigen. Doch das Opfer der Aufrichtigkeit – ein vor seinem Gewissen falsches Bekenntnis in einem falschen Eid – konnte und wollte er nicht auf sich nehmen. Es drängte ihn nicht zum Martyrium, doch er war entschlossen, es auf sich zu nehmen, sobald ihm die durch nichts zu erschütternde Gewißheit aufgegangen war, daß jeglicher Anspruch der weltlichen Gewalt erlischt vor dem Urteilsspruch der inneren Stimme des Gewissens. In dieser Stimme gab sich für ihn Gott selbst zu erkennen.

Morus war kein Klassenkämpfer und auch kein Liberaler im modernen Sinne des Wortes. Er gehört, wie R. W. Chambers in seiner schönen Biographie nachweist, zu den größten konservativen Reformern der englischen Geschichte. Er räumte dem Recht des Staates, über das Verhalten seiner Bürger zu bestimmen, einen sehr viel größeren Umfang ein, und er maß dem Recht des Individuums auf Freiheit von obrigkeitlichen Eingriffen viel geringere Bedeutung zu, als dies heute in westlichen Demokratien allgemein üblich ist. Auch das in der »Utopia« gezeichnete Gemeinwesen ist zwar ein »Kommunismus mit menschlichem Antlitz«, doch fehlen ihm durchaus nicht patriarchalisch-autoritäre Züge, und überdies ist sie ein rückwärtsgewandtes, gegen den individualistischen Geist der Neuzeit geschriebenes Buch. Sein frommer Verfasser war ein vollendeter Gentleman, der bei aller Sanftmut, Güte und Milde unnachgiebig streng sein konnte gegenüber denen, die bewußt den Wert von Ordnung, Autorität und Disziplin verleugneten. Dennoch gab er sein Leben hin für das Erstgeburtsrecht des individuellen Gewissens gegenüber staatlicher Anmaßung. Loyalität, Gehorsam, Disziplin in staatsbürgerlichen Dingen – Morus bejahte sie. Doch zugleich wußte er sich untertan der gewaltlosen Macht seines Gewissens, war er ein Hörer der Stimme, die in seinem eigenen Herzen sprach: »Bis hierher und nicht weiter...« Es gibt eine Instanz, deren Gebote noch über denen des Staates stehen. Niemand, der sonst loyal ist, soll gezwungen werden, zu heucheln und sich zu einer Sache zu bekennen, die er innerlich für unwahr hält. Es gibt Dinge, über die weder dem Staat noch der Gesellschaft noch einer Partei noch einer Kirche Befehlsgewalt zukommt. In diesem Sinne starb Morus, wie er selbst sagte, »als des Königs treuer Diener, aber Gottes zuerst« – des Gottes, der sich in der Stimme des eigenen geläuterten Gewissens zu erkennen gibt.

Die Frage, was dem Einzelgewissen, was dem Staate zukommt, ist eine Frage, die immer wieder neu gestellt werden muß, solange Menschen nicht Roboter geworden sind. Deshalb ist das Leben und Sterben des Thomas Morus auch noch mehr als ein halbes Jahrtausend nach seiner Geburt unverändert aktuell. Mit Recht bemerkt Peter Berglar in seiner packenden, viele vorher unbekannte Quellen berücksichtigenden Darstellung des britischen Heiligen, daß »die Stunde des Thomas Morus« auch noch *unsere* Stunde ist. Morus ist ein exemplarisches Vorbild für jeden, der wegen seines Gewissengehorsams vereinsamt, zum absolut »Einzelnen« wird und der letzten Entscheidung auf Leben und Tod sich gegenübergestellt sieht. Er ist nicht nur »ein Mann für alle Jahreszeiten«, sondern für alle Zeiten – zeitgemäß und unzeitgemäß ineins. Man hat nicht zu Unrecht festgestellt, daß Intellektuelle weder Kathedralen bauen können noch sich zum Märtyrertum eignen. Und umgekehrt sind viele Heilige grobe, unsympathische und finstere Naturen. Der heilige Thomas Morus hingegen war beides: Christ und Gentleman, Gläubiger und Intellektueller, Nachfolger Jesu und Verehrer Platons. Der leidenschaftlich düstere Franzose Léon Bloy sagte: »Nur über eines kann man traurig sein: daß man nicht zu den Heiligen gehört.« Der Humanist, Hônnete Homme und Heilige Morus, den der Schalk auch noch vor dem Schafott auf Londons Schädelstätte, dem Tower Hill, packte, würde vielleicht gesagt haben: »Es gibt nur eine Heiligkeit: – nicht traurig, sondern trotz allem heiter zu sein.« (1978)

RAFFAEL

Für Generationen war Raffael (1483–1520) der klassische Maler schlechthin, der begnadete Schöpfer idealer Schönheit und vollendeter Harmonie. Goethe nannte ihn in einem Atem mit Mozart und meinte, »kein neuerer Künstler habe so rein und vollkommen gedacht als er und sich so klar ausgesprochen«. Als er in Bologna vor Raffaels heiliger Cäcilie steht, wünscht er dem Gemälde ewige Dauer, auch wenn er selbst aufgelöst würde. Schopenhauer nannte Raffaels Bilder, wenn er jene selige Stille andeuten wollte, die den erwarte, der den leidvollen Drang zum Leben überwunden hat. Noch Jacob Burckhardt meinte, daß uns der Künstler aus Urbino näher stehe als alle anderen Maler: »Die Seele des modernen Menschen hat auf dem Gebiet des Formschönen keinen höheren Herrn und Hüter als ihn.« *Divinus,* der Göttliche, ist einer der frühesten Ehrennamen Raffaels. Man nannte ihn einen Engel, der vom Himmel herabgestiegen sei, um auf Erden als liebenswürdiger Fremdling von klassischer Schönheit erfüllte Werke zu schaffen. Berühmt ist auch der begeisterte Ausspruch, den Lessing in seiner »Emilia Galotti« dem Maler Conti in den Mund legt: »Oder meinen Sie, Prinz, daß

Raffael nicht das größte malerische Genie geworden wäre, wenn er unglücklicherweise ohne Hände wäre geboren worden?«

Hymnische Äußerungen dieser Art wirken auf die meisten von uns befremdlich. Seit der Kunstrevolution, die im späten neunzehnten Jahrhundert ihren Siegeszug begonnen hat, ist uns Raffael fern gerückt, kann uns der Anspruch formschöner Heiterkeit, edler Einfalt und stiller Würde kaum noch unmittelbar erreichen. Gestalten wie Grünewald, Rembrandt und Goya oder auch die Manieristen stehen einer vom Erlebnis expressionistischer Darstellungsweise geprägten Generation näher als der einst gefeierte Künder überirdischer Anmut und Verklärung, der zur den Jesusknaben tragenden Madonna, nicht aber zum leidenden und gekreuzigten Christus sich hingezogen fühlte. Diese Wende kommt zum Ausdruck in Léon Bloys »Femme pauvre«, wo eine Figur des Romans Raffaels berühmte vatikanische »Transfiguration« – die Verklärung des zwischen Moses und Elias schwebenden Christus – mit den Worten charakterisiert: »Diese drei Turner im Bademantel, die sich da symmetrisch von ihrem Wolkensprungbrett abstoßen«. Rudolf Kassner, der Freund Rilkes, bezeichnete um die Jahrhundertwende Raffael als »das Genie der Mittelmäßigen«. Noch verächtlicher äußerte sich der deutsche Lyriker Georg Heym. Er bekannte einmal, von einem zu Ehren Michelangelos, Hölderlins und anderer Genien errichteten Tempel zu träumen, an dessen Schwelle die Bildnisse Raffaels und Geibels als Schuhabstreifer dienen sollten. Die Wertschätzung des Renaissance-Malers war damit unter den Nullpunkt gesunken.

Es gibt Zeitalter des Karfreitags, in denen sich das Elend von den Bildern des Glücks abwendet. Sie erscheinen dann verlogen, unernst und schal. Sie trösten nicht nur nicht, sondern erregen das Gefühl schmerzlicher Erbitterung. Sie wirken gleichsam als heidnische Eitelkeit, gleich den schicksallosen Göttern Epikurs unbekümmert um Wohl und Wehe der Sterblichen. Sind die wirklichen Zustände grauenhaft und niederschmetternd, dann dürfe die Kunst nicht eine Gegenwelt olympischen Scheins errichten. Man ist taub für das merkwürdige Wort Dostojewskis, wahrlich keines Ästhetizisten: »Die Schönheit wird euch erlösen.« Es gibt einen bilderstürmerischen Argwohn gegen Raffael, einen bis zu offener Mißachtung gesteigerten Groll, wie er auch in dem abschätzigen Wort von der »heilen Welt«, die er vorgaukle, zum Ausdruck kommt. Gewisse Anzeichen sprechen dafür, daß dieses Ressentiment neuerdings einer unbefangeneren Zuwendung zu Raffael zu weichen beginnt, von schwärmerischer Apotheose glcich weit entfernt wie von suffisanter Ablehnung. Man beginnt ihn mit neuen Augen zu sehen und erkennt, daß er weit vielseitiger ist, als eine akademische Ästhetik wahrhaben wollte. So sehr er über die geradezu telepathische Gabe verfügte, die künstlerischen Ideen seines Zeitalters aufzugreifen, sich von Perugino, Leonardo, Michelangelo und anderen in einem Maße anregen zu lassen, daß man gesagt hat, er habe mit einer an Shakespeare gemahnenden Unschuld zu stehlen verstanden, so wenig kann ein Kundiger den überragenden kunstgeschichtlichen Rang Raffaels in Frage stellen. Auch wo er entlehnte und übernahm, tat er es mit einer unerhörten Selbstsicherheit, die für ihn Belangloses ausfiltert und das Kostbarste eigenem schöpferischem Wollen dienstbar macht. Nie dominiert das Interesse am bloßen Experiment, stets werden die Fremdimpulse in der Glut seines eigenen unverwechselbaren

Stils eingeschmolzen. Was seit Giotto in den Bereich des Möglichen getreten und seit Masaccio mit differenzierteren Mitteln weiterverfolgt worden war, das hat Raffael auf bezwingende, von Bild zu Bild neue Weise verwirklicht: die Verbindung von naturnaher Gestaltung und idealer Form, sinnlicher Präsenz und geistiger Energie, figürlicher Vielfalt und monumentaler Geschlossenheit. Doch so sehr Raffael in diesem Sinne ein Klassiker ist und der Antike des vierten vorchristlichen Jahrhunderts nähersteht als alle anderen Künstler der Renaissance, so wenig lassen sich die den Geist apollinischen Ausgleichs durchbrechenden Impulse in seinem Werk übersehen. Das Fresko »Die Vertreibung des Heliodor« in der Stanza d'Eliodoro weist zum Beispiel deutlich auf den Barock voraus, ja, man kann sogar von manieristischen Tendenzen sprechen. Und hat man schon die hauchzarten Morgenwölkchen bemerkt, welche, sich in Kinderköpfe verwandelnd, die dem Beschauer entgegenschwebende Sixtinische Madonna umgeben? Sind es Engel oder Seelen Jungverstorbener oder Scharen Ungeborener, welche der Verleiblichung noch entgegenharren? Es sind gewiß auch Vorboten jenes selig lichten Gewölks, das in den mystischen Schlußszenen des zweiten Teils von Goethes »Faust« erscheint. Ebenso stellt die »Transfiguration« durch die visionäre Dramatisierung des wunderbaren Ereignisses auf dem Berge Tabor die Weichen zu künftigen Lösungen. Hier werden Energien freigesetzt, die, über die Manieristen hinaus, bis zu Caravaggio und Rubens hinführen. Und die beiden Porträts der Päpste Julius II. und Leo X. sind vielleicht rätselhafter und unergründlicher als Leonardos »Mona Lisa«.
Über das den feisten, aufgeschwemmten und plumpen Epikureer Leo mit seinen beiden Neffen Giulio de Medici und Lodovico Rossi zeigende Porträt in den Uffizien Florenz schreibt Wilhelm Kelber: »Auf Leos Miene spielt ein Gemisch von Mißtrauen und Gutmütigkeit, Schlauheit und Angst und gestörter Verwöhntheit, das ein nahezu körperliches Unbehagen auf den Beschauer übergehen läßt, wie es damals in Leo Platz gegriffen haben mag, nachdem er der Verschwörung des Kardinals Petrucci zu seiner Vergiftung eben entgangen war und Petrucci hatte hinrichten lassen. Schön kann auch Raphael diesen Mann nicht erscheinen lassen. Aber die Fühlbarkeit des Seelenlebens in diesem häßlichen Leib gibt uns gegenüber diesem Bild eine andere als die nur ästhetische Haltung. Raphael macht uns den Papst zu einem Gegenstand der Seelsorge…«

Man hat gelegentlich behauptet, daß Leonardo Rätsel stelle, Michelangelo erschrecke, Raffael hingegen nur jenen Frieden ahnen lasse, der höher ist als alle Vernunft. Begabt mit der wunderbaren Fähigkeit, das Ideal mit Hilfe der Sinne zu fassen, biete er die Schönheit höchsten Lebens wie einen mit himmlischem Nektar gefüllten Pokal dar. Das Glückskind aus Urbino, wie man Raffael genannt hat, gehört zu den geheimnisvollsten, am wenigsten verstandenen Künstlern der Renaissance.

Dies hat so gut wie nichts zu tun mit dem Umstand, daß wir nur sehr wenig Zeugnisse über Raffaels Lebensverhältnisse und private Stimmungen besitzen. Es hat sehr viel zu tun mit der Tatsache, daß dieser vollkommenste Interpret humanistischer Sehnsucht nach Verschmelzung von Weisheit und Schönheit, Körper und Seele, Geist und Gefühl, Sinnlichkeit und Spiritualität zugleich ein

Eingeweihter, ein Esoteriker und Mystiker war. Novalis, Herman Grimm (der Sohn Wilhelm Grimms und Schwiegersohn der Bettina von Arnim) und Rudolf Steiner haben diese viel zu wenig gewürdigte Tiefendimension des italienischen Malers erkannt, der »jeden kleinsten Raum, den die dunkle Umwelt bot oder zu verfinstern vergaß, mit Offenbarungen einer höheren Welt erfüllte«. Am aufschlußreichsten ist aber eine Stelle aus einem von Raffael selbst verfaßten Brief an Castiglione, die einzige erhaltene Äußerung des Künstlers über sein eigenes Schaffen: »Da nun aber immer Mangel an rechtem Urteil wie an schönen Frauen ist, bediene ich mich einer gewissen Idee, die in meinem Geiste erscheint.«

Raffael bezieht sich zwar unmittelbar bloß auf sein Fresko »Der Triumph der Galatea« im Gartensaal der Villa Chigi (Farnesina), doch zugleich enthüllt er mit diesem Satz den Lichtkern seines gesamten Schöpfertums. Ob man ihn platonisch, neuplatonisch, mystisch, esoterisch oder anders heißen will, tut wenig zur Sache; nur muß man diesen knappen Hinweis auf die Macht seelischer Urbilder ernst nehmen, wenn Raffaels Malerei nicht bloß besprochen werden, sondern selber sprechen soll. (1979)

TORQUATO TASSO

Das Werk des Dichters Torquato Tasso (1544–1595) ist außerhalb des italienischen Sprachbereichs nur wenigen vertraut. Selbst in Italien scheint es bei weitem nicht mehr so lebendig zu sein wie etwa die Dichtungen Ariosts und Petrarcas, von Dante ganz zu schweigen. Dabei galt Tasso bis in das beginnende neunzehnte Jahrhundert hinein nicht nur als einer der größten Sprachkünstler der italienischen Renaissance, sondern der Weltliteratur überhaupt. Sein von mächtigen Eichen umschattetes Grab war jahrhundertelang einer der Lieblingsorte der Rombesucher. Der religiöse Skeptiker Voltaire stellte Tassos zwanzig Gesänge umfassendes Versepos »Gerusalemme liberata« (Das befreite Jerusalem) über Homers »Ilias«, was um so bemerkenswerter ist, als der Stoff der Dichtung dem Mittelalter entnommen ist. Tasso verherrlicht christliche Frömmigkeit und Rittertugend, die kriegerischen Wallfahrten der Kreuzzüge und die Befreiung des Heiligen Grabes durch Gottfried von Bouillon, »il pio Goffredo«, im Jahre 1099. Gestalten des Epos wie Armida, Tankred, Clorinda, Rinaldo und Erminia haben durch Jahrhunderte die Phantasie der Leser des Epos, darunter den jungen Goethe, hingerissen. Auch in der bildenden Kunst, vor allem in der Malerei, begegnen wir ihnen immer wieder, so bei Poussin, Lorrain, Tiepolo, Tintoretto, Boucher und Delacroix. Ebenso haben schon früh Musikschöpfer die Stanzen und Madrigale Tassos vertont oder sich von Teilen seines Epos zu Opern inspirieren lassen: Monteverdi, Haydn, Gluck und Rossini. Ganze Generationen lasen »Das befreite Jerusalem« wie die Märchen aus »Tausendundeiner Nacht«, als einen von bunten Wundern erfüllten Abenteuerroman, in dem sich alles zusammenfand: Orient und Okzident, große Schlachten und Zweikämpfe, tragische und glückliche Liebe, schicksalhafte Verwechslungen und Zauber der Ferne.

Die erste deutsche Übersetzung dieses Kreuzzugsepos, das Tasso mit einunddreißig Jahren vollendete, ist 1626 erschienen; die beiden letzten sind 1835 und 1840 vorgelegt worden. Alle diese Ausgaben sind heute unlesbar, überschreiten zum Teil bei weitem das erlaubte Maß an Fehlern und vermitteln kaum etwas von dem Schmelz und der Eleganz des Originals. Etwas besser steht es mit Tassos Schäferspiel »Aminta«, das zuletzt von Otto von Taube übersetzt wurde. Die beiden »Discorsi« über die Dichtkunst, die Briefe, die Dialoge und das Spätwerk »Die Schöpfung der Welt« sind bislang noch nicht dem deutschen Leser zugänglich gemacht worden.

Über die Gründe dieser mangelnden Resonanz in Deutschland stellt Emil Staiger, der Altmeister der schweizerischen Germanistik, in der mehr als sechzig Seiten umfassenden Einleitung zu der 1978 erschienenen Winkler-Dünndruckausgabe einige interessante Überlegungen an. Er räumt mit der weitverbreiteten Tasso-Legende auf, mit dem Bild des armen, eine unerreichbare Dame liebenden, von einem Despoten mißhandelten Poeten, und er zeigt auch an konkreten Einzelheiten, inwiefern Goethes klassisches Weimarer Drama »Torquato Tasso« dazu beigetragen hat, daß der Name des italienischen Dichters zwar jedem Gebildeten bekannt ist, nicht aber dessen geschichtliche Gestalt und künstlerische Schöpfungen.

Torquato Tasso gehört zu den nobelsten Gestalten der italienischen Geistesgeschichte. Er ist die Verkörperung des aristokratischen Artisten und Sängers: Edelmann und Ästhet, Höfling und ewig Einsamer. Phantasievoll und ritterlich, enthusiastisch und schwermütig, alles Gemeine fliehend, an der unaufhebbaren Disharmonie der Welt leidend, in halluzinatorische Traumwelten bukolisch-arkadischer und feudal-heroischer Art fliehend, reizbar, argwöhnisch und von Unrast getrieben, süchtig nach Anerkennung, Ruhm und Liebe, noch im Elend des Irrenhauses fürstlichen Luxus für lebensnotwendig haltend, ist Tasso eine problematische, in vieler Hinsicht sehr moderne Natur, der europäischen Romantik näher als der italienischen Renaissance. Er ist, um die bekannten Begriffe Schillers zu verwenden, kein naiver Dichter, sondern ein sentimentalischer. Hätte er einige Jahrhunderte früher gelebt, so wäre er vielleicht ein Heiliger geworden. So aber war er in die widerspruchsvolle Übergangszeit zwischen Renaissance und Barock, Reformation und Gegenreformation hineingestellt, als Hofdichter der d'Este in Ferrara, einem päpstlichen Lehen, von Inquisition und Zensur umringt, und schuf hier ein Werk, in dem christlicher Jenseitsglaube und heidnischer Schönheitskult, kirchlicher Autoritätsanspruch und subjektiver Unendlichkeitsdurst, raffinierteste Eleganz und ein neuartiger Sinn für das Geheimnisvoll-Innerliche aller Dinge, prunkvoll schwelgerische Wollust und Leiden an der *vanitas* – der Eitelkeit, Vergeblichkeit und Zufälligkeit alles Weltlichen – sich auf faszinierende Weise durchdringen.

Man hat Tasso als Vertreter des »Manierismus« bezeichnet, doch ist dieser vielumstrittene Begriff nur mit starken Vorbehalten auf sein Œuvre anzuwenden. Denn alle preziösen Künstlichkeiten und Archaismen sind in ihm, wie

Staiger treffend hervorhebt, »getragen und überspielt von einer Musik, die gleichsam die Gegenstände in einem sfumato erscheinen läßt oder verflüssigt«. Und er fügt hinzu, daß Tasso, in schroffem Gegensatz zu der bald nach seinem Tode beginnenden Entzauberung der Welt, das ganze Universum als ein großes Geheimnis auffaßt, offen zum Numinosen, sei dieses nun dämonischen, erotischen oder sakralen Wesens. Es ist eine merkwürdige Fügung, daß Galilei, der große Bahnbrecher der modernen experimentell-rationalen Naturwissenschaft, Tassos Dichtertum scharf abgelehnt hat. Tasso ist »der große Meister dessen, was aufblitzt und vorüberhuscht« (Staiger), einer duftigen Welt, die sich durchaus von Dantes ein für allemal geprägter, unerschütterlicher Gegenständlichkeit unterscheidet. Das sich vom Inneren der Dinge angezogene Fühlen ist hier wesentlicher als das distanzierende Sehen. »Wir finden uns in einen Strom von Stimmungen und Gefühlen getaucht«, bemerkt Staiger. »Diese, nicht die Gegenstände selbst, sind das poetische Thema, zumal in den Landschaftsgemälden, die wie mit schwebendem Pinsel hingehaucht sind. Die Blumen und Bäume, die Hügel und Seen verschleiert jener zarte Dunst, der die seelische Osmose begünstigt. Wir atmen die Landschaft ein und strömen unser Inneres auf sie aus.« Insofern steht Tasso Vergil, dem Dichter der Eklogen und der »Aeneis«, erheblich näher als dem Homer der »Ilias«.

Wer sich mit Tassos Leben beschäftigt und noch von der Legende gebannt ist, möchte vor allem erfahren, was von seiner nach Abschluß des »Befreiten Jerusalems« ausgebrochenen Geisteskrankheit zu halten sei. Emil Staigers Urteil ist überaus zurückhaltend, indem er so weit wie möglich versucht, ohne klinische Begriffe auszukommen und sich an die dokumentarisch überlieferten Fakten hält: Tobsuchtsanfälle, Halluzinationen, Angstzustände und das Gefühl, rings von Feinden umstellt zu sein. Medizinische Begriffe erklären wenig, und Staiger ist ein viel zu besonnener Forscher, um sich an dem banausischen Spiel zu beteiligen, Tassos Lyrik und Epik als »Ersatzleistung« oder »Sublimierung« irgendwelcher neurotischer Defekte herunterzuerklären. Vor allem hält er die Tatsache fest, daß der Dichter auch im Irrenhaus noch Meisterwerke geschrieben hat, Dialoge, Abhandlungen, den Prosatext »Der Gutsherr« (Il padre di famiglia) und zahlreiche Verse, die allesamt ungetrübtes Ausdrucksvermögen und kenntnisreiche Urteilskraft bezeugen.

Staiger stellt mit Recht fest, daß es unmöglich ist, der Reimordnung der Stanzen, Madrigale und Canzonen Tassos zu folgen *und* dem Urtext treu zu bleiben. Angesichts dieses Dilemmas entschied er sich als Übersetzer für einen weitestgehenden Verzicht auf den Reim, vor allem in der »Befreiung Jerusalems«. Sollte der Leser die in deutscher Sprache nicht wiederzugebende Musik des italienischen Originals vermissen, so darf er immerhin sich darauf verlassen, daß ihm nun endlich eine lesbare Ausgabe vorliegt, in der zwar gelegentlich ein wohl entbehrliches Wort der Kapazität des Verses geopfert, jedoch kein einziges aus freier Erfindung hinzugefügt ist. Das Herzstück der Winkler-Edition, die rechtzeitig zum achtzigsten Geburtstag des Herausgebers und Übersetzers erschienen ist, bildet »Die Befreiung Jerusalems«. Um dieses Kunstepos gruppieren sich das anmutig-holde Schäferspiel »Aminta«, die Gedichte, Teile aus dem Epos über die Erschaffung der Welt, die beiden Abhandlungen über die Dichtkunst, »Der Gutsherr« und dreiundzwanzig Briefe Tassos. Staiger wird als Übersetzer allen Texten meisterhaft gerecht. Er hat dem deutschsprachigen Leser endlich den Zugang zu einem der am wenigsten bekannten Granden nicht nur der italienischen, sondern der europäischen Weltliteratur erschlossen. (1978)

TOMMASO CAMPANELLA

Ohnmächtig und isoliert durch Krankheit, Lähmung und die deprimierenden Erfahrungen seines Regimes, soll Lenin in den schweren Monaten vor seinem Tode einmal bitter gefragt haben, ob er nicht statt des von Marx verheißenen »Reichs der Freiheit« nur ein »bürokratisches Utopia« errichtet habe. Ein halbes Jahrhundert, randvoll von den Exzessen Lenins sowie seiner Epigonen und Widersacher von links und rechts, dürfte indes nicht genügt haben, der tragischen Lektion des sowjetischen Gründers allseits die gebührende Aufmerksamkeit zu verschaffen. Herbert Marcuse sprach um 1968, so als ob nichts geschehen wäre, einer Erziehungsdiktatur das Wort, und aus dem Kreise seiner jungen Schüler konnte man hören, daß nicht jede totalitäre Herrschaft repressiv sei ...

Was Marcuse, zwischen Hoffnung und Resignation schwankend, trotzig verteidigte, obwohl sogar Lenin am Ende davor zurückgeschreckt war, hat ein süditalienischer Mönch in einem exemplarischen Entwurf vorweggenommen, in dem sich gnadenlose Geometrie und fiebrige Ekstase die Waage halten: Tommaso Campanella, von dessen »*Civitas Solis*« Lewis Mumford gesagt hat, sie sei eine »Heirat zwischen Platons ›Politeia‹ und dem Hof des Montezuma«.

Geboren am 15. September 1568, stammt Campanella wie Empedokles, Pythagoras, Joachim von Fiore und Bernardino Telesio, welch letzterer ihn erkenntnistheoretisch stark beeinflußt hat, aus Kalabrien, dem jahrhundertelangen Feuerherd apokalyptischer Erwartungen.

Mit fünfzehn Jahren Dominikaner, doch schon früh häretischer Gesinnungen verdächtig und strafweise versetzt, Platon und die Scholastiker studierend, im Grunde jedoch dem Sensualismus der Renaissance verpflichtet, aus dem Kloster nach Neapel entfliehend, wegen Ketzerei in päpstlichen Kerkern gefangen, nach seiner Entlassung Mittelpunkt einer gegen die spanische Herrschaft gerichteten Verschwörung in seiner Heimat, Opfer eines Verrats aus den eigenen Reihen, hierauf insgesamt siebenundzwanzig Jahre in Haft, zwischen Folterungen und Delirien philosophische, politische und dichterische Werke verfassend, darunter den »Sonnenstaat«, im Jahre 1626 vom Hochverrat freigesprochen und der römischen Inquisition ausgeliefert, von dort nach Frankreich fliehend, wo er in der Gunst Richelieus und des Königs seine letzten Jahre verbracht hat, ist Campanella am 21. Mai 1639 gestorben im Kloster St. Jakob an der Rue St. Honoré, in dem sich anderthalb Jahrhunderte später die ultrarevolutionären Jakobiner versammelt haben.

Kurz vor seinem Tode hatte er noch mit einer Ekloge die Geburt des bourbonischen Thronfolgers begrüßt und ihm darin prophezeit, er würde den Sonnenstaat aufrichten. Dieser Thronfolger war der nachmalige Sonnenkönig Ludwig XIV. Hatte Campanella anfänglich die Ausbreitung seiner »Repubblica solare« von Kalabrien als ihrem Kern aus erwartet, hierauf trotz seines persönlichen Schicksals eine ins Theokratische gewendete Hispanität als universale Ordnungsmacht gegenüber der Reformation und den Türken empfohlen, so schrieb er zuletzt dem aufsteigenden französischen Absolutismus eine heilsgeschichtliche Mission zu, sich selbst nicht mehr als Messias, sondern nur noch als Johannes des kommenden Sonnenreiches deklarierend: »Der Sonnenstaat, der von mir entworfene, von dir zu erreichtende« (an Richelieu 1637).

Wie Thomas Morus' »Utopia« (Löwen 1516) liegt auch Campanellas »Civitas solis« auf einer Insel. Die Hauptstadt des Reiches ist auf einem gewaltigen Berg in sieben konzentrischen Mauerringen angelegt. In der Mitte der Stadt befindet sich ein Sonnentempel, von wo aus ein Priester-König, der Sol, über das Land herrscht. Man hat in dieser pontifikalen Figur Züge des Stauferkaisers Friedrich II., aber auch des nach einer Personalunion von geistlichem und weltlichem Regiment strebenden Habsburgers Maximilian I. erkennen wollen. More geometrico konstruiert und von einem unerbittlich grellen Licht angestrahlt, ist der Sonnenstaat permanente Erziehungsdiktatur und bürokratisches Utopia zugleich. Der allwissende Sol (auch »Metaphysicus« genannt) kann angeblich »niemals grausam oder verbrecherisch oder tyrannisch sein, weil er so viel weiß«. Ihm zur Seite stehen drei Minister mit Namen »Macht«, »Weisheit« und »Liebe«. »Macht« ist zuständig für alle Fragen des Heeres, der Waffen- und Befestigungstechnik; »Weisheit« für die Wissenschaften und Künste, Erziehung und Schule; »Liebe« für Gattenwahl, Ernährung, Hygiene und Eugenik. Keine Lebensäußerung entgeht dem strengen Reglement, das seinerseits als Abbild göttlicher und kosmischer Gesetze verstanden wird. So sind Macht, Weiheit und Liebe, Potentia, Sapientia und Amor, die drei Ureigenschaften *(primalitates)* der Gottheit.

Sternbild und Staatsverfassung, Gottesdienst und Arbeitsteilung sind in einem gigantischen Zirkel aufeinander bezogen. Im ganzen Sonnenstaat gibt es nur ein einziges Buch, »in dem alle Wissenschaften bewundernswert leicht und faßlich dargestellt sind«. Die mit Abbildern aus allen Sphären des Universums geschmückten Stadtmauern stellen gleichsam eine architektonische Enzyklopädie dar, die auf den »orbis pictus« des großen böhmischen Erziehungsreformators Johann Amos Comenius vorausweist, jenes Comenius, der Campanella in seinem merkwürdigen Märchentraum »Das Labyrinth der Welt und das Paradies des Herzens« auftreten läßt.

Männer und Frauen des Sonnenstaates kennen nur Gemeinbesitz und »in der Liebe kaum die brennende Begierde, sondern nur freundschaftliche Gefühle«. Ohne Widerstreben lassen sie sich von den Fortpflanzungsbehörden »nach philosophischen Grundsätzen« zum Beischlaf bestimmen, dessen Stunde mittels komplizierter Horoskope festgesetzt wird. Nichts Unübersichtliches und Unordentliches stört dieses total integrierte Gemeinwesen, dieses rationierte Paradies ohne Zufall, Konflikt und Überraschung, in dem jede Tugend und Wissenschaft ihre eigene Behörde hat und der zum Tode Verurteilte durch besondere Beamte so lange überredet wird, bis er um seine Hinrichtung bittet. Auch dies ein Zug in Campanellas solarer Utopie, auf den die Bemerkung des

russischen Philosophen Nikolai Berdjajew zutrifft: »Es scheint, daß Utopien viel leichter zu verwirklichen sind, als wir früher angenommen haben.«
Der Schöpfer der »Civitas solis« ist freilich nicht der ganze Campanella. Seine Utopie bildet nicht zufällig den Anhang zu seiner »Philosophia realis«. Neben dem Architekten eines imaginären Staatswesens gibt es den Erkenntnistheoretiker, Naturphilosophen und Metaphysiker, den Verteidiger Galileis und Anwalt einer *instauratio scientiarum,* einer umfassenden und methodischen Erneuerung aller Wissenschaften. Campanella unternahm den Versuch einer rationalen Rechtfertigung der Magie. Die Wirklichkeit des Magischen gründe in der Tatsache, daß das Universum ein von einer Weltseele belebter Organismus sei. Alle Dinge hängen miteinander zusammen, sind durch mannigfaltige Sympathien verbunden, haben in gewissem Ausmaße am Sein Gottes teil. Dies ist die kosmologische Voraussetzung der natürlichen Magie. Magie begegnet uns aber auch in den hohen Schöpfungen des Menschen. Rhetorik und Dichtung sind für Campanella Teile der Magie. Sie vermögen auch Widerstrebende zu bewegen und zu verwandeln, sie schaffen Neues, ihnen eignet die Gabe der Beschwörung, des Banns und der Evokation. So wie Orpheus Sänger, Dichter und Magier war, so vermag Poesie auf geheimnisvolle Weise das Leben zu ordnen, Stimmungen zu erwecken und zu beschwichtigen, zum Edlen und Schönen hinzuführen. An manchen Stellen scheint Campanella das Weltall als eine erhabene Dichtung aufzufassen. Neben dem *codex scriptus* biblischer Offenbarung anerkennt er als gleichberechtigt den *codex vivus* der sinnlich wahrnehmbaren Natur. Der mit frischen Augen in die Welt blickende Campanella ist eine sympathischere Gestalt als der den Sonnenstaat konstruierende Pedant. Führen von diesem manche Wege zum Archipel Gulag, so weist jener auf Leibniz, Kant, Herder und Goethe voraus. Er läßt mich denken an den jüngsten der drei Philosophen auf dem berühmten Gemälde Giorgiones, das zu den Schätzen des Kunsthistorischen Museums in Wien zählt. Anders als die beiden bärtigen Alten, denen er den Rücken zugekehrt hat, blickt er unbefangen in die Landschaft, auf Felsen, Bäume und die vor ihm sich öffnende Höhle. So sehe ich auch den jungen Campanella, wie er von einer der waldigen Anhöhen unweit seines Geburtsortes Steinano bei Stilo auf Land, Meer und Firmament blickt, vor ihm ausgebreitet wie gewaltige Schriftrollen, so wie er es selbst in seinem von Herder ins Deutsche übersetzten Sonett gesagt hat: *Il mondo é il libro...*

Die Welt, ein Buch, darin der ewige
Verstand selbst-eigene Gedanken schrieb,
Ist ein lebendger Tempel, worin Er
Gesinnungen und Handlung, droben, drunten,
Worin sein Vorbild Er uns selbst gemalt.
Les' und betrachte jeder diese Kunst
Lebendig, göttlich, daß er sagen dürfe:
»Ich bin's, der sie vollendet und vollführt.« (1968)

JAKOB BÖHME

Der niedrige Arbeitstisch, der niedrige Schemel, die wassergefüllte Kugel, welche das Licht der kleinen Öllampe auffängt und glänzender wieder zurückwirft, der scharfe Duft des Leders und des Pechs müssen notwendigerweise eine nachhaltige Wirkung auf die menschliche Natur ausüben, und sie tun es auch mächtig. – Das Licht, welches durch die schwebende Glaskugel auf den Arbeitstisch fällt, ist das Reich phantastischer Geister; es füllt die Einbildungskraft während der nachdenklichen Arbeit mit wunderlichen Gestalten und Bildern und gibt den Gedanken eine Färbung, wie sie ihnen keine andere Lampe, patentiert oder nicht patentiert, verleihen kann. – Immer tiefer sehen wir in die leuchtende Kugel, und in dem Glase sehen wir das Universum in all seinen Gestalten und Naturen: durch die Pforten aller Himmel treten wir frei und erkennen sie mit allen ihren Sternen und Elementen; höchste Ahnungen gehen uns auf und niederschreiben wir, während der Pastor Primarius Richter von der Kanzel den Pöbel gegen uns aufhetzt und der Büttel von Görlitz, der uns ins Gefängnis bringen soll, vor der Tür steht. – Viel sehen wir in der glänzenden Kugel, auf welche die schlechte Lampe so armes Licht wirft, daß wir kaum zu Papier bringen können, was wir sahen; aber nichtsdestoweniger können wir unter das vollendete Manuscriptum schreiben: Geschrieben nach göttlicher Erleuchtung durch Jakob Böhme, sonsten auch Teutonicus genannt.«

So schreibt Wilhelm Raabe in seinem Roman »Hungerpastor« über den schlesischen Schuster Jakob Böhme, der die Pastoren seiner Zeit in Verwirrung und Schrecken setzte. Raabe besaß aus der reichen Bibliothek seines Holzmindener Großvaters die in der Amsterdamer Werkausgabe des Jahres 1682 erschienene Schrift von Jakob Böhme »Hoch und tiefe Gründung von dem dreifachen Leben des Menschen«; es ist dies jene Böhme-Ausgabe, die auch die Romantiker, vor allen Tieck, Novalis, Baader und Johann Wilhelm Ritter, benutzt hatten. Im fünften Abschnitt des ersten Kapitels seiner Schrift über das dreifache Leben des Menschen sagt Böhme: »... so befinden wir unserm Seelen-Leben, daß noch ein größerer Hunger drinnen sey nach einem andern höhern und bessern Leben als nach dem höchsten Gut, welches das göttliche Leben genannt wird.«

Es ist nicht unwahrscheinlich, daß diese Stelle für Wilhelm Raabe zum Keim des »Hungerpastors« geworden ist, jenem Roman vom geistig-geistlichen Hunger des menschlichen Herzens.

Dem Werk Jakob Böhmes ist im Laufe der Zeiten ein merkwürdiges Schicksal widerfahren. In Deutschland verdrängt, vergessen und verschüttet, hat es auf Umwegen – über England, Frankreich, die Niederlande und später auch Rußland – wieder auf das deutsche Geistesleben machtvoll zurückgewirkt. Böhme hat diese Entwicklung vorhergesehen: »Was mein Vaterland wegwirft, das werden fremde Völker mit Freuden aufheben.«

Böhmes Werk bewahrte über die Jahrhunderte hinweg seine geheimnisvolle Aura und Leuchtkraft. Ein Rembrandtsches Helldunkel liegt auf ihm, an das man sich erst gewöhnen muß. Es gibt, nachdem bereits Leibniz und Lichtenberg ihm mehr oder minder heimlich gehuldigt haben, seit Hegel kaum einen großen deutschen Denker, der sich in die Mysterien des Schusters aus Görlitz nicht einweihen ließ. Böhme hat sich um 1800 als Jungbrunnen des geistigen Deutschlands erwiesen. Leopold Ziegler nannte ihn den »Vater der Romantik«. Ziegler übertreibt nicht. Deutsche Romantik wie Deutscher Idealismus erblickten im Werk des Schuster-Philosophen geradezu eine Offenbarung, eine tiefsinnige Vorwegnahme eigenen Sehnens und Wollens. Friedrich Schlegel stellte Böhme über Platon: »Jakob Böhmes Stil (ist) auf ewige Zeiten der eigentlich deutsche; biblisch und magisch... In Jakob Böhme ist der Kern der christlichen Poesie und Mythologie. Er hat die Poesie erfunden.« Schlegels Freund Novalis, der den schlesischen Grübler und Visionär durch Ludwig Tieck kennengelernt hatte, schreibt in einem Brief am 23. Februar 1800: »Jakob Böhme lese ich jetzt im Zusammenhange und fange ihn an zu verstehn, wie er verstanden werden muß. Man sieht durchaus in ihm den gewaltigen Frühling mit seinen quellenden, treibenden, bildenden und mischenden Kräften, die von innen heraus die Welt gebären – Ein echtes Chaos voll dunkler Begier und wunderbarem Leben – einen wahren, auseinandergehenden Mikrokosmus.« Die Begegnung mit Böhme empfand Novalis als bedeutsame Bestätigung seines eigenen Strebens »nach innen«, nach dem Geheimnisaspekt alles Seienden. Er dankte Tieck für den Hinweis auf den schlesischen Mystiker mit einem Gedicht. Er läßt darin den Freund in Gestalt eines frommen Kindes das Buch »Aurora oder Morgenröte im Aufgang« finden und den Geist seines Verfassers zu ihm sprechen. Böhme erzählt ihm, wie er seine himmlischen Offenbarungen empfangen und getreulich aufgeschrieben habe. Er nennt »Aurora oder Morgenröte im Aufgang« ein »Mysterium«, eine »Schrift des Tempels«, und beauftragt Tieck, ihre Botschaft zu verkünden. Dann werde, so prophezeit er, auch die Morgenröte einer neuen Zeit anbrechen.

Schelling, der sich seit seiner 1809 erschienenen Abhandlung »Über das Wesen der menschlichen Freiheit« zunehmend von Spinoza ab- und Böhme zuwandte, rühmt den Philosophus teutonicus, wie er schon zu Lebzeiten genannt wurde, mit folgenden Worten: »Man kann nicht umhin, von Jakob Böhme zu sagen, er sei eine Wundererscheinung in der Geschichte der Menschheit, und besonders in der Geschichte des deutschen Geistes. Könnte man je vergessen, welcher Schatz von natürlicher Geistes- und Herzenstiefe in der deutschen Natur liegt, so dürfte man sich nur an ihn erinnern... Wie die Mythologie, so ist Jakob Böhme mit der Geburt Gottes, wie er sie uns beschreibt, allen wissenschaftlichen Systemen der neueren Philosophie vorausgegangen.«

Hegel fand zwar die mit alchymistischen Bildern durchsetzte Darstellungsweise des barocken Selbst-Denkers »roh und barbarisch«, rühmte jedoch dessen Begabung zu »lebendigster Dialektik« und nannte ihn den ersten deutschen Philosophen überhaupt: »Die Grund-Idee bei ihm ist das Streben, Alles in einer absoluten Einheit zu erhalten – die absolute göttliche Einheit und die Vereinigung aller Gegensätze in Gott... Ein Hauptgedanke Böhmes ist, daß das Universum *ein* göttliches Leben und Offenbaren Gottes in allen Dingen ist – näher, daß aus dem *Einen* Wesen Gottes, dem Inbegriff aller Kräfte und Qualitäten, der Sohn ewig geboren wird, der in jenen Kräften leuchtet: die innere Einheit dieses Lichts mit der Substanz der Kräfte ist der Geist.«

Doch auch der Hegel spinnefeind gegenüberstehende Arthur Schopenhauer bewunderte in Böhme einen Denker von hohem Rang. Bei ihm fand er vieles in stammelnden Worten prophetisch ausgesprochen, was auch im Zentrum seiner eigenen weltverneinenden Philosophie steht. Daß der dunkle Wille zum Leben sich aus dem göttlichen Urgrund gelöst habe und aus der Einheit in die Vielheit übergegangen sei, diese Vision Böhmes deutet auf Schopenhauers Lehre vom unselig blinden Urwillen voraus, der sich in der Fülle der irdischen Erscheinungen objektiviert.

So hat Böhme, dieser seltsame Jean Paul der Philosophie, die größten Metaphysiker des neunzehnten Jahrhunderts beeinflußt. Auch nach Hegel und Schelling, Schopenhauer und Franz von Baader wurde fast jeder bedeutende deutsche Denker – bis zu Paul Tillich, Carl Gustav Jung, Max Scheler, Ludwig Klages, Leopold Ziegler, Ernst Bloch und Martin Buber – von Böhme berührt. Doch dies ist nur die eine Seite der Nachwirkung des Philosophus teutonicus. Auf der anderen reicht sein Einfluß tief in die Welt der »kleinen Leute«. Als Mann aus dem Volke hat Jakob Böhme von jeher auf das Volk gewirkt – zwar nicht auf die Masse, sondern auf einfältig-grüblerisch Veranlagte aus Bauerntum und Handwerkskreisen, auf allerlei Sinnierer, Eigenbrötler und Stille im Lande, die in seinen dunkel-verschnörkelten, aber auch von ekstatischen Blitzen erfüllten Schriften sowohl Aufschlüsse über das, was die Welt im Innersten zusammenhält, als auch Trost, Erbauung und geistlichen Rat fanden. Albert Schweitzer berichtet, daß er noch während des Ersten Weltkrieges im innersten Afrika einem Holzhändler begegnete, der auf seinen tagelangen Bootsfahrten ständig über Böhmes Frühwerk »Aurora oder Morgenröte im Aufgang« brütete. Es gibt eine ökumenische »Böhme-Kirche«, deren Mitglieder aus den verschiedensten Konfessionen, Sprachen, Ländern und Ständen kommen. Sie umfaßt Katholiken wie Franz von Baader und Protestanten wie Oetinger und Hegel, orthodoxe Christen wie Solowjow und Berdjajew, aber auch jüdische Denker wie Martin Buber und Gerschom Scholem, Naturforscher wie Isaac Newton, Esoteriker wie Rudolf Steiner und religiös Ergriffene, Schwärmer und Gottsucher höchst unterschiedlicher Herkunft.

Jakob Böhme wurde 1575 als viertes Kind von Bauersleuten in Altseidenberg bei Görlitz geboren. Altseidenberg liegt dicht an der böhmischen Grenze, und auch der Name der Familie deutet darauf hin, daß sie aus Böhmen stammt; ob sie neben deutschen auch slawische Vorfahren hat, läßt sich heute kaum noch zweifelsfrei erweisen. Die Landschaft zwischen der Elbe und Schlesien, in der Jakob Böhme zeitlebens beheimatet war, heißt die Lausitz. In ihr waren im frühen Mittelalter verschiedene slawische Stämme zu Hause, bedrängt sowohl von den Deutschen als auch den Polen und Tschechen. Später vermischten sie sich mit Siedlern aus Ostfranken und Thüringen. Die Lausitz gehört mit dem benachbarten Schlesien zu den religiös-mystisch fruchtbarsten Landschaften Mitteleuropas. Hier erhoben sich im Laufe der Jahrhunderte immer wieder neue Wellen religiösen Sonderwesens; um einzelne Schwärmer und Sektierer, wie Kaspar von Schwenckfeld und Valentin Weigel, kristallisierten sich Gemeinden außerhalb der dogmatisch erstarrten Großkirchen. In diese Welt wurde Jakob Böhme hineingeboren.

Der zart gebaute Knabe besuchte die Dorfschule und war dann eine Zeitlang

Hirt. Als er einmal um die Mittagstunde seine Herde hütete, habe er, wie Abraham von Franckenberg, der erste Böhme-Biograph, berichtet, in einer Höhle zwischen rotem Gestein eine Bütte mit Gold gefunden, »worüber ihn ein Grausen angekommen, darum er nichts davon genommen, sondern also ledig und eilfertig wieder herausgegangen«. Als er nach einiger Zeit mit anderen Hütejungen wiederkam, war die Höhle verschlossen.

So liegt bereits auf den Anfängen dieses Mystikerlebens der magische Glanz der Legende. Schon der Knabe war von inneren Gesichten erfüllt. Man denkt an einen anderen Hirten, den alttestamentlichen Propheten Amos, der ebenfalls seine erste Vision hatte, als er das Vieh auf der Weide hütete. Und so wie der Patriarch Henoch, von dem die Chassidim viel Wunderbares zu berichten wissen, hat auch Böhme das Schusterhandwerk erlernt und ausgeübt. Über die Wanderjahre ist uns fast nichts bekannt, und deshalb können wir auch nur raten, welchen Einflüssen er während dieser Zeit in Herbergen, Werkstätten und Wirtshäusern, im Umgang mit Meistern und Gesellen, fahrenden Schülern, Alchymisten und Ärzten ausgesetzt gewesen sein mag.

1599, mit vierundzwanzig Jahren, erwarb Böhme das Bürgerrecht in Görlitz, eröffnete eine »Schuhbank« auf dem Untermarkt und heiratete die Tochter eines Metzgers. In Geschäften kam er nach Prag, wo sich Kaiser Rudolf II. auf dem Hradschin der Astrologie und Magie ergeben hatte, in den engen Gäßchen um den Daliborkaturm Alchymisten nach dem Stein der Weisen suchten und in den Hofgärten Tycho de Brahe und Johannes Kepler die Bahnen der Gestirne beobachteten.

Das große, sein ganzes Dasein verwandelnde Erlebnis widerfuhr ihm im Jahre 1600, als sein Blick auf ein im Sonnenlicht schimmerndes Zinngefäß fiel. Böhme fühlte sich entrückt: es tat sich ihm die Innenansicht aller Dinge auf, so daß er »den Kreaturen ins Herz« und hinter ihnen die große Mitte der Welt, den göttlichen Urgrund, zu schauen vermochte. Als er sich einigermaßen gefaßt hatte, stürzte Böhme aus seiner Schusterwerkstatt ins Freie hinaus, doch auch dort verblieb er im gnadenhaften Zustand mystischer Schau. Es war ihm zumute, als ob er durch eine plötzlich geöffnete Pforte gegangen sei, und er meinte später in einem Brief: »daß ich in einer Viertelstunde mehr gesehen und gewußt habe, als wenn ich wäre viele Jahre auf hohen Schulen gewesen, dessen ich mich hoch verwunderte, wußte nicht, wie mir geschah, und darüber mein Herz ins Lob Gottes wendete.«

Obwohl ihn diese Erfahrung überwältigte und er fortan Gott in allen Dingen, auch in Tier, Kraut und Stein, schauen konnte, bewahrte Böhme jahrelanges Schweigen darüber. Erst nach »mancherlei Angst und Anfechtung« wagte er, das Geschaute in Worte zu fassen. Als er sich daranmachte, überfielen ihn Eingebungen »wie ein Platzregen«: »Denn so ich schreibe, diktiert mir's der Geist in großer wunderlicher Erkenntnis, daß ich oft nicht weiß, ob ich nach meinem Geiste in dieser Welt bin, und mich des hoch erfreue.« So entstand sein erstes Werk »Aurora oder Morgenröte im Aufgang« (1612). Bald zirkulierte das Opus in verschiedenen Abschriften unter allerlei Gottsuchern und Grüblern im Lande.

Böhme, der Protestant, wurde von Gregorius Richter, dem engherzig unduldsamen Görlitzer Hauptpastor, öffentlich der Ketzerei bezichtigt und konnte der Verbannung oder noch Ärgerem nur durch das Versprechen entgehen, nichts mehr zu schreiben. Sechs Jahre lang hielt sich der fromme Schuster an diese Zusage. Er wurde darüber ganz melancholisch, denn er fühlte, daß ihm »das Gnadenlicht eine ziemliche Zeit entzogen ward, und glomm in mir als ein verborgenes Feuer, daß also nichts denn Angst in mir war, von außen Spott, von innen ein feuriger Trieb«.

Er verkaufte die Schuhmacherei, um sich, gemeinsam mit seiner Frau, dem Garnhandel zu widmen, war geschäftlich viel unterwegs, kam bis nach Prag und Dresden, verkehrte zunehmend mit Adeligen, Ärzten und Alchymisten, die seinen theosophischen Ideen aufgeschlossen waren und ihn drängten, seine schriftlichen Aufzeichnungen fortzusetzen. In rascher Folge entstand so in den letzten sechs Lebensjahren ein Werk nach dem andern: »Von den drei Prinzipien«, »Vom dreifachen Leben des Menschen«, »Von der Menschwerdung Jesu Christi«, »De signatura rerum«, »Von der Gnadenwahl«, »Mysterium magnum«, daneben apologetische Arbeiten und zahlreiche Sendbriefe, die in biographischer Hinsicht wertvoll sind. »Mysterium magnum« ist Böhmes tiefste, aber auch schwierigste Schrift, »Von der Gnadenwahl« enthält die klarste Darstellung seiner religiösen Meditationen.

Alle diese Werke sind zu Lebzeiten Böhmes nicht in Buchform erschienen, sondern gingen nur in von Freunden angefertigten Kopien von Hand zu Hand. Als ein adeliger Verehrer drei Böhme-Schriften, darunter auch die »Von der wahren Gelassenheit«, zu Beginn des Jahres 1624 in einem Band mit dem Titel »Der Weg zu Christo« herausgab, nahm Pastor Richter diese erste Buchveröffentlichung zum Anlaß, den Schuster-Philosophen erneut auf bösartige Weise anzugreifen. Er verfaßte eine Schmähschrift gegen den angeblichen Ketzer, Schwärmer und Halunken: »So viel Zeilen sind, so viel sind Gotteslästerungen in des Schusters Büchern zu finden; welche nach nichts als nach Schusterpech und nach garstiger Schuhschwärze stinken: Pfuy, pfuy, dieser greuliche Gestank sei ferne von uns.«

Böhme droht hierauf die Ausweisung aus der Stadt; er nimmt eine Einladung an den Hof des sächsischen Kurfürsten nach Dresden an; ruft angesichts der Wirren des beginnenden Dreißigjährigen Krieges zur Umkehr auf; weissagt die »Zerbrechung vieler Städte, Schlösser und mächtiger Länder« und träumt zugleich von einer »neuen Reformation«, die allen Zank und Hader überwinden und eine freudenreiche »Lilienzeit« einläuten möge. Verstanden wurden seine Befürchtungen und Hoffnungen wohl nur von wenigen, der Besuch beim Dresdner Hof verlief allem Anschein nach enttäuschend, und der Gegensatz zum dogmatischen Luthertum ließ sich immer weniger verheimlichen. Kaum fünfzigjährig, jedoch früh gealtert und geschwächt durch zahlreiche Reisen, berufliche Sorgen und gehässige Angriffe von kirchlicher Seite, erkrankt Böhme im Herbst 1624, kehrt nach Görlitz zurück und stirbt in der Nacht vom 16. zum 17. November in seinem Haus an der Neißebrücke mit den Worten: »Nun fahre ich hin ins Paradies!«

Kaum ein Denker ist so mit dem Stigma des Deutschen ausgezeichnet wie Jakob Böhme, der Philosophus teutonicus, den Hegel den ersten deutschen Philosophen überhaupt nennt. Böhme ist das wichtigste Bindeglied in der Kette der Denker, die sich von Meister Eckhart über Nicolaus Cusanus und Paracelsus bis zu Hegel und Schelling, Franz von Baader und Schopenhauer erstreckt. In einfältig bedächtiger Art hat dieser Handwerker und Sonntagsphilosoph, der zugleich ein Esoteriker, Kabbalist und Alchymist, ein Prophet und Mystiker war, seine Erleuchtungen in ein System zu bringen versucht, in dem sich Theosophie, Kosmosophie und Anthroposophie zu einer grandiosen Einheit zusammenfügen. Aus der unrationalistischsten, unwestlichsten aller Gegenden Deutschlands stammend, in der Enge einer deutschen Kleinstadt mit ihren Mauern, Türmen und winkeligen Gäßchen, ihrem bunten Ineinander von Zünften, Ständen und Privilegien lebend, hat dieser träumerisch-schwermütige Handwerker mit grüblerischem Tiefsinn und barocker Sprachgewalt auf dreieinhalbtausend Folioseiten seine Daseinsschau und -deutung niedergelegt, die alle Elemente enthält, die, im Guten wie im Ärgerlichen, den spezifisch deutschen Beitrag zur Geschichte der Philosophie ausmachen. Böhmes Schriften gehören zu den schwierigsten Texten der Weltliteratur, sie sind dunkel, so wie man schon in der Antike Heraklit dunkel fand, und manche Stellen werden wohl niemals völlig zu entschlüsseln sein.

Selber wie ein Stück Natur wirkend, über deren Tiefendimension er so viel nachdachte, spricht aus Böhme, wie schon Lavater gesagt hat, »Natursinn, Naturgefühl, Sinn für die Natursprache aller Wesen«. Während Plotin und Meister Eckhart Intellektualisten sind, bricht in Böhme ein in der Mystik vor ihm unbekanntes Naturgefühl durch, ein Sinn für die religiöse Bedeutung des Kosmos und für die kosmische Bedeutung des Christentums. Licht, Feuer, Sonne, Baum, Blume, Stern, Herz, Quelle, Liebe, Zorn, Qual und Geburt sind die immer wiederkehrenden Zentralworte seiner Theosophie, die zugleich eine christliche Kosmo- und Anthroposophie ist. Als solche ist sie auch eine Lehre von der heilsgeschichtlichen Rolle der Natur. Gott strahlt in ihr vor »Weltlichkeit«. Böhme verwirft die Lehre vom naturlosen Gott, er spricht geradezu vom »Leib Gottes«, der freilich, wie gegenüber pantheistischen Mißdeutungen betont werden muß, nicht mit der materiellen Natur, der cartesianischen res extensa, gleichzusetzen ist. »Du wirst kein Buch finden, da du die göttliche Weisheit könntest mehr inne finden zu forschen, als wenn du auf eine grüne und blühende Wiese gehst. Da wirst du die wunderliche Kraft Gottes sehen, riechen und schmecken, wiewohl es nur ein Gleichnis ist«, sagt Böhme. Aussagen wie diese haben nichts mit sentimentaler Naturschwärmerei zu tun. Sie stehen keineswegs für einen billigen, sich um die Dissonanzen der Welt betrügenden Hurra-Pantheismus. Böhmes spekulatives Anliegen war vielmehr, die Vision einer von Gott durchwalteten, von seinem überschwänglichen Leben durchpulsten Natur in Einklang zu bringen mit der Idee eines transzendenten Gottes, der kein Gefangener der Schöpfung ist – unter Vermeidung sowohl eines die Gegensätze heillos radikalisierenden Dualismus nach manichäischem Vorbild als auch eines die ontologischen Hierarchien konfundierenden Pantheismus.

Dieser Schuster ist nicht nur ein visionärer Schau fähiger Mystiker, sondern auch ein Gnostiker und Kabbalist, der mit grüblerischem Tiefsinn eine umfassende Daseinssicht und -deutung entwirft und dabei an uralte, in mythische

Tiefen zurückreichende Überlieferungen anknüpft. Böhmes Lehre ist aus den Umständen seines Lebens und den verschiedenen Einflüssen seines Zeitalters allein nicht zu erklären. Sie ist weniger das Ergebnis einer kritischen Auseinandersetzung mit anderen Lehren – Böhme kannte kaum eines der großen philosophischen Systeme –, sondern die in Bildern spekulierende Auslegung einer ihm zuteil gewordenen Vision, einer grundlegenden mystischen Erfahrung. Eine ursprüngliche Intuition trägt seine gesamte Lehre, die er nach langem inneren Ringen, im Kampf gegen äußere Hindernisse, aber auch innere Zweifel und Anfechtungen, auf mehr als dreieinhalbtausend Seiten niederschreibt.
Die Schwierigkeiten, Böhme zu verstehen, sind allerdings auch deshalb so groß, weil dieser Meister der Sprache von einer bisweilen ärgerlichen Unbeständigkeit bei der Wahl seiner Begriffe ist. Diese träumerisch lallende Quecksilbrigkeit rügt denn auch Hegel, wenn er in seinen Vorlesungen über die Geschichte der Philosophie sagt, Böhme besitze »keine Methode und Ordnung«, seine Tiefe sei »roh und barbarisch«, weil sie sich weniger im Medium des Begriffs denn in der »Form der Anschauung und des Gefühls« zu artikulieren strebe. Selten wird deshalb der sich in Böhme Einlassende eine gewisse Zwiespältigkeit der Gefühle zwischen Bewunderung und Widerwillen, Faszination und Verdutztheit, Ergriffensein und Befremdung loswerden. Sein Werk insgesamt zu durchdringen, ist eine Lebensaufgabe für Liebhaber spekulativer Mystik, die in der Praxis mystischer Meditation erfahren sind.
Dennoch sei versucht, wenigstens einige der Grundgedanken und durchgängigen Thesen der Böhmeschen »Pansophie« wiederzugeben, die, unverjährt und unabgegolten, dazu anregen könnten, sich in die Schriften des Görlitzers zu versenken.

Ausgangspunkt von Böhmes Theosophie bildet die absolut jenseitige, in ewiger Einheit wesende Gottheit, der göttliche »Ungrund«, der »ohne alle Neiglichkeit und Eigenschaften« ist:
»Gott ist die ewige Einheit als das unermeßliche, einige Gut, das nichts hinter noch vor sich hat, das ihm möge etwas geben oder eintragen oder das ihn möge bewegen; ohne alle Neiglichkeiten und Eigenschaften, welches ohne Ursprung der Zeit in sich selber nur Eines ist, als eine eitel Lauterkeit, ohne Berührung, welches nirgends keinen Ort noch Stelle hat noch bedarf zu seiner Wohnung, sondern ist zugleich außer der Welt und in der Welt und ist tiefer, als sich ein Gedanke schwingen mag... Alles, was kann gezählet und gemessen werden, das ist natürlich und bildlich; aber die Einheit Gottes kann nicht ausgesprochen werden, denn sie ist durch alles zugleich...«
Nach Art aller Mystiker versucht Böhme diese geheimnisvolle Einheit des göttlichen Ungrundes mit den altbekannten Mitteln der via negationis zu umschreiben. Der dafür angemessenste Begriff ist seit den Neuplatonikern und Meister Eckharts der des *Nichts*. Während Thomas von Aquin und die Scholastiker Gott als ens realissimum, als das Sein selbst bestimmen, sagt Jakob Böhme von ihm, daß er »gleich als ein Nichts« sei. Dieses Nichts nennt er auch »Ungrund«. Sein Wesen ist »ewige, stille Freiheit«. Er ist »in sich selber nichts als die lichte Ewigkeit«.

Von diesem Ungrund, der gleichsam die Gottheit selbst in Gott ist, unterscheidet Böhme die *Natur* in Gott. In ihr gelangt der unbegreiflich-unvordenkliche Ungrund zu stufenweise fortschreitender Selbst-Offenbarung. Natur in Gott bedeutet Selbstentfaltung, Differenzierung und Selbstgebärung Gottes. Ferment dieser Theogonie ist der Wille, den Böhme von »Wallen« herleitet, genauer: ein drängend suchender »Naturwille«:

»Das Nichts hungert nach dem Etwas, und der Hunger ist die Begierde als das erste Verbum *Fiat* oder Machen.« – »Das Nichts ist eine Sucht nach Etwas... So denn nun also eine Sucht im Nichts ist, so machet sie ihr selber den Willen zu etwas, und derselbe Wille ist ein Geist, als ein Gedanke, der geht aus der Sucht und ist der Sucht Sucher.«

Das Nichts ist hier keine logische Kategorie, nicht bloß ein Korrelat zum Etwas, sondern gleichsam ein hungernder und dürstender Abgrund, eine unendlich drängende Sehnsucht und Begierde im göttlichen Ungrund. Sie führt zu einer Selbstunterscheidung des Absoluten, so daß dieses gleichsam kein Kreis mit einer Mitte, sondern eine Ellipse aus zwei Brennpunkten ist: Ungrund *und* Natur.

Böhme lehrt also, daß es in Gott eine *Natur* gibt, eine Natur freilich, wie nicht genug betont werden kann, die eine innergöttliche Welt darstellt, also nicht mit der materiellen Natur verwechselt werden darf. Natur kommt von *nascor:* geboren werden, und deshalb sagt Thomas von Aquin, daß man eigentlich *nascitura* sagen müßte: Natur als Reich der Geburt.

Die ewige Natur in Gott ist gleichsam das esoterische Modell der zeitlich-räumlichen, greifbaren, materiellen Welt. Die göttliche Natur ist das Reich der Selbstgebärung Gottes. Sie vollzieht sich nach Jakob Böhme in sieben Etappen, Naturgestalten und »Qualitäten«, wobei der Görlitzer Theosoph das Wort Qualität mit Quellen, Aufquellen, Herausquellen in Zusammenhang bringt, und deshalb auch von »Quellgeistern« spricht. Diese Quellgeister, in denen sich die Natur in Gott konkretisiert, entsprechen den *Sefiroth* der jüdischen Kabbala. In ihnen geschieht ein »Sich-Fassen« und »Sich-Aussprechen« des unvordenklichen göttlichen Ungrundes. Böhme unterscheidet folgende Gestalten und Qualitäten:

1. Herbe oder Begierde
2. Bitter, Ziehen oder Stachel der Empfindlichkeit
3. Angst oder Gemüt
4. Feuer oder Geist
5. Licht oder Liebe
6. Schall, Hall, Wort oder Verstand
7. Leib, Wesen, Gehäuse oder Natur im eigentlichen Sinne.

Diese Lehre von den sieben Qualitäten gehört zu den schwierigsten und dunkelsten Böhmes, sie bildet eine kaum ganz auflösbare crux auch für die geduldigsten Interpreten. Ihre Funktion ist jedoch einigermaßen klar. Sie bringt in die Gottheit ein dynamisch-dramatisches Element, eine in mythischen Bildern sich ausdrückende Dialektik und gibt zugleich auch Aufschluß über die theogonischen Bedingungen der Möglichkeit von Welt überhaupt. Die ewige Natur in Gott ist gleichsam der ätherische Stoff, der der Weltschöpfung zugrunde liegt. Sie bildet als »Leib Gottes« die Brücke zwischen dem Ungrund und dem geschaffenen Universum, in dem sich die Menschwerdung vollzieht. Das dialektische Ineinander der sieben Naturgestalten und Quellgeister, von denen die beiden ersten sich zueinander wie Kontraktion und Expansion, Systole und Diastole verhalten, wird von Böhme auch als »Liebesspiel des Lebens« beschrieben:

»Du mußt allhie wissen, daß die Gottheit nicht stille stehet, sondern ohne Unterlaß wirket und aufsteiget als ein liebliches Ringen, Bewegen und Kämpfen, gleichwie zwei Kreaturen, die in großer Liebe miteinander spielen und sich mit einander hälsen oder würgen, bald liegt eines oben, bald das andere, und so eins überwunden hat, so gibt's nach und lässet das andere wieder auf die Füße.«

Welche Rolle spielt der Mensch in diesem theogonisch-kosmogonischen Prozeß? Böhme knüpft in seiner Anthroposophie sowohl an die biblische Lehre vom Menschen als *»Bild Gottes«* an als auch an die im orientalischen Mythos, in der Gnosis und in der Renaissancephilosophie verbreitete Vorstellung vom *»homo microcosmus«*. Der Mensch ist ein kleiner Kosmos, ein Abbild, Spiegel, Symbol und archetypischer Auszug des großen Kosmos. Diese beiden Motive verbindet der Mystiker mit einem dritten, ebenfalls in mythische Vergangenheit zurückweisenden Gedanken, der sich bei asiatischen, afrikanischen, australischen und amerikanischen Völkern und Stämmen, aber auch bei Platon und in der Kabbala, der mystischen Überlieferung der Juden, findet: der Idee der *Androgyne,* der ursprünglichen Doppelgeschlechtlichkeit des Menschen. Der Urmensch ist nach Jakob Böhme androgyner, mann-weiblicher Natur. Androgyne meint hier nicht Hermaphroditismus und Zwittertum, sondern die paradiesische Ganzheit, Vollkommenheit und Schönheit des Menschen vor dem Sündenfall, seine Funktion als Bild der (ebenfalls androgyn gedachten) Gottheit und als Schlußgeschöpf des Universums. Der androgyne Urmensch konnte sich, so lehrt Böhme, auf magische Weise ernähren und fortpflanzen. Er hatte keinen Bauch. Er aß und trank nur die ätherische Essenz der Dinge. Zeugung und Geburt waren keine physiologischen Prozesse, sondern gleichsam ideale Spiegelungen, durch divinatorische Schau erfolgende Abbildungen göttlicher Urbilder.

Zugegeben, Böhmes auf mythischen und heterodoxen Überlieferungen beruhende Sexualmetaphysik mag die meisten von uns fremdartig anmuten, so wie sie schon zu Lebzeiten ihres Schöpfers der offiziellen Theologie anstößig war. Wer freilich einen Sinn hat für die Sprache der Mystik, dem mag es auch bei Böhmes Androgyne-Lehre so ergehen wie Williams James, dem amerikanischen Philosophen des Pragmatismus, der bekennt, zwar niemals durch mystische Zustände hindurchgegangen zu sein; aber, so fügte er hinzu, wenn er Menschen davon aus eigener Erfahrung reden hörte, so riefen sie in ihm wenigstens ein Echo hervor. Noch in unserem Jahrhundert haben Tiefenpsychologen wie Carl Gustav Jung und Norman O. Brown, Ethnologen wie Joseph Winthuis und Hermann Baumann Böhmes Gedanken über den androgynen Charakter des vollendeten Menschen produktiv aufgegriffen. Der russische Revolutionär und Philosoph Nikolai Berdjajew, der in seinen Gebeten Jakob Böhmes neben Dostojewski zu gedenken pflegte, hat sogar die Behauptung gewagt: »Der Mythus vom Androgynen ist der einzige große anthropologische Mythus, auf dem die anthropologische Metaphysik aufgebaut werden kann.«

Mythen oder glaubliche Erfindungen, die historisch aufgefaßt nicht wahr sind und dennoch eine eigene Wahrheit haben, weil sie in uns ein andernfalls stumm Bleibendes anklingen lassen und ihm zur einzig angemessenen Sprache verhelfen, hat bereits Platon für philosophisch erlaubt gehalten. Und so mag auch die hermetische Geschichte vom androgynen Adam als ein solcher anthropologischer Mythos aufgefaßt werden, dessen volle Bedeutung sich erst im Hinblick auf Böhmes Lehre vom Bösen erschließt.

Der Mensch geht seiner androgynen Einheit verlustig durch seinen Fall. Dieser Fall beginnt bei Böhme nicht erst mit dem Genuß der verbotenen Frucht vom Baume der Erkenntnis, sondern schon früher, in einer subtilen Abwendung von Gott. Adam, der androgyne Urmensch, vergafft sich gleichsam in die ihn magisch blendende Vielheit der Dinge. Er will die Fülle des Seins nicht mehr durch Teilhabe am göttlichen Bewußtsein empfangen, sondern unmittelbar verkosten. Erst in diesem Stadium beginnt der im Paradiese lebende Mensch sich einsam zu fühlen, da er der Freundschaft Gottes müde geworden ist. Böhme bringt dieses Überwältigtwerden Adams von den Dingen dieser Welt in Zusammenhang mit dem Bericht des zweiten Kapitels des ersten Buches Mosis über den tiefen Schlaf, in den der erste Mensch sank.

Die Trennung der Geschlechter ist eine Folge des Verlusts der ursprünglichen Einheit des androgynen Adam mit Gott. Mann und Weib sind die Rückstände der uranfänglichen androgynen Harmonie. Die biblische Geschichte mit dem »Apfelbiß« ist also nicht der Beginn, sondern nur der Schlußpunkt eines Falles, in dem der Mensch seine Freiheit mißbraucht und die Harmonie seiner selbst und der Schöpfung zerstört.

In dem Maße freilich, in dem der Mensch sich wieder dem göttlichen Ursprung zuwendet, lehrt Böhme, würde er auch wieder seine geschlechtliche Entzweiung überwinden und seines verloren gegangenen androgynen Wesens teilhaftig werden. Christus sei, in einem geistigen Sinne, als zweiter Adam das Vorbild solcher Vollendung. Böhmes Christologie ist nicht bloß eine Auslegung des Glaubenssatzes von der Inkarnation Gottes in Jesus von Nazareth. Sie ist vielmehr eine Lehre von der Erlösung und Verklärung des Menschen überhaupt. Der Mensch ist, wie Böhme sagt, »versehen in Christo Jesu vor der Welt Grunde«. Adam wird bei seinem Fall von Gott im Namen Jesu gesichtet und wahrgenommen. Die Menschwerdung Christi ist eingebettet in den Gesamtprozeß der Menschwerdung des Menschen, in die gesamte Menschheitsgeschichte und darüber hinaus in die Evolution des Kosmos: ein Gedanke, der Jakob Böhme als barocken Vorläufer Teilhard de Chardins ausweist.

Diese Lehre vom gnadenhaften »Versehensein« des Menschen in Christo Jesu muß allerdings vor dem dunklen Grunde von Böhmes Theorie des Bösen entziffert werden. Böhme wußte tief Bescheid um das Dämonische in Mensch und Natur. Er hat Tod und Teufel ins Antlitz geschaut. Unter den deutschen Denkern ist er, neben Schelling, der ihm viel verdankt, wohl der einzige, der der Frage nach dem »Ort« und der Ursache des Bösen einigermaßen standhält. Bei ihm finden sich die stärksten Seiten über Schrecken und Grimm des Bösen. Das Böse ist ihm keine bloß moralische Kategorie, sondern eine kosmologische:

»Wenn alle Bäume Schreiber wären und alle Äste Schreibfedern und alle

Berge Bücher und alle Wasser Tinten, so könnten sie den Jammer und das Elend nicht genugsam beschreiben, die Luzifer mit seinen Engeln in seinen Zustand gebracht hat. Denn er hat aus dem Hause des Lichts ein Haus der Finsternis gemacht und aus dem Hause des Friedens ein ewiges Pochen, Donnern und Blitzen, ein ewiges Jammer- und Heulhaus...«

Böhme hält zwar nichts von der manichäischen Lehre, derzufolge das satanische Prinzip gleichursprünglich mit dem guten sei. Doch erscheint ihm das Böse tiefer in der Welt verwurzelt, als innerhalb christlichen Denkens gemeinhin angenommen wird. Es beginnt nicht mit dem Urfrevel des ersten Menschenpaares, sondern bereits mit der Rebellion Luzifers vor der Erschaffung Adams. Das Böse entspringt primär nicht kreatürlicher Schwäche, Nachgiebigkeit oder Neugier, sondern dem hochmütig empörerischen Abfall der Ausgezeichneten und Starken von Gott. Der Gegensatz von Gut und Böse ist nicht erst durch den verführbaren Menschen entstanden, sondern wurzelt in einer der Erschaffung Adams seinsmäßig vorausgehenden Katastrophe, die schließlich infolge der *freien* Abwendung des Menschen von Gott – Böhme ist ein Gegner der Prädestinationslehre! – auch die gesamte Schöpfung in Mitleidenschaft zieht. Luzifers »Grimm« offenbart sich im Menschen als der auch zum Nein gegen Natur und Gnade fähige Eigenwille. Der Eigenwille ist nicht an sich böse, sondern nur dann, wenn er das, was er einzig in freiwilliger Übereinstimmung mit dem göttlichen Gesamtwillen erlangen kann, als getrennter, abgesonderter und entarteter Wille zu erreichen strebt. Wenngleich kein mit der Gottheit von Anfang an koexistierendes Prinzip, ist das Böse somit ontologisch mehr als Mangel, Minderung und Unvollkommenheit, nämlich eine aktive Verkehrtheit, eine den Kosmos verderbende Perversion. Böhme hätte niemals der Meinung gehuldigt, daß noch so gewaltige Fortschritte in Forschung, Technik und sozialer Daseinssicherung zu einem allmählichen Abbau des Bösen in der Welt führen würden.

Wäre demnach Resignation und Quietismus sein letztes Wort? Auf die Frage nach einer Therapie gegen das Böse würde Böhme heute wahrscheinlich antworten, daß es nur Aufstände gegen Teilerscheinungen, nicht aber eine totale Revolution gegen das Übel an sich geben könne. Im übrigen hätte er an das Herrenwort erinnert: »Was nützt es dem Menschen, wenn er die ganze Welt gewönne, aber dabei seine Seele verlöre?« (Matth. 16, 26). So spricht Christusgeist aus dem als Ketzer, Schwärmer und Narren gescholtenen Schuster, in dem zugleich etwas von dem Urwissen aufbrach, das bis weit in die Neuzeit hinein sämtlichen Religionen, wenn auch in verschiedener Ausprägung und Reinheit, gemeinsam war. In Böhmes Mystik spricht sich eine Transzendenz- und Welterfahrung aus, die seither in tiefere Schichten abgesunken, doch, wie wir hoffen dürfen, nicht völlig unzugänglich geworden ist.

So klingen in dem Werk des Görlitzer Schuster-Theosophen verschiedene Motive zu einer geheimnisvollen Einheit zusammen, wie der Klang von mehreren Glocken, die in einem Kirchturm gleichzeitig geläutet werden, oder, um an ein Bild von Böhme selbst zu erinnern, wie das Spiel einer Orgel, deren unerschöpfliche Röhren, von *einem* Lufthauch durchbraust, in überwältigender Harmonie ertönen: »Also ist in der Ewigkeit im ganzen Werk der göttlichen Offenbarung nur ein Geist.«

Auch wer solche Glaubenskraft nicht aufbringt, wird sich, wenn er nur geduldig ist, kaum umsonst mit Jakob Böhme einlassen. Mystik pflegt zwar oft abzustoßen, nicht zuletzt wegen der Narreteien gewisser Mystiker, noch mehr aber ihrer Anhänger. Deshalb mag es beim ersten Durchblättern der Schriften Böhmes manchem so ergehen wie vor bald zweihundert Jahren dem jungen Franz von Baader, der das Buch voller Abscheu und Zorn an die Wand schleuderte. Bei der zweiten Begegnung wird vielleicht schon das sachliche Interesse an dem wunderlichen Außenseiter mitspielen, dessen Ausstrahlungskraft durch die Jahrhunderte beispiellos ist. Und der dritte Versuch, sich in Böhme einzulassen, mag dann in der beglückenden Entdeckung gipfeln, daß dieser Schuster dem mythischen Patriarchen Henoch gleicht, der nach alter Überlieferung von Gott entrückt und in den Engel Metatron verwandelt wurde. Henoch, so heißt es, war ein Schuster, der bei jedem Stich der Ahle nicht nur das Oberleder mit dem Unterleder, sondern alles Obere mit allem Unteren zu verbinden vermochte. Indem bei ihm Handwerk in rituelle Handlung und Meditation in Transmutation überging, bewährte sich an ihm die Wahrheit eines Spruches, den Jakob Böhme in die Stammbücher seiner Freunde zu schreiben pflegte:

> Wem Zeit ist wie Ewigkeit
> Und Ewigkeit wie Zeit,
> Der ist befreit
> Von allem Streit.

(1975)

THOMAS HOBBES

Thomas Hobbes, geboren 1588, war ein überaus furchtsamer Mensch. Die Mutter schrieb seine Frühgeburt ihrem Schreck angesichts des Auftauchens der spanischen Armada vor den Küsten Englands zu. Hobbes ist wohl der einzige Philosoph von Rang, der der Furcht nicht nur in seinem System eine zentrale Stelle zuwies, sondern sich auch ungeniert zu seinem ängstlichen Wesen bekannte: »Die Angst und ich sind Zwillinge«. Dabei meinte er nicht irgendein metaphysisches Grauen, nicht das Entsetzen vor der gigantischen Leere des Weltalls oder das Schaudern vor der Majestät eines unbegreiflichen Gottes. Wenn Hobbes von Angst sprach, so hatte er dabei etwas Handgreiflicheres im Auge: die Furcht vor dem gewaltsamen Tod, die Furcht vor jedem anderen Menschen als einem möglichen Mörder.

»Der Mensch ist des Menschen Wolf«, lautet einer seiner zum geflügelten Wort gewordenen Lehrsätze. Er ist von Natur aus asozial, unersättlich und selbstsüchtig. Sein Wesen ist schrankenlose Begierde.

Wenn Descartes' Ausgangspunkt heißt: »Ich denke...«, so bildet den Kern von Hobbes' Philosophie die Einsicht: »Ich begehre, also bin ich«. Schopenhauers und Nietzsches Voluntarismus hat dieser Sohn eines anglikanischen Dorfgeistlichen ebenso vorweggenommen wie die Trieblehre von Freud. »Der Mensch ist des Menschen Wolf« – das heißt: er ist ein besonders grausamer, weil erfinderischer und ruheloser Wolf. Ihn treibt nicht nur, wie die Tiere, gegenwärtiger, sondern auch künftiger, bloß vorgestellter Hunger. Er ist das räuberischste, listigste, gefährlichste und mächtigste Tier, das von sich aus unendlich begehrt. Glück ist ein ununterbrochener Fortgang von Begierde zu Genuß, von Genuß zu erneuter Begierde; jedes erreichte Ziel wird wieder zum Mittel zu neuen Zielen. Glück ist nicht, wie bei den klassischen Philosophen der Antike und den Theologen des Mittelalters, selige Ruhe und kontemplatives Aufgehen in einem höchsten Gut, sondern der Triumph, einen andern zu überholen. Das Leben ist ein Wettlauf und noch die zivilisiertesten Ordnungen sind nur notdürftige Versuche, den ursprünglichen Kampf aller gegen alle zu zügeln.

Ungeachtet ihrer Verschiedenheiten in körperlicher, intellektueller und charakterlicher Hinsicht sind die Menschen alle gleich: in der Fähigkeit, einander zu töten. Der letzte Dummkopf und Schwächling kann den tüchtigsten, stärksten und begabtesten Menschen umbringen. »Gleichheit« – das ist für Hobbes nicht irgendeine edle soziale Forderung. Er meint damit die allen humanitaristischen Illusionen in's Gesicht schlagende Tatsache, daß grundsätzlich jeder Mensch jedem Menschen absolut gefährlich werden kann. Er vermag ihm gefährlich zu werden auf Leben und Tod – gleichviel mit welchen Mitteln, ob durch Brutalität, Tücke, Niedertracht, Dummheit oder Feigheit. Nur Tote sind wunschlos und können nicht mehr töten. Doch angsterregend bleiben auch sie, zumindest für unaufgeklärte Menschen, die an Dämonen und andere übersinnliche Mächte glauben: »Die Furcht vor der Dunkelheit und vor Gespenstern ist größer als jede andere Furcht«.

Thomas Hobbes, der stolz erklärte, daß er beim Ausbruch des englischen Bürgerkrieges der erste von allen war, die nach Frankreich flohen, und sogar für den vor dem Feind ausreißenden Soldaten um Verständnis warb, war gleichwohl einer der mutigsten Denker seines Zeitalters. Seine Werke, insbesondere die im »Leviathan« (1651) niedergelegte Staatsphilosophie, sind in einem kräftigen, klaren und eindringlichen Stil geschrieben, hie und da mit einem Schuß sarkastischer Ironie versetzt. »Kluge gebrauchen die Worte wie Rechenpfennige«, sagt Hobbes, »durch die sie lernen wollen. Toren aber sehen sie als wirkliche Münze an, die sie nach dem Wert des Mannes schätzen, dessen Bild und Überschrift sie führt, sei er nun Aristoteles oder Cicero oder Thomas von Aquin«. Ein anderer Ausspruch von ihm: »Furcht vor einer unsichtbaren Macht, die, von einem Kopf frei erdacht oder aus Berichten geschöpft, öffentlich anerkannt ist, heißt Religiosität; ist sie nicht öffentlich anerkannt, heißt sie Aberglaube.« Und: »Es ist mit den Mysterien unseres Glaubens wie mit den heilsamen bitteren Pillen für die Kranken, die ganz verschluckt, Heilung bringen, zerkaut aber größtenteils wieder ausgespuckt werden und wirkungslos sind.« Ob er wirklich ein Atheist war, wissen wir nicht; jedenfalls hielt er Gottes Wesen für unbegreiflich, und Theologengezänk sowie religiöser Fanatismus stießen ihn ab. Er war ein rücksichtsloser Skeptiker, mißtrauisch gegenüber großen Worten und idealistischem Pomp. Hobbes ist ein unpathetischer Autor, der, rhetorischen Prunk vermeidend, sich darum bemüht, die der Erfahrung zugänglichen Tatsachen so ungeschminkt, nüchtern und präzis wie möglich darzustellen. Seine Lehrmeister waren Bacon und Galilei; von den antiken Schriftstellern schätzte er am meisten Thukydides, den Historiker des Peloponnesischen Krieges, und Euklid, den Verfasser der »Elemente«, des ältesten mathematischen Lehrbuchs, das wir besitzen. Durch das Studium der Geschichte vertiefte Menschenkenntnis und geometrische Klarheit verhalten sich in Hobbes' Werk wie Inhalt und Form zueinander.

Seine düstere Anthropologie ist nicht die Ausgeburt eines menschenverächterischen Pessimismus oder einer trübsinnigen Erbsünden-Theologie. Hinter ihr steht vielmehr das Erlebnis der Religions- und Bürgerkriege des siebzehnten Jahrhunderts. Hobbes war auch ein Zeitgenosse des Dreißigjährigen Krieges, der Deutschland verwüstete. Seine politische Philosophie ist eine Antwort auf die Erfahrung des mit religiösen Parolen geführten Bürgerkriegs, der Familien, Stände, Länder und Völker entzweite. In den blutigen Krisen der europäischen Gesellschaft zwischen Reformation und Gegenreformation, Renaissance und Barock offenbarte sich ihm die wahre Natur des Menschen. Im Extremfall, wenn der Pluralismus in Bürgerkrieg umschlägt, sah er das sonst unter einem Schleier verborgene Wesen aller politischen Verhältnisse. Hobbes hat sich nicht damit aufgehalten, die Vorteile der verschiedenen Staats- und Regierungsformen miteinander zu vergleichen, sondern zielte nur auf die *eine* Frage: mit welchen Mitteln kann der Krieg aller gegen alle verhütet oder, wenn er einmal ausgebrochen ist, wieder beendet werden? Von Appellen an das Gewissen hielt er ebensowenig wie von sehnsüchtigen Friedensutopien. Denn er sah ja, daß grausamste Kriege und Bürgerkriege nur zu oft im Namen des Friedens und anderer erhabener moralischer Ziele geführt wurden. Wer sich auf die Reinheit seines Gewissens beruft, sagt Hobbes, der will etwas. Mögen auch alle Parteien die besten Absichten haben; über die Mittel und Wege, sie zu verwirklichen, herrscht regelmäßig keine Einigkeit. Eben das Pathos moralischer Ausschließlichkeit führt zu rivalisierenden Fanatismen, zu mörderischer Selbstgerechtigkeit und grausamer Intoleranz. Gewissen steht dann gegen Gewissen, Doktrin gegen Doktrin, deren eine lautet, daß jedermann Richter sei über gute und schlechte Taten, und deren andere, daß Sünde sei, was immer jemand gegen sein Gewissen tue. Das reine Gewissen, das sich anmaßt, den Thron zu besteigen, ist für Hobbes keineswegs das Gute, sondern die Quelle des Bösen selbst. Gefährlicher als der nackte Wille zur Macht ist die Berufung auf ein souverän gesetztes Gewissen ohne Außenhalt. Der noch so aufrichtige Friedenswunsch reicht nicht aus, um den Willen zur Macht zu bändigen. Deshalb gilt auch die Regel: »Verträge, hinter denen kein Schwert steht, sind nichts als leere Worte; sie haben nicht die Kraft, jemanden zu schützen«.

Anarchie und Krieg standen vor diesem nüchternen Denker als extreme Möglichkeiten, die die Gesellschaft ständig bedrohen. Immer kann der Mensch zurückfallen in den »Naturzustand«, wo er keine Normen respektiert außer dem Gesetz seiner Begierden. Hobbes' Trauma ist die Erfahrung, wie zerbrechlich die sozialen Ordnungen sind, die den Menschen vor seinesgleichen schützen. Der Krieg aller gegen alle ist ihm nichts Vergangenes oder Fiktives, sondern die stets gegenwärtige vulkanische Grundlage staatlicher Ordnung.

Die Antwort des Thomas Hobbes auf die ihm durch den englischen Bürgerkrieg vermittelte Erfahrung, daß der Mensch dem Menschen ein Wolf sei, ist ebenso einfach wie unpopulär. Carlyle hat sie ganz lapidar formuliert: »*Anar-*

chie plus Polizei.« Hobbes führt den souveränen Staat als die Autorität ein, unter der die privaten Interessen und Gesinnungen der Individuen sich auf friedliche Weise ausleben können. Wenn der Mensch ein sterblicher Teufel ist, muß der Staat, wenn er diesen zähmen will, ein – wie Hobbes wörtlich sagt – »sterblicher Gott« sein, ausgerüstet mit absoluter Macht. Er bezeichnet diesen Staat als *»Leviathan«*. Der Name geht auf das mythische Seeungeheuer zurück, das im Alten Testament als Chiffre für die Weltmächte der Assyrer und Babylonier erscheint. Nur der starke Staat bietet Abhilfe gegenüber dem Terror entfesselter Subjektivität: die Einsetzung einer Macht, die jene normative Ordnung durchsetzt, die den Menschen zum Vorteil gereicht, die sie aber nicht einhalten würden, wenn man sie dazu nicht mit Zwang anhielte. Wenn jeder Mensch ein potentieller Mörder ist, dann gebietet das allein gemeinsame Selbsterhaltungsstreben die Flucht unter die Schirmherrschaft des Leviathan.

Ein Kupferstich illustriert die Titelseite der ersten englischen Ausgabe des Buches. Er zeigt einen Riesen, der aus zahllosen kleinen Menschlein zusammengesetzt ist, mit einer Krone auf dem Kopf, in der rechten Hand ein Schwert, mit der linken einen Bischofsstab schützend über eine befriedete Stadt haltend. Ein Vers aus dem Buch Hiob ziert das Blatt: *»Non est potestas super terram quae comparatur ei«,* keine Macht auf Erden kann mit ihm verglichen werden. Keineswegs vergöttert Hobbes den Staat, und nichts ist falscher, als in ihm einen Vorläufer des modernen Totalitarismus rechter oder linker Prägung erblicken zu wollen. Hobbes' Grundansatz ist durchaus individualistisch-liberal. Der Leviathan hat eine rein negative Funktion. Seine Aufgabe besteht einzig darin, den Bürgern ihre Selbsterhaltung zu gewähren. Der Staat ist eine Überlebens-Maschine, dazu da, um den Schäden vorzubeugen, die die Anarchie individueller Begierden anrichten würde. Der Staat als »sterblicher Gott« sichert und verlängert das Leben der Menschen, doch als Menschenwerk bleibt auch er sterblich, und stets können die von ihm zu friedlichem Zusammenleben gezwungenen Völker zurücksinken in den grausamen Naturzustand. Dieser Staat kann eine Monarchie sein, wozu Hobbes persönlich neigte, er kann jedoch auch demokratisch geführt werden; wichtig ist nur, daß es *eine* Instanz gibt, die über das Gewaltmonopol verfügt und dadurch imstande ist, alle konkurrierenden Gewalten auf ihrem Gebiet auszuschließen.

Gewiß: der Staat steht über dem Recht und ist zugleich dessen Quelle, und es gibt kein schwereres Verbrechen als den Gebrauch individueller Gewalt; nur der Staat darf zwingen. *Auctoritas, von veritas facit legem:* Die Autorität, nicht irgendeine – philosophische oder religiöse – Wahrheit ist die Quelle und der Geltungsgrund des Gesetzes. Gegenüber dem Staat kann es keine Berufung auf andere Mächte geben, auch nicht auf Gott, denn dies sprengte die von ihm gewährte Sicherheit und würde den Keim zum Bürgerkrieg bedeuten. Es kommt auch nicht darauf an, daß die Gesetze des Staates gut im Sinne der Moral sind. Unerbittlich stellt Hobbes die Frage: *Quis judicabit?* Wer entscheidet? Das Widerstandsrecht würde wieder jeden Einzelnen zum Richter in eigener Sache machen und somit die fundamentale Wohltat vernichten, um deretwegen der Staat etabliert wurde: den inneren Frieden und die Sicherheit der Bürger.

Dies ist, wenn man sie so nennen will, die autoritäre Seite des Hobbesschen

Staatsverständnisses. Doch ihr entspricht die liberale: Anspruch auf Loyalität hat der Staat nur in dem Maße, in dem er fähig und willens ist, seine Bürger effektiv zu schützen. Der Schutz, sagt Hobbes, ist die Seele des Körpers des – als Person vorgestellten – Staates. Dem Körper ohne diese Seele gebührt der Gehorsam nicht. Nur die Effektivität seiner den Schutz der Bürger garantierenden Herrschaft begründet die Legitimität des Staates. Schutz und Loyalität bedingen einander. Wo der Schutz nicht gewährt wird, hört die Loyalität auf. Schlimmer als ein seine Macht mißbrauchender Staat ist ein schwacher Staat und am schlimmsten die Abwesenheit staatlicher Gewalt. Partikulare Gewalt ist das schlimmste Verbrechen – und es hat Jahrhunderte gebraucht, bis die Menschen dies eingesehen haben. Wenn aber der Staat nicht imstande ist, sie zu verhindern, so entfällt seine Daseinsberechtigung. Ohnmacht ist das ärgste Gebrechen. Denn unmoralisch ist ein Staat, der Gehorsam verlangt, ohne schützen zu können.

Hobbes' herausfordernde Kühnheit liegt darin, daß er den Ernstfall erwägt und aus ihm bis zum Zynismus folgerichtig die Konsequenzen zieht. Seine extreme Betonung der staatlichen Macht mag auf viele Schönwetter-Demokraten provozierend wirken, und es ist auch keine Frage, daß unter den Bedingungen unseres Zeitalters der »Leviathan« totalitäre Züge annehmen könnte. Das in den letzten Jahrzehnten stark gewachsene Interesse an Thomas Hobbes, wie es in den grundlegenden Büchern von Ferdinand Tönnies, Carl Schmitt, Bertrand de Jouvenel, Leo Strauss, Reinhart Koselleck und Klaus-Michael Kodalle sich dokumentiert, steht im Zusammenhang mit dem Bewußtsein, daß dieser Denker als erster die Prinzipien formuliert hat, auf denen die säkulare europäische Gesellschaft der Neuzeit beruht. Was unsere Situation kennzeichnet, ist der irritierende Umstand, daß Hobbes' Einsichten und Grundsätze heute sowohl unverändert aktuell als auch fragwürdig sind. Aktuell ist seine Beschreibung des Krieges: »Denn wie die Natur des schlechten Wetters nicht in einem oder zwei Regenschauern liegt, sondern in einer mehrere Tage dauernden Neigung dazu; so die Natur des Krieges nicht im tatsächlichen Kämpfen, sondern in der bekannten Neigung dazu während aller Zeit, wo keine Versicherung für das Gegenteil besteht... Alles daher, was folgt aus einer Zeit des Krieges, worin jedermann Feind jedermanns ist, das folgt auch aus einer Zeit, worin die Menschen ohne andere Sicherheit leben, als ihre eigene Stärke und ihre eigene Erfindung ihnen verschaffen wird.«

»Ohne andere Sicherheit« – der Staat hilft ihm ab, dem Zustand der Anarchie, aus dessen quälender Erfahrung heraus Hobbes seine Staatslehre entwickelt hat. Heute freilich befinden wir uns in einem Weltbürgerkrieg, und der Zusammenhang von Schutz und Gehorsam wird immer brüchiger. Die Staaten vermögen den ihnen Gehorchenden immer weniger Sicherheit zu gewähren und die Ungehorsamen in immer geringerem Maße zu bändigen.

Hobbes ist ein Denker für die »mageren Jahre«, für die Zeiten der Kriege und Bürgerkriege. Er stellt die Frage nach der Staatlichkeit des Staates, und diese ist – wer wollte es leugnen? – angesichts der »Unregierbarkeit« der westlichen Demokratien aktueller als vor zwanzig Jahren.

In manchen seiner Antworten situationsbezogen, bleibt der Autor des »Leviathan« als anthropologischer Skeptiker und kühler Analytiker politischer

Macht ein erregender Denker, vergleichbar den beiden Italienern, die wie er bei allen Idealisten in schlechtem Ruf stehen: Machiavelli und Pareto. Er selbst sagte von sich, daß er mitunter »Ouverturen« schreibe, seine wirklichen Gedanken aber nur zur Hälfte enthülle, und daß er so handle wie Leute, die für einen Augenblick ein Fenster öffnen, um es aus Furcht vor dem Sturm rasch wieder zu schließen.

Ungeachtet der herben und düsteren Aspekte seines Werkes war Hobbes in persönlichem Umgang alles andere als ein verbitterter Misanthrop. Seine Freunde schildern ihn als einen seine Unabhängigkeit liebenden Mann von Heiterkeit, Witz und taktvollem Benehmen, als einen angenehmen Gesellschafter, der die klassische Bildung schätzte und noch im höchsten Alter Homer ins Englische übertragen hat. Er war auch ein großer Musikliebhaber, strich selber die Viola da gamba, spielte bis fünfundsiebzig Ball und unternahm weite Wanderungen. Bei Nacht, wenn er im Bett lag und alle Türen fest verschlossen waren, so daß niemand ihn hören konnte, pflegte er schallend zu singen. Er war nie verheiratet, scheint aber eine uneheliche Tochter gehabt zu haben, für die er großzügig sorgte. Wenn er spazieren ging, benützte er einen Stock, in dem Feder und Tintenfäßchen enthalten waren. In seinen späten Jahren las er immer weniger, sondern verließ sich, wie Montaigne, mehr auf sein eigenes Denken als auf Bücher. Er pflegte zu sagen, wenn er so viel gelesen hätte wie andere Leute, hätte er auch nicht mehr gewußt.

Er starb am 4. Dezember 1679 nach dem Empfang der Sakramente, vier Monate vor Vollendung seines 92. Lebensjahres. (1979)

PAUL GERHARDT

Als Paul Gerhardt am 27. Mai 1676 im Alter von siebzig Jahren in Lübben, in der sächsischen Lausitz, starb, wurde seines Todes außerhalb der Pfarrei kaum gedacht. Das Lübbener Begräbnisregister meldet nur kurz den Hinschied des »treufleißigen wohlbekannten Archidiakonus der Kirche« nach siebenjähriger Amtszeit. Wir wüßten wahrscheinlich auch heute noch nicht, daß Gerhardt der bedeutendste evangelische Liederdichter nach Luther gewesen ist, wenn nicht zwei tüchtige Kirchenmusiker dem sanften, in sich gekehrten und allem Ehrgeiz abholden Propst die Manuskripte abgerungen und sie gesammelt hätten.

Die ersten achtzehn Lieder stehen in der dritten Auflage von Johann Crügers »Praxis pietatis melica« von 1647, darunter »Nun ruhen alle Wälder«, »Nun danket all und bringet Ehr, ihr Menschen in der Welt« und »Auf, auf, mein Herz, mit Freuden«. Sie wiesen den Verfasser, der, im Gegensatz zu vielen Barockpoeten keinen Dichterruhm suchte, sondern auch als Lyriker nur Diener des Christenglaubens sein wollte, sofort als einen Wortkünstler von hohem Rang aus. Die zehnte Auflage des Gesangbuches (1661) enthält achtundachtzig Lieder von Gerhardt. Einige Jahre später brachte der Lüneburger Johann Georg Ebeling hundertzwanzig Gerhardt-Lieder heraus, meistens mit eigenen

Melodien versehen. Die Gesamtausgabe verzeichnet hundertvierunddreißig deutsche und vierzehn lateinische Gedichte. Trotz dieses mäßigen Umfangs könnte man aus Gerhardts Liedern fast ein vollständiges Kirchengesangbuch zusammenstellen, in dem nur Lieder auf Epiphanias (Dreikönigstag), Christi Himmelfahrt und die Kirche selbst fehlen würden.

Walter Muschg nennt Paul Gerhardt »die reinste Gestalt unter den Sängern der protestantischen Gemeinde« im Zeitalter des Barock. Seine Lieder sprechen nicht von der Majestät der Kirche, sie sind nicht anfeuernde Schlachtrufe, sondern Ausdruck des innerlich frommen Vertrauens eines einzelnen auf den gütigen und gnadenschenkenden Gott. Waren Luthers geistliche Gesänge vorwiegend Lehr- und Bekenntnislieder für die Liturgie der Gemeinde, so gewinnt das protestantische Kirchenlied mit Paul Gerhardt etwas intim Individuelles, im romantischen Sinne Lyrisches. Gerhardt singt nicht für die Gemeinde, sondern für sich selbst und jene einzelnen, die ähnlich gestimmt sind wie er. Dies verbindet ihn mit der Mystik, und er kannte wohl auch die Schriften der Mystiker seiner Zeit, etwa Johann Schefflers, des unter dem freigewählten Namen »Angelus Silesius« berühmt gewordenen lyrischen Dolmetschs Jakob Böhmes. Die Lehre der lutherischen Kirche bildet zwar die bleibende Voraussetzung von Gerhardts Lyrik, doch er setzt alles Dogmatische um in unmittelbare religiöse Ergriffenheit, in Anschauung, Erlebnis und Gefühl. Das Passionslied erreicht bei ihm einen Höhepunkt durch die Eindeutschung der alten lateinischen Hymne:

»O Haupt voll Blut und Wunden,
Voll Schmerz und voller Hohn!
O Haupt, zum Spott gebunden
Mit einer Dornen-Kron.«

Das Lied schließt mit den Versen:

»Wann ich einmal soll scheiden,
So scheide nicht von mir!
Wann ich den Tod soll leiden,
So tritt du dann herfür:
Wann mir am allerbängsten
Wird um das Herze sein,
So reiß mich aus den Ängsten
Kraft deiner Angst und Pein.

Erscheine mir zum Schilde,
Zum Trost in meinem Tod,
Und laß mich sehn dein Bilde
In deiner Kreuzes-Not:
Da will ich nach dir blicken,
Da will ich Glaubens voll
Dich fest an mein Herz drücken;
Wer so stirbt, der stirbt wohl.«

Dank, Vertrauen und freudige Erhebung sprechen sich in Gerhardts Liedern nicht weniger aus: »Wach auf mein Herz, und singe dem Schöpfer aller Dinge...«, »Du meine Seele singe, wohlauf und singe schön...«, »Befiehl du meine Wege...« Bedeutete der ältere Protestantismus, verglichen mit der Renaissance, aber auch dem hochmittelalterlichen Katholizismus, eine Verdüsterung des menschlichen Selbst- und Weltverständnisses, so klingt in Gerhardts Gott preisenden Liedern zum erstenmal eine spontane Freude an der Natur durch. Seine Schöpfungslieder haben geradezu einen ländlich heiteren, fast idyllischen Einschlag. Es sind christliche Eklogen. Der düstere Gedanke allgemeiner Sündhaftigkeit und Verderbheit tritt zurück hinter dem freundlicheren Bild von der Welt als Garten Gottes. Unsere Erde erscheint nicht nur als Jammertal, als Ort des Leidens und der Bewährung, sondern auch als Vorschein himmlischer Seligkeit:

»Geh aus, mein Herz, und suche Freud,
in dieser lieben Sommerszeit
An deines Gottes Gaben;
Schau an der schönen Gärten Zier,
Und siehe, wie sie mir und dir
Sich ausgeschmücket haben.«

Da deckt »das Erdreich... seinen Staub mit einem grünen Kleide«, Narzissen und Tulpen, »die ziehen sich viel schöner an als Salomonis Seide.« Und: »Die Lerche schwingt sich in die Luft, Fasanchen fliegt aus seiner Kluft und macht sich in die Felder; die hochbegabte Nachtigall ergötzt und füllt mit ihrem Schall Berg, Hügel, Tal und Wälder.« Und: »Des süßen Weinstocks starker Saft bringt täglich neue Stärk und Kraft in seinem schwachen Reise.«
Der Dichter stimmt in diesen Lobpreis der Kreaturen jubelnd ein:

»Ich singe mit, wann alles singt,
Und lasse, was dem Höchsten klingt,
Aus meinem Herzen rinnen.

Ach, denk ich, bist du hier so schön,
Und läßt du's uns so lieblich gehn
Auf dieser armen Erden:
Was will doch wohl nach dieser Welt
Dort in dem reichen Himmelszelt
Und güldnem Schlosse werden?«

Indem Paul Gerhardt dem evangelischen Kirchenlied auf diese Weise mystische Innerlichkeit und geistliche Freude an der Welt als Schöpfung zugeführt hat, ist seine Lyrik weit über den lutherischen Bereich hinaus bedeutsam geworden. Viele seiner Werke gelten fast schon als Volkslieder. Johann Sebastian Bach hat das Gedicht »Gib dich zufrieden und sei stille« dreimal vertont (im zweiten Klavierbüchlein für Anna Magdalena), und nach ihm haben Mendelssohn und Max Reger dem frommen Poeten gehuldigt. Das Abendlied »Nun ruhen alle Wälder«, insbesondere die dritte Strophe mit den schönen Versen »Der Tag ist nun vergangen, die güldnen Sternlein prangen am blauen Himmelssaal«, hat den jungen Friedrich Hebbel fasziniert, und in unserem Jahrhundert hat Rudolf Alexander Schröder das gleiche Lied als »die Perle aller Perlen« bezeichnet. Schröder bekannte: »Es ist mir immer, als ginge die Sonne auf, sobald der Name Paul Gerhardt in mein Gedächtnis tritt.« Es fehlt bei Paul Gerhardt, ähnlich wie bei Matthias Claudius, jede konfessionelle

Engherzigkeit, stellt Hans Jürgen Schultz zu Recht fest, und vielen mag es ähnlich ergehen wie ihm, wenn er gesteht, kein anderes Stück Literatur könne ihm ein so spontanes Gefühl der Zugehörigkeit vermitteln zu allem, was Odem hat und lebt: »Geh aus, mein Herz, und suche Freud.« (1976)

HANS JAKOB CHRISTOFFEL VON GRIMMELSHAUSEN

Aus der Flut der heute vergessenen, nur noch von Fachgermanisten und Kulturhistorikern gelesenen Romane des deutschen Barock ragt der »Abenteuerliche Simplizius Simplizissimus« als ein einsamer Gipfel heraus. Der Name seines Autors wurde erst im neunzehnten Jahrhundert entdeckt: Hans Jakob Christoffel von Grimmelshausen. Er selbst hat nämlich die Leser mit einer Fülle von Pseudonymen zum Narren gehalten. Grimmelshausens Herkunft verliert sich im Dunkel; wir wissen nicht einmal genau, wann er geboren wurde. Zur Welt kam er um das Jahr 1621 im fränkisch-hessischen Grenzgebiet, in Gelnhausen, jenem Städtchen also, das später durch Clemens Brentanos Märchen von Gockel, Hinkel und Gackeleia berühmt wurde. Es heißt, daß Grimmelshausen von verarmten Adeligen abstamme; sein Vater war Bäcker. Der rothaarige Junge wurde streng protestantisch erzogen. Doch schon bald geriet er in die Wirren des Dreißigjährigen Krieges, der damals Deutschland verwüstete. Er war nacheinander Pferdeknecht, Troßbube, Musketier, Schreiber, Sekretarius, Gutsverwalter, Schankwirt, Burgvogt und schließlich Schultheiß des Straßburger Erzbischofs in der kleinen Schwarzwaldstadt Renchen. Er konvertierte – wie sein Zeitgenosse Johannes Scheffler, genannt Angelus Silesius – zum Katholizismus, heiratete in Offenburg und wurde Vater von zehn Kindern. Als er im August 1676 starb, hätte er es sich gewiß nicht träumen lassen, daß er dereinst zu den größten Gestalten der deutschen Literatur gezählt werden würde. Walter Muschg, der sehr bedeutende schweizer Germanist, nennt Grimmelshausen ohne Vorbehalt den größten deutschen Dichter zwischen Luther und Goethe, und ähnlich urteilt auch Josef Nadler in seiner monumentalen Literaturgeschichte der deutschen Stämme und Landschaften. Nadler vergleicht Grimmelshausen mit Wolfram von Eschenbach, Rabelais und Jean Paul.

Grimmelshausen hat trotz seines bewegten Lebens, das ihn in die verschiedensten Gegenden Deutschlands verschlug, überaus viel geschrieben: utopische, satirische, höfische und religiöse Schriften, auch eine Verteidigung der Rothaarigen, den Bericht einer Reise zum Mond und einen »Keuschen Joseph«. Doch einzig im »Simplizius Simplizissimus«, dessen Urfassung 1669 erschien, hat er weltliterarischen Rang erreicht. Dieser Roman verkörpert Kern und Krone der langen Reihe seiner Schriften, deren erste Gesamtausgabe in Nürnberg 1683–1685 verlegt wurde. Der »Simplizissimus« ist Autobiographie, Abenteuer-, Kriegs-, Bildungs- und Schelmenroman, Zeitgemälde und, wie

Wolframs »Parzival«, auch ein zutiefst religiöses Epos, der Versuch einer Deutung des menschlichen Lebens und seines Sinns, ein alle Sphären der Welt spiegelndes Kunstwerk von ungeheuren Ausmaßen, in dem sich Diesseits und Jenseits, Geschichte und Übergeschichte, Realismus und Mystik verschlingen. Grimmelshausen stellt seinen Helden in das Getriebe des von Krieg, Mord und anderen Greueln zum Himmel schreienden siebzehnten Jahrhunderts, jenes gekreuzigten Jahrhunderts, das man aus unserer Perspektive als ein Vorspiel des zwanzigsten bezeichnen kann. Simplizissimus, der einfältige Tor, wächst im tiefsten Spessart auf. Landsknechte überfallen den elterlichen Hof. Der Knabe flieht und begegnet im Walde einem Einsiedler, der ihn in der Religion unterweist sowie lesen und schreiben lehrt. Simplizissimus gerät aus der Waldeinsamkeit unter die Furien des Krieges, er wird Page, Junker und mit den Soldaten herumziehender Narr. Er wird von Kroaten geraubt, stößt dann zu den kaiserlichen Truppen, macht eine militärische Karriere. Er kämpft, wird schwer krank, gerät unter marodierende Briganten, heiratet zweimal, verliert sich wieder in den Wirren des Krieges, erlebt in der friedlichen Schweiz seine Bekehrung, reist um die Welt, begegnet Sylphen und Feen, dringt zum Mittelpunkt der Erde vor, kommt nach Moskau, China und Japan, schlägt sich als Wunderdoktor, Geisterbeschwörer, Gaukler, Schatzgräber, Kalendermacher und Marktschreier durch, kehrt über die Ostindischen Inseln, Ägypten, Konstantinopel und Italien nach Deutschland zurück, verzichtet schließlich, nachdem er menschliche Niedertracht und Narretei voll ausgekostet hat, auf Ruhm, Ehre und menschliches Glück und zieht sich als Eremit in die Abgeschiedenheit des Schwarzwaldes zurück. Am Ende stehen Abkehr, Entsagung, das christlich-barocke Vanitas-Motiv, die Einsicht des alttestamentlichen Kohelet: »Eitel, Eitelkeit, 's ist alles eitel«, der mittelalterliche Gedanke vom Trug der »Frau Welt«, oder in des Simplizissimus eigenen Worten: »Dein Leben ist kein Leben gewesen, sondern ein Tod, deine Tage ein schwerer Schatten, deine Jahre ein schwerer Traum... Adieu Welt, denn auf dich ist nicht zu trauen, von dir nichts zu hoffen«. Und: »Woraus zu sehen ist, daß Unbeständigkeit allein beständig sei sowohl in Freud' und Leid«.

Der Mensch, der sich selbst und nur aus sich selbst leben will, endet in Nichtigkeit, Leere und Wahn. Das ist die zeitlos-übergeschichtliche Einsicht, die hinter der abgründigen Fülle der Gestalten, Szenen und Abenteuer dieses Romans im Horizont des Dreißigjährigen Krieges aufblitzt. Der heißblütige, wie Faust von der Welt der Magie faszinierte, um das Dämonische wissende, von drängender Weltlust und mystischem Zuge ins Weltlose seltsam heimgesuchte Fabulierer Grimmelshausen ist, wie jeder große Dichter, ein tiefblickender Anthropologe. Wenn wir ihn gelesen haben, wissen wir mehr über den Menschen – über uns selbst. Wie die größten Dichtungen der Weltliteratur lebt der »Simplizissimus« von den Wirkungen stimmungsvoller Gegensätze. Die Tonleiter der Seele ist nach unten bis ins kaum Wahrnehmbare, nach oben ins Schmerzlich-Unerträgliche erweitert, ein Ablauf und Wechsel und Reichtum der Empfindungen, der seinesgleichen nicht hat: von Grauen, Entsetzen und blutiger Roheit, von Tod und Teufel bis ins selig Magische, ins Paradiesische sich übersteigend, wo die Romanlandschaft im Nu kosmische Ausblicke gewährt und unter Sternen die Nachtigall Gottes Lob singend vollbringt.

»Ruhm ist Mitgedachtwerden, wenn an ein ganzes Volk gedacht wird«. Dieses Wort von Wilhelm Raabe gilt auch für den fränkisch-alemannischen Dichter des »Simplizius Simplizissimus«, der sich freilich über die Unbeständigkeit des Ruhms keine Illusionen gemacht hat und, nach den Maßstäben seiner poetisierenden Zeitgenossen, gar kein Dichter gewesen ist. (1976)

ANGELUS SILESIUS

Im vierten und letzten Band seines Bildungs- und Entwicklungsromans »Der grüne Heinrich« läßt Gottfried Keller die Titelgestalt in einem Schloß Unterschlupf finden. Heinrich verbringt dort einige Wochen, bevor er in die Schweiz zurückkehrt. Eines Abends nimmt sich die kleine Gesellschaft beim Tee das Büchlein eines »vehementen Gottesschauers« der Barockzeit vor, das sich durch »lebendige Sprache und poetische Glut« auszeichne, allerdings auch, wie der freidenkerische Graf tadelnd bemerkt, mit einem »Gran von Frivolität und Geistreichigkeit« versetzt sei. Die Rede ist von Angelus Silesius und seiner mystischen Spruchsammlung »Der Cherubinische Wandersmann oder Geistreiche Sinn- und Schlußreime«.

Keller war in seiner Berliner Zeit durch Karl August Varnhagen auf die in Alexandrinern verfaßten Epigramme des schlesischen Priester-Dichters aufmerksam geworden. Varnhagen hatte 1821 eine Angelus-Silesius-Anthologie herausgegeben, die mehr das Allgemeinverständliche, unmittelbar Einprägsame enthält. Eine vermehrte Auswahl ließ er 1832 erscheinen; ihr sind auch Texte des von Matthias Claudius und Franz von Baader überaus bewunderten französischen Mystikers Saint-Martin sowie Anmerkungen von Varnhagens Frau Rahel beigegeben.

Damals, etwa hundertfünfzig Jahre nach seinem Tode, entdeckten die Spätromantiker Angelus Silesius, der Klopstock, Lessing und Schiller völlig unbekannt gewesen zu sein scheint, während der alte Goethe ihn im August 1820 gelesen hat. Neben Varnhagen wären hier Namen wie Friedrich Schlegel, Gotthilf Heinrich Schubert, Franz von Baader, Georg Friedrich Daumer und Schelling zu erwähnen. Schopenhauer und Hegel, sonst Antipoden, waren sich einig in der Wertschätzung des »Cherubinischen Wandersmanns«. Rückerts Gedankenlyrik ist nicht nur durch altindische Weisheit und Spinozas Pantheismus angeregt worden, sondern auch durch Angelus Silesius. Die Frauen der Romantik waren von ihm besonders angezogen: neben Rahel und Bettina von Arnim vor allem Annette von Droste-Hülshoff, die auch dichterisch seinen Spuren folgte; »der erquickt mich wie Balsam«, bekannte Henriette Feuerbach. »Beim Himmel, da steht das artigste Frühlingsliedchen«, ruft Dortchen Schönfund, die liebliche Ziehtochter des Schloßherrn, im »Grünen Heinrich« aus, eilt zum Klavier und spielt und singt »in einem altertümlichen Choralsatze von sehnsüchtig lockendem Tone, doch trotz der kirchlichen Form mit einem verliebt zitternden, weltlichen Ausdruck ihrer Stimme«:

Blüh auf, gefror'ner Christ,
der Mai ist vor der Tür;
Du bleibest ewig tot, blühst du nicht
jetzt und hier!

Der Zweizeiler steht im »Cherubinischen Wandersmann«, von dem sich seit seiner Wiederentdeckung um 1820 Katholiken und Protestanten, Freigeister und Fromme, Poeten und Philosophen, rechte wie linke Kinder Gottes und der Welt angesprochen fühlen: romantische Konvertiten wie Schlegel, gottledig gewordene Feuerbachianer wie Keller, Naturalisten wie Gerhart Hauptmann und Esoteriker wie Rilke, Anthroposophen wie Christian Morgenstern und Marxisten wie Ernst Bloch. In unseren Tagen haben Martin Buber, Ernst Jünger und Martin Heidegger dem schlesischen Barockdichter und Mystiker gehuldigt, und entsprechend unterschiedlich sind auch die Urteile über ihn.
War Angelus Silesius, der mit bürgerlichem Namen Johannes Scheffler hieß und am 9. Juli 1677 starb, ein kirchlich frommer Christ oder ein heimlicher Ketzer? War er Theist oder Pantheist? War er gar unter der Maske des Mystikers ein Atheist, ein barocker Vorläufer des die Theologie in Anthropologie auflösenden Ludwig Feuerbach? Oder hat er vielleicht einen Standort erreicht, von dem aus die ganze Problematik Theismus oder Atheismus, die Frage nach dem Sein oder Nichtsein Gottes zu völliger Belanglosigkeit verblaßt, wie zwei Distichen von ihm zumindest andeuten:

Die zarte Gottheit ist ein Nichts und Über-Nichts:
Wer nichts in allem sieht, Mensch, glaube, dieser sieht's.
Wer ist, als wär' er nicht und wär' er nie geworden:
Der ist, o Seligkeit, zu lauter Gott geworden.

Schon zu Lebzeiten heftig umstritten, ist der Streit über ihn bis heute zu keinem Abschluß gekommen. Wenn ein Werk zu so unterschiedlichen Auslegungen Anlaß gibt, von sonst so entgegengesetzten Denkern, Schulen und Gemeinden beansprucht zu werden vermag, dann ist zu vermuten, daß auch sein Urheber mehr Spannungen, Unstimmigkeiten und Gegensätze in sich auszutragen hatte, als man gemeinhin einem weltentrückten Mystiker zuzuschreiben pflegt. In der Tat verrät Schefflers Biographie alles andere denn ein milde abgeklärtes und gelassenes Naturell, obwohl er in seinen Sprüchen immer wieder Ruhe, Stille und Gelassenheit des Gemütes gepriesen hat. Sein Wesen enthält härteste Gegensätze, die ihn auch für Freunde zu einem überaus schwierigen und unangenehmen Patron gemacht haben. »Der muß ein Lamm' und Löw' in einem Wesen sein«, heißt es in einem seiner Epigramme; und so war er denn auch.
Manches in seinem zwiespältig-zwieseligen Wesen mag mit seiner Abstammung und Herkunft zusammenhängen. Der Vater war polnischer Grundbesitzer, geadelt von König Sigismund III. zu Warschau, und nannte sich stolz »Herr zu Borwicze«. Da er Lutheraner bleiben wollte, verließ er das katholische Polen und ließ sich in Breslau nieder. Er war von cholerischem Tempera-

ment, heftig, leicht aufbrausend, zum Jähzorn neigend, der einmal Prozeßgegner »mit Worten und Werken« so rücksichtslos angriff, daß der Breslauer Magistrat sich vorbehielt, wegen der »verübten mehrfaltigen Unbedachtsamkeit mit gebührender Strafe wider ihn zu verfahren«.

Mit zweiundsechzig Jahren heiratete er Maria Hennemann, die vierundzwanzigjährige Tochter eines Arztes, eine allem Anschein nach überaus empfindsame, zarte und nervöse Frau. Das erste Kind des ungleichen Paares war Johannes. Ein Bruder verfiel schon früh in geistige Umnachtung und wurde entmündigt. Die drei Kinder – auch von einer Schwester namens Magdalena wird berichtet – waren bereits als Halbwüchsige verwaist. Es war die Zeit des Dreißigjährigen Krieges.

Scheffler war, so kann man sagen, erblich belastet. Wesenszüge beider Elternteile finden sich bei ihm wieder, und die Spannungen in seinem Charakter wurden noch gesteigert durch die ihm auf seinen Lebenswegen widerfahrenen Einflüsse. In Liebe wie Zorn maßlos und ungestüm; reizbar, leicht zu verwunden und überempfindlich; weltfremd, ungefestigt und anlehnungsbedürftig; schwärmerisch gefühlsselig, aber auch von scharfem Verstand, sarkastisch, verletzend durch Wort und Witz; die Ruhe suchend, doch sie stets nur flüchtig – für die Dauer eines seiner Zweizeiler – genießend; voll von Unrast, Grobheit und Zanksucht, aber auch schwelgerisch-verzückter Hingabefähigkeit; Hymnen der Zärtlichkeit singend und über der Niederschrift von mehr als fünfzig geifernden Pamphleten verbitternd; hin- und hergerissen zwischen ekstatischem Unendlichkeitspathos und artistischem Formwillen, rauschhaft-visionärer Entfesselung und asketischer Zucht, war der Dichter des »Cherubinischen Wandersmanns« selbst ein Wanderer zwischen den verschiedensten Bereichen, eine Walstatt der erschütternden Antinomien des europäischen Barock.

Geboren 1624 in Breslau und aufgewachsen als Lutheraner, ist Johannes Scheffler gleichwohl schon früh in den Sog ganz anderer geistig-religiöser Überlieferungen geraten. Er studierte Medizin in Straßburg, Leyden und Padua. Straßburg war seit den Tagen des Eckhart-Schülers Tauler ein Mittelpunkt mystischer Religiosität. Das von zahlreichen Kanälen durchzogene, an mittelalterlichen und Renaissancebauten reiche Leyden beherbergte ebenfalls eine Menge religiöser Nonkonformisten: Wiedertäufer, Collegianten, Mennoniten, Anhänger der theosophischen Alchymie Jakob Böhmes; hinzu kamen aus Spanien vertriebene Juden. Spinoza hat eine Zeitlang unweit von Leyden gewohnt.

In Padua begegnete Angelus Silesius dem pracht- und sinnenfreudigen Barockkatholizismus der Gegenreformation, katholischem Heiligenkult und Wunderglauben, wahrscheinlich auch der italienischen und spanischen Mystik Angela Folignos, Teresas von Avila und Juans de la Cruz. Zurückgekehrt aus Italien, wird er 1649 Leibarzt des Herzogs Sylvius Nimrod von Öls und gewinnt Umgang mit dem von milder, überkonfessioneller Spiritualität erfüllten Kreis um Abraham von Franckenberg. Hier schätzt man Jakob Böhmes von Visionen durchblitzte Grübeleien, die der protestantischen Orthodoxie ein Greuel waren. Zum Kreis um Franckenberg gehört auch Daniel Czepko, der Verfasser der »Sexcenta monodisticha Sapientum«; darin stehen Zeilen wie diese:

Indem Gott spricht, werd ich und alle Welt erkoren;
Wann alles schweigt, wird Gott in ihr und mir geboren.

Die 1647 abgeschlossenen »Monodisticha« sind eine Vorstufe zum »Cherubinischen Wandersmann«; Scheffler hat sie nachweisbar gekannt und sich von ihnen anregen lassen. Mystische Sehnsucht spricht sich aus in geprägter Form, Böhmes stammelnder Tiefsinn klärt sich in meisterlichen Epigrammen. Frankenberg, der um eine Generation ältere Mentor, stirbt 1652. Scheffler widmet seinem Andenken ein Gedicht, in dem, fast wörtlich Böhmesche Gedanken fortspinnend, die Verse stehen:

Wer Zeit nimmt ohne Zeit und Sorgen ohne Sorgen,
Wem gestern war wie heut, und heute gilt wie morgen,
Wer alles gleiche schätzt, der tritt schon in der Zeit
In den gewünschten Stand der lieben Ewigkeit.

Schlesien gehörte seit dem Mittelalter zur böhmischen Krone, die 1526 an das Haus Habsburg übergegangen war. Die Habsburger waren im siebzehnten Jahrhundert die Avantgarde der Gegenreformation. Sie förderten den Jesuitenorden, der sich ausdrücklich der Rekatholisierung Europas verschrieben hatte. Von Österreich gelangte jesuitische Barockmystik auch nach Schlesien. Abgestoßen von der starrdenkenden, aller mystischen Schwarmgeisterei feindseligen lutherischen Orthodoxie, kam Scheffler in Verbindung mit diesem sowohl militanten als auch intellektuell aufgeschlossenen Orden.

Am 12. Juni 1653 tat er in der Matthiaskirche zu Breslau den Schritt, der bei den Protestanten maßlose Empörung auslöste: er wurde katholisch. 1654 erhielt er den Rang eines kaiserlichen Hofarztes; das war ein bloßer Titel ohne Gehaltsansprüche. Sein nicht unbeträchtliches Vermögen verschwendet er in frommen Werken, Almosen an die Armen und Stiftungen an Kirchen und Klöster. 1661 erhält er die Priesterweihe. Er dient seiner Kirche mit heiligen Liedern und unheiligen Streitschriften.

Manche Stücke aus seiner religiösen Liedersammlung »Heilige Seelenlust oder Geistliche Hirtenlieder der in ihren Jesum verliebten Psyche« (1657) finden Aufnahme in katholische wie protestantische Gesangbücher, etwa »Mir nach, spricht Christus unser Held«, »Ach, sagt mir nichts von Gold und Schätzen« und »Ich will dich lieben, meine Stärke«. Gleichzeitig mit diesem Liederbuch erscheint die fünf Bücher umfassende Sammlung »Geistreiche Sinn- und Schlußreime«, ebenfalls unter dem Pseudonym Angelus Silesius, das Scheffler nach seinem Übertritt zur katholischen Kirche angenommen hatte.

Berühmt geworden sind diese mystischen Epigramme allerdings unter dem Haupttitel, den sie bei der zweiten, um ein sechstes Buch vermehrten Auflage (1675) erhalten haben: »Der Cherubinische Wandersmann«. Die Wahl des Verfassernamens wie des Titels will bedacht sein; beide weisen auf die Welt der Engel hin. Das deutsche Wort Engel leitet sich nämlich ab von dem griechischen *angelos,* der Bote. *Angelus* heißt auch ein mit Glockenläuten verbundenes Gebet der katholischen Kirche, das dreimal täglich verrichtet wird zur Erinnerung an die Botschaft des Engels, der zu Maria kam. *Angelus Silesius* bedeutet demnach der Bote Gottes aus Schlesien. *Cherubim* heißen im Alten Testament jene mächtigen geflügelten überirdischen Wesen, die, halb Mensch und halb Tier, den Lebensbaum im Paradiese bewachen, die Bundeslade im Tempel krönen und den lebendigen Thronwagen der Gottheit bilden.

Das Christentum übernahm von den Hebräern den Glauben an diese Engelsgestalten, die höchste Ordnung in der himmlischen Hierarchie neben den Seraphim. Der unter dem Pseudonym Dionysius Areopagita berühmt gewordene byzantinische Mystiker hat dann gegen Ende des fünften Jahrhunderts die Vorstellung von den neun Chören der Engel systematisiert. Er galt ein Jahrtausend lang als apostolische Autorität. Thomas von Aquin zitiert ihn neben der Bibel und Aristoteles am häufigsten in seinen Summen. Dante hält sich in seiner Divina Commedia streng an die angelologischen Aussagen der Areopagiten, wie Gesang XXVIII des »Paradiso« zeigt.

Auch Scheffler war mit diesen Vorstellungen vertraut. Der seltsame Titel seines Hauptwerkes meint offenbar unter dem »Wandersmann« den Verfasser selbst, der von den Cherubim, den Gott am nächsten stehenden Engeln, in das Geheimnis der Schöpfung eingeweiht ist. Doch damit nicht zufrieden, spricht der Dichter an einigen Stellen offen aus, daß er noch unendlich mehr ersehnt. Sein innerstes Verlangen zielt über alle Erkenntnis und Schau hinaus:

Was Cherubin erkennt, das mag mir nicht genügen,
Ich will noch über ihn, wo nichts erkannt wird, fliegen.

So sehr manche Zweizeiler fromm im christlichen Sinne klingen, so wenig läßt sich leugnen, daß andere auf Theologen überaus befremdlich, ja blasphemisch wirken müssen. Der »Cherubinische Wandersmann« enthält nicht nur Gott, Christus und die Heiligen anrufende Kurzgebete, lyrische Stoßseufzer eines sich nach transzendentaler Geborgenheit und Gnade sehnenden Herzens, sondern auch rückhaltlose Bekenntnisse, in denen sich der verwegene Wunsch nach Gottwerdung ausspricht. An alchymistische Vorstellungen anknüpfend, geht es hier nicht mehr bloß um Einkehr bei Gott, sondern um Selbstvergottung durch einen Prozeß magischer Transmutation. So wie Blei zu Gold wird, soll die Seele sich in Gott verwandeln.

Besonders kühn kommt dieser Gedanke in jenen Sprüchen zum Ausdruck, in denen Gott als eine vom Menschen abhängige Größe, als Etappe seiner überschwenglichen Sehnsucht, als Protuberanz menschlicher Selbsttranszendenz erscheint. Die Gemeinschaft zwischen Gott und Mensch wird zur Identität, und Christi Leben ist nur insofern von Belang, als es eine ewige Möglichkeit der menschlichen Existenz bezeichnet. Für Himmel und Hölle bleibt kein Raum, auch Vergeltung und Erlösung sind nicht länger objektive, von außen kommende Geschehnisse; vielmehr gilt: »Der Himmel ist in dir!« – der Himmel nicht minder denn die Hölle. In gewagten Bildern und Vergleichen spricht Angelus Silesius immer wieder das Geheimnis aus, daß Gott sich nur in der mystisch ergriffenen Seele verwirklicht:

Ich weiß, daß ohne mich Gott nicht ein Nu kann leben;
Werd' ich zunicht, er muß vor Not den Geist aufgeben.

Ich bin so groß als Gott, er ist als ich so klein;
Er kann nicht über mich, ich unter ihm nicht sein.

Ich bin so reich als Gott, es kann kein Stäublein sein,
Das ich (Mensch, glaube mir) mit ihm nicht hab' gemein.

Ich bin nicht außer Gott und Gott nicht außer mir;
Ich bin sein Glanz und Licht, und er ist meine Zier.

Kein Wunder, daß einem Gottfried Keller Aussagen wie diese behagten: »So finden wir mit Vergnügen, wie die Extreme sich berühren und im Umwenden eines in das andere umschlagen kann«, läßt er den freidenkerischen Grafen im »Grünen Heinrich« sagen, der denn auch »unsern Ludwig Feuerbach« aus den angeführten Epigrammen zu hören vermeint. Doch dies ist noch nicht die höchste Kühnheit, die wir bei Scheffler finden. Er geht noch weiter, wie überhaupt bei ihm kaum eine Ketzerei fehlt, die er nicht erneuert oder vorweggenommen hat. Es gibt Stellen bei ihm, die einem brahmanischen oder tantrischen Text entnommen sein könnten, so sehr sprengen sie den Rahmen noch so weitherzig ausgelegter christlicher Dogmatik.

Was man von Gott gesagt, das g'nüget mir noch nicht:
Die Über-Gottheit ist mein Leben und mein Licht.

Wer der höchsten Seligkeit teilhaftig werden wolle, der müsse zu vollkommener Gelassenheit gelangen. Der vollkommen gelassene Mensch ist der wesentliche Mensch im Sinne jenes berühmten Spruchs, den viele kennen, die sonst kaum etwas von Angelus Silesius wissen:

Mensch, werde wesentlich! Denn wenn die Welt vergeht,
So fällt der Zufall weg; das Wesen das besteht.

Der in Gelassenheit wesentlich gewordene Mensch ist imstande, »Gottes bloß«, »Gottes ledig zu stehen« oder, wie Scheffler es ein andermal ausdrückt, noch »über Gott hinaus in eine Wüste zu zieh'n«.

Wahrhaft gelassen ist, wer alles lassen kann. Wer alles zu lassen vermag, läßt auch Gott sein. Es ist dies »die geheimste Gelassenheit«. Wer sie erreicht hat, dem ist auch Gott nicht mehr genug. Gottes unendlich viele Namen in ihr Unausgesprochenes zurückkehren lassend, wagt der Mystiker mit Meister Eckhart den Satz: »Mein wesentliches Sein steht über Gott«.

Angelus Silesius gehört zu den größten deutschen Sprachkünstlern zwischen Walther und Goethe. In einzelnen Zweizeilern, wie dem von der »ohn' warum« blühenden Rose, erreicht er eine Vollkommenheit und Leuchtkraft, die die der poetischen Hervorbringungen seiner Epoche unendlich überragen. Da ist er die Nachtigall, die in manchen Tönen zwar noch wie ein Vogel singt, hin und wieder aber in einem Nu sich über sämtliche Arten erhebt, um allen, die Ohren haben, zu zeigen, was eigentlich singen heißt.

Wollten wir den philosophischen und theologischen Ertrag des Angelus Silesius messen, so würden wir genarrt wie die Freier der Penelope. Der am Tage gesponnene Schleier wird in der Nacht unerbittlich wieder aufgetrennt. Alles Gesungene und Gesagte wird in ein großes Schweigen zurückgenommen, jeder Satz wieder aufgehoben, und glaubt man, jetzt beginne es erst recht, ist das Ende schon da. Schefflers Sprüche, die wahre *mantras* sind, tönende Inkarnationen des im Grunde Unnennbaren, fangen stets von neuem an und münden in ein souveränes Schweigen, wo der Mystiker-Künstler Atem holt zwischen Wort und Wort:

Mensch, so du willst das Sein der Ewigkeit aussprechen,
So mußt du dich zuvor des Redens ganz entbrechen.

Im Zen-Buddhismus heißt es: »Wenn du dem Buddha begegnest, töte ihn!« Alles – aber auch wirklich alles –, was du siehst oder hörst oder berührst, ist nicht das Wahre, auf das es ankommt, obwohl alles dieses es – den »anderen Zustand« – aufleuchten zu lassen vermag. »Ist das Reden wesentlich für die Religion? Ich kann mir ganz gut eine Religion denken, in der nicht gesprochen wird«. Das hat in unserem Jahrhundert Ludwig Wittgenstein gesagt. Das ist auch die letzte Botschaft des »Cherubinischen Wandersmannes«, in dem zwei Jahrtausende mystischen Aufschwungs auskristallisiert sind. Man mag einwenden, sie sei heute nicht aktuell. Sie war auch in der Zeit des Dreißigjährigen Krieges nicht aktuell. Sie ist deshalb ein großes und heilsames Ärgernis für alle Zeiten, weil sie so nachdrücklich von dem spricht und, wie der Dichter sagt, »schweigend singt«, was uns am meisten fehlt. (1977)

BENEDICTUS DE SPINOZA

Wohl keiner Gestalt in der Geschichte des menschlichen Denkens wird so viel Bewunderung, Ehrfurcht, ja Liebe entgegengebracht wie Spinoza, der am 21. Februar 1677 im Alter von fünfundvierzig Jahren im Haag gestorben ist. Seit Herder und Goethe ist der Ruhm dieses Philosophen im Steigen begriffen. Vorher freilich behandelte man ihn wie einen »toten Hund«, um Lessing zu zitieren. Schon zu Lebzeiten des Denkers waren allerlei Vorwürfe, Beschimpfungen und Verleumdungen auf ihn gehagelt; was aber in den ersten hundert Jahren nach seinem Tode über ihn an Schmählichem gesagt wurde, übertrifft jedes Maß. Schon die bloße Nennung seines Namens erregte Schaudern, ließ Christen, protestantische wie katholische, sich bekreuzigen und nach dem Exorzisten rufen. Spinoza galt als »scheußliches Ungeheuer«, als »geborener Betrüger« und »Mörder der gesunden Vernunft«; seine Bücher seien, so hieß es, voll von »fluchwürdigen Anschauungen«, »gaukelhaften Alfanzereien« und »unanständigem Wahnwitz«; seine Ethik sei eine »Bordellphilosophie«. In Spinoza sah man geradezu den Satan im Philosophenmantel. Nicht nur sein Werk, auch der völlig unbescholtene Lebenswandel des unverheiratet gebliebenen und an Schwindsucht gestorbenen Denkers wurde von besonders argwöhnischen Ketzer- und Teufelsriechern begeifert. Sogar daß Spinoza öffentliche Ehren verschmähte, sparsam und bescheiden lebte, seine Bücher meistens in ländlicher Einsamkeit – in Rijnsburg bei Leiden, in Voorburg beim Haag – und in der Stille der Nacht zu verfassen pflegte, wurde ihm nach seinem Tode übel angerechnet: »Daß er mäßig gelebt, kann ihm nicht sonderlich zum Ruhme gereichen, weil er, um die Welt vollends irre zu machen, gerne lange leben wollte, dabei aber mit einer beständigen Kränklichkeit und Schwindsucht behaftet gewesen. Die Sparsamkeit ist allen Juden gleichsam angeboren, und daß er hätte Geschenke und Gaben annehmen sollen, hat er eines Teils nicht nötig gehabt, andern Teils hat es sein Hochmut nicht zugelassen. Am allerwenigsten aber verdient seine beständige Einsiedlerei etwaniges Lob; denn dieses hat er aus keiner andern Ursache getan, als um ein verfluchtes System, wodurch er den wahren Gott, sein Wort und alle Religion über einen Haufen zu werfen getrachtet, auszuklauben, und deswegen hat der Misanthrop auch öffentliche Ehrenämter, z.B. ein Professorat in Heidelberg, ausgeschlagen. Kurz, wenn wir alles genau beim Lichte besehen, so hat seine hauptsächlichste Tugendverrichtung darin bestanden, daß er zwischen vier Wänden gotteslästerliche Bücher ausgeschwitzet. Es ist mit seinen Schriften überhaupt ein Mischmasch, bald süß, bald sauer, und komme ich fast auf die Gedanken, daß Spinoza wohl nicht allzu richtig bisweilen im Kopfe gewesen.« So äußerte sich noch im Jahre 1750 der Greifswalder Theologieprofessor Balthasar über den Philosophen.

Doch auch bedeutende Männer verabscheuten Spinoza und seine Schriften. Pierre Bayle, durchaus kein Dogmatiker und Inquisitor, sondern ein früher Aufklärer und Vorkämpfer der Toleranz, meinte, daß all das, was die heidnischen Dichter der Antike an Ehrenrührigem Jupiter und Venus zugeschrieben hätten, nicht heranreiche an die furchtbare Vorstellung, die Spinoza uns von Gott vermittle; sein ganzes System sei »die monströseste Hypothese«. Für Leibniz, der ihn in Holland besucht hatte, war Spinoza einfach der »berüchtigte Jude«; eines seiner Bücher nennt er eine »unerträglich freche«, eine »entsetzliche« Schrift. Christian Thomasius, der selbst von der kirchlichen Orthodoxie angegriffen wurde und an der Universität Halle als erster Vorlesungen in deutscher Sprache hielt, warnte einen seiner Schüler, sich vor niemandem so in acht zu nehmen wie vor einem Spinozisten; ihr Meister sei ein Betrüger, der absichtlich dunkel geschrieben habe, um dadurch das Gift seines Unglaubens zu verbergen. Voltaire meinte, die Lehre Spinozas sei »auf dem ungeheuerlichsten Mißbrauch der Metaphysik aufgebaut«. Rousseau, der Gegenspieler Voltaires, hielt die Erfindung der Buchdruckerkunst für ein Unglück, da sie »die gefährlichen Phantastereien« eines Spinoza verewige.

Dann aber geschieht, etwa ein Jahrhundert nach seinem Tode, das Merkwürdige: Spinoza wird neu entdeckt, findet begeisterte Bewunderer, erhält einen Ruhmesplatz im philosophiegeschichtlichen Heiligenkalender und steigt auf – so die Inschrift auf seinem Denkmal im Haag – in den Rang eines »heilbringenden Sendboten der mündigen Menschheit«. Waren es bis weit in das achtzehnte Jahrhundert hinein vor allem deutsche Universitätsprofessoren und Kirchenmänner, die den ausgerechnet in der Nieuwe Kerk am Spui, einer der schönsten Barockkirchen im Haag, bestatteten Nichtchristen mit gnadenlosem Haß verfolgten, so huldigten ihm nun die größten Dichter deutscher Klassik und Romantik, die größten Denker des Deutschen Idealismus. Die Wende kann man sogar genau datieren.

»Es gibt keine andre Philosophie...«

Im Jahre 1785, vier Jahre nach Lessings Tod, veröffentlichte Friedrich Heinrich Jacobi, ein Freund Goethes, seine Schrift »Über die Lehre Spinozas, in Briefen an Moses Mendelssohn«. Mendelssohn, der Sohn eines jüdischen

Schullehrers, Haupt der Berliner Aufklärung und Verteidiger Leibnizens gegenüber Voltaire, war jahrzehntelang mit Lessing befreundet gewesen; er ist das Urbild von Nathan, dem Weisen. In der aus Briefen an Moses Mendelssohn hervorgegangenen Schrift »Über die Lehre Spinozas« berichtete nun Jacobi, der Dichter des »Nathan« habe ihm im Jahre 1780, kurz vor seinem Tode, auf den Einwurf: »Da wären Sie ja mit Spinoza ziemlich einverstanden«, erwidert: »Wenn ich mich nach jemand nennen soll, so weiß ich keinen andern ... Es gibt keine andre Philosophie, als die des Spinoza«. Lessing sei demnach, was immer er öffentlich geäußert haben mag, zumindest in seiner letzten Lebenszeit ein »entschiedener Spinozist« gewesen. Spinozismus aber bedeutete für Jacobi, wie für fast alle religiös eingestellten Philosophen seiner Zeit, so viel wie Atheismus, und im Atheismus sah er nur eine Vorstufe zum Nihilismus, welchen durch Turgenjews Roman »Väter und Söhne« (1862) berühmt gewordenen Begriff Jacobi in die philosophische Sprache eingeführt hat. Die theistischen Redewendungen, die Lessing in seinen Schriften gebraucht habe, seien nur exoterische Akkomodationen, für Außenstehende bestimmte Formeln gewesen; dieses verbale Entgegenkommen an die Vorurteile seiner christlichen Leser sei jedoch nur ein Schleier gewesen, hinter dem sich ruchloser Spinozismus versteckt habe. So jedenfalls wurde die Enthüllung Jacobis von den meisten Zeitgenossen verstanden.

Die Spinoza-Schrift bewirkte einen Skandal ohnegleichen; an ihr schieden sich die Geister, so wie sie sich mehr als zweihundert Jahre früher an den Flugblättern und Traktaten der Reformatoren geschieden hatten. Goethe spricht geradezu von einer durch Jacobis Büchlein bewirkten »Explosion«, welche die geheimsten Verhältnisse einer auf ihre Aufgeklärtheit so stolzen Gesellschaft erstmals offenbarte. Ähnlich schrieb Hegel Jahrzehnte später in seiner Geschichte der Philosophie, daß die Spinoza-Schrift von 1785 »wie ein Donnerschlag vom blauem Himmel« auf die blendende Untiefe der Aufklärung herniedergefahren sei. Nicht Kants »Kritik der reinen Vernunft«, zuerst 1781 erschienen, sondern Jacobis Bericht über den verkappten Spinozismus von Lessing, hat das weltanschauliche Klima der damaligen Zeit grundlegend verändert. Die Betroffenheit war allgemein; die neuere deutsche Geistesgeschichte verzeichnet kein zweites Ereignis solcher Breitenwirkung. Noch die Generation der damals erst im Jünglings- oder gar Knabenalter stehenden Romantiker und Idealisten, der Schleiermacher, Schlegel, Schelling und Novalis angehörten, ist von diesem geistigen Gewitter erfaßt worden. Hegel läßt die »neueste deutsche Philosophie« nicht mit Kant anbrechen, sondern mit Jacobi, der den verstorbenen Lessing in einem völlig neuen Licht zu sehen zwang.

Lessing, der Vorkämpfer für Humanität und Toleranz, der Widersacher des kirchlichen Dogmatismus, der Verkünder einer progressiven »Erziehung des Menschengeschlechts« – dieser Lessing sollte nicht nur einem gemäßigten oder »geläuterten« Spinozismus gehuldigt haben, sondern ein folgerichtiger Jünger des seit mehr als drei Generationen verfluchten Philosophen gewesen sein? »Lessing und Heuchler, der Urheber Nathans und Gotteslästerer!« Dies ließ sich für Mendelssohn nicht zusammenreimen. Hätte Lessing das gesagt, was Jacobi mitteilt, dann wäre er gegenüber dem jüdischen Freund ein Pharisäer und Schelm gewesen oder in den letzten Tagen seines Lebens geistig-sittlich abgrundtief gesunken. Mendelssohn wollte es sich nicht nehmen lassen, den toten Freund von dem niederträchtigen Vorwurf des Spinozismus zu reinigen. Wie könnte auch der Gefühl, Glauben und Gemüt preisende Jacobi, dieser erste Vorläufer der späteren Lebens- und Existenzphilosophie, ein zuverlässiger Berichterstatter sein, da er überdies den Dichter des Nathan noch eine weitere Ungeheuerlichkeit sagen läßt. Anlaß des umstrittenen Bekenntnisses zu Spinoza war nämlich das Gedicht »Prometheus«, und Jacobi erdreistete sich zu behaupten, daß Lessing dieses kümmerliche und unreife Machwerk gelobt hätte! Der arme Mendelssohn ahnte nicht, daß die die Götter verhöhnenden freien Rhythmen des »Prometheus« von Goethe stammen... Er verfaßte auf Jacobis Spinoza-Schrift in Eile eine gereizte Entgegnung »An die Freunde Lessings. Ein Anhang zu Jacobis Briefen an Mendelssohn über die Lehre Spinozas«, ohne jedoch ihr Erscheinen zu erleben. Der seit Jahren kränkelnde Moses Mendelssohn hatte sich, als er das Manuskript in die Druckerei trug, erkältet und starb am 4. Januar 1787, noch nicht einmal siebenundfünfzig Jahre alt. Goethe, im Alter sich an diesen Streit um Spinoza erinnernd, berichtet, daß darüber Mendelssohn »in buchstäblichem Sinne sich den Tod holte«. Der Tod des Widersachers von Jacobi wurde von manchen geradezu als Gottesurteil aufgefaßt; dieser ließ auf die Schrift gegen ihn eine Replik folgen: »Wider Mendelssohns Beschuldigungen«, womit er sich endgültig die Feindschaft der Berliner Aufklärer zuzog, die, anders als die französischen, milde zwischen Vernunft und Glauben, Wissenschaft und Offenbarung zu vermitteln trachteten.

Doch mit Mendelssohns Tod und der zweiten Schrift von Jacobi war der Spinoza-Streit noch lange nicht beendet. Vielmehr erwuchs aus der erregten Diskussion über die Frage, ob Lessing die ihm zugeschriebene Äußerung getan habe, man könne ihn einen Spinozisten nennen, das grundsätzliche Problem, ob folgerichtiges Philosophieren am Leitfaden der Vernunft notwendig zum Atheismus, zumindest zur Verneinung der Idee eines persönlichen Schöpfer-Gottes, der biblisch-christlichen Gottesvorstellung also, führen müsse. Es ging nicht mehr um die biographisch-historische Frage, ob und in welchem Sinne Lessing ein Jünger Spinozas gewesen sei, sondern um die Wahrheit, Berechtigung und die Implikationen des Spinozismus selbst. Hatte nicht Jacobi glaubhaft machen wollen, daß Spinozas Philosophie zum Atheismus und schließlich zum Nihilismus führen müsse? Atheismus aber war damals ein harter Vorwurf; auch noch mehr als zehn Jahre später suchte sich ein Denker vom Range Fichtes, gegen den er erhoben worden war, von der Beschuldigung, ein Atheist zu sein, wie von einer infamen Verleumdung reinzuwaschen.

Die postume Einbürgerung Spinozas in Deutschland

Mit Jacobi, einem Gegner Spinozas, beginnt die Wiederentdeckung, ja Einbürgerung dieses so lange geschmähten Denkers in Deutschland. Der Streit mit Mendelssohn war »der letzte Spatenstich zur Eröffnung des Grabes Spinozas« (Max Grunwald), und ihm entstieg kein schauervoll Gerippe, sondern der durchaus lebendige Verkünder eines weltbejahenden, wirklichkeitsfrommen Pantheismus, der mehr als einer Generation »im Grenzenlosen sich zu finden« verhalf. »Es gibt keine andre Philosophie, als die Philosophie Spinozas«, hatte

Lessing zu Jacobi gesagt, und Lichtenberg notierte 1799: »Wenn die Welt noch eine unzählbare Zahl von Jahren steht, so wird die Universalreligion geläuterter Spinozismus sein. Sich selbst überlassene Vernunft führt auf nichts anderes hinaus, und es ist unmöglich, daß sie auf etwas anderes hinausführe.«
Wenn aber schon zwei der Aufklärung nahestehenden Schriftsteller so entschieden für Spinoza Partei ergriffen, um wie viel mehr mußten sich erst jene, die bereits an der Geniezeit des »Sturm und Drang« aktiv teilgenommen hatten, für den vor kurzem noch so verhaßten Denker einsetzen. Herder, der große Anreger Goethes, ist in diesem Zusammenhang zu erwähnen, und er war nicht der letzte Theologe, der dem Philosophen die ihm von Kirchenmännern einst angetane Unbill durch überschwängliche Liebe entgelten ließ; Schleiermacher trat ein Menschenalter hernach in Herders Fußstapfen, als er in seinen »Reden über die Religion an die Gebildeten unter ihren Verächtern« (1799) ausrief: »Opfert mir ehrerbietig eine Locke den Manen des heiligen, verstoßenen Spinoza. Ihn durchdrang der hohe Weltgeist, das Unendliche war seine einzige und ewige Liebe. Voller Religion war er und voll heiligen Geistes.« Karl Theodor von Dahlberg, später als Primas höchster Kirchenfürst und letzter Kurerzkanzler des Heiligen Römischen Reiches Deutscher Nation, schrieb im Rausche der Neuentdeckung an Herder, den Superintendanten in Weimar: »Spinoza und Christus, nur in diesen beiden liegt reine Gotteserkenntnis«. Und ähnlich der sich von seiner pietistischen Herkunft emanzipierende Friedrich von Hardenberg, berühmt geworden als Novalis, der Dichter der romantischen blauen Blume: »Spinoza ist ein gott-trunkener Mensch«. Damit sekundiert er nur seinem Freunde Friedrich Schlegel, der in seiner »Rede über die Mythologie« (1800) bekennt: »In der Tat, ich begreife kaum, wie man ein Dichter sein kann, ohne den Spinoza zu verehren, zu lieben und ganz der seinige zu werden« und an anderer Stelle: »Spinoza, der einzige, bei dem Wissenschaft und Kunst verschmolzen sind, der Hohepriester der unendlichen Vernunft«.

Goethe und das »Hen kai pan«

Ob Schlegel bei diesen Sätzen an Goethe gedacht hat, den »Spinoza der Poesie«, als den ihn später Heine apostrophierte? Schon früh, mit vierundzwanzig Jahren, war Goethe auf Spinoza gestoßen; mit Lavater und Jacobi hatte er über den so widersprüchlich eingeschätzten Denker sich unterredet; durch Herder ließ er sich zu einem tieferen Eindringen verlocken; der geliebten Frau von Stein diktierte er eine kurze Zusammenfassung spinozanischer Gedenken in die Feder. Der Dichter hat, wie er selbst gesteht, zu Spinoza »eine wahre Wut und Leidenschaft« gehabt, wobei Wut im damaligen Sprachgebrauch gleichbedeutend mit glühender Zuneigung und Begeisterung ist. In dem durch Jacobi entfesselten Streit stellte Goethe sich offen an die Seite des angeblichen Atheisten; mögen andere Spinoza als gottlos schelten, er wollte ihn hingegen »Theissimum und Christianissimum nennen und preisen.« In »Dichtung und Wahrheit« (3. Teil, 14. Buch) beschreibt er dankbar die Umstände und Wirkungen seiner ersten näheren Bekanntschaft mit dem seltsamen Denker: «Nachdem ich mich nämlich in aller Welt um ein Bildungsmittel meines wunderlichen Wesens vergebens umgesehn hatte, geriet ich endlich an die Ethik

dieses Mannes. Was ich mir aus dem Werke mag herausgelesen, was ich in dasselbe mag hineingelesen haben, davon wüßte ich keine Rechenschaft zu geben, genug ich fand hier eine Beruhigung meiner Leidenschaften, es schien sich mir eine große und freie Aussicht über die sinnliche und sittliche Welt aufzutun. Was mich aber besonders an ihn fesselte, war die grenzenlose Uneigennützigkeit, die aus jedem Satze hervorleuchtete. Jenes wunderliche Wort: ›Wer Gott recht liebt, muß nicht verlangen, daß Gott ihn wiederliebe‹, mit allen den Vordersätzen, worauf es ruht, mit allen den Folgen, die daraus entspringen, erfüllte mein ganzes Nachdenken. Uneigennützig zu sein in allem, am uneigennützigsten in Liebe und Freundschaft, war meine höchste Lust, meine Maxime, meine Ausübung, so daß jenes freche spätere Wort (Philine in ›Wilhelm Meisters Lehrjahre‹. G.-K. K.): ›Wenn ich Dich liebe, was geht's Dich an?‹ mir recht aus dem Herzen gesprochen ist. Übrigens möge auch hier nicht verkannt werden, daß eigentlich die innigsten Verbindungen nur aus dem Entgegengesetzten folgen. Die alles ausgleichende Ruhe Spinozas kontrastierte mit meinem alles aufregenden Streben...«
Immer wieder kam Goethe auf Spinoza zurück: als Naturforscher, als Dichter, als Weisheitsliebender. Ihn nennt er neben Shakespeare und Linné unter denjenigen, denen er am meisten verdankt. Als Poet verfolgt ihn der gewaltige Einfall, einen Besuch des legendären Ewigen Juden bei Spinoza zu gestalten; er hat diese phantastische Vision leider nicht dichterisch verwirklicht. Vielleicht ist uns dadurch, wie Fritz Mauthner vermutet, etwas Großes versagt geblieben: Spinoza in der deutschen Dichtung, unzerstörbar wie Faust... Doch auch so erscheint es wie ein Wunder, in welchem Maße deutsche Dichter und dichtende Philosophen um 1800 im Banne Spinozas stehen, dieses scheinbar so amusischen und unpoetischen Denkers, dessen Vorbild die deduktiv-axiomatische Geometrie Euklids gewesen ist. Freilich verhält es sich mit solchen Rezeptionen und Renaissancen immer so, daß sie, die jeweils wiederentdeckten und angeeigneten Gehalte oft tiefgreifend umwandelnd, nur bestimmte Momente und Aspekte aktualisieren, für andere hingegen blind sind und überhaupt auf schöpferischen Mißverständnissen beruhen, durch die Fremdes in ein das eigene Wesen förderndes Element herangebildet wird. »Was ich mir aus dem Werk mag herausgelesen, was ich in dasselbe mag hineingelesen haben, davon wüßte ich keine Rechenschaft zu geben...«, sagt Goethe vorsichtig über sein erstes tieferes Eindringen in Spinozas »Ethik«.

Goethe war dem jungen Schelling sehr zugetan, förderte seine Berufung an die Universität Jena; auch der frühe Schelling, seiner protestantischen Herkunft und des Studiums der Theologie überdrüssig geworden, hatte sich begeistert in das Studium Spinozas eingelassen. Seine Naturphilosophie bezeichnet er als »Spinozismus der Physik«. – In einem Brief an den Jugendfreund Hegel schreibt er 1795: »Ich bin Spinozist geworden, Du wirst bald sehen, wie.« In Hegels Stammbuch findet sich unter dem Datum 12. Februar 1791 eine Eintragung Hölderlins; hinzugefügt sind, vermutlich von Hegel selbst, die drei griechischen Silben »hen kai pan«, »Eins und Alles«. In diesem Symbolum ist der Spinoza-Enthusiasmus jener Zeit zusammengefaßt. Die drei genialen Tübinger Stiftler kannten Jacobis folgenreiche Schrift. Hölderlin hat sich aus ihr eben diese Stelle notiert: »Die orthodoxen Begriffe von der Gottheit sind nichts für mich; ich kann sie nicht genießen. ›Hen kai pan!‹ Ich weiß nichts anders«.

Es handelt sich um ein Wort von Lessing. Das Spinoza-Gespräch zwischen Jacobi und Lessing hatte sich, wie bereits erwähnt, an Goethes »Prometheus« entzündet. Doch nicht in diesem Gedicht, sondern in den folgenden Versen hat der reifere Goethe sein »Hen kai pan«, seine Idee vom Ewig-Einen, das sich in unendlicher Fülle offenbart, und damit auch seine Weise, Spinoza zu verstehen, vielleicht am schönsten ausgedrückt:

»Was wär ein Gott, der nur von außen stieße,
Im Kreis das All am Finger laufen ließe!
Ihm ziemt's die Welt im Innern zu bewegen,
Natur in Sich, Sich in Natur zu hegen,
So daß, was in Ihm lebt und webt und ist,
Nie Seine Kraft, nie Seinen Geist vermißt.«

Ein verborgenes Leben in Holland

Wer war Spinoza? Was ist von diesem Mann zu halten, der mehr als ein Jahrhundert lang von Rabbinern und Talmudisten verflucht, von christlichen Prälaten und Theologen geächtet und selbst von Aufklärern, Freidenkern und Rationalisten schnöde behandelt wurde, bevor ihn die größten Deutschen als philosophischen Heiligen entdeckten und in dessen so schwierig zu lesendem Werk ihre tiefsten Ahnungen vollendet ausgedrückt zu finden glaubten?

Spinoza hat, was man angesichts der so extrem verschiedenen Urteile über sein Denken kaum vermuten würde, ein Leben geführt, das noch weit stiller, einsamer und zurückgezogener verlief, als ohnehin bei den Philosophen früherer Zeiten üblich. Er war zwar kein ausgesprochener Einsiedler, wie man ihm rühmend oder tadelnd nachgesagt hat, denn er liebte den Umgang mit einigen wenigen gleichgesinnten Freunden und tauschte auch Briefe mit im Ausland lebenden Gelehrten, darunter Christiaan Huygens, Heinrich Oldenburg, Ehrenfried Walter Graf von Tschirnhaus und Leibniz. Doch davon abgesehen, war und blieb der zeitlebens ehelose Spinoza ein einsamer, im Verkehr mit anderen überaus vorsichtiger Mensch, der seine Briefe mit dem Siegel »Caute«, »Nimm dich in acht«, zu beschließen pflegte. Ohne deshalb ein freudlos-menschenfeindlicher Eigenbrötler zu sein, hielt er sich an Epikurs Grundsatz: Láthe biosas, lebe im Verborgenen!

Spinoza ist ein Zeitgenosse der großen holländischen Stillebenmalerei des siebzehnten Jahrhunderts. Das Wort Stilleben kommt vom niederländischen »stilleven«, stilles Leben. Auch er führte in bedächtiger Ruhe ein stilles Leben des Denkens. Seine Werke, die zum allergrößten Teil erst nach seinem Tode veröffentlicht wurden, schrieb er meist in der ländlichen Stille kleiner niederländischer Ortschaften; erst die letzten sieben Lebensjahre verbrachte er im Haag, seit 1671 in dem Haus des Porträtmalers van der Spijck gegenüber dem Heilig-Geist-Stift an der Paviljoensgracht. Das ihm 1673 im Namen Karl Ludwigs von der Pfalz gemachte Angebot, an der Universität Heidelberg Philosophie zu lehren, lehnt er höflich ab. Der freidenkende deutsche Kurfürst hielt Spinoza für einen intelligenten Interpreten der Philosophie des berühmten Descartes, dem seine Schwester Elisabeth einst freundschaftlich verbunden war; er ahnte kaum etwas von Spinozas eigener Philosophie des All-Einen, die den cartesianischen Dualismus überwinden wollte. Der Philosoph aber konnte sich ausrechnen, welche Entrüstung ihm entgegenschlüge, würde er seine nur in kleinem Freundeskreis entwickelten Gedanken öffentlich vortragen. Der »Tractatus theologico-politicus«, der 1670 anonym als Buch erschienen war, hatte sogar ihm wohlgesinnte Gönner verstört; was mochte erst der deutsche Fürst dazu sagen, wenn ihm bekannt würde, daß Spinoza der Verfasser dieser, wie sogar Leibniz meinte, »bis zur Unerträglichkeit frechen Schrift« war? So winkte er ab mit den Worten: »Sie sehen also, hochansehlicher Herr, daß ich nicht aus Hoffnung auf ein höheres Glück zögere; aber aus Liebe zu einer Ruhe, die ich mir auf andere Weise nicht bewahren zu können glaube, möchte ich eben von öffentlichen Vorlesungen absehen.« Ähnlich vorsichtig hatte er schon den um 1660 für seine Freunde niedergeschriebenen und erst um die Mitte des vorigen Jahrhunderts aufgefundenen »Tractatus brevis« über Gott, den Menschen und dessen Glückseligkeit mit den Worten abgeschlossen: »Da euch die Beschaffenheit des Zeitalters, in dem wir leben, nicht unbekannt ist, so will ich euch innigst gebeten haben, ernste Sorge zu tragen hinsichtlich der Mitteilung dieser Dinge an andere.«

Einsamkeit oder Abgeschiedenheit (ein Wort, das bei Meister Eckhart immer wieder auftaucht) ist gewiß das Zeichen eines jeden Philosophen und Mystikers von Rang – und Spinoza war beides zugleich. In seinem Falle freilich hat die Disziplin der Zurückgezogenheit und Distanz zur Umwelt auch lebensgeschichtliche Gründe, die tief in den Umständen seiner Herkunft sowie seiner Stellung in der niederländischen Gesellschaft um die Mitte des siebzehnten Jahrhunderts verankert sind.

Geboren am 24. November 1632 im Amsterdamer Judenviertel Vloonburg mit seinem Gewirr von engen, bunten Gassen und Kanälen, einer orientalisch-mediterranen Intarsie im Nordwesten Mitteleuropas, entstammt Spinoza einer angesehenen sephardischen Familie. Sephardim hießen die Juden der Pyrenäenhalbinsel, die 1492, im Jahre der Entdeckung Amerikas durch Columbus, aus Spanien und, ein Jahrhundert später, auch aus Portugal vertrieben wurden. Sie galten als die Aristokraten unter den in Europa lebenden Nachfahren des Volkes Israel, und sie hielten sich auch dafür. Physiognomisch und kulturell standen sie den Südfranzosen, Spaniern oder Sizilianern näher als den Aschkenasim, den nach Polen und Rußland verschlagenen fränkischen Juden, deren jiddischen Dialekt sie als barbarisches Kauderwelsch verachteten. Die vielfache Vermischung der Sephardim, dieses vornehmen orientalischen Menschentypus, mit keltischem, romanischem und (zur Zeit der Völkerwanderung) germanisch-gotischem Blut ist historisch bezeugt. Sephardischer Abstammung sind auch die beiden großen mittelalterlichen Theologen und Philosophen Avicebron (Ibn Gabirol) und Maimonides (Mose ben Maimon), die neuplatonisch-aristotelisches Denken der katholischen Scholastik, insbesondere dem heiligen Thomas von Aquin, vermittelten; der junge Spinoza ließ sich von diesen systematisch-konstruktiv hochbegabten Schriftgelehrten eine Weile beeinflussen. Auch nach ihrer erzwungenen Auswanderung behielten viele Sephardim ihre klangvollen romanischen Namen bei; bei offiziellen Anlässen sowie in ihren Annalen, Dokumenten und Denkschriften pflegten sie weiterhin die spanische oder portugiesische Sprache zu verwenden. Spinozas Vater Michael, von Beruf Kaufmann, später auch Verwalter des jüdischen Pfandhauses und würdiges Mitglied der Synagoge zu Amsterdam, war zum Beispiel als Gabriel Alvares bekannt, seine Stiefmutter Esther trug den ebenfalls unjüdisch klingenden Namen Giomar de Soliz. Spinoza, Espinosa, Espinas, Espinho und ähnliche sind auf der iberischen Halbinsel keine seltenen Namen. Der von Sephardim abstammende Philosoph ist, genauer gesagt, ein Marrane, ein Nachfahre von pyrenäischen Juden, die durch Annahme der christlichen Taufe mit dem Leben davongekommen waren, insgeheim aber dem überlieferten Gesetz der Thora und des Talmud treu zu bleiben versuchten. Durch mehr als hundert Jahre waren die Eltern und Voreltern Spinozas zwangsweise Katholiken; erst nachdem sie in Amsterdam Asyl gefunden hatten, kehrten sie zum Judentum zurück.

Jude, Niederländer, Weltbürger

Spinozas Leben fällt in eine bewegte, von politischen, sozialen und religiösen Umwälzungen erfüllte Zeit. Die Niederlande, die sich 1581 von Spanien losgesagt hatten, standen im Krieg mit England und Frankreich. Innerhalb weniger Jahrzehnte stieg die junge Republik zur bedeutendsten Wirtschafts-, Handels- und Seemacht Europas auf. Im Fernen Osten wie in Amerika gründeten Niederländer ein gewaltiges Kolonialreich. Batavia, das heutige Djakarta, ist holländischen Ursprungs; New York hieß bei seiner Gründung Nieuw-Amsterdam. Als Spinoza die Schule besuchte, befanden sich bereits Ceylon, Siam, Malakka und Indonesien in den Händen der Niederländer. In Japan bemächtigten sie sich des Handelsmonopols, und drei Jahrzehnte lang (von 1624 bis 1654) war auch Brasilien niederländische Kolonie. Überall in der Welt waren Söldner, Kaufleute und Matrosen der jungen Republik präsent. Ihre Segelschiffe galten damals als die tüchtigsten Europas, mit ihnen wurden sie zu Erben der alten Hanse. Um 1650 schätzt Colbert die Gesamtzahl der Flotte der Niederlande auf 16000 Schiffe – mehr als die Flotten aller anderen europäischen Länder zusammen. Der internationale Handel und Zahlungsverkehr hatte seinen Mittelpunkt in Amsterdam.

Ungeachtet seiner jüdischen Abkunft, die er allerdings kaum ungebrochen naiv erfahren hat, ist Spinoza der einzige Denker der neueren Zeit, von dem man nicht recht zu sagen weiß, welcher Nationalität er angehört. Bacon und Hume sind Briten, Descartes und Voltaire Franzosen, Bruno und Vico Italiener, Solowjow und Trubezkoj Russen, Kant und Hegel Deutsche – doch Spinoza?

Soll man ihn einfach als Juden bezeichnen, weil er ein Sprößling von Sephardim ist, acht Tage nach seiner Geburt bei der Beschneidung den Prophetennamen Baruch erhielt und sich in seiner Jugend ein gründliches Studium der biblischen, talmudischen und wohl auch der kabbalistischen Schriften angelegen sein ließ? Doch Spinoza erhielt bei der seine Zugehörigkeit zur israelitischen Kultgemeinde besiegelnden circumcisio nicht nur den hebräischen Namen Baruch, sondern auch den portugiesischen Namen Bento (später oft zu Benedictus latinisiert) – beides bedeutet dasselbe: der Gesegnete –, und als Vierundzwanzigjähriger wird er wegen seiner »abscheulichen Ketzereien« mit dem großen Bann, dem Cherem, aus der Synagoge ausgestoßen. Spinoza hat nicht nur das mosaische Kult- und Zeremonialgesetz, sondern auch den jüdischen Messianismus und Theokratie-Gedanken verworfen; und man kann es angesichts dieser Abwendung der jüdischen Orthodoxie grundsätzlich nicht verargen, daß sie sich von einem der substantiellsten Söhne Israels öffentlich trennte (wenngleich die Umstände, unter denen dieser Bruch vollzogen wurde, und das Verhalten einzelner fanatischer Juden ihm gegenüber widerwärtig sind). Kann man Spinoza einen Spanier oder Portugiesen nennen, weil seine Ahnen jahrhundertelang unter diesen Völkern gelebt hatten, weil das Kastilische seine Muttersprache war, er auch über gute Kenntnisse des Portugiesischen verfügte und einen guten Teil seiner Bildung der maurisch-iberischen Kultur des Mittelalters verdankt?

Oder soll man sagen, daß er ein Niederländer war, Angehöriger jener calvinistisch geprägten Nation, die sich im Freiheitskampf gegen das spanische Weltreich konstituiert hatte? Zeitlebens hat der in Amsterdam geborene Denker in Holland gelebt – in seiner Jugend nahe dem Hause des Malers Rembrandt, der 1656, im Jahre von Spinozas Bann, Bankrott machte. Jan de Witt, dem Führer der oranienfeindlichen republikanischen Patrizier, fühlte er sich politisch verbunden.

Oder ist Spinoza gar, wie Oswald Spengler geistreich befindet, ein Meteorit aus dem magisch-orientalischen Universum, der sich in die faustisch-abendländische Kultur verirrt hat? Man könnte auch von einer Pseudomorphose sprechen, worunter Geologen ein Gestein verstehen, das äußerlich eine ihm fremde Kristallform aufweist; und hinter dem more geometrico geschliffenen Erkenntniskristall des spinozanischen Rationalismus ein Amalgam von Intentionen und Intuitionen vermuten, das mehr den Spekulationen des kabbalistischen Buches »Sohar« oder den aus Syrien stammenden Spätplatonikern Porphyrios und Jamblichos sich verdankt als dem Vernunftglauben des Descartes. Ein Problem, das hier nur flüchtig erwähnt werden kann, obwohl es sich jedem genaueren Studium von Spinozas Schriften mit ihrem oft Kopfzerbrechen bereitenden Ineinander von rationalistischen und mystischen Elementen immer wieder aufdrängt.

Oder soll man den von der Synagoge gebannten Sepharden postum zu den Deutschen zählen, weil, wie wir bereits sahen, deutsche Dichter und Denker es waren, die ihm überschwänglich im geistigen Haushalt der Nation ein Ehrenbürgerrecht verliehen, weil Spinozas Denken die deutsche Geistesentwicklung von Lessing, Herder und Goethe über Hegel, Schelling und Nietzsche bis zu Scheler, Jaspers und Heidegger aufs tiefste beeinflußt hat?

Oder war dieser Fremdling zwischen den Nationen Europas, ähnlich wie später so viele überragende Deutsche zur Zeit der Klassik, ein *civis totius mundi,* ein Kosmopolit sans phrase, ein Weltbürger im edelsten Sinne, der mit Demokrit meinte, daß dem Weisen jedes Land offenstehe, »denn einer trefflichen Seele Heimat ist das Weltall«? Mit Recht sagt Carl Gebhardt, dem die Spinoza-Forschung des zwanzigsten Jahrhunderts in hohem Maße verpflichtet ist, daß dem Amsterdamer Philosophen »seine Nation nicht gegeben, sondern aufgegeben war.«

Geboren als Jude, doch von seinen Stammesgenossen verstoßen; unter Christen lebend, ohne jemals die Taufe zu empfangen; Bürger eines Staates, der die Juden zwar duldsamer als jeder andere in jener Zeit behandelt, dessenungeachtet aber auf manche peinlich-demütigende Einschränkung nicht verzichtet; willkommener Freund und Schützling der patrizischen Großbourgeoisie, doch seinen Lebensverhältnissen nach Kleinbürger, ja ein Arbeiter-Philosoph, der sich seinen Unterhalt teilweise durch das Schleifen optischer Gläser verdient; von beinahe schon irreligiösen Skeptikern, Freidenkern und Libertinern unterstützt, obwohl sein ganzes Denken von der Idee Gottes bestimmt wird, – während kirchlich Fromme in ihm einen Atheisten sehen, weil er den Glauben an göttliche Offenbarung, Inkarnation und Wunder nicht zu teilen vermag: so steht Baruch Spinoza zwischen den Kirchen, Klassen und politischen Fronten seiner Zeit. Es war eine überaus stürmische und unruhige Zeit, voll von dramatischen Eruptionen und krisenhaften Neubildungen in allen Bereichen.

Der Große Bannfluch von 1656

Die ersten sechzehn Jahre von Spinozas Leben fallen in die zweite Hälfte des Dreißigjährigen Krieges. Das Martyrium Michael Servets, der von Calvin, und Giordano Brunos, der von der römischen Kirche auf den Scheiterhaufen gebracht wurde, stand ihm deutlich vor Augen, ebenso die jahrzehntelange Kerkerhaft Campanellas und der von der Inquisition erzwungene Widerruf Galileis. Die Vertreibung der Marranen und Mauren war ihm nicht ferne Historie, sondern drohende Möglichkeit, die jederzeit, etwa anläßlich einer von abergläubischen und verhetzten Christen als Gottesgericht aufgefaßten Teuerung oder Seuche, ihn wieder völliger Rechtlosigkeit überantworten konnte. Noch Ende des achtzehnten Jahrhunderts, fast vier Generationen nach dem Tode Spinozas wurden im christlichen Abendland Hexen gefoltert und verbrannt, da und dort in eigens dafür errichteten Öfen. Die Juden, eine unter niederländischer Herrschaft lebende Minderheit, konnten ihn zwar wegen seines Abfalls vom Glauben der Väter nicht hinrichten, sondern nur aus der Synagoge ausstoßen mit dem Großen Bannfluch, in dem es heißt:

»Nach dem Urteil der Engel und der Aussage der Heiligen verbannen, verfluchen, verwünschen und verdammen wir Baruch de Spinoza. Mit Zustimmung des gesegneten Gottes und dieser ganzen heiligen Gemeinde, vor den heiligen Büchern der Thora und den sechshundertunddreizehn Vorschriften, so darin geschrieben sind, sprechen wir den Bannfluch über ihn aus, mit dem Josua Jericho verfluchte, mit den Verwünschungen, mit denen Elisa die bösen Knaben verwünschte, und mit allen Verfluchungen, die im Gesetz verkündet werden. Er sei verflucht bei Tag und verflucht bei Nacht, verflucht sei sein Hinlegen und verflucht sein Aufstehen, verflucht sein Gehen und verflucht sein Kommen; nimmer möge der Herr ihm vergeben und fortan der Zorn des Herrn und der Eifer Gottes über diesen Menschen kommen und ihn mit allen Flüchen beladen, geschrieben in diesem Buch des Gesetzes. Und der Herr wird seinen Namen austilgen unter den Himmeln, und der Herr wird ihn zu seinem Verderb ausstoßen aus allen Stämmen Israels, mit allen Verwünschungen des Firmaments, geschrieben im Buche dieses Gesetzes.«

Als dieser schauerliche Bannfluch verkündet war, am Donnerstag, den 27. Juli 1656, wurden in der Synagoge brennende Kerzen in einer mit Blut gefüllten

Schale ausgelöscht, bis der ganze Raum mit der vollzählig versammelten jüdisch-portugiesischen Gemeinde in tiefem Dunkel lag.
Diese Verfluchung geschah nicht in übereilter Weise. Spinoza war von den jüdischen Vorstehern eindringlich gewarnt worden. Man hatte ihm sogar das verlockende Angebot gemacht, gegen ein Jahresgehalt wenigstens dem Schein nach der Synagoge treu zu bleiben; doch Spinoza lehnte ab. Die Amsterdamer Rabbiner konnten unter den damaligen Verhältnissen kaum anders handeln; sie mußten sich trennen von ihrem eigene Wege beschreitenden Sohn, in dem sie früher einmal die künftige Säule der Gemeinde gesehen hatten, und die Bannung entsprach auch ganz den rituellen Vorschriften.
Unter diesem Fluch hatte Spinoza fortan zu leben, und zwar in einem überwiegend calvinistischen Lande, das 1581 von Spanien sich losgesagt hatte, 1648 aus dem Heiligen Römischen Reich ausgeschieden war und mit Engländern wie Franzosen im Kriege lag. Was konnte der von den jüdischen Rechtgläubigen Ausgestoßene von niederländischen Calvinisten erwarten, die theologisch dem Geist des Alten Bundes besonders nahe standen und sich selbst als »auserwähltes Volk« fühlten? Schlossen nicht Spinozas Zweifel an der Wahrheit des Alten Testaments unumgänglich auch solche an den christlichen Evangelien ein?
In Anbetracht dieser Verhältnisse war es durchaus vernünftig, daß Spinoza 1670 seinen wahrhaft revolutionären »Tractatus theologico-politicus« anonym erscheinen ließ. Der ungenannte Verfasser, den viele Zeitgenossen gleichwohl unschwer errieten, war zwar unbeugsam und kompromißlos in dem, was er als Wahrheit erkannt hatte, doch er fühlte keine Neigung, zum Märtyrer zu werden. Anders als im christlichen Denken spielen auch in seiner Philosophie Trauer und Leiden keine positive Rolle. Ohne Umschweife erklärte er vielmehr, daß »all das, was Freude bringt, gut ist«, »denn, je mehr wir von Freude afficiert werden, zu desto größerer Vollkommenheit gehen wir über, und desto mehr haben wir folglich teil an der göttlichen Natur« (Eth. IV, App. 30, 31). Es gehört zu den Merkwürdigkeiten der Geistesgeschichte, daß Spinoza trotz dieses Ausgangspunktes schließlich nicht in einem asozialen Hedonismus gelandet, sondern in die Geschichte als der Schöpfer einer vornehmen, auf transzendente Sanktionen verzichtenden Ethik eingegangen ist, in deren Mittelpunkt Gleichmut, Gelassenheit, Seelenstärke und Generosität stehen. Eine Vorstufe zu dieser Ethik ist der Theologisch-politische Traktat, der nicht nur Spinozas Staatsphilosophie enthält, sondern auch zu den ersten bedeutenden Dokumenten rationaler Bibelkritik gehört.
Der Theologisch-politische Traktat ist gewiß *auch* eine Antwort auf den Bannfluch der Synagoge, der ja im Namen der »heiligen Bücher des Gesetzes« ausgesprochen wurde. Er ist darüberhinaus eine philosophische Rechtfertigung des liberalen Rechtsstaats, wie er in Gestalt einer aristokratischen Republik unter Jan de Witts Führung in den Niederlanden verwirklicht worden war. Nicht zuletzt muß jedoch der Traktat auch als ein überragendes Zeugnis des neuzeitlichen Humanitäts-, Friedens- und Toleranzgedankens gewürdigt werden.

Vom Ursprung rationaler Bibelkritik

Mit dem Theologisch-politischen Traktat beginnt die moderne Bibelkritik.

Spinoza ist der Bahnbrecher einer kritischen, nicht in kirchlich-theologischen Diensten stehenden Bibelwissenschaft. Vor ihm ging man davon aus, daß die Bücher des Alten und des Neuen Testamentes nichts Falsches enthalten könnten; der Streit der Exegeten galt nur der Frage, ob bestimmte Stellen wörtlich zu nehmen seien oder ob gewisse Aussagen bildlich, allegorisch oder symbolisch gedeutet werden müßten. Bibelkritik als Wissenschaft war erst von dem Zeitpunkt an möglich, an dem man die Hypothese wagte, daß auch in den biblischen Schriften Falsches, Unsinniges, Widersprüchliches stecken könne, daß sie wie alle literarischen Hervorbringungen Menschenwerk seien. Und eben dies hat Spinoza in seinem »Tractatus theologico-politicus« offen ausgesprochen. Ohne ihn sind Voltaire, Reimarus, Lessing, Ferdinand Christian Baur, Feuerbach, David Friedrich Strauß, Arthur Drews, Julius Wellhausen, Alfred Loisy und Albert Schweitzer nicht denkbar. Was heute ein gefahrloses Unternehmen ist, war im siebzehnten Jahrhundert eine geistige Heldentat, von einem Manne vollbracht, der einmal sagte: »Ich lasse jeden nach seinem Sinne leben, und wer will, der möge immer für sein Glück sterben, wenn ich nur für die Wahrheit leben darf.«
Doch eben diese heilig-nüchterne Wahrheitsleidenschaft war es, die Spinozas Namen bald weit über die Grenzen Hollands hinaus so berüchtigt machte. Daß einer seiner eigenen Wahrheit leben wollte, unbekümmert um altüberlieferte Meinungen und Dogmen, brachte dem exkommunizierten Juden die Feindschaft eines ganzen Zeitalters ein.
Was aber sind die Lehren, die der Amsterdamer Philosoph in seinem »Tractatus« formuliert hat?

Er lehrt, daß der Hauptzweck der Bibel nicht theoretischer, sondern moralisch-praktischer Natur ist. Die heiligen Schriften enthalten keine Erkenntnisse, sondern wollen zum Gehorsam gegenüber bestimmten sittlichen Normen anleiten. Von diesem Ausgangspunkt gelangt Spinoza dazu, zwischen Vernunft und Glauben, Philosophie und Theologie eine scharfe Grenze zu ziehen: »Die Vernunft ist das Reich der Wahrheit und Weisheit, die Theologie aber das Reich der Frömmigkeit und des Gehorsams.« Theologie ist für Spinoza eine Schein-Wissenschaft. Den Theologen wirft er vor, daß sie »die Vernunft zu Hilfe rufen wollen, um die Vernunft zu verjagen... Sie wollen die Autorität durch Beweise dartun, um die Vernunft und natürliche Erleuchtung ihrer Autorität zu berauben... Doch vergebens, denn welchen Altar kann der sich bauen, der die Majestät der Vernunft beleidigt?«

Wie die Natur aus sich selber erklärt werden muß, ohne daß man zu übernatürlichen Kräften und Ursachen Zuflucht nimmt, so müssen auch die biblischen Schriften immanent, ohne Berufung auf transzendente Prinzipien, ausgelegt werden. Die Bibel ist kein Brief, den Gott an die Menschen diktiert hat. Spinoza destruiert den überlieferten – sowohl jüdischen wie christlichen und islamischen – Begriff der Offenbarung. Kühl stellt er fest, daß das, was die Gläubigen als »Wort Gottes« hinnehmen, »fehlerhaft, verstümmelt, verfälscht und widerspruchsvoll« sei, »daß wir nur Fragmente davon besitzen und daß die Urschrift des Bundes, den Gott mit den Juden geschlossen hat, verlorengegangen ist.« Scharfsinnig zeigt er, wie die heiligen Bücher aus den jeweils verschiedenen geschichtlichen Situationen, in denen die einzelnen Autoren schrieben, zu verstehen sind. Moses war nicht der Verfasser der ihm zugeschriebenen Bücher; sie stammen vielmehr von mehreren Männern höchst unterschiedlicher Geistesart. Spinoza betont den »hebräischen Charakter« des Alten wie des Neuen Testaments; deshalb könne die Fülle der mosaischen Vorschriften, mit Ausnahme der Zehn Gebote, deren Gültigkeit auch der natürlichen Vernunft einsichtig sei, nicht für alle Zeiten und Völker gültig sein; auch für die Juden seien sie nur so lange verpflichtend gewesen, wie ihr Reich bestand.

Aufs stärkste stellt Spinoza heraus, daß die biblischen Schriften ein »Buch fürs Volk« seien, geschrieben »nach der Fassungskraft des Volkes«. Deshalb habe der jüdische Gott »nicht mit Gründen, sondern durch das Schmettern der Trompeten, durch Donner und Blitz« auf die oft so wankelmütigen Menschen eingewirkt. Doch Spinoza geht noch weiter, wenn er rücksichtslos die vielen biblischen Wunderberichte als Fabeln und Legenden, als Ausgeburten menschlicher Ignoranz bezeichnet. Die Geschichten über die mannigfaltigen Mirakel haben nur eine moralische Bedeutung, indem sie einfache Gemüter zum Gehorsam gegenüber den Geboten Gottes anhalten; sie seien keine geschichtlichen Tatsachen. Als faktische Ereignisse aufgefaßt, würden die Wunder sogar der unendlich erhabenen Majestät Gottes abträglich sein, denn, so lehrt Spinoza: »Gottes Ratschluß, Geheiß, Spruch und Wort (sind) nichts anderes als das Wirken und die Ordnung der Natur selbst.« Hier klingt bereits der in Spinoza nachgelassenem Hauptwerk »Ethik« zentrale Gedanke »Deus sive natura«, von Gott als der all-einen Substanz, an, der allerdings oft dahingehend mißverstanden wird, als habe der Philosoph einfach die Gesamtheit der Dinge mit Gott gleichgesetzt. Was er mit der Formel »Deus sive natura« ausdrücken wollte, hat Spinoza im fünfzehnten und achtzehnten Lehrsatz des ersten Teils der »Ethik« so ausgedrückt:

»Gott ist die inbleibende (immanente), nicht aber in anderes übergehende (transiente) Ursache aller Dinge. Alles, was ist, ist in Gott, und nichts kann ohne Gott sein, noch begriffen werden.«

Mit diesen Worten hat Spinoza, der Zeitgenosse der beiden Ruysdael, Vermeer van Delfts und Rembrandts, auch die metaphysische Bedeutung der klassischen niederländischen Malerei in eine Formel gefaßt. Die großen holländischen Maler des siebzehnten Jahrhunderts suchen und finden das Unendliche im Endlichen; ihre besten Gemälde sind Zeugnisse einer geheiligten Immanenz. Das Numinose wird im Diesseits, im scheinbar belanglosen Alltag erfahren: im fahlen Dämmer einer Landschaft mit drei Bäumen, in der gedämpften Farben eines bürgerlichen Interieurs mit schlafendem Wachhund, im opalisierenden Schimmer der Haut Saskias. Noch das Gewöhnliche ist geweiht, vermag heiliger Boden zu sein, leuchtet im Lichtgeschehen auf, das sogar die finstersten Winkel der Wirklichkeit funkelnd durchdringt. Dieser »Eros des Immanenz«, wie Carl Gebhardt ihn nennt, wird insbesondere sichtbar in den Stilleben, die allenthalben um Spinoza herum entstehen. Blumen, Früchte und Muscheln, Becher, Musikinstrumente und häusliches Gerät in ihrer dinghaften Glorie – kann man Spinozas Lehre von den »Modi«, die Gottes ewige Seinsfülle auf je begrenzte Weise ausdrücken, sozusagen in allen Farben – den »Taten und Leiden des Lichtes« (Goethe) – spielende Facetten der unendlichen Gott-Natur sind, anschaulicher übersetzen?

Es ist dies freilich nicht mehr der Gott der Bibel, der Kirchen und der Theologen. Es ist dies kein Gott, der als König, Herr oder Gesetzgeber angesprochen werden kann. Deshalb eignet er sich auch nicht als Legitimationsgrundlage für irgendwelche politische Entscheidungen. Auf ihn können sich Herrscher ebensowenig berufen wie Untertanen, Despoten ebensowenig wie Rebellen.

»Der Zweck des Staates ist die Freiheit«

Vieles, was Spinoza in seinem »Tractatus theologico-politicus« unerschrocken gesagt hat, mag heute selbstverständlich klingen. Die Folgerungen, die er jedoch aus seiner Bibelkritik gezogen, scheinen mitten in die Gegenwart zu zielen:

»Es ist nicht der Zweck des Staates, die Menschen aus vernünftigen Wesen zu Tieren oder Automaten zu machen, sondern vielmehr zu bewirken, daß ihr Geist und ihr Körper ungefährdet seine Kräfte entfalten kann, daß sie selbst frei ihre Vernunft gebrauchen und daß sie nicht mit Zorn, Haß und Hinterlist sich bekämpfen, noch feindselig gegeneinander gesinnt sind. Der Zweck des Staates ist in Wahrheit die Freiheit.« Einige Seiten darauf heißt es: »Kann man sich ein größeres Unglück für einen Staat ausdenken, als wenn ehrbare Männer nur darum, weil sie anders denken und nicht zu heucheln verstehen, wie Verbrecher des Landes verwiesen werden? Was kann verderblicher sein, als wenn Menschen nicht wegen eines Verbrechens oder einer Übeltat, sondern nur weil sie freien Geistes sind, für Feinde erklärt und zum Tode geführt werden, und wenn das Schaffot, der Schrecken der Schlechten, zur schönsten Schaubühne wird, wo man erhabenste Beispiele von Toleranz und Standhaftigkeit zur größten Schmach des Staates zeigt?«

Spinoza, der in seinem Theologisch-politischen Traktat nicht nur Philosophie und Theologie, sondern auch Religion und Politik entschieden trennt, im Selbstbehauptungsstreben (conatus sui conservandi) das Urfaktum der politischen Philosophie erblickt und das Modell einer säkularen, rein profanen Gesellschaft ohne metaphysische Weihe entwirft, ist dennoch, wie Karl Jaspers zurecht feststellt, ein »aus dem Ursprung denkender Metaphysiker«, »der einzige große Metaphysiker der neueren Zeiten.« In diesem vielgeschmähten Denker, dessen Gesamtwerk, einschließlich des Briefwechsels, in fünf handlichen Bänden Platz hat, verwirklichte sich unter den Bedingungen der europäischen Neuzeit wieder jenes transzendierende Eingedenksein der uns geheimnisvoll umgreifenden Wirklichkeit, wie es sonst nur in großer Mystik – der Laotses, Plotins und Meister Eckharts – anzutreffen ist. Von Eckhart gibt es ein merkwürdiges Wort: »Gott ist den Engeln als Vernunft gegenwärtig.« Spinoza hat in diesem Sinne, ohne Bezug auf Offenbarung, Dogma und Kult, die unendliche Gegenwart Gottes als Seligkeit der Vernunft erfahren, einer Vernunft freilich, die nicht rechnerische *ratio* ist, sondern Intuition und Leidenschaft umfassender *intellectus: amor Dei intellectualis.* In Spinozas Gottesvergewisserung sind Ergriffenheit und Vernunft, Intelligenz und Liebe, nüchterne Ideation und mystischer Aufschwung eins.

Diese Lehre vom amor Dei intellectualis bildet den Gipfelpunkt von Spinozas »Ethik«. Der Titel mag den flüchtigen Leser befremden, denn etwa drei Viertel des Hauptwerks behandeln Probleme der Ontologie, Erkenntnistheorie und Psychologie, nicht aber Fragen der Moral; und der abschließende fünfte Teil ist unter anderem der Unsterblichkeit und Ewigkeit, vor allem aber der Liebe Gottes gewidmet. Befremdlich ist auch die mathematische Einkleidung dieser »Ethik«, ihre an dem Vorbild der euklidischen Geometrie sich ausrichtende Darstellungsweise. Zunächst werden die Begriffe definiert; dann werden Axiome aufgestellt, also Grundsätze, die durch sich selbst einsichtig und keines Beweises bedürftig sind. Aus den Definitionen und Axiomen werden schließlich Propositionen (Lehrsätze) abgeleitet, denen wiederum Demonstrationen (Beweise), Explikationen (Erläuterungen), Corollarien (zusätzliche Folgerungen) und Scholien (erklärende Anmerkungen) folgen. Schopenhauer hat bedauert, daß Spinozas Gedanken »in die spanischen Stiefel« seiner geometrischen Methode eingeschnürt seien; doch wer die anfängliche Befremdung zu überwinden vermag, wird die »Ethik« mit den kristallklaren Gläsern des Optikers Spinoza vergleichen und an die Worte des Spinoza-Liebhabers Novalis denken: »Reine Mathematik ist Religion. Das höchste Leben ist Mathematik. Alle göttlichen Gesandten müssen Mathematiker sein.«

Mystik in geometrischem Gewand

Man hat von Spinozas »mathematischem Pantheismus« (W. Windelband) gesprochen, und tatsächlich ist die geometrische Darstellungsweise mehr als eine Laune des Philosophen. Nach Spinoza verhält sich nämlich die Gottheit zur Gesamtheit aller Dinge ähnlich wie der Raum zu den geometrischen Figuren, Verhältnissen und Gesetzen. Gottes Sein wird nicht bewiesen, sondern die all-eine Substanz des reinen Seins als Gott bestimmt. Wie der Geometer von der apriorischen Anschauung des Raumes ausgeht und aus ihr alle Einsichten ableitet, so beginnt Spinoza mit Gott oder der Substanz, dem absolut unendlichen Sein, das aus unendlich vielen Attributen besteht, von denen uns Menschen nur zwei zugänglich sind: Ausdehnung (extensio) und Denken (cogitatio). Unsere Erkenntniskraft verhält sich demnach zur Totalität der göttlichen Substanz, der *natura naturans,* wie $2 : \infty$. So sehr Spinoza sich grundlegend von Kant unterscheidet, so sehr stimmt er mit ihm darin überein, daß die Fülle der Wirklichkeit – das »Ding an sich«, von dem der deutsche, die Unendlichkeit der Attribute Gottes, von denen der jüdische Denker spricht – uns prinzipiell unerkennbar ist. Wie alle geometrischen Figuren durch den einen Raum bedingt und nur in ihm denkbar sind, so erscheinen bei Spinoza alle Dinge, geistige wie körperliche, als Modi, als akzidentielle Daseinsweisen der einen, ewigen, unendlichen Substanz, außer der es nichts gibt und nichts gedacht werden kann. Die Attribute der Gottheit verhalten sich zu dieser, wie die Dimensionen des Raumes zum Raume selbst. Sie sind gleichsam die Richtungen, in denen sich das Wesen der göttlichen Substanz zeitlos-ewig entwickelt. Wie aus der Natur des Raumes alle geometrischen Figuren und Verhältnisse folgen, so folgt aus dem Wesen Gottes die gesamte Welt der Dinge mit ihren Gesetzen.

Pascal, der so ganz anders geartete Zeitgenosse des Verfassers der »Ethik«, hat einmal gesagt: »Gott kann niemals das Ende einer Philosophie sein, wenn er nicht deren Anfang ist.« So ist es auch bei Spinoza. Wie alle Dinge erster Ord-

nung fängt seine Metaphysik kühn mit dem Gipfel an, und von ihm her strahlt sie denn auch in einem weißen Glanz. Der als gottlos Verfluchte denkt von Anbeginn an nur diesen einen Gedanken: Gott. Es ist dies freilich nicht der jüdische und auch nicht der christliche Gott. Er kennt, wie alle großen Mystiker, keine Erschaffung der Welt durch einen Schöpfergott. Zeichnet es doch gerade die mystische Grunderfahrung aus, daß ihr das wirklich Wirkliche als ungemacht, nicht machbar, ungeschaffen, deshalb aber auch als unvergänglich und unvernichtbar erscheint. Fremd ist dem more geometrico vorgehenden kontemplativen Enthusiasten – in diesem Punkte Erbe des strengen jüdischen Eingott-Glaubens – auch die Vorstellung von der Inkarnation:
»Wenn einige Kirchen behaupten, Gott habe menschliche Natur angenommen, so habe ich ausdrücklich bemerkt, daß ich nicht weiß, was sie damit sagen. Ja, offen gestanden, scheint mir, was sie sagen, gerade so unsinnig, als wenn mir jemand sagen wollte, der Kreis habe die Natur des Quadrats angenommen.«
Und einen bereits in der Antike von Xenophanes formulierten Gedanken abwandelnd, bemerkt Spinoza in einem Brief: »Ich glaube, daß ein Dreieck, wenn es sprechen könnte, sagen würde, Gott sei hervorragend dreieckig, daß ein Kreis sagen würde, Gott sei hervorragend rund.«

Radikale Entgötzung Gottes und barockes Unendlichkeitspathos

Noch weit radikaler als der jüdische Monotheismus folgt dieser von der Synagoge verstoßene Jude dem mosaischen Gebot: Du sollst dir kein Bildnis noch irgendein Gleichnis machen! Spinozas nüchterne Überschwänglichkeit ist grenzenlos, wenn es darum geht, Gott so rein und lauter wie möglich zu denken: »Niemand wird das, worauf ich hinaus will, richtig begreifen können, wenn er sich nicht sehr davor hütet, Gottes Vermögen mit dem menschlichen Vermögen oder dem Rechte von Königen zu verwirren.« Auch Weisheit, Wille, Verstand und andere eminente Eigenschaften, mit denen die herkömmliche Theologie Gott auszeichnet, können nach Spinoza von der unendlich-ewigen Substanz imgrunde nicht ausgesagt werden: »Wenn nämlich Verstand und Wille zu Gottes ewigem Wesen gehören, so ist gewiß unter jeder dieser beiden Eigenschaften etwas anderes zu verstehen, als was die Menschen gewöhnlich damit meinen. Denn Verstand und Wille, die Gottes Wesenheit ausmachen, müßten von unserem Verstand und Willen himmelweit verschieden sein und könnten höchstens dem Namen nach damit übereinstimmen – nicht anders, als das Sternbild Hund und das bellende Tier Hund einander gleichen.«
Weshalb es sich so verhält, wird von Spinoza eingehend in der Erläuterung zum siebzehnten Lehrsatz des ersten Teils der »Ethik« dargelegt. Spinoza gehört zu den größten Anti-Anthropomorphisten der Geschichte des menschlichen Denkens. Kaum ein zweiter hat so rücksichtslos jede Vermenschlichung aus der Idee Gottes zu tilgen versucht. Spinozas Philosophie ist eine radikale Entgötzung Gottes. Zu dem von seinem Götzentum erlösten Gott kann man nicht mehr beten. Er ist kein providentieller Gott; er kann nicht durch Opfer, Kult, Ritus und Gebet beeinflußt werden. Er ist ein »legalitärer« Gott, ein Gott unverbrüchlicher und ewiger Gesetzmäßigkeit und Ordnung. *Deus sive natura* bedeutet nicht, daß er mit der von uns sinnlich erfahrenen Natur gleichzusetzen sei, diese ist ja nur *natura naturata;* Gott hingegen ist *natura naturans,* der

unendliche Grund der Welt. »Gott in der Natur war der erste Gedanke der spinozanischen Lehre, die Natur in Gott ist ihr letzter Gedanke« (Carl Gebhardt); und dies war auch der weltfromme, wirklichkeitsandächtige Glaube Goethes.

Der *more geometrico* demonstrierende Sepharde Spinoza lebt in der Zeit des Barock, wie die Geometrie (und die Infinitesimalrechnung) zu den großen Passionen des barocken Polyhistorismus gehört – man denke an Descartes, Pascal, Newton und Leibniz. Wenn wir Unendlichkeitspathos, Streben ins Grenzenlose, allseitige Kraftentfaltung, bewußtes Leben in Spannungen und Gegensätzen als Wesensmerkmale barocken Welt- und Daseinsgefühls auffassen, dann müssen wir Spinozas fünfteilige »Ethica more geometrico demonstrata«, trotz ihrer strengen Kühle, zu den überragenden Monumenten des gemeineuropäischen Barock zählen. Das sich in ihr niederschlagende Gottesbewußtsein ist der ontologische Ausdruck barocken Unendlichkeitsdurstes. Spinozismus ist Pathos der Infinität. Die gewaltige Kuppel dieses Systems ist offen zum Unendlichen, zum Transfiniten. »Omnis determinatio est negatio«, jede Bestimmung ist eine Verneinung, jede Begrenzung eine Negation, heißt eine zentrale Aussage Spinozas; und eine andere: »Aus der Notwendigkeit der göttlichen Natur muß unendlich Vieles auf unendlich viele Weisen folgen.« Kann man den unendlichkeitsfrommen Eros des Barock, der, anders als der apollinisch-klassische, das Grenzenlose nicht nur nicht scheut, sondern als *summum bonum*, als *ens realissimum* erfährt, prägnanter zum Ausdruck bringen? Der Kosmos ist unendlich, weil Gott *ist*, und Gott selber, die *natura naturans*, die immanente Ursache aller Dinge, der Modi, der gesamten *natura naturata*. Die Gott-Natur ist »das absolut unendliche Wesen«. Die göttliche Substanz ist unendliche Ausdehnung und unendliches Denken – und noch unendlich vieles mehr, denn sie umfaßt unendlich viele, absolut unendliche Attribute, von denen jedes das All-Eine in je einer bestimmten Dimension »ausdrückt«. Alles Endliche, Geformte, Begrenzte ist bloß eine vergängliche Facette des Unendlichen. Die uns zugänglichen körperlich-ausgedehnten und formal-ideenhaften »Dinge« drücken die beiden attributiven Hemisphären Ausdehnung und Denken in paralleler Weise aus: »Die Ordnung und Verknüpfung der Ideen ist dieselbe wie die Ordnung und Verknüpfung der Dinge« (Eth. II, 17). Sie *sind* nur in dem Maße, in dem sie teilhaben an der unendlichen Seinsfülle der all-einen, nur denkbaren Gottheit. Insofern sie an der göttlichen Substanz im Medium ihrer Attribute teilhaben und sie in je bestimmter und begrenzter Weise, in verschiedenem Grade »repräsentieren«, sind sie, obwohl endlich, im Grunde doch unendlich, gleichsam Reflexions- und Brechungseffekte des Absoluten, sozusagen in allen Farben spielende Facettenfenster in den infinittransfiniten Gott-Welt-Innenraum.

Vermenschlichung und Götzendienst ist es bereits, sich diesen absolut unendlichen Gott vorzustellen. Gott ist unvorstellbar. Gott ist nur zu denken, und er kann nie groß genug gedacht werden. Was Meister Eckhart mehr als dreihundert Jahre vor ihm gesagt hat, ist auch Spinozas kategorischer Imperativ: »Darûf setze al dîn studieren, daz dir got grôz werde.« Goethe läßt dieses Motiv in seinen Maximen und Reflexionen ebenfalls anklingen: »Gott, wenn wir hochstehen, ist Alles; stehen wir niedrig, so ist er ein Supplement unserer Armseligkeit.«

Mit Gott beginnt, mit ihm schließt Spinozas »Ethik«: der Apotheose des *amor Dei intellectualis.* Dazwischen liegen die Teile über das Wesen und den Ursprung des Geistes, den Ursprung und die Natur der Affekte und von der menschlichen Knechtschaft unter der Macht der Affekte *(de servitute humana seu de affectum viribus).* Die »Ethik« ist kein moralphilosophischer Kursus, sondern, trotz der auf den ersten Blick kühlen Methodik, eine von unendlicher Sehnsucht durchglühte Anweisung zum seligen Leben, eine hochgesinnte und vornehme Lehre von der Selbstbestimmung und Selbsterlösung des sich von Gottes alldurchdringender Gegenwart ergreifen lassenden Menschen. Sie ist, wie Max Scheler fein bemerkt, »ein Buch zum Heile des Menschen«, das den Leser nicht bloß informieren, sondern transformieren will. Es geht darum, in ihm die Bereitschaft zu erwecken, sich in jenen lauteren Zustand aufzuschwingen, wo Glückseligkeit nicht mehr der Lohn der Tugend ist, sondern die Tugend selbst: *Beatitudo non est virtutis praemium sed ipsa virtus.* Diesem seraphischen Ziel dienen Ontologie, Erkenntnistheorie, Psychologie und, letzten Endes, auch die Moral, der als solcher keinerlei Selbstwert zukommt.

Analyse und Läuterung der Affekte

Vor diesem Hintergrund ist insbesondere die grandiose Affektenlehre zu beurteilen, die der berühmte deutsche Mediziner Johannes Müller in sein »Handbuch der Physiologie des Menschen« (1833–1840) fast unverändert hineingearbeitet hat. Spinoza betrachtet die menschlichen Gefühle, Stimmungen und Leidenschaften, wie er selbst sagt (Eth. III, praef.), mit einer unerschütterlichen Seelenruhe, »als handle es sich um Linien, Flächen oder Körper«. Alle Gemütsbewegungen werden zurückgeführt auf drei Grundaffekte: Lust *(laetitia,* Freude), Unlust *(tristitia,* Traurigkeit) und Begierde *(cupiditas, voluntas, appetitus*; Wille, Verlangen). Hinter ihnen allen wirkt der nicht mehr weiter zurückführbare Drang aller Wesen, sich selbst zu erhalten, im Sein zu verharren (*conatus sui conservandi,* Eth. III, propos. 6 und 7). Freude ist der »Übergang zu größerer Vollkommenheit des Menschen«, Traurigkeit hingegen zeigt eine Hemmung, eine Verminderung menschlicher Vollkommenheit an. Es sei ein Irrtum zu glauben, sagt Spinoza, daß wir etwas darum begehren, weil wir es für gut halten; vielmehr halten wir für gut, was wir begehren. Und wir begehren, was unser Sein erhält und fördert oder, viel häufiger, von dem wir annehmen, daß es unserer Selbsterhaltung, Selbstbehauptung und Selbstverwirklichung diene.

Die Gesetze der Natur sind auch die Gesetze des Menschen. Alles subjektive Befinden ist abhängig von dem Maße unserer Kraftentfaltung; alle Verhältnisse des Menschen zu seinesgleichen und Dingen sind bestimmt durch den Grad, in dem diese ihn fördern oder hemmen. Hinter allem Drängen und Fliehen, Lieben und Hassen steht nicht Willkür, sondern kosmische Notwendigkeit. Liebe und Haß sind bestimmte Arten von Freude und Trauer, begleitet von der Idee einer äußeren Ursache. Sie sind keineswegs beschränkt auf den Umgang mit uns unmittelbar berührenden Wesen. Da die uns nahen Wesen wieder von anderen beeinflußt und geprägt werden, so wirken auch diese durch jene auf uns. Deshalb lieben wir die Freunde unserer Freunde, da sie fördern, was uns fördert; wir lieben aber auch die Feinde unserer Feinde, weil sie diejenigen bedrängen, die uns übelwollen. Umgekehrt hassen wir die Feinde unserer Freunde und die Freunde unserer Feinde, weil sie mittelbar unserem Gedeihen entgegenwirken. Auch das allerfernste Wesen kann auf solchen Umwegen uns erfreuen oder wehtun und dadurch unsere Liebe oder unseren Haß herausfordern.

Die Vernunft kann die Tatsachen und Gesetzmäßigkeiten unserer Gemütsbewegungen günstigstenfalls einsehen, nicht aber aus der Welt schaffen. »Ein Affekt kann weder gehemmt noch aufgehoben werden, es sei denn durch einen anderen, entgegengesetzten und stärkeren Affekt« (Eth. IV, propos. 7). An Stellen wie diesen erreicht Spinoza eine alle moralischen Werturteile ausklammernde, *sine ira et studio* vorgehende Kaltblütigkeit und analytische Schärfe, wie wir sie in der philosophischen Literatur nicht oft antreffen; man muß schon bis Thukydides, den unbefangenen Geschichtsschreiber des Peloponnesischen Krieges, zurückgehen oder, um neuere Autoren zu nennen, Machiavelli, Hobbes, Pareto und Freud aufsuchen, wenn man Gegenstücke vergleichbaren Kalibers finden will. Vor allem ist in diesem Zusammenhang aber Nietzsche zu nennen, der wiederholt Spinoza als einen seiner ganz großen Geistesheroen bezeichnet hat.

»Suum esse conservare« – das ist der naturalistische Kern der Ethik Spinozas. Dieser tiefe, Gut und Böse grausam entmythologisierende, in der Analyse sich aller Entrüstung und Billigung enthaltende Beobachter hätte gewiß dem Diktum Bergsons zugestimmt, daß alle Ethik biologischer Natur sei. Bergson fügte vorsorglich hinzu, daß man, um diesen Satz richtig zu verstehen, dem Wort biologisch einen sehr weiten Sinn geben müsse. In dieser Richtung weist denn auch Spinoza, wenn er, den antiken Sprachgebrauch übernehmend, Tugend *(virtus)* mit Kraft, Stärke, Tüchtigkeit assoziiert. Wie aber ist es möglich, daß der Denker von diesem Ansatz aus nicht bei einem praktischen Leitfaden für Raufbolde anlangt, sondern eine aristokratische Sittenlehre entfaltet, die im *amor Dei intellectualis* gipfelt?

Spinoza hält bis zuletzt an dem Grundsatz fest, daß das Streben, sich zu erhalten und zu entfalten, unaufhebbar ist und daß auch das Sittengesetz dagegen nichts vermag. Tugend bedeutet, gemäß den Gesetzen der eigenen Natur handeln; keine Moral kann vom Menschen etwas Naturwidriges verlangen. Doch zur Natur des Menschen gehört auch die Vernunft. Nur kraft seiner Vernunft vermag er zu erkennen, was seinen Nutzen wahrhaft fördert. Nur durch vernünftige Einsicht – sowohl Selbsterkenntnis als auch Begreifen der uns umgebenden Natur – sind wir imstande, von krampfhaft blinder Selbstbehauptung zu wissender Selbstverwirklichung aufzusteigen. Spinoza, der Anwalt geistiger, religiöser und politischer Freiheit, weiß nur zu gut, daß Befreiung von sozialen Zwängen allein noch nicht geglückte Freiheit bedeutet. Der Mensch kann nicht nur durch äußere Ketten gefesselt sein, sondern auch durch innere: seine ihn versklavenden Leidenschaften, Begierden und Süchte. Die *servitus humana* besteht nicht zuletzt in diesem Ausgeliefertsein an die irrationalen, ungezähmten und gewalttätigen Mächte der eigenen Seele. Dem so sanftmütigen, bedürfnislosen und friedfertigen Philosophen waren diese Mächte durchaus nicht fremd. Aus dem schönen Bild in Wolfenbüttel blickt er uns mit großen Augen und melancholischem Lächeln an; die edlen Züge des schmalen Antlitzes, von dunkel gelockt herabfallenden Haaren umrahmt (er trug, entgegen der Mode seiner Zeit, keine Allongeperücke), lassen weniger an einen Arbeiter-Philosophen ohne Lehrstuhl denn an einen hochgebildeten Granden denken, »Hidalgo Don Benedict de Spinoza«. Doch der ruhige, unverkrampfte Ernst dieses Gesichts verrät nicht Apathie, sondern gebändigte und kultivierte – nicht unterdrückte oder verdrängte – Leidenschaftlichkeit: leidenschaftliche Ruhe. Männliche Sanftmut und Gelassenheit hüten die Flamme eines lebhaften Temperaments. Spinoza hat sich einmal selber gezeichnet in der Tracht des süditalienischen Rebellenführers Masaniello, dem er auch sehr ähnlich gesehen haben soll. Wie leidenschaftlich muß sein Naturell gewesen sein, wenn er im dritten Buch seiner »Ethik« die »Beruhigung in sich selbst« als höchstes Gut bestimmt! Im Anhang zum vierten Buch greift er den Gedanken wieder auf: »Die Seligkeit ist eben nichts anderes als die Beruhigung des Gemütes selbst, die aus der inschauenden Gotteserkenntnis entsteht.«

Wie aber vermag der Mensch sich von den Zwängen und Fesseln seiner Affekte zu befreien, wenn die reine Vernunft ihnen gegenüber ohnmächtig ist? Dadurch, daß die Vernunft selber zum Affekt wird, *amor* intellectualis. Nur dann vermag sie die verworrenen, einseitigen und oberflächlichen Vorstellungen, die unseren Leidenschaften zugrundeliegen, in klare, deutliche und perspektivisch richtige Erkenntnisse zu verwandeln. Ein jeder, so lehrt Spinoza, hat die Macht, sich und seine Affekte, wenn auch nicht absolut, so doch zum Teil klar und deutlich zu erkennen und folglich auch zu bewirken, daß er weniger unter ihnen leide. Je wissender die Seele ist, um so mehr erhebt sie sich aus Passivität und Fremdbestimmung zu der einzig möglichen Freiheit. Freiheit aber ist der Zustand, in dem ein endliches Wesen sein Tun als Äußerung seines ihm eigentümlichen Seins erfährt. Frei ist der Körper, der von keinem anderen bewegt wird; frei ist die Seele, deren Entschlüsse von ihrem vernünftigen Denken abhängen. Deshalb ist der Mensch im Zustand der Leidenschaften unfrei, im Zustand der Erkenntnis hingegen frei. Vernünftige Erkenntnis haftet jedoch nicht an isolierten Eindrücken und Meinungen, sondern betrachtet alle Ereignisse in kosmischer Perspektive und vollendet sich in der intuitiven Einsicht des umgreifenden Einen, das alles ist. »Wer sich und seine Affekte klar und deutlich erkennt, liebt Gott« und findet im Bewußtsein der Einheit mit ihm, was die flüchtigen Güter der Erde, Ruhm, Ehre, Reichtum und Sinnenlust, nicht zu schenken vermögen: Frieden, Beruhigung, Stille, Seligkeit. Alles Menschliche ist dann hineingenommen in eine allumfassende kosmische Solidarität, die stoisch, aber auch mystisch ist, in die gelassene Hingabe an die ewige Notwendigkeit, mit der alles geschieht. Aus ehernem Determinismus blüht die einzig mögliche Freiheit. Die aus Gott fließende Notwendigkeit zu erkennen, sich ihr freiwillig und freudig zu ergeben, bedeutet nicht ohnmächtige Resignation, sondern Teilhabe am sich selbst bejahenden Sein. Der Weise, der alle Dinge als Glieder der kosmischen Gesetzmäßigkeit erkennt und sich selbst aus der Perspektive der ewigen Ordnung der Gott-Natur, *sub specie aeternitatis*, begreift, wird nicht zu einem blinden Schicksalen ausgelieferten Fatalisten. Er unterstellt sein Tun und Lassen nicht einem willkürlichen Verhängnis, sondern der Frömmigkeit der Vernunft, seiner wissenden Einsicht, durch die er teilnimmt am unendlichen Logos des Seins. Wer in diesen Zustand eingetreten ist, weiß, daß im Grunde nur Gott *ist*, daß alles, was sich uns sonst als noch so real aufdrängen mag, bloß eine Weise darstellt, in der Gott selbst uns erscheint, bildlich gesprochen: eine Welle im Ozean des All-Einen.

Nur eine Begriffsdichtung?
Wem diese *scientia intuitiva* einmal aufgeleuchtet ist, der wird auch verstehen, was Spinoza meint, wenn er sagt: »Gott liebt im eigentlichen Sinne niemanden«, *Deus proprie loquendo neminem amat.* So groß ist Gott, außer dem es nichts gibt, daß er niemanden liebt und niemanden haßt. Diesem Satz, der für überzeugte Christen anstößig, ja wie ein Gorgonenhaupt wirken *muß*, fügt der Denker den weiteren hinzu, daß der wahrhaft Weise auch gar nicht wünschen könne, von Gott geliebt zu werden. Dennoch kann *er* Gott lieben – die ganze »Ethik« ist dazu eine Anleitung. Diese selbstlose Liebe des Menschen zu Gott ist – wir staunen wie vor Niegehörtem – ein Teil der unendlichen Selbstliebe Gottes, bewußter Nachvollzug der ewigen Selbstbejahung des Seins. Die Liebe Gottes zu sich selbst drückt sich aus in seinen beiden »Engelsgestalten« Ausdehnung und Denken, vornehmlich aber in der Liebe des wissenden Menschen zu ihm. Seine Liebe verwirklicht sich in unserer Liebe zu ihm.

Der sublime Anthropomorphismus wissender Liebe ist der einzige, für den der unerbittliche Bilderstürmer Spinoza in seinem System Platz hat. An ihn knüpft er, der die Seele mit dem Körper untergehen läßt, den Gedanken nicht irgendeiner okkulten Unsterblichkeit, sondern einer Ewigkeit, die zeitlos ist: »Der menschliche Geist kann mit dem Körper nicht absolut zerstört werden, sondern es bleibt von ihm etwas übrig, das ewig ist« (Eth. V, propos. 23). Mit diesem mystischen Grundton läßt Baruch Benedictus Spinoza, der leidenschaftlich-sanftmütige Ketzer und Heilige des Rationalismus, seine monumetale »Ethica more geometrico demonstrata« ausklingen. Es gibt Menschen, die auf die Frage, mit welchem Denker es sich lohnte, noch in der Todesstunde zu philosophieren, Spinoza nennen, genauer: den Spinoza des fünften Teils der »Ethik«.

Ist Spinoza der Schöpfer einer kolossalen »Begriffsdichtung«? Für Antimetaphysiker strikter Observanz ist dies ein Einwand, der jede weitere Erörterung überflüssig macht. Spinozas System *ist* Begriffsdichtung, wenn dieser von F. A. Lange geprägte Ausdruck überhaupt auf etwas zutreffen soll. Bleibt nur zu fragen, was damit eigentlich schon gesagt ist. Haben wir überhaupt eine Wahl? »Daß der Geist des Menschen«, sagte Kant nicht ohne prophetischen Sinn, wenn man an seine ungetreuen Schüler denkt, die dann bei Spinoza in die Lehre gingen, »daß der Geist des Menschen metaphysische Untersuchungen einmal gänzlich aufgeben werde, ist eben so wenig zu erwarten, als daß wir, um nicht immer unreine Luft zu schöpfen, das Atemholen einmal lieber ganz und gar einstellen würden.« Aus Spinozas metaphysischer Dichtung weht uns freilich durchaus reine Luft entgegen: es ergreift uns, wie Heine so schön sagt, »ein Gefühl wie beim Anblick der großen Natur in ihrer lebendigen Ruhe. Es ist ein gewisser Hauch in den Schriften des Spinoza, der unerklärlich. Man wird angeweht wie von den Lüften der Zukunft.«

Der letzte Satz freilich ist eine echt Heinesche Oberflächlichkeit. Was hat einer, der die Ewigkeit liebt, mit der Zukunft, die nicht einmal die ganze Zeit ist, sondern nur die halbe? Es ist durchaus denkbar, daß das Universum im großen und ganzen der Begriffsdichtung Spinozas entspricht und daß die Widersprüche, Lücken und Dunkelheiten, die man auch in ihr finden kann, gemessen an dieser Übereinstimmung nur belanglos sind. Das ist durchaus denkbar – *sub specie aeternitatis*, unter dem Gesichtswinkel der Ewigkeit, wobei wir nur berücksichtigen müssen, daß, wie unser Denker ausdrücklich sagt, »diese Ewigkeit nicht durch die Zeit definiert werden, noch überhaupt eine Beziehung zur Zeit haben kann« (Eth. V, propos. 23, expl.). Daß Spinozas Denken von dieser Ewigkeit, die stets nur einen Augenblick, ja, streng genommen, überhaupt nicht dauert, im Laufe seines Lebens immer mehr ergriffen war, steht unzweifelhaft fest. Diesen Zug zu dem, was weltlos ist und den Lärm der Welt flieht, aber eben darum unversehrt bleibt, hatte wohl auch Hegel im Sinne, als er den wunderlich hämischen Satz über Spinozas Tod schrieb: »Er starb den 21. Februar 1677, im 45. Jahre seines Alters, an der Schwindsucht, an der er seit lange gelitten – übereinstimmend mit seinem Systeme, in dem auch alle Besonderheit und Einzelheit in der Einen Substanz verschwindet.« (1977)

GIAMBATTISTA VICO

Selten mußte ein universaler Geist so lange auf Verständnis und Anerkennung warten die Giambattista Vico, der am 23. Juni 1668 in Neapel geboren wurde. Das Leben dieses aus kleinbürgerlichem Milieu stammenden Barockgelehrten mit melancholischem Temperament war von Krankheit, Armut und familiären Widrigkeiten eingeengt. In seiner akademischen Laufbahn gelangte Vico über eine kümmerlich dotierte Lehrkanzel für Rhetorik niemals hinaus; er war deshalb gezwungen, durch Sprachunterricht und Abfassung bestellter Huldigungsgedichte auf die Mächtigen des spanischen Vizekönigreichs Neapel seine bescheidenen Einkünfte aufzubessern. Seine philologischen, pädagogischen und juristischen Veröffentlichungen wurden wenig beachtet. Zu Beginn des achtzehnten Jahrhunderts, als sich nach dem Vorbild von Descartes auch die Philosophie an den aufsteigenden, mathematisierenden Naturwissenschaften orientierte, mußte Vicos Unterfangen, die Eigengesetzlichkeit der Geschichte und die philosophische Relevanz von Phantasie, Mythos, Überlieferung, Autorität und Sitte zu begründen, fremd und unzeitgemäß wirken. Das gilt auch für sein opus magnum, entstanden aus jahrzehntelangen intensiven Meditationen und ausgedehnten historischen Studien: die »*Principi di una scienza nuova d'interno alla commune natura delle nazioni*«, die »Grundsätze einer neuen Wissenschaft über die gemeinschaftliche Natur der Völker«. Dieses zyklopische Werk – von de Sanctis als die »divina commedia der Wissenschaft« bezeichnet – erschien erstmals 1725 in Neapel. »Mir ist wahrhaftig, als hätte ich in dieser Stadt mein Werk in die Wüste gesandt«, schrieb Vico einem Freund. Die »Acta Lipsiensia« der Leipziger Akademie verrissen die »Scienza nuova« als das Elaborat eines üblen jesuitischen Apologeten. Vico, der über diese Rezension mit Recht empört war, ließ sein Hauptwerk 1730 in einer wesentlich erweiterten Neufassung erscheinen. Die dritte Fassung, welche weitgehend der Ausgabe von 1730 entspricht, erschien postum 1744, nachdem Vico am 23. Januar desselben Jahres in Neapel gestorben und in einem Winkel der Oratorianer-Kirche begraben worden war.

Mehr als vier Jahrzehnte später fiel Goethe auf seiner italienischen Reise die »Scienza nuova« in die Hände; offenbar fand er jedoch keine Zeit, sich mit dem Werk dieses »Ältervaters« eingehender zu beschäftigen. Daß Goethe Vico wiederentdeckt habe, wie man gelegentlich hören kann, ist jedenfalls eine Übertreibung, wenn auch der spontane Vergleich mit Hamann, dem »Magus des Nordens«, aufschlußreich ist. Von Hamann wissen wir, daß er bereits 1777 – also zehn Jahre vor Goethes flüchtiger Bekanntschaft mit dem Schaffen Vicos – ein Exemplar der »Scienza nuova« bestellt hat. Der berühmt gewordene Aphorismus Hamanns, daß Poesie »die Muttersprache des menschlichen Geschlechts« sei, findet sich bereits wörtlich im Hauptwerk des Neapolitaners. Der im Todesjahr Vicos geborene Herder erneuert 1797, im 115. seiner »Briefe zur Beförderung der Humanität«, »das ziemlich vergessene Andenken« dieses Mannes, »der zu einer Schule *menschlicher Wissenschaft* im echten Sinne des Worts an seinem Ort vor andern den Grund gelegt«. In seinen »Schulreden« (1800) bezeichnet der protestantische Generalsuperintendent den katholischen Professor als einen »sehr verständigen Philosophen der Humanität«. Wie bei Goethe kann allerdings auch hier kaum von einem direkten Einfluß Vicos gesprochen werden, da Herders »Ideen zur Philosophie der Geschichte der Menschheit« bereits zwischen 1784 und 1791 erschienen sind. Unabhängig von diesen problematischen Bezügen bleibt jedoch die Tatsache, daß erst seit dem Aufbruch der klassischen deutschen Philosophie Giambattista Vico der Verschollenheit entrissen worden ist und daß zahlreiche Gedanken, Einsichten und Entdeckungen Herders, Hegels und Diltheys, aber auch der historischen Rechtsschule Savignys, der Geschichtsschreibung von Niebuhr bis Mommsen, der Geschichtsphilosophie von Lasaulx bis Spengler, Breysig und Arnold Toynbee, der klassischen Philologie und Mythenforschung von Friedrich August Wolf bis Johann Jakob Bachofen mit grundlegenden Motiven vichianischen Denkens konvergieren. Karl Marx, der wahrscheinlich durch die von Jules Michelet besorgte französische Übersetzung mit Vico bekannt geworden ist, hat 1862 gegenüber Lassalle auf eine Reihe dieser verblüffenden Antizipationen hingewiesen, jedoch einige der wichtigsten nicht erwähnt: Vicos Elemente zu einer Lehre vom Klassenkampf und seine bei aller Naivität geradezu revolutionären Ansätze zu einer Kritik der Ideologien. Ein Ausspruch Benedetto Croces über Vico, den er als seinen unmittelbaren philosophischen Vorfahren verstanden hat, mag diese flüchtigen geistesgeschichtlichen Andeutungen abschließen: er sei das gesamte neunzehnte Jahrhundert im Keime gewesen, oder, wie wir hinzufügen könnten, das gesamte neunzehnte Jahrhundert in der Perspektive des frühen achtzehnten, noch in lebendigem Kontext mit der »praktischen Philosophie«, der Topik und Rhetorik der Antike sowie des Mittelalters.

So verbinden sich in Vicos weitgespanntem Werk auf erregende Weise antike, christliche und neuzeitliche Motive. Erkenntnistheoretische Deduktionen sind verschlungen mit entwicklungspsychologischen, rechtshistorischen, etymologischen und völkerkundlichen Überlegungen; Sprache, Poesie, Religion, Wirtschaft und soziale Struktur werden aufeinander bezogen, ineinander gesehen und wechselseitig interpretiert; mitten in allegorischen Exkursen und verwikkelten philologischen Ableitungen finden sich Sentenzen von lapidarer Prägnanz, wie sie nur einem klassischen Autor gelingen können.

Das grundlegende Interesse, das auf jeder Seite der »Scienza nuova« gegenwärtig bleibt, ist *geschichtsphilosophischer* Art. Wie ist Geschichte überhaupt erkennbar? Welche Triebkräfte bestimmen die historische Entwicklung? Lassen sich aus der Aufeinanderfolge der Zeiten und Völker bestimmte Bewegungsgesetze und Rhythmen ablesen? Inwieweit können wir eine Periode, eine Kultur, einen Stil mit anderen vergleichen? Wie wirken die großen historischen Kräfte Religion, Politik und Wirtschaft aufeinander? Auf welche Weise entstehen aus dem Chaos individueller Leidenschaften und Interessen die Jahrtausende überdauernden Institutionen, die objektiven Ordnungen der Familie, der Religion und des Staates? Wie ist der geradezu schicksalhaft zwingende Charakter gewisser geschichtlicher Abläufe mit der fundamentalen Annahme vereinbar, daß der Mensch in freier Tat seine soziale Welt, den »mondo civile« erschaffe? Inwiefern ist Geschichte prognostizierbar?

Vico hat als erster diese zentralen geschichtsphilosophischen Fragen im Rahmen einer sowohl spekulativen als auch empirischen Rekonstruktion der Weltgeschichte formuliert.

Gegen die These von der Modernität des Neapolitaners könnte man einwenden, daß die göttliche Vorsehung *(provvidenza)* in seinem Denken eine überragende Rolle spiele. Tatsächlich wiederholt Vico immer wieder, daß es ihm um eine »vernünftige Theologie der göttlichen Vorsehung in der Geschichte«, um »eine Begründung der Vorsehung als historische Tatsache« gehe. Am Schluß seiner »Scienza nuova« entläßt er den Leser mit dem Hinweis, »daß diese Wissenschaft mit dem Studium der Gottesfurcht untrennbar verbunden ist und daß, wer nicht fromm ist, in Wahrheit auch kein Weiser sein kann«. Dennoch ist Vico kein Theologe wie etwa Augustinus oder auch Joachim von Fiore und Bossuet. In gewisser Hinsicht argumentiert er sogar weniger metaphysisch als Hegel, für den die Weltgeschichte »die Entfaltung der Natur Gottes«, »die Darstellung des göttlichen, absoluten Prozesses des Geistes« ist. Wenn auch die Vorsehung, wie sie Vico versteht, ohne Wunder, vielmehr auf so »einfache« und »natürliche« Weise wirkt, daß sie mit dem tatsächlichen Geschichtsverlauf geradezu identisch wird, so ist sie doch mehr als ein Ornament. Sie gewährleistet einerseits die sich durch alle Katastrophen erhaltende Kontinuität des Menschengeschlechts, andrerseits überwölbt sie die antinomische Struktur menschlicher Praxis, die Vico in folgenden Worten umschreibt: »Abgefallen von der reinen Gerechtigkeit durch die Erbsünde, beabsichtigen die Menschen fast immer etwas ganz anderes, oft geradezu Gegenteiliges als ihnen frommt, aber eben auf ihren verkehrten und gegenteiligen Wegen werden sie durch ihre natürlichen Bedürfnisse selbst dahin gebracht, mit Gerechtigkeit zu leben und sich in Gesellschaft zu halten und so ihrer geselligen Natur nach zu leben.«

So wenig Vico trotz seiner Lehre von der Vorsehung als Theologe anzusprechen ist, so wenig ist er Fatalist und Untergangsprophet à la Oswald Spengler, obwohl er wie dieser Geschichte zyklisch konstruiert: »Erst waren die Wälder, dann die Hütten, dann die Städte und zuletzt die Akademien.« In ewiger Wiederkehr folgt auf das Zeitalter der Götter das der Heroen und auf dieses das der Menschen. Diesen drei Zeitaltern entsprechen drei Typen von Recht, Autorität, Sitte und Verfassung, drei Formen von Sprache, Schrift, Kult und Wissenschaft. Auf die primitive Barbarei folgt nach einer humanen Zwischenstufe die »Barbarei der Reflexion«, bis »in ewigen Parteikämpfen und verzweifelten Bürgerkriegen die Städte zu Wäldern, die Wälder zu Menschenhöhlen werden«. Auch Spenglers »Cäsarismus« als Symptom einer Spätkultur findet sich bereits bei Vico. Doch nicht in seiner Kulturstufen- und Zyklentheorie, die beide in die Antike zurückweisen, liegt Vicos Originalität, sondern in dem überquellenden Reichtum an rechts-, religions- und kulturgeschichtlichen Beobachtungen, an schlagenden wissenssoziologischen sowie ideologiekritischen Befunden, an Elementen zu einer historisch fundierten Ästhetik. Einige beliebig herausgegriffene Beispiele: seine Lehre von den »phantastischen Allgemeinbegriffen« der vorgeschichtlichen Menschheit, die bereits Lucien Lévy-Bruhls Arbeiten über das prälogische Denken der Primitiven vorwegnimmt; seine beispiellose Deutung Homers, den er nicht als geschichtliche Figur auffaßt, sondern als »heroischen Charakter« der griechischen Stämme, »die selbst jener Homer waren«; seine gänzlich unromantische, allen zeitgenössischen bukolischen Idealisierungen widersprechende Ansicht von den Lebensverhältnissen der Urmenschen, die sich in den Mythen widerspiegeln (noch heute sei jede Metapher »ein kleiner Mythos«); seine schneidenden Ausführungen über die »contese eroiche«, die Klassenkämpfe zwischen Patriziern und Plebejern, sowie über die Funktion von Staat, Recht und Kult in diesen Auseinandersetzungen; seine tiefen Bemerkungen über die Phantasie, die er einerseits als »ein erweitertes oder zusammengefaßtes Gedächtnis« deutet, andrerseits als schöpferische, ingeniöse Potenz: »Die Formen der Dinge wandelt sie zum Teil, teilweise baut sie sie auf, teilweise trennt sie sie. Sie stellt die entferntesten Dinge vor die Augen, umfängt die zerstreuten, die unzugänglichen überwindet sie, öffnet die verschlossenen und durch die unwegsamen ebnet sie den Weg.« Dies sind nur einige der Ergebnisse von Vicos neuer Wissenschaft, die ahnen lassen, wie anregend und ertragreich eine nicht bloß antiquarische Befassung mit seinem Werk sein könnte.

Doch damit ist die überragende philosophische Bedeutung des Italieners noch lange nicht erschöpft. Sie enthüllt sich erst einer geduldigen Interpretation jener erratischen Sätze, die sowohl seine Zyklentheorie als auch seine Vorsehungsdoktrin relativieren: »...daß diese historische Welt ganz gewiß von den Menschen gemacht worden ist: und darum können (denn sie müssen) in den Modifikationen unseres eigenen menschlichen Geistes ihre Prinzipien aufgefunden werden. Dieser Umstand muß jeden, der ihn bedenkt, mit Erstaunen erfüllen: wie alle Philosophen voll Ernst sich bemüht haben, die Wissenschaft von der Welt der Natur zu erringen, welche, da Gott sie geschaffen hat, von ihm allein erkannt wird, und vernachlässigt haben, nachzudenken über die Welt der Nationen oder die historische Welt, welche die Menschen erkennen können, weil die Menschen sie geschaffen haben.«

Was Vico hier – unmittelbar gegen die cartesianische Abwertung des Historischen gerichtet – noch in frommen Formeln umschrieben hat, ist seither wie kaum je eine philosophische Aussage von der Geschichte auf ebenso massive wie unheimliche Weise bewahrheitet worden. Marx hat im »Kapital« Vicos Prinzip zustimmend zitiert und ein Buch des englischen Marxisten Gordon Childe trägt den programmatischen Titel »Man makes himself«, der Mensch macht sich selbst.

Vico selbst weilt in äußerster Ferne von dieser Nachfolge. Ernst blickt dieser »erfahrene neapolitanische Rundschädel«, wie ihn Samuel Beckett einmal genannt hat, auf die weltweiten Entwicklungen und Ereignisse, die ihm so unerwartet recht geben. »Die gemeinschaftliche Natur der Völker«, sein historisches Beweisziel, ist unter der Drohung ihres nuklearen Untergangs nicht länger hypothetisch. Und wenn »Barbarei der Reflexion« und »reflektierte Bösartigkeit« Spätzeitzeichen sind, dann befindet sich unser »mondo civile« tatsächlich am Ende seines geschichtlichen »corso«. Während Vico noch geschichtsfromm auf den »ricorso«, die zyklische Erneuerung vom Anfang an, vertrauen durfte, stehen wir vor der gerade zu anmaßenden Aufgabe, diesen Automatismus der Kreisläufe zu durchbrechen. Dies kann nur gelingen, wenn die geschichtliche Welt von den Menschen mehr als bisher mit praktischer Vernunft gestaltet wird. Das würde aber auch bedeuten, daß sie ihren alles verschleißenden Drang, alles zu machen, was sie machen können, zu zügeln verstehen. *Tantae molis erat, humanas condere gentes.* Wenn dies gelänge, würde die bisherige Geschichtsphilosophie zur grandiosen Allegorie und ein neuer Vico fällig. (1968)

VOLTAIRE

Für Marcelle Weinert im Gedenken an Hermann K. Weinert

Wenn Familien sich lange erhalten, so kann man bemerken, daß die Natur endlich ein Individuum hervorbringt, das die Eigenschaften seiner sämtlichen Ahnherren in sich begreift, und alle bisher vereinzelten und angedeuteten Anlagen vereinigt und vollkommen ausspricht. Ebenso geht es mit Nationen, deren sämtliche Verdienste sich wohl einmal, wenn es glückt, in einem Individuum aussprechen. So entstand in Ludwig XIV. ein französischer König im höchsten Sinne und ebenso in Voltaire der höchste unter den Franzosen denkbare, der Nation gemäßeste Schriftsteller. – Die Eigenschaften sind mannigfaltig, die man von einem geistvollen Manne fordert, die man an ihm bewundert, und die Forderungen der Franzosen sind hierin wo nicht größer, doch mannigfaltiger als die andrer Nationen… Alles was übrigens von Fähigkeiten und Fertigkeiten auf eine

glänzende Weise die Breite der Welt ausfüllt, hat er besessen und dadurch seinen Ruhm über die Erde ausgedehnt.«
Dies schrieb Goethe in seinen Anmerkungen zu der von ihm besorgten Übersetzung von Diderots Dialog »Rameaus Neffe«. Für Goethe war die Bedeutung Voltaires als einer geistigen Weltmacht evident, und er stand dem großen Franzosen, dessen Todestag sich am 30. Mai 1978 zum zweihundertstenmal jährte, auch geistesgeschichtlich noch so nahe, daß es ihm nicht in den Sinn kam, das spezifisch »Aufklärerische« seines Denkens gegen romantische, nationalistische oder klerikale Mißverständnisse oder Angriffe zu verteidigen. Noch im hohen Alter rühmte er »ein so großes Talent wie Voltaire«, nannte ihn einen der »größten Geister«, um freilich hinzuzufügen: »wiewohl ich nicht alle seine Frechheiten gelten lassen möchte.« Und als Eckermann, die Rede auf Byron lenkend, einmal bemerkte, daß dieser englische Dichter hohe Achtung vor Voltaire gehabt habe, sagte Goethe, wie nebenbei, das vielleicht schönste Wort über den französischen Schriftsteller und Philosophen: »Byron wußte zu gut, wo etwas zu holen war, und er war zu gescheit, als daß er aus dieser allgemeinen Quelle des Lichts nicht auch hätte schöpfen wollen.«

Voltaire – »diese allgemeine Quelle des Lichts«! Sehr wahrscheinlich hatte Goethe, als er dies sagte, den französischen Ausdruck für das Zeitalter der Aufklärung, das achtzehnte Jahrhundert, im Sinne: *siècle des lumières.* Doch wenn wir uns vergegenwärtigen, welche Bedeutung im Denken und Forschen Goethes, der ja immerhin nicht nur »Werther«, »Iphigenie« und »Faust«, sondern auch eine umfangreiche Farbenlehre geschrieben hat, der Wirklichkeit des Lichtes zukommt, daß er im Alter geradezu einer von Plotin beeinflußten Licht-Metaphysik zuneigte (»Wär nicht das Auge sonnenhaft! Die Sonne könnt es nie erblicken …«), daß für ihn Licht und Geist beinahe convertible Begriffe waren – »Licht und Geist, jenes im Physischen, dieser im Sittlichen herrschend, sind die höchsten denkbaren unteilbaren Energien«, heißt es in seinen »Maximen und Reflexionen« (Nr. 1299) –, dann wird einem erst klar, daß das fast beiläufig zu Eckermann gesagte Wort über Voltaire höchste Bewunderung und Zustimmung verrät. »Zu heiterer Übersicht« nennt Goethe, in dem bereits erwähnten Anhang zu »Rameaus Neffe«, die Eigenschaften, die Voltaire, diesen französischsten aller französischen Schriftsteller, auszeichnen: Genie, Anschauung, Erhabenheit, Adel, Geist, Sensibilität, guter Geschmack, Verstand, Richtigkeit, guter Ton, Anmut, Grazie, Gefälligkeit, Leichtigkeit, Lebhaftigkeit, Feinheit, Brillantes, Saillantes (Hervorragendes), Petillantes (Knisterndes, Sprudelndes, Perlendes, Funkelndes), Pikantes, Stil, Reinheit, Korrektion, Eleganz und andere mehr. Nur zwei »Eigenschaften und Geistesäußerungen«, meint Goethe nach dieser rühmenden Aufzählung, könne man Voltaire vielleicht streitig machen: »die Tiefe in der Anlage und die Vollendung in der Ausführung.«
Was die mangelnde Vollendung in der Ausführung betrifft, so trifft sich Goethes Urteil mit dem eines anderen unverdächtigen Zeugen, nämlich dem Diderots, eines überzeugten Bewunderers Voltaires, der in einem Brief an seine Freundin Sophie Volland bemerkt: »*Cet homme n'est que le second dans tous les genres*« – auf allen Gebieten erringt dieser Mann nur den zweiten Preis. Trotz der phänomenalen Vielseitigkeit seiner Anlagen und Interessen, trotz

der Überfülle an Geist, Witz und Behendigkeit, trotz fabelhaften Fleißes hat Voltaire als Lyriker, Dramatiker und Philosoph nichts geschaffen, das man in einem Atemzug mit den höchsten Hervorbringungen Hölderlins, Racines oder Kants nennen könnte. Es fehlt ihm das »Überschwängliche«, aus welchem, nach Goethe, jenes majestätisch Unerreichbare und Vollendete emporsteigt, das wir an den untereinander so verschiedenen Werken der hier nur beispielhaft erwähnten Genien bewundern. Vollendet sind bei Voltaire nur noble Kleinigkeiten, die sich der heiteren Eingebung des flüchtigen Augenblicks verdanken, etwa seine von Witz, Höflichkeit, Anmut und Klarheit erfüllten Gedichte an bestimmte Personen, seine Epitres en vers, von denen Eckermann bemerkt, man sähe darin »seine Verhältnisse zu allen Großen und Mächtigen der Erde und bemerkt mit Freuden, welche vornehme Figur Voltaire selber spielt, indem er sich den Höchsten gleich zu empfinden scheint und man ihm nie anmerkt, daß irgendeine Majestät seinen freien Geist nur einen Augenblick hat genieren können«. Und Überschwänglichkeit, aus welcher einzig Höchstes hervorgeht, offenbart Voltaire nicht in seinen Werken, sondern einzig und allein, und zwar bis zuletzt, in seinem unerschrockenen und unermüdlichen Auftreten zugunsten unschuldig Verfolgter, zugunsten von Opfern einer parteiischen und korrupten Justiz und gegen staatliche Intoleranz und kirchliche Superstition. Hier bricht in diesem Skeptiker, Spötter und Verneiner allen Fanatismus' etwas leidenschaftlich Unbedingtes durch, wie es sonst sich nur an von religiösem *furor* besessenen Glaubenskämpfern offenbart.

Um auf die Bemerkung zurückzukommen, die, versehen mit einem »vielleicht«, Voltaire die Tiefe streitig macht, so durfte Goethe so sprechen, nachdem er seine höchstmögliche Zustimmung zum Ausdruck gebracht hatte. Wir Nachgeborenen aber dürfen uns nicht verhehlen, welche verhängnisvolle geistespolitische Rolle das Argument der fehlenden Tiefe in der deutschen Auseinandersetzung nicht nur mit Frankreich, sondern mit der romanischen Welt und schließlich mit dem »Westen« überhaupt seit der Romantik, vor allem aber seit der nationalistischen Vulgarisierung der Romantik, bis in unser Jahrhundert hinein gespielt hat. Dahinter steht der antiklassische, erst unter dem Einfluß des Sturm- und Drang-Wesens aufgekommene Gedanke, daß Dichtung so etwas wie Kundgabe metaphysischer Wallungen zu sein habe, eine raunende Offenbarung transzendenter oder kosmischer Mächte, ekstatischer Ausdruck träumerischer oder rauschhafter Einsfühlung mit dem Urgrund der Welt. Und ähnlich erwartete man von einem philosophischen Autor, daß er tief zu sein habe, wobei Tiefe mit heraklitischer Dunkelheit gleichgesetzt wurde, gemäß dem Wort: »Die stammelnde Sibylle aber – Lippen ohne Lächeln, ohne Schminke, ohne Salbe – durch die Jahrtausende reicht ihr Wort – durch tönt der Gott.« Deshalb galten und gelten in deutschen Landen Gestalten wie Jakob Böhme, Hegel und Schelling als tief, während Männer wie Bacon, Hume, die französischen Moralisten und, nicht zu letzt, auch Voltaire als oberflächlich, seicht, bestenfalls als unterhaltsam angesehen werden. Fast scheint es, daß sie für die Deutschen umsonst gelebt haben, wie in unseren Tagen die rational nicht zu rechtfertigende Renaissance des Marxismus beweist, der ja, weit mehr als man sich dies gemeinhin bewußt macht, durchaus in der Tradition jener *philosophia teutonica* steht und nicht umsonst als hegelianische Sekte begonnen hat. Klarheit gilt schon als Einwand – ein echter Philosoph hat bei den Deutschen tief zu sein –, und das Vorurteil setzt Klarheit mit Oberflächlichkeit gleich. Schwerverständlichkeit wird geradezu als *sigillum veri* angesehen. Nun gibt es durchaus philosophische Texte, die, von der Sache her, nicht leicht zu verstehen sind. Doch ist es falsch, darüber zu vergessen, daß es auch Philosophen von Rang gibt, die keineswegs schwerverständlich sind, und daß gedankliche Verworrenheiten und Blähungen, solange man sie nicht als solche erkennt, eine Tiefe vorzutäuschen vermögen, die objektiv nicht gegeben ist. Der Grund eines Sees, wenn das Wasser ruhig und klar im Sonnenlicht liegt, scheint fast zum Greifen nah, während eine trübe Pfütze Tiefe vortäuscht. So verhält es sich manchmal auch mit philosophischen Abhandlungen, und deshalb sollte man sich hin und wieder auf Goethes Wort über Lichtenberg, einen in mancher Hinsicht Voltaire verwandten deutschen Denker, besinnen: »wo er einen Spaß macht, liegt ein Problem verborgen« (Max. u. Ref., Nr. 713). Auch der doch gewiß nicht im Geruche mangelnder Tiefe stehende Kant hielt es nicht für unvereinbar mit seiner Würde, zumindest in seiner Privatdozentenzeit, die Vorlesungen mit Scherz, Witz und Laune zu würzen, und einmal zu zitieren: »›Wenn‹, wie Fontenelle bei einer anderen Gelegenheit sagte, ›Herr N. noch durchaus an die Orakel glauben will, so kann es ihm niemand wehren.‹«

Nun, wer Sibyllen sucht, an Orakel glauben will und mit Chateaubriand meint, daß nur das Geheimnisvolle groß und schön sei, der wird an Voltaire keinen Gefallen finden. Er wird ihm Tiefe und Gemüt absprechen, und dies mit einem gewissen Recht. Die Frage ist nur, ob Gemüt und Tiefe, diese beiden sehr deutschen Eigenschaften, unbedingt die Voraussetzungen eines großen Schriftstellers und Philosophen sein müssen. Konfuzius, Demokrit, Epikur, Horaz und Wieland sind weder tiefsinnig noch gemütvoll, wie auch Watteau und Rossini – um zwei Künstler zu nennen – es nicht sind. Es gibt, so müssen wir wohl zugeben, Dichtung und Kunst höchsten Ranges, die nicht Ausdruck tiefempfundener Eingebungen sind, die weder etwas mit einem trunkenen Bekenntnis elementarer Gefühle zu tun haben noch mit einer metaphysischen Botschaft.

Wer in diesem Sinne an Voltaire herantritt, sollte den Rat des heute fast vergessenen österreichischen Philosophen, Sozialkritikers und Erfinders Josef Popper-Lynkeus beherzigen, den er 1878, zum hundertsten Todestag des Grandseigneurs der französischen Aufklärung, gegeben hat:

»Aber man muß auch Voltaire lesen, wie er es verdient; er ist der am schwierigsten zu würdigende Schriftsteller. Er schrieb so leicht, so fließend, so unterhaltend, daß man ihn zu flüchtig liest; man übersieht leicht die allerbedeutendsten Wendungen, die vielsagendsten und vielfragendsten Bemerkungen, die mitunter bloß als Zwischensatz oder als Scherz dastehen. Er streute eine Anzahl von Gedanken hin, die er gar nicht weiter verfolgte und aus denen später andere, mitunter ohne sie zu kennen, ganze Theorien oder Systeme oder lange Betrachtungen herausspannen ... Seine Schreibart ist einfach, sachlich, ohne Pathos und ohne Phrasen; während des Lesens glaubt man ihn zu uns sprechen zu hören und dabei zugleich sein Bestreben wahrzunehmen, uns nur Vergnügen zu machen; es liegt ein Zug von Güte in dem Tone seiner Schriften.« – »Er ist in jedem Augenblick, bei jedem Vorgange, bei jeder Frage, bei jedem Problem, bei denen wohl jeder andere hingerissen oder träge wird, so wachsam, so blitzschnell mit seinen Restriktionen bei der Hand, daß diese unerhörte Wachsamkeit, Vorsicht und Ehrlichkeit den Leser in immerwährendes Erstaunen versetzt und ein Gefühl der Befreiung erweckt, welches für das ganze Leben nicht mehr verloren geht.«

Popper-Lynkeus hat damit sehr gut die Eigenart des Voltaireschen Stils charakterisiert, das Prestissimo im Duktus seiner Schriften, die ihn nur selten verlassende urbane Eleganz auch noch in Polemiken, die nebelfreie, knisternde Trockenheit und leichtfüßige Virtuosität seiner Prosa. Das, was er einen »Zug von Güte« in der Schreibweise Voltaires nennt, möchte ich lieber als Höflichkeit gegenüber dem Leser bezeichnen. Eben dadurch ist er ja auch, abgesehen von einer kleinen Elite, die freilich Goethe, Schopenhauer und Nietzsche umfaßt, den Deutschen so fremd. Denn Höflichkeit gilt hier, anders als im alten China, in Japan, Frankreich und England, nicht als eine menschliche Kardinaltugend. Den meisten Deutschen fällt es sehr schwer zu verstehen, daß so unterschiedliche Heilige wie Franz von Assisi, der italienische *poverello,* und Franz von Sales, der in den Pariser Salons verkehrende Bischof, die Höflichkeit geradezu als geistliche Tugend gepriesen haben: Höflichkeit nicht nur als Angelegenheit gesellschaftlicher Etikette, sondern als eine metaphysische, ja zutiefst religiöse Haltung gegenüber allen Wesen und Dingen und der uns umgreifenden Wirklichkeit insgesamt. Franz von Assisi behauptete, Gott habe Sonne, Mond und Sterne und alles Schöne auf Erden aus *cortesia,* aus Höflichkeit geschaffen. Ein so überragender Denker wie Alfred North Whitehead, der gemeinsam mit Russell die »Principia mathematica« verfaßte, dann aber als Metaphysiker eigene Wege ging, hat in unserem Jahrhundert ähnliche Gedanken geäußert: Gott nicht so sehr als der Allmächtige, sondern als der Allhöfliche, dessen Macht die Verehrung ist, die Er einflößt. Gott herrscht nicht durch despotische Dekrete, sondern durch gewaltlose Überredung, *persuading,* wie Whitehead sagt. Er ist ein Gentleman. Während unter dem Einfluß eines gewissen Idealismus, der unverkennbar gnostischen Charakter hat, im deutschen Raum Höflichkeit als oberflächliche, uneigentliche, wesenlose, metaphysisch und existentiell kaum belangvolle Angelegenheit angesehen wird, als etwas, wie es abschätzig heißt, bloß Formales, Fassadenhaftes, Äußerliches, gilt in der lateinisch geprägten Welt des europäischen Westens und Südens das Gegenteil: »Wer die Tiefe echter Höflichkeit nicht einsieht, der ist oberflächlich, nämlich als Mensch; viel oberflächlicher als der flache Denker, denn Gedankengebäude bestehen, wenn sie überhaupt stehen, außerhalb des persönlichen Lebens, und wir sind nun einmal in erster und letzter Instanz persönliche Wesen« (Graf Hermann Keyserling). Voltaire ist seinen Lesern gegenüber höflich. Er versteht sich darauf, ihnen das Gefühl zu schenken, daß sie sich mit ihm auf gleichem Boden befinden, daß sie im Grunde ohnehin schon immer gemeint haben, was er nun sagt – nur eben geistreicher, funkelnder und schlagfertiger sagt, als jeder andere. Er belehrt, indem er amüsiert. Seinem Publikum gegenüber benimmt er sich nicht als Dozent, Prediger oder Prophet, sondern als Conférencier und, wenn es sein muß, auch als Harlekin: »Ich kann einen Menschen nicht davon überzeugen, daß er unrecht hat, wenn ich ihn langweile.«

Voltaires Bild ist bei den Deutschen seit langem verzerrt und entstellt. Nur wenige Kenner verehren ihn und lesen seine Werke, wenngleich gewiß nicht die zweiundsiebzig Oktavbände umfassende Ausgabe, die Beaumarchais von 1783 bis 1789 mit Erlaubnis des Markgrafen von Baden in Kehl herausgegeben hat. Denn vieles davon ist heute nur noch für Literaturwissenschaftler oder Geisteshistoriker interessant. Seine einst viel bewunderten klassizistischen Dramen werden schon seit langem nicht mehr gespielt, wenngleich ihrer zwei, »Mahomet« und »Tankred«, in Goetheschen Übersetzungen vorliegen. Auch das Epos »Henriade«, das König Heinrich IV. verherrlicht und in unserem Jahrhundert den deutschen Schriftsteller Heinrich Mann zu seinen beiden Romanen über Jugend und Vollendung des Henri Quatre (1935–1937) angeregt hat, und »La Pucelle«, eine Verssatire auf die Jungfrau von Orléans, lassen uns heute kalt, ungeachtet der Tatsache, daß Friedrich II. von Preußen allen Ernstes den Dichter Voltaire über Homer gestellt hat. Auch seine naturphilosophischen Schriften und theologischen Pamphlete sind veraltet und nur noch von historisch-archivarischem Interesse.

Am lebendigsten ist Voltaire in seinen zweiundzwanzig *Romanen,* die er selbst bloß für scherzhafte Gelegenheitsarbeiten hielt und als contes, als Märchen bezeichnete: allen voran der »Candide«, gefolgt von »Zadig«, »Micromégas«, »Ingénue« und der märchenselig-spottfunkelnden »Princesse de Babylone«. Lebendig ist ferner der *Historiker* Voltaire, der die Geschichtsschreibung aus ihren theologischen Fesseln gelöst hat, der Verfasser kritischer Werke über Ludwig XIV. und Karl XII. von Schweden sowie des bahnbrechenden »Essai sur les moeurs et l'esprit des nations«, mit dem er zum Begründer der Kulturgeschichte wurde. Er hat, im Gegensatz zur üblichen Historie der Herrscher, Schlachten und Friedensschlüsse, die geistigen und kulturellen Leistungen der Völker, ihre Sitten, Bräuche und Institutionen, Wirtschaft und Technik in den Mittelpunkt der Betrachtung gestellt. Es war Voltaire, der auf die weltgeschichtliche Bedeutung der Völker Asiens – der Inder, Chinesen und Japaner – hingewiesen hat. Der chinesische Weisheitslehrer Konfuzius, dessen Bild in seinem Schlafzimmer hing, war ihm bei weitem sympathischer als die alttestamentlichen Propheten, die ihm als Barbaren erschienen. Am faszinierendsten ist aber der *Briefschreiber* Voltaire – freilich auch am unbekanntesten. Die von Theodore Besterman von 1953 bis 1965 herausgegebene Korrespondenz umfaßt 107 Bände mit mehr als zwanzigtausend Briefen vom und an den Philosophen. Was den diese Bände auch nur flüchtig durchblätternden Leser immer wieder erstaunt, ist die geradezu unwahrscheinliche Fülle der Interessen, der wunderbare Reichtum der Töne und Stimmungen, die virtuose Beherrschung der verschiedensten Rollen: des amüsant plaudernden Weltmanns, des gegen Fanatismus und Intoleranz kämpfenden Agitators, des menschenfreundlichen Aufklärers und Gelehrten, des diplomatisch-eleganten Höflings, des sarkastischen Spötters und leidenschaftlichen Hassers.

Auch nach Ausscheidung zahlreicher zeitbedingter Arbeiten bleibt somit noch genügend übrig, das eine Lektüre Voltaires in reichem Maße lohnt. Dennoch genießt nicht er, sondern Rousseau, der von ihm grimmig Befehdete, von Jahr zu Jahr mehr Ansehen – als Theoretiker der direkten Demokratie, Begründer einer »antiautoritären« Pädagogik und den Preis des wissenschaftlich-technischen Fortschritts bilanzierender Zivilisationskritiker. Die Saat von Voltaires

Ruhm scheint hingegen fast abgeerntet zu sein. Daß die Linke sich eher zu dem plebejischen Handwerkersohn Rousseau, dessen Schriften Robespierre und auch Marx inspiriert haben, als zu dem Grandseigneur, Höfling und Multimillionär Voltaire hingezogen fühlt, ist durchaus verständlich. Verwirrender ist hingegen die Haltung konservativer Kreise zu dem Fürsten der französischen Aufklärung, als der Voltaire in die Geistesgeschichte eingegangen ist. Die meisten Konservativen sehen in ihm einen ausschließlich destruktiven Geist, der mit seinen Satiren, Pamphleten und Traktaten das Ancien Régime erschüttert, den Glauben an die Legitimität der traditionellen Ordnung untergraben und das Selbstvertrauen der vorrevolutionären Elite zersetzt habe. Betont christliche Konservative halten Voltaire für einen atheistischen Freidenker und blasphemischen Zyniker, dem nichts heilig war. Sie verübeln ihm das burleske Versepos »La Pucelle«, in dem er Jeanne d'Arc, die 1920 zur Ehre der Altäre erhobene Jungfrau von Orléans, unverschämt bewitzelte, und sie erinnern sich daran, daß einige seiner Werke von der Kirche auf den Index der verbotenen Bücher gesetzt wurden. Berühmt-berüchtigt ist der zum geflügelten Wort gewordene Ausruf, mit dem Voltaire gelegentlich seine Briefe wie mit einem *ceterum censeo* zu beschließen liebte: »Ecrasez l'infâme!« Man könnte diese Formel etwa mit »Zermalmt, vernichtet, erdrückt die Verruchte, Schändliche, Niederträchtige« übersetzen. Es gilt weithin als ausgemacht, daß sich dieser Appell gegen das Christentum, ja sogar gegen jeden Gottesglauben richte. Und zu dieser Vermutung scheint auch die Tatsache zu berechtigen, daß Generationen von antiklerikalen Freidenkern den Spruch »Ecrasez l'infâme!« als ihre eigene Devise angesehen haben.

Daß Voltaire und die Kirche schon zu Lebzeiten des Philosophen miteinander ihre Schwierigkeiten hatten, ist bekannt. »Die Pforten der Hölle liegen in Ferney«, sagten bereits im 18. Jahrhundert manche Geistliche, die dem seit 1758 auf seinem Landgut Ferney bei Genf residierenden Aufklärer abhold waren. Sie nannten seine Werke skandalös, unsittlich und gottlos. Ein Professor der Theologie haderte mit der Vorsehung, daß sie die Geburt eines solchen Teufels in Menschengestalt überhaupt zugelassen habe. Joseph de Maistre, der große französische Rechtsintellektuelle und Theoretiker der Gegenrevolution, meinte einmal, Gottes Fluch sei in Voltaires Antlitz allen sichtbar eingegraben. Der de Maistre schätzende Dichter Baudelaire sagte: »Ich liebe die Franzosen nicht, weil sie alle versuchen, Voltaire ähnlich zu sein.« Er hätte eher sagen dürfen: »Ich liebe die vielen Franzosen nicht, die vergeblich versuchen, Voltaire ähnlich zu sein ...« Über die Umstände seines Todes – Voltaire starb in Paris am späten Abend des 30. Mai 1778 im Alter von 84 Jahren – haben fromme Kreise widerwärtige Legenden verbreitet, die beweisen sollten, daß gottlose Spötter zwangsläufig ein schreckliches Ende erwarte. Ein Abbé wußte zum Beispiel zu berichten, daß der Teufel dem sterbenden Schriftsteller erschienen sei, worauf dieser wie ein Verdammter geschrien habe: »Da ist er, er will mich packen, ich sehe die Hölle ...« Dieser angeblich Verdammte hatte einige Wochen vor seinem Ableben auf ein Blatt Papier folgendes geschrieben: »*Ich sterbe Gott anbetend, meine Freunde liebend, meine Feinde nicht hassend und den Aberglauben verabscheuend.*«

Die Ereignisse, die sich nach Voltaires Tod abspielten, könnten einer makabren Satire entnommen sein. Noch der Sterbende rühmte den König, weil dieser einen unrechtmäßig zum Tode Verurteilten, Monsieur de Lally-Tolendal, von dessen Unschuld Voltaire überzeugt war, nachträglich rehabilitiert hatte. Der Herrscher, so rief er aus, habe einen Justizmord gerächt; er werde zufrieden sterben, im Bewußtsein, »daß der König der Verteidiger der Gerechtigkeit ist«. Doch Ludwig XVI. war kein Ludwig XIV., der es verstanden hatte, den Dichter Molière vor dem Verscharren in einem Massengrabe zu bewahren. Er ließ es zu, daß die Behörden den Journalen den unmißverständlichen Wink gaben, keine Nachrufe auf Voltaire zu veröffentlichen. Er unternahm nicht den geringsten Versuch, um dem ersten Repräsentanten des französischen Geistes, der ein König in seinem Reiche gewesen war und dessen Freundschaft Fürsten und Könige anderer Länder Europas gesucht hatten, ein anständiges Begräbnis zu sichern. Noch starrsinniger verhielten sich die kirchlichen Würdenträger, allen voran der Erzbischof von Paris; sie lehnten es ab, trotz flehentlicher Bitten der Verwandten, den toten homme de lettres in geweihter Erde zu bestatten. Da entschlossen sich seine beiden Neffen, Voltaires Leichnam heimlich zu entführen. Der Tote wurde, von einem Diener gestützt, aufrecht in eine mit sechs Pferden bespannte Kutsche gesetzt, passierte als »schlafender Mann« die Pariser Stadtgrenze und wurde in der Klosterkirche von Scellières, unweit der Stadt Troyes in der Champagne, mit geistlicher Assistenz beigesetzt. Die Mönche der alten, halb zerfallenen Abtei, der einer der Neffen Voltaires als weltlicher Titularabt vorstand, waren nicht so selbstgerecht und hartherzig wie der Pariser Klerus. Sie sangen dem Verfemten, dem man in der Hauptstadt sogar eine stille Messe verweigert hatte, sechsmal ein feierliches Requiem.

Doch so wie Voltaire ein unruhiges Leben geführt hatte, war ihm auch im Tode keine Ruhe gegönnt. Die Männer der Revolution besannen sich auf den vom alten Staat und seiner Kirche so schnöde behandelten Aufklärer. Sie ließen seine sterblichen Überreste im Sommer 1791 in einem prunkvollen Zuge nach Paris überführen und in der Krypta des Panthéon, der früheren Kirche Sainte-Geneviève, beisetzen. Der Triumphzug des Toten fand in eben jenen Tagen statt, in denen König Ludwig XVI., der, wenn es ihm möglich gewesen wäre, den Leichnam Voltaires auf den Schindanger hätte werfen lassen, nach seinem gescheiterten Fluchtversuch als ohnmächtiger Gefangener der Revolution in seinem Palaste saß. Er hatte das Dekret über die Rückkehr Voltaires unterzeichnen müssen, und die Königin stellte für den pompösen Staatsakt vier Schimmel aus ihrem Marstall zur Verfügung. Nicht wenige Landpfarrer erweisen dem angeblichen Atheisten und Religionsfeind die letzte Ehre; in vielen Kirchen und Kapellen der Dörfer und Städte, die der Sarkophag auf dem Wege nach Paris durchzieht, werden Votivmessen gelesen. Das Volk jubelt der Inschrift auf dem Katafalk zu: »Er erzog uns zur Freiheit.«

Sogar im Panthéon hatte der tote Aufklärer noch immer keine Ruhe gefunden. Kurios war schon der Einfall der Revolutionsmänner, drei Jahre nach der Exhumierung Voltaires und wenige Wochen nach dem Sturz Robespierres auch die Gebeine Jean-Jacques Rousseaus im Panthéon beisetzen zu lassen. Die Tatsache, daß Voltaire den Verkünder des »Zurück zur Natur!« für einen bedauerlichen und gefährlichen Narren gehalten hatte, störte sie nicht. 1814, nach der Restauration der Bourbonen-Monarchie, gedachten hingegen einige fanatische Anhänger des Ancien Régime der sterblichen Überreste Voltaires. In einer Mainacht drangen sie in das Panthéon ein, erbrachen sein Ehrengrab, leerten und verschlossen es wieder sorgfältig. Die in einen Sack verpackten Gebeine wurden an einem Abladeplatz unter ungelöschtem Kalk begraben und mit Schutt bedeckt. Das gleiche Schicksal bereiteten sie dem Skelett von Rousseau. Erst nach fünfzig Jahren deckte ein Journalist den von niemand geahnten Skandal auf. Die in dem Kalk vergrabenen Reste waren nicht mehr zu finden.

War Voltaire wirklich ein Wegbereiter der Französischen Revolution? Ein Vorkämpfer der modernen Massendemokratie? Ein Ahnherr des politischen Atheismus? Ein umstürzlerischer Geist, der stets verneint?

Um mit dem Gerücht vom gottlosen Voltaire zu beginnen, so ist zuzugeben, daß er kein Organ hatte für die mystische Tiefendimension des Religiösen, die nur in paradoxen Sätzen sich auszudrücken vermag. Es fehlte ihm deshalb insbesondere der Zugang zu zentralen Glaubensgeheimnissen des Christentums wie Trinität und Inkarnation. Doch zu keiner Zeit seines Lebens war er Atheist. Dabei wollen wir auf die von ihm errichtete Kirche in Ferney mit der Inschrift »Deo erexit Voltaire« nicht allzuviel Wert legen. Wichtiger sind seine eigenen Aussagen, und diese erweisen ihn zwar als einen Bekämpfer religiösen Aberglaubens und priesterlicher Unduldsamkeit, nicht aber als Gottesleugner. Den Atheismus bezeichnete er vielmehr ausdrücklich als »gegen die Interessen aller Menschen« gerichtet, ja als ein »Monstrum«. Atheistische Lehren, wie die des Barons Holbach, erklärte er für eine »Sünde wider die Natur«. Voltaires Haltung in religiösen Dingen beleuchtet seine Erinnerung an die mit Friedrich II. von Preußen geführten Gespräche: »Gott wurde respektiert, aber keiner, der in seinem Namen die Menschen betrog, wurde verschont.« Den Materialismus hielt er für pathologisch. So ist auch sein Satz zu verstehen: »Wenn Gott nicht wäre, müßten wir ihn erfinden.« Um sich der Existenz eines göttlichen Wesens zu vergewissern, bedarf es keiner Wunder und Offenbarungen. Schon das natürliche Gefühl und die Logik des gesunden Menschenverstandes reichen aus, um die Wirklichkeit Gottes einzusehen: »*Wir beweisen die Existenz Gottes, indem wir die Augen aufmachen.*« Was aber sehen wir, wenn wir die Augen aufmachen? Wir sehen, daß »Natur« eine schale Abstraktion ist. Es gibt keine reine Natur; in Wirklichkeit ist alles Schöpfung, Form, Gestalt, ja Kunst. »Was man Natur nennt, ist weiter nichts als eine wenig bekannte Kunst.« Den Künstler, der dieses Kunstwerk hervorbringt, nennt Voltaire *Gott.* Wir erkennen ihn, indem wir die Augen aufmachen und von den wahrgenommenen Dingen und Wesen der Welt auf einen unendlich intelligenten, schöpferischen, analog dem Künstler tätigen Urgrund schließen. Der vielfach noch heute als gottloser Spötter geltende Mann schrieb im Alter den Satz: »Gleichviel wo man in die Tiefe steigen mag, man entdeckt einen Abgrund des Unerforschbaren; da heißt es bewundern und schweigen.« Voltaire sagt: »Der Philosoph, der einen Gott anerkennt, hat eine Fülle von Wahrscheinlichkeiten für sich, die der Gewißheit gleichkommt.« Wir können seiner zwar nicht unmittelbar ansichtig werden; doch die Tatsache, daß er *ist,* berechtigt uns zu den edelsten Hoffnungen: »Beten Sie mit mir den Plan an, der sich in der Natur allerorten kundtut und daher auch den Schöpfer dieses Planes, die erste und

letzte Ursache dieses Ganzen; hoffen Sie, wie ich es tue, daß unsere Monade, die über das große Wesen nachsinnt, dank diesem selben großen Wesen, der Glückseligkeit teilhaftig werde.« Nichts kennzeichnet Voltaires religiöse Haltung besser als der Bericht eines Augenzeugen, in dem geschildert wird, wie der Patriarch von Ferney frühmorgens mit einem Besucher aufbrach, um den Sonnenaufgang in den Bergen über dem Genfer See zu erleben. Als er hinter den Gipfeln den Sonnenball sich aus der Morgenröte erheben sah, nahm Voltaire seinen Hut ab und sank in die Knie. Voller Ergriffenheit brach er in einen Hymnus auf den Schöpfergott aus. »Ich glaube, ich glaube an Dich!« lautete der Refrain des improvisierten Gebets. Dann aber, so berichtet sein Begleiter, setzt der Philosoph wieder seinen Hut auf, wischte sich den Staub von den Knien, schaute verkniffen drein und sprach: »Was aber den Herrn Sohn und die Frau Mutter anlangt, so ist das eine andere Sache!«
Nichts ist also falscher als die auch heute noch oft anzutreffende Meinung, Voltaire sei ein Atheist oder Feind der Religion gewesen. Auch als er unter dem Eindruck des Lissaboner Erdbebens von 1755, dem tausende Menschenleben zum Opfer gefallen waren, die düsteren und irrationalen Seiten der Wirklichkeit mehr und mehr zur Kenntnis nahm, hielt er am Gottesglauben fest. »Sollten wir Gott wegen eines Fieberanfalls leugnen?« Lieber wollte er angesichts der Übel dieser Welt Gottes Allmacht bezweifeln als seine Güte und Weisheit. Daß Voltaire der Kirche als Institution überaus kritisch gegenüberstand, ist eine Tatsache. Doch diese Haltung ist verständlich, wenn man berücksichtigt, daß zu seinen Lebzeiten Ketzerei noch als ein todeswürdiges Verbrechen galt und die grausamen Religionskriege erst wenige Jahrzehnte zurücklagen. Kaum zehn Jahre vor Voltaires Geburt war von Ludwigs XIV. das Edikt von Nantes, das den Hugenotten Religionsfreiheit gegeben hatte, aufgehoben worden (1685). Was er verabscheute, war jedoch weder das Christentum und nicht einmal der Klerus als solcher, sondern die »*superstition*«, Aberglaube, Intoleranz und Fanatismus: »Der Aberglaube gleicht einer Schlange, welche die Religion ringelnd umschlingt: man muß ihr den Kopf zertreten, ohne jene zu verwunden, die sonst von ihr vergiftet und verschlungen würde.« *Das* ist der Sinn der berüchtigten, von Vulgärfreidenkern so absurd mißbrauchten Losung »Ecrasez l'infâme!« Er selbst lebte in freundschaftlichem Umgang mit einigen Priestern, schätzte insbesondere die gebildeten Jesuiten und widmete dem gelehrten Papst Benedikt XIV. sein Drama »Mahomet«, worauf dieser dem Verfasser mit dem apostolischen Segen dankte. »*Gott, entferne von der Erde, auf der wir sind, jeden, der mit Vergnügen das Blut des Menschen vergießt!*« Auch dieser Satz stammt von Voltaire. Man ahnt, wie er die Greuel der Jakobiner beurteilt haben würde, und man geht wohl nicht fehl, wenn man annimmt, daß auch seine gelegentlichen antijüdischen Äußerungen ihm von seinem Abscheu vor jedem Gedanken an ein »auserwähltes Volk«, insbesondere aber vor dem im Alten Testament immer wieder anklingenden Rache- und Vernichtungspathos diktiert wurden:

»Verfolgt man das Schicksal des kleinen jüdischen Volkes, so sieht man, daß ihm kein anderes Ende beschieden sein konnte. Es rühmt sich selbst, Ägypten wie eine Räuberhorde verlassen und alles, was es von den Ägyptern entliehen hatte, weggeschleppt zu haben; es war sein Ruhm, in den Städten, die es erobert hatte, weder Alter noch Geschlecht geschont zu haben.« – »Bei den Juden ist fast alles Geschehen rein menschlicher Art abschreckend bis zum Äußersten.« (Essai sur les moeurs et l'esprit des nations. Oeuvres compl. 1877, Bd. 21, S. 121 f.; 166.) Er fügt freilich nach solchen und ähnlichen Ausfällen immer wieder hinzu: »Il ne faut pourtant pas les bruler.« – Dennoch sollte man sie nicht verbrennen. – Voltaire war das Volk des Alten Testaments unsympathisch, so wie er auch Shakespeare nicht mochte; er hielt beide für barbarisch. Damit sind wir bei der Frage nach der politischen Einstellung des großen Franzosen angelangt. Dazu schreibt Georg Holmsten, einer seiner jüngsten Biographen: »Trotz aller Kritik an einzelnen Monarchen, mit denen er schlechte Erfahrungen gemacht hatte, war und blieb Voltaire zeitlebens ein Monarchist.« Damit stimmt Harold Nicolsons Bemerkung überein: »Obwohl er mit Recht als Vorkämpfer der Gedanken- und Redefreiheit gilt, obwohl er fraglos ein unermüdlicher und unerschrockener Gegner jeder politischen oder religiösen Unterdrückung war, so wäre es doch irrig, ihn einen Revolutionär zu nennen.« Das ist auch das Ergebnis der beiden neueren Lebensbeschreibungen von Jean Orieux und Alfred Noyes, des bedeutenden konservativen englischen Historikers, dessen Voltaire-Buch durch das persönliche Eingreifen Kardinal Pacellis, des nachmaligen Papstes Pius XII., von der drohenden kirchlichen Indizierung verschont blieb. Bereits vor hundert Jahren hat Nietzsche treffend bemerkt, daß der französische Aufklärer zu den letzten großen Europäern gehöre, *»die höchste Freiheit des Geistes und eine schlechterdings unrevolutionäre Gesinnung«* in sich vereinigten. So sehr er bestimmte Mißstände des alten Regimes mit allen Mitteln des Wissens, des Witzes, der Überredung, des Spottes und der Ironie bekämpft hat, so wenig war er ein jakobinischer Umstürzler. Aus dem heutigen Abstand, den zwei Jahrhunderte revolutionärer Barbarei uns beschert haben, erscheint gerade dasjenige, was er bewahren wollte, bedeutungsvoll, erscheint er selbst als ein in hohem Maße bewahrender Geist, der läutern und bessern wollte, aber nicht zerstören; der sich trotz verständlichen Grolls dem König gegenüber bis zum letzten Atemzug loyal verhielt; der ungeachtet seiner schneidenden Spottlust und Freude am Entlarven nie zum Nihilisten wurde, sondern immer fähig blieb zu Maß und Bejahung.

Voltaire wurde seinem Gegenspieler Rousseau nicht gerecht, als er ihm als Antwort auf die Zusendung der Schrift »Über den Ursprung der Ungleichheit zwischen den Menschen« in einem Brief schrieb: »Noch niemand hat so viel Geist verschwendet wie Sie, in dem Bestreben, uns wieder zu Bestien zu machen; man bekommt richtig Lust, auf allen Vieren zu gehen, wenn man Ihr Werk liest.« Doch nicht ohne Grund witterte er in dem schwärmerischen Verkünder einer Rückkehr zur Natur einen Vorläufer jenes revolutionären Primitivismus, der bald darauf zur politischen Gewalt werden sollte. Voltaire aber haßte die Revolution wie die Sünde, und seine gut konservative Skepsis allen politisch-utopischen Weltveränderungsplänen gegenüber hat er immer wieder unumwunden bekannt:

»Die große Masse der Menschen war und wird immer unsinnig und töricht sein. Ich gehorche lieber einem Löwen als zweihundert Ratten. Die erbärmlichste Sorte sind die Schelme, die die Welt mit ihrem Tintenfaß regieren. Ich wünsche nicht, daß mein Perückenmacher zum Gesetzgeber aufrücke, lieber würde ich keine Perücke tragen. Wenn ich vor die Wahl gestellt würde, so zöge ich die angestammte Herrschaft eines Einzigen der vielköpfigen Tyrannis vor. Auch ein Despot hat immer noch gute Augenblicke, eine Versammlung von Despoten aber hat diese Augenblicke nie.«

Als ideale Regierungsform schwebte ihm eine Art von rechtsstaatlich-aufgeklärter absoluter Monarchie vor. Er fürchtete den Fanatismus der demokratischen Massen mehr denn die Willkür eine Königs. Rivarols Aperçu könnte auch von Voltaire stammen: »Es kann der absolute Fürst ein Nero sein, doch ist er zuweilen auch ein Titus oder Mark Aurel. Das Volk ist häufig Nero und niemals Mark Aurel.« Zu seinen Lieblingssprüchen gehörte ein Vers des von ihm bewunderten Dramatikers Racine: »Möge Rom immer frei sein und Cäsar allmächtig.« An Friedrich II. schrieb er: »Wenn das Volk zu rechten beginnt, ist alles verloren. Ich verabscheue den Gedanken einer Herrschaft der Massen.«

Dennoch war dieser elitäre Liberale und aufgeklärte Konservative alles andere als ein Menschenfeind oder Verächter des kleinen Mannes, wie ja überhaupt tiefe Misanthropie und zynische Arroganz eher bei Volkstribunen, Ideologen und Revolutionären anzutreffen sind als bei seigneurialen Naturen. Der Briefwechsel zwischen Marx und Engels, jener beiden selbsternannten Führer des Proletariats, ist in dieser Hinsicht sehr lehrreich. Je älter er wurde, um so mehr erschien der zeitlebens Junggeselle gebliebene Voltaire seinen einfachen Zeitgenossen als einer der großen Wohltäter der Menschheit. Er ließ Sümpfe urbar machen, siedelte in Ferney früher landlose Bauern an, gab ihnen großzügig zinslose Darlehen, baute den Handwerkern Häuser, adoptierte und verheiratete arme Mädchen, betrieb die Rehabilitierung von Opfern einer parteiischen Justiz, focht gegen Folter und Zensur, schrieb Bittschriften zur Verbesserung der Lage der adligen oder geistlichen Grundherren dienstbaren Bauern, unterstützte Bedürftige und Verfolgte aller Art, insbesondere Schauspieler, und korrespondierte mit der gesamten gebildeten Welt zwischen Madrid und St. Petersburg, wie der 107 Bände umfassende Briefwechsel beweist, der erst vor einigen Jahren vollständig ediert wurde.

Dieser von anmaßenden Kritikern für einen oberflächlich tändelnden und leichtfertig seichten Literaten gehaltene skeptische Menschenfreund war ein hinreißender Arbeiter. »Hätte mir die Natur nicht zwei ausgezeichnete Gegenmittel gegeben, nämlich Arbeitslust und Heiterkeit, wäre ich schon lange vor Verzweiflung gestorben«, schrieb er seinem Freund d'Argental, und an den Kardinal de Bernis: »Ich kümmere mich nur noch um die Literatur und die Landwirtschaft. Das erhält Körper und Seele gesund.« Ein andermal bekannte er: »Die herrlichste Gabe Gottes an die Menschen ist die Nötigung zur Arbeit.« Obwohl ein geselliger Mensch, der es liebte, daß die Blicke der Welt auf ihn gerichtet waren, verbrachte er aus eigenem Entschluß drei Viertel seines Lebens in ländlicher Zurückgezogenheit – in dem Schlößchen Cirey der Marquise du Châtelet, in dem Landhaus »Les Délices« am Genfer See und schließlich auf seinem Alterssitz Ferney. »Das glücklichste Leben findet der Mensch«, schrieb er an Friedrich II., »in einer arbeitsreichen Einsamkeit.«

Dies alles muß man in Betracht ziehen, will man Voltaires Pessimismus richtig verstehen – ein weiteres Element in seiner Biographie, das Konservativen sympathisch sein dürfte. Anders als Rousseau war Voltaire ein Pessimist, allerdings ein ohne Verbitterung lächelnder, der das eher einem Schopenhauer, Hebbel oder Leopardi zuzutrauende Wort gewagt hat: »Die menschliche Gesellschaft möchte ich mit einem großen Schiffbruch vergleichen.« Und dennoch hat dieser alle optimistischen Doktrinen immer aufs neue verspottende Skeptiker, der nie vom Ehrgeiz besessen war, ein abgeschlossenes philosophisches System zu errichten, in der Heiterkeit eine Vorbedingung der Moral gesehen und den »traurigen Wahn« jener Melancholiker mißbilligt, die es nicht verstehen, »aus dem Dasein Glück zu schöpfen«.

Voltaire steht bei Konservativen wie Christen in keinem besonders guten Ruf, obwohl die Tatsache nachdenklich stimmen sollte, daß so eminent konservative Geister wie Goethe, Schopenhauer und der geistreiche Feldmarschall Fürst de Ligne diesen angeblichen Revolutionär sehr verehrt haben. »Vornehm war er«, sagte der alte Goethe 1828 zu Eckermann, um hinzuzufügen: »Und bei all seiner Freiheit und Verwegenheit hat er sich immer in den Grenzen des Schicklichen zu halten gewußt, welches fast noch mehr sagen will. Ich kann wohl die Kaiserin von Österreich als eine Autorität in solchen Dingen anführen, die sehr oft gegen mich wiederholt hat, daß in Voltaires Gedichten an fürstliche Personen keine Spur sei, daß er je die Linie der Konvenienz überschritten habe.« Auch Jacques Mallet du Pan, der nach Ausbruch der Französischen Revolution leidenschaftlich die Sache des Königtums verfocht, war von Voltaire beeinflußt, durch dessen Vermittlung er einen Lehrstuhl für französische Literatur in Kassel erhalten hatte. Und wer die Briefe von Metternich und Gentz, diesen beiden Hauptgestalten des politischen Konservatismus in der ersten Hälfte des neunzehnten Jahrhunderts liest, wird immer wieder auf erzvoltairianische Gedanken stoßen. Dabei handelt es sich nicht um oberflächliche Entlehnungen, sondern wohl doch um eine tiefe Affinität zwischen konservativer Politik und unrevolutionärer Aufklärung, deren Geist am reinsten in Voltaire verkörpert ist: apollinische Klarheit; Abneigung gegen das, was Alexis de Tocqueville »systèmes absolus« genannt hat; aristokratisch-urbane Skepsis; überlegener Witz; weltoffene Neugier; weltbejahender Pessimismus; Heiterkeit der Vernunft und kühle Grazie.

Voltaire betrachtete sich als Verteidiger einer aristokratischen Kultur in einer Zeit zunehmender Verbürgerlichung, als Apologet des Glaubens an die Poesie in einer Zeit der Prosa. Er haßte in der Dichtung das Dunkle, Unverständliche, Geschmacklose und Grobe, so wie er Fanatismus, Intoleranz und Rechtlosigkeit in der Politik verabscheute. Daher seine Abneigung gegen alles »Barbarische«, ob es ihm nun im Alten Testament oder bei Shakespeare entgegentrat. Seine tiefe Liebe gehörte Dichtern wie Vergil, Tasso und Racine, also Musikern der Seele, Meistern der Eleganz und Künstlern des Hofes wie der Höflichkeit. In literarischer Hinsicht war und blieb Voltaire ein der Klassik verpflichteter Konservativer.

Da ohnehin fast alle großen Philosophen, Schriftsteller und Gelehrten der letzten zweihundert Jahre Konservative gewesen sind, kommt es nicht darauf an, postum auch noch Voltaire als konservativen Kirchenvater zu bemühen. Diese Bemerkungen wollen nur einige der unsinnigsten Mißverständnisse, Fehldeutungen und Vorurteile korrigieren, die auch intelligente Konservative davon abhalten, sich mit Voltaire zu befreunden. Er ist kein Heiliger, sondern ein Mensch in seinem Widerspruch. Er gilt weithin als Wegbereiter der Französischen Revolution und war dennoch zutiefst ein Mann des Ancien Régime, die letzte Bastion des Zeitalters Ludwigs XIV. In religiöser Hinsicht ein Skeptiker, der die »Raserei des Dogmas« für »die schlimmste Krankheit überhaupt, schlimmer noch als die Pest«, hielt, konnte er dennoch von metaphysischen Fragen zeitlebens nicht lassen. Er kämpfte für die Humanisierung von Staat und Gesellschaft und schrieb gleichwohl das Wort: »Die Erde ist von Menschenwesen bewohnt, die nicht verdienen, daß man überhaupt von ihnen spricht.« Er glaubte an ein Fortschreiten des Geistes der Aufklärung – »Das Reich der Vernunft wird schon vorbereitet«, schrieb er 1764 an d'Alembert – und war dennoch ein Pessimist, der wohl darum wußte, wie prekär die Herrschaft einigermaßen zivilisierter Verhältnisse ist. Die Heftigkeit einiger seiner späteren Äußerungen – auch gegenüber Rousseau – entspringt der Angst eines alten Mannes, der eine neue Welle der Barbarei heraufziehen sieht. Heute müssen wir leider sagen, daß Voltaire nicht pessimistisch genug war. Er hatte geglaubt, daß in dem Maße, in dem die Kirche ihren öffentlichen Einfluß verliert, auch Menschenhaß, Unduldsamkeit und kollektiver Wahn, der Drang, Mitmenschen als Repräsentanten des bösen Prinzips umzubringen, nachlassen würde. Er ahnte nicht, daß totalitäre Ideologien neue, noch weit grausamere Gewaltherrschaften errichten würden, so wie er auch kaum den bald nach seinem Tode anbrechenden Nationalismus vorausgesehen hat. Heute wissen wir, daß der Prozeß der Aufklärung, dessen Protagonist Voltaire war, nicht mit Sicherheit irreversibel ist, und daß es diesmal nicht die Kirchen sind, die Fanatismus, Intoleranz und Gewalt gegen den Geist vernünftiger Skepsis und humaner Duldsamkeit verbreiten.

Man kann Voltaire nicht lieben, so wie man Montaigne, Racine oder, trotz aller charakterlichen Abartigkeiten, sogar Rousseau lieben kann. Doch er verdient zumindest jene herzliche Toleranz, die er selbst am bezauberndsten in der Geschichte von Babouc seinen Lesern nahegelegt hat. Der Skythe Babouc erhält von Ituriel, einem der ranghöchsten Engel, den Auftrag, das Tun und Lassen der Menschen in Persepolis zu beobachten. Von seinem Urteil soll es abhängen, ob die Stadt weiter bestehen oder zerstört werden soll. Babouc geht in die Stadt, deren Bewohner leichtlebig, eitel, zu übler Nachrede und anderen Lastern geneigt sind. Er sieht Zügellosigkeit, Betrügerei und Mißbräuche aller Art, aber auch Glanz, Pracht und Urbanität der geistig-geselligen Kultur im Mittelpunkt des Reiches. Und damit ist sein Urteil entschieden. Er fürchtet, daß Persepolis, deren Einwohner doch auch höflich, kultiviert und wohltätig sind, verdammt werden könnte. Von dem geschicktesten Erzgießer der Stadt läßt er eine Statue formen, die aus allen Metallen, Erden und Steinen, den kostbarsten wie den geringsten, zusammengesetzt ist. Babouc überreicht das Kunstwerk dem Engel: »Würdest du diese schöne Statue zerschlagen, weil sie nicht ganz und gar aus Gold und Diamanten gebildet ist?« Ituriel versteht die Anspielung im Nu. Er beschließt, Persepolis weder zu vernichten noch mit Gewalt zu verbessern. »Denn«, sagt er, »wenn auch nicht alles gut ist, so ist es doch erträglich.« Man ließ also, so schließt Voltaire die Geschichte, Persepolis fortbestehen, und Babouc war weit davon entfernt, sich darüber zu entrüsten wie der Prophet Jonas, der zürnte, weil Ninive nicht zerstört wurde. »Aber wenn man drei Tage lang im Bauch eines Walfisches gewesen ist, dann ist man nicht so gut gelaunt, als wenn man aus der Oper kommt oder aus der Komödie oder von einem in angenehmer Gesellschaft verbrachten Abend.« (1978)

JEAN-JACQUES ROUSSEAU

Nur wenigen Dichtern und Denkern ist das Los beschieden, daß bereits ihr bloßer Name zu einer Chiffre wird, einem Symbol für eine bestimmte menschliche Grundhaltung und Grundstimmung, die es vielleicht schon immer gab, doch eben nur von diesem *Einen* erst in einer die Zeiten überdauernden Weise ausgedrückt wurde. Eine solche Chiffre ist der in Genf am 28. Juni 1712 geborene Schriftsteller, Zivilisationskritiker und Sozialphilosoph Rousseau, der am 2. Juli 1778, kaum fünf Wochen nach dem Tode seines großen Widersachers Voltaire, in Ermenonville bei Paris starb.

Samuel Johnson bezeichnete ihn als einen »niederträchtigen Kerl«, der es »eher als irgendein schwerer Junge« verdient hätte, »in eine Strafkolonie verschickt zu werden«. Nietzsche, der sich weit mehr zu Voltaire denn zu Rousseau hingezogen fühlte, nennt letzteren eine »Mißgeburt«, »die sich an die Schwelle der neuen Zeit gelagert hat«. Bereits zwei Menschenalter vor dem deutschen Verächter hat Madame de Staël, die übrigens auch aus Genf stammt, über Rousseau geschrieben: »Er brachte alles in Aufruhr, aber er entdeckte nichts.« Nun, der erste Teil des Satzes ist richtig, der zweite hingegen schlechthin unzutreffend. Um die negativen Urteile zu vervollständigen, sei noch erwähnt, daß Rudolf Kassner in Rousseaus weltgeschichtlichem Erfolg »die Formlosigkeit als Ausdruck der Freiheit, die Emanzipation des Schauspielers« verabscheut. Rousseau, der Verfasser der berühmten »Confessions«, sei »der erste große Indiskrete, der erste, der falsch schied zwischen innen und außen«. Und erst im Jahr 1977 hat der traditionalistische Erzbischof Lefebvre verkündet, und zwar in Genf, er würde sich erst dann endgültig von der römischen Kirche trennen, wenn der Papst sich in aller Form als Nachfolger Jean-Jacques Rousseaus erklären sollte.

Rousseau ist der einzige Denker der Neuzeit, den man, wie sonst nur noch manchen Maler der italienischen Renaissance, beim Vornamen nennen kann: Jean-Jacques. Eine seiner letzten Arbeiten – ein autobiographischer Dialog – hat übrigens den Titel: »Rousseau juge de Jean-Jacques« (Rousseau als Richter von Jean-Jacques). So befremdlich es klänge, wenn man im Hinblick auf Kant von »Immanuels kategorischem Imperativ« oder, auf Hegel gemünzt, von der »Dialektik Georg Wilhelm Friedrichs« sprechen würde, so üblich ist es, vor allem in der französisch sprechenden Welt, von »Jean-Jacques' Werk« zu reden. Wie kaum bei jemand anderem bestimmen die Wirkungen, die von ihm ausgehen, das Bild, das einer von ihm hat. Jean-Jacques' Denken und das in diesem zum Tragen gekommene Pathos haben ungeheuer weit gewirkt, in die Breite wie in die Tiefe, und man kann ohne zu zögern sagen, daß wir uns gegenwärtig mitten in einer Rousseau-Renaissance befinden.

In der Geistesgeschichte Europas gibt es, abgesehen von Karl Marx, kaum eine zweite Gestalt, von der ein so universeller Einfluß ausgegangen ist. »Mit Rousseau beginnt eine neue Epoche«, sagt Goethe, dessen Jugendroman »Die Leiden des jungen Werthers« dem Vorbild Jean-Jacques' so viel verdankt. Ebenso hat Johann Paul Friedrich Richter, der sich als Schriftsteller Rousseau zu Ehren »Jean Paul« nannte, dem revolutionären Genius des Franzosen gehuldigt. »Wenn der große Rousseau«, lautet einer seiner Aphorismen, in dem er auf die Eicheln essenden Naturkinder und den Ruhmeskranz aus Eichenlaub anspielt, »gern einen Wiesenhobel gehabt hätte, um ihn, hoff' ich, über die ganze Erde zu ziehen und damit die Erhebungen, die jetzt selbige so ungleich und höckerig machen und die von Eroberern zu ihren Sitzen und Thronen aufgeworfen wurden, so gut als möglich darnieder zu arbeiten: so verdient er dafür nicht die Eicheln, die er den Menschen anpries, sondern die bloßen – Blätter derselben.« Nur ein einziges Bild zierte Kants einfach-karges Haus in Königsberg: ein Porträt Rousseaus. Auch er war ein von Jean-Jacques Ergriffener: »Rousseau hat mich zurecht gebracht.« Hölderlin, der Rousseaus staatstheoretische Schrift »Le Contrat Social« und dessen Briefroman »La nouvelle Héloise« bereits im Tübinger Stift begeistert verschlungen hat, feiert in einem Gedicht das »Grab des Herrlichen, der, von der Pappel Säuseln umweht, auf der Insel ruht«. Gemeint ist die Isle des Peupliers, die Pappelinsel inmitten des Sees im Schloßpark von Ermenonville, wo Rousseau beigesetzt war, bevor die sterblichen Überreste ins Pariser Panthéon überführt wurden (1794). Eine Ode ist Rousseau selbst gewidmet. In ihr rühmt Hölderlin ihn als Propheten, der wie ein Adler »kommenden Göttern« vorausfliegt. Der die akademische Philosophie grimmig verachtende Schopenhauer nannte den philosophischen Autodidakten Rousseau den »größten Moralisten der ganzen neuern Zeit« und einen »tiefen Kenner des menschlichen Herzens«. Marx gestand einmal: »Man hätte den ganzen Rousseau abschreiben können.«

Goethe, Jean Paul, Kant, Hölderlin, Schopenhauer und Marx – es sind dies bei weitem noch nicht alle Deutschen, die Jean-Jacques inspiriert hat. Seit mehr als zweihundert Jahren zieht sich durch die deutsche Geistesgeschichte eine bald offene, bald versteckte Auseinandersetzung mit diesem so schwer einzuordnenden Mann, der Philosophen, Psychoanalytiker, Politikwissenschaftler, Anthropologen und Pädagogen bis heute in Atem hält. Schillers »Wilhelm Tell« ist ihm ebenso verpflichtet, wie uns sein Pathos aus dem Schlußchor von Beethovens neunter Symphonie entgegenklingt. Ludwig Klages' These vom Geist als Widersacher der Seele gemahnt nicht weniger an ihn wie Heideggers Lehre von der schicksalhaften »Seinsvergessenheit« des abendländischen Menschen. Der französische strukturalistische Anthropologe Claude Lévi-Strauss bekennt: »Rousseau ist unser Lehrer, er ist unser Bruder, dem wir nichts als Undankbarkeit bewiesen haben. Rousseau verdanken wir es, wenn wir heute wissen, wie man nach der Zerstörung aller Ordnungen die Prinzipien entdecken kann, die den Aufbau einer neuen Ordnung erlauben.«

Die Frage ist erlaubt: Wen hat er nicht beeinflußt oder gar vorweggenommen?

Rousseau steht am Ursprung des Individualismus wie des Sozialismus der Neuzeit. Er ist ein Vorläufer der Romantik, aber auch der Theoretiker der direkten Demokratie. Er gilt als enthusiastischer Liberaler, aber auch als – vielleicht unfreiwilliger – Ahnherr des modernen Totalitarismus. Bertrand Russell bezeichnete Hitler als »ein Ergebnis von Rousseau«. Es gibt einen jakobinischen und einen konterrevolutionären, einen rechten und einen linken Rousseau. Er ist, in gewissem Sinne, ein Existentialist gewesen *avant la lettre*, und er wirkt immer wieder überall dort, wo sich das regt, was man mit Freud »das Unbehagen in der Kultur« oder auch das Behagen in der Unkultur nennen kann. Nostalgie, Naturschwärmerei, Sturm und Drang, Schrebergarten-Bewegung, Lebensreformerei, Vegetariertum, Tierschutzvereine, Antivivisektion, Naturheilkunde, Maschinenstürmerei, Zivilisationsprotest, Feld-, Wald- und Wiesenromantik, Grüne Bewegung, antiautoritäre Erziehung, Jugendkult, Irrationalismus, Exotismus, Nudismus, Gleichheitswahn, Begeisterung für das Primitive und Archaische – sie alle können sich auf ihn berufen. Sie sind Kinder und Enkel Rousseaus, der seine eigene Geburt den ersten seiner Unglücksfälle genannt hat. Er hat dieses Mißgeschick nie verwunden, und vielleicht darf man sagen, daß sein ganzes Sinnen und Trachten darauf zielte, die Katastrophe des Geborenseins irgendwie rückgängig zu machen, wenigstens einen Abglanz der Seligkeit des vorgeburtlichen Zustands wiederzuerlangen. Psychoanalytiker behaupten, daß der Mensch sich unbewußt nach dem Mutterschoß zurücksehnt. Ob dies nun wahr ist oder falsch – sicher ist, daß Rousseau sich nach einer Geborgenheit sehnte, die eine differenzierte und entwickelte Gesellschaft ihren Mitgliedern niemals zu bieten vermag. Der Titel des gewaltigen Proustschen Romanwerks könnte deshalb auch über dem gesamten Schaffen Rousseaus stehen: »A la Recherche du Temps perdu«, auf der Suche nach der verlorenen Zeit.

Sein eigenes Malheur erschien ihm spätestens seit dem Erlebnis an dem Herbstnachmittag des Jahres 1749 nur als die unvermeidliche Folge einer weltgeschichtlichen Daseinsverfehlung, als individueller Widerhall eines der gesamten zivilisierten Menschheit widerfahrenen Unfalls. Rousseau wanderte damals auf der Landstraße von Paris nach Vincennes, um dort seinen Freund Diderot im Gefängnis zu besuchen. Unterwegs blättert er in einer Zeitung, und sein Blick fällt auf eine von der Akademie in Dijon gestellte Preisaufgabe: »Hat der Fortschritt der Wissenschaften und Künste die menschlichen Sitten geläutert?« In diesem Augenblick überkam den siebenunddreißigjährigen, bis dahin noch völlig unbekannten Musiker, Literaten und Sekretär eine Erleuchtung, die man zu Recht mit einer religiösen Konversion verglichen hat: »Wenn jemals etwas einer plötzlichen Inspiration glich, so war es die Bewegung, die bei dieser Lektüre in mir anhob; mit einem Schlage fühlte ich meinen Geist von tausend Lichtern geblendet. Scharen lebendiger Gedanken bedrängten mich plötzlich mit einer Stärke und Verwirrung, die mich in unaussprechliche Unruhe versetzte. Mein Kopf wurde von einem Schwindel erfaßt wie in einem Rausch. Heftiges Ziffern befiel mich, wildes Herzklopfen ängstigte mich, mein Atem ging schwerer…«

Der namenlose Bohémien, der sich als Musiklehrer, Notenschreiber, Journalist, Laborgehilfe und Faktotum durchgeschlagen hatte, sah plötzlich sein eigenes Außenseiterdasein wie die Weltgeschichte in einem neuen Licht. Er war auf das große Thema seines Lebens gestoßen.

In der Viertelstunde, die er erregt und trunken schluchzend unter einem Alleebaum verbringt, fühlt er sich als Adressat einer Offenbarung. Alle Unzufriedenheit mit sich und der Welt, alle Mißerfolge, Demütigungen und Bedrängnisse, die ihm als mutterlos aufgewachsenem Landstreicher, Vagabunden und Außenseiter widerfahren waren, alle Bitterkeit, Enttäuschung und Wirrsal – hier waren sie auf einen Generalnenner gebracht: der Mensch ist gut, es sind allein die gesellschaftlichen Institutionen und die wachsende Komplexität des zivilisatorischen Fortschritts, die ihn böse werden lassen! Die ursprüngliche Natur ist heil. Entwicklung ist immer eine in Richtung auf eine verkehrte Welt. Fortschritt ist Abstieg. Im »Emile«, seinem großen Erziehungsroman, schreibt Rousseau: »Alles, was aus den Händen des Schöpfers kommt, ist gut; alles entartet unter den Händen des Menschen.« Der im gleichen Jahr 1762 erschienene »Contrat Social« beginnt mit dem berühmten Satz: »Der Mensch ist frei geboren und überall liegt er in Ketten«. Im Discours über die Ursprünge und Grundlagen der Ungleichheit erklärt Jean-Jacques, daß im Zustand der Natur die Menschen gleich gewesen seien; erst durch die Fortschritte der Zivilisation, der geistigen wie der politischen, würden sie verschieden, unglücklich und einander fremd.

Alles, was Rousseau später geschrieben hat, verdankt sich der Inspiration auf der Landstraße nach Vincennes. Die Stoßrichtung seines weiteren Denkens ist in dem Discours über die Wissenschaften und Künste, der 1750 preisgekrönten und als Buch erschienenen Antwort auf die Frage der Akademie von Dijon, grundsätzlich bezeichnet. Er trägt als Motto einen Vers von Ovid: »Barbarus hic ego sum, quia non intelligor illis« (Ich bin hier Barbar, weil ich von jenen nicht verstanden werde). Bekannt ist Voltaires boshafte Bemerkung: »Noch niemand hat so viel Geist verschwendet wie Sie, in dem Bestreben, uns wieder zu Bestien zu machen. Man bekommt richtig Lust, auf allen Vieren zu gehen, wenn man Ihr Werk liest.«

Voltaire, der Grandseigneur der Aufklärung, wird dem Plebejer aus Genf mit diesen Worten zwar nicht gerecht, doch seine Äußerung läßt ahnen, wie schokkierend Rousseaus kulturkritischer Ansatz auf seine Zeitgenossen gewirkt hat. Es war die Zeit des Rokoko, der sublimsten und raffiniertesten Blüte einer überreifen höfisch-aristokratischen Spätkultur. Diese Epoche der galanten Feste, der Salons, der Menuette, Lustschlösser und gepuderten Perücken ist erfüllt von spielerischem Leichtsinn, funkelndem Raffinement und koketter Anmut, und sie prägt allen Lebensäußerungen und Schöpfungen den Stempel ihrer Eleganz, Grazie und Frivolität auf: von den geometrisch stilisierten Taxushecken der fürstlichen Parks und den verwirrenden Spiegelsälen der Schlösser bis zum Liebesbrief und zur Sonate. Talleyrand sagte im Rückblick auf dieses in Esprit, Schönheit und Heiterkeit euphorisch verglühende Zeitalter der Abbés, Glücksritter, Moralisten und Mätressen, niemand wisse etwas von der Süßigkeit des Lebens, der nicht die Epoche vor 1789 bewußt miterlebt habe.

Diese Welt betritt Jean-Jacques, der linkische Fremdling aus Genf, das sprachlich zu Frankreich, politisch noch nicht zur Schweiz gehörte, sondern ein souveräner Stadt-Staat war, die kleinste Republik Europas. Stolz nannte der Natur, Tugend und ursprünglichen Gemeinsinn predigende Handwerkersohn sich einen »citoyen de Genève«, doch das gepriesene Genf, dessen landschaftliche Umgebung er in dem ebenso erotischen wie tugendhaften Briefroman »La nouvelle Héloise« so begeistert und anschaulich beschwört, war mehr eine Geburt seiner Imagination denn eine politische Realität. Es hat mehr gemein mit der von Hölderlin sehnsüchtig beschworenen Polis des alten Hellas als mit der starren, wenig demokratischen Stadtrepublik, der er als Sechzehnjähriger entflohen war.

War der Skeptiker Voltaire die überragende Gestalt der Aufklärung, so weist Rousseau, obwohl auch er aufklärerischem Denken verpflichtet, bereits in die Epochen der Empfindsamkeit, des Sturm und Drang sowie der Romantik voraus. Wenn er den Naturzustand rühmt, dann will er damit freilich nicht auffordern, in die Barbarei des »Gorilla-Zustands« zurückzukehren und auf allen Vieren zu gehen. Doch er hat mit beispielloser Entschiedenheit und paradoxer Leidenschaft die Partei des Primitiven, Ursprünglichen und Simplen gegen den Glauben an die Segnungen des gesellschaftlichen Fortschritts ergriffen. Aus ihm spricht ein adamitisches Pathos. Man ist versucht, ihn als Abkömmling gewisser gnostischer Sekten zu deuten. So gab es einmal eine häretische Gruppe, deren Mitglieder vom Gedanken einer Nachfolge des Jesuskindes derart fasziniert waren, daß sie sich quäkend in Wiegen legten und von den Frauen säugen und wickeln ließen. (Rousseau hat übrigens den Müttern empfohlen, ihre neugeborenen Kinder nicht fremden Ammen anzuvertrauen, sondern selber zu stillen).

Das Thema undifferenzierter, einfacher und glücklicher Ursprünglichkeit hat ihn nie mehr losgelassen. Er hat es als politischer Schriftsteller, Pamphletist, Pädagoge, Romancier und zuletzt in seinen autobiographischen Schriften (insbesondere in den erst postum erschienenen »Confessions«) immer neu abgewandelt. Er sucht nach den anfänglichen Wurzeln der menschlichen Gesellschaft, den ersten Spuren der individuellen wie kollektiven Menschwerdung, der Unschuld und dem Zauber seiner eigenen Kindheit, der Schönheit der von Menschenhand noch unberührten Wildnis, wo kein Störenfried sich zwischen den einsamen Spaziergänger und die als Tempel Gottes aufgefaßte Natur drängen kann. Dem Lobpreis der wilden Natur entspricht seine Begeisterung für den unverdorbenen Menschen. Das Kind überragt in seinen Augen den Erwachsenen. Die Frau ist natürlicher als der Mann, das Los des Bauern dem des Städters vorzuziehen, der unwissende und arme Wilde glücklicher als der von faustischem Erkenntnisdrang getriebene Zivilisationsmensch, der am Ende doch bekennen muß:

»Dafür ist mir auch alle Freud entrissen,
Bilde mir nicht ein, was Rechts zu wissen,
Bilde mir nicht ein, ich könnte was lehren,
Die Menschen zu bessern und zu bekehren.«

Anders als das hinter sich blickende Weib des aus Sodom fliehenden Lot, ist Rousseau nicht zur Salzsäule erstarrt, sondern ein das Denken, Fühlen und Wollen von Millionen Menschen bewegender Sendbote geworden. Es gibt viele Rousseauisten, die nie eine Zeile von ihm gelesen haben. Der Primitivist

Rousseau, von dem Benns Verse »O daß wir unsere Urahnen wären« und »Entwicklungsfremdheit ist die Tiefe des Weisen« stammen könnten, hielt es gleichwohl für ausgeschlossen, daß ein im Stadium der Zivilisation befindliches Volk durch eigenen Entschluß wieder die Vorzüge des einfachen Lebens alter, längst vergangener Zeiten zu gewinnen vermag. In diesem Punkte war er klüger als manche seiner Nachfolger oder oberflächlichen Leser. Er meinte jedoch, daß der unvermeidliche Verfall durch bestimmte Maßnahmen, vor allem erzieherische, zumindest verlangsamt und gemildert werden könne. Deshalb entfaltet er in seinem von Kant und Jean Paul so bewunderten pädagogischen Roman »Emile« den provozierenden Gedanken, daß der Mensch sich um so besser entwickle, je mehr es gelinge, seine Entwicklung: nicht etwa zu beschleunigen, sondern *zurückzuhalten*.
Heute ist die Einsicht, daß unsere Zivilisation, um nicht völlig unmenschlich und lebensfeindlich zu werden, mehr denn je bewahrender, ja sogar retardierender Kräfte bedarf, nicht mehr so anstößig wie im Zeitalter überschwänglichen Fortschrittstaumels. Wir sind vielleicht auch eher geneigt, Rousseaus Wort ernst zu nehmen, wie sehr die Menschen gerade dadurch, daß sie unabhängig sein wollen, sich zu Sklaven machen und daß sie ihre Freiheit verspielen durch den maßlosen Drang, sie zu sichern und zu erweitern.

Von seinen historischen Wirkungen her betrachtet, erscheint Jean-Jacques als Revolutionär. Dieser schwache, kränkliche und schüchterne, aber auch überaus eitle, haltlose und chaotische Mensch hat Kräfte, Gefühle und Leidenschaften entfesselt, die uns noch heute bewegen. Robespierre, Saint-Just und deren Genossen haben sich als seine Jünger betrachtet, und von ihnen führt eine geistig-politische Kontinuität zum Marxismus, auch noch zur »kritischen Theorie« der Frankfurter. Was ist Adornos und Herbert Marcuses elitärer Spätmarxismus anderes als ein Rousseauismus unter den Bedingungen des technisch-industriellen Zeitalters? Doch vergessen wir darüber nicht, daß Rousseau mehr als ein Prämarxist war. Seine Botschaft enthält Motive, die uralt, ja übergeschichtlich sind wie das bekannte Wort des Evangeliums: »Was hülfe es dem Menschen, so er die ganze Welt gewönne und nähme doch Schaden an seiner Seele?« Ging es den rationalistischen Aufklärern um die Emanzipation aus überholten staatlich-gesellschaftlichen Fesseln, so hat Rousseau, hierin weit radikaler, den emanzipatorischen Prozeß selbst in Frage gestellt. Er leugnet nicht, daß es einen Fortschritt gibt; er bestreitet nur, daß die Menschen durch ihn glücklicher, edler und freier geworden seien. Und eben dies ist das konservative Element im Denken des Umstürzlers Rousseau.

So wie das achtzehnte Jahrhundert eine Voltaire-Seite und eine Rousseau-Seite aufweist, so gibt es auch einen ewigen Rousseauismus, der den Fortschritt der Kultur begleitet: kritisierend, protestierend und nach utopischen Asylen suchend. Das Werk von Jean-Jacques geht nicht im Politischen auf. Sein Urheber ist mehr als ein Klassiker der Staatsphilosophie. Er war Künstler, Musiker, Poet und Träumer. Er hat die Farbe Grün in die Literatur eingeführt, wie er auch das Gold des Ginsters und den Purpur des Heidekrauts mit verzückten Worten gerühmt hat. Er hat die ewig wechselnden Stimmungen, Launen und Erregungen des menschlichen Herzens entdeckt, die intime Süße des Abenteuers der menschlichen Subjektivität und Sensibilität literaturfähig gemacht.

Mögen seine Theorien überholt sein, unüberholt ist der Träumer Rousseau, der uns daran erinnert, daß der Mensch nicht nur ein arbeitendes, rechnendes und sich sorgendes, sondern auch ein phantastisches, imaginierendes und utopisches Wesen ist: traumbegabter Ekstatiker und Visionär. »Mein ganzes Leben ist nur eine lange Träumerei gewesen«, bekennt Rousseau, »in Kapitel geteilt durch meine täglichen Spaziergänge«. Daß er den Menschen und seine Welt nicht bloß von einem oberflächlichen Promenadestandpunkt aus betrachtete, läßt sein ungeheuerliches Wort ahnen: »Das Land der Träume ist in dieser Welt das einzige, das wert ist, bewohnt zu werden, und die menschlichen Dinge sind derart nichtig, daß es nichts Schönes gibt als das, was nicht ist.« Was bliebe uns übrig, hätten wir nicht das, was es nicht gibt, – und die Sehnsucht danach? Am Grabe Rousseaus soll Bonaparte gesagt haben, es wäre besser gewesen, dieser Mann hätte nie gelebt, da er die Revolution mit heraufbeschworen habe. Der Schloßherr von Ermenonville erwiderte darauf freimütig, Napoleon selbst möge nicht vergessen, daß er ohne die Revolution nicht der geworden wäre, der er ist. Darauf wußte der zum Herrscher aufgestiegene General nichts zu sagen. Geht es uns allen nicht ebenso, ob wir nun Rousseau sympathisch finden oder nicht? Jean-Jacques hat Wirkungen vollbracht, die unsere eigene Existenz nach wie vor bedingen, und deshalb will es beinahe scheinen, daß sein Tod am 2. Juli 1778 nur die gelungene Tarnung seiner immer noch zunehmenden Lebendigkeit war. Ob wir es wollen oder nicht, wir werden ihn nicht so bald los. (1978)

IMMANUEL KANT

Mißt man die Aktualität eines Philosophen bloß an dem Ausmaß der ihm gewidmeten Literatur oder gar an der Häufigkeit, mit der sein Name in den Feuilletons der Presse aufscheint, so steht Immanuel Kant, wie eine statistische Erhebung unschwer beweisen könnte, heute hinter Denkern wie Hegel und Marx bei weitem zurück. Selbst Fichte, dem der greise Kant eine öffentliche Absage erteilt hat, scheint gegenwärtig mehr Freunde zu haben als er, und dasselbe gilt für Schelling, der in steigendem Ansehen steht. Im Rückblick kann nicht bezweifelt werden, daß Goethe irrte, als er 1827 zu Eckermann sagte, Kant sei derjenige, »dessen Lehre sich fortwirkend erwiesen hat und die in unsere deutsche Kultur am tiefsten eingedrungen ist.« Mit Recht stellt Karl Jaspers im Hinblick auf die Wirkungsgeschichte des Königsberger Philosophen fest: »Keineswegs hat sein Denken das Abendland, keineswegs auch nur die deutsche Bildung durchdrungen.« Gleichwohl muß ein Aktualitätsverständnis oberflächlich bleiben, das die Gegenwärtigkeit Kants lediglich an der Fülle der ihm gewidmeten Literatur oder an der Frequenz seiner Zitierung abzulesen unternimmt. Seine geistesgeschichtliche Wirkung kann nicht fortgedacht werden, und so wenig die heute den Ton angebenden philosophischen Schulen als Fortsetzungen kantischen Denkens anzusehen sind, so wenig läßt sich doch leugnen, daß sie unter anderem auch durch die Art ihrer Auseinandersetzung mit den Ideen Kants charakterisiert werden können. Eine bestimmte Weise, sich mit Kant auseinanderzusetzen, besteht freilich darin, ihn als in Halbheiten stecken gebliebenen bürgerlichen Denker oder allenfalls als Vorstufe zu »Hegel und den Folgen« nachlässig abzutun.

Der folgende Versuch, seine Gestalt flüchtig zu umreißen, will die Schwierigkeiten, sich Kant heute zu nähern, keineswegs in Abrede stellen. Es geht nicht um distanzlose Annäherung im Sinne eines repristinierenden »Es muß zu Kant zurückgegangen werden«, wie es Otto Liebmann 1865 gefordert hat, sondern bloß um ein neues Hinsehen auf den Mann und seinen Weg.

Ein Leben in Königsberg

Kant wurde in Königsberg, der Hauptstadt des Herzogtums Preußen, am 22. April 1724 als viertes von elf Kindern geboren. Sein Vater, der früher in Memel gelebt hatte, war ein unbegüterter Riemermeister; die Mutter besaß eine gewisse literarische Bildung und erzog ihren Sohn im Geiste eines pietistischen Christentums. Mehr noch als seines rechtschaffen schlichten Vaters, hat der erwachsene Kant dankbar seiner frommen Mutter gedacht: »Ihre Lehren haben einen immerwährenden heilsamen Einfluß auf mein Leben gehabt.« In seinem elterlichen Hause, das in der Sattlergasse, nahe der Grünen Brücke an der Pregelmündung stand, habe er »nie etwas Unrechtes oder eine Unsittlichkeit gehört oder gesehen«. Acht Jahre besuchte er das von dem Prediger und Theologen Franz Albert Schultz geleitete Collegium Fridericianum in Königsberg. Hier lernte er insbesondere die alten Sprachen. Kants Freude am Lateinischen geht auf diese Lehrjahre ebenso zurück wie seine Abneigung gegen Gebete und religiöse Andachten, denen er damals in reichem Maße obliegen mußte. 1740, als Friedrich II. den preußischen Thron bestieg und Maria Theresia die Herrschaft über die habsburgischen Erblande antrat, begannen für den sechzehnjährigen Handwerkersohn die Studien an der Universität Königsberg. Er hörte theologische, philosophische und naturwissenschaftlich-mathematische Vorlesungen. 1746 starb der Vater, von dem er bisher etwas Unterstützung erhalten hatte. Kant, bereits im Privatstundengeben geübt, blieb nun nichts übrig, als Hauslehrer zu werden, wie dies nach ihm auch das Los von Schiller, Fichte, Hegel, Hölderlin und Schelling war.

Im Alter von einunddreißig Jahren Privatdozent, war Kant nunmehr auf die Honorare seiner Studenten, zu denen eine Zeitlang auch Herder gehörte, sowie auf die Erlöse aus seiner vielfältigen schriftstellerischen Tätigkeit angewiesen. Während einiger Jahre war er auch Unterbibliothekar in der Königsberger Schloßbibliothek. Kant hielt Vorlesungen und publizierte nicht nur über Philosophie, sondern auch über Kosmologie, Physik, Anthropologie, Ethik, Geographie, Mathematik und natürliche Theologie. Erst 1770 wurde der damals 46jährige ordentlicher Professor für Logik und Metaphysik an der Universität seiner Geburtsstadt. Berufungen nach Halle, Jena und Erlangen schlug er aus, obwohl mit deren Annahme höhere Einkünfte verbunden gewesen wären.

Kants Leben verlief beispiellos einfach und undramatisch, ohne einschneidende Ereignisse und Schicksalsschläge. Ganz seinem Denken hingegeben, scheute er jede Ortsveränderung. Königsberg und, im Hochsommer, ein paar Tage im nur eine Meile entfernten Forsthaus Moditten: das genügte ihm bis zuletzt. Nur einmal ist er eine kurze Strecke über die Grenze Ostpreußens hinausgelangt. Kant liebte seine Stadt, die ihre Bedeutung und ihren Reichtum dem Handel mit Polen, Litauen, England, Dänemark und Schweden verdankte. Obzwar überwiegend von Deutschen bewohnt, lebten auf ihrem Boden auch viele Ausländer. Zwei britische Kaufleute gehörten zu Kants besten Freunden. Durch die Lage der Hafenstadt, persönlichen Umgang und eine intensive Lektüre – er las ungemein viel, besonders historische, geographische und anthropologische Schriften, am meisten aber Reisebeschreibungen – verfügte der Philosoph über eine Welterfahrung und Menschenkenntnis, die allgemein bewundert wurden. Er war imstande, über die Peterskirche in Rom, die Westminsterbrücke in London oder den Schauplatz der französischen Revolutionskriege so anschaulich, präzise und plastisch zu sprechen, daß sogar Kenner kaum glauben wollten, er habe Ostpreußen niemals verlassen.
Er blieb Junggeselle, obgleich er den Frauen nicht feind war. Erst mit dreiundsechzig Jahren bezog er ein eigenes Haus in der Prinzessin-Straße, unweit des königlichen Schlosses. Er war ein erfolgreicher Universitätslehrer, empfing verschiedene Ehren, verfolgte mit Interesse die politischen Entwicklungen – vor allem den amerikanischen Unabhängigkeitskrieg und die Französische Revolution –, stellte 1797, nachdem er alle Hauptwerke veröffentlicht hatte, seine akademischen Vorlesungen ein und starb achtzigjährig am 12. Februar 1804 an Altersschwäche. Das Begräbnis, das erst vierzehn Tage später stattfand – der völlig ausgetrocknete Leichnam ließ eine so lange Verzögerung zu –, glich dem eines Monarchen. Alle Glocken der Stadt läuteten, als unübersehbare Menschenmengen dem Sarge folgten, der, nach einer Totenfeier im Königsberger Dom, an der Nordseite der Kirche beigesetzt wurde. Niemals hatten, so berichten Zeitgenossen, die Einwohner der preußischen Hauptstadt einen solchen Trauerzug gesehen.

Der kleine Magister

Kants Gestalt war ungewöhnlich klein, kaum hundertsiebenundfünfzig Zentimeter hoch. Er verfügte über einen schwachen Knochenbau und wenig ausgebildete Muskeln. Obwohl ein guter Esser, blieb er zeitlebens mager. Die Brust war eingefallen, so daß er bisweilen an Atembeschwerden und Herzbeklemmungen litt. Die rechte Schulter stand etwas höher als die linke. Leicht kurzsichtig, verwendete Kant dennoch bis ins hohe Alter keine Brille. Obzwar von zarter Gesundheit und überaus sensibel, war der »kleine Magister«, wie Hamann ihn nannte, bis in die allerletzte Lebenszeit niemals im eigentlichen Sinne krank. Auch die beschwerlichen Jahre vor seinem Tode litt er weniger an einer bestimmten Krankheit als an den Folgen allgemeiner Schwäche und Auszehrung. Trotz der Kleinheit und sonstigen Mängel seiner Physis wirkte Kants Äußeres – entgegen Nietzsches gehässigem Wort von der »Vogelscheuche aus Königsberg« – auf seine Zeitgenossen keineswegs abstoßend. Die Frauen hatten ihn gern, wie er auch noch im Alter sich die hübschesten Mädchen zu

Tischnachbarinnen erbat. Sein Gesicht war von angenehmer Bildung, sein Haar blond – der Mode seiner Zeit entsprechend trug er allerdings eine kleine gepuderte Perücke – und selbst als Greis hatte er frische rote Wangen. Besonders seine Augen waren es, die seine Freunde in ihren Bann zogen. Sie waren, wie einer von ihnen schreibt, »wie von himmlischem Äther gebildet«, und ein anderer, von Beruf Mediziner, fügt hinzu: »Es war, als ob ein ruhiges Licht, aus ihm strömend, sich über seine Worte verbreitete und alles um sich erhellte.«

Ein trockener Pedant?

Man pflegt Kant als Urbild eines trockenen und weltfremden Professors mit dürftigem Innenleben und schrulligen Charakterzügen aufzufassen, als einen wunderlichen Stubengelehrten à la Spitzweg, eingeschnürt in rigorose Abstraktionen und pedantische Grundsätze. Nun, es ist nicht zu leugnen, daß Kants Lebensweise, vor allem in vorgerücktem Alter, als er seine Hauptwerke schrieb, eine gewisse Enge, Einförmigkeit und Pedanterie auszeichnet. Er war von strikter Pünktlichkeit, Seßhaftigkeit und Sparsamkeit. Sorge für Diät, genaue Dauer des Schlafens und der Spaziergänge sowie ein ausgeprägtes Hängen an einmal angenommenen Gewohnheiten spielen in seinem Leben eine große Rolle. Man kann darin die Übermacht der internalisierten kleinbürgerlich-pietistischen Erziehung Kants erblicken, mehr aber noch das Werk einer jahrzehntelangen strengen Selbstdisziplinierung im Dienste des schon früh gefaßten Entschlusses, sich ganz der strengen Wissenschaft und Philosophie zuzuwenden. Seine übertrieben wirkende Vorsicht und Maximenhaftigkeit verrät einen starken Willensmenschen, der im Hinblick auf das große Ziel, das er sich gestellt hat, alle inneren und äußeren Hemmnisse, Ablenkungen und Störungen auszuschalten bestrebt ist. Diese Ökonomie des Genies mit seiner Zeit und Kraft sollte jedoch nicht vergessen lassen, daß ihm Leidenschaften, Gefühle und seelische Spannungen keineswegs fremd waren, wenngleich Kant über diese Seite seines Wesens aus einem schamhaften Stolz heraus kam je gesprochen hat. Der aufmerksame Leser findet freilich in seinen Schriften einige Stellen, die ein reiches, zartfühlendes, aber auch fast überempfindsames und leicht verletzbares Gemüt offenbaren: »Ein sehr verfeinerter Geschmack dient zwar dazu, einer ungestümen Neigung die Wildheit zu benehmen und, indem er solche nur auf sehr wenige Gegenstände einschränkt, sie sittsam und anständig zu machen; allein er verfehlt gemeiniglich die große Endabsicht der Natur, und da er mehr fordert oder erwartet, als diese gemeiniglich leistet, so pflegt er die Person von so delikater Empfindung sehr selten glücklich zu machen…« Der Mann, der dies schrieb, war ein beliebter Gesellschafter, humorvoller Plauderer und anhänglicher Freund. Seine engsten Freunde waren weder Philosophen noch Professoren, sondern Kaufleute und Bankiers. Seine Vorlesungen zeichnen sich, anders als seine Bücher, durch Esprit und gelegentlich auch satirischen Sinn aus. Herder, der ihn in den sechziger Jahren hörte, berichtet von der »fröhlichen Munterkeit« des Philosophen: »Seine offene, zum Denken gebaute Stirn war der Sitz unzerstörbarer Heiterkeit. Scherz, Witz und Laune standen ihm zu Gebote. Sein lehrender Vortrag war der unterhaltendste Umgang. Nichts Wissenswürdiges war ihm gleichgültig. Immer kam er zurück auf unbefangene Kenntnis der Natur und auf den moralischen Wert des Menschen. Er zwang zum Selbstdenken, Despotismus war seinem Gemüte fremd.«

Aufklärung als Selbstdenken

»Selbstdenken heißt, den obersten Probierstein der Wahrheit in sich selbst (d.i. in seiner eigenen Vernunft) suchen; und die Maxime, jederzeit selbst zu denken, ist die der *Aufklärung*«, schreibt Kant in seiner 1786 veröffentlichten Abhandlung »Was heißt: sich im Denken orientieren?« Aufklärung hatte er bereits 1783 definiert als »Ausgang des Menschen aus seiner selbst verschuldeten Unmündigkeit«: »Unmündigkeit ist das Unvermögen, sich seines Verstandes ohne Leitung eines anderen zu bedienen. Selbstverschuldet ist diese Unmündigkeit, wenn die Ursache derselben nicht am Mangel des Verstandes, sondern der Entschließung und des Mutes liegt, sich seiner ohne Leitung eines anderen zu bedienen. *Sapere aude!* Habe Mut, dich deines eigenen Verstandes zu bedienen! ist also der Wahlspruch der Aufklärung.«

Kant ist der größte Philosoph der Aufklärung, des Vernunftglaubens an die mögliche Selbstbefreiung des Menschen durch Wissen. Sein Pathos vernünftigen Denkens ist nur verständlich aus der großen neuzeitlichen Emanzipationsbewegung, in die er sich, so wie auch Lessing und Lichtenberg, hineingestellt wußte. Doch Kant ist nicht einfach Aufklärer, sondern, wie gesagt, Philosoph der Aufklärung. Als ihr Philosoph ist er jedoch auch ihr *Kritiker*. Er ist ihr Kritiker – nicht: ihr Gegner oder Verneiner –, insofern er die Aufklärung über ihre eigenen Voraussetzungen und Grenzen aufzuklären unternahm und ihr einen metaphysischen Sinnhorizont erschloß, den sie in ihrer englischen oder französischen Gestalt nicht gehabt hat. Seinen Zeitgenossen freilich und auch manchen Nachfolgern im neunzehnten Jahrhundert mochte er bloß als Kritiker aller Metaphysik, als »Alleszermalmer«, wie Moses Mendelssohn, oder als »Zerstörer im Reiche der Gedanken«, wie Heine ihn nannte, erscheinen. Doch ist dies nur die eine Seite Kants, dieses unvergleichlich scharfsinnig-kritischen Geistes, der es einmal sein Schicksal nannte, in die Metaphysik verliebt zu sein.Dem genaueren Blick wird nicht entgehen, daß Kants Kritik am metaphysischen Denken sich primär gegen die rationalistisch-scholastische Ontologie richtet und daß seine eigene Philosophie wichtige Motive der theologisch-metaphysischen Tradition des Abendlandes in abgewandelter und umgedeuteter Form einschließt.

Was kann ich wissen?

Kant war bereits ein berühmter Autor durch seine »Allgemeine Naturgeschichte und Theorie des Himmels« (1755), den »wohl großartigsten Wurf, der je in der Kosmologie und Kosmogonie getan wurde« (Karl R. Popper), und andere Schriften, als er nach mehr als zehnjähriger Pause seine »Kritik der reinen Vernunft« (1781) erscheinen ließ. Ihr Autor ist damals siebenundfünfzig Jahre alt. 1788 erscheint seine »Kritik der praktischen Vernunft« und 1790 die »Kritik der Urteilskraft«. Um diese drei Kritiken – die der Erkenntnis, die des Willens und die der ästhetisch-teleologischen Vorstellungen – gruppieren sich weitere Werke als Ergänzungen und Erläuterungen: »Prolegomena zu einer jeden künftigen Metaphysik, die als Wissenschaft wird auftreten können« (1783), »Grundlegung zur Metaphysik der Sitten« (1785), »Die Religion innerhalb der Grenzen der bloßen Vernunft« (1793), »Zum ewigen Frieden« (1795) und andere. Man unterscheidet daher den »vorkritischen« vom »kriti-

schen« Kant; der Philosoph selber hat den Unterschied für so bedeutsam gehalten, daß ihm seine vor 1781 erschienenen Arbeiten wertlos vorkamen. Diesem Urteil wird wohl niemand zustimmen, doch bleibt es immerhin eine aufregende Tatsache, daß es für uns keine Kantische Philosophie gäbe, wäre der Königsberger Denker mit fünfzig Jahren gestorben. Wir würden in ihm bloß einen geistreichen Aufklärer und Polyhistor sehen.
Es ist unmöglich, in wenigen Sätzen den Gehalt der »kritischen« Schriften Kants auch nur anzudeuten. Eigentlich schon bis zur Karikatur vereinfachend, kann man die allgemeine Richtung vielleicht so charakterisieren: Kant geht nicht vom Sein aus, sondern vom Bewußtsein. Er untersucht nicht bestimmte Gegenstände, sondern die Art und Weise, in der wir überhaupt allgemeinverbindlich etwas über Gegenstände wissen können. Er formuliert das Problem der Metaphysik, zumindest im Ansatz, nicht inhaltlich, sondern formal. Er unternimmt den Nachweis, daß auch in unserer Naturerkenntnis, als deren Modell ihm die Newtonsche Physik erscheint, Elemente enthalten sind, die nicht aus der Erfahrung stammen, ohne die aber gar keine gültigen Erfahrungsurteile möglich wären. Die Erfahrung liefert nur das Material, nicht aber auch die Prinzipien, Instrumente und Rahmen, mittels derer wir den empirischen Stoff bewältigen, organisieren und »managen«. Raum und Zeit sind keine Erfahrungen, sie können nicht beobachtet werden, sie sind auch keine Abstraktionen von bestimmten Eindrücken. Sie gleichen vielmehr einer Brille, mit der wir die Dinge sehen. Diese Brille können wir, solange wir Menschen sind, nicht abnehmen. Nur durch sie wird uns anstatt eines Chaos von sinnlichen Eindrükken ein Kontinuum von Wahrnehmungen vermittelt. Das bedeutet aber auch, daß »die Bedingungen der Möglichkeit der Erfahrung überhaupt zugleich die Bedingungen der Möglichkeit der Gegenstände der Erfahrung« sind.

Die Welt als Erscheinung

Wir erkennen daher niemals die Dinge an sich, sondern nur ihre »Erscheinung« innerhalb der Formen der Anschauung (Raum und Zeit) und der Formen des Verstandes (der Kategorien Einheit, Wirklichkeit, Kausalität usw.). Wir »haben« Erfahrung nur in diesen apriorischen Formen, die nicht aus Erfahrung abgeleitet sind, vielmehr jede mögliche Erfahrung bedingen. Die Natur, die wir in ihrer Ordnung und Gesetzmäßigkeit erkennen, ist insofern das Ergebnis einer ordnenden Aktivität unseres Geistes: »Der Verstand schöpft seine Gesetze... nicht aus der Natur, sondern schreibt sie dieser vor.« So wie alle Erfahrung auf einen intellektuellen Beitrag angewiesen ist, der sich in ihr bewährt, obwohl er nicht aus Erfahrung stammt, so bedarf auch der Verstand stets der Anschauung, der Sinneserfahrung, wenn er sich nicht in spekulative Widersprüche – in »schlechte« Metaphysik – verwickeln soll: »Anschauungen ohne Begriffe sind blind, Begriffe ohne Anschauung leer.«
So unternimmt Kant den epochalen Versuch, die Gegenständlichkeit der Welt von den apriorischen Funktionen unserer Subjektivität her zu erhellen; die Möglichkeit notwendiger und allgemeinverbindlicher Urteile innerhalb der Grenzen unserer Erfahrung zu rechtfertigen; die Prinzipien aller Erfahrungswissenschaften aus den beiden Erkenntnisstämmen Sinnlichkeit und Verstand abzuleiten; den Erscheinungscharakter alles Gegenständlichen uns wie durch

einen »Ruck« (Jaspers) einsichtig zu machen und zugleich die Legitimität letzter »Ideen« zu erweisen, die, obwohl das uns durch Erfahrung Gegebene überschreitend, dennoch für unser Erkennen und Handeln regulativ sein können. Solche transzendentalen Ideen, die theoretisch unbeweisbar sind, faßt Kant in seiner Ethik auf als »Postulate der praktischen Vernunft«: Freiheit, Unsterblichkeit, Gott. Die Fähigkeit, sich an Ideen zu orientieren, charakterisiert die Vernunft im engeren Sinn des Wortes.

Die Idee der Freiheit

Von diesen Ideen ist primär die der Freiheit. Nur wenn der Mensch frei ist, kann er ein autonomes, verantwortliches, moralisch handelndes, sich an ein ihm einsichtiges Gesetz bindendes Wesen sein. »Das Praktische ist das, was auf Freiheit beruht.« Freiheit ist deshalb der Schlußstein des ganzen Gebäudes der Kantschen Kritik. Die Vernunft verlangt, daß die Natur der Notwendigkeit unterliegt, der Mensch aber der Freiheit teilhaftig ist. Kants Hauptproblem besteht darin, auf dem Boden der sich emanzipierenden bürgerlichen Gesellschaft des Okzidents die beiden Momente ihres Welt- und Selbstverständnisses unverkürzt zu bewahren: das der durch unverbrüchliche Gesetze gekennzeichneten Natur *und* das der zur Freiheit berufenen Person. Es geht um den Ausgleich zwischen dem »Natürlichen«, das der Ordnung der Kausalität unterworfen ist, und dem Menschen als sich selbst bestimmende Existenz. Es geht um den Ausgleich zwischen der objektivierenden, instrumentellen Vernunft, welche sich die erscheinende Natur nicht nur theoretisch, sondern auch technisch unterwirft, und der nicht objektivierbaren, weil nicht erscheinungsbedingten praktischen Vernunft, die dem Menschen als moralischem Subjekt kategorisch gebietet: »Handle so, daß du die Menschheit, sowohl in deiner Person als in der Person eines jeden andern, jederzeit zugleich als Zweck, niemals bloß als Mittel brauchst.«

Für die Verbindung dieser beiden Momente, ohne die, nach Kant, der Mensch seine Bestimmung verfehlt, gilt vielleicht Goethes Wort über die Natur: »Alles ist einfacher, als man denken kann, zugleich verschränkter, als zu begreifen ist.«

Kant bestimmt Philosophie als »die Wissenschaft von der Beziehung aller Erkenntnis auf die wesentlichen Zwecke der menschlichen Vernunft«. Was aber sind diese wesentlichen Zwecke? Kant sagt: »Die größte Angelegenheit des Menschen ist zu wissen, was man tun muß, um ein Mensch zu sein.« Sein gesamtes philosophisches Lebenswerk ist der Beantwortung dieser einen Frage gewidmet, in die die berühmten drei Fragen seiner Vernunftkritik münden: »Was kann ich wissen? Was soll ich tun? Was darf ich hoffen?«

Der kritische Weg ist allein noch offen

Der Philosoph Kant sprach stets vom Menschen im allgemeinen: vom Menschen, der die Ordnung der Natur zu erkennen vermag, weil er selbst sie in gewisser Hinsicht erzeugt, und vom Menschen, der sich freiwillig einer ihn verpflichtenden ethischen Ordnung unterwirft, deren Schöpfer er ebenfalls ist. Doch dieser allgemeine Mensch ist kein außerhalb der Geschichte befindliches Wesen. Er hat eine bestimmte geschichtliche Gestalt: es ist der okzidentale

Mensch, der die Natur entzaubert, um sie zu beherrschen, und sich von allen fremdgesetzlichen Ordnungen emanzipiert, um am Ende nur noch sich selbst Gehorsam zu schulden. Er ist der okzidentale Mensch, diese revolutionärste Potenz der gesamten Geschichte, der sowohl die moderne Naturwissenschaft als auch das Pathos der Befreiung hervorgebracht hat. Beides zusammen gehört zur Aufklärung, jener geistig-politischen Bewegung, in der der Grundcharakter der europäischen Kultur universalgeschichtlich-planetarisch sichtbar wurde. In dieser Bewegung steht Immanuel Kant an allererster Stelle. Und solange der europäische Mensch, in welchem Erdteil auch immer, dieser Bewegung und ihren Folgen, dieser »historischen Teleologie unendlicher Vernunftziele« (Husserl), nicht entrinnen kann und will, solange wird Kants Kritizismus in einem mehr als bloß vordergründigen Sinne aktuell sein. In einer Welt, in der Überleben und Vernunft wie nie zuvor einander bedingen und zu einer politischen Aufgabe geworden sind, ist auch Kant ein politicum. Er ist, wie Jaspers schrieb, zwar nicht »die ganze Philosophie«, jedoch »der schlechthin Unumgängliche«. Noch immer gilt, um Kant das letzte Wort zu geben, daß die wesentlichen Zwecke der Menschheit »nur durch Vermittlung der Vernunfterkenntnis« zu erreichen sind: »Der kritische Weg ist allein noch offen.«

(1974)

FRIEDRICH GOTTLIEB KLOPSTOCK

Im Anfang wunderte man sich, wie ein so vortrefflicher Mann so wunderlich heißen könne; doch gewöhnte man sich bald daran und dachte nicht mehr an die Bedeutung dieser Silben«, schreibt Goethe, sich seiner ersten Begegnung mit Klopstock erinnernd, in »Dichtung und Wahrheit«. Goethes Vater mochte Klopstock nicht leiden, da dieser es verschmähte, gereimte Werke zu schaffen, sondern in freien Rhythmen und reimlosen antiken Versmaßen schrieb. Die Kinder jedoch bemächtigten sich, gemeinsam mit der Mutter, des »Messias«, dessen erste Gesänge 1748 in den »Bremer Beiträgen« erschienen waren, und lernten die auffallendsten Stellen auswendig.
Die Wirkung Klopstocks war gewaltig, und niemand stieß sich an dem seltsamen Namen des 1724 in der alten Ottonenstadt Quedlinburg geborenen Dichters. Absonderliche Familiennamen scheinen in dieser Hochburg pietistischer Religiosität nicht selten gewesen zu sein; man hört auch von Gutjahr, Rübestreit, Maßklappe und Scharfscheer, und man möchte gerne wissen, ob der junge Klopstock wie Grillparzer unter seinem Namen gelitten hat. Denn der entsprach kaum dem Ideal, dem er schon in Schulpforta, einer der gymnasialen Pflanz- und Pflegestätten des protestantischen Humanismus (die später auch den jungen Nietzsche erzog), nachzueifern begann. »Er war«, heißt es bei Goethe, »von der sinnlichen wie von der sittlichen Seite betrachtet, ein reiner Jüngling. Ernst und gründlich erzogen legt er, von Jugend an, einen großen Wert auf sich selbst und auf alles, was er tut, und indem er die Schritte seines Lebens bedächtig vorausmißt, wendet er sich, im Vorgefühl der ganzen Kraft

seines Innern, gegen den höchsten, denkbaren Gegenstand. Der Messias, ein Name, der unendliche Eigenschaften bezeichnet, sollte durch ihn aufs neue verherrlicht werden. Der Erlöser sollte der Held sein, den er, durch irdische Gemeinheit und Leiden, zu den höchsten himmlischen Triumphen zu begleiten gedachte.«

Dante war Klopstock unbekannt, doch er kannte Miltons »Verlorenes Paradies«, das einen alttestamentlichen Stoff behandelt. Dem britischen Puritaner wollte Klopstock nacheifern, ja ihn übertreffen, indem er sich an einem noch höheren Thema versuchte, dem höchsten Mysterium des Christentums: der Menschwerdung und Erlösungstat Jesu. Die Würde des Gegenstandes strahlte auf den Dichter zurück, der, wie einst der sächsische Schöpfer des »Heliand«, sich unterfing, Christus in den Mittelpunkt eines erhabenen Epos zu stellen. Epische Gegenständlichkeit und Plastik ist freilich Klopstocks Sache nicht. Er ist zuerst und vor allem Lyriker, erzogen im Geiste eines pietistisch empfindsamen Christentums. Sein Universum ist eine erdenferne, visionäre Welt, die man, anders als Dantes dichterisch-theologischen Kosmos, nicht sinnlich wahrnehmen, sondern nur im Medium lyrischer Stimmung fühlen und ahnen kann. Wer in sie eintreten will, bedarf, wie Josef Nadler treffend bemerkt, eines sechsten Sinnes, der im Grunde Unfaßbares dämmerhaft ahnbar macht. Klopstock ist kein mit fester Hand lebendige Gestalten zeichnender Meister; er trat vielmehr als geweihter Seher und heiliger Sänger in seine Zeit, die der verstandesnüchternen Aufklärung und ihrer an französischen Regeln sich ausrichtenden Kunst überdrüssig zu werden begann. So erschien der Dichter des »Messias« den ihn bewundernden Deutschen geradezu als Cherub, herabgestiegen aus himmlischen Höhen in die seit dem Dreißigjährigen Krieg dürftig darniederliegenden Gefilde des dynastisch, konfessionell und national zerrissenen Reiches, als Befreier deutscher Poesie aus welschem Formelkram und starren metrischen Banden.

Der Schöpfer des »Messias« verstand sich selber als eine charismatische Führergestalt. Als erster Deutscher wagte er es, nur Dichter zu sein und sein künstlerisches Ingenium als priesterliches Amt aufzufassen. Er war der erste deutsche Dichter bürgerlicher Herkunft, der hauptberuflich Dichter war, ohne wie Kuhlmann oder Günther das Schicksal des Narren, Ausgestoßenen und Ehrlosen erleiden zu müssen. Es war freilich kein deutscher Fürst, sondern der dänische König, der es ihm durch einen großzügig gewährten Ehrensold ermöglichte, sich von materiellen Sorgen frei der Vollendung des großen Christus-Epos zu widmen. Deshalb stellt Klopstock, um nochmals Goethe zu zitieren, den Beginn einer Epoche dar, in der »das Dichtergenie den Grund zu einer unabhängigen Würde« zu legen verstand. Schon früh von der Sehnsucht verzehrt, »den Messias würdig singen zu können«, verstand er den inspirierten Dichter als eine übergesellschaftliche Autorität, als Seher, Sänger und Künder einer transzendenten Macht, unmittelbar zu Gott, ja als *vicarius Dei,* Statthalter der Gottheit auf Erden. Der Dichter als weissagender, himmlische Eingebungen übermittelnder Orakelpriester und *vates:* diese antike, ja archaische Vorstellung erneuerte der sächsische Advokatensohn mitten im achtzehnten Jahrhundert, als Zeit-, doch nicht Gesinnungsgenosse Voltaires und der aufklärerischen Enzyklopädisten.

Die Besten folgten ihm – zumindest eine Zeitlang – auf dieser Bahn, indem sie sich seinem gewaltigen Anspruch unterwarfen. Man bewunderte in ihm nicht nur einen religiösen Mittler, sondern auch eine nationale Integrationsgestalt, den Erneuerer des »heiligen Gesanges der Deutschen«. War es doch die ausgesprochene Absicht des Protestanten Klopstock, sowohl im »Messias«, den er erst nach mehr als fünfundzwanzig Jahre währender Arbeit abzuschließen vermochte, wie auch in seinem Hymnen und Oden kein Wort zu gebrauchen, das einen frommen Katholiken verletzen könnte. Seine geistlichen Lieder sollten auch nichtprotestantische Christen erheben und rühren. Die konfessionelle Zerrissenheit der Deutschen wollte er in einer alles Theologengezänk und Staatskirchentum überwindenden Religion dichterischer Empfindsamkeit heilen. Hierin ist Klopstock ein Vorläufer des religiösen Sinnens, Suchens und Trachtens der deutschen Klassik und Romantik: Goethes, Hölderlins, Novalis', Schellings, Friedrich Schlegels, Görres' und Daumers. Es galt, der seit der Reformation gespaltenen deutschen Nation im Medium der Poesie einen Petersdom zu errichten, in dem Protestanten, Katholiken und auch allen Kirchen entfremdete Sucher einträchtig gemeinsamen Gottesdienst feiern konnten. Dichtung sollte weniger belehren und mit vorausgesetzten theologischen Dogmen übereinstimmen, sondern vor allem den erschlafften religiösen Sinn überhaupt erst kräftigen, die unter der Asche kirchlicher Glaubenssätze und aufklärerischer Polemik dahindämmernde Glut gläubigen Aufschwungs neu anfachen. Deshalb liegt das Schwergewicht auf der Empfindung, auf dem unableitbar-erweislosen Gefühl für das Numinose, der weihevollen Stimmung des »Sursum Corda!«. Die in Klopstocks Dichtungen erscheinenden Personen, seien es nun Menschen, Engel oder andere überirdische Figuren, sind primär empfindend-empfindsame Wesen. Der Sänger sagt mehr, was sie fühlen, als was sie tun. Von seinem erhabenen Thema inspiriert, will er seine Leser nicht unterweisen, sondern (im ursprünglichen Sinn des Wortes) provozieren. Des Dichters Auftrag ist nicht die Verkündung von für wahr zu haltenden Sätzen, sondern die Entrückung der ihm Lauschenden in einen »anderen Zustand«, wo in ihnen dann etwas Geheimnisvolles antwortend aufklingt.

In diesem Sinne schuf Klopstock für die enthusiastischen, überschwängliche Freundschaften wie tränenselige Sentimentalität pflegenden Jünglinge – männliche wie weibliche – der zweiten Hälfte des achtzehnten Jahrhunderts. Diese Generation widmete sich der Freundschaft wie einem Kult. Nur durch Freundschaft, so schien es, konnte vollendete Humanität aufblühen, die göttliche Bestimmung des Menschen sich erfüllen. Keiner der genialen oder gesellschaftlich hochstehenden Menschen jener Zeit vermochte sich ein anspruchsvolles, ein gelungenes Leben ohne vertraute Herzens- und Geistesgefährten auch nur vorzustellen. Fehlte dieser Freund, so tröstete wenigstens die Vorstellung, daß er doch irgendwo schon lebte und ebenso sehnsüchtig harrte auf einen ihm brüderlich zugeneigten Mitmenschen (die Engländer haben dafür das schöne Wort: *fellow-creature*). Oder man hielt sich an die gleichsam platonischere Version desselben Gedankens, die der junge Schelling so formuliert hat: »Jeder Mensch hat einen inneren Freund, seine Eingebungen sind am reinsten in der Jugend; nur Frivolität verscheucht ihn, so wie Hinneigung zu gemeinen Zwecken ihn endlich ganz verstummen läßt.«

Es ist wohl die Vermutung erlaubt, daß Kleist auch deshalb tragisch sterben mußte, weil er keinen ihm gemäßen Freund hatte – und er hätte eines solchen vertrauten Gefährten wie kaum ein anderer Dichter bedurft, um dem Sog der ihm eingeborenen Dämonie widerstehen zu können. Neben den Abschiedsbriefen Kleists und einigen Habseligkeiten (darunter einer Übersetzung des »Don Quijote«) lag ein Band von Klopstocks Oden, in dem ein Trauer- und Preisgesang besonders angezeichnet war. Er hat den Titel »Die tote Clarissa« und enthält eine Doppelzeile, die der den Freitod wählende Dichter der »Penthesilea« auf sich selbst bezogen haben mag:

Ruhe dir, und Kronen des Siegs, o Seele,
Weil du so schön warst!

In diesem überschwänglichen Milieu, in dem Freundschaft mit Genialität fast gleichbedeutend war, in dem erwachsene Männer, den mythischen Blutsbrüder- und Freundespaaren Kastor und Pollux, Orest und Pylades, Harmodios und Aristogeiton nacheifernd, schwärmerische Briefe von unerhörtem Zartsinn und Enthusiasmus tauschten, müssen wir Klopstock uns vorstellen, wenn wir die in seinen Werken sich ausdrückende Grundstimmung nachvollziehen wollen. Der Dichter des »Messias« hat nicht nur viele Oden an Freunde verfaßt, sondern auch die Freundschaft überhaupt als religiöse Macht verherrlicht. Das berühmte Gedicht »Der Zürchersee«, das an seinen Schweiz-Besuch im Jahre 1750 erinnert, ist ein Hymnus auf das Glück inniger Gemeinschaft:

Schön ist, Mutter Natur, deiner Erfindung Pracht
Auf die Fluren verstreut, schöner ein froh Gesicht,
Das den großen Gedanken
Deiner Schöpfung noch einmal denkt...
Süß ist, fröhlicher Lenz, deiner Begeist'rung Hauch,
Wenn die Flur dich gebiert, wenn sich dein Odem sanft
In der Jünglinge Herzen
Und die Herzen der Mädchen gießt...
Aber süßer ist noch, schöner und reizender,
In dem Arme des Freundes wissen ein Freund zu sein!
So das Leben genießen,
Nicht unwürdig der Ewigkeit!...

Auch Christus, dessen Erniedrigung, Leiden und Verherrlichung des »Messias« rühmt, ist in erster Linie Freund – Freund seiner Jünger und aller erlösungsbedürftigen Menschen. Der Verrat des Judas erscheint als die Tat eines dunkel Liebenden, der dem ihm angebotenen Geschenk einer Freundschaft mit dem Gottessohn nicht gewachsen ist. Auch die zwischen Himmel und Erde auf- und niedersteigenden Seraphim, Cherubim und Erzengel sind empfindsam hingebungsvolle Freunde, deren Seligkeit liebende Mitteilung ist, die auch in Äonen nicht langweilig und trübe wird. Ohne Freundschaft wäre die Ewigkeit unerträglich und der Himmel ein unendliches Verließ von Verdammten. Gott selber hat sich zur Erschaffung der Welt und des kreatürlichen Lebens entschlossen, weil ihm seine eigene göttliche Einsamkeit nicht genug war, weil er freie Wesen zu Freunden haben wollte. Gott und die Engel verkehren im »Messias« wie die Empfindsamen des achtzehnten Jahrhunderts. Sogar der von Satan in die Hölle mitgerissene Seraph Abbadona ist empfindsam – und wird gerettet.

Vorbei sind die Zeiten, da ergriffene Leser bangten, ob der vom Höchsten abgefallene, aber mit Sympathie gezeichnete Engel ewig in der Hölle bleiben müsse oder nicht. Und nur wenige werden sich eines Lächelns erwehren können, wenn sie im »Werther« lesen, wie Lotte, aus dem Fenster auf ein Gewitter blickend, mit Tränen in den Augen »Klopstock!« sagt. »Ich erinnerte mich sogleich der herrlichen Ode, die ihr in Gedanken lag, und versank in dem Strome von Empfindungen, den sie in dieser Losung über mich ausgoß.« Klopstocks Hymne »Die Frühlingsfeier«, in der ein Gewitter beschworen wird, als Verständigungsmittel und »Losung« junger Verliebter – ein doch sehr seltsamer Einfall. So scheint es uns heute.

Der Bogen, den man um den Dichter des »Messias« schlägt, ist und bleibt einer der respektvollsten der deutschen Literaturgeschichte. Man begegnet ihm flüchtig im Gymnasium – und später nie mehr. Lessings vorwurfsvolles Epigramm, daß man Klopstock mehr lobe als lese, ist fast zu einem geflügelten Wort geworden, ohne dem Dichter einen größeren Leserkreis zu verschaffen. Dieser Klopstock starb am 14. März 1803 in Hamburg. Seine Beerdigung fand am 22. März statt. Das dabei entfaltete pompöse Zeremoniell steht im Gegensatz zu der ärmlichen Dürftigkeit der Begräbnisse, die man Lessing, Bürger, Mozart und anderen bereitet hat. Es läuteten die Glocken von den sechs Haupttürmen der Hansestadt Hamburg, und die Kirchenglocken Altonas fielen bald ein. Die Gesandten und Geschäftsträger Dänemarks, Englands, Frankreichs, der Niederlande, Österreichs, Preußens und Rußlands, das gesamte residierende diplomatische Corps, die Mitglieder des Hamburgischen Senats, geistliche und weltliche Würdenträger, Hochschullehrer, Künstler, Kaufleute folgten dem Sarge. Dem toten Dichter wurden militärische Ehrenbezeugungen erwiesen. An der Grenze zu Dänemark, dessen König ihm durch Jahrzehnte ein Jahresgehalt von 400 Talern gezahlt hatte, wurde die hamburgische Ehrenwache von einer dänischen abgelöst. Husaren eröffneten nunmehr den Trauerzug. Von den Schiffen im Hafen wehten die Flaggen auf halbmast.

Wem galt diese ungewöhnliche Ehrung? – Dem dänischen Legationsrat, der trotz der ihm von seinem königlichen Gönner erwiesenen Unterstützung niemals die Rolle eines feilen Hopfpoeten gespielt hatte? Dem begeisterten Erneuerer der deutschen Dichtung, der selbstbewußt als Gleichberechtigter mit seinen fürstlichen Mäzenen verkehrte und es wagte, »sich als eine geheiligte Person anzusehen«? Dem für die geistige und wirtschaftliche Emanzipation des Schriftstellers kämpfenden Kulturpolitiker, dessen Auftreten ihm, wie Goethe bemerkt, »durch sein ganzes Leben ein gewisses diplomatisches ministerielles Ansehen« verliehen hatte? Oder dem unerbittlichen Zeitkritiker, der die Angriffskriege Friedrichs II. aufs schärfste verurteilt und mit der Französischen Revolution unverhohlen sympathisiert hatte? Oder dem vom jakobinischen Terrorismus sich angewidert und empört abwendenden Bewunderer Charlotte Cordays, die Marat im Bade erstach? Dem in der Schule der biblischen Patriarchen und Propheten erzogenen Visionär himmlischen Friedens?

Oder dem Sänger der im Mondschein schimmernden Gräber seiner Freunde, die er alle überlebt hatte?
Daß Klopstock sich überlebt habe, ist schon früh behauptet worden. Bereits zu seinen Lebzeiten fand das Alterswerk längst nicht mehr die lebhafte Anteilnahme wie die frühen Arbeiten. Im 19. Jahrhundert verblaßte der Ruhm des Wegbereiters der deutschen Klassik immer mehr, und Grabbe läßt in seinem Lustspiel »Scherz, Satire, Ironie und tiefere Bedeutung« den Teufel sagen: »Es ist doch gut, daß ich mein altes, unfehlbares Schlafmittelchen, Klopstocks Messias, mitgebracht habe! Ich brauche nur drei Verse darin zu lesen, dann bin ich so müde wie der Daus!« Andere urteilten anders, und ihre Stimmen haben mehr Gewicht. Man denke an Werthers Empörung über die Frage, wie ihm denn Klopstock gefiele, oder an die bereits erwähnte Gewitterszene. Hölderlins dichterischer Genius erwachte unter dem mächtigen Eindruck dieses angeblichen Schlafmittels. »Gesteh' mir's nur, Lieber, ist Dir's nicht besser ums Herz, wann Du den großen Messiassänger hörst?«, schreibt der Student an einen Freund; in dem Gedicht »Die Stille« bekennt er, »oft in schimmernder Seraphen Mitte mit dem Sänger Gottes, Klopstock, himmelan« zu schweben; und noch im Alter, als er im Tübinger Turm einfältig dahindämmerte, hatte er stets die Werke dieses Dichters vor sich liegen, der ihm einst geholfen hatte, seinen eigenen Ton zu finden. Um die letzte Jahrhundertwende ist Klopstock im Kreise Stefan Georges zu neuem Ansehen gelangt. Und in der Zeit nach dem Zweiten Weltkrieg war es der ostdeutsche Dichter Johannes Bobrowski, der auf die Frage, welche Geister ihn bei seinem Schaffen leisteten, gesagt hat: »Ich bekenne mich dazu immer sehr offen: zu meinem Meister – Klopstock.« Und im Westen hat der 1977 verstorbene Lyriker und Essayist Friedrich Georg Jünger auf seine Weise dem Schöpfer der klassischen deutschen Ode gehuldigt. Einen »helfenden Ahnengeist« nannte ihn Gundolf.
Begrenzt blieb, gemessen an seinen Zeitgenossen, Klopstocks Widerhall und Wirkung im Ausland; nur in der dänischen Literatur ist der Einfluß des deutschen Dichters bemerkenswert, insbesondere auf die Lyrik von Johannes Ewald. G. B. Shaw bemerkte einmal respektlos: »Was Klopstock betrifft, so sehe ich in ihm eine Art von flachshaarigem Struwwelpeter-Messias, nur weil der Name Klopstock meiner kindlichen Einbildungskraft einen Ausklopfer vorzaubert. Woher die messianische Beziehung kommt, das weiß ich nicht.«
Daß Klopstock je populär werden könne, ist ausgeschlossen. Er wird bleiben: ein Dichter für Dichter und Kenner. Sein Werk birgt lyrische Stücke von unvergänglicher Frische und Schönheit. Doch es erschließt sich nicht leicht; vieles spricht uns nicht mehr unmittelbar an, bedarf des Kommentars und der sorgfältigen Interpretation. Nur wenige Gedichte kann man einfach lesen, im großen und ganzen muß man Klopstocks Werk studieren. Einige seiner Oden, manche Abschnitte des »Messias« sollte man allerdings auswendig lernen. Wer die Mühe nicht scheut, wird besser verstehen, was dieser hilfreiche Ahnengeist, der manchmal incognito zu erscheinen beliebt, mit dem folgenden Satz im Sinn hatte (er steht in seiner Schrift »Die deutsche Gelehrtenrepublik«, 1774):
»Überhaupt wandelt das Wortlose in einem großen Gedicht umher, wie in Homers Schlachten die nur von wenigen gesehenen Götter.« (1978)

EDMUND BURKE

So wenig Politikwissenschaftler, Historiker und Soziologen sich einig sind, wenn es darum geht, die Wesensmerkmale konservativen Denkens festzustellen, so unumstritten gilt seit bald zweihundert Jahren *Edmund Burke* als erster Wortführer des modernen Konservatismus. Seine bereits 1790 erschienene Schrift »Reflections on the Revolution in France«, die Friedrich Gentz ins Deutsche übertragen hat, gilt geradezu als die Bibel der Konservativen, als die früheste und machtvollste Abrechnung mit dem abstrakt-utopischen Geist neuzeitlichen Umstürzlertums. »Die Größe des Stils und die Majestät der einzelnen Gedanken zwingt selbst den entschiedensten Tadler, die Begeisterung des Bewunderers zu teilen«, urteilte Gentz, und er schrieb aus eigener Erfahrung. Die »Reflections« waren sein Schicksalsbuch geworden. Als er sie zu lesen begann, war er ein begeisterter Verfechter der revolutionären Ideale; als er die Lektüre beendet und das Buch dann noch öfters studiert hatte, schlug er sich auf die Seite der überlieferten Ordnung. Zu den Lesern der Gentzschen Übersetzung, die 1793 erschien, gehörte auch der Dichter Novalis; er notierte sich: »Es sind viele antirevolutionäre Bücher für die Revolution geschrieben worden. Burke hat aber ein revolutionäres Buch gegen die Revolution geschrieben.«

Edmund Burke wurde am 12. Januar 1729 in Dublin geboren. Er starb am 8. Juli 1797 in Beaconsfield. Sein Vater, von Beruf Anwalt, war Anglikaner, die Mutter Katholikin. Seiner Herkunft nach war somit dieser Lobredner britischer Verfassungskontinuität gar kein Brite, sondern ein Ire. Mit Oscar Wilde, Bernard Shaw und James Joyce gehört Burke zu jenen Größen der britischen Geistesgeschichte, die Söhne Irlands sind. Manche Züge im Charakter dieses schwierigen, kühnen und leidenschaftlichen Geistes hängen wohl mit seiner Abstammung zusammen. Zu den hervorragenden Eigenschaften seines Charakters gehörten: Begeisterungsfähigkeit, Phantasie, Gerechtigkeitssinn, Mitgefühl für Leidende und Unterlegene. Er war zeitlebens ein Verteidiger der »lost causes«, des scheinbar Aussichtslosen und Unzeitgemäßen. Ein romantischer Einschlag ist unverkennbar, und nicht von ungefähr haben die deutschen Romantiker – Novalis, Friedrich Schlegel und, allen voran, Adam Müller – sich zu ihm besonders hingezogen gefühlt. Bevor er sich der Politik zuwandte, hatte Burke eine wegweisende Schrift über das Erhabene und das Schöne veröffentlicht, die Lessing, Herder, Kant, Schiller und Hegel beeinflußte. In ihr wird, zum erstenmal in der Geschichte der Ästhetik, das Erhabene als eigenes Phänomen dem Schönen entgegengesetzt, ja sogar übergeordnet. Während Burke das Schöne, ganz im Sinne des Rokoko, mit dem Zarten, Lieblichen und Anmutigen gleichsetzt, ist ihm das Erhabene geradezu ein Synonym für das übermächtig Gewaltige, Schreckliche und Dunkle. So ist die Nacht erhabener als der Tag; Einsamkeit, Stille und Wildnis erregen eher das Gefühl des der Wirklichkeit des Erhabenen angemessenen Erschauerns als die entgegengesetzten Zustände. Burke bringt Beispiele aus Homer, Shakespeare und Milton, vor allem aber aus dem Alten Testament, dem Buch Hiob und den Psalmen, wo sich so viele eindringliche Sätze über die majestätische Erhabenheit Gottes und der

Wunder seiner Schöpfung finden. Dieser vom *mysterium tremendum* gepackte Burke ist kein Zeitgenosse des Rokoko mehr. Er gemahnt an William Blakes und Johann Heinrich Füßlis Bilder, an die von den Romantikern neu entdeckte Welt des Dämonischen und Numinosen. Goethes Wort im »Faust« fällt einem dazu ein: »Das Schaudern ist der Menschheit bestes Teil. Wie auch die Welt ihm das Gefühl verteure, ergriffen fühlt er tief das Ungeheure.«

Als etwas Ungeheures fühlte Burke auch die Französische Revolution, und dies schon zu einem Zeitpunkt, da sie noch ganz in liberaler Richtung zu verlaufen schien und von fast allen tonangebenden Geistern Europas freudig begrüßt wurde. Burkes grundsätzliche Kritik wirkte um so überraschender, als viele Zeitgenossen in ihm den möglichen Führer einer Bewegung gesehen hatten, die in England nach französischem Vorbild neue politische Verhältnisse schaffen würde. Seiner Parteizugehörigkeit nach war er auch kein Tory, sondern ein Whig; er gehörte zu den führenden Mitgliedern der liberalen Fraktion des britischen Unterhauses. Wiederholt war Burke als Gegner staatlicher Zentralisation und absolutistischer Neigungen des Königs aufgetreten. In gleicher Weise kämpfte er gegen die Unterdrückung der irischen Katholiken und für eine Reform in der Verwaltung der Kolonien. Er hielt die Emanzipationsbestrebungen der nordamerikanischen Siedler für berechtigt und klagte Warren Hastings, den Generalgouverneur in Indien, wegen Ausbeutung und Korruption an. Er lobte Adam Smith' Buch über den Wohlstand der Nationen, und dieser gestand, Burke sei der einzige, der ohne vorgängige Verständigung so dächte wie er. Der geistige Vater des englischen Konservatismus war somit weder ein Engländer noch ein Konservativer, sondern ein Ire und ein Liberaler. Und dennoch enthält seine in wenigen Wochen verfaßte Polemik gegen die Französische Revolution alle Argumente, die seit dem neunzehnten Jahrhundert von konservativer Seite immer wieder gegen umstürzlerischen Radikalismus und politisches Experimentieren vorgebracht werden.

Die »Reflections« sind keine systematische Abhandlung, sondern eine zum unmittelbaren Gebrauch bestimmte Streitschrift. Ihr Stil ist der eines parlamentarischen Appells, und Gentz bemerkt treffend: »Burkes Werk ist, nach einem strengen Maßstab beurteilt, nichts als eine Rhapsodie; aber eine Rhapsodie, aus der sich das vollständigste und regelmäßigste System entwickeln läßt.«

Ungeachtet ihrer rhetorisch-rhapsodischen Eigenart, ungeachtet auch der vielen Hinweise und Anspielungen auf nicht mehr jedermann bekannte Personen und Ereignisse, sind Burkes »Reflections« heute noch eine hinreißende Lektüre. Der unmittelbare Anlaß, dem sie ihre Entstehung verdanken, ist längst historisch geworden, doch die Grundprobleme und Perspektiven haben nichts von ihrer Aktualität verloren. Wer zum Kern seines Denkens vordringt, wird überdies bemerken, daß es, entgegen dem äußeren Anschein, nur *einen* Burke gibt. Der freiheitliche Lösungen bevorzugende Politiker und politische Denker ist derselbe, der die Französische Revolution (und vor allem die in ihr sich offenbarende Ideologie) ablehnen mußte. Burke wurde konservativ, *weil* er ein Liberaler war – ein Liberaler freilich, den Welten von dem heutigen Liberalismus der »Jungdemokraten« trennen. Er wendet sich leidenschaftlich gegen die aufklärerische Annahme, daß gute Politik in der Ausführung idealer

Konzepte bestehe. Politische Theorie und Praxis verhalten sich für ihn nicht zueinander wie Reißbrett und Baustelle. Der wahre Staatsmann weist keine Ähnlichkeit mit dem Ingenieur oder Chemiker auf. Politische Klugheit besteht nicht darin, daß irgendwelche Doktrinen (und mögen diese noch so richtig sein) unvermittelt in die Praxis umgesetzt werden. Immer und überall gilt es, den Zufall, die konkreten Umstände, die geschichtlichen Verhältnisse, die »circumstances«, zu berücksichtigen.

Burke, der die amerikanische Revolution als berechtigt anerkannte, verdammte die französische, weil sie ihm als eine Ausgeburt abstrakten Spekulierens und Vernünftelns erschien, weil sie nicht an überkommene Rechte, Freiheiten und Institutionen anknüpfte, sondern sich auf doktrinäre Prinzipien und ideologische Fiktionen berief. Wo andere bloß das Abschneiden alter Zöpfe und edelmütigen Reformeifer sehen, nimmt Burke den Beginn eines gnadenlosen Reduktions- und Nivellierungsprozesses wahr, einen verhängnisvollen Schwund an menschlicher Substanz. Er hat die Schreckensherrschaft Robespierres und Bonapartes Militärmonarchie vorausgesagt, als Paris noch das Mekka aller freisinnigen Philanthropen war. Von allem Anfang deutete er die Französische Revolution als ein Ereignis von metapolitischen Dimensionen. Vom neuen Schlag des moralisierenden Politintellektuellen befürchtet er das Schlimmste. Er sieht, wie in ihren akademischen Hainen bereits die Galgen und Fallbeile aufgerichtet werden. Burkes Schrift ist eine Kritik dieses neuen Intellektuellentypus, der sich anschickt, das Erbe der Könige, Stände und Parlamente anzutreten. Die Umwälzung in Frankreich ist eine »philosophische Revolution«, bewirkt von räsonnierenden Literaten und fanatischen Doktrinären. Burke spricht offen aus, daß hier ein neuer »Klerus« entsteht. Er beklagt den »kleinlichen, intoleranten Sektierergeist« und die neue »Bigotterie« dieser radikalen Ideologen: »Indem sie gegen Mönche eiferten, war der Geist eines Mönchs über sie gekommen«. Mit Hilfe eines »literarischen Monopolsystems« schwärzen sie alles an, was sich der Loge des Fortschritts widersetzt, und wo Räsonnement und Witz nicht ausreichen, wird die Intrige zu Hilfe gerufen. Sie haben »eine unterirdische Mine« gelegt, die in einer gewaltigen Explosion die Erfahrungen von Jahrhunderten vernichten wird. Burke hat erkannt, daß die Demokratie nicht weniger totalitär sein kann als das Regime eines einzigen. Herrschaft der Mehrheit bedeutet nicht notwendig Freiheit. Die Menschen haben ein Recht, gut regiert zu werden. Es gibt aber keine notwendige Verbindung zwischen guter Regierung und Demokratie im Sinne von uneingeschränkter Herrschaft der Majorität. Nur zu oft besteht eine Kluft zwischen dem Willen der vielen und ihrem Interesse. Burke ist daher ein Anwalt der »gemischten Verfassung«, in der demokratische, aristokratische und monarchische Elemente sich im Gleichgewicht befinden. Wichtig ist in diesem Zusammenhang sein Gedanke von der »natürlichen Aristokratie«, die er keineswegs mit dem erblichen Adel gleichsetzt. Eliten gehören nun einmal zu den unabdingbaren Bestandteilen zivilisierter Gesellschaften.

Die Aufklärer wollten den Staat auf einen Vertrag zurückführen. Burke greift diese Idee auf, um ihr eine konservative Wendung zu geben: Der Staat ist »eine Gemeinschaft nicht nur zwischen denen, die leben, sondern zwischen den Lebenden, den Toten und den Ungeborenen.« Mit dieser traditionsbejahenden

Haltung verbindet Burke das Bekenntnis, daß der Mensch von Natur aus ein religiöses Wesen ist. Alles, was die Größe Europas ausmacht, verdankt sich dem Geist des Gentleman wie dem Geist der Religion. Dazu gehört auch, daß in einem intakten Gemeinwesen nicht alles hinterfragt, kritisiert und zerredet werden darf. »Es ist das Unglück unseres Jahrhunderts, daß alles diskutiert werden kann...« Ausdrücklich rehabilitiert Burke die von den Aufklärern so verpönten »Vorurteile« *(prejudices)*. Wir haben ja gar keine Wahl, vorurteilslos zu sein oder nicht. Wir haben nur die Wahl zwischen erprobten und noblen Vorurteilen, in denen sich die unbewußte Lebensweisheit zahlloser Generationen akkumuliert, und den willkürlichen Abstraktionen ehrgeiziger Sophisten. »Eine der Hauptursachen unserer Fortschritte finden wir darin,« sagt Burke, »daß wir die Kenntnisse nicht verachten, die uns unsere Voreltern hinterließen.« Das Leben eines Individuums reicht nicht aus, die zum Leben notwendigen Einsichten und Haltungen selbst zu erwerben. Der einzelne ist angewiesen auf »das allgemeine Kapital aller Zeiten und Völker«, jenen Schatz an ihn orientierenden und motivierenden »Vor-Urteilen«, und es empfiehlt sich, »das Vorurteil beizubehalten mit der Weisheit, der es zur Hülle dient, als das Gewand wegzuwerfen und die nackte Weisheit stehen zu lassen, weil ein Vorurteil, das ein Prinzip der Weisheit enthält, zugleich eine Kraft, um dies Prinzip zu beleben, und ein Gefühl der Zuneigung, um ihm Dauer zu verschaffen, bei sich führt.« Ähnliches hat in unseren Tagen Konrad Lorenz verlauten lassen.

Burke war ein freiheitlicher Geist, doch er schrieb auch die Sätze: »But what is liberty without wisdom, and without virtue?« – » Die Menschen eignen sich zur bürgerlichen Freiheit in genauem Verhältnis zu ihrem Willen, ihrem eigenen Appetit moralische Fesseln anzulegen; im Verhältnis, wie sie lieber auf den Rat der Urteilsfähigen und Rechtschaffenen als auf die Schmeicheleien von Lumpen hören; im Verhältnis, wie ihre Liebe zur Gerechtigkeit ihre Habsucht übertrifft. Die Gesellschaft kann nicht existieren, ohne daß irgendwo eine Bremse des ungezügelten Willens und des Appetits eingebaut ist, und je weniger die Menschen selbst in ihrem eigenen Innern darüber verfügen, um so mehr muß sie ihnen von außen angelegt werden. Es liegt im ewigen Lauf der Dinge beschlossen, daß Menschen von ungezügeltem Charakter nicht frei sein können.«

Diese Bemerkungen finden sich in einem Brief, den Burke an ein Mitglied der Pariser Nationalversammlung schrieb. Sie sind nach wie vor aktuell. Man liest Burke, den Kritiker der Revolution, des Utopismus, der Gleichmacherei und der totalitären Demokratie, auch heute noch mit großem Gewinn. Harold Laski, kein Konservativer, sondern ein Sozialist, hat bekannt: »Burkes Werk lebt weiter als Handbuch politischer Weisheit, ohne das die Staatsmänner wie Seeleute auf einem unbekannten Meer sind.« (1979)

GOTTHOLD EPHRAIM LESSING

Was immer Lessing war – Dramatiker, Pamphletist, Kunsttheoretiker, Theologe, Bibliothekar, Verfasser von Gedichten, Epigrammen, Fabeln und Lustspielen, der »Hamburgischen Dramaturgie« und des »Laokoon« –, zuerst und vor allem war er *Kritiker.* Nicht der Drang zum Dichten war es, der ihn auf die Bühne und in die schöne Literatur trieb, sondern die innere Nötigung, Begriffe zu klären, Positionen abzustecken, Vorurteile zu prüfen, die Kunst der Unterscheidung zu üben und unter den Menschen zu verbreiten. »Alles, was Lessing getan, gebildet, versucht und gewollt hat, läßt sich am füglichsten unter den Begriff der Kritik zusammenfassen«, schreibt Friedrich Schlegel, und Adam Müller nennt Lessing zurecht den »eigentlichen Urheber und Vater der deutschen Kritik«. Bereits der junge Autor der »Emilia Galotti« schrieb die Verse: »Die grübelnde Vernunft drängt sich in alles ein, / Und will, wo sie nicht herrscht, doch nicht entbehret sein«. Und in seiner frühesten Vorstudie zum »Laokoon« heißt es: »Wir sind uns darin einig, daß die Kritik für sich eine Wissenschaft ist, die alle Kultur verdient«. Kritik wird hier durchaus noch im klassischen Sinne verstanden als Kunst der Grenzziehung, der Prüfung und Unterscheidung. Das Nathan-Wort: »Hier gibt's zu unterscheiden« könnte über allen Abhandlungen und Streitschriften Lessings stehen.

Lessing war ein sokratischer Geist, der zeitlebens Fragen stellte, und nur zu oft sehr unbequeme Fragen. Wie viele Fragezeichen stehen in seinen Schriften! Obwohl Sohn und Enkel lutherischer Pfarrer, hatte er sich schon früh die Ideen der Aufklärung angeeignet. Er schätzte Leibniz und manches verband ihn mit Diderot und Voltaire. Kurz vor seinem Tode bekannte er Jacobi: »Es gibt keine andre Philosophie, als die des Spinoza«. Die alten Antworten genügten ihm nicht mehr, und so begann er, Fragen zu stellen. Fragend wurde er zum Kritiker. Als Kritiker hat er dem Geist ungegängelter Untersuchung gegen jede autoritäre Dogmatik die Bahn gebrochen. Lessing entdeckte, wie sein Zeitgenosse Kant, daß Vernunft und Kritikfähigkeit identisch sind. Vernunft kann aber nicht nur das Unvernünftige kritisieren, sondern auch sich selbst. Sie kann ihre eigenen Grenzen einsehen. Insofern gehört Lessing, wieder wie Kant, sowohl zu den lichtvollsten Repräsentanten der deutschen Aufklärung als auch zu deren Überwindern. Er hat die Aufklärung – im dreifachen Sinn des Wortes – »*aufgehoben*«. So sehr er Aberglauben, Obskurantismus und Priesterdünkel unerbittlich bekämpft hat, so wenig war er ein Geist, der stets verneint. Wie er gegenüber theologischer Unduldsamkeit das Recht kritischer Vernunft verteidigt hat, so ist er gegenüber einem alles nivellierenden und banalisierenden Rationalismus als Anwalt des Glaubens aufgetreten. Oder vorsichtiger ausgedrückt: als Verteidiger der *Möglichkeit* eines im Feuer der Vernunft geläuterten Glaubens. Die vernünftelnden Theologen, welche dem überlieferten Christentum alles Geheimnisvolle austreiben wollten, waren ihm im Grunde seines Herzens noch mehr verleidet, als die auf dem Offenbarungscharakter der christlichen Religion beharrenden Konservativen. Mochte die altlutherische Theologie »unreines Wasser« sein, doch die neumodische erschien ihm als »Mistjauche«.

Die eigentümliche Stellung Lessings zwischen oder, besser gesagt, *über* den streitenden Lagern und Parteien seiner Zeit hat er selbst in einem Bekenntnis treffend ausgesprochen. Hiernach studierte er in seiner Jugend die Schriften, die den Wahrheitsanspruch des Christentums verteidigten, mit gleichem Eifer wie die Gegenschriften. Aber »je bündiger mir der eine das Christentum erweisen wollte, desto zweifelhafter ward ich. Je mutwilliger und triumphierender mir es der andere ganz zu Boden treten wollte: desto geneigter fühlte ich mich, es wenigstens in meinem Herzen aufrecht zu erhalten...«

Lessing war seiner ganzen Veranlagung nach weder ein Spezialist noch ein Systematiker. Er schrieb über altertumswissenschaftliche, dramaturgische, geschichtliche, philosophische, ästhetische und theologische Fragen, und war doch auf keinem Gebiet ganz zu Hause. »Alles Halbe war ihm in den Tod verhaßt«, sagt zwar Eichendorff von ihm. Gleichwohl schuf Lessing in keinem der vielen Fächer, die er studiert und bereichert hat, ein Hauptwerk, von dem sich behaupten ließe, daß es den »ganzen« Lessing enthalte. Dieser klarste Kopf des achtzehnten Jahrhunderts ist zugleich einer der am schwierigsten zu fassenden. Lessing ist eine eminent philosophische Natur, doch kein abstrakter Systemschmied. Er war, im besten Sinne des Wortes, ein Dilettant – ein enzyklopädisch gebildeter Gentleman und Amateur, der die Wahrheit suchte, doch zugleich in der tiefen Überzeugung lebte, daß der Mensch gar nicht imstande sei, über Wahrheit wie Geld und Geldeswert zu verfügen. Zu seinen bekanntesten Aussprüchen gehört die demütig-stolze Konfession:

»Nicht die Wahrheit, in deren Besitz irgendein Mensch ist oder zu sein vermeint, sondern die aufrichtige Mühe, die er angewandt hat, hinter die Wahrheit zu kommen, macht den Wert des Menschen... Wenn Gott in seiner Rechten alle Wahrheit und in seiner Linken den einzigen immer regen Trieb nach Wahrheit, obschon mit dem Zusatze, mich immer und ewig zu irren, verschlossen hielte, und spräche mir: ›Wähle‹, ich fiele ihm mit Demut in seine Linke und sagte: ›Vater, gib! die reine Wahrheit ist ja doch nur für dich allein!‹«
Nicht Gleichgültigkeit gegenüber der Wahrheit spricht aus diesen Worten, auch nicht müde Skepsis, sondern die hochgemute Frömmigkeit eines ruhelos fragenden und suchenden Geistes, eine religiöse Ehrfurcht vor dem Unendlichen. Einzelne Wahrheiten, sozusagen pragmatische Alltagswahrheiten, mögen als Besitz angesehen werden; doch *die* Wahrheit, die diese kleinen Wahrheiten trägt und begründet, läßt sich nicht besitzen. Sie ist nur gegenwärtig im Streben nach ihr, und selbst im Irrtum fehlt sie nicht, denn mit Leibniz vertraute Lessing darauf, »daß keine Meinung angenommen sein könne, die nicht von einer gewissen Seite, in einem gewissen Verstande wahr sei«. Diese kritische Konzilianz, die sich der Vorläufigkeit und Unvollendbarkeit alles Wissens und Meinens bewußt ist, hat nichts mit einem erkenntnistheoretischen Nihilismus zu tun, der die Realität für völlig unerkennbar und jedes Urteil für gleich-gültig hält. Sie ist vielmehr die Haltung eines kämpferischen Wahrheitssuchers, eines wirklichkeitsandächtigen Universalgelehrten, eines allseitigfreien Kenners, Denkers und Kritikers, der den Geborgenheiten in angeblich

endgültigen Heilslehren und Orthodoxien das Risiko ungeschützten Forschens und Findens vorzog.

Lessing war Protestant, und wer will leugnen, daß diese militante Haltung in einem konfessionell nicht einzugrenzenden Sinn »protestantisch« ist? Sie ist protestantisch auch dann noch, wenn sie sich, wie im Konflikt mit dem Hamburger Pastor Goeze, gegen den Protestantismus selbst wendet, denn: »Der Buchstab ist nicht der Geist«. Wider ein erstarrtes Luthertum appellierte Lessing an den Genius des Reformators: »Großer, verkannter Mann! Du hast uns von dem Joche der Tradition erlöset, aber wer erlöset uns von diesem unerträglichen Joche des Buchstabens!« Dieses Ethos und Pathos unbedingter und ums Unbedingte ringender Wahrheitssuche kommt bereits in einem Brief des zwanzigjährigen Lessing an seinen Vater zum Ausdruck: »Die christliche Religion ist kein Werk, das man von seinen Eltern auf Treu und Glauben annehmen soll«. Es steht hinter seinem Eintreten für vergessene, verkannte und verunglimpfte Autoren der verschiedensten Jahrhunderte: für den sogar Glaubenssätze der Logik unterwerfenden Scholastiker-Mönch Berengar von Tours, für den Renaissance-Philosophen Cardano, für den zum Islam übergetretenen Lutheraner Adam Neuser, für den von der Synagoge geächteten Spinoza, für den bibelkritischen Orientalisten Reimarus und andere. Hierher gehört auch sein Wort über die Eigenart des Ketzers: »Das Ding, das man Ketzer nennt, hat eine sehr gute Seite. Es ist ein Mensch, der mit seinen eigenen Augen wenigstens sehen wollte... Ja, in gewissen Jahrhunderten ist der Name Ketzer die größte Empfehlung, die von einem Gelehrten auf die Nachwelt gebracht werden konnte«.

In den vielen Schriften, in denen Lessing sich mit religiösen Fragen auseinandersetzt – er selbst bezeichnete sich als »Liebhaber der Theologie und nicht als Theologe« –, fällt der persönliche Ton auf. Er spricht nie im Namen anderer, beruft sich nicht auf Autoritäten. Immer strebt dieser im besten Sinne frei-sinnige, doch niemals ins frivol Relativistische, lax Indifferente abgleitende Einzelgänger und Selbstdenker danach, die Probleme so darzustellen, daß jeder sich selbst und auf eigene Verantwortung ein Urteil bilden kann. Der unerbittliche Kritiker verband seinen kompromißlosen Individualismus mit einer schier grenzenlosen Toleranz, so wie er auch in »Nathan der Weise« die Vernunftreligion aus den Quellen des Judentums, den Islam und den einfältigen Christenglauben des Klosterbruders gelten läßt. Er war bemüht, auch Unaufgeklärten und Aufklärungsgegnern Gerechtigkeit widerfahren zu lassen. »Jeder hat seine eigene Hermeneutik«. Die verschiedenen Religionen erstreben dieselbe Menschlichkeit. Die Unterschiede der Menschen sind Anlaß zu ihrer Vereinigung. Auserwählte nehmen diese Gemeinschaft schon jetzt vorweg. Die wahre Kirche ist ganz unsichtbar, und man kann auch Christ sein, ohne einem christlichen Bekenntnis anzuhängen. Prüfstein ist das sittliche Handeln, der Fortschritt im Geiste humaner Wohlgeratenheit und herzlicher Vernunft. In der knappen Spätschrift aus dem Jahre 1780 »Die Erziehung des Menschengeschlechts« hat Lessing das Credo dieser unsichtbaren Kirche aufgeklärter, toleranter und optimistischer Frömmigkeit entworfen. Christlich-evangelische, aufklärerisch-humanistische und geschichtsphilosophisch-mystische Elemente verbinden sich darin mit ebenso viel spekulativer

Kühnheit wie mozärtlicher Leichtigkeit. Lessing umreißt hier, mitten im Zeitalter der beginnenden Säkularisierung, das Bild einer als Heilsgeschichte aufgefaßten Weltgeschichte. Göttliche Vorsehung und Aufstieg zur Humanität, fortschreitende Offenbarung und zunehmende Mündigkeit, Glaubenswachstum und Evolution der Vernunft erscheinen als Aspekte ein und desselben Prozesses. Über die Jahrhunderte hinweg reicht der kritische Liebhaber der Theologie Kirchenvätern wie Clemens Alexandrinus und Origenes und Mystikern wie Joachim von Fiore brüderlich die Hand. Das Bühnenspiel »Nathan der Weise« ist hier in eine apokalyptische Geschichtstheologie umgesetzt. Die menschheitliche Entwicklung ist ein dramatischer Erziehungs-, Läuterungs- und Bildungsprozeß: Altes Testament und Neues Testament stehen für bestimmte Altersstufen, jenes für die Kindheit, dieses für die Jugend der Menschheit. Die Idee einer universalen Pädagogik bestimmt auch die Zukunft, für die ein »drittes Testament«, »die Zeit eines neuen, ewigen Evangeliums« verheißen ist. Ausdrücklich beruft sich Lessing auf »gewisse Schwärmer« des späten Mittelalters, die »gewiß keine schlimmen Absichten« hatten, »wenn sie lehrten, daß der Neue Bund ebensowohl antiquieret werden müsse, als es der Alte geworden.« Er meint damit Abt Joachim von Fiore und die Spiritualen. Was Lessing ihnen vorwirft, ist einzig ihre Ungeduld – und wohl auch ihr Drang, Zeit und Stunde des Anbruchs dieser Endzeit nach der Weise der Astrologen zu berechnen. Dem selbstkritischen Aufklärer ist adventistischer Fanatismus fremd. Er vertraut auf die »Perfektibilität«, die Vervollkommnungsfähigkeit des Menschen mit der Gelassenheit dessen, der weiß, daß sich auch »die Natur Jahrtausende Zeit nimmt«, und spielt mit dem uralten Gedanken der Seelenwanderung:

»Geh deinen unmerklichen Schritt, ewige Vorsehung! Nur laß mich dieser Unmerklichkeit wegen an dir nicht verzweifeln. Laß mich an dir nicht verzweifeln, wenn selbst deine Schritte mir scheinen sollten zurückzugehen! Es ist nicht wahr, daß die kürzeste Linie immer die gerade ist.« – »Verloren? – Und was habe ich denn zu versäumen? Ist nicht die ganze Ewigkeit mein?«

Dies war der jubelnde Glaube Lessings an den wachsenden Geist, an die unendliche Läuterung der Wesen, an das »große langsame Rad«, welches das Menschengeschlecht seiner Vollkommenheit näher bringt. Es wird immer merkwürdig bleiben, daß ein kristallklarer Verstandesmensch zu solcher Begeisterung und Glaubenskraft fähig war. Lessing ist ein Beispiel dafür, wie nahe Feuer und Kühle, Nüchternheit und Enthusiasmus beieinander sein können. Er wurde in der sächsischen Stadt Kamenz am 22. Januar 1729 geboren und starb am 15. Februar 1781 in Braunschweig. (1979)

JOHANN GOTTFRIED HERDER

Wenige deutsche Schriftsteller sind so bekannt und werden dennoch so wenig gelesen wie Johann Gottfried Herder. Unter den dreiunddreißig Bänden seiner Gesammelten Werke, der berühmten Suphan-Ausgabe (1877–1913), findet sich kaum ein richtiges, in sich geschlossenes Buch; viele von Herders Schriften sind Fragmente, so auch die epochemachenden »Ideen zur Philosophie der Geschichte der Menschheit«, viele tragen zu Recht Titel wie »Zerstreute Blätter«, »Kritische Wälder«, »Torso«, »Briefe«. Keines von seinen Gedichten ist populär, kein Ausspruch zum geflügelten Wort geworden. Und dennoch ist dieser aus dem ostpreußischen Mohrungen gebürtige Mann ein wahrer *homo genialis*, das heißt wörtlich: ein lebenzeugender Mensch, einer der vielseitigsten, fruchtbarsten und verschwenderischsten Anreger der deutschen Geistesgeschichte. Seine Bestimmung war es, mehr anspornender Initiator als abschließender Vollender zu sein; mehr zu säen als zu ernten; neue Wege zu bahnen, ohne sie zu Ende gehen zu können. Sein Ort war da, sagt Nietzsche von ihm, »wo es Übergänge, Senkungen, Erschütterungen, die Anzeichen inneren Quellens und Werdens gab«. Seine Größe und Tragik faßt er in die Worte: »Die Unruhe des Frühlings trieb ihn umher, aber er selber war der Frühling nicht«.

Der größte unter seinen zahlreichen Schülern ist Goethe, der in »Dichtung und Wahrheit« über seine Begegnung mit dem um fünf Jahre älteren Herder in Straßburg ungemein anschaulich berichtet. Sturm und Drang, die Humanitätsreligion der deutschen Klassik, der romantische Rückgriff aufs Mittelalter, auf Volkslied, Mythos und die Quellen nationaler Überlieferung, der moderne Historismus, Sprachwissenschaft, Literaturkritik und Anthropologie sind ihm verpflichtet. Dankbar hat sich noch in unseren Tagen Arnold Gehlen auf Herder berufen; ja, er zögerte nicht zu sagen, daß er imgrunde nur das, was Herder intuitiv vorweggenommen habe, mit Hilfe der Ergebnisse neuester Forschung zu fundieren unternehme. Gehlens These vom Menschen als »Mängelwesen«, von der durch seine Instinktreduktion bedingten Weltoffenheit – dies alles hat Herder bereits vor bald zweihundert Jahren ausgesprochen. »Nicht mehr eine unfehlbare Maschine in den Händen der Natur, wird er sich selbst Zweck und Ziel der Bearbeitung«, sagt Herder vom Menschen. Nicht wie das Tier an eine spezifische Umwelt gebunden und in sie eingefügt, habe der Mensch den »Vorzug der Freiheit«. Dieser Vorzug sei die positive Kehrseite seiner biologischen Hilflosigkeit. Der Mensch, dieser »erste Freigelassene der Schöpfung«, sei bereits von Natur aus auf Kultur angelegt; nur durch sie kann er überhaupt leben und überleben. Er ist wesentlich »ein besonnenes Geschöpf«, wobei Besonnenheit keine isolierte, zu den »tierischen« Anlagen etwa bloß hinzukommende Sondereigenschaft ist, sondern »diese ganze Disposition seiner Natur«. Diese Gedanken stehen teils in Herders von der Berliner Akademie preisgekrönter Abhandlung über den Ursprung der Sprache (1770), teils in den »Ideen zur Philosophie der Geschichte«, die von 1784 bis 1791 erschienen sind. Noch in der letzten Auflage seines Hauptwerks »Der Mensch – seine Natur und seine Stellung in der Welt« schreibt Gehlen: »Die philosophische Anthropologie hat seit Herder keinen Schritt vorwärts getan. Sie braucht auch keinen Schritt vorwärts zu tun, denn dies ist die Wahrheit«.

Der Anthropologe Herder ist zugleich einer der Ältervàter der Literaturgeschichte und Literatursoziologie. Er betonte die vielfältigen nationalen, religiösen, kulturellen und gesellschaftlich-politischen Bedingungen, unter denen Dichtung entsteht und genossen wird. Kunst und Poesie sind ihm etwas in einer bestimmten Zeit, in einem bestimmten Volkstum und Milieu Gewachsenes. Sophokles müsse vor dem Hintergrund der athenischen Demokratie, Shakespeare im Zusammenhang mit dem zu Ende gehenden Feudalismus gesehen werden. Es gibt keine absoluten, immer und überall gültigen ästhetischen Normen; auch die berühmten Regeln des Aristoteles für das Drama haben keine zeitlose Verbindlichkeit. Das ist der antiklassizistische, gegen Winckelmann und die französische Akademie gerichtete Affekt Herders, und in ihm äußert sich unverkennbar ein antihöfischer, ein demokratisch-plebejischer Impuls. *Volk* ist bei ihm nicht nur eine politisch-geographische Tatsache, sondern auch ein ethischer, ja fast ein religiöser Wert. Von hellseherischem Ahnungsvermögen erfüllt, das ihn in die entferntesten Zeiten und Räume schweifen läßt, hat Herder eine tiefe Vorliebe für alles Ursprüngliche, Primitive und »Wilde«, für Volkslied, Sage, Ballade und Brauchtum, für die frühen Epochen menschlicher Kultur. Der Mensch denkt ursprünglich in Bildern, Metaphern und Symbolen. Poesie ist die Muttersprache der Menschheit. Deutlich erkennt Herder die mythenschöpferische, theogonische Kraft der Sprache. So viele Völker und Sprachen, so viele Welten gibt es auch. Der deutsche Patriot Herder ist zugleich Weltbürger und Pluralist. Er liebt die unübersehbare Vielfalt der Nationen, Stämme und Kulturen, in denen sich der Reichtum menschlichen Schöpfertums äußert. Homer und Sophokles werden von ihm bewundert, doch nicht als zeitlose Vorbilder, sondern als Repräsentanten vitaler Völker. Ebenso sieht er im Alten Testament, in den Psalmen oder im Buche Hiob, weniger ein sakrosanktes Kompendium dogmatischer Glaubensaussagen denn einen überwältigenden Fall von Urpoesie, die dichterische Verkörperung der Seele des Orients. Er ist dadurch zum Wiederentdecker der hebräischen Poesie geworden und hat der Erforschung der Bibel eine ganz neue Richtung gegeben. Dies gilt vor allem für Herders Schriften »Älteste Urkunde des Menschengeschlechts«, »Die ältesten und schönsten Lieder der Liebe des Morgenlandes« und »Vom Geist der hebräischen Poesie«.

Urwüchsige Poesie ist für Herder die reinste, von ihm am meisten geliebte Erscheinungsweise der Seele eines Volkes. Neben die altjüdischen Propheten und Psalmisten treten nicht nur die griechischen Epiker und Tragödiendichter, sondern auch Shakespeares Dramen und Ossians Gesänge (die er für echte Schöpfungen aus dem dritten Jahrhundert hielt), später auch das altindische Schauspiel »Sakuntala«, die »Edda« und die Romanzen des »Cid«. Darüberhinaus wandte sich der mit einer schier grenzenlosen Aneigungskraft begabte Sprachphilosoph, Literaturkritiker und Sammler auch den sogenannten geschichtslosen Völkern zu, den Skythen, Indianern, Madagassen, Lappen und Eskimos. Von Rousseau nicht unbeeinflußt, sprach er von den »edlen Barbaren«, und nannte nur den Dichter groß, der sich, unbekümmert um ästhetische Doktrinen, auf die Macht ursprünglicher Inspiration verläßt.

1744 in dem ostpreußischen Landstädtchen Mohrungen (das heute unter polnischer Verwaltung steht und Morag heißt) geboren, war Herder bereits in seiner Kindheit der Welt der Slawen begegnet. Auch in Riga, wo er einige Jahre lang an der Domschule tätig war, ging ihm im Umgang mit den verschiedenen baltischen und slawischen Volksgruppen die Bedeutung dieses Teils der europäischen Menschheit auf. Sein erstes Gedicht ist dem russischen Zaren Peter III. gewidmet, als dieser 1762 Frieden mit Preußen schloß und mehreren nach Sibirien Verbannten die Freiheit schenkte. Eine Zeitlang träumte er davon, im Bunde mit der Zarin Katharina in Rußland als Reformator und Bildungspolitiker zu wirken. Er sammelte polnische, tschechische, russische und wendische Volkslieder, und in den »Ideen zur Philosophie der Geschichte der Menschheit« prophezeit er den slawischen Völkern eine glorreiche Zukunft in einem friedlich gewordenen Europa. Sein politischer Wunschtraum war ein europäisches Commonwealth, eine Föderation der Völker unseres Erdteils. Man kann Herder geradezu als einen Vorläufer der Slawophilen bezeichnen. Auf jeden Fall gehört er zu den ersten der nicht zahlreichen Anwälte der Slawen im deutschen Kulturraum, und seine Auffassungen von Volk, Volksdichtung und den »Stimmen der Völker in Liedern« (so der später seiner großen Anthologie verliehene Titel) haben entscheidend zur nationalen Selbstbesinnung im europäischen Osten beigetragen. Noch heute genießt der von Goethe nach Weimar geholte Generalsuperintendent bei Tschechen, Polen und Russen die Würde eines *praeceptor Slavorum.* Ausdrücklich mahnte er die Deutschen: »Nur hüte sich der Geschichtsschreiber der Menschheit hiebei, daß er keinen Völkerstamm ausschließend zu seinem Liebling wähle und dadurch Stämme verkleinere, denen die Lage ihrer Umstände Glück und Ruhm versagte. Auch von den Slawen hat der Deutsche gelernt. Der Kymr, der Lette hätte vielleicht ein Grieche werden können, wenn er zwischen den Völkern anders gestellt gewesen wäre«. Im Schatten der preußischen Ordensburgen aufgewachsen, hat Herder eine vom Pathos mittelalterlichen Kreuzzugsdenkens völlig freie Einstellung gegenüber den baltischen und slawischen Nachbarvölkern.

Dessenungeachtet war Herder ein deutscher Patriot, der an der politischen Zersplitterung seiner Nation litt und aus seiner Abneigung gegen den höfischen Absolutismus keinen Hehl machte. Sein Herz schlug für eine Erneuerung der deutschen Kultur und Dichtung. Vor dem Straßburger Münster wurde er sich mit Goethe der Eigenart deutscher Geschichte und Kunst bewußt. Durch Begegnung mit der Poesie fremder Völker sollten die Deutschen ihre eigene Originalität entdecken. Das Nationale war jedoch in seiner Sicht stets mit dem Menschheitlichen verbunden. Niemals erscheint das Völkische als Selbstzweck, sondern stets nur als ein Gefäß der Humanität. Natur und Geschichte faßte er als Momente eines umfaßenden Entwicklungsprozesses auf, als »das große Geheimnis der Fortbildung, Verjüngung, Verfeinerung aller Wesen«. Gott offenbart sich uns in den Evolutionen der Geschichte der Natur wie der Völker. Hier wie dort ist es die eine Flamme des Geistes, die zu fortwährender Verwandlung, zur Entfaltung immer höherer Formen und Gestalten treibt. In der Mannigfaltigkeit der Nationen und Kulturen kommen verschiedene Aspekte des göttlichen Urgrundes zum Ausdruck. »Gott ist alles in seinen Werken«, er ist »die ewige Wurzel vom unermeßlichen Baum des Lebens, der durch das Weltall verschlungen ist: Er ist die unendliche Quelle des Daseins, des größten Geschenks, das nur Er mitteilen konnte«. Man darf sagen, daß Herder Spinozas Pantheismus historisiert hat; er gewinnt bei ihm einen vitalistischen, ja jeradezu elementar-erdhaften Akzent. Gleichwohl ist er zu keiner Zeit ein »Blut- und Boden«-Ideologe gewesen, so sehr er auch, hierin seinem Lehrer Hamann folgend, die irrationalen Seiten der menschlichen Natur, ihre Prägung durch Klima, Landschaft und Milieu betont hat. Als der erste Freigelassene der Schöpfung ist der Mensch zu fortschreitender Humanisierung berufen. Er ist nicht bloß ein »Nationaltier«, sondern ein auf Universalität hin angelegtes Wesen. Alle Differenzierungen sprachlicher, kultureller, gesellschaftlicher und religiöser Art sind nur individuelle Ausprägungen derselben *einen* Menschheit, die sich durch solche Unterschiede fortbildet und bereichert. In diesem Prozeß kommt jedem Volk eine Aufgabe zu, keines ist davon ausgeschlossen, alle zusammen ergeben eine gewaltige Symphonie.

»Humanität« – dieses Wort umschreibt das Ziel von Herders Geschichtsphilosophie. Sie ist kein einfältiger Fortschrittsglaube, aber doch von einem uns heute kaum mehr recht nachvollziehbaren Vertrauen in den langfristigen Gang der irdischen Entwicklung getragen: »Betrachten wir die Menschheit, wie wir sie kennen, nach den Gesetzen, die in ihr liegen, so kennen wir nichts Höheres als Humanität im Menschen; denn selbst wenn wir uns Engel und Götter denken, denken wir sie uns nur als idealische, höhere Menschen«. Immer und überall, auch durch Untergang und Verfall hindurch vollzieht sich ein Aufstieg zu immer zivilisierteren, gebildeteren und freundlicheren Formen menschlichen Zusammenlebens gemäß dem Gesetz: »Der Mensch sei Mensch! Er bilde sich einen Zustand nach dem, was er für das Beste erkennet«.

Das ist der enthusiastische Glaube Herders, der einmal von sich selbst bekannt hat: »Mein Leben ist ein Gang durch gotische Wölbungen oder wenigstens durch eine Allee voll grüner Schatten; die Aussicht ist immer ehrwürdig und erhaben«.

Goethe hat diesem an Widersprüchen reichen Mann, der so viel geahnt, entdeckt und vorweggenommen hat, in der Gestalt des »Humanus« (in dem Fragment »Die Geheimnisse«) ein Denkmal gesetzt. Er blieb auch, nachdem sich seine und Herders Wege getrennt hatten, sich zeitlebens bewußt, was er dem lebenzeugenden Ideenvermittler, Seher und Kämpfer verdankte: die Begegnung mit dem eigenen Genius. Im Umgang mit ihm in Straßburg enthüllte sich Goethes Berufung. Allein schon deshalb verdient Herder einen ausgezeichneten Platz in der deutschen Geistesgeschichte.

Er starb am 18. Dezember 1803. Auf sein Grabmal in der Stadtkirche zu Weimar ließ Herzog Karl August drei Worte meißeln. Sie lauten: »*Licht. Liebe. Leben.*«

(1978)

WILHELM HEINSE

Wilhelm Heinse, der am 22. Juni 1803, im Alter von siebenundfünfzig Jahren starb, gehört zu den unbekanntesten Gestalten der an Dichtern und Denkern so reichen deutschen Geistesgeschichte zwischen Klopstock und Goethe, Herder und Humboldt. In seiner Jugend von Gleim und Wieland gefördert, wurde er schon zu Lebzeiten geächtet und verabscheut. Der fromme Graf Stolberg forderte auf, Heinses utopischen Renaissance-Roman »Ardinghello und die glückseligen Inseln« den Flammen zu überantworten, »wenn Euch an der Tugend Eurer Weiber, Schwestern und Kinder gelegen ist«, und auch dem zum Klassizismus bekehrten Goethe war der Autor verhaßt, »weil er Sinnlichkeit und abstruse Denkweisen durch bildende Kunst zu veredeln und aufzustutzen unternahm.« Im Nachlaß fand sich eine Xenie gegen »Hildegard von Hohenthal«, Heinses zweiten Roman: »Gerne hört man dir zu, wenn du mit Worten Musik machst, / Mischtest du nur nicht sogleich hundische Liebe darein.« Noch kürzer sprach der Literaturhistoriker Gervinus seine Empörung aus: »Den Ardinghello halb gelesen – pfui!!«

So galt Heinse bis in unser Jahrhundert hinein als Wüstling, Immoralist und Pornograph, dem man mit dem Superintendenten Herder »débauche des Geistes« bescheinigte oder (dies die Worte des entsetzten Wieland) »ausgelassenste Geilheit« und »unglücklichen Priapismus«. Um so merkwürdiger nimmt sich angesichts dieser Urteile die Tatsache aus, daß auch die in den sechziger Jahren Deutschland erfassende Sex-Welle, die doch die abseitigsten und verruchtesten Dokumente menschlicher Triebhaftigkeit heraufgespült hat, einer Wiederentdeckung oder gar Rehabilitierung Wilhelm Heinses wenig förderlich gewesen ist. Die 1975 bei Reclam erschienene Studienausgabe des »Ardinghello«, herausgegeben von Max L. Baeumer mit wertvollen Anmerkungen und Dokumenten zur Wirkungsgeschichte sowie 32 Bildtafeln, wurde kein Bestseller und auch die auf achtzehn Bände berechnete historisch-kritische Edition des Heinseschen Gesamtwerke (einschließlich der in der Frankfurter Stadtbibliothek aufbewahrten Notizen, Exzerpte und Tagebücher), die der Wilhelm Fink Verlag in München angekündigt hat, wird nur eine kleine Elite von geistesgeschichtlichen und literarischen Gourmets erreichen. Diese Feinschmecker und Kenner erwarten freilich das Erscheinen der Gesamtausgabe – wie tiefsinnig, daß nur Engeln und Büchern die Gnade zu erscheinen gegeben ist! – mit ungeduldiger Vorfreude. Denn sie wissen, daß der von den Weimarer Klassikern verfemte, weder der Aufklärung noch der Romantik zuzuordnende und im Geruche skandalöser Unzüchtigkeit stehende Heinse eine der erstaunlichsten, vielseitigsten, ja faszinierendsten Figuren der deutschen Literatur ist. Er hat als erster den Rang von Rubens erkannt (in seinen »Düsseldorfer Gemäldebriefen«), tiefsinnige musiktheoretische Einsichten formuliert und die Grundlagen zu einer zukunftweisenden Anthropologie der Kunst gelegt.

Geboren 1746 in Langenwiesen, einem thüringischen Städtchen unweit von Ilmenau, als Sohn eines Kommunalbeamten und Organisten, schon früh ein ausgezeichneter Orgel-, Klavier- und Flötenspieler, eine zeitlang an der Universität Jena die Rechte studierend, trotz Unterstützung durch einige Mäzene bettelarm, von utopischer Wander- und Reiselust erfüllt, sind die Stationen seines Lebens schnell erzählt: Redakteur der Damenzeitschrift »Iris« in Düsseldorf, 1780–1783 Aufenthalt in Italien (die meiste Zeit in Rom), 1786 Vorleser, schließlich Bibliothekar des Kurfürsten und Erzbischofs von Mainz, dem er 1794 – es ist die Zeit der Revolutionskriege – in die unterfränkische Stadt Aschaffenburg folgt, wo er 1803 stirbt und auf dem Agathenfriedhof begraben wird. Es ist dies das Jahr des Reichsdeputationshauptschlusses, durch den die geistlichen Kurämter von Mainz, Köln und Trier aufgehoben wurden. Napoleon näherte sich dem Höhepunkt seiner Macht und die endgültige Auflösung des fast tausendjährigen Heiligen Römischen Reiches deutscher Nation war entschieden. Für den in den Diensten des Mainzer Erzbischofs und Reichserzkanzlers stehenden Heinse war die höfische Welt des alten *imperium sacrum* noch eine Wirklichkeit gewesen, jene spätbarocke Kultur des deutschen Südens, die, anders als die der Säkularisierung des Protestantismus sich verdankende Klassik, noch *alle* Künste und Daseinsbereiche umfaßte (also das war, was Nietzsche einmal »Einheit des Stils in allen Lebensäußerungen eines Volkes« nennt): Musik, Malerei und Architektur ebenso wie Religion, Politik und die Umgangsformen einer jahrhundertelangen adeligen Überlieferung.

Eine exotische Erscheinung war und blieb Heinse freilich auch in diesem spätfeudalen Milieu, in dem vielleicht eine höhere Kultur geherrscht hat als in dem spießig-prüden Weimar, das vom Bildungsbürgertum des neunzehnten Jahrhunderts so maßlos idealisiert wurde. Dieser von einem katholischen Kirchenfürsten protegierte Literat durchquerte wie ein Komet in völlig exzentrischem Lauf das in spielerischer Leichtigkeit und Anmut sich vollendende Universum des Rokoko. Er ist wie der Nachmittag eines Fauns inmitten einer künstlich gehegten Schäferwelt, deren anakreontische Antike nur galant tändelndes Spiel war. Aus Heinse spricht ein ekstatisches Lebensgefühl, eine dionysische Naturfrömmigkeit, die durch das Christentum endgültig überwunden schien. Das Wort Glückseligkeit, das dem achtzehnten Jahrhundert so teuer war, hat bei ihm einen neuen, tieferen Klang, der auf Nietzsche vorausweist. Dabei wirkt Heinse überzeugender als der abtrünnige Pastorensohn Nietzsche. Anders als dieser enthält er sich aller feindseligen Invektiven gegen das Christentum. Er begnügt sich damit, seine Art, die Welt zu sehen, zu fühlen und zu genießen, in immer neuen Ausdrücken zu umschreiben – vom Aphorismus über den Essay bis zum Dithyrambus –, ohne ausdrücklichen polemischen Bezug auf die christliche Moral. Das im »Ardinghello« imaginierte Griechentum hat nichts gemein mit dem kühlen Klassizismus Winckelmanns und seiner Nachfolger. Es ist dies eine überschwänglich glühende Antike, erfüllt von bacchantischer Vitalität und elementarer Sinnenlust. Heinse ist der einsame Prophet einer weltbejahenden und diesseitsfrohen Religion kosmischen All-Lebens. Er kennt keine höhere Wirklichkeit über dem vitalen Dasein, das Eins und Alles ist, in dessen Fülle alle Unterschiede sich verflüchtigen so wie in Heraklits rhythmisch aufflammendem und verlöschendem Weltfeuer. Alle Wesen, einschließlich des Menschen, sind nur »eine Wohnung der Elemente, die augenblicklich durch uns reisen«. Die einzelnen Formen und Gestalten sind vergänglich, nur die von unendlichem Leben erfüllte Natur ist ewig. Unsterblich sind wir in dem

Maße, in dem wir uns mit diesem schöpferischen Urgrund ineinsschwingen – durch Kunst, Liebe und auch die beglückend einfache Freude, *daß* Leben ist, daß wir Wirkliches sind und kein Nichts. Heinse spricht immer wieder seine Überzeugung aus, daß Leben zutiefst Freude, Genuß, Seligkeit ist. Venus Urania feiert er wie fast zweitausend Jahre vor ihm Lukrez am Beginn seines großen Lehrgedichts »Über die Natur der Dinge«. Sie ist die älteste und jüngste aller Gottheiten, »deren Zaubergürtel das Weltall in tobendem Entzücken zusammenhält«.

Dieses Lebensgefühl hat Heinse am reinsten in seinem »Ardinghello« ausgedrückt, der Frucht seiner Italienreise. Die Hauptfigur ist eine echte Renaissancegestalt: Künstler, Krieger, Abenteurer, Seefahrer, Philosoph und Gesetzgeber zugleich. Seine Gegenspielerin ist Fiordimona, die Verkörperung des freien Weibes, das gleich dem Manne unabhängig lebt, ihm an Geist und Erfahrung fast überlegen. In der griechischen Inselwelt gründen beide gemeinsam mit ihren Freunden, einer Elite von »Todesleugnern«, ein utopisches Gemeinwesen, dessen Verfassung man am besten als Erotokratie bezeichnet. Die eigentlichen Protagonisten des Buches sind freilich nicht konkrete Menschen, sondern die Landschaften Italiens und der mediterranen Inselwelt sowie die Kultur der Renaissance, insbesondere die große florentinische und venezianische Malerei.

»Doch vereitelte dies nach seligem Zeitraum das unerbittliche Schicksal«. Mit diesen einfachen, unsentimentalen, stoisch klingenden Worten schließt das Buch. Von den Hohenpriestern der deutschen Klassik als obszönes Machwerk abgetan, hat Heinses Werk gleichwohl einige wenige Liebhaber gefunden, die eine Legion oberflächlicher Bewunderer aufwiegen. Zu dieser kleinen Schar gehören Clemens Brentano, Hugo von Hofmannsthal und André Gide. Ans Wunderbare aber grenzt die wohlbezeugte Tatsache, daß Hölderlin und Heinse einander begegnet sind, im Jahre 1796, in Kassel und Bad Driburg. Hölderlin befand sich in Begleitung von Susette Gontard, die unter dem Namen Diotima unsterblich wurde. »Ardinghello« wurde für Hölderlins »Hyperion« bedeutsam, wie auch Heinse den lyrisch-philosophischen Roman des um mehr als zwanzig Jahre jüngeren Dichters als einer der ersten gerühmt hat: »Es sind Stellen darin, so warm und eindringend, daß sie selbst den alten Kant ergreifen und bekehren sollten.« Und Hölderlin schrieb über seine Begegnung mit diesem angeblichen Satyr die erstaunlichen Worte: »Er ist wirklich ein durch und durch trefflicher Mensch. Ich habe noch nie so eine grenzenlose Geistesbildung bei soviel Kindereinfalt gefunden.« Seine große Elegie »Brot und Wein« ist Heinse gewidmet, von dem die Worte stammen: »Die Welt ist eine Musik! Wo die Gewalt der Konsonanzen und Dissonanzen am verflochtensten ist, da ist ihr höchstes Leben, und der Trost aller Unglücklichen muß sein, daß keine Dissonanz in der Natur kann liegen bleiben.« Ein Nachklang und Widerhall dieses männlich-kindlichen Seinsvertrauens ist der tragische Jubel am Schluß von Hölderlins »Hyperion«: »Wie der Zwist der Liebenden, sind die Dissonanzen der Welt. Versöhnung ist mitten im Streit und alles Getrennte findet sich wieder. Es scheiden und kehren im Herzen die Adern und einiges, ewiges, glühendes Leben ist Alles.« (1978)

WILLIAM BLAKE

Von außen betrachtet war das Leben des Dichters, Zeichners und Malers William Blake arm an großen Ereignissen. Geboren am 28. November 1757 in London als Sohn eines Strumpfwarenhändlers, starb er auch dort am 12. August 1827 – einige Monate nach Beethovens Tod in Wien. Er besuchte eine Zeichenschule, ging dann bei einem Kupferstecher in die Lehre und verdiente seinen kargen Lebensunterhalt durch dieses Handwerk. Außer seiner Frau Catherine, die ihn um vier Jahre überlebte, hatte er nur wenige Freunde und Gönner. Eine kleine Ausstellung eigener Werke im Hause seines Bruders hatte keinen Erfolg. Ein Kunstkritiker meinte über den damals zweiundfünfzigjährigen Graveur, er sei »ein unglückseliger Irrsinniger, den nur seine persönliche Harmlosigkeit vor der Zelle schützt«. Daraufhin fand es der Künstler tunlich, auf weitere öffentliche Ambitionen zu verzichten. Ein Gerichtsverfahren wegen staatsfeindlicher Äußerungen endete mit einem Freispruch Blakes. Als er starb, hatte er zwar Illustrationen zu Vergil, Dante, Milton, Young und der Bibel geschaffen, angestaunt von einigen ratlosen Freunden, die ihn vor dem Verhungern bewahrten; sonst war er jedoch fast unbekannt im England seiner Zeit, das er nie verlassen hatte. Doch dieser schlicht bescheidene Wandel ist nur die äußere Gestalt, hinter der sich eine ganz andere Existenz verbirgt: der Mystiker, Seher und Mythenschöpfer William Blake, der, hätte er früher gelebt, als prophetischer Religions- oder Ordensstifter in die Geschichte eingegangen wäre. Bereits mit vier Jahren sah er, wie Gott durch's Fenster in die elterliche Stube hereinblickte, und fing an zu schreien. Ein andermal wurde er von seiner Mutter geschlagen, als er behauptete, unter einem Baum dem alttestamentlichen Propheten Ezechiel begegnet zu sein. Durch das Laub einer Linde erblickte er weißschimmernde Engelsflügel. Auch als Erwachsener lebte er ständig in einer geheimnisvollen Welt. Es erschienen ihm die Patriarchen und Gotteskünder Israels, Sokrates und Christus, und mit den Geistern Miltons und Voltaires, die zu seinen »spiritual friends« gehörten, führte er ausgedehnte Gespräche. Ein neues, für seine eigenen Arbeiten nützliches Druckverfahren durch Reliefätzen offenbarte ihm sein verstorbener Bruder Robert. Blake widerfuhren viele solcher Erlebnisse; er fühlte sich als Medium okkulter Mächte, als Instrument, auf dem Gott und seine Boten spielten. Seine dichterischen und graphischen Werke faßte er als Offenbarungen auf, für die er sich nicht verantwortlich fühlte. Mit der Unbefangenheit eines in seine Phantasiewelt eingesponnenen Kindes erzählte er den Freunden arglos von diesen Gesichten. Sie waren ihm so selbstverständlich wie ein Blick auf die Straße. Einem Bekannten vertraute er einmal an: »Ich hatte oft Gespräche mit Voltaire, und er sprach zu mir: ›Ich habe den Menschensohn geschmäht und es wird mir vergeben werden. Meine Freunde aber haben den Heiligen Geist in mir geschmäht und es wird ihnen nicht vergeben werden‹.« Auf die Frage, in welcher Sprache sich denn Voltaire mit ihm unterhalten habe, erwiderte Blake: »Für mein Gefühl war es Englisch. Es war wie das Berühren einer Taste. Er schlug wahrscheinlich Französisch an und meinem Ohr klang es Englisch.« Als einmal Isaias bei ihm zu Tisch saß, fragte Blake den Propheten, wie er denn zu der kühnen Behauptung gekommen sei, Gott selbst habe mit ihm gesprochen. Isaias entgegnete ihm: »Ich sah keinen Gott noch hörte ich einen in einer endlichen organischen Wahrnehmung, aber meine Sinne entdeckten das Unendliche in jedem Ding, und ich war überzeugt und bin es noch heute, daß die Stimme aufrichtiger Entrüstung Gottes Stimme ist; ich kümmerte mich nicht um die Folgen, sondern schrieb.« Dies gilt weniger für den biblischen Empfänger der Weisungen Jahwes, um so mehr jedoch für den Seher Blake, dem Prophetie und Poesie als zwei Worte für ein und diesselbe Sache galten. In ihm steckt viel von Ossian, dessen Gesänge damals nicht nur Herder für eine echte Hervorbringung der Völkerwanderungszeit hielt; viel von Swedenborg, dem 1772 in London verstorbenen schwedischen Naturforscher, Mediziner und Ingenieur, dessen pedantische Berichte über die Geographie von Himmel und Hölle Kants Schrift »Träume eines Geistersehers« (1766) als warnendes Beispiel spiritistischer Phantasterei verspottet; viel aber auch von Paracelsus, Agrippa von Nettesheim und Jakob Böhme, dem tiefsinnigen Grübler, Visionär und Theosophen aus Görlitz, der damals in England manche Anhänger hatte.

Wenn diese Namen, denen man noch Hamann und Oetinger hinzufügen könnte, genannt werden, dann nicht so sehr, um William Blakes mystische Welt aus bestimmten Einflüssen abzuleiten (obwohl er mit den Werken der meisten, vor allem Swedenborgs, vertraut war), sondern eher um ein bestimmtes Klima zu umschreiben, das Milieu und die Atmosphäre, in denen sich dieser Außenseiter bewegte, der einmal von sich sagte: *I am hid*, Ich bin verborgen. So wenig sich Novalis, ungeachtet seiner pietistischen Herkunft, als Epigone Zinzendorfs verstehen läßt, so wenig kann Blake als chaotisches Experimentierfeld angelesener Doktrinen abgetan werden. Er gehört, wenn wir einen Begriff der neueren Psychologie gebrauchen wollen, zum Typus des Eidetikers, zu jenen Menschen also, für die Wahrnehmungen und Vorstellungen eine ungeteilte Erlebnisform bilden, und dazu zählen insbesondere künstlerisch begabte Kinder. Etwas Kindliches verblieb Blake bis zuletzt; trotz mancher Verbitterung bewahrte sich der Einsame eine grandiose Naivetät. Er nahm das, was Dichtung und Religion metaphorisch meinen, mit dem praktischen Idealismus eines Kindes wörtlich. Einbildungskraft war ihm weit mehr als die Kunst, Erinnerungen zu kombinieren, mehr auch als ein bloß menschliches Vermögen. Die sichtbare Welt erschien ihm als Niederschlag einer imaginativen Urkraft, und die Gabe der Phantasie als Vermögen höherer Wahrnehmung, als blütenhaftes Abbild dessen, was wirklich, ewig und unveränderlich ist. Als einmal ein Freund ihn und seine Frau nackt im Garten antraf, wo beide in Miltons »Paradise lost« lasen, da sagte er mit gelassener Einfalt: »Wir sind Adam und Eva«. Bei seinem Tode sagte Catherine, der einzige Mensch, der vorbehaltlos an Blakes Genie geglaubt hatte: »Er war immer im Paradies«.

Er lebte auch in dem Sinne im »Paradies«, als ihm das gegeben war, wonach der Dichter des West-östlichen Diwans sich sehnte: »im reinen Osten Patriarchenluft zu kosten«, wo frühgeschichtliche Geschlechter »noch von Gott empfingen Himmelslehr in Erdesprachen und sich nicht den Kopf zerbrachen«. Es ist gleichsam so, als ob ein menschheitliches Weltbewußtsein, das seit dem Spätmittelalter in immer tiefere Lagen absinkt und von einer zivilisatorisch-ra-

tionalen Oberschicht überdeckt oder gar erstickt wird, sich gegen die drohende Verdrängung noch einmal machtvoll aufbäumte. Blake, obwohl geboren im Jahrhundert Voltaires, Humes, Helvétius, Holbachs und Lamettries, ist dennoch kein Zeitgenosse oder gar Parteigänger der Aufklärung. Rationalismus, Sensualismus, Materialismus waren ihm so fremd, daß er kaum begreifen konnte, wie jemand derartige lebensfeindliche Abstraktionen auch nur ernsthaft erwägen konnte. Er hielt sie für die Philosophie des Schwachsinns. Ihm erschien, wie dem Baudelaire des Sonetts »Correspondances«, die Natur als ein Tempel, in dem jede Säule lebt und alles sinnlich Wahrnehmbare den Charakter einer Chiffre besitzt. In ihm stand mitten im Zeitalter der Aufklärung, am Beginn der von Britannien aus den Erdball erobernden Industrialisierung und Technisierung aller Lebensverhältnisse noch einmal der *homo magus et divinans* des archaischen Weltalters auf: zungenredend, wahrsagend, mythenschöpferisch. Blake ist deshalb nicht bloß ein poetisches oder kunstgeschichtliches Ereignis, sondern vielmehr die Wiederverkörperung einer ursprünglicheren menschlichen Daseinsweise, die bereits unwiederruflich verschüttet schien. Jahrtausendelang Begrabenes wird lebendig, und es ist eine Frage der Perspektive, ob man angesichts dieser geistig-seelischen Protuberanzen von Atavismus oder Transmutation sprechen will.
Als Maler, Zeichner und Dichter formte Blake aus den ihm zuströmenden Erleuchtungen einen hermetischen Mythos, der an die Lehren der großen Gnostiker vom Schlage Valentinos', Barsedanes und Basilides oder, um spätere zu nennen, Jakob Böhmes und der Kabbalisten erinnert. Es ist der Mythos von Ursprung und Fall, von Wiedergeburt und Erlösung der Welt. Auf der sich ins Unendliche dehnenden Bühne des Universums vollzieht sich ein magisches Drama, dessen Teilnehmer nicht nur die Repräsentanten der großen Epochen der Menschheitsgeschichte sind, sondern auch Engel, Dämonen und Titanen, die Elemente, Gestirne und apokalyptischen Tiere. Bereits die Erschaffung der Welt erscheint als eine Art Absturz, als Sündenfall der Gottheit. Dieser Gedanke erinnert an Marcions Dualismus, der zwischen einem bösen Gott, dem Demiurgen und Gesetzgeber, und dem im Lichtreich thronenden Erlösergott unterschied. Der ursprünglich schicksallos selige, in Einheit mit Gott oder gleichsam als ideale Möglichkeit Gottes lebende Mensch verliert in einem kosmischen Krieg seinen vormaligen Rang. Seine Sehnsucht wird dumpf und trübe. Die Hierarchie der Seele verwirrt sich in immer neuen Emanationen, die merkwürdige Namen haben: Ahania, Enion, Luvah, Vala und andere. Wie in der ägyptischen und indischen Mythologie vermischen sich diese Gestalten in immer neuen Metamorphosen. Auch eine Metaphysik des Sexus ist in Blakes Mythos enthalten. Der ursprüngliche Mensch war androgyn, aus dem Gegensatz der beiden Geschlechter entwickeln sich im Laufe der Äonen alle weiteren Antagonismen. Die Spieler in dem Drama von Fall und Erlösung sind weniger »Personen« denn seelisch-geistige Zustände, Situationen und Stimmungen, die wir auf dem Wege zur Wiedergeburt passieren müssen. Auch Satan ist nur ein solcher Zustand.

Blake hat diesen Mythos in verschiedenen, aus Text und Bildern zusammengefügten Werken ausgeführt: *Songs of Innocence and Experience, America, a prophecy, Europe, a prophecy, Visions of the Daughters of Albion* und *The*

Marriage of Heaven and Hell. Der Künstler selbst spricht von »composite art« und »illuminated books«, bei denen die Illustrationen nicht, wie üblich, den Inhalt des Geschriebenen wiederholen, sondern Text und Bild einander ergänzen, steigern und bereichern. Sein Ziel war die integrale Einheit aller Ausdrucksmittel, die Verschmelzung von Vision, Poesie, Schrift und Zeichnung. Die illuminierten Bücher sind die kanonischen Schriften eines verhinderten Religionsstifters. Wie Mani, der Gründer einer gnostischen Weltreligion, zu deren Anhängern eine Zeitlang auch der spätere Kirchenvater Augustinus gehörte, hat Blake seine Offenbarungen selber niedergeschrieben und illustriert. Auch manche der kleinsten Aquarelle dieses medialen Esoterikers wirken wie Reproduktionen von Fresken eines Tempels.
Blake verwarf die nachahmende Kunst als sündhaft und verkündete, daß sie den Jüngsten Tag nicht überleben würde. Imagination und Vision sind die Grundbegriffe seiner Ästhetik wie seiner Mythologie und Ethik. Die Welt der Einbildung ist ihm »die wirkliche und ewige Welt, von der diese Welt nur ein schwacher Abglanz ist«. Er will nicht mit dem Auge sehen, sondern »durch das Auge hindurch«. Der wahre Künstler ist zuerst und vor allem Seher, Übermittler und Interpret von Visionen. Christus verkörpert in der Sicht Blakes diesen wahren Künstler. An einen gewissen Dr. Trusler, dem eines seiner Bilder – die aquarellierte Federzeichnung »Mißgunst« – nicht gefiel, schrieb Blake eine ausführliche Verteidigung seiner visionären Kunstphilosophie und Kosmologie:
»Und ich weiß, daß diese Welt eine Welt der Imagination und der Vision ist... In den Augen eines mit Imagination begabten Menschen ist die Natur die Imagination selbst. Wie der Mensch ist, so sieht er alles. Je nachdem wie das Auge geformt ist, so ist auch seine Sehkraft. Sie irren ganz sicher, wenn Sie behaupten, daß die Visionen der Phantasie etwas sind, was es in dieser Welt nicht gibt. Für mich ist diese Welt ganz und gar eine ununterbrochene Vision der Phantasie oder Imagination.«

Dies ist, wie Morton D. Paley, einer der überragendsten Blake-Kenner unserer Zeit, zurecht feststellt mehr als das bloße Bekenntnis eines zügellosen Subjektivismus. Wenngleich unser Erkennen von dem abhängt, was wir sind, von unserem Zustand oder *state*, so gibt es dennoch Zustände, in denen uns die Wirklichkeit besser zugänglich ist als in anderen. Das privilegierte Erkenntnisorgan ist die Phantasie. Die Wirklichkeit als große Phantasie erschließt sich vorzüglich der höchstentwickelten menschlichen Einbildungskraft, und der Unterschied zwischen beiden ist kein grundsätzlicher, sondern nur ein gradueller. Was im Künstler als Visionen gebärende Phantasie wirkt, ist in der Natur der ständig neue Emanationen hervorbringende schöpferische Drang. Es gibt nichts als die Phantasie, und Blake ist ihr Prophet: so etwa müßte der Kern des neuen Evangeliums lauten.

Solcher Apotheose der »arts of imagination«, verkündet von einem Manne, der immer wieder gezwungen war, Kupfer nach fremden Vorlagen zu stechen, entspringt ein neues Selbstverständnis der Kunst. Blake zählt zu den mächtigsten Vorboten fast aller Richtungen der modernen Malerei. Wer mit seinem Schaffen wenig vertraut ist, dem fällt es schwer, seine Bilderzyklen überhaupt zu datieren und kunstgeschichtlich einzuordnen. Manches scheint aus der Zeit der Spätrenaissance und des Manierismus zu stammen; anderes nimmt in seinem Ineinander von frühlingshafter Kindlichkeit und spätzeitlicher Melancholie den Jugendstil vorweg; wieder anderes weist auf Moreau, Burne-Jones und Rossetti hin, aber auch auf Odilon Redon und James Ensor; und schließlich muß man Blake, von dem der eines Rimbaud würdige Ausspruch stammt, daß der Weg der Maßlosigkeit zum Palast der Weisheit führe, als einen der Erzengel des Surrealismus betrachten.

Da erscheinen bärtige Riesengreise auf Krücken oder vor einer Höhle auf allen Vieren kriechend. Eine Gottvatergestalt badet mit einer Nixe in einem Waldsee, an dessen Ufer ihre Zwillingsschwester lagert. Der Prophet Ezechiel, umgeben von wild trauernden Frauen, kniet vor einer Totenbahre, der er den Rücken zuwendet. Im Schatten einer Weide plaudern Nymphen und Genien. Unter dunklem Wolkengeröll hocken zwei Ringer und ein Mädchen; sie sind nackt. In Lilienkelchen ruhen Liebespaare. Titanen entsteigen wogenden Flammen. Ein majestätischer Athlet mit wehenden Haaren beugt sich mit einem weitgeöffneten Zirkel aus aufgerissenem Gewölk hervor. Ein Opferpriester kniet blutend vor einer Kugel, die aus den seiner Wunde entspringenden Blutströmen sich bildet. Von Esel, Eule und Kubinschen Ungeheuern umgebene weibliche Dämonen. Geflügelte Elohim und Ringkämpfer mit Vogelkrallen an Händen und Füßen. Immer wieder vulkanische Glutausbrüche, kosmische Brandorgien, himmlisch-höllische Feuersbrünste. An Leviathan und Behemoth gemahnende Drachen und tierköpfige Menschenleiber, die an altägyptische Schakalgötter oder auch den uns von manchen byzantinischen Ikonen her vertrauten Christophoros Kynokephalos denken lassen. Cherubim, Seraphim und andere triumphierende Lichtwesen.

Befremdet und betroffen, aber auch wie im Vorgefühl einer Narkose durchwandert der Betrachter Paradies, Fegefeuer und Inferno, durchlebt albtraumhafte Schrecken und selige Entzückungen, geblendet von nie zuvor gesehenen Farben und niedergedrückt durch abgründige Düsternisse. Biblisch-Christliches und Antik-Heidnisches erscheinen ihm als konvertierbare Elemente ein und desselben Universums, dessen Zyklen um das Drama von Fall und Erlösung des Menschen kreisen.

In den Museen des festländischen Europa gibt es keine Werke Blakes; die meisten befinden sich in Großbritannien und Nordamerika. Vor der Ausstellung von mehr als zweihundert Arbeiten des Künstlers in der Hamburger Kunsthalle (und anschließend im Städelschen Kunstinstitut in Frankfurt am Main), die im Frühjahr 1975 stattfand, war dieser englische Zeitgenosse Goethes, Hölderlins, Novalis' und Kleists nur wenigen Deutschen bekannt, obgleich bereits um die letzte Jahrhundertwende Rudolf Kassner, Otto von Taube und Helene Richter Brücken zur phosphoreszierenden Chiffrenwelt William Blakes gebaut hatten. Es fehlte der anschauliche Zugang. Mittlerweile findet Blakes phantastische Kunst mehr Beachtung als je zuvor, und auch die Literatur über den Dichter, Maler und Gnostiker wächst von Jahr zu Jahr. Wichtiger als alle Kenntnisse über das, was Blake dachte, ist freilich das Bemühen, seine Bilder zu *sehen*. Allerdings kommt es darauf an, daß bei diesem Sehen in uns wenigstens etwas von jenem Zustand anklingt, den der Mystiker, Magier und Mythenschöpfer meinte, als er den Ausspruch wagte:

»Menschsein heißt: Imagination besitzen ... Imagination ist der göttliche Leib in jedem Menschen.« (1980)

SAINT-SIMON

Claude-Henri de Saint-Simons Name ist bekannter als sein Werk, dessen unvollständig gebliebene Edition siebenundvierzig Bände umfaßt. Sein Oeuvre enthält eine derartige Fülle von Beobachtungen, Gedanken und Intuitionen, daß es sich geistespolitisch kaum eindeutig einordnen läßt. Dieser »französische Faust«, der wie ein Don Quijote aussah, hat verschiedenen Generationen sehr Verschiedenes bedeutet. Man hat in ihm einen aufklärerischen Freidenker und einen begeisterten homo religiosus, einen Liberalen und einen Sozialisten, einen Vorläufer der Technokratie und einen Ahnherrn des Faschismus gesehen. Auf dem Obelisk im Alexandergarten am Moskauer Kreml steht der Name Saint-Simon neben Marx, Engels und anderen Begründern des Kommunismus. Aber auch als »erster Amerikaner« ist Saint-Simon bezeichnet worden. In Südamerika berufen sich seit mehr als einem Jahrhundert Revolutionäre und Diktatoren auf saint-simonistische Ideen, vor allem in Brasilien, wo Saint-Simons Schüler Auguste Comte geradezu als Nationalheiliger gilt. Das linksliberale »Junge Deutschland« stieß nach Hegels Tod zu dem vielseitigen Franzosen, und Friedrich Engels schrieb einmal, daß die deutschen Sozialisten auch Abkömmlinge Saint-Simons seien. Sainte-Beuve nannte Napoleon III. den »Saint-Simon zu Pferde«, und in der Tat konvertierten viele Anhänger des sozialen Propheten zum Bonapartismus. Durkheim betrachtete Saint-Simon als den eigentlichen Begründer der Soziologie, bei dem man im Keime alle entscheidenden Ideen bereits finde, und es gibt auch heute noch Gesellschaftswissenschaftler von Rang, die den von Karl Marx als »Utopisten« eingestuften Franzosen für realistischer denn Marx halten. So gibt es kaum eine ideologisch-politische Strömung des neunzehnten und zwanzigsten Jahrhunderts, der Saint-Simon nicht zugeordnet worden ist, und François Perroux ging sogar so weit festzustellen: »Nous sommes tous devenus plus ou moins Saint-Simoniens.«

Als Nachkomme eines der ältesten Adelsgeschlechter Frankreichs 1760 geboren, war Saint-Simon Schüler der Enzyklopädisten und Mitkämpfer Lafayettes im amerikanischen Unabhängigkeitskrieg, feudaler Grandseigneur und nach der Revolution erfolgreicher Spekulant, ein unermüdlicher Projektemacher und allseitig interessierter Mäzen, dann bettelarmer Bohémien und zuletzt der Guru einer sozialreformerischen Sekte, die das goldene Zeitalter nicht in der Vergangenheit, sondern in der Zukunft suchte. Antifeudaler Aristokrat und antibürgerlicher Intellektueller, stets voller Entwürfe und Antizipationen, hat Saint-Simon in seinem abenteuerlich bewegten Leben keine geschlossene Doktrin entwickelt, sondern vor allem als Anreger gewirkt. Wie später Tocqueville verdankt auch er dem Aufenthalt in Amerika eine sein ganzes Werk durchdringende Inspiration. Denn hier kam er in unmittelbaren Kontakt mit einer neuen Gesellschaft rastlos arbeitender Menschen ohne ständische Privilegien, mit einer Gesellschaft ohne mittelalterliche Überreste, eben mit einer modernen Wirtschaftsgesellschaft, die dann zum großen Thema seines sozialen Denkens werden sollte. Hinzu kam der bestimmende Eindruck, daß sich die europäische Ordnung spätestens seit der Französischen Revolution in einer historischen Krise befand, die sich vor allem in der zunehmenden Dissonanz von »Gesellschaft« und »Staat«, »Überbau« und »Basis«, Industrie und politischem Regime äußerte.

Saint-Simon hat das, was an der marxistischen Geschichtsauffassung empirisch und rational ist, bereits Jahrzehnte vor Marx und Engels formuliert. Er hat nicht weniger als drei Grundaxiome des Marxismus vorweggenommen: daß die gesellschaftlichen Verhältnisse letztlich von der Produktion bestimmt werden; daß die Verteilung des Eigentums die »Basis« (so wörtlich!) des sozialen Gebäudes sei; und daß seit Beginn der Neuzeit ein fundamentaler Antagonismus die europäische Gesellschaft beherrsche: der Klassenkampf zwischen der feudalen und der heranreifenden industriellen Klasse. Zur »classe industrielle« im Sinne Saint-Simons gehören jedoch nicht nur die Fabrikarbeiter, sondern alle, die direkt oder indirekt, ausführend, anleitend oder planend, an der Produktion beteiligt sind: also neben den Arbeitern und Bauern auch die Unternehmer, Bankiers, Manager, Wissenschaftler, Ingenieure und Techniker.

Saint-Simon ist der Visionär einer hochentwickelten arbeitsteiligen Leistungsgesellschaft, deren Merkmale Kooperation, Disziplin, Technik und positive Wissenschaft sind. Folgerichtig wird die nivellierende Idee radikaler Gleichheit verworfen. Dem Leistungsgedanken entspricht die Ungleichheit der Einkommen, der Hochschätzung unternehmerischer Initiative die Ablehnung einer verstaatlichten Wirtschaft. Der produktiven »classe industrielle«, die in sich hochdifferenziert ist, stellt Saint-Simon die Klasse der parasitären »Drohnen« entgegen: das schmarotzerische »Regime des Geschwätzes und des Advokatentums«, wie er es nennt und zu dem er auch den größten Teil der staatlichen Bürokratie zählt.

Saint-Simon ist kein Prediger des Aufstandes, er vertraut vielmehr auf die Kraft wissenschaftlicher und moralischer Argumente sowie auf die Sachzwänge der industriellen Zivilisation: »Die Philosophie des letzten Jahrhunderts ist revolutionär gewesen; die des nächsten wird organisatorisch sein müssen.« Die Parole »Terminer la révolution« ist auch Saint-Simons Devise. Allerdings geht er davon aus, daß ein Ende der revolutionären Erschütterungen nicht abzusehen ist, solange man ihnen nur die reaktionäre Sehnsucht nach einer Rückkehr zu vorindustriellen Zuständen oder einen perspektivenlosen Pragmatismus entgegenzuhalten weiß. Dieses Interesse an einer Disziplinierung der Revolution steht auch hinter Saint-Simons Pathos für langfristige Planung: »Da wir erkannt haben, daß wir in einer Zeit des Übergangs leben, machen wir uns einen Plan, damit sich der Übergang so schnell, so reibungslos und so friedlich wie möglich vollzieht.«

Saint-Simon gehört zu den großen Bahnbrechern nichtmarxistischen Planungsdenkens, Walther Rathenau und Bertrand de Jouvenel stehen in seiner Nachfolge. Er hat die Paneuropa-Idee ein Jahrhundert vor Graf Coudenhove-Kalergi propagiert, sich für einen französisch-britischen Zusammenschluß

eingesetzt, schließlich einen europäischen Völkerbund mit gemeinsamem Parlament und gemeinsamer Regierung gefordert.
Es ist lohnend, sich mit Saint Simon zu befassen. Die Geschichte seiner Nachwirkungen ist faszinierend, sein Aktualität evident. Durch lange Zeit von Karl Marx und dessen Schülern in den Schatten gedrängt, scheint Saint-Simons Stern erst heute aufzugehen.
Als er am 19. Mai 1825 in Paris im Sterben lag, weigerte er sich, bis zuletzt ein Grandseigneur, mit den Freunden über seine Leiden zu reden. »Meine Herren, ich bin glücklich, Ihnen ein neues Gesprächsthema zu verschaffen. Sie sehen einen Mann, der eine furchtbare Krise durchmacht, dessen Geist jedoch so sehr mit seiner Lebensarbeit beschäftigt ist, daß er sich mit Ihnen nicht über seine Krankheit unterhalten kann. Nun, tun Sie, was Ihnen recht zu sein scheint.
Ich habe das vollste Vertrauen und bin bereit, Ihnen zu helfen.« (1975)

WILHELM VON HUMBOLDT

Wilhelm von Humboldt bedeutet uns – im Westen – heute nicht viel. Vorbei sind die Zeiten, da Meinungsverschiedenheiten über ihn zum Bruch von Freundschaften führen konnten – man denke an den Skandal, den in den zwanziger Jahren Siegfried A. Kaehlers Buch ausgelöst hat, das, nach Meineckes Meinung, einen »Humboldt in Unterhosen« präsentiert. Die Nationalsozialisten schwankten, ob sie mehr den »Judenfreund« oder den »Napoleonhasser« Humboldt ins Licht rücken sollten. In der DDR, deren hauptstädtische Universität nach Humboldt benannt ist, gilt er als »großer Humanist«, dessen Erbe nunmehr von der »Partei der Arbeiterklasse« verwaltet werde.
Im Westen ist – seien wir ehrlich – Wilhelm von Humboldt heute tot. Er ist es schon seit einiger Zeit. Diese Tatsache sollte freilich nicht dafür blind machen, daß Humboldt zu den Schlüsselfiguren des deutschen neunzehnten Jahrhunderts gehört – und wer will leugnen, daß das neunzehnte Jahrhundert in einem ausgezeichneten Sinne das der Deutschen gewesen ist. Die Beschäftigung mit Humboldt führt, wie einmal der Historiker Peter Berglar festgestellt hat, »unmittelbar in die Tiefen unserer Geschichte – in eine Tiefe, an deren Grund ein gewaltiges unaufgearbeitetes, unaufgelöstes Residuum deutscher Sehnsüchte lagert«.
Seinen Zeitgenossen erschien er als eine Sphinx. Friedrich Schlegel nannte ihn: »undurchschaubar, unberechenbar, gelassen, kalt, schwankend zwischen greller Sinnlichkeit und düsterem Stoizismus, zwischen Lebensgier, Lebensfreude und weltentsagendem Einsiedlertum«. Humboldt hat zu seinen Lebzeiten wenig getan, um die Mit- und Nachwelt über seine persönlichen Ansichten zu unterrichten, um den gegensätzlichen Äußerungen über sein Wollen und seinen Charakter klärend entgegenzutreten. Er selber war eine tief widersprüchliche Natur, erfüllt von geradezu quälenden Gegensätzen: zwischen Aufklärung und

Klassizismus, Liberalismus und Konservatismus, Sehnsucht nach Poesie und dichterischer Impotenz, wissenschaftlicher Forschung und Politik. Faszinierend als vielseitig Strebender, enttäuschend als Ausführender, scheint auf ihn Schillers, seines Freundes, Wort gemünzt: »Den lieb' ich, der Unmögliches begehrt!«

Humboldt begehrte Unmögliches – sowohl ihm persönlich, als auch objektiv, gemessen an der Ordnung der Wirklichkeit, Unmögliches. Was er ersehnte, was ihm als Ideal vorschwebte, was er in Entwürfen und Plänen zeigte, war und ist erregender als das, was ihm an Verwirklichung beschieden war. Gewiß: dieser Zwiespalt gehört zur condition humaine, ist zeitloser Natur; doch im Falle Humboldt hat er eben eine ganz persönlich-existentielle Ausprägung. Am offensichtlichsten wird dies im Bereich der Dichtung, auch seines Verhältnisses zur Welt der griechischen Kultur: Humboldt hat viele Verse verfaßt, darunter über tausend Sonette – und dennoch gehört nichts davon zu den Beständen deutscher Poesie; er hat die Antike bewundert und verehrt – doch es ist dies ein anämisches, abgepaustes, irgendwie gipsernes Altertum; er hat die Sprache als ein *constituens* des Menschen aufgefaßt – doch er formulierte diese tiefe Einsicht in einer Sprache, die ihrer Vermittlung geradezu im Wege steht.

Soviel zum Individuum Wilhelm von Humboldt, zu dem, was ihm persönlich versagt war. Wenn man jedoch das Insgesamt der Interessen, Tätigkeiten und Nachwirkungen dieses Mannes betrachtet, kann man allerdings nur sagen: Er war ein Phänomen. Halb hugenottischer, halb märkischer Abstammung, befreundet mit Goethe und Schiller, in diplomatischen Diensten in Rom, Wien, Paris und London, Chef des preußischen Bildungswesens, die verschiedensten Wissensgebiete durchdringend und bereichernd, manche überhaupt erst begründent und stiftend, Nuntius deutscher Klassik in Österreich, Italien und Frankreich, Schöpfer des Neuhumanismus, erster Kulturpolitiker Deutschlands und Wegbereiter des liberalen Gedankens – er war, in der Tat, »the most cantral figure in Germany« (Lord Acton), einer der fähigsten und umfassendsten Geister Europas (Madame de Staël), »ein Staatsmann von perikleischer Hoheit des Sinnes« (August Böckh). Der englische Philosoph und Nationalökonom John Stuart Mill sah in Humboldt einen überragenden Freiheitsdenker, und an ihn dachte er, als er die denkwürdigen Worte schrieb: »Nur in Deutschland weiß man, was Freiheit des Geistes ist.« Golo Mann meinte, daß Humboldt als Leiter des preußischen Universitäts- und Unterrichtswesens der Reformzeit beinahe zu gut war, um wahr zu sein. In seiner Jugend hatte er die baskische Sprache erforscht, im Alter erschloß er die Bhagavadgita, eines der heiligsten Bücher des Hinduismus, den Deutschen; daß er recht eigentlich als Vater der modernen Sprachphilosophie betrachtet werden kann, haben wir schon angedeutet.

Als sein humanistisch-liberales Credo hatte der junge Humboldt einmal formuliert: »Der wahre Zweck des Menschen ist die höchste und proportionierlichste Bildung seiner Kräfte zu einem Ganzen. Zu dieser Bildung ist Freiheit die erste und unerläßliche Voraussetzung.« Hinzukommen müsse noch, als Anreiz zu solcher individuellen Entfaltung, eine »Mannigfaltigkeit der Situationen«. Was er damit meint, hat der Zweiundzwanzigjährige seinem Tagebuch anvertraut: »Der Grundsatz, daß man in vielen Lagen aller Art gewesen

sein müsse, ist so fest in mir, daß mir jede, in der ich noch nicht war, schon darum angenehm ist.«
An diesen Maximen hat Humboldt sich zeitlebens ausgerichtet: der gesellige Weltmann und der die Einsamkeit suchende »Weise von Tegel«, der Grandseigneur und der Gelehrte, der genußfroh-lebensneugierige Epikureer und der zu den alten Griechen aufblickende Humanist, der Ästhet und der Staatsmann. Er war ein Mensch in seinem Widerspruch: mitteilsam-gesellig und einsamkeitsbedürftig, hingebend liebenswürdig und nüchtern kühl, sinnenfroh genießend und seine Genüsse analysierend, apolitisch-individualistisch und staatsmännisch dem Gemeinwohl ergeben. Rahel Varnhagen sagte einmal von ihm, »er sei von keinem Alter, gehöre keinem an. Mit sechzehn Jahren nicht jung, mit sechzig nicht alt, traten nicht die Zeiten in ihm hervor, sondern er nur in ihnen: Humboldt der Knabe wie Humboldt der Greis war vor allem Humboldt«; er schwebte auch in den Jahren intensiver diplomatisch-politischer Aktivität immer irgendwie über den Umständen seines Lebens. Diese souveräne Distanz ließ ihn vielen seiner Zeitgenossen als kühl, abweisend, lieblos erscheinen. Joseph Görres meinte einmal, Humboldt sei »kalt wie Dezembersonne«, und Karl Varnhagen vergleicht seinen Stil mit »glänzenden Eisgebilden«.
Wilhelm von Humboldt, wir sagten es schon, ist heute tot. Diese Feststellung sagt freilich mehr aus über unsere Verfassung und den Zustand unserer Gesellschaft denn über den Rang des preußischen Humanisten, Gelehrten und Weltmannes, von dem das Wort stammt: »Es gibt kein höheres, tätig und leidend starkes und mit edler Scheu vor einer übersinnlichen alles beherrschenden Macht ergebenes Gefühl, als das, in dem Hektor ausruft: ›Denn es kommt einst der Tag, an dem die heilige Ilias sinkt!‹ – und doch keinen Augenblick vom mutvollsten Kampfe abläßt.« Daß Humboldt tot ist, bedeutet, daß unsere Art von Zivilisation nicht mehr die Humboldts ist – wobei diese Aussage nicht nur eine Interpretation zuläßt. (1976)

GEORG WILHELM FRIEDRICH HEGEL

Schwer fällt es, von Hegel zu sprechen, ohne auf Bilder aus der Welt des Mythos zurückzugreifen, wie denn auch der Vollender des abendländischen philosophischen Rationalismus es nicht verschmäht hat, die letzten Dinge seines Denkens in Hieroglyphen und Symbolen mythischen Ursprungs auszusagen.
Von der Hölderlin, dem Tübinger Jugendfreunde, gewidmeten Hymne »Eleusis« (1796) über die Vision des »bacchantischen Taumels, an dem kein Glied nicht trunken ist« in der »Phänomenologie des Geistes« (1807) bis zu dem melancholischen Vergleich der Philosophie mit der »Eule der Minerva«, die »erst mit der einbrechenden Dämmerung ihren Flug« beginnt, am Schluß des Vorworts zu seiner Rechtsphilosophie (1821), dem letzten großen Werk, reichen die Spuren von Hegels Vorliebe für einprägsame Bilder und Schlüsselzei-

chen mythischen Ursprungs. Daß es sich dabei nicht um eine unverbindliche façon de parler, sondern um das tiefste Geheimnis seines Denkens handelt, hat Hegel selbst in einem Gleichnis von stygischer Tiefe ausgesprochen: »Der offenbare Geist hat die Wurzel seiner Kraft in der Unterwelt; die ihrer selbst sichere und sich versichernde *Gewißheit* des Volks hat die *Wahrheit* ihres Alle in Eins bindenden Eides nur in der bewußtlosen und stummen Substanz Aller, in den Wassern der Vergessenheit.« Wie die Olympier beim Fluß der Unterwelt schwören, anerkennt auch der Philosoph des absoluten Geistes die Gewalt der acherontischen Bereiche, ohne jedoch, wie manche seiner romantischen Zeitgenossen, in ihnen sich dauernd niederzulassen. Mythologisch gesprochen, ist Hegel ein *Janus bifrons*: einerseits fernsten Vergangenheiten zugewandt und sie beerbend, andererseits mit Zweifel und Resignation in eine Zukunft blikkend, die unsere Gegenwart ist. Im Hinblick auf diese hat Alexandre Kojève, einer der geistreichsten Schüler des doppelgesichtigen Philosophen, einmal gesagt, daß die Geschichte bisher noch keineswegs über Hegel hinausgegangen sei: sie schwanke nur noch zwischen seiner links- und seiner rechtshegelianischen Auslegung. Wenn auch diese apodiktische These übertrieben sein mag, so ist sie doch ein Indiz für die unverminderte Aktualität des Themas Hegel und die Folgen.

Hegel als die unbewältigte Vergangenheit oder, wie Ernst Topitsch es einmal drastisch formuliert hat, als Leiche im Keller der deutschen Philosophie; Hegel als geistige Großmacht der Gegenwart; Hegel als mögliche Inspiration eines künftigen Denkens: unschwer lassen die in unserer Zeit entstandenen Hegel-Bilder und -Auslegungen sich um jene Schwerpunkte gruppieren.

Doppelgesichtig, zweideutig, ja multivers ist die Geschichte von Hegels Nachwirkung. Er hat die gegensätzlichsten Schulen, Parteien und Bewegungen inspiriert, zu den widersprüchlichsten Stellungnahmen herausgefordert und wird es – wir wissen nicht, wie lange noch – auch weiterhin tun. Hegelianer befanden sich im alten preußischen Generalstab, aber auch in den Zellen der russischen Oktoberrevolution, unter den faschistischen Kulturverwaltern sowie unter den edelsten Repräsentanten der Résistance. Die Berufung auf Hegel, auf die Dialektik und den Gang des Weltgeistes diente als ideologisches Herrschaftsmittel, aber auch als Waffe im Kampf gegen Herrschaft. Geistesgeschichtliche Hermeneutik wie revolutionäre geschichtliche Praxis haben Hegel zum Ältervater. Je nach der Bevorzugung eines Moments der Hegelschen Philosophie lassen sich die wichtigsten politisch-ideologischen Richtungen unseres Jahrhunderts charakterisieren: so übersetzte der marxistische Sozialismus den Gedanken von der Arbeit des Weltgeistes ins Soziologisch-Ökonomische zurück, akzentuierte der Liberalismus die Vision von der Harmonie sich wechselseitig anerkennender freier Citoyens, konnte der Faschismus an Hegels Staatsvergottung und Volksgeistlehre anknüpfen. Darüber hinaus gibt es noch jenen unausgesprochenen, schwebenden Hegelianismus, eine eigentümliche Hegelatmosphäre, in der sich viele bewegen, ohne sich dessen immer bewußt zu sein. Hegel als doppelgesichtiger Janus: uns zugewandt, sofern seine Philosophie auch noch unsere Zeit in Gedanken faßt, wir also mit Fragen konfrontiert sind, die bereits ihn beschäftigt haben; uns abgewandt, sofern ihm in einem geradezu archaisch anmutenden Maße das Problembewußtsein empirischer Forschung abgeht, sofern er die Welt in ein geschlossenes System zu zwingen sucht und noch nicht die Frage nach der Möglichkeit einer offenen, prospektiven Philosophie in praktischer Absicht stellt...

Gehört Hegel zu jenen »*Einsamen*, die von ihrem Volke aufgeopfert und aus der Welt ausgeschieden wurden, zu dem Zwecke, daß die Kontemplation des Ewigen und ein ihr allein dienendes Leben vorhanden sei – nicht um eines Nutzens, sondern um des Segens willen«? Dieser etwas salbungsvollen Formulierung widerspricht Hegels Stoßseufzer, den seine Frau Marie festgehalten hat: »Wer von Gott dazu verdammt ist, ein Philosoph zu sein!«

In der Vorrede zur »Phänomenologie« heißt es: »Die Philosophie aber muß sich hüten, erbaulich sein zu wollen.« Philosophieren ist seither nicht leichter geworden. Unendlich fern ist uns Hegel, der Statthalter des Weltgeistes in Berlin, und fragwürdig die religiöse Ergriffenheit mit der einmal eine zur Tat drängende Jungend in seiner Dialektik die »Algebra der Revolution« zu finden vermeinte. Doch solange Menschen den Sinn ihres Lebens weder sicher zu besitzen glauben noch auf ihn endgültig verzichten, solange sie sich der in den Wissenschaften bereits vorausgesetzten Wahrheit öffnen und an der Möglichkeit freien Zusammenlebens nicht verzweifeln, sind die Philosophen. Sie begegnen einander, nach einem Wort von Hegel, »auf der Landstraße der Vernunft, wo jeder geht, wo keiner sich auszeichnet.« (1970)

ROBERT OWEN

Ein tschechischer Philosoph unserer Tage, Ivan Sviták, sagte mir einmal wie beiläufig, man könne nur Aufklärer oder Hegelianer sein. Bei diesem Wort dachte er an die beiden grundsätzlich verschiedenen Möglichkeiten, politische Entscheidungen und Programme zu begründen. Hegelianisch wäre der im Namen welcher Ideologie auch immer erhobene Anspruch, aus angeblicher Einsicht in den Sinn und die Gesetze der Geschichte eine bestimmte Gesellschaftsordnung als notwendig und richtig ausweisen zu können. Politik aus dem Geiste der Aufklärung dagegen wäre dies: menschliche Verhältnisse besser machen zu wollen, als sie sind, nicht weil der Weltgeist das Kommandowort dazu gegeben hat, sondern weil die Verhältnisse ungerecht und empörend, zumindest aber: verbesserbar sind. Ist der politische Hegelianer darauf bedacht, den universalen Sinn der Geschichte zu entziffern und zu vollstrecken, so trachtet der politische Aufklärer vor allem nach Entwürfen, die wünschbar, diskutierbar und auch wieder veränderbar sind. Keineswegs stimmt es, daß Hegelianer notwendig Revolutionäre, Aufklärer dagegen Reformer sind. Es genügt, daran zu erinnern, daß es erzkonservative, auch faschistische Hegelianer gab, etwa Mussolinis Kulturminister Giovanni Gentile; Georg Büchner dagegen, der die »Taschenspielerkünste Hegelscher Dialektik« verhöhnte, war nichtsdestoweniger ein Revolutionär. Da heute linkes Denken vielfach antiaufklärerische Züge trägt und stark im Banne Hegels steht, mag es nicht überflüssig sein, an einen Mann zu erinnern, der kein Hegelianer, ja imgrunde überhaupt kein Philosoph war und dennoch zu den Gründervätern des modernen Sozialismus gehört. Gemeint ist *Robert Owen*, von dem Friedrich Engels gesagt hat, er sei gewesen »ein Mann von bis zur Erhabenheit kindlicher Einfachheit des Charakters und zugleich ein geborener Lenker von Menschen wie wenige.«

Owen wurde am 14. Mai 1771 in Newton (Nordwales) als Sohn eines kleinen Ladenbesitzers geboren. Schon mit neun Jahren verließ der begabte Junge die Schule, um bei einem Weißwarenhändler in die Lehre zu gehen. Hierauf ging er nach London, dann nach Manchester, wo er mit achtzehn Jahren eine kleine Textilmaschinenfabrik aufbaute. Als eine große Baumwollspinnerei einen neuen Unternehmensleiter suchte, bewarb Owen sich um den Posten, wenngleich er wenig von der Branche wußte. Er erhielt die Stelle, obwohl er ein Gehalt von dreihundert Pfund jährlich verlangt hatte. Owen war damals gerade zwanzig. Nach einigen Jahren kaufte er einige Fabriken in dem armseligen Dorf New Lanark, die zufälligerweise Mr. Dale gehörten, dem Vater des Mädchens, in das er sich verliebt hatte. Der kaum neunundzwanzigjährige Owen wurde Kompagnon des schottischen Großindustriellen Dale, Geschäftsführer von dessen Spinnerei in New Lanark und überdies sein Schwiegersohn. Die Arbeiter, die er vorfand, waren körperlich, geistig und moralisch verwahrlost. Eine tägliche Arbeitszeit von sechzehn Stunden war damals die Regel; erst im Jahre 1833 wurde für Kinder der Acht-, für Jugendliche der Zwölf-Stundentag eingeführt.

Jeder Versuch, Owens Rang in der sozialen Bewegung des neunzehnten Jahrhunderts zu bestimmen, setzt einen Blick auf diese düsteren Aspekte der von England ausgehenden industriellen Revolution voraus. Das schnelle Anwachsen der Bevölkerung und die Einführung der maschinellen Produktionsweise auf kapitalistischer Grundlage führten zur früher unvorstellbaren Konzentration von Menschen, Unternehmen und Arbeitsplätzen in den Städten, zur Verdrängung der Heimarbeit durch den Fabrikbetrieb, der alten Manufaktur durch die moderne Großindustrie. Vor diesem Hintergrund begann der noch nicht dreißigjährige Robert Owen mit seinen beispiellosen Reformen zugunsten der Arbeiter. Er akzeptierte die Lehre der Aufklärer, daß der menschliche Charakter vor allem von der jeweiligen Umwelt geprägt werde, und ergriff als Unternehmer die Gelegenheit, diesen Satz praktisch zu erproben. Er beschränkte die Arbeitszeit für Erwachsene auf zehn Stunden täglich, schaffte die Arbeit von Kindern unter zehn Jahren überhaupt ab, baute Arbeiterwohnungen mit Gärten und um seine Musterfabrik eine ganze Mustergesellschaft im Kleinen mit eigenen Sparkassen, Schulen, Restaurants und landwirtschaftlichen Betrieben. Besondere Aufmerksamkeit widmete er der Erziehung, indem er die Kleinkinderschule einführte. Als eine Baumwollkrise das Unternehmen zu viermonatigem Stillstand zwang, zahlte er seinen Arbeitern den vollen Lohn aus. Innerhalb eines Jahres war aus New Lanark eine völlig neue Gemeinde geworden, nach fünf Jahren war sie nicht wiederzuerkennen, nach einem Jahrzehnt eine Weltberühmtheit. Den Zeitgenossen erschien die in Schottland gelegene, eine Tagesreise von Glasgow entfernte Gemeinde mit ihren sauberen Werkstätten und Wohnhäusern, ihren gesunden und fröhlichen Kindern als ein funktionierendes Utopia, das noch dazu dem Gründer reichliche Gewinne abwarf. Aus demoralisierten, verwahrlosten und ungebildeten Individuen hatte er eine Musterkolonie geschaffen, in der, wie Friedrich Engels rühmend berichtet, »Trunkenheit, Polizei, Strafrichter, Prozesse, Armenpflege, Wohltätigkeitsbedürfnis unbekannte Dinge waren« – einfach dadurch, »daß er die Leute in menschenwürdigere Umstände versetzte und namentlich die heranwachsende Generation sorgfältig erziehen ließ.« Trotz dieser Reformen war Owen kein weltfremder Träumer, sondern einer der erfolgreichsten Unternehmer seiner Zeit, dem es gelang, den Wert seines Betriebs mehr als zu verdoppeln und ein Vermögen von mindestens 60000 Pfund zu erwerben. Bewundert von Königen und Staatsmännern, in Verbindung mit den ersten Gelehrten Europas, darunter Pestalozzi, Alexander von Humboldt, Laplace und Simonde de Sismondi, erbrachte Owen mit seinem sozialen Experiment New Lanark den Beweis, daß Elend, Schmutz und Freudlosigkeit keine unausweichlichen Folgen industrieller Produktion seien, daß überdies Menschenfreundlichkeit und soziale Gesinnung durchaus nicht unrentabel sein müßten. Doch bald ging Owen noch viel weiter: die neuen industriellen Produktivkräfte, die, nach seiner Berechnung, 2500 Menschen einen Reichtum zu erzeugen erlaubten, zu dem ein halbes Jahrhundert früher die Arbeit von 600000 notwendig gewesen wäre, sollten nicht länger im Dienste einer parasitären Minderheit stehen. Das technisch mögliche Zeitalter des Überflusses erfordere ein neues System der Produktionskontrolle, das die Früchte von Arbeit und Kapital der Gemeinschaft zuführe. So entstand, wie Engels treffend bemerkt, auf geradezu »rein geschäftsmäßige Weise, als Frucht sozusagen der kaufmännischen Berechnung« der Owensche Sozialismus, dessen Grundgesetz Vereinigung und Zusammenarbeit war. Owen dachte an Produktionsgenossenschaften, die sich in relativ autarken Siedlungen von 800 bis 1200 Einwohnern verwirklichen; diese »Villages of Cooperation« sollten Landwirtschaft, Handwerk und Industrie pflegen.

Mögen derartige selbstgenügsame Mikrokosmen heute von »rechten« Soziologen und »linken« Sozialrevolutionären in gleicher Weise als reaktionäre Idylle belächelt werden, so bleibt doch die merkwürdige Tatsache zu verzeichnen, daß durch die Jahrtausende utopische Gesellschaftsentwürfe immer wieder von einer beschränkten Bevölkerungszahl ausgehen: so träumt schon Lao-tse im sechsten Jahrhundert vor Christus von einem »kleinen Land mit geringer Volkszahl, wo das Angebot an Gütern den Verbrauch zehn- oder hundertfach übersteigt«, fordert Platon ein Gemeinwesen mit 5040 erwachsenen männlichen Bürgern, während Thomas Morus von 6000 Familien und Charles Fourier von 1600 bis 1800 Personen aller Klassen, Generationen und Charaktere spricht. Angesichts des hemmungslosen Wachstums der Weltbevölkerung in unserem Jahrhundert und der immer deutlicher werdenden Gefahren einer gemeinschaftsarmen Massengesellschaft gewinnen die erwähnten Entwürfe von überschaubaren, strukturierten und mit ihrer natürlichen Umwelt im Gleichgewicht befindlichen Gruppen einen zumindest mahnenden Sinn.

Als Owen mit seiner etwa um 1820 einsetzenden sozialistischen Wendung bei Freunden, Standesgenossen und Politikern auf Widerstand stieß, ging er nach Amerika, um dort seine Vision in die Praxis umzusetzen. In New Harmony, im Süden des Bundesstaates Indiana, hatte ein württembergischer Dissident, Georg Rapp, in Erwartung der nahen Herabkunft des Reiches Gottes auf Erden, eine christlich-kommunistische Siedlung aufgebaut. Nach zehn Jahren verließen die pietistischen Siedler das blühende Land, ohne daß wir recht wissen warum. Vielleicht waren sie ihrer Endzeithoffnung verlustig gegangen, vielleicht hatten sie eingesehen, daß sich die totale Gütergemeinschaft bei stetig wachsenden Erträgen nur schwer aufrechterhalten läßt. Owen, der radikale Freidenker, kaufte den Besitz der christlichen Sekte, und ließ eine Gruppe von Landsleuten über den Ozean nachkommen, die, wie er sagte, »gelehrteste Schiffsladung aller Zeiten«. Friedrich List, der große liberale Vorkämpfer für die wirtschaftliche Einigung Deutschlands, notierte freilich in sein Tagebuch: »Elemente scheinen nicht die besten.« Am 4. Juli 1826, genau fünfzig Jahre nach der Unabhängigkeitserklärung der USA, weihte der zum Kommunisten gewordene Großunternehmer seine Gründung mit einer »Geistigen Unabhängigkeitserklärung« ein, in der er den drei großen Hemmnissen gesellschaftlicher Reform, der »Dreieinigkeit der ungeheuerlichsten Übel«, den Krieg erklärte: dem Privateigentum, der bürgerlichen Ehe und der Religion.

Lists Skepsis sollte nur zu bald bestätigt werden: die Aufnahme der Mitglieder von New Harmony geschah wahllos, der anfängliche Zustand völliger Gleichheit mußte bald aufgegeben werden, Sondergruppen setzten sich ab und als Owen, von einer England-Reise zurückkehrend, die kommunistische Siedlung nach dreijährigem Bestehen wiedersah, mußte er zugeben, daß das Experiment mißlungen war. Er wandelte die Genossenschaft in eine Gemeinde von Privateigentümern um, deren kulturelle Aktivität für Amerika wegweisend wurde. In New Harmony entstanden Amerikas erster Kindergarten, erster Frauenclub, erste öffentliche Bibliothek und erste Handelsschule – die erste freie öffentliche Schule des Kontinents überhaupt. Noch heute finden sich in New Harmony, einem Städtchen mit nur einigen tausend Einwohnern, Spuren der frühsozialistischen Siedlung, die Jane Owen, die Gattin eines Nachkommen von Robert Owen, sorgfältig restaurieren ließ. Unweit eines modernen dachlosen Gotteshauses, in dem sich statt des üblichen Kirchengestühls lebende Büsche und Bäume erheben, befindet sich in einem kleinen Park das Grab des deutschen Theologen Paul Tillich. Owen selbst, den der Versuch, Utopie und Praxis zusammenzubringen, ein Fünftel seines Gesamtvermögens gekostet hatte, kehrte nach England zurück. Dort waren inzwischen seine Lehren in der Arbeiterschaft, insbesondere bei den *trade-unions*, den Gewerkschaften, auf fruchtbaren Boden gefallen. Die Führer der Spinnereiarbeiter, der Bauarbeiter und der Töpfer betrachteten den aus der Neuen Welt zurückgekommenen Sozialreformer als ihren Lehrmeister. So fand sich Owen, der vordem von Klassenkampf nichts gehalten hatte, plötzlich an der Spitze einer sozialistischen Massenbewegung. 1833 wurde unter seiner Leitung die »Große Nationale Moralische Gewerkschaft der Produktion und der Nützlichen Klassen« gegründet. Diese Union war der Beginn der offiziellen britischen Arbeiterbewegung und umfaßte bald eine halbe Million Mitglieder, etwa die Hälfte aller Gewerkschaftler des Landes. Sie forderte nicht nur bessere Löhne und Arbeitsbedingungen, sondern eine radikale Umgestaltung der Sozialstruktur: die Arbeiter sollten die Industrie und Landwirtschaft genossenschaftlich übernehmen und ihre jeweiligen Berufsverbände zu Kadern von Produktionsgenossenschaften umfunktionieren. Doch schon im Sommer 1834, als in Deutschland Georg Büchner seinen »Hessischen Landboten« erscheinen ließ, erlag die Gewerkschaftsbewegung dem Gegenangriff der Regierung und den scharfen Maßnahmen der Unternehmer.

Owen löste die Organisation auf, verkaufte seinen Anteil an New Lanark und zog sich von der aktiven Politik zurück, um sich vorwiegend der Theorie und Propaganda seiner sozialistischen Ideen zu widmen. In zahlreichen Büchern, Aufsätzen und Zeitschriften – die letzten hießen »Robert Owen's Journal« und »Robert Owen's Millenial Gazette« – entwickelte er seine sozialkritischen Lehren. Sein »Book of the New Moral World«, zwischen 1836 und 1844 in sieben Teilen erschienen, wurde zur Bibel der Oweniten. Daneben begann er mit der Aufzeichnung seiner Lebensgeschichte, die unvollendet blieb. Am 17. November 1858 starb Owen, der sich im Alter dem Spiritismus zugewandt hatte, in seiner Vaterstadt Newton. Einen Tag vor seinem Tode sagte er selbstbewußt: »Ich brachte der Welt wichtige Wahrheiten. Und wenn sie ihrer nicht achtete, so weil sie sie nicht verstand. Ich bin meiner Zeit voraus.«

Während alle seine Siedlungsexmperimente ebenso gescheitert waren wie New Harmony und der Versuch, den Produzenten durch »Arbeitsgeld« – Zertifikate über die von jedem geleisteten Arbeitsstunden – und »Tauschbanken« das Ihre zu sichern, beeinflußte Owen mit anderen Forderungen und Ideen nachhaltig die gesamte moderne soziale Bewegung. Mit dem jungen Konservativen Robert Peel war er der Initiator des für die damaligen Verhältnisse fortschrittlichen Arbeitszeitgesetzes von 1819, das die Frauen- und Kinderarbeit erstmals beschränkte. Auch die spätere Sozialgesetzgebung bewegte sich auf den von Owen gewiesenen Bahnen. Kranken- und Alterspensionen gehen auf seine Initiative zurück. Sein Beitrag zu einer kinderfreundlichen Pädagogik, insbesondere seine Ansicht, daß Erziehung über das Wissen hinaus auch das Musische und Soziale umfassen müsse, wirkte wegweisend. Dasselbe gilt für seine genossenschaftlichen Gedanken, die noch zu seinen Lebzeiten von den »Redlichen Pionieren von Rochdale«, meist Flanellwebern und Vertretern anderer Gewerbe, aufgegriffen wurden (1844), deren Kooperative der vielseitige christlich-konservative Sozialpolitiker Viktor Aimé Huber dem preußischen König Friedrich Wilhelm IV. als Vorbild empfahl, ohne mit dieser Anregung durchdringen zu können. Owen selbst freilich sah die genossenschaftliche Organisation des Konsums nur als Etappe zur genossenschaftlichen Organisation auch der Produktion an. Insofern antizipierte er die erst gegen Ende des neunzehnten Jahrhunderts sich erhebenden syndikalistischen und gildensozialistischen Bewegungen. Seine Milieutheorie und die damit verbundene optimistische Anthropologie haben den Marxismus beeinflußt, in dessen Utopie auch eine ganze Reihe Owenscher Forderungen eingegangen ist: die Aufhebung der Arbeitsteilung und das Schwinden der sozialen Unterschiede; die Wiedervereinigung von geistiger und körperlicher Arbeit, von Stadt und Land, von Industrie und Agrarwirtschaft; die Ersetzung der patriarchalischen Ehe durch ausschließlich auf wechselseitiger Sympathie beruhende Lebensgemeinschaften zwischen Mann und Frau; die gesellschaftliche Erziehung der Kinder sowie die Verbindung von Unterricht, Sport und produktiver Arbeit.

Von einem geistreichen Reaktionär unserer Tage, E. M. Cioran, stammt das boshafte Wort: »Die Utopie ist eine Mixtur aus puerilem Rationalismus und säkularisiertem Engelsglauben.« Diese Charakteristik trifft, mit einigen Vorbehalten auch auf Robert Owens Zukunftsentwurf zu. Doch bevor wir der Versuchung nachgeben, über diesen von skurrilen Zügen nicht freien Aufklärer und Sozialutopisten zu lächeln, sei die Gegenfrage gestattet: Ist es denn gar so verächtlich und spotterregend, die Ausbeutung von Kindern abgeschafft, für einen kürzeren Arbeitstag gekämpft und sich Gedanken über eine rationalere, menschenfreundlichere Gesellschaft gemacht zu haben? Und sind diese Probleme, mit denen in der ersten Hälfte des vorigen Jahrhunderts England konfrontiert war, nicht in großen Teilen der Welt noch immer ungelöst? Owen war kein tiefschürfender Denker wie Marx und kein Meister revolutionärer Strategie wie Lenin. Bedeutsam ist er weder auf dem Gebiet der Theorie noch auf dem der Revolution, sondern durch sein tätiges Beispiel. Er zeigte als fortschrittlicher, mit den langfristigen Tendenzen der technischen Revolution in Einklang stehender Unternehmer, daß die Industrialisierung nicht auf ein gedemütigtes, mißhandeltes und verelendetes Proletariat gegründet sein muß. Er zeigte als Sozialreformer, daß man den Armen am besten helfen könne, wenn man sie produktiv macht. Er zeigte als Schöpfer verschiedener sozialer Experimente, daß Berufsverbände, Gewerkschaften und Genossenschaften zu den unabdingbaren Elementen der modernen Gesellschaft gehören. Er zeigte, daß die Verhältnisse, unter denen Menschen leben, von den Menschen zweckmäßig verändert werden können. Er lehrte kein endzeitliches »Prinzip Hoffnung« und verfaßte auch keine utopischen Romane, sondern ließ sich mit nüchternem Kaufmannsverstand und dem Organisationstalent eines Pionierunternehmers auf das so notwendige Geschäft ein, Utopie und Praxis zu vermitteln. Friedrich Engels schrieb: »Alle gesellschaftlichen Bewegungen, alle wirklichen Fortschritte, die in England im Interesse der Arbeiter zustandekommen, knüpfen sich an den Namen Owens«. Ernst Bloch nannte ihn eine »anima candissima«, einen der ersten Föderativ-Sozialisten, und Martin Buber bescheinigte Owen, daß er »zu den einfachen Voraussetzungen echter Gemeinschaft« vorgedrungen sei.

Wenn wir an Owen erinnern, dann nicht nur im Hinblick auf seine unleugbare historische Bedeutung, sondern auch auf einige aktuelle Bezüge. Einmal könnte angesichts der dogmatischen Erstarrung der Marxschen Doktrin im Osten und der meist fruchtlosen Marx-Exegese im Westen Owens Beispiel zu der ketzerischen Frage verführen, wieviel Theorie eigentlich überhaupt vonnöten sei, um soziale Verhältnisse praktisch zu verbessern. Ein Gedanke, der sich bei Owen in wenngleich noch primitiver Formulierung findet, ist der von der Umweltbezogenheit des Menschen, ein Gedanke, der im Zusammenhang mit der gegenwärtigen Ökologiediskussion vertieft, in eine politische Ökologie eingebracht werden sollte. Ferner kann dieser am wenigsten »utopische« Frühsozialist zum »Erfinden möglicher Zukünfte« anregen. Hinzu kommt Owens durchaus föderalistische Auffassung vom Sozialismus, derzufolge die Gesellschaft am besten möglichst dezentralisiert aufzubauen sei. Vor allem aber kann uns der Aufklärer Robert Owen lehren, daß Sozialismus, wenn er nicht zur Tyrannei entarten soll, sich nicht als Religion, Metaphysik oder Wissenschaft verstehen darf. Er kann nur sein der immerhin diskutable Versuch, entsprechend den Möglichkeiten von Raum, Zeit und Mitteln, das menschliche Leben rationaler, leichter und würdiger zu gestalten. Owen hat in diese Richtung gewiesen mit den Worten: »Man ist bisher noch nicht in den Grundsätzen ausgebildet worden, die erlauben, vereint zu handeln, es sei denn um sich zu verteidigen und andere zu vernichten. Eine ebenso mächtige Notwendigkeit jedoch wird jetzt die Menschen nötigen ausgebildet zu werden, um vereint zu schaffen und zu erhalten.« (1971)

CHARLES FOURIER

Die von der antiautoritären Neuen Linken verkündete Einheit von Erotik und Revolution, Sozialismus und Emanzipation der Sinne, wie sie in den Werken der beiden Freud-Marxisten Wilhelm Reich und Herbert Marcuse theoretisch begründet wird, läßt sich ideengeschichtlich bis in die Frühzeit des Sozialismus zurückverfolgen. Eine umfassende und lesbare Arbeit zu diesem Thema ist leider noch nicht geschrieben worden. Sie würde den Nachweis erbringen, daß es im modernen Sozialismus neben einer asketisch-puritanischen Strömung stets auch eine hedonistisch-epikureische gab. Dieser »Wärmestrom« – wie man ihn mit Ernst Bloch nennen kann – entspringt nicht zufällig in Frankreich, diesem Experimentierfeld des europäischen Geistes, wo aufklärerischer Rationalismus und Kult irrationaler Leidenschaft, Logik der Geometrie und Logik des Herzens, Revolution und Gegenrevolution, Demokratie und Cäsarismus bis in unsere Zeit sich in überragenden Gestalten inkarniert haben. Hier entstand auch der visionäre Entwurf einer Gesellschaft, dessen mehr oder minder deutliche Spuren im Marxismus, in der Kibbuz-Bewegung, in der Psychoanalyse, Soziometrie und Arbeitspsychologie, in den verschiedenen Ansätzen einer kritischen Pädagogik sowie im Kampf um die Emanzipation der Frau nachwirken.
Die Rede ist von *Charles Fourier*, dessen Gedanken, bewußt oder unbewußt, zur Vorgeschichte einiger maßgebender gesellschaftlicher Kräfte unserer Zeit gehören. Ich möchte sogar die Vermutung wagen, daß es heute, zumindest im kulturrevolutionären Umbruch der westlichen Gesellschaft, mehr Anhänger Fouriers als Parteigänger von Marx gibt – wenngleich die wenigsten zeitgenössischen Fourieristen sich darüber im klaren sein mögen. Was wir heute in dieser Hinsicht wahrnehmen können – progressive Enttabuisierung in Literatur, Massenmedien und Alltagsleben, offene Proklamation des Endes der patriarchalischen Monogamie, sexuelle Befriedigung als Menschenrecht, Einsicht in die Zusammenhänge zwischen libidinöser Repression und politischer Herrschaft und, last not least, das Ringen um ein neues Selbstverständnis der Frau als einzige echte Massenbewegung –, dies alles ist nicht mit einem einzigen Schlag aufgetreten, beruht auf zum Teil wenig bekannten Voraussetzungen, stellt die Erfüllung und damit auch Erprobung bestimmter sozialutopischer Entwürfe dar. Und es leidet keinen Zweifel, daß die kulturrevolutionär-eman-

zipatorischen Prozesse der Gegenwart besser verstanden werden können, wenn man sie an den Verheißungen Charles Fouriers mißt, der am 7. April 1772 in Besançon geboren wurde.

Man muß sich übrigens diesen allgemein zu den »utopischen Sozialisten« gerechneten Franzosen trotz des extravaganten und bizarren Charakters seiner Schriften nicht als einen Faun oder eine Art frühen Hippie vorstellen. Sein Lebenslauf entbehrt, wenn man von den Mißhelligkeiten während der Herrschaft der Jakobiner absieht, aller dramatischen Züge. Sohn eines wohlhabenden Kaufmanns, doch infolge unglücklicher Spekulationen und der Revolutionswirren bald verarmt, hat der zeitlebens Junggeselle gebliebene Fourier tagsüber als Textil- und Kolonialwarenhändler, Buchhalter, Kassierer, Spediteur, Makler und Handelsreisender seinen Unterhalt verdient, in den Nächten dagegen als Autodidakt Physik, Chemie, Naturgeschichte, Philosophie und wohl auch mystische Schriften studiert und im Laufe der Jahre einige Bücher publiziert, in denen er die bürgerliche Gesellschaft scharfsinnig kritisierte und ihr eine harmonische Ordnung aller menschlichen Verhältnisse gegenüberstellte. 1808 erschien sein erstes größeres Werk, die »Theorie der vier Bewegungen und der allgemeinen Bestimmungen«; sie enthält bereits alle charakteristischen Züge seines Denkens. 1822 folgte der vierbändige »Traité de l'Association domestique-agricole ou attraction industrielle« (später »Théorie de l'unité universelle« genannt), 1829 der »Nouveau monde industriel et sociétaire«, in dem er unter anderem auch seine pädagogischen Ansichten zusammenfaßt, und 1835 veröffentlicht er sein verworrenes Alterswerk »La fausse industrie«, das keine neuen Gedanken mehr enthält.

Es war Fourier nicht vergönnt, praktische Erfolge seines jahrzehntelangen Wirkens zu erleben. Eine gegen seinen Willen gegründete genossenschaftliche Siedlung in Condé sur Vègres scheiterte (1831) und vergeblich wartete er durch Jahre um die Mittagsstunde in seiner kleinen Pariser Wohnung auf einen Millionär – »candidat« genannt –, der ihm die Mittel verschaffen sollte, deren es zur Gründung eines idealen Gemeinwesens, einer »Phalange«, bedurfte. Erst dem in dürftigen Verhältnissen lebenden Greis widerfuhr die Genugtuung, eine größere Schar von Anhängern zu finden, die sich den Namen »Ecole sociétaire« gab und auch im Ausland Einfluß gewann: in England, den USA sowie im zaristischen Rußland, wo, neben Belinski und Alexander Herzen, auch Dostojewski, als Mitglied des fourieristischen Petraschewski-Kreises, vorübergehend in den Bann der Ideen des französischen Sozialutopisten geriet. Nach Deutschland gelangte das Werk Fouriers vor allem durch die Vermittlung von Emigranten, die in Paris in unmittelbarem Kontakt mit der »Ecole sociétaire« gekommen waren. Karl Marx rühmte des Franzosen »kolossale Anschauung vom Menschen« und Friedrich Engels, der in seiner Jugend ein Fragment Fouriers »Über den Handel« ins Deutsche übersetzt hatte, war noch in seiner Spätzeit davon überzeugt, daß dieser utopische Sozialist zu den »größten Satirikern aller Zeiten« gehöre, der »die Dialektik mit derselben Meisterschaft wie sein Zeitgenosse Hegel« angewendet habe. In der Schweiz fand Fourier einen begeisterten Anhänger in Karl Bürkli, dem späteren Gründer der schweizerischen Sozialdemokratischen Partei. In der Heimat Fouriers haben in neuerer Zeit so verschiedene Geister wie der Surrealist André Breton und der eher konservativ eingestellte Politologe Bertrand de Jouvenel sich für den vielverkannten Paläosozialisten eingesetzt.

Während die meisten utopischen Schriftsteller vor ihm ein starres soziales System aufstellten, dem die Individuen durch Erziehung, Propaganda und Zwang angepaßt werden sollten, ging Fourier davon aus, daß die Vielfalt der menschlichen Bedürfnisse, Talente und Leidenschaften nicht nur eine unaufhebbare Tatsache, sondern auch ein positiver Wert sei. Er war der Auffassung, daß das Glück als Bestimmung der Menschheit im Plan der Schöpfung selbst vorgesehen sei. Ein glückliches Leben sei aber untrennbar verbunden mit der Erfüllung aller menschlichen Leidenschaften und Begierden. Es komme darauf an, sie auf eine Weise zu befriedigen, die Frustration und Destruktivität ausschließt. Dies sei nur in einer gesellschaftlichen Organisation möglich, die individuelle Vitalität, Spontaneität und Kreativität nicht als zu reglementierende asoziale Kräfte behandelt, sondern als Prinzip ihrer eigenen Verfassung annimmt. Fouriers System beruht auf dem Grundsatz, daß nicht der einzelne sich ihm von außen auferlegten gesellschaftlichen Normen anzupassen habe, sondern daß vielmehr die Gesellschaft genügend flexibel und anpassungsfähig sein müsse, um allen individuellen Bedürfnissen, Initiativen und Temperamenten Befriedigung zu gewähren. Die Organisation der Gesellschaft sollte wie ein durchsichtiges Gewand sein, das sich anmutig an den Leib des Menschen anschmiegt.

So wahnwitzig der aller Erfahrung widerstreitende Gedanke ist, das Universum sei darauf angelegt, das menschliche Glücksverlangen zu befriedigen, so realistisch sind Fouriers Voraussetzungen, daß die Erfahrung des Glücks von der Entfaltung und Expression vitaler Anlagen abhänge und daß die Möglichkeit dazu nur innerhalb eines bestimmten institutionellen Rahmens gegeben sei. So hängen Trieblehre und Sozialutopie untrennbar zusammen, und Fouriers Kühnheit liegt eben in dem ungenierten Aufweis, daß der Mensch ein leibhaftes und als solches ein von Trieben, Begierden und Affekten erfülltes Wesen sei; nicht nur ein ökonomisches Tier, sondern auch – und zuerst – ein erotisches. Fremd ist ihm jene Prüderie und Anspruchslosigkeit, die so viele Sozialutopisten und Kulturrevolutionäre auszeichnet. In der Geschichte des sozialen Denkens hat niemand vehementer gegen Opfer, Verzicht und Versagung, gegen eine an der Unterdrückung der Sinne orientierte Moral polemisiert als Fourier. In gewisser Hinsicht könnte man seinen skandalierenden Hedonismus und Erotismus als einen Reflex des achtzehnten Jahrhunderts deuten, als utopisch wiedergefundenes galantes Zeitalter, aber nun auf breitester Basis: jene Süße des Lebens, die, nach Talleyrand, nur der kennt, der im Ancien Régime gelebt hat, wird von Fourier gleichsam demokratisiert. Doch hinter diesen Reminiszenzen an das spätfeudale Rokoko wirken in ihm noch tiefere Motive, die auf mystisch-theosophische Überlieferungen verweisen, mit denen Fourier in seinen Lyoner Jahren bekannt geworden sein mag. Dazu gehört der Gedanke, daß die soziale Befreiung des Menschen kein isoliertes Ereignis sein könne, daß sie unlösbar mit der Evolution der Natur und darüber hinaus mit dem Schicksal der bereits Verstorbenen verbunden sei. Imgrunde meint Fouriers Sozialutopie das alte häretische Theologem von der *apokatastasis panton*, der Wiederherstellung und Erlösung aller Dinge.

Wildheit, Patriarchat, Barbarei, Zivilisation sind nach Fourier die großen Epochen der bisherigen Weltgeschichte. Sie sind bestimmt durch Produktionsweise, Familienform und die einseitige Vorherrschaft eines Triebes. Die historische Aufeinanderfolge dieser vier Gesellschaftsformen zeigt keineswegs eine Höherentwicklung an. Gemessen an dem einzig gültigen Maßstab, der Befriedigung vitaler menschlicher Bedürfnisse, seien sie alle verkehrt. Die Zivilisation, in der sich gegenwärtig der größere Teil der Menschheit befindet, ist für Fourier der vollkommene Ausdruck einer verkehrten Welt. Ihr Sinnbild ist der Pfau, dessen prachtvolles Gefieder auf die künftige Überflußgesellschaft hinweist, während der abstoßende Schrei und die häßlichen Füße dieses Vogels die falsche Vereinzelung und Armut des heutigen Lebens anzeigen.

Die Stellung der Frau ist ihm ein Indiz für den allgemeinen Charakter einer jeden Gesellschaftsordnung. Am Verhältnis der Geschlechter lasse sich das Verhältnis des Menschen zu sich selbst ablesen: »Der soziale Fortschritt und der Anbruch neuer Epochen vollzieht sich dem Fortschritt der Frau zur Freiheit entsprechend, und der Verfall der Gesellschaftsordnung vollzieht sich der Verminderung der Freiheit der Frau entsprechend.« Der Junggeselle Fourier war ein radikaler Anwalt der Gleichberechtigung der Frau: »Wie konnte sich ein Jahrhundert, das so zu Experimenten jeder Art geneigt ist und kühn genug war, Thron und Altar zu erschüttern, in der Liebe so knechtisch den Vorurteilen beugen, die anzugreifen nur Gutes gebracht hätte? Warum hat man nicht hier die Freiheit erprobt, die man so sehr mißbraucht hat? Alles lädt dazu ein, ihre Wirkung auf die Liebe zu prüfen, da das Glück der Männer der Freiheit entspricht, die die Frauen genießen.« Ihre Emanzipation würde sich vollenden im Zustand der gesellschaftlichen Harmonie, der – nach den Zwischenstadien des »Garantismus« und »Soziantismus« – auf die gegenwärtige unbefriedigende Zivilisation folge.

Grundzelle dieser neuen Gesellschaft ist nicht mehr die Familie und der isolierte Betrieb, sondern die *»Phalange«*, eine Lebens-, Produktions- und Konsumgemeinschaft, die ungefähr 1800 Männer, Frauen und Kinder aller Altersklassen, sozialen Schichten und Temperamente umfaßt. Die Phalange gliedert sich wieder in verschiedene *Serien,* freiwillige Arbeitsbrigaden, die sich den verschiedensten Aufgaben widmen. Jedes Mitglied einer Phalange gehört mehreren Serien an, so daß es je nach Neigung und Abwechslungsbedürfnis tätig sein kann. Jede der Serien wird wieder aus mehreren *Gruppen* gebildet. Die Gruppen einer bestimmten Serie werden durch die Begeisterung für ein gemeinsames Unternehmen zusammengehalten, obwohl sie untereinander rivalisieren. Der Wetteifer der Serien wird wieder durch die Zusammengehörigkeit zur Phalange gezügelt. Das wichtigste Gegengewicht gegen schädliche Konkurrenz bildet aber die Vielfalt der individuellen Interessen, die dazu führt, daß jedes Mitglied einer Phalange mehreren Serien angehört, wodurch der Rivale bei der einen Arbeit zum Kollegen bei einer anderen wird. Sogar das Problem, wer in der auf Freiwilligkeit beruhenden Assoziation die Schmutzarbeit erledigen soll, hat Fourier gelöst unter Hinweis auf jene Kinder und Jugendlichen, die sich mit Freuden schmutzig machen und überdies die Neigung zeigen, sich zu Banden zusammenzuschließen. Solche *»petits hordes«* werden in der Zukunftsgesellschaft ihre sozial nützliche Funktion haben, indem sie sich der Müllabfuhr, der Straßen- und Kanalreinigung und allen jenen Arbeiten widmen, vor denen sich Erwachsene gemeinhin zu drücken pflegen. Mit diesen und anderen Überlegungen, die er teilweise sehr detailliert ausführt, ist Fourier einer der Begründer der Arbeitspsychologie, ohne daß freilich diese Wissenschaft bis heute auf seine diesbezüglichen Anregungen eingegangen wäre. Dabei ist allerdings zu berücksichtigen, daß der französische Utopist einen anderen Ausgangspunkt hat als die meisten modernen Arbeitspsychologen, da er vorwiegend die landwirtschaftlich-handwerkliche Tätigkeit behandelt und überdies primär darauf bedacht ist, die Arbeit nicht nur produktiver, sondern auch anziehender zu machen. So wie schon Kinder es als eine Auszeichnung empfinden, wenn sie etwas Bedeutsames tun dürfen, könne auch der Erwachsene ein sinnvolles Dasein nur dann erlangen, wenn er nicht erst jenseits der Sphäre der Arbeit sein Vergnügen finde. Es komme deshalb darauf an, die Arbeitsorganisation so umzugestalten, daß jeder Mensch die Möglichkeit habe, sich an seiner produktiven Tätigkeit zu freuen. Freude an der Arbeit sollte nicht länger das Privileg einer Minderheit von Künstlern, Gelehrten und manchen in freier Natur Tätigen sein. Fourier betonte immer wieder, daß ein wachsendes Sozialprodukt noch kein menschliches Glück gewährleiste, daß das individuelle Wohlergehen insbesondere von der »attraction industrielle« bestimmt werde, die wir in unserer Arbeit finden. Er hat im Zusammenhang mit dem arbeitenden Menschen so wesentliche Dinge wie die Rolle der Umwelt, des team-works und der Abwechslung in den zu leistenden Aufgaben erkannt. So steht hinter Fouriers bisweilen sehr absonderlichen Schilderungen ein bedeutsamer gesellschafts- und kulturpolitischer Gedanke: die Versöhnung von Arbeit und menschlichen Neigungen, die Verwandlung der Arbeit von einer Pflicht in ein spontanes Bedürfnis, die Angleichung der produktiven Tätigkeiten an die des Spiels.

Zentrum jeder Phalange, von denen schließlich sechs Millionen die gesamte Erde umspannen sollen, ist das »*Phalanstère*«, ein Riesenbau mit allen für die Genossenschaft notwendigen Räumlichkeiten wie Küchen, Werkstätten, Speise- und Studiersälen, Bibliotheken, Konferenzzimmern, Observatorien, Kindergärten und Theatern. Für jene, die es wünschten, sollte es auch Privatwohnungen geben. Die älteren Menschen sollten im Parterre, die Kinder im Entresol und die lärmenden Arbeitsräume in abgelegenen Seitenflügeln untergebracht werden. Durch die gemeinschaftliche Kindererziehung und Verpflegung, deren Köstlichkeit Fourier minutiös schildert, würden auch die Frauen davon befreit, sich vorwiegend dem Haushalt widmen zu müssen.

Damit wäre der herkömmlichen Familienorganisation die ökonomische Basis entzogen. An die Stelle der Ehe würde eine Vielfalt individueller, in der Regel nicht auf Ausschließlichkeit beruhender Verbindungen treten. In diesem Zusammenhang skizziert Fourier ein ganzes System möglicher Liebesbeziehungen, für die er teilweise so pittoreske Bezeichnungen erfindet wie: *amour pivotal, amour céladonique, facquirat, demoisellat.* Er erwähnt auch *Liebeshöfe* und andere Korporationen wie die *Bacchantinnen* und die *Bajaderen,* denen sich die unbeständigen Frauen – nach Fouriers Schätzung zwei Drittel des weiblichen Geschlechts – anschließen würden. Interessant ist auch die Figur der »transzendenten Liebe«, der er eine weitere Verbreitung prophezeit. Es handelt sich dabei um ein »Sextett«, eine besonders enge Verbindung von drei Paaren, die dem »Schmetterlingstrieb« im Menschen entgegenkomme, zugleich aber auch eine gewisse Stabilität der erotischen Beziehungen garantiere. Diese kurzen Hinweise mögen als Beleg für meine eingangs erwähnte Behauptung genügen, daß Fourier zu den Pionieren der sich vor unseren Augen vollziehenden sexuellen Revolution gehört.

Fouriers Schwächen sind unverkennbar: er war unfähig, sich auf ein Thema zu konzentrieren und die Fülle seiner Intuitionen systematisch zu ordnen; es fehlt ihm an methodischer Strenge; viele seiner Ausführungen bleiben oft in kuriosen Analogien und Metaphern stecken, so daß sie nur als soziologische Alchymie angesehen werden können; es finden sich bei ihm antisemitische Äußerungen, wenngleich er den Juden nicht aus rassischen Vorurteilen, sondern aufgrund seiner Abneigung gegen den Handel übel gesonnen war; hinzu kommt seine fragwürdige anthropologische Grundannahme, daß der Mensch aufgrund eines *appetitus socialis* von Natur aus zu völliger Gemeinschaft neige und in der harmonischen Zukunftsgesellschaft niemals darnach verlangen werde, die totale Öffentlichkeit aller menschlichen Angelegenheiten wenigstens vorübergehend zu fliehen; und schwingt nicht in seiner antibürgerlichen Kritik der Ehe und seiner Antizipation totaler erotischer Befreiung heimlich die Angst vor dem monadischen und anarchischen Element der Liebe mit, das den ganzen raffiniert ausgeklügelten Mechanismus sozial aufeinander abgestimmter Leidenschaften stillzulegen droht? Und wie sollen derart artifizielle Gebilde von der Art der Phalange, dieser Komposition aus sorgfältig ausgewählten, einander ergänzenden und stimulierenden Charakteren, und der großen »industriellen Armeen«, die sich den Arbeiten unterziehen, welche die einzelnen Phalangen nicht bewältigen können, ohne Regierung, Staat und zentrale Autorität koordiniert und überhaupt ins Leben gerufen werden?

Dennoch tun diese Einwände und Bedenken seiner Bedeutung keinen Abbruch. Als Vorläufer Freuds und vor allem des linken Flügels der Psychoanalyse, als einer der Begründer der Arbeitspsychologie und der modernen Pädagogik, als Visionär des Genossenschaftswesens und der Frauenemanzipation kommt Fourier wirkliche Größe zu. Fügen wir noch hinzu, daß er auch so etwas wie ein Amateur-Futurologe war. »Wenn die Erforschung der künftigen Ereignisse nicht im Fassungsvermögen der Menschen läge, woher käme dann die Sucht der Völker, ihre zukünftige Bestimmung zu erforschen? Selbst der gefaßteste Mann wird bei diesem Wort von Ungeduld geschüttelt. Es ist unmöglich, den Wunsch nach der Kenntnis der Zukunft im menschlichen Herzen zum Schweigen zu bringen.«

Fourier hat nicht nur dieses Plädoyer für die Futurologie geschrieben, sondern auch einige inzwischen eingetroffene oder sich doch abzeichnende Entwicklung vorhergesagt: die Bildung von Monopolen, die zunehmende Internationalisierung von Wissenschaft und Forschung, die Einführung der Altersversorgung und von Pflichtverteidigern, das Auftreten von größeren Wohn- und Lebensgemeinschaften (Kommunen) und eine Gesellschaftsordnung, »die die Industrie großen Stils mit der Liebesfreiheit vereinigen kann«.

Über diesen ätzenden Gesellschaftskritiker, manischen Rationalisten, überschwänglichen Phantasten, heilsgeschichtlichen Visionär und skurrilen Spinner ist viel Mißgünstiges und Rühmendes gesagt worden. Eines der besten Worte stammt von Raymond Ruyer, der Fourier einen *»sociologue du dimanche«*, einen Sonntagssoziologen, nennt und sein Werk mit der naiven Malerei des Zöllners Rousseau vergleicht. Ein Wort, das sowohl die spielerisch-pittoreske Schale als auch den endzeitlich-utopischen Kern dieses vielbelächelten Träumers trifft, der uns mit seiner närrischen Idee, leidenschaftliches Verlangen könne gar nicht auf grundsätzlich Unerfüllbares zielen, hintergründig zu bedeuten scheint: »Reich willst du werden? – Warum bist du's nicht?«

(1972)

NOVALIS

Fern ab liegt mir alle Habsucht: aber die blaue Blume sehn' ich mich zu erblicken. Sie liegt mir unaufhörlich im Sinn, und ich kann nichts anders dichten und denken.« Selten hat ein Symbol die allgemeine Vorstellung von einem Dichter in solchem Ausmaße bestimmt wie die blaue Blume im Falle von Novalis, der mit bürgerlichem Namen Georg Philipp Friedrich von Hardenberg hieß, am 2. Mai 1772 in Oberwiederstedt im Mansfeldischen geboren wurde und am 27. März 1801 in Weißenfels starb. Die blaue Blume, nach der den Helden seines 1802 postum erschienen Romans »Heinrich von Ofterdingen« träumerisch verlangt, ist nicht nur das bekannteste poetische Bild von Novalis, sondern auch volkstümlichstes Symbol dessen, was wir, unbestimmt genug, Romantik nennen.

Novalis ist in die Literaturgeschichte als der Dichter der blauen Blume eingegangen. Botanisch unbestimmt, steht sie für Dichtung, Liebe, Traum und Magie, für das Wunderbare schlechthin und die Möglichkeit einer ekstatischen Annäherung an das, was Robert Musil den »anderen Zustand« genannt hat. Man hat Novalis' Lebenswerk mit einem unvollendeten Dom verglichen: Wie der Ofterdingen-Roman blieb das meiste von ihm Ahnung, Entwurf, Fragment und eben deshalb vieldeutig, zu immer neuen Auslegungen herausfordernd. So haben Symbolik, Aura und Melodie seiner Dichtungen, aber auch gewisse Lebensumstände – insbesondere die Liebe zur kindlichen Sophie von Kühn – sowie sein früher Tod dazu verführt, in diesem Zeitgenossen Hölderlins, Schlegels und Tiecks, aber auch Napoleons und Metternichs bloß einen blassen, weltflüchtigen und schwärmerischen Jüngling zu erblicken, einen jenseitstrunkenen Mystizisten und reaktionären Anbeter des Todes. Es ist nicht ausgeschlossen, daß in unseren Tagen eine von Sucht, Rausch und Morbidität faszinierte Jugend Novalis' romantische Todeserotik und Mystik der Nacht für sich entdecken wird.

Es wäre nicht der ganze Novalis, der damit in den Blick rückte, jener Novalis, den die neueren Forschungen von Richard Samuel, Heinz Ritter, Gerhard Schulz und Hans-Joachim Mähl, aber auch Thomas Manns und Hugo Friedrichs bahnbrechende Hinweise uns erschlossen haben.

Da ist einmal Friedrich von Hardenberg, der juristisch, kameralistisch und naturwissenschaftlich hervorragend ausgebildete Verwaltungsbeamte und Manager, der als einziger Romantiker – wenn man von Franz Baader und Eichendorff absieht – einem nichtliterarischen Beruf nachging und die Schriftstellerei als Nebensache ansah.

Daß er im Bergbau tätig war, zählt zu den schönsten Übereinstimmungen seiner äußeren und inneren Existenz. Briefe, Tagebücher, Memoranden und Gutachten lassen einen eminent praktischen Sinn, ausgeprägtes Interesse an wissenschaftlich-technischen Neuerungen, Gefühl für soziale Nöte und insgesamt eine rastlose berufliche Aktivität erkennen.

Novalis' poetische und philosophische Hauptwerke – die »Geistlichen Lieder«, das geschichtsphilosophische Manifest »Die Christenheit oder Europa«, das naturmystische Fragment »Die Lehrlinge zu Sais«, »Heinrich von Ofterdingen«, die »Hymnen an die Nacht« und die zahllosen, uns zum Teil erst in jüngster Zeit zugänglich gewordenen Aphorismen, Notizen und Fragmente über alle Lebens- und Wissensgebiete –, sie alle entstanden durchwegs in Zeiten angestrengtester und vorbildlicher Berufsarbeit.

Ein junger Mann, der dies zustande brachte, der fast ständig – meist zu Pferde – unterwegs war, der Fleiß, Umsicht und Akkuratesse, immense Konzentration und nüchterne Rationalität mit einem Enthusiasmus für Metaphysik, Theosophie und Magie in sich vereinigte, kann nicht von so kränklicher Konstitution gewesen sein, wie meistens unterstellt wird. Zweifellos hatte er alle Anlagen zu einem genialen Manager, dem, lebte er heute, die Leitung eines multinationalen Konzerns oder einer Raumfahrtbehörde durchaus zugemutet werden könnte. Novalis hat nichts mit der Idyllik des Biedermeiers und der Reaktion des Vormärz, sehr viel aber mit dem Zeitalter der Computertechnik, der Kybernetik, der Psychoanalyse, der Langfristplanung und Zukunftsforschung zu tun.

»Man muß die ganze Erde wie ein Gut betrachten und von ihr Ökonomie lernen«, dieser Satz stammt ebenso von ihm wie die Prägung »Zukunftslehre«, also Futurologie, und die folgende Einsicht in die weltgeschichtliche Rolle der Wirtschaft: »Der Handelsgeist ist der Geist der Welt. Er ist der großartige Geist schlechthin. Er setzt alles in Bewegung und verbindet alles. Er weckt Länder und Städte, Nationen und Kunstwerke. Er ist der Geist der Kultur, der Vervollkommnung des Menschengeschlechts.«

Der Novalis, der aus diesen Sätzen spricht, war es auch, der einen »literarischen, republikanischen Orden, der durchaus merkantilisch politisch ist«, projektierte, gleichsam eine Art von »Verlag der Autoren«, mit angeschlossener Druckerei und einem Büro in Jena, Hamburg oder in der Schweiz.

Es finden sich sogar beinahe sozialistische Ansätze bei diesem vielfach als reaktionären Monarchisten abgestempelten Aristokraten: »Die Natur will nicht der ausschließliche Besitz eines einzigen sein. Als Eigentum verwandelt sie sich in ein böses Gift, was die Ruhe verscheucht und die verderbliche Lust, alles in diesen Kreis des Besitzers zu ziehn, mit einem Gefolge von unendlichen Sorgen und wilden Leidenschaften herbeilockt.«

Novalis, der dem preußischen Königspaar Friedrich Wilhelm III. und Luise mit seiner Schrift »Glauben und Liebe« huldigte, war gleichwohl der radikalde-

mokratische Gedanke einer Republik von Königen nicht fremd: »Alle Menschen sollen thronfähig werden ... Jeder ist entsprossen aus einem uralten Königsstamm.«
Es gibt wohl in jedem Leben bevorzugte Augenblicke, in denen unser gewohnter Kontakt zur Welt und zu uns selbst von einer spontanen, ursprünglicheren und ungetrübteren Wirklichkeitserfahrung außer Kraft gesetzt wird. Echtes Staunen über Dasein und Sosein des Universums ist der Glutkern eines solchen ekstatischen Moments, in dem alles in einem neuen Licht erstrahlt.
Man mag eine solche Sicht, die den Geheimnisaspekt des Seienden wahrnimmt, als Mystik bezeichnen – wenn man nur Mystik in diesem Sinne nicht mit Obskurantismus, »Irrationalismus« und Feigheit vor der Realität gleichsetzt. Der Mystiker hat vielmehr einen umfassenden Begriff von Erfahrung; er weiß, daß zu ihr auch jene Augenblicke zählen, die die Evidenzen alltäglichen Umgangs mit der Wirklichkeit erschüttern.
Ein solcher Mystiker war Novalis, und das Wunder seiner Existenz liegt nicht zuletzt darin, daß in ihr hellwache Aufmerksamkeit, enzyklopädische Bildung und intensive berufliche Praxis mit einem beispiellosen Sinn für die Möglichkeit des Wunderbaren, für den Geheimnis-Charakter der Welt überhaupt verbunden sind: »Das wunderbarste, das ewige Phänomen, ist das eigene Dasein. Das größte Geheimnis ist der Mensch sich selbst ... Das willkürlichste Vorurteil ist, daß dem Menschen das Vermögen außer sich zu sein, mit Bewußtsein jenseits der Sinne zu sein, versagt sei: Der Mensch vermag in jedem Augenblicke ein übersinnliches Wesen zu sein. Ohne dies wäre er nicht Weltbürger, er wäre ein Tier.«
Grundsätzlich vermag alles zum Anlaß solcher transzendentalen Welterfahrung zu werden und die gleichsam über die ganze Erde verstreuten Spuren des Paradieses aufleuchten zu lassen: »Jedes Willkürliche, Zufällige, Individuelle kann unser Weltorgan werden. Ein Gesicht, ein Stern, eine Gegend, ein alter Baum usw. kann Epoche in unserm Innern machen.«
Vor allem aber ist uns Novalis Dichter im orphischen Sinne des Wortes. In seinem Dichtertum sind alle anderen Bestimmungen seiner Existenz enthalten: der Arbeiter, der homo politicus, der Seher, der Mystiker. Sein poetisches Werk ist eine einzige Bürgschaft für die Möglichkeit des Wunderbaren, für den Wunder-Charakter der Welt überhaupt, für die Gnade der Annäherung an den »anderen Zustand«. Und in diesem Sinne ist ihm Poesie authentischer Ausdruck erfüllten Lebens, die »eigentümliche Handlungsweise des menschlichen Geistes«: »Nur ein Künstler kann den Sinn des Lebens erraten«, heißt es in seinen Fragmenten; er fügt hinzu: »Die Poesie ist das echt absolut Reelle ... Je poetischer, je wahrer.« Und eine andere Formulierung, die Gottfried Benn teuer war, lautet: »Kunst als die progressive Anthropologie.« Bei Hölderlin, dem Novalis im Sommer 1795 begegnet ist, lesen wir: »... doch dichterisch wohnet der Mensch auf dieser Erde.«
Symbol dieses »echt absolut Reellen«, dieses dichterischen Wohnens auf Erden, ist die berühmt-berüchtigte blaue Blume. Unzweifelhaft befinden wir uns mitten in einem Prozeß zunehmenden Symbolschwunds, dem nur wenige Bilder, Chiffren und Lebensmächte widerstehen werden – vielleicht die Nacht allein, die Novalis als den unendlichen Welt-Raum des Wunderbaren hymnisch

gerühmt hat und in ihr das Abenteuer menschlicher Subjektivität, des in allem irdischen Tagewerk der Nacht geweihten »herrlichen Fremdlings«. (1972)

FRIEDRICH WILHELM JOSEPH SCHELLING

Schelling, am 27. Januar 1775 geboren, ist der einzige Philosoph des Deutschen Idealismus, von dem es eine Photographie gibt. Eine aus der Zeit um 1850 stammende Daguerreotype zeigt den alten, etwa 75jährigen Philosophen; stolz, fast trotzig, mit hellen träumenden Augen unter dichtem schneeweißem Haar, mehr an einen königlichen Magier denn an einen Professor der Philosophie erinnernd. »Wie ein alter Berggeist anziehend, mitunter begeisternd«, so charakterisierte ihn ein Zuhörer aus der Berliner Spätzeit. In seinen großen klaren Augen lag »eine geistig gebietende Macht«, schreibt sein Schüler Henrik Steffens. Jacob Burckhardt sah ihn auf dem Katheder erscheinen in der Gestalt einer orientalischen Gottheit, die sich von unendlich vielen Köpfen mit unendlich vielen Armen unendlich viele Hüte abnahm.

Friedrich Rückert und Jacob Burckhardt hießen ihn einen »Gnostiker«. Karl Jaspers hat diese Charakterisierung in tadelndem Sinne wiederholt. Schelling sei ein Falschmünzer und Possenreißer, der »philosophische Cagliostro des neunzehnten Jahrhunderts«, hatte bereits Ludwig Feuerbach gehöhnt, und Schopenhauer dekretierte, Schelling könne »nicht eingelassen werden in die ehrwürdige Gesellschaft der Denker für das Menschengeschlecht«.

Andere urteilten anders. Für Alexander von Humboldt, den großen Weltreisenden und Naturkundigen, war Schelling »der geistreichste Mann des deutschen Vaterlandes«. Goethe hat den frühreifen Künder der »Weltseele« als Geistesverwandten begrüßt. Und von Caroline Schlegel, der bedeutendsten Frau der deutschen Romantik, die dem um zwölf Jahre jüngeren Philosophen Mutter, Geliebte und schließlich auch Gattin wurde, stammen die überschwänglichen Worte: »Aber ich habe auch einen Propheten zum Gefährten, der mir die Worte aus dem Munde Gottes mitteilt.« Caroline starb bereits 1809, nach sechsjähriger Ehe mit Schelling. Doch noch Jahrzehnte später begeisterten seine Vorlesungen manche Hörer in ähnlicher Weise: Von der Christus-Sehnsucht der heidnischen Welt sprach er so ergriffen, »daß man meinte, den Propheten selber zu hören«, berichtet Magnus Jocham. Der Dichter August von Platen schildert, wie nach manchen Worten Schellings eine Totenstille geherrscht habe, »als hätte die ganze Versammlung den Atem an sich gehalten«. Ernst von Lasaulx, als Geschichtsdenker ein Vorläufer Toynbees, gesteht in einem Jugendbrief: »Ich bin in seinen Vorlesungen frömmer, als ich jemals war – seine Gewalt über die Sprache ist unbeschreiblich, seine Darstellung dämonisch hinreißend.« Auf das Grabdenkmal in Bad Ragaz, wo Schelling am Abend des 20. August 1854 gestorben war, ließ sein Schüler und Freund, König Maximilian von Bayern, schreiben: »Dem ersten Denker Deutschlands.«

Denken in Gegensätzen

Wenn ein Philosoph schon zu seinen Lebzeiten in einem solchen Ausmaße zu einander widersprechenden Urteilen herausfordert, dann ist zu vermuten, daß auch sein Werk Gegensätze, Spannungen und Unstimmigkeiten aufweist. Und in der Tat ist auch Schellings Persönlichkeit weit entfernt von der kontemplativen Gemütsruhe und Ausgeglichenheit, die man gemeinhin von Philosophen erwartet. System auf System entwerfend, dachte er jederzeit auch Dinge, die in diesen Systemen keinen Platz haben. Und obwohl als »Proteus der Philosophie« bezeichnet, hat er zeitlebens geleugnet, daß es je in seinem Denken eine entscheidende Wende gegeben habe.

Urform von Schellings Art zu philosophieren ist das Zusammen-Denken von sonst als gegensätzlich aufgefaßten Prinzipien, Ansätzen und Haltungen: Gott und Welt, Geist und Natur, Freiheit und Notwendigkeit, System und Wirklichkeit, Idealismus und Realismus, Empirie und Mystik, Bedingtes und Unbedingtes.

Unter den großen deutschen Idealisten verkörpert Schelling die Wende zur Romantik. Diese Wende äußert sich vor allem in drei Punkten: in einer neuartigen Einstellung gegenüber der Natur, im Vorwiegen einer ästhetisierenden Weltbetrachtung und in einer Rehabilitierung von Mythos und Religion.

Begeisterung für die Französische Revolution

Schelling, der in Tübingen eine einseitig theologisch-philosophisch orientierte Ausbildung genossen hatte, wandte sich schon früh naturwissenschaftlichen und medizinischen Fragen zu. Seine ersten Schriften zeigen ihn zwar auf dem Standpunkt der »Wissenschaftslehre« Fichtes, die 1794 erschienen war, doch war schon zu Beginn die Übereinstimmung nicht so weitgehend, wie der ältere Fichte und vielleicht sogar Schelling selbst annahmen. Zwar deduzierte er seine Ideen zur Philosophie der Natur im Stile Fichtes, wollte er die Fichtesche Dialektik von Ich und Nicht-Ich durch eine polaritätsorientierte Naturphilosophie bloß ergänzen. Doch der Ausgangspunkt Schellings ist von allem Anfang an völlig verschieden von dem Fichtes. Fichtes Philosophie ist, wie schon Heinrich Heine geistreich festgestellt hat, gleichsam die in Metaphysik übersetzte Französische Revolution. Sein subjektiver Idealismus drückt auf extreme, spekulative Art den revolutionären Glauben der Jakobiner an die alles erneuernde, alles umwälzende Kraft des handelnden Menschen aus. Außerhalb des tätigen Ich gibt es für Fichte überhaupt keine Wirklichkeit. Die Welt, insbesondere die außermenschliche Natur, ist für Fichte nur als Schauplatz und Material menschlicher Selbstverwirklichung von Belang.

Auch der junge Schelling war, nicht anders als seine beiden um fünf Jahre älteren Tübinger Studienfreunde Hölderlin und Hegel, von der Französischen Revolution fasziniert. Im Stift wurde ein mit den revolutionären Franzosen sympathisierender Geheimklub gegründet, ein Freiheitsbaum errichtet und von den Stipendiaten umtanzt.

Am 4. Februar 1795 schreibt Schelling an Hegel: »Wir wollen beide weiter, wir wollen beide verhindern, daß nicht das Große, was unser Zeitalter hervorgebracht hat, sich wieder mit dem verlegnen Sauerteig vergangner Zeiten zusammenfinde – es soll rein... unter uns bleiben...«

Am 16. April 1795 antwortet Hegel aus Bern: »Mein Lieber! ... Vom Kantischen System und dessen höchster Vollendung (der Wissenschaftslehre Fichtes – Verf.) erwarte ich eine Revolution in Deutschland ... Ich glaube, es ist kein besseres Zeichen der Zeit als dieses, daß die Menschheit an sich selbst so achtenswert dargestellt wird; es ist ein Beweis, daß der Nimbus um die Häupter der Unterdrücker und Götter der Erde schwindet. Die Philosophen beweisen diese Würde, die Völker werden sie fühlen lernen, und ihre in den Staub erniedrigten Rechte nicht fordern, sondern selbst wieder annehmen – sich aneignen. Religion und Politik haben unter einer Decke gespielt, jene hat gelehrt, was der Despotismus wollte, Verachtung des Menschengeschlechts, Unfähigkeit desselben zu irgendeinem Guten, durch sich selbst etwas zu sein ... Mit Verbreitung der Ideen, wie etwas sein soll, wird die Indolenz der gesetzten Leute, ewig alles zu nehmen, wie es ist, verschwinden.«

Im Januar 1796 schreibt der einundzwanzigjährige Schelling an Hegel: »Es kommt darauf an, daß junge Männer, entschieden, alles zu wagen und zu übernehmen, sich vereinigen, um von verschiedenen Seiten her dasselbe Werk zu betreiben, nicht auf einem, sondern auf verschiedenen Wegen dem Ziel entgegen zu gehen, überall aber gemeinschaftlich zu handeln übereinkommen, und der Sieg ist gewonnen. Es wird mir alles zu enge hier – in unserem Pfaffen- und Schreiberland. Wie froh will ich sein, wenn ich einmal freiere Lüfte atme.«

Die Briefe, die er mit Hegel wechselte, nachdem dieser sein Studium abgeschlossen und Tübingen verlassen hatte, zeigen deutlich genug, daß Schelling sich der revolutionären Implikation der Philosophie Fichtes durchaus bewußt war, daß er die Entwicklungen auf philosophischem Gebiet mit denen auf politischem in Parallele setzte und für Deutschland gesellschaftliche Konsequenzen aus der mit Kant begonnenen Revolutionierung des Denkens erwartete. Welche Gestalt diese Konsequenzen im visionären Blick des jungen Schelling annahmen, geht aus einem erst 1917 publizierten Fragment hervor, dem Franz Rosenzweig den Titel »Das älteste Systemprogramm des deutschen Idealismus« gegeben hat. Es handelt sich dabei um einen Entwurf des etwa einundzwanzigjährigen Schelling, der hier seine künftige Philosophie auf geniale Weise skizziert:

»Die Idee der Menschheit voran – will ich zeigen, daß es keine Idee Staat gibt, weil der Staat etwas Mechanisches ist, so wenig es eine Idee von der Maschine gibt. Nur was Gegenstand der Freiheit ist, heißt Idee. Wir müssen also auch über den Staat hinaus! – Denn jeder Staat muß freie Menschen als mechanisches Räderwerk behandeln; und das soll er nicht; also soll er aufhören.«

Hinwendung zur Natur

Trotz dieser sozialkritischen, ja geradezu anarchistischen Gedankengänge ist Schelling als Philosoph im Grunde kein politischer Kopf. Das Reich, in dem er freiere Lüfte zu atmen sich sehnt, ist weniger eine neue Gesellschaft, sondern die von ihm wiederentdeckte, mit Hölderlinschen Augen gesehene *Natur.* Anders als Fichte ist der junge Schelling ein Natur-Enthusiast. Während Fichte die Natur bloß als ein Moment des absoluten Ich auffaßt, ist für Schelling die Natur kein Sachbereich unter anderen Sachbereichen, die der Mensch zum Gegenstand seiner Reflexionen erhebt, sondern das, was aller Reflexion und allem Ich-Bewußtsein vorausliegt. Sie ist das, aus dem sich der Mensch durch eine Entzweiung, die Bewußtwerdung und Objektivierung zugleich ist, herausgesetzt hat. Deshalb kann er auch sagen: »Alles Philosophieren besteht in einem Erinnern des Zustandes, in welchem wir eins waren mit der Natur.« Es war Schelling, der der von Descartes bis Fichte degradierten und mißachteten Natur zu ihrem Recht in der Philosophie verholfen hat. Er bezeichnet diese Naturphilosophie auch als »spekulative Physik« oder als »Spinozismus der Physik« – Spinoza, der als erster sich gegen den cartesianischen Dualismus von Materie und Geist gewandt hat, ist für Schelling immer Vorbild geblieben, ein Spinoza freilich, dem später der Mystiker Jakob Böhme an die Seite getreten ist. Schellings Naturphilosophie unterscheidet sich allerdings grundsätzlich von dem, was man heute darunter versteht. Es geht ihm nicht darum, die Begriffe und Methoden empirischer Naturforschung zu präzisieren oder die Resultate naturwissenschaftlicher Bemühungen zusammenzufassen, so sehr anzuerkennen ist, daß sich in Schellings Entwurf einer Naturphilosophie nirgends jene Geringschätzung von Erfahrung und Experiment findet, wie sie manche andere philosophische Idealisten charakterisiert. Schelling selbst hat den Stand der empirischen Wissenschaften seiner Zeit mit Anteilnahme verfolgt, seine Beschäftigung mit elektrischen, magnetischen, chemischen und physiologischen Phänomenen gehört zu den wichtigsten Quellen auch seiner philosophischen Inspiration, wie er denn überhaupt vielleicht der letzte große Denker zu sein scheint, dem es noch einigermaßen gelungen ist, die Ergebnisse naturwissenschaftlicher Forschung in ihrer ganzen Breite zu rezipieren und für eine Philosophie der Natur fruchtbar zu machen.

Es ging ihm darum, die Natur als einheitlichen, dynamischen und lebendigen Prozeß zu verstehen. Die empirische Physik, so meint Schelling, zeigt uns die Natur in ihrer gegenständlichen Erstarrung, als *Objekt,* die Naturphilosophie hingegen als *natura naturans* im Sinne Spinozas, als lebendiges, schöpferisches *Subjekt,* dessen Produkte eben die Dinge der Natur sind, die *natura naturata.* Das Werden dieser schöpferischen Natur und ihre Dynamik versucht Schelling durch die Annahme einer analog dem Ich schaffenden kosmischen Subjektivität, einer »Weltseele«, zu verstehen:

»In den ältesten Zeiten schon ließ man die ganze Welt von einem belebenden Prinzip, Weltseele genannt, durchdrungen werden... Der ganze Zauber, der das Problem vom Ursprung organisierter Körper umgibt, rührt daher, daß in diesen Dingen Notwendigkeit und Zufälligkeit innigst vereinigt sind... Dadurch wurde der menschliche Geist frühzeitig auf die Idee einer sich *selbst* organisierenden Materie geführt und, weil Organisation nur in bezug auf einen Geist vorstellbar ist, auf eine ursprüngliche Vereinigung des Geistes und der Materie in diesen Dingen. Er sah sich genötigt, den Grund dieser Dinge einerseits in der Natur selbst, andererseits in einem über die Natur erhabenen Prinzip zu suchen; daher geriet er frühzeitig darauf, Geist und Natur als Eines zu denken. Hier trat zuerst hervor aus seinem heiligen Dunkel jenes idealistische Wesen, in welchem er Begriff und Tat, Entwurf und Ausführung als Eines denkt... Die belebte Organisation soll Produkt der *Natur* sein; aber in diesem Naturprodukt soll herrschen ein ordnender, zusammenfassender *Geist;* diese beiden Prinzipien sollen in ihm gar nicht getrennt, sondern innigst vereinigt

sein; in der Anschauung sollen sich beide gar nicht unterscheiden lassen, zwischen beiden soll kein *Vor* und kein *Nach,* sondern absolute Gleichzeitigkeit und Wechselwirkung stattfinden.«
Die Natur als Subjekt gedacht ist reine Produktivität, nicht starr beharrende Substanz. Das Organische ist für Schelling das Urbild der natürlichen Wirklichkeit, nicht das nur dem Gesetz der mechanischen Kausalität unterworfene anorganische Ding. Eben darum aber ist Schelling kein »Vitalist«, das heißt: er verzichtet auf die Annahme einer besonderen, in den Organismen wirksamen Lebenskraft. Alles ist organisch seinem innersten Wesen nach: »Wir kennen die Natur nur als tätig, denn philosophieren läßt sich über keinen Gegenstand, der nicht in Tätigkeit zu versetzen ist. Philosophieren über die Natur heißt, sie aus dem toten Mechanismus, worin sie befangen scheint, herauszuheben, sie mit Freiheit gleichsam beleben und in eigene freie Entwicklung versetzen...« – »Das Wesentliche aller Dinge... ist das *Leben;* das Akzidentielle ist nur die Art ihres Lebens und auch das Tote in der Natur ist nicht an sich tot, ist nur das erloschene Leben.« – »Das Leben selbst ist allen lebenden Individuen gemein; was sie voneinander unterscheidet, ist nur die Art des Lebens. Das positive Prinzip des Lebens kann daher keinem Individuum eigentümlich sein, es ist durch die ganze Schöpfung verbreitet und durchdringt jedes einzelne Wesen als der gemeinschaftliche Atem der Natur.«
Wie die auf dieser Grundlage entworfene Philosophie der Natur im einzelnen aussieht, auf welche Weise die Idee des Organismus bald zum Mittelpunkt wird, um den Schellings Gedankengänge kreisen, und welche wichtige Rolle auch der Begriff der Polarität in ihnen spielt – all diese Fragen müssen wir hier auf sich beruhen lassen. Überraschend bleibt, daß bereits der frühe Schelling um 1797 durch eine Art Selbstkritik des reflexiven Denkens zu Elementen einer ökologischen Philosophie gelangt, an die zu erinnern angesichts der Diskussion über die notwendige Neubegründung des Verhältnisses von Mensch und Umwelt als Schlüssel zur Bewältigung der planetarischen Ökokrise vielleicht nicht müßig ist.

Identitätsphilosophie und Kunst als Organon der Metaphysik

Das Gesetz der Polarität, wie es in den Erscheinungen des Magnetismus und der Elektrizität sich ausdrückt, ist für Schelling ein Weltgesetz. So wie der Magnet in der Mitte weder Nord- noch Südmagnetismus aufweist, sondern indifferent ist, so tritt gleichsam das Absolute – oder in der Sprache des religiösen Bewußtseins: Gott – in Natur und Geist auseinander. Das ist, auf eine kurze Formel gebracht, die in die Geschichte der Philosophie unter dem Namen »Identitätsphilosophie« eingegangene Metaphysik des Schelling von 1801. Diese Metaphysik ist *objektiver Idealismus* oder auch *Real-Idealismus,* und mit ihr trennte sich Schelling endgültig von Fichte.
Gott, das Absolute, ist der Urgrund alles Seins. Nicht nur das Geistige, sondern auch das Natürliche gründen in ihm. Er enthält beides – Reales und Ideales – in sich als die »absolute Indifferenz« beider. Die Welt ist *explicatio Dei,* die Entfaltung, Ausfaltung und Selbstverwirklichung der in Gott noch verborgen ruhenden Mächte. Die Welt ist »Theophanie«, eine Gott enthüllende, sichtbarmachende und offenbarende Welt. So wie im Absoluten in seliger Indifferenz

beides geborgen ist – ideales und reales, geistiges und naturhaftes Sein –, so auch in seiner Manifestation, der Welt. Alles ist mit allem verwandt, qualitativ identisch. Die Natur ist geisterfüllt, beseelt, und alles Geistige naturhaft. Es gibt nur Unterschiede des Maßes und Anteils: im Anorganischen überwiegt der »reale« Pol, im Menschen der »ideale«; doch im Grunde ihres Seins sind beide real-idealen Wesens. Alle Erscheinungen der Natur und des Geistes sind nach Schelling »Glieder *eines* großen Organismus, der aus dem Abgrund der Natur, in dem er seine Wurzel hat, bis in die Geisterwelt sich erhebt.« Die Natur ist »der verborgene Gott«.

Dieser Gott ist freilich nicht der des Christentums, der die Welt aus dem Nichts schafft. Er ist nicht der Gott, der die Natur »von außen« stößt. Zeitlebens hat Schelling die Lehre von der »creatio ex nihilo« abgelehnt. Gott steht der Welt nicht als ein ganz Anderer fremd gegenüber. Die Welt ist nicht aus dem Nichts geschaffen. Alles Sein urständet in Gott, ist »aus Gott geboren«. Er ist das unendliche Leben, das in allem, was ist, im Innersten wirksam ist.

Schellings real-idealistisches System der qualitativen Identität alles Seienden findet seine Krönung in der ästhetischen Sphäre. Die Natur als »die ursprüngliche, noch bewußtlose Poesie des Geistes« überschreitet sich selbst im menschlichen Geist. Die Stufen des menschlichen Bewußtseins, in denen sich das Absolute sukzessive enthüllt, gipfeln jedoch nicht im moralischen Handeln oder in der objektiven Erkenntnis, sondern im künstlerischen Schaffen. In der Kunst ist jeder Gegensatz zwischen Geist und Natur, Bewußtem und Unbewußtem, Freiheit und Notwendigkeit, Theorie und Praxis aufgehoben. Im Künstler vergeistigt sich der schöpferische Elan des Universums; er setzt mit Bewußtsein fort, was dieses unbewußt vollbringt. Der Künstler ist geradezu Statthalter Gottes auf Erden. Schelling ist der einzige Philosoph von Rang, der das Ästhetische als Organon, als Instrument metaphysischen Erkennens aufgefaßt hat. Schon 1796, in dem bereits erwähnten »ältesten Systemprogramm des deutschen Idealismus«, heißt es: »Ich bin nun überzeugt, daß der höchste Akt der Vernunft... ein ästhetischer Akt ist, und daß Wahrheit und Güte nur in der Schönheit verschwistert sind. Der Philosoph muß ebensoviel ästhetische Kraft besitzen wie der Dichter. Die Menschen ohne ästhetischen Sinn sind unsre Buchstabenphilosophen. Die Philosophie des Geistes ist eine ästhetische Philosophie.«

Das Kunstwerk ist die höchste Erscheinungsweise menschlicher Freiheit; insofern ist es der Gipfel im Reiche des Geistes. Da es zugleich eine materielle Gestalt besitzt, gehört es auch zum Reich der Natur. Die Natur ist unbewußter Künstler, der Künstler bewußte Natur: beide bilden sie Individuelles und im Individuellen wieder das Allgemeine – das Allgemeine nicht als abstrakter Begriff verstanden, sondern als lebendige Idee. Im Kunstwerk also gelangen Natur und Geist, Reales und Ideales, Notwendigkeit und Freiheit zur Versöhnung. In ihm gelangt das göttliche Absolute nach seiner Entzweiung wieder zur Einheit, in der es selig in sich ist:

»Die Kunst ist eben deswegen dem Philosophen das Höchste, weil sie ihm das Allerheiligste gleichsam öffnet, wo in ewiger und ursprünglicher Vereinigung gleichsam in Einer Flamme brennt, was in der Natur und Geschichte gesondert ist, und was im Leben und Handeln, ebenso wie im Denken, ewig sich fliehen muß. Die Ansicht, welche der Philosoph von der Natur künstlich sich macht, ist für die Kunst die ursprüngliche und natürliche... Jedes herrliche Gemälde entsteht dadurch gleichsam, daß die unsichtbare Scheidewand aufgehoben wird, welche die wirkliche und idealische Welt trennt, und ist nur die Öffnung, durch welche jene Gestalten und Gegenden der Phantasiewelt, welche durch die wirkliche nur unvollkommen hindurchschimmert, völlig hervortreten... Wenn es nun aber die Kunst allein ist, welcher das, was der Philosoph nur subjektiv darzustellen vermag, mit allgemeiner Gültigkeit objektiv zu machen gelingen kann, so ist... zu erwarten, daß die Philosophie, so wie sie in der Kindheit der Wissenschaft von der Poesie geboren und genährt worden ist, und mit ihr alle diejenigen Wissenschaften, welche durch sie der Vollkommenheit entgegengeführt werden, nach ihrer Vollendung als ebenso viel einzelne Ströme in den allgemeinen Ozean der Poesie zurückfließen, von welchem sie ausgegangen waren...«

Alfred North Whitehead hat einmal Jugend als das von der Tragödie noch unberührte Leben definiert. Der junge Schelling, so könnte man hinzufügen, hat dieses vom Tragischen noch unberührte Leben in Philosophie übersetzt. Spielend erhebt er sich zum Standpunkt des Absoluten, um, obwohl ein endlicher Mensch, die Welt mit den Augen Gottes zu betrachten. Schelling spricht in diesem Zusammenhang von »intellektueller Anschauung«. In ihr vermag ein sterbliches Wesen die Welt und die in ihr enthaltenen Dinge nicht in der Weise der raum-zeitlich endlichen und stückweise gegebenen Erfahrung wahrzunehmen, sondern »ganz«, unbedingt und in ihrem inneren notwendigen Zusammenhang. In der intellektuellen Anschauung schließen sich die sterblichen Augen: in ihr ist es nicht mehr der Mensch, der sehend ist, sondern das ewige Sehen Gottes selber wird in ihm sehend. Intellektuelle Anschauung transzendiert den Dualismus von Subjekt und Objekt, der das »normale«, das Alltagsbewußtsein konstituiert; sie ist das »Absolute in uns«.

Der junge Schelling weiß im Grunde alles; triumphierend glaubt er sich im Besitz der Weltformel, die das Universum verstehbar und durchsichtig macht. Alle Widersprüche, Abgründe und Katastrophen sind vorweg beseitigt. Die Tragödie gibt es nur in der Kunst, nicht in der Realität. Hier ist vielmehr alles geordnet, ausgewogen, harmonisch und transparent. Jedes Ding ist »unmittelbar zu Gott« und alles Getrennte im Grunde doch nur eines Wesens. Wie es für Fichtes »Ich« keine Sünde gibt, so für Schellings »Natur« keinen Tod. Diese eine Welt ist nicht geworden in der Zeit, sondern ewig wie Gott, dessen Spiegelung und Entfaltung sie ist, ewig durch ihn und mit ihm. Überwunden ist der cartesianische Dualismus von Materie und Geist, der kantische von Ding an sich und Erscheinung, der christliche von Diesseits und Jenseits. Für einen Augenblick, auf dem Wendepunkt zwischen Klassik und Romantik, inmitten der Napoleonischen Kriege, wird, zumindest in der Philosophie, die Welt wieder rund, ganz und heil, eine in sich geschlossene, von Leben erfüllte Totalität, in der das Dissonante, der Widerspruch nur Moment eines umfassenden kosmischen Rhythmus, eines im Absoluten gründenden Gleichgewichts ist.

»Der Gottheit ist alles schön und gut und gerecht, während die Menschen das eine für Unrecht halten, anderes aber für Recht«, sagt Heraklit. Dies ist auch die Ansicht des jungen Schelling um 1801, für den sogar die Gestirne mit

Leben begabte »selige Tiere« sind. In seinem 1802 erschienenen Dialog »Bruno oder über das göttliche und natürliche Prinzip der Dinge« legt er der Titelgestalt folgende Worte in den Mund: »Da also jeder Weltkörper das ganze Universum in sich darzustellen nicht nur bestrebt ist, sondern es wirklich darstellt, so sind auch alle zwar unendlicher Verwandlungen gleich einem organischem Leibe fähig, an sich selbst aber unverderblich und unvergänglich, frei ferner, unabhängig wie die Ideen der Dinge, losgelassen, sich genügend, mit einem Wort selige Tiere und, verglichen mit sterblichen Menschen, unsterbliche Götter.«

Vom Mysterium des Bösen

Im Juni 1803 wurde Schelling von seinem Vater, der protestantischer Pfarrer war, mit Caroline getraut. Im Oktober 1803 zog er mit seiner Frau von Jena nach Würzburg, wo er bis 1806 lehrte. Schelling war damals ein weithin bekannter, ja berühmter Mann, der mit den ersten Geistern der deutschen Klassik und Romantik in persönlicher Verbindung stand, getragen von dem tiefen Glück seiner Ehe mit der ihn bewundernden und beflügelnden älteren Frau. Im Sommer 1806 ging er mit Caroline nach München. Die Stellung, die er hier erhielt, war eine doppelte: Schelling wurde Mitglied der bayerischen Akademie der Wissenschaften und Generalsekretär der neugegründeten Akademie der bildenden Künste. Er war noch nicht 32 Jahre alt, als er nach München kam, das damals noch keine Universitätsstadt war; er war 66, als er es, durch Annahme seiner Berufung nach Berlin, für immer verließ. Dazwischen liegt ein siebenjähriger Aufenthalt mit gelegentlicher Lehrtätigkeit in Erlangen.

Seit seiner Übersiedlung nach Bayern revidiert Schelling Schritt für Schritt seine alles harmonisierende Jugendphilosophie. Er verleiht dem Irrationalen, Zufälligen und Dämonischen immer mehr Gewicht in seinem Denken. Schelling zieht daraus zwar nicht die Konsequenz, daß neben Gott eine zweite, satanische Widermacht existiere. Im Gegenteil: auch noch das Disharmonische, Chaotische und Regellose gründet im Absoluten. In dunklen Wendungen versucht Schelling, das Negative mit Gott zusammenzudenken. Er spricht 1804 von einer Art vorweltlichem Sündenfall, der im Absoluten selbst stattfindet und zur Entstehung der Welt führt. Am Anfang steht eine mystische Katastrophe, ein Bruch im unvordenklichen Sein: »Mit einem Wort, vom Absoluten zum Wirklichen gibt es keinen stetigen Übergang, der Ursprung der Sinnenwelt ist nur als ein vollkommenes Abbrechen von der Absolutheit, durch einen Sprung denkbar ... Wer das gute Prinzip ohne das Böse zu erkennen meint, befindet sich in dem größten aller Irrtümer; denn, wie in dem Gedicht des Dante, geht auch in der Philosophie nur durch den Abgrund der Weg zum Himmel.«

Schelling will sowohl einen alles mit allem harmonisierenden Pantheismus als auch einen die Welt zerreißenden Dualismus vermeiden und dennoch der Realität des Tragischen, des Widerspenstigen und Bösen philosophisch gerecht werden. 1809 – im Todesjahr Carolines – veröffentlicht er eine Abhandlung mit dem Titel »Philosophische Untersuchungen über das Wesen der menschlichen Freiheit und die damit zusammenhängenden Gegenstände«. Schelling unterscheidet nun im Absoluten zwei Schichten: Gott, sofern er als ideales Wesen existiert, und das, was in Gott selbst nicht er selbst, sondern nur dunkler

»Grund seiner Existenz« ist. Dieser dunkle Grund ist gleichsam die »Natur in Gott«. Sie ist wesentlich Sehnsucht, Begierde, Drang, sozusagen das nächtliche Prinzip im Absoluten. Diesem Prinzip verdankt sich schließlich auch die natürliche Schöpfung: »Alle Geburt ist Geburt aus Dunkel ans Licht«.
Die Welt, wie wir sie jetzt erblicken, erscheint zwar geordnet und gesetzmäßig: »Aber immer liegt noch im Grunde das Regellose, als könnte es einmal wieder durchbrechen.« Schelling beschwört die »unergreifliche Basis der Realität«, den »nie aufgehenden Rest«. Dieser dunkle Grund ist zutiefst dämonischer Natur. Das eigentliche Böse entspringt freilich erst einer willentlichen Umkehrung, einer ontologischen Perversion: der Eigenwille will dann das, was er nur in Übereinstimmung mit dem Ganzen sein kann, als getrennter, vom göttlichen Zentrum abgefallener Partikularwille sein. Schelling spricht vom »Schleier der Schwermut, der über die ganze Natur ausgebreitet ist«, von der »tiefen unzerstörlichen Melancholie alles Lebens.«

Dämonie und Transzendenz

Immer mehr vertieft sich Schelling in den letzten Jahrzehnten seines Lebens grüblerisch in die düsteren Abgründe Gottes und der Welt. Er stellt mehrmals ein großes Werk über die »Weltalter«, die innere Geschichte, den licht-dunklen Lebens- und Entfaltungsprozeß Gottes, in Aussicht und zieht die bereits im Druck befindliche Arbeit wieder zurück. Er hält Vorlesungen über die »Philosophie der Mythologie« und die »Philosophie der Offenbarung«, doch auch diese erscheinen zu Lebzeiten nicht in Buchform. Unter dem Einfluß Jakob Böhmes, gnostischer, alchymistischer und neuplatonischer Traditionen, die letztlich in orientalischer Esoterik wurzeln, betont Schelling in Gott den Aspekt des Grauenerregenden und Dämonischen, des *tremendum*. Es gibt eine »innere Selbstzerreißung der Natur«, und es scheint ihm, »daß der wahre Grundstoff alles Lebens und Daseins das Schreckliche ist«. Er schreibt, daß »die Gottheit über einer Welt von Schrecken throne«. Er fragt: »Sind nicht die meisten Produkte der unorganischen Natur offenbar Kinder der Angst, des Schreckens, ja der Verzweiflung?«
Schopenhauer, Nietzsche, Eduard von Hartmann, Henri Bergson, Max Scheler, Leopold Ziegler, Ludwig Klages und Paul Tillich sind ohne diesen späten Schelling nicht denkbar, auch noch Marx' und Engels' Theorie von Basis und Überbau, Blochs »aurorischer« Materialismus sowie Freuds und Carl Gustav Jungs Trieblehre haben von ihm unmittelbar und mittelbar Anregung erhalten. Schelling, der Entdecker des Unbewußten, hat nicht von ungefähr die meisten Leser und Liebhaber unter Ärzten und philosophisch interessierten Physiologen gefunden. Sigmund Freud ist, wie Odo Marquard nachgewiesen hat, ein Schüler einiger Schüler von Schelling-Schülern. Die Psychoanalyse ist in wichtigen Teilen ein positivistisch entzauberter Ableger der Naturphilosophie Schellings.
»Das Ich...erinnert...sich nicht mehr des Wegs, den es...zurückgelegt hat...es (hat...) den Weg zum Bewußtsein selbst bewußtlos und ohne es zu wissen zurückgelegt (...es) findet in seinem Bewußtsein nur noch gleichsam die Monumente, die Denkmäler des Wegs, nicht den Weg selbst. Aber eben darum ist es nun Sache der Wissenschaft...jenes Ich des Bewußtseins mit Be-

wußtsein zu sich selbst, d.h. ins Bewußtsein kommen zu lassen. Oder: die Aufgabe der Wissenschaft ist... eine Anamnese.« Diese Sätze, die von Freud stammen könnten, hat Schelling geschrieben.

Es war Schelling, der die Leiblichkeit und die vitalen Mächte rehabilitiert, ja geradezu geheiligt hat, ohne deshalb den Primat des Logos, der Vernunft und des Geistes zu bestreiten oder gar zu verteufeln. Deshalb hat er auch in seiner Spätphilosophie an dem Gedanken festgehalten, daß das Grauen, der Wahnsinn und die Unseligkeit alles Seins nicht das Letzte sind, daß durch Schmerz und Dunkel hindurch der Weg zur Versöhnung offen bleibt: »Der Schmerz ist etwas Notwendiges und Allgemeines, der unvermeidliche Durchgangspunkt zur Freiheit. Wir werden uns nicht scheuen, auch das Urwesen so wie es die Entwicklung mit sich bringt im leidenden Zustande darzustellen. Leiden ist allgemein, nicht nur in Ansehung des Menschen, auch in Ansehung des Schöpfers der Weg zur Herrlichkeit«.

Es hängt von der Glaubenskraft des sich in Schelling Einlassenden ab, ob er dem Philosophen auch auf diesem mythologische Gedanken fortsetzenden Weg zu folgen bereit ist, ob sich ihm Schellings Metaphysik primär als eine Theorie des Bösen, der Entfremdung und des Todes oder als eine Philosophie des Lebens, der Auferstehung und der Versöhnung darstellt.

Im überschwänglichen »Systemprogramm« des jungen Schelling heißt es: »... wir müssen eine neue Mythologie haben, diese Mythologie muß aber im Dienste der Ideen stehen, sie muß eine *Mythologie der Vernunft* werden.« Doch Schelling wurde am Ende nicht der Stifter einer neuen Mythologie, sondern der Philosoph der alten Mythologie und der Philosoph der christlichen Offenbarung. Eine neue Mythologie wurde hingegen begründet von abtrünnigen Schülern seines Jugendfreundes Hegel. Diese neue Mythologie, der Marxismus, wurde weltgeschichtlich wirksam als Mythologie des Neuen: als Mythos des dialektischen Fortschritts, der Weltrevolution, des klassenlosen Reiches der Freiheit.

Schelling in Rußland

Da die Ansprüche und Verheißungen dieser Mythologie von der Geschichte nicht bestätigt wurden, bleibt Schelling, der alt genug geworden ist, um die Bitterkeit des Vergessenseins zu kosten, weiterhin aktuell. Nicht zufällig huldigt die russische Philosophie, soweit sie nicht marxistisch ist, seit mehr als einem Jahrhundert dem Genius Schellings. Es waren Moskauer Schellingianer, die 1824 die erste philosophische Zeitschrift Rußlands – »Mnemozyna« – begründeten. Peter Tschaadajew, der Initiator der russischen Geschichtsphilosophie, bekannte sich zu Schelling, dem er in Karlsbad begegnet war und mit dem er in Briefwechsel stand. Die Slawophilen beriefen sich in demselben Maße auf Schelling, in dem die »Westler« sich Hegel und dessen Schülern anschlossen. Tschaadajews Freund Iwan Wassiljewitsch Kirejewski, der Vorkämpfer des Slawophilentums, war von Schelling mächtig ergriffen; von ihm erwartete er die Grundlegung russischer Metaphysik, zu der die griechischen Kirchenväter den Weg gewiesen hätten. Schellings Spätphilosophie gehört zu den maßgebenden Inspirationen Wladimir Solowjows; obwohl der russische Denker den deutschen nur sehr selten erwähnt, sind die Affinitäten zwischen beiden offenkundig. Nikolai Berdjajew, der 1948 im Exil gestorbene Religionsphilosoph, ging den Weg von Marx und zu Schelling, und durch Schelling erschloß sich ihm die Theosophie Jakob Böhmes, den er in seinen Gebeten neben Dostojewski anzurufen pflegte. Obwohl in der Sowjetunion Berdjajews Werke seit Jahrzehnten aus dem Verkehr gezogen sind, existieren im Untergrund kleine Studien-Zirkel, die sich mit diesem Denker intensiv befassen. Sie verschaffen sich ihre Literatur auf oft abenteuerlichen Wegen und fertigen Abschriften an. Auf diese Weise ist in Rußland auch heute noch Schelling präsent: der Philosoph der Freiheit, der Tragik und der »unergreiflichen Basis der Realität«.

Schelling verkörpert unter den deutschen Idealisten die Wende zur Romantik. Hat er die Philosophie des Idealismus vollendet? Hat er an ihr, wie ihm bereits Marx und Engels vorwarfen, Verrat geübt? Hat er sie überwunden? Hat er sie, wie ein zu eng gewordenes Haus, verlassen? Hat er ihr ein neues Fundament gegeben? Oder hat er sie nur überlebt? Darüber wird seit mehr als hundertundzwanzig Jahren ebenso gestritten wie über die Anzahl der Etappen des Schellingschen Denkens.

Schelling wußte, daß, nach Kants Kritik der reinen Vernunft, Metaphysik nicht mehr als Wissenschaft möglich ist, wohl aber als »Mythologie der Vernunft« *und* als »Philosophie der Mythologie« – und als solche vielleicht unumgänglich, wie in unseren Tagen der von der Aufklärung und dem Marxismus herkommende polnische Skeptiker Leszek Kolakowski offen ausgesprochen hat. Und wenn der junge jugoslawische Marxist Svetozar Stojanović schreibt: »Der Mensch besitzt wesentlich mehr Anlage zu Irrationalismus, Versklavung und Unterwerfung, Aggressivität und Destruktion, als Marx glaubte. In unserem Jahrhundert ist es zur größten Explosion des menschlichen Bösen gekommen«, dann darf man daran erinnern, daß Schelling als einziger der deutschen Idealisten so etwas wie eine Theorie des Dämonischen und des Bösen dargelegt hat.

Schelling wird zur Zeit nicht viel gelesen. Hegel, der Tübinger Jugendfreund, hat die Schlacht gewonnen, und selbst Fichte, mit dem Schelling in Jena eine Zeitlang gemeinsam wirkte, mag heute mehr Freunde haben. Fichte und Hegel sind eminent politische Denker, zugewandt den Problemen von Gesellschaft und Staat. Schelling hingegen hat sich nur sporadisch damit befaßt. Darin liegt seine Unzeitgemäßheit, aber auch die Chance seiner Wiederentdeckung. Wenn nicht alle Anzeichen trügen, dann hat die banausische Überschätzung des »Gesellschaftlichen« ihren Höhepunkt bereits überschritten. Die feineren Intelligenzen beginnen zu ahnen, daß die großen Fragen, die vielleicht nie beantwortet werden können, mit denen wir aber leben müssen, in eine Tiefendimension jenseits des Gesellschaftlichen zielen.

Nicht wissend Gott zu wissen

Ich wage die Vermutung, daß schon in wenigen Jahren eine neue Generation auf den schwäbischen Philosophen stoßen wird, der die Begriffspaläste des Deutschen Idealismus nach der Transzendenz hin geöffnet und eine tiefgründige Theorie des Bösen dargelegt hat. Dann wird sie aufhorchen bei lange vergessenen Sätzen, die, vor etwa hundertfünfzig Jahren geschrieben, dennoch für uns persönlich bestimmt zu sein scheinen: »Nicht der Dichter allein, auch der

Philosoph hat seine Entzückungen. Er bedarf ihrer, um durch das Gefühl der unbeschreiblichen Realität gegen die erzwungenen Begriffe einer leeren und begeisterungslosen Dialektik verwahrt zu bleiben.« – »Jeder Mensch hat einen inneren Freund, seine Eingebungen sind am reinsten in der Jugend; nur Frivolität verscheucht ihn, sowie Hinneigung zu gemeinen Zwecken ihn endlich ganz verstummen läßt.« – »Wer mit dem Mysterium des Bösen nur einigermaßen bekannt ist, der weiß, daß die höchste Korruption gerade auch die geistige ist, daß in ihm zuletzt alles Natürliche und demnach sogar die Sinnlichkeit, ja die Wollust selbst verschwindet, daß diese in Grausamkeit übergeht, und daß der dämonisch-teuflisch Böse ihr weiter entfremdet ist als der Gute.« – »Uns allen nämlich wohnt ein geheimes, wunderbares Vermögen bei, uns aus dem Wechsel der Zeit in unser innerstes, von allem, was von außenher hinzukam, entkleidetes Selbst zurückzuziehen und da unter der Form der Unwandelbarkeit das Ewige in uns anzuschauen.« – »Im stillsten Dasein und ohne Reflexion offenbart die Pflanze die ewige Schönheit. So wäre dir am besten, schweigend und gleichsam nicht wissend Gott zu wissen. Nur in der höchsten Wissenschaft schließt sich das sterbliche Auge, wo nicht mehr der Mensch sieht, sondern das ewige Sehen in ihm sehend geworden ist.«

Schelling hat Dante bewundert und dessen Weg zur drei-einigen Gottheit als Gleichnis seiner eigenen philosophischen Sehnsucht gedeutet. Dante steigt vom Grunde der Hölle durch die Erdmitte aufwärts zur anderen Seite, wo sich der Berg der Läuterung befindet, von dessen Gipfel erst der Flug ins himmlische Paradies beginnen kann. Schellings Terzinen auf Dante klingen in dem Verse aus: »Durchs Herz der Erde selbst drangst Du zum ew'gen Lichte.«

Dieser Weg – durchs Herz der Erde selbst, und durch die Abgründe des menschlichen Herzens hindurch – ist auch der Weg Schellings gewesen. Was er, der leidenschaftlich Philosophierende, damit auf sich genommen hat, lassen seine eigenen Worte ahnen: »Nur derjenige ist auf den Grund seiner selbst gekommen und hat die ganze Tiefe des Lebens erkannt, der einmal alles verlassen hatte und selbst von allem verlassen war, dem alles versank und der mit dem Unendlichen sich allein gesehen: ein großer Schritt, den Platon mit dem Tode verglichen. Was Dante an der Pforte des Infernum geschrieben sein läßt, dies ist in einem anderen Sinn auch vor den Eingang zur Philosophie zu schreiben: ›Laßt alle Hoffnung fahren, die ihr eingeht‹. Wer wahrhaft philosophieren will, muß aller Hoffnung, alles Verlangens, aller Sehnsucht los sein, er muß nichts wollen, nichts wissen, sich ganz bloß und arm fühlen, alles dahingeben, um alles zu gewinnen. Schwer ist dieser Schritt, schwer, gleichsam noch vom letzten Ufer zu scheiden.«

Ich glaube, daß eine Wiederentdeckung Schellings sehr nottut. Das von seinem noch unerschlossenen Werk ausgehende Licht ist nicht das Licht eines Leuchtturms, der einen sicheren Hafen anzeigt, sondern das eines Sterns, der uns begleiten wird, solange wir aus der Finsternis, unserem Erbteil, in jene durchsichtige Lauterkeit streben, die, nach Schelling, das Höchste ist: »die zarte Gottheit, die in Gott selber über Gott ist«. (1975)

JOSEPH GÖRRES

Wie die Romantik als vielschichtige, vielfach in sich widersprüchliche Erscheinung kaum auf eine Formel zu bringen ist, so auch Görres nicht, dieser »Odysseus der deutschen Romantiker«, wie ihn Arnold Ruge, der radikale Schüler Hegels, genannt hat. Görres' Leben ist ein symbolisches Leben. Es umfaßt die Hoffnungen und Enttäuschungen, die Thesen und Antithesen einer ganzen Epoche. Friedrich Hebbel erblickte in des greisen Görres' Antlitz »eine Walstatt erschlagener Gedanken; jede Idee, die seit der Revolution den Ozean des deutschen Geistes mit ihrem Dreizack erschütterte, hat ihre Furche darin gezogen«. Als Görres in der kleinen Residenzstadt Koblenz, im Haus »Zum Riesen«, am 25. Januar 1776, also am Tage Pauli Bekehrung, geboren wurde, befanden sich die englischen Kolonien entlang der nordamerikanischen Atlantikküste in offenem Aufruhr gegen die Londoner Regierung; als er am 29. Januar 1848 in seinem Münchener Haus in der Schönfeldgasse starb, wurde das Kommunistische Manifest von Marx und Engels gedruckt, stand Europa unmittelbar vor einem neuen Ausbruch des revolutionären Bürgerkriegs, von dem Alexis de Tocqueville sagte: »Wir haben den Anfang dieser großen Revolution der menschlichen Art nicht gesehen, wir werden ihr Ende nicht sehen.« Görres' Leben zwischen den Revolutionen führt durch fast alle großen geistig-politischen Strömungen seiner Epoche. Er war nacheinander (und zum Teil auch gleichzeitig) Aufklärer und Romantiker, Weltbürger und Patriot, Konservativer und Revolutionär, Republikaner und Monarchist, Volkstribun und Kirchenmann, Christ und Pantheist, Katholik und Gnostiker, Mystiker und Mythologe. Die Überzeugungen dieses Feuergeistes haben sich mehrmals gewandelt, und dennoch wirkt sein Charakter, anders als der seines Freundes Clemens Brentano, nicht zerrissen und brüchig. Schon früh steht sein Wesen merkwürdig ausgeprägt vor uns. Seine spätesten Ansichten finden sich keimhaft bereits in den Schriften des Fünfundzwanzig- bis Dreißigjährigen. Es gibt einen gewissen Grundton, ein bestimmtes spirituelles Milieu, eine alles durchdringende Intuition, die Görres' gesamtes Denken bis zum Schluß charakterisieren.

Der unbekannte Görres

Das neunzehnte Jahrhundert wurde dieser tieferen Einheit kaum gewahr. Es sah entweder nur den romantischen und nationalen oder nur den katholischen Görres; oder diese beiden, die für sich nicht den ganzen Görres ergeben, wurden gegeneinander ausgespielt. »Die Begeisterung für die Freiheit ist zum Fanatismus für mönchische Frömmigkeit geworden«, sagte der Hegelianer Karl Rosenkranz über den Verfasser der mehr als dreitausend Seiten umfassenden »Christlichen Mystik« (1836–1842) und des »Athanasius« (1837), nachdem bereits Hegel selbst die Münchener Vorlesungen von Görres »Über Grundlage, Gliederung und Zeitenfolge der Weltgeschichte« (1830) als unhaltbar und sinnlos abgetan hatte. »Als Herr Görres, von den Fürsten verfolgt, nichts mehr zu beißen hatte, warf er sich in die Arme der Jesuiten«, spottete Heine, und Ludwig Noack bemerkt maliziös, daß der wieder katholisch gewordene Exjakobiner »die Geister des Mittelalters, unbekümmert um geschichtliche Wahrheit, als die Nachtgespenster seines Greisenalters ans Licht treten« ließ.

Wäre er mit etwa fünfundzwanzig Jahren gestorben, so hätte Görres einen Ehrenplatz im Pantheon der deutschen Linken erhalten. Er hätte nicht erst wie Hölderlin nachträglich zum Jakobiner stilisiert werden müssen. Er war wirklich einer. Nur blieb er's nicht. Außerdem war nicht Hegel der Philosoph, zu dem er sich hingezogen fühlte, sondern Schelling. Er entschied sich nicht für Preußen, sondern für die habsburgische Kaiseridee. Schließlich vollzog er im Exil in Straßburg, dieser alten Hochburg mystischer Religiosität, seine Rückkehr zur katholischen Kirche. In seinem letzten Aufsatz »Die Aspecten an der Zeitenwende«, der den Jahrgang 1848 der von ihm mitbegründeten »Historisch-politischen Blätter« eröffnete, warnte er vor den drei Gefahren »Radikalismus, Kommunismus, Proletariat«; die Revolution sieht er Land um Land wie ein tobendes Gespann durchrasen. Görres war so etwas wie ein Abtrünniger des Fortschritts, wie ihn sein Jahrhundert verstand; er entschied sich im Zeitalter des Liberalismus, des Nationalstaates, der Säkularisierung und, nicht zuletzt, des Hegelianismus für eine Sache und Richtung, die in zunehmendem Maße seinen Zeitgenossen als verkehrt erscheinen mußten. Görres war also in gewissem Sinne ein »Konvertit«, gleichsam ein Apostat des Weltgeistes, und alle Antipathien, die das Phänomen politisch-ideologischen Renegatentums zu erwecken vermag, sind denn auch Görres nicht erspart geblieben. Görres geriet in den Geruch düsterster Reaktion. Georg Lukács zählt ihn verächtlich zu jenen reaktionären Dunkelmännern, die das Verhängnis der deutschen Geistesgeschichte seien, und auch Thomas Mann hat in den zwanziger Jahren vor dem »ganzen Joseph-Görres-Komplex von Erde, Volk, Natur, Vergangenheit und Tod« als einer deutschen Geisteskrankheit gewarnt.

Nicht einmal die deutschen Katholiken, die Görres viel verdanken, haben seinem Andenken eine kleine Kapelle geweiht. Zwar gibt es seit 1876 die Görres-Gesellschaft, eine international anerkannte Vereinigung katholischer Gelehrter, doch steht ihre Tätigkeit in keinem besonderen Bezug zu dem Kulturprogramm des katholischen »Herakles der Wissenschaft«, als den Windischmann einmal Görres bezeichnet hat. Unter den zahlreichen Sektionen und Abteilungen dieser Organisation gibt es keine für Theologie und Mystik. War der ultramontane Exjakobiner, der an die spürbare Wirklichkeit des Teufels glaubte, schon zu Lebzeiten vielen Kirchenmännern in einem Maße verdächtig, daß sein Spätwerk über die christliche Mystik nur durch eine Intervention des bayerischen Königs Ludwig I. davor bewahrt blieb, in den römischen Index der verbotenen Bücher aufgenommen zu werden, so gilt heute noch weit mehr als vor etwa fünfzig Jahren, als eine kurzfristige Wiederentdeckung in Gang kam, daß Görres für die meisten Katholiken nicht viel mehr als ein Name bedeutet. »Görres ist tot, auch geistig tot für uns!« hat Otto Walter 1922 in einem Vortrag beklagt.

Und was soll Görres, der begeisterte Patriot, der Künder eines großdeutschen Reiches, der seinem Volk die Mission zuschrieb, »Priester der neuen Zeit, Brahmanenkaste zu sein«, einer Generation, die sich mit dem Verlust der nationalen Einheit abgefunden hat und mit der Deutschtümelei unseligen Angedenkens auch auf geistig-politischen Selbstbehauptungswillen verzichtet zu haben scheint?

Auch die neueren Philosophiegeschichten kennen, trotz der eindringlichen Bemühungen Alois Dempfs und Joseph Bernharts, keinen Görres, obwohl er mit dem späten Schelling und Franz von Baader zu den bedeutsamsten Gestalten christlich-romantischen Denkens gehört.

Und wer kennt den Verfasser der großangelegten »Mythengeschichte der asiatischen Welt« (1810), den Übersetzer Firdusis, den Interpreten indischer und chinesischer Weisheit, aus dessen Schriften uns – zum erstenmal in der deutschen Literatur – das *ganze* Asien bedeutungsvoll anblickt? Ebenso scheint Görres für das politische Denken und die politische Ideengeschichte umsonst gelebt zu haben, obwohl Jakob Baxa wiederholt auf die Bedeutung der romantischen Staats- und Gesellschaftslehre Adam Müllers, Friedrich Schlegels, Baaders und Görres' hingewiesen hat. Abseitige Gestalten wie der frühkommunistische Schwärmer Moses Hess mögen heute mehr Liebhaber besitzen als der alle Romantiker an politischer Urteilskraft überragende Herausgeber des »Rheinischen Merkur» (1814–1816) und Autor der Schriften »Teutschland und die Revolution« (1819) sowie »Europa und die Revolution« (1821), die man den berühmteren Deutungen weltgeschichtlicher Krisen von Edmund Burke, Alexis de Tocqueville, Jacob Burckhardt und Georges Sorel durchaus an die Seite stellen kann. Auch hier ist Görres von Hegel und den Folgen ins Abseits gedrängt worden.

Ist demnach Görres völlig überholt und abgetan? Widmet sich, wer seiner gedenkt, dem sinnlosen Geschäft, einen seit langem Begrabenen noch einmal zu begraben? Oder ist es angebracht, auf ihn hinzuweisen, weil er als Deuter, Warner und Kritiker seiner Zeit *und* als Freund der Ewigkeit, der *permanent things,* auch uns noch anzusprechen vermag, sofern wir nur bereit sind, uns seiner Art zu denken und zu sprechen wie einem Element auszusetzen?

Rheinfränkischer Patriotismus

Wer ihn verstehen will, tut gut daran, auch die Welt zu bedenken, aus der er stammt. Görres ist Rheinländer. Dreiundvierzig Jahre seines Lebens hat er am Rhein zugebracht, abgesehen von dem Aufenthalt in Heidelberg (1806–1808), bis er schließlich durch den Verhaftungsbefehl des preußischen Königs nach Straßburg und der Schweiz ins Exil vertrieben wurde, dem erst die ehrenvolle Berufung an die Münchner Universität (1827) ein Ende setzte. Görres' väterliche Vorfahren stammen aus den Moseldörfern Müden und Burgen; die Mutter, eine geborene Mazza, ist italienischer Herkunft. In Koblenz, wo er geboren wurde, besuchte er die Schule, und in rheinischer Landschaft, Geschichte und Kultur wußte er sich verwurzelt. 1814 bekennt er: »Ich teile mit allen Rheinländern von gutem Schlag eine Schwachheit, die doch keine ist: die große Anhänglichkeit an den Boden, der sie hervorgebracht, und den Strom, an dessen Ufern sie genistet haben. Dieser Rhein fließt wie Blut in unser aller Adern, und ich selbst gedeihe nicht recht, wo ich seine Luft nicht wittere.« Und noch wenige Jahre vor dem Tode ruft er, den Gneisenau den genialsten Rheinländer genannt hat, seiner am Rhein weilenden Schwiegertochter zu: »Grüße mir alle Landschaften, die nach und nach an Dir vorübergehen; ich

kenne sie alle auswendig: Berge und Wälder und Türme und Mauern und alles.« Hier an der »Pfaffengasse« des Heiligen Römischen Reiches Deutscher Nation woben der Rhein, seine Städte und Landschaften um ihn Bilder deutscher Vergangenheit, die sich ihm hier in ihrer ganzen Fülle, aber auch in ihrem Niedergange erschloß. Von daher stammen Ethos und Pathos des Mannes, die Kraft seiner Rede, sein Sinn für Freiheit, sein Geschichtsbewußtsein, das, was sein Sohn Guido einmal »die ursprüngliche Katholizität seines Geistes« genannt hat. Rheinfränkischer Patriotismus, dem von Natur aus etwas Weltoffenes eigentümlich ist, ließ den jungen Görres jakobinisch, den mittleren national, den älteren katholisch-konservativ empfinden. Dem Freiherrn vom Stein hat er einmal gestanden, in seiner Jugend von einem selbständigen Rheinstaat, einem germanisch-romanischen Zwischenreich von europäischer Dimension, geträumt zu haben: »Meine Gedanken waren, in Gemeinschaft mit Belgien womöglich das Elsaß mit in den Bund zu ziehen, dadurch die Schweiz mit Holland zu verknüpfen und so einen Zwischenstaat an der Grenze Frankreichs und Deutschlands zu bilden, der sich, wenn es in letzterem zu etwas gekommen wäre, leicht wieder anschließen konnte.«
Verrät sich nicht schon in diesem frühen Plan eines großen rheinischen Reiches der Mitte Görres' sowohl revolutionäre als auch konservative Wesensart? So umstürzlerisch und phantastisch der Gedanke eines solchen Freistaates auch scheinen mochte, liegt ihm dennoch die Erinnerung an eine geschichtliche Wirklichkeit zugrunde. Wäre er in die Tat umgesetzt worden, so hätte er die Wiederherstellung, eine schöpferische Restauration des alten Lotharingien bedeutet, wie es, von der Nordsee über Burgund bis zum Mittelmeer reichend, im Vertrag zu Verdun 843, fast ein Jahrtausend vor Görres' Plan, an Kaiser Lothar I. gefallen war.

Weltbürger und Jakobiner

Die Französische Revolution wurde dem Jüngling zur überwältigenden Erfahrung einer menschheitsgeschichtlichen Wende. Görres war der bedeutendste deutsche Jakobiner. Er jubelte über den Einmarsch der französischen Revolutionsheere, die in der »Pfaffengasse« des Heiligen Römischen Reiches Deutscher Nation fast tausendjährige kirchlich-feudale Herrschaften zerschlugen. Der Neunzehnjährige entwirft seine erste Schrift »Der allgemeine Frieden, ein Ideal«, die, »der fränkischen Nation« gewidmet, 1798 erscheint. Sie beginnt und schließt mit Zitaten von Condorcet, verrät aber vor allem Einflüsse von Rousseau, Kant und Fichte. In seinen Zeitschriften »Das rote Blatt« und »Rübezahl« kommentiert er die Ereignisse der Zeit als leidenschaftlicher Republikaner, als zürnender Erzengel der Revolution. Es seien zu verkaufen, höhnte er im »Roten Blatt«, »drei Churkappen von feingegerbtem Büffelsfell. Die dazugehörigen Krummstäbe sind inwendig mit Blei ausgegossen, mit Dolchen versehen, auswendig mit künstlichen Schlangen umwunden. Das oben befindliche Auge Gottes ist blind. – Zwei Bischofsmützen von kokliko Sammet, reich mit Rauschgolde verbrämt, etwas von Angstschweiß durchzogen, sonst aber noch gut konserviert; daher sehr brauchbar als rote Mützen auf Freiheitsbäumen... – Ein Herzogshut aus Hasenfell, aber ohne Kappe, mit Hahnenfedern verziert; statt des Knopfs mit einem schönen Steine, den ein geschickter Alchymist einst aus den gesammelten Tränen von zehntausend Witwen und Waisen destillierte, besetzt. – Mehrere Abt- und Äbtissinenhabite, von dem Tuch und nach dem Schnitte, wie man sie zur Zeit Christi trug... – Vier Reichsstädte, mit Planken aus der Arche Noes zusammengezimmert; mit Bürgermeistern, hübscher geputzt als Kartenkönige... – Eine ganze Scheune voll Adelsdiplomen, auf Eselsfell geschrieben, aber hie und da stark von den Motten durchfressen und von einem etwas widerlichen Modergeruche durchzogen... – Vierzigtausend Klafter Stammbaumholz, ein vortreffliches Brennmaterial... – Eine ungeheure Menge Wappen von den sonderbarsten Formen und Erfindungen... Sie sind hier und da stark beschädigt, allein das hindert nicht, daß sie gar trefflich als Leichensteine auf die Gräber hoher Standespersonen dienen können...«

Diese Satire auf die Enteignung der linksrheinischen Reichsstände – bei den drei Churkappen handelt es sich um die fürstlichen Bistümer Mainz, Köln und Trier – ist jedoch nur die Kehrseite der überschwänglichen Hoffnungen dieses deutschen Republikaners, der in seinem »Roten Blatt« folgendes Glaubensbekenntnis veröffentlicht:

»Nie werde ich mir eine Hoffnung rauben lassen, ohne die wir bessere Tiere und Barbaren geblieben wären. Ich glaube an ein immerwährendes Fortschreiten der Menschheit zum Ideale der Kultur und Humanität...

Ich glaube, daß unser Jahrhundert reif dazu war, die despotische Form mit einer angemesseneren zu wechseln, und daß ihre längere Beibehaltung ein Unglück für das Menschengeschlecht gewesen wäre.«

Im November 1799 kam Görres als Delegierter seiner Mitbürger in die französische Hauptstadt, um dort zu bewirken, daß durch eine vollständige Eingliederung der Rheinlande in Frankreich der Druck der militärischen Besetzung durch die Revolutionsheere gemildert und völlige Rechtsgleichheit der Bürger hergestellt würde. Er wird Zeuge der Machtergreifung Napoleons, der die repräsentative Demokratie, welcher das Direktorium wenigstens einen Lippendienst gezollt hatte, durch eine imperiale Militärdiktatur ersetzte. Die Eindrücke, die er in Paris empfing, legte Görres in seiner von taciteischer Bitterkeit erfüllten Denkschrift »Resultate meiner Sendung nach Paris« (1800) nieder. Mit der gleichen rücksichtslosen Ehrlichkeit, mit der er gegen das alte Reich und die feudale Kirche aufgetreten war, weist der fünfundzwanzigjährige enttäuschte Jakobiner jetzt nach, daß die Revolution ihr Ziel verfehlt hat: »Ich sah die Schauspieler entkleidet hinter den Kulissen. Die Menschen hatten so viel zu tun, sich untereinander zu beobachten, sie hörten auf, sich selbst zu bewachen. Die Leidenschaften, losgebunden von der Kette, in die der gesellschaftliche Anstand sie schlug, tummelten sich auf der leeren Bühne umher und achteten wenig der unbefangenen Zuschauer, die verwundert dem Bacchanale zusahen.«

Scharfsichtig diagnostiziert Görres in Frankreich die Heraufkunft einer neuen Despotie, die nicht identisch ist mit einer bloßen konterrevolutionären Restauration des Ancien Régime: »Nehmt Euch in Bälde den Suetonius zur Hand, denn der Imperator ist fertig«, ruft er seinen Mitbürgern zu.

Er, der den Umschlag von Revolution in Tyrannis gesehen hatte, blieb ein

Mann der Freiheit. Doch er versucht nun, die Wiedergeburt seines Volkes mit anderen Mitteln herbeizuführen.

Der Mythos vom All-Leben

»Wie die Grundvesten der Erde auf den gewaltigen Urgebirgen ruhen, so ruht unser Wissen auf den einfach großen Überlieferungen, die wie Gebirge aus der alten, grauen Urwelt zu uns herüberziehen«, schreibt er in seiner 1805 erschienenen Abhandlung »Glauben und Wissen«. Dieser Welt der Überlieferung wandte sich der ernüchterte Jakobiner immer mehr zu: der Volksdichtung, der Sage, dem Mythos, dem Orient und überhaupt dem, was allem geschichtlichen Wandel zugrunde liegt oder sich in ihm als stets Wiederkehrendes Ausdruck verschafft, der Natur als Entfaltung Gottes. Schellingsche Gedanken klingen hier an, doch urwüchsiger, visionärer, pathoserfüllter als bei dem Philosophen des objektiven Idealismus. Görres, der am Koblenzer Gymnasium Physik und Naturgeschichte, dann von 1806 bis 1808 in Heidelberg als Privatdozent auch Philosophie, Literaturgeschichte und Mythologie lehrte, entwarf eine Deutung von Mensch und Kosmos, deren Mitte die Ideen Leben, Organismus, Geschlechtlichkeit, Zeugung und Geburt bilden. Er, der faustisch zum Lichte strebende Täter, hat zugleich die »Mutterseite der Geschichte« wahrgenommen. Er sprach von dem gewaltigen Leben des Alls, das die menschlichen Geschicke auf seinem Rücken trägt.

Görres erneuert die archaische Vorstellung eines biomorphen Universums, den Mythos des All-Lebens. Sein ist dasselbe wie Lebendsein. Leben durchflutet das Ganze der Wirklichkeit, regt sich noch in den dunkelsten, dem oberflächlichen Blick tot scheinenden Zonen der Materie. Was man von Nietzsche gesagt, gilt bereits von Görres: daß er in das Wort »Leben« jenen tiefen Goldklang brachte, den es seitdem besitzt. Sein Panvitalismus ist eine Polaritätsphilosophie; er ist auch eine von religiösem Pathos getragene Sexualmetaphysik, die in der Vision eines Gottes gipfelt, der rauschhaft drängendes Leben ist, in dem die Geschlechter aufstehen:

»So bildet der große Weltkoloß durch eigne innere Eingebärung sich aus der Fülle, die ihm die Abgründe der Gottheit strömen, aus: ein einziges Leben herrscht in ihm bis in die fernsten Extremitäten; durch die Unendlichkeit streckt er die Riesenglieder hin, und der gewaltige Lebensstrom, der ihn durchbraust, geht in immer zartere und feinere Verzweigungen auseinander und indem er sich ins Unendlichkleine sublimiert, kehrt er wie jeder Strom zur ewigen Quelle wieder, der er entflossen war. Und er bedarf keiner Nahrung von außen her, die eine andere wäre, als jener göttliche Stoff, der ihm von oben her zuströmt; nicht wie die irdische Natur an eine äußere Bedingung für seine Existenz gefesselt, ruht er in sich selbst genügsam, in kontemplativer Selbstanschauung; aber diese Kontemplation ist rasche unaufhörliche Tätigkeit im unendlichen Kreise der eigenen Natur. Nicht geschlossen ist auch des Riesen Wachstum, immer dauern die Zeugungen noch fort; unerschöpflich quillt aus den Tiefen der Stoff herauf und wird mit der Gestalt vermählt; unaufhörlich drängen neue Welten aus dem Schoße der Gottheit sich noch hinaus, und die Organe entfalten sich, und größer wird der Himmel und unendlicher die Welt.«

In seinem 1810 geschriebenen, jedoch erst 1955 nach dem Originalmanuskript

veröffentlichten Reflexionen »Fall der Religion und ihre Wiedergeburt« verkündet Görres eine neue ecclesia spiritualis auf der Grundlage eines naturmystischen Lebensgefühls:
»Der Glanz und das Licht des Herrn will nicht mehr wie dort zu Jerusalem seinen Tempel füllen; unter den Geistern hat er sein Tabernakel aufgeschlagen, in die Mitte des Lebens seinen Sitz gestellt. Dort soll die neue Kirche errichtet werden, ein frei, beweglich, quellend, innen beseeltes, immer wachsendes Werk; in allem, was noch gut und tüchtig ist auf Erden, sind die Werkstücke schon bereit; sie dürfen nur in der Idee des Meisters, von den begeisternden Tönen der Lyra des alten Orphikers geregt, sich zusammenfügen, damit der wundersame Bau dastehe: alle Pfeiler Lebensgeister, alle Gewölbe Lebenskräfte, alles Licht in brennenden Farben durch dunkelerglühende Phantasie einfallend, und alle Säulen wieder Saiten des großen Psalters, und alle Farben Töne, die hindurchziehen und sich in einem Hymnus sammeln, wie alle Begeisterung in ein fromm Gedicht... Es ist ein Tempel nur auf Erden, die weiten Gewölbe des Himmels sind seine Kuppel, die Bergzüge seine Säulenlauben, die Planeten brennen auf dem siebenarmigen Leuchter; es ruht das Meer in seinen ehernen Ufern; auf dem Sonnentisch der Erde hat der Herbst seine Schaubrote ausgelegt; es füllt des Herren Feuersäule den unermessenen Tempel, unten in seinen Grüften ruhen schweigend die Toten auf ihren Lagern, oben aber ist das Leben ein Priester Gottes geweiht, und all sein Tun eine göttliche Symbolik und all sein Wandel eine stetige Offenbarung, denn wie sich der Staub beseelt, wird er in Gottes Leib verwandelt... Alles Leben in der Welt muß sein wie ein schießender Blitz aus der Tiefe der Unendlichkeit heraus, dessen Donner ein unaufhörlich Gebet nachrollt. Und nie schweigt Gottes donnernd Wort im Weltall, nie kömmt der Blitz zum Stehen; nimmer kann das Leben sterben, nicht einmal die Materie mag im Tode zunichte werden.«
Dieser kosmischen Religiosität, in der Gott vor Weltlichkeit strahlt und das Irdische zur Epiphanie des Göttlichen wird, entspricht eine kosmische Ethik der »Heiligung des ganzen inneren Menschen und des vollen Lebens mit allen seinen Quellgeistern«: »Seid ihr nur erst selbst von Gott durchdrungen wie der Leib von innerer Lebenswärme; was ihr berührt, das wird dann selbst lebendig, und unter euren Händen wird wie im Meßopfer alles in des Herren Fleisch und Blut verwandelt... In dem ethischen Maße und der inneren Harmonie des gesamten Lebens – feiert sich dort nicht die schönste Feier, an der Gott selbst Wohlgefallen hat, weil sein eigenes seliges Leben sich in dem Abglanz spiegelt?«

Der erste große deutsche Publizist
Dies war der Glaube Joseph Görres', als 1814 wieder seine politische Stunde schlug. Von den an den Rhein gelangten Preußen wurde er zum Leiter des öffentlichen Unterrichts in dem von den Franzosen geräumten Gebiet ernannt. Wenige Wochen nach General Blüchers Rheinübergang ließ Görres die erste Nummer seines bald in ganz Europa berühmten Blattes »Rheinischer Merkur« erscheinen, am 23. Januar 1814. Zum erstenmal hatte das ganze deutsche Volk eine Stimme und einen Sprecher. Görres ist, anders als sein Landsmann Metternich, ein Mann des Volkes. Er verurteilt die »Heilige Allianz« und den

»Sultanismus des absoluten Herrschers«. Er weiß, daß die Völker von der Politik, von den öffentlichen Angelegenheiten nicht länger ausgeschlossen werden können. Er kämpft für die demokratische Fundierung des Staates. Görres, der Sohn eines bürgerlichen Holzhändlers und Nachkomme von Moselbauern, entdeckt »das Volk«, vor dem der Aristokrat Metternich wie vor etwas Unreinem zurückschreckte. Noch während der Krieg tobte, wurde im »Rheinischen Merkur« die staatliche Neuordnung Deutschlands verhandelt. Hier erschienen die Verfassungspläne des Freiherrn vom Stein, und Görres selbst ließ keinen Zweifel daran, daß für ihn Freiheit mehr bedeutete als die Besiegung Napoleons. Als den Fürsten die zugleich nationale und demokratische Bewegung unheimlich zu werden begann, hatte der »Rheinische Merkur« seine Schuldigkeit getan. Schon im Sommer 1814 war er in Baden, Württemberg und Bayern verboten worden. Schließlich fand auch der preußische Staatskanzler Hardenberg die Sprache Görres' ungebührlich. Es kam zu einer Verwarnung und schließlich, am 3. Januar 1816, zum Verbot. Görres verlor seine Stellung als Chef des rheinländischen Schulwesens, und am 10. Januar 1816 erschien die letzte Nummer des Blattes.

Das Reich der Unterwelt

In einem seiner schönsten Beiträge zum »Rheinischen Merkur« – er heißt »Der Sternenhimmel in der Neujahrsnacht von 1815/16« und erschien am 2. Januar 1816, also unmittelbar vor der erzwungenen Einstellung der Zeitung – schreibt Görres: »Wie die Naturkräfte rastlos ohne Aufhören immer wieder dasselbe Spiel beginnen, so sind die Leidenschaften an dasselbe ewig kreisende Rad geflochten, und durch jede Menschenbrust ist ein Eingang in jenen alten Tartarus, wo in dem Steine, der unermüdet bergan gewälzt, immer vom Gipfel rückwärts stürzt, in den Wässern, die, oben zugetragen, unaufhörlich nach unten hin entrinnen, in der immer verzehrten und immer nachwachsenden Leber das blinde und das kreisförmig in sich zurückkehrende Walten der blinden Menschenkräfte wie der Naturkräfte abgebildet ist. Darum, und weil die menschliche Natur also eingerichtet, daß sie zugleich die Schlangen und den Herkules, der sie erdrückt, aus sich selber ausgebärt, darum ist es auch um ihren unablässigen Streit also beschaffen, daß wie der eine niedergekämpft ist, sogleich in der Ferne sich der andere im Morgen zeigt; daß aber auch jedesmal zugleich die helfenden, zuletzt siegenden Kräfte in den Aufgang treten, und so immer abwechselnd in Gefährde, Streit und Sieg sich die Geschichte fortentwickelt.«

Wie fern steht dieser Görres jenem anderen, der im »Roten Blatt« das immerwährende Fortschreiten der Menschheit verkündet hatte! Dicht neben dem von einem kosmischen Optimismus erfüllten Seher zeigt sich hier der um den Anteil der Unterwelt an den Ereignissen der Geschichte wissende Dämonologe. Dieser düstere Zug wird in Görres' Denken zunehmend stärker. In »Teutschland und die Revolution«, seinem 1819 erschienenen Schicksalsbuch, dessen Titel bereits die Mächte der Restauration erschauern ließ, warnt Görres die Fürsten:

»Nicht darum sind so furchtbare Stürme über Europa hergezogen, daß schon, während sie noch nachdonnernd am fernen Gesichtskreis stehen, jenes Reich der Mittelmäßigkeit, das sie zersprengt, sich wieder zusammenfinde, in dem jede Kraft ein Mißklang ist, jedes Talent eine gefährliche Gewalt, jede Idee als eine Plage gilt und jede Erhebung und Begeisterung als eine gefährliche Narrheit behandelt wird. Jene Verknöcherung, die alle edeln Lebensteile in Erstarrung hielt, soll uns nicht noch einmal als Gesundheit gelten, noch jene Gemeinheit, in der Staat, Stände und Ordnungen ihrer eignen Idee bis auf die letzte Erinnerung vergessen hatten, als Bildung zur Humanität und kosmopolitische Gesinnung... Nicht mag fördern das Werk der Zeit jene steife, ungelenke Pedanterie, die in allem nur nach strenger Methode verfahren will und darum bei jeder Überraschung und in allen wichtigen Dingen, wo die Regel verräterisch ihren Sklaven im Stiche läßt, unversonnen sich nicht zu helfen weiß... Nicht flache, abgegriffene und verschlossene Höflinge, die die Unbedeutendheit treiben wie ein Studium, und das Nichtige wie ein Geschäft, kann fortan die Geschichte brauchen...«

In einem solchen Gemeinwesen, warnt Görres, kann nur die Saat des Umsturzes gedeihen. Zu der Ermordung Kotzebues durch den radikalen Studenten Sand bemerkt er: »Wie ein Blitz schlug die Tat ins Volk... Daß die Tat nicht christlich gewesen, darüber sind sicher alle mit Steffens einverstanden, aber Gott weckt bisweilen eine heidnische Tugend, um jene christliche Heuchelei zu strafen, die, während sie mit Leichtsinn ungerechte Kriege beschließt, worin Hunderttausende von Menschen fallen, nur dann des Christentums gedenken will, wenn die Flamme, der sie von Ferne mit Vergnügen zugesehen, endlich das eigene Dach ergreift.«

In der gleichen Schrift, die dazu führte, daß der preußische König die umgehende Verhaftung ihres Verfassers befahl, der sich Görres durch seine Flucht nach Straßburg entzog, ist in noch düstereren Sätzen als im »Rheinischen Merkur« die Rede von den dämonischen Mächten des Abgrunds. Die Ermordung Kotzebues durch den Studenten Sand vor Augen, schreibt Görres über jenes unterweltliche Reich, das nur notdürftig durch die apollinischen Gegenmächte Religion, Ethos und Recht gebändigt wird:

»Kennst du noch nicht das finstere Reich des Abgrundes, das die Natur beschließt, glücklich du, wenn es immer beschlossen dir geblieben! alle seine dunkeln Mächte hat der Geist besiegt, und sie in jene Tiefe eingeschlossen; aber durch des Menschen Herz gehen tiefe Brunnen nieder in ihre Finsternis; um den Eingang drängen sich, Freiheit suchend, alle Leidenschaften, aber ihn hält Religion und Sitte fest geschlossen und versiegelt, und solange die Pforten im Beschlusse bleiben, spielt oben das heitere Leben. Aber hat die Siegel eigne Schuld oder das Unglück der Zeit gebrochen, und die Tore zum Unterreiche aufgerissen, dann steigen alle Schrecken aus der Tiefe auf; wie Unwetter zieht es aus dem Abgrund; es faßt den Menschen mit dämonischer Gewalt, und der einzelne Wille vermag nichts mehr gegen die furchtbare Macht, die sich gegen ihn entkettet hat. Die Nacht und alle Furien des Lebens steigen durch jenen Schlund herauf, der Selbstmord und jeder blutige Frevel...«

Eine deutsche Revolution, so prophezeit Görres, würde noch gewaltsamer sein als die französische oder englische: »Zu den Ideen, die Frankreich bis zur gänzlichen Umwälzung bewegt, ist bei uns noch eine neue hinzugekommen, die in dieser kaum gewirkt, die der Einheit nämlich, und eine solche Vermehrung des

Fermentes muß notwendig zur verstärkten Gärung führen. Eine deutsche Revolution würde mit der Vertreibung aller herrschenden Dynastien, mit der Zerbrechung aller kirchlichen Formen, mit der Ausrottung des Adels, mit der Einführung einer republikanischen Verfassung unausbleiblich endigen; sie würde dann, wenn sie ihren glücklichern Wallenstein gefunden, weil jedes revolutionierte Volk notwendig ein eroberndes wird, über ihre Grenze treten und das ganze morsche europäische Staatsgebäude bis an die Grenze Asiens niederwerfen; aber alle diese Herrlichkeiten, wie früher die Niederlande, mit dem Untergang der Hälfte der aufsteigenden Generation, mit der Zerrüttung des ganzen Wohlstandes von Deutschland und mit der Verödung aller seiner Gaue durch einen langwierigen Krieg erkaufen, und am Ende nicht viel mehr gewinnen, als jetzt auf eine wohlfeilere Weise zu erlangen ist.«
Görres plädiert für »eine Verknüpfung des demokratischen und monarchischen Elements« und nähert sich auch der Kirche, wenngleich er noch immer Protestantismus und Katholizismus als notwendige Pole des Christentums ansieht und meint, daß sie sich »nur wie Integral- und Differentialrechnung« verhalten. Man werde allmählich wieder erkennen, »daß Religion nicht das Märchen ist, das die Amme Goldmund den kindisch horchenden Völkern vorerzählt; sondern das Band, das die Geister eint...; daß selbst die Natur bewußtlos ihre Mysterien feiert; daß der Staat nur das Erdgeschoß der Kirche ist, und das öffentliche Leben und die Pflege der Wissenschaften selbst ein Gottesdienst«. Die Schrift, die den deutschen Fürsten ein großes Sündenregister vorhält, gipfelt gleichwohl in dem Satz: »Revolutionen sind wie der Tod, vor dem nur Feige zagen, mit dem aber nur die Frivolität zu spielen wagt. So furchtbarer Bedeutung sind diese Katastrophen in der Geschichte und so ernsten tiefen Inhalts, daß nur Verrückte oder Verzweifelte sie herbeiwünschen mögen.«

Die katholische Kehre

In den acht Jahren seines Exils im französischen Straßburg und in der Schweiz wurde es wieder still um Görres. Auf der Höhe seiner Lebensbahn fand der Heimatlose, der einst die »einträglichen Alfanzereien« der »schwarzen Zauberer« verhöhnt hatte, zurück zur katholischen Kirche. Er suchte und fand sowohl diesseitige als auch metaphysische Geborgenheit unter dem Dach einer überlieferten Autorität, die ihm re-ligio, Rückbindung an ein transzendentes Sein und an eine integrale Überlieferung, zu gewähren versprach. Die Rückkehr zur Kirche war nicht nur eine spirituelle, sondern auch eine politische Kehre. Walter Benjamin hat auf das gotische Element in Görres' Schreibkunst aufmerksam gemacht, und als im gotischen Stil errichtete mittelalterliche Kathedrale sah Görres auch die katholische Kirche, wie nicht nur der im elsässischen Exil verfaßte Aphorismus aus dem Jahre 1822 deutlich erkennen läßt: »Seht die Pfeiler unserer Münster, wie viele Generationen sind in den Augenblicken vielleicht ihrer besten Gefühle durch sie hindurchgeströmt wie die Wellen des Stromes durch den Bogen der Brücke. Sie sind vorübergezogen, und andere werden kommen, die noch nicht geboren sind. Sie sind schweigend in den Menschenfluten gestanden und sind heute, was sie vor Jahrhunderten gewesen. So stehen die Grundpfeiler von Religion und Ethik in der Geschichte, sie zieht hindurch, umspült sie, brandet an ihr und reibt sie glatt, vermag

aber nicht, sie zu erschüttern: denn ihr Bau ist nicht Menschenwerk, sondern Gottes Anstalt, an dem die Zeit abgleitet und an dem alle ohnmächtigen Versuche des Angriffes zunichte werden.«
In seiner großen Schrift »Europa und die Revolution«, geschrieben 1820 im schweizerischen Aarau, erschienen 1821 in Stuttgart, unterscheidet Görres zwischen zwei fundamentalen, nicht aufeinander rückführbaren Weisen, die Welt, den Menschen und seine Bestimmung zu verstehen. Die *priesterliche* Grundanschauung geht von der ursprünglichen Freiheit und dem schuldhaften Fall des Menschen aus, interpretiert die Geschichte als ein Ringen zwischen »Kreuz und Schlange«, zwischen Erdgeist und Christusgeist, und lehrt die Hoffnung auf eine nach apokalyptischen Katastrophen stattfindende »Fahrt in die lichten Räume, wo eine neue Erde unter neuen Sternen steht«. Im Gegensatz zu jener »uralten großen Welt-Anschauung, die, wie der Adler auf seinem Sonnen-Fluge, oben von der Höhe allum die Dinge dieser Welt beherrscht«, steht die des *»Erdgeistes«,* die man, in leichter Abweichung von Görres, als gnostisch, genauer: ophitisch, bezeichnen könnte. Ihr erscheint die von den Priestern mit dem Bösen gleichgesetzte Schlange geradezu als kosmogonische Urmacht und als Prinzip permanenten Fortschritts. Sie häutet sich im Laufe der Äonen, und jede Häutung bedeutet schöpferischen Aufschwung. Der Sündenfall des Menschen war notwendig, »da das neue Geschlecht seines Glückes selbsteigener Schöpfer werden sollte«. Christus erscheint nicht als Überwinder, sondern als Inkarnation der Schlange; seine Auferstehung ist eine weitere Häutung. Alle Geschichte ist ihr Werk, von den frühesten Monumenten Ägyptens bis zu den Erfindungen und Entdeckungen der neuesten Zeit.
Ähnlich wie in »Teutschland und die Revolution« versucht Görres, beiden Grundmöglichkeiten menschlicher Weltinterpretation gerecht zu werden. Wenngleich er der priesterlich-hierarchischen den Primat zugesteht, so ist er doch bereit, auch des »Erdgeists« göttlichen Ursprung anzuerkennen. Das Endliche ist »in seiner Wurzel keineswegs ganz nichtig, noch weniger radikal böse; es hängt vielmehr... mit der Idee zusammen und wird durch sie geleitet und geführt«. Der Erdgeist lügt und frevelt allerdings, wenn er dieser Leitung durch ein Höheres unbedürftig zu sein glaubt, »wenn er sich Gott gleich hält«. Er ist frei, sich ihm zu öffnen und zu verschließen, und *daß* er sich empörerisch verschloß, davon spricht deutlich die menschheitliche Urerinnerung von einer »altergrauen Schuld«. Doch es bleibt »die Verheißung der Rückkehr«, und diese erfolgt, sofern der Erdgeist, »nach dem Ebenbilde der Idee geformt, diese in der Endlichkeit in ihrer ganzen Fülle auszuprägen, das Integral im Differential wiederzugeben sich bestrebt.« Da aber kein Endliches den »Reichtum der Idee« völlig zu fassen vermag, so kann diese Ausprägung nur sukzessive, das heißt: geschichtlich sein, und deshalb ist Geschichte »nichts als die große Seelenwanderung der niedergestiegenen Idee«.

Mystiker und Prophet

So findet sich bereits in den Schriften des Emigranten vieles, was dann in der fünfbändigen »Christlichen Mystik« zur Entfaltung gelangt ist. Görres schrieb sie in München, wohin er auf Betreiben des hochgebildeten Regensburger Bischofs Johann Michael Sailer von König Ludwig I. von Bayern 1826 berufen worden war. Görres, der nie an einer Hochschule studiert hatte, wurde an der neugegründeten Münchner Universität Professor für Allgemeine und Literaturgeschichte. Von dem Riesenwerk »Die christliche Mystik« hat der Nicht-Christ Ludwig Klages gesagt, daß ihm aus dem ganzen katholischen Schrifttum »an Großartigkeit und Tiefe allenfalls nur noch die Dichtung Dantes an die Seite zu stellen« wäre. Es handelt sich dabei um eine Summe religiös inspirierter Anthropologie, eine in dunkelste Tiefen sich vorwagende Auslegung des großen Themas von der Unheimlichkeit, Gefährdetheit und Bedrohtheit, der in unsicherer Mitte zwischen Dämonie und Heiligkeit, Trans-aszendenz und Trans-deszendenz stehenden Natur des Menschen.

Joseph Görres, dem es gelang, vita activa und vita comtemplativa, mythengeschichtliche Studien und politischen Kampf, ethisch verpflichteten Einsatz für die öffentlichen Angelegenheiten und dichterisch-visionären Aufschwung in seiner Existenz zusammenzuspannen, war eingeweiht in jenes menschheitliche Urwissen von der Doppelstrebigkeit, Gegensätzlichkeit und Riskiertheit unseres Geschlechts, wie es bereits in einer Chorstrophe der sophokleischen Antigone zu klassischem Ausdruck gelangt: »Viel des Furchtbaren gibt es, doch nichts ist furchtbarer als der Mensch.«

Was Görres in seiner »Christlichen Mystik« an Befunden über die abgründige Zweideutigkeit, über Dämonie, Wahn, Besessenheit, die allgemeine Fehlbarkeit und Entartungsbereitschaft des gefallenen Menschen hinterlegt hat, wurde von seinen sich aufgeklärt wähnenden bürgerlich-liberalen Zeitgenossen als greisenhafter Aberglaube spöttisch abgetan. Auch den meisten Theologen war das Werk nicht geheuer; sie empfanden es als Ärgernis und Belastung der katholischen Sache. Erst die geschichtlichen Ereignisse des zwanzigsten Jahrhunderts haben uns darüber belehrt, daß Görres, der angebliche Dunkelmann, der Wirklichkeit gerechter wurde als die ihn verhöhnenden Gegner oder seine ihm verlegen ausweichenden Glaubensgenossen. Der Mystiker Görres, nicht der Kirchenpolitiker, der 1837 seinen berühmten »Athanasius« erscheinen ließ, war der größere Realist. Nur wer sich ihm nicht verschließt, vermag die Tiefe spätromantischer Spiritualität zu erahnen.

Görres, der Mystiker, war eine prophetische Natur. So empfanden ihn Eichendorff und Brentano. So sah er sich auch selber: als einen, »dem das Getümmel der Zeit die Sinne nicht verwirrt, und der das Haupt noch in ruhiger Besonnenheit über den bewegten Fluten hält«, dem Geheiß entsprechend, »zu wachen und zu merken auf die Zeichen, zu rufen und zu warnen ohne Unterlaß«. An anderer Stelle sagt er: »Darum blickt er (der Mensch) besonders an den Wendepunkten der Zeiten forschend auf, was die Zukunft ihm verspreche, wo der neue Stern aufgehe, und wie es sich doch gestalten wolle, was in neuer Menschwerdung sich offenbaren will.« Prophet ist, in einem noch vortheologischen Sinn, wer für unzählige andere zu sprechen vermag. Görres hat für viele gesprochen, die sich selbst nicht ausdrücken konnten, er hat ihnen Sprache und Stimmrecht verliehen. Sein Leben hat symbolischen Charakter. Vieles ist unvollendet geblieben, und die Gedanken, die er in seiner bilderreichen Sprache formuliert hat, lassen sich kaum systematisieren. Er wußte um das ideale Moment in allem geschichtlichen Wandel, doch nicht weniger um die vulkanischen Kräfte unter den verkrusteten Schichten der sozialen Institutionen. Er hat in seiner mittleren Periode so etwas wie eine ökologische Philosophie, eine Theologie der Erde, der Evolution und der Natur entworfen. Er hat, erfüllt von einem tiefen Eros zur Vergangenheit, das Menschenrecht auf Geschichte verteidigt und, wie er selber sagt, »die ersten Blätter in dem großen Buch der Weltgeschichte, die steinernen Tafeln von Gottes Finger selbst geschrieben, aller Zeiten ewiges Rätsel, ... zu deuten unternommen«.

Er hat die Welt der Mystik neu entdeckt. »Was ist Mystik anderes, als das Leben in einer zweiten, höheren Welt, die uns ja von außen schon entgegen glänzt, wenn wir den Blick zum Firmamente heben?« schrieb er in einem Aufsatz über Novalis. Er ist den Weg von der Politik über die Naturphilosophie und den Mythos zur Mystik gegangen und wählte sich schließlich, wie die Hauptgestalt in Eichendorffs Roman »Ahnung und Gegenwart«, »das Kreuz zum Schwerte«. Mit dem Tode ringend träumte ihm in den letzten Januartagen des Revolutionsjahres 1848 von Odysseus, dem mythischen, und von Paulus, dem urchristlichen Weltreisenden. Lasaulx, sein Schwiegersohn, hat das Oratorium von Görres' Sterben aufgezeichnet. Vor dem visionären Blick des greisen Rheinländers zog ein Volk nach dem andern vorüber: Polen, Ungarn, Deutsche, Spanier... Er sagte nicht nur den Sturz der Dynastien voraus, sondern auch den Untergang ganzer Nationen. Als sein Sohn Guido ihn kurz vor dem Tode fragt: »Vater, sollen wir beten?« kommt die dunkle Antwort: »Ja, betet für die Völker, die nichts mehr sind!«

Der junge Görres hat gesagt, daß die ganze Weltgeschichte eigentlich ein Argonautenzug sei. Görres, der Odysseus unter den deutschen Romantikern, war stets ein homo viator. Auch als Mystiker und Prophet war er ein Reisender und Wanderer. William James hat einmal von sich gesagt, er sei zwar niemals durch mystische Zustände hindurchgegangen; aber, fügt er hinzu, wenn er einen Menschen davon reden hörte, der davon tiefer wußte, so rief etwas ein Echo in ihm hervor. Vielen mag es auch im Umgang mit Görres so ergehen. Viel Rühmendes, viel Absprechendes, ja Bösartiges wurde über diesen Feuergeist gesagt. Eines der vielleicht besten Worte stammt von Goethe, der, nachdem er Görres in Koblenz besucht hatte, bedächtig-interessiert meinte:

»Es ist eine Natur, die man nicht aus dem Gesicht lassen muß.« (1976)

JOHANN WILHELM RITTER

Er stammt aus Schlesien, der mystisch fruchtbarsten Landschaft der deutschen Nation, und mit der Mystik, insbesondere der des barokken Schuster-Theosophen Jakob Böhme, war er schon früh vertraut. Doch die wichtigsten Stationen seines Lebens waren Jena und München; in beiden Städten wirkte er, als sie zu Mittelpunkten der romantischen Bewegung geworden waren. Und ein eminenter Romantiker war er auch, der am 16. Dezember 1776 in Samitz bei Haynau geborene Johann Wilhelm Ritter, dessen hier gedacht werden soll. Novalis, der Dichter, und Franz von Baader, der Philosoph der Romantik, gehörten zu seinen Förderern und Freunden, von ihnen fühlte dieser wahre »Lehrling zu Sais« sich aufs innigste verstanden. Mit Goethe, dem Schöpfer der »Farbenlehre«, hat er eine Zeitlang gemeinsam experimentiert. Obwohl sich die beiden allzu verschiedenen Charaktere bald wieder trennten, hat Goethe den um mehr als ein Vierteljahrhundert jüngeren Ritter als einen »wahren Sternenhimmel des Wissens auf Erden« gepriesen. Und Novalis war es, der in einem Brief an Caroline Schlegel, die spätere Frau Schellings, die Worte äußerte: »Ritter ist Ritter und wir sind nur Knappen.« In seinen Fragmenten findet sich die Notiz: »Ritter sucht durchaus die eigentliche Weltseele der Natur auf.«

Der Romantiker Ritter, Sohn eines Pfarrers, mütterlicherseits von Hellsehern abstammend, Apothekerlehrling und Autodidakt, war ein bahnbrechender Naturforscher und genialischer Experimentator. Es ist dummes Gerede, wenn immer wieder Romantik mit wissenschaftsfeindlichem Obskurantismus gleichgesetzt wird. Romantik schließt Beobachtung, Experiment und Präzision keineswegs aus. Viele ihrer bedeutendsten Köpfe, wie Baader, Novalis, Schelling, Görres, Chamisso und Carus, waren entweder Naturwissenschaftler oder verfügten zumindest über breite physikalische, chemische und medizinische Kenntnisse; eine stattliche Anzahl war im Bereich der Medizin oder im Bergfach tätig. Beobachtung, Experiment und wissenschaftliche Akribie sind durchaus keine Errungenschaften der positivistischen und materialistischen Schulen des neunzehnten Jahrhunderts; nur werden sie von den Romantikern in einen metaphysischen Bezug gestellt, der bei jenen fehlt, und als Instrumente kühner spekulativer Entwürfe aufgefaßt. Was diese theoretischen Ausgeburten konstruktiver Phantasie betrifft, die oft als »Naturphilosophie« im verächtlichen Sinne abgetan werden, so hat schon Friedrich Engels weise für eine gerechtere Beurteilung plädiert: neben »viel Unsinn und Phantasterei« enthielten sie doch »auch viel Sinn und Verstand«, und er erinnert in diesem Zusammenhang an Kepler und Oken.

Engels hätte auch Johann Wilhelm Ritter nennen können. Ritters Leidenschaft war die *Elektrizität,* die zu seiner Zeit unter dem Namen »Galvanismus« ins Blickfeld der Naturforscher geraten war, und später das *Licht,* also der sichtbare Bereich der elektromagnetischen Wellen. Die zum Teil erst Jahrzehnte nach seinem frühen Tode – er starb bereits 1810 – anerkannten Erfolge des Physikers und Chemikers Ritter stehen für die naturphilosophischen Visionen des Romantikers Ritter durchaus ein: Er gehört zu den Begründern der Elektrochemie und Elektrobiologie; er hat das Ohmsche Gesetz und (ungeachtet der Skepsis Goethes) die Entdeckung der ultravioletten Strahlen spekulativ vorweggenommen; er ist Mitentdecker der Elektrolyse, wobei es ihm, zum Unterschied von seinen Vorgängern, erstmals gelang, Wasserstoff und Sauerstoff an den beiden Elektroden getrennt aufzufangen. Damit nicht genug: Ritter erfand die Trockensäule, also die Urform der Trockenbatterie, ohne die heute kein Transistorradio funktionieren würde, und die Ladungssäule, die schließlich zum Akkumulator hinführte. Bereits 1798 hatte er den thermoelektrischen Effekt an kristallinen Metallen beobachtet, gleichzeitig mit Gautherot entdeckte er die galvanische Polarisation, und auch die sogenannte Galvanotechnik verdankt seinen Experimenten entscheidende Anstöße.

Wenn einer seiner Zeit so weit vorauseilt, dann darf er beanspruchen, daß man auch seine die Grenzen fachwissenschaftlicher Disziplin überspringenden Ideenwelt ernst nimmt. Dies gilt auch dann, wenn man Josef Nadlers Urteil zustimmt, daß Ritter nichts fehlte »als die rettende Selbstzucht«, um ein noch größerer Naturentdecker zu werden. Ritter, der »Novalis der Physik«, ist auch so, wie er vor uns steht, groß genug. Sein wissenschaftlicher Rang ist mit seiner Bedeutung als Natur-Mystiker eins. Dem Mystiker Ritter ging es darum, wie Novalis hellsichtig bemerkt, »alle äußeren Prozesse« zugleich »als Symbole und letzte Wirkungen innerer Prozesse« zu deuten. Sein unermüdliches Experimentieren mit chemischen Substanzen und optischen Apparaten wurde inspiriert von der Vision einer »höheren Physik«, wie sie auch Paracelsus und Jakob Böhme, später Gustav Theodor Fechner und, in unserem Jahrhundert, Teilhard de Chardin und Edgar Dacqué vor Augen schwebte. Ritters Ringen galt der »Universalformel«; sie war ihm »wie ein Heiligtum«, gestand er 1806 dem befreundeten dänischen Physiker Oersted: »Ganz entwickelt müßte sie überhaupt das Universum selbst sein.«

Nun, Ritter hat diese Weltformel in sein Grab mitgenommen; vielleicht war sie nur eine von seinen vielen visionären Antizipationen, so wie auch jene technische: »Sollte es magnetische, elektrische Teleskope geben können? – Spiegel für Magnetismus, Elektrizität?« Kurz vor seinem Tode hat der von Armut, Krankheit und Einsamkeit gequälte Naturforscher aus Tagebüchern und sonstigen Aufzeichnungen seine »Fragmente aus dem Nachlasse eines jungen Physikers« zusammengestellt. Sie enthalten eine hymnische Licht-Metaphysik, die den Gegenpol zur Nacht-Mystik seines Freundes Novalis bildet. Licht, so heißt es dort, sei »die einzige Nahrung alles Lebendigen«, »die Quelle jeglicher Kraft, der zeugende Same alles Guten«. Durch die dunklen Elemente der Erde hindurch dringt es empor, um im Menschen, durch geheimnisvolle Alchymie geläutert, zurückzukehren in seinen göttlichen Ursprung und »mit allen Farben seines Daseins ewiges Fest« zu feiern. »Was sind alle Massen anderes, als ein gefesseltes Licht«; wir alle sind »glühende Funken des Lebens.« Das Auge ist »Gottessinn«, das Licht »der gute Gott«, Schauen Gottesdienst. Bereits das bei Verbrennungsprozessen wahrnehmbare Licht ist für Ritter »gleichsam ein Loch in eine andere Welt«: »Als öffneten die Himmel sich, so ist die Flamme. Man sieht hier mehr als man begreift.« Alles Leben scheint in ein magisches Leuchten ausbrechen zu wollen, auf eine paradiesische Verklärung und Transmutation zu harren. So hatten auch schon die pansophischen Esoteriker des späten Mittelalters und der Barockzeit gelehrt: daß alle Metalle sich danach sehnen, in Gold verwandelt zu werden, und das innerste Verlangen des Menschen der messianische Durst nach »Christförmigkeit«, nach Gottwerdung sei. Ritter sagt: »Ich sehe keinen Edelstein an ohne den Glauben, in ihm das Ideal meiner eigenen Bestimmung wiedergefunden zu haben. Auf den Menschen reimt sich die ganze Natur.« Der Mensch soll keine der Farben des Regenbogens einzeln nehmen wollen, nur alle zusammen ergeben erst das strahlend fließende Licht Gottes, dessen Epiphanie in dieser Welt die Liebe ist: »Man liebt nur die Erde, und durch das Weib liebt uns wieder die Erde. Darum findest du in der Liebe aller Geheimnisse Enträtselung.«

Man versteht, warum Bettina Brentano die Briefe Ritters als numinose »Zau-

berspiegel seiner Geistnatur« empfunden hat. An Novalis' Bruder schrieb er: »Zudem zieht mich's immer am meisten nach dem Licht, wenn ich selber welches im Innern brauche, das ist in den Zeiten der Not; mit ihm möchte und könnte ich durch den Tod gehen, wie es auch sein wird.«
Das ist die zugleich lichtfromme und wirklichkeitsandächtige Botschaft des Physikers, Mystikers und Philosophen Johann Wilhelm Ritter, die Botschaft aller Mitwisser jener »höheren Physik« von Pythagoras, Platon und Plotin über Kepler, Böhme und Leibniz bis zu Einstein, Whitehead und Heisenberg.

(1976)

HEINRICH VON KLEIST

Nur wenige deutsche Dichter gerieten so sehr in den Widerspruch der Parteien wie Heinrich von Kleist. An Kleist scheiden sich die Geister – heute wie zu seinen Lebzeiten. Sein Werk birgt für die Forschung noch viele ungelöste Rätsel, obwohl Jahr für Jahr neue Bücher, Untersuchungen und Dissertationen darüber veröffentlicht werden; allein die Bibliographie zu dem Drama »Der Prinz von Homburg« dürfte an die fünfhundert Titel umfassen. Der Dichter selbst freilich hatte in seinem kurzen Leben keines seiner Dramen aufgeführt, manche nicht einmal gedruckt gesehen. Der »Zerbrochene Krug« war in Weimar durch Goethes verfehlte Regie zu einem Mißerfolg geworden; in Wien und Bamberg wurde das »Käthchen von Heilbronn« gespielt, doch sein Schöpfer war nicht anwesend, und kaum jemand hatte einen Sinn für den Rang seiner Schöpfungen.
Kleists Lebensgeschichte weist auch heute noch, trotz der verdienstvollen biographischen Arbeiten von Kurt Gerlach, Hans Mayer, Katharina Mommsen und vor allem Helmut Sembdner, mehr weiße Stellen auf als die jedes anderen Dichters seiner Zeit. Wir kennen seine Lebensdaten, wissen, daß er am 18. Oktober 1777 in Frankfurt an der Oder geboren wurde und am 21. November 1811 in Berlin starb – durch Selbstmord, in den ihn Henriette Vogel, eine unheilbar kranke Frau, begleitete. Doch über seine Kindheit ist uns fast gar nichts bekannt; wir wissen auch nicht, was er eigentlich auf seiner merkwürdigen Reise nach Würzburg im Jahrc 1800 suchte; die Frage, wie man ihn literarhistorisch einordnen soll, ist oft gestellt und bis heute höchst widersprüchlich beantwortet worden. Es gab einen romantischen und einen realistischen Kleist, einen vaterländisch-nationalen und einen psychologischen, den Artisten und den Existentialisten Kleist. Marxisten wie Georg Lukács stilisierten den preußischen Dichter zu einem Vorläufer Hitlers, und nationalsozialistische Interpreten versuchten, von ihrem Standort aus, ähnliches. Franzosen wie Breton, Cocteau und Béguin waren von den surrealistischen Elementen in Kleists Dramen und Novellen fasziniert, und welche weitreichende Wirkung seinem tiefsinnigen Aufsatz »Über das Marionettentheater« zukommt, kann hier nicht einmal angedeutet werden. Dieser Aufsatz von sieben Seiten enthält eine kühne Geschichts- und Kunstphilosophie, ja sogar eine Art von Anthropolo-

gie, und so ist es kein Zufall, daß bedeutende Denker immer wieder auf ihn zurückgreifen.

»Spent' ê la luce« heißt es in einem der letzten Sonette des greisen Michelangelo: »Im Dunkel tun, was wir können.« Das war auch Kleists Schlußfolgerung, nur daß er sie wilder, ungestümer, verzweifelter aussprach. Schwerblütig und gehetzt; ruhelos, von Ort zu Ort getrieben, ein Fremdling in seiner Zeit und in seinem Lande; von seiner Familie als abtrünniger Nichtsnutz angesehen; besessen von dem wilden Ehrgeiz, Goethe den olympischen Kranz von der Stirne zu reißen, jenem Goethe, dem er die Tragödie »Penthesilea«, wie er in einem Brief schrieb, »auf den Knieen meines Herzens« darbrachte; hypochondrisch, todessüchtig und exzentrisch bis zur Tollheit, zur Hysterie; trotz junkerlicher Abkunft und antinapoleonischem Franzosenhaß keiner Ideologie verpflichtet, nur mit rücksichtsloser Unerbittlichkeit seinem künstlerischen Schaffen, der harten Disziplin artistischer Gestaltung hingegeben, gleicht Heinrich von Kleist nicht einem Schützen, der nach jedem Schuß die Waffe absetzt, um zu sehen, ob er traf oder fehlte, sondern einem, der in gieriger Hast alle Schüsse aus dem Lauf hinausjagt, um am Ende die Waffe gegen sich selbst zu wenden. In einander drängenden Konvulsionen und Ausdruckszwängen türmte er Werk auf Werk, bestehend aus acht Dramen (von denen eines, »Robert Guiskard«, Fragment geblieben ist) und ebenso vielen Novellen, die zu den spannendsten der gesamten Weltliteratur gehören, einem verlorengegangenen Roman, einer Reihe glanzvoller Essays, Anekdoten, Kritiken und Aufrufe. Das ekstatisch-blutrünstige Amazonen-Drama »Penthesilea« entstand 1808, gleichzeitig mit dem nachtwandlerisch-holden »Käthchen« und der berserkerhaft rasenden »Hermannsschlacht«; im gleichen Jahr schuf er neben diesen drei Dramen vier seiner stärksten Erzählungen, darunter »Michael Kohlhaas«; im gleichen Jahr gibt er, gemeinsam mit Adam Müller, die Kunstzeitschrift »Phöbus« heraus. 1810, ein Jahr vor seinem Tode, gelingt ihm »Der Prinz von Homburg«, sein reinstes und formvollendetstes Drama, wird er Redakteur der »Berliner Abendblätter«, für die er unermüdlich Anekdoten, Erzählungen und andere meisterliche Prosastücke schreibt, darunter das schon erwähnte Gespräch »Über das Marionettentheater«. Dann schließt er, vereinsamt und hoffnungslos, verzweifelt auch über das Bündnis des preußischen Königs mit Napoleon, fünfunddreißigjährig sein Leben ab, zerbrechend am Übermaß seiner Forderungen an sich und an eine von »wunderlicher Schlafsucht« befallene Welt, erfüllt von jener »höheren, festgewurzelten und unheilbaren Traurigkeit«, die er sich in einem seiner Abschiedsbriefe zuschreibt, von der »jauchzenden Sorge, einen Abgrund tief genug zu finden«, um sich mit seiner Todesgefährtin in ihn hinab zu stürzen. Bereits früher hatte er einmal gegenüber einem Freunde gesprochen von den »Millionen Toden, die wir schon gestorben sind und noch sterben werden« und hinzugefügt: »Es ist, als ob wir aus einem Zimmer in das andere gehen.« Das ist ebenso echt kleistisch wie der Schluß der kurzen Spukgeschichte »Das Bettelweib von Locarno«, wo der Marchese, »von Entsetzen überreizt«, sein Schloß an allen vier Enden in Brand steckt. »Von Entsetzen überreizt« ist vieles bei Kleist. Er ist der Dramatiker des absoluten, zum Fatum gewordenen Gefühls. In einer seiner Novellen heißt es: »Türme das Gefühl, das in deiner Brust lebt, wie einen Fels empor: halte dich daran und wanke nicht und wenn Erd und Himmel unter dir und über dir zugrunde gingen!« Kleists Gestalten werden von dämonischen Mächten getrieben. Sie leben aus der Gewalt leidenschaftlicher Gefühle. Die Skala reicht von traumhafter Entrückung bis zur maßlosen, alle Schranken umstürzenden Wut, vom magischen Somnambulismus erotischer Hingerissenheit bis zu den Delirien menschenfressender Mordlust. Viele dieser Gestalten zerbrechen, schicksalhaft lebend und handelnd; sie sind zerschellende Gefäße dessen, was Freud später den Todestrieb genannt hat. Es sind keine lichten, heiteren Gefilde, die zu betreten Kleist uns zumutet. Er führt uns nicht in ein apollinisches Reich edler Einfalt und stiller Größe, sondern in eine Welt, in der ekstatischer Überschwang, titanische Besessenheit und fieberhafte Verzückung regieren. Kleists Menschen können keine Vor- und Leitbilder sein, und man kann Goethes Wort über Kleist verstehen: »Mir erregte dieser Dichter, bei dem reinsten Vorsatz einer aufrichtigen Teilnahme, immer Schauder und Abscheu, wie ein von der Natur schön intentionierter Körper, der von unheilbarer Krankheit ergriffen wäre.«

Schauder und Abscheu sind extreme Lebensäußerungen, sie signalisieren Grenzsituationen, und Goethe selber wußte: »Das Schaudern ist der Menschheit bestes Teil.« Ein Wort, das eher von Kleist stammen könnte, dessen meteorhaftes, sich jeder Einordnung entziehendes Werk etwas von dem heiligen Schrecken archaischer Opferkulte zu vermitteln vermag.

»Das Äußerste, das Menschenkräfte leisten,
Hab ich getan – Unmögliches versucht –
Mein Alles hab ich an den Wurf gesetzt...«

Diese Worte seiner »Penthesilea« hätte Kleist auch von sich sagen können. Vielleicht hat ihn in den hundert Jahren zwischen seinem Tode und dem Ersten Weltkrieg überhaupt niemand verstanden. Im fahlen Licht der Erfahrungen unseres Jahrhunderts scheint uns dieser »unaussprechliche Mensch« nahe und vertraut. Kleist scheint uns näher und vertrauter denn Goethe und Schiller, von ihm führen Wege zu Hebbel und Strindberg, zu Pirandello und O'Neill. Sein Werk offenbart uns die abgründigen Möglichkeiten menschlicher Existenz. Es erinnert uns in einer dieser Weltstunde besonders vernehmlichen Art an die Weisheit der antiken Tragödie: »Nichts furchtbarer als der Mensch.«

(1977)

CLEMENS BRENTANO

Clemens Brentano gehört zu den widersprüchlichsten, zerrissensten, ja dämonischsten Gestalten der deutschen Literaturgeschichte. Wie kein zweiter verkörpert er in Leben und Werk das, was wir mit dem Begriff *Romantik* zu bezeichnen pflegen. Sein Wesen ist schwer faßbar, und seine Dichtungen, vielleicht abgesehen von dem Märchen »Gockel, Hinkel und Gackeleia«, wurden nie recht populär, obwohl er immer wieder um Volkstümlichkeit bemüht war, sich als Mitherausgeber der Liedersammlung »Des Knaben Wunderhorn«, als Lyriker und Verfasser christich-mystischer

Erbauungsbücher an die volksläufig überlieferten Formen und Motive, an Sage, Märchen, Chronik und Legende, treuherzig-demütig angeschmiegt hat. Keines seiner Werke hat die Gunst eines größeren Publikums gefunden. Nicht sein Lorelei-Gedicht »Zu Bacherach am Rheine« ist in aller Munde, sondern Heines schwächere Version. Guido, der Sohn seines Jugendfreundes Joseph Görres, sagt von Brentano: »Seine Schriften waren keine Modeartikel; die Buchhändler erwiesen sich seiner Muse mit stiefväterlicher Sprödigkeit und Zurückhaltung als karge Gönner.« Daran hat sich seither trotz der verdienstvollen Bemühungen Friedhelm Kemps, Anton Krättlis, Wolfgang Frühwalds, Werner Vordtriedes und anderer wenig geändert. Brentano ist ein Dichter für eine kleine Schar von Kennern, für die *happy few*.

Den Biographen hat er sich immer wieder entzogen, und schon zu Lebzeiten bemächtigte sich seiner die Legende. Man munkelte, er sei nach überspannt verworrener Jugend, wie sie sich in dem fast undurchdringlichen Roman »Godwi« – dieser Erfüllung von Friedrich Schlegels Programm einer alle poetischen Gattungen und Stile zuchtlos konfundierenden »progressiven Universalpoesie« – mutwillig feixend widerspiegelt, vom Don Juan zum bigotten, mirakelfrommen Bettelmönch geworden. Aber es gab auch solche, die ihn für einen gnostischen Gaukler und Rattenfänger hielten, einen leibhaftigen Mephistopheles, der, auf dem Dreifuß über dem Höllenschlund sitzend, Machwerke schwarzer Magie ausheckte. Sogar nach seiner 1817 vollzogenen Rückkehr zur katholischen Kirche, als er jahrelang am Krankenlager der stigmatisierten Nonne Anna Katharina Emmerich saß und deren in westfälischem Platt gestammelte Gesichte der Passion Christi aufzeichnete, war in ihm etwas von einem vagierenden Teufelskomödianten und Zauberer. Auch der im Alter frömmelnde Brentano, der sich als kirchlicher Propagandist, bekehrungswütiger Seelsorger und großzügiger Freund christlicher Caritas betätigte, hatte in der Religion nicht jene Ruhe und Geborgenheit gefunden, nach der er, das frühverwaiste, eminent gefährdete *génie enfant,* seit jeher gelechzt hatte. Mochte er auch sich seiner an kostbaren Handschriften und alten Drucken so reichen Bibliothek entäußert und vom literarischen Betrieb abgewendet haben, so wurde er doch den Dämon in sich nicht los, blieb er ein Magier, ein mit den Mächten der Unterwelt nicht unvertrautes Fabelwesen gleich der antiken *Chimaira* oder einem jener Völker und Fürsten verführenden Geschöpfe der Apokalypse, von dem es heißt: »Und es ward ihm gegeben ein Mund, zu reden große Dinge und Lästerungen.«

Brentano selbst fühlte das Rätselhafte, Fragwürdige, ja Frevlerische seiner Existenz nur zu schmerzlich, und nicht zufällig durchzieht seine Werke das Leitmotiv der Blutschande, ganz besonders die Torso gebliebenen »Romanzen vom Rosenkranz«, von denen er sagte, er habe darin Unsagbares auszudrükken versucht. Er litt unter der elementarischen Überfülle seiner Einfälle, Anlagen und Imaginationen ebenso wie unter der seltsamen Gebrochenheit seines Charakters. Eichendorff schrieb dazu fünfzehn Jahre nach Brentanos Tod: »Jeder Dichter hat zwar, oder soll doch sein bescheiden Teil Genie haben: aber Brentano hatte dessen unbescheiden viel; darüber erschraken die einen, den andern dagegen war das gerade recht, und sie wollten eben anfangen, jubelnd in die Hände zu klatschen; da fiel es ihm bei, despektierlich von der Genialität überhaupt zu reden und ihnen den ganzen verhofften Spaß wieder zu vereiteln. So verdarb er's mit beiden.« Die innere Unrast, die ihn von einem Abenteuer zum andern trieb, von der Liebe zur Kunst und von der Kunst zur Religion, ohne jemals einer der vorangegangenen Lebensmöglichkeiten ganz entsagen zu können, hat ihn bis in seine letzten Tage nicht verlassen. Mochte er sich als ein müder Pilger fühlen und den Kranz aus Immergrün nicht mehr der »unsichtbaren Kirche der Kunst«, von der er in jungen Jahren geträumt, sondern dem Kreuze weihen, er blieb auch als Dichter des erschütternden »Frühlingsschreis eines Knechtes aus der Tiefe« ein orphischer Zauberer, eine dem Dämonischen verfallene Hexengroßmacht und bekannte: »Solche Gedichte sind kokette – Magdalenen.«

Wer war er, über dessen Leben und Dichten die Urteile bis heute zwischen hingerissener Bewunderung und leidenschaftlicher Ablehnung schwanken? »Ich muß mich ewig selbst überraschen, wenn ich mir etwas abringen soll«, heißt es in einem der zahlreichen Bekenntnisbriefe Brentanos. »Ich lebe innerlich in einem Lande, das ich selbst nicht begreife, und bin in der Heimat selbst oft von einem schmerzlichen Heimweh ergriffen.« Er hielt sich weniger für einen Dichter, den es darnach drängte, sich in auskristallisierten Meisterwerken zu verewigen, als für ein gegenüber seinen eigenen Schöpfungen mißtrauisches »Objekt der Poesie«. Dichtung war ihm weit mehr ein bestimmter Zustand ekstatischer Hingebung an das Wunder des Daseins, als dessen Organ er sich fühlte, denn ein in Wort und Vers sich niederschlagendes Gebilde. So sah ihn auch Eichendorff: anders als Brentanos Schwager Arnim, der im vollsten Sinne des Wortes als ein Dichter erschien, war Clemens selber »wie ein Gedicht, das, nach Art der Volkslieder, oft unbeschreiblich rührend, plötzlich und ohne sichtbaren Übergang in sein Gegenteil umschlug und sich beständig in überraschenden Sprüngen bewegte«. Der »unversöhnliche Kampf mit dem eigenen Dämon« sei die eigentliche Geschichte seines Daseins gewesen, von dem Brentano bekannte: »Mein Leben ist das wundervollste Gedicht, das je gedichtet worden«, um freilich resigniert hinzuzufügen: »Es hat weder meinen noch der Menschen, noch Gottes Beifall!«

An diesem Gedicht seines Lebens haben zweifellos Brentanos Ahnen mitgedichtet, und vieles, was an seiner Existenz so schillernd und verwirrend wirkt, mag sich aus dem vielfältigen Erbe erklären, das in ihm zusammengeströmt ist. Väterlicherseits italienischer Abstammung, floß von der Mutter her fränkisches, alemannisches und französisches Blut in seinen Adern. Der am 8. September 1778 in Ehrenbreitstein bei Koblenz geborene Dichter war somit ein Dreivölkerkind, und er ist denn auch unter allen deutschen Romantikern der romanischste. Südliche Luft umspielt seine Dichtungen, nicht nur die Märchen, bei denen er vielfach auf des Neapolitaners Giovan Battista Basile von *limpida gaiezza,* heller Fröhlichkeit, durchwehten »Pentamerone« zurückgriff, sondern auch die im mittelalterlichen Bologna spielenden »Romanzen vom Rosenkranz« und das den Zauber spanisch-maurischer Kultur beschwörende Poem »Alhambra«. Mit Wieland, dem welschsten unter allen deutschen Literaten des achtzehnten Jahrhunderts, verbinden ihn nicht bloß familiäre Traditionen – seine Großmutter Sophie La Roche war Wielands langjährige Freundin, seine Schwester Sophie stirbt im September 1800 auf dem Wielandschen

Gut Oßmannstedt –, sondern auch geistige wie artistische Gemeinsamkeiten. Dieser Rheinländer italienisch-französischer Herkunft schien noch gewissen nationalsozialistischen Ämtern als völkisch unzuverlässig, nachdem bereits H. St. Chamberlain, Cosima Wagners britischer Schwiegersohn, das Gerücht kolportiert hatte, Clemens und Bettina Brentano entstammten einer »syrosemitischen Bastardfamilie«. Eine »Reichsstelle für Sippenforschung« ließ unter Hitler entsprechende Nachforschungen über einen etwaigen »jüdischen Bluteinschlag« bei dem Romantiker anstellen, und wenn zumindest im alten Antisemitismus stets ein starkes Gran von Südfeindschaft enthalten war, von Abneigung gegenüber der als liederlich, raffiniert und ausschweifend empfundenen Welt der farbigeren, sinnlicheren, sich zum Orient hin öffnenden Romania, so bezeugt auch das kuriose Verlangen nach einem postumen Ariernachweis für Brentano, wie fremd, wie »undeutsch« dieser Dichter bis in unsere Zeit hinein vielen erscheint.

Und dennoch war sein Leben wie das seiner unmittelbaren Vorfahren und Geschwister auf die mannigfaltigste Weise mit dem bedeutender Deutscher verkettet. Goethe hatte nach seinem Abschied von Lotte in Wetzlar Sophie La Roche, die einstige Verlobte Wielands, sowie deren zierliche, schwarzäugige Tochter Maximiliane kennengelernt und sich in diese »Erscheinung vom Himmel« verliebt. Im dreizehnten Buch von »Dichtung und Wahrheit« gedenkt er freundlich ihrer und des Ehrenbreitsteiner Elternhauses, wo später Clemens geboren wurde. Und Goethes späte Liebe, Marianne Willemer, die Suleika des »West-östlichen Divans«, war eine von Brentanos zahllosen Jugendlieben gewesen, der er noch 1838, im Alter, als dem »liebsten Großmütterchen«, die »herzliche Zueignung« der Spätfassung des Gockel-Märchens widmet. Sophie Mereau, seine 1806 verstorbene Gattin, war eine der ersten emanzipierten Frauen in Deutschland; ihre Romane fanden den Beifall Schillers und anderer. Eine der Schwestern von Clemens, Gunda, heiratet den großen Rechtsgelehrten und späteren preußischen Minister Friedrich Karl von Savigny; eine andere, Bettina, die ihm am nächstenstehende, wird Ehefrau des Dichters Achim von Arnim. Der Philosoph Franz Brentano, der Husserl stark beeinflußt hat und dem jungen Heidegger zum Anstoß eigenen Suchens wurde, ist ein Neffe von Clemens, ebenso der als »Kathedersozialist« bekanntgewordene Nationalökonom Lujo Brentano. Entfernt verwandt mit ihm sind auch der Mitbegründer der hessischen Christlich-demokratischen Union und zeitweilige Außenminister unter Adenauer, Heinrich von Brentano, sowie dessen Bruder, der 1933 aus Abneigung gegen Hitler in die Emigration gegangene Romancier und Essayist Bernard von Brentano. Nur um der Vollständigkeit willen sei auch noch die an der Freien Universität Berlin tätige Soziologin Margherita von Brentano erwähnt, die in den sechziger Jahren eine nicht unerhebliche Rolle bei der intellektuellen Formierung der Neuen Linken gespielt hat.

Nietzsche hat einmal gesagt, daß von den deutschen Dichtern Clemens Brentano am meisten Musik im Leibe habe, und es hat seinen guten Sinn, daß Adrian Leverkühn, Nietzsches Ebenbild in Thomas Manns »Doktor Faustus«, einen Zyklus Brentanoscher Lieder vertont. Seine durch und durch musikalisch-musikantische Lyrik, vom Dichter selbst oft zur Laute gesungen, verdankt sich einer zu Verzückung und Berückung geradezu wehrlos fähigen Existenz. Nicht der Dichter verfügt über die Sprache, sondern diese über ihn. Er meistert sie nicht so sehr, sondern läßt sich von ihr wie von einem Strome tragen. Ein medialer Zug eignet dem Dichten Brentanos, ein selbstselig sich genießender Somnambulismus wortspielerischer Evokation. In der berauschenden Wortmusik seiner Verse fließen Inneres und Äußeres, Ich und Weltall unterschiedslos zusammen. Dem Dichter geht es weniger um werkhafte Gestaltung objektiver Gebilde, sondern um eine bestimmte Weise des Lebens, eine dichterische Haltung gegenüber dem Wunder des Universums. Das Gedicht ist gleichsam die expressive Blüte der in der Wirklichkeit selbst enthaltenen Poesie; der von ihr ergriffene Lyriker fühlt sich als Organ dieser kosmogonischen Macht. Sich ihr mit hypnotischer Willfährigkeit anvertrauend, wird Brentano zum zwischen Seligkeit und Grauen, kindlicher Unbeschwertheit und dämonischer Verdüsterung schwebenden Sänger rauschhaften Lebens. Im Lichte dieses Zustands, der in seiner Jugend ein dionysisch-heidnisches, später ein christlich-mystisches Vorzeichen hat und doch im Grund immer derselbe geblieben ist, müssen wir auch das tiefsinnige Wort der Großmutter in der »Geschichte vom braven Kasperl und schönen Annerl« lesen: »Was läge am ganzen Leben, wenn's kein End' nähme; was läge am Leben, wenn es nicht ewig wäre.« Keines anderen Deutschen Lyrik ist in solchem Maße Musik – nicht allein im Sinne von »schöner Sprache«, sondern im tieferen von Tonwert, musikalischer Führung, symphonischer Verknüpfung und Fügung der Themen. Die virtuose Wortmusik mancher Brentanoscher Balladen und Romanzen ist beispiellos in der deutschen Sprachgeschichte. Vor ihrer überschwänglich strömenden Fülle und bestürzenden Süße verblaßt alles, was wir sonst als Höchstes an orphischer Poesie kennen. Turtelnde Verbuhltheit, bizarre Ironie und schweifende Phantasie kennzeichnen seine Dichtungen ebenso wie jene einfältig-kindlichen, ja volksliedhaften Herzenstöne, die weniger Ausdruck naiven Erlebens denn artifizieller Raffinesse sind. Das gilt nicht nur für seine Lyrik, sondern auch für seine Märchen und das auf Georg Büchner vorausweisende Lustspiel »Ponce de Leon«, von dem Heinrich Heine sagt: »Man glaubt einen Maskenball von Worten und Gedanken zu sehen. Das tummelt sich alles in süßester Verwirrung, und nur der gemeinsame Wahnsinn bringt eine gewisse Einheit hervor.«

Aus Theorien, Programmen und Doktrinen hat sich Brentano wenig gemacht. Philosophische Spekulationen waren seiner Fabulierlust fremd. Anders als Novalis hatte er für Metaphysik kein Organ, und im Gegensatz zu Tieck, dem er durch seine Impressionabilität, Wandelbarkeit und empfängliche Hingebung an die Welt der Träume sonst ähnlich ist, erscheint er in seinen Erzählungen nicht als Psychologe. Brentano, diese eminent sinnliche, zeitlebens ungestüm suchende und nirgends ein bleibendes Zuhause findende Natur, wollte nur die tiefe Zerrissenheit seines Wesens mit dichterischen Mitteln lindern und bannen. Wenn, nach einem bekannten Wort von Werner Sombart, das bürgerliche und das erotische Temperament die beiden Gegenpole der Welt bilden, dann gehört Brentano, obwohl einer reichen Kaufmannsfamilie entstammend, ganz und gar auf die gegenbürgerliche Seite. Brentano hat nie einen Beruf ausgeübt und auch kein Studium abgeschlossen. Sein gesamtes Schaffen steht in schärfstem Gegensatz zur Welt bürgerlicher Ordnung, die sich durch nüchternes Maß, ökonomische Rechenhaftigkeit und pragmatisches Leistungsethos auszeichnet. Er gehört zu den ersten großen Musageten jener antibürgerlichen Revolte, die den Aufstieg des Bürgertums wie ein bunter Schatten begleitet, und deshalb fühlen wir uns bei ihm in vieler Hinsicht an Baudelaire, Rimbaud, Verlaine, d'Annunzio und sogar an die Surrealisten erinnert. Im »Godwi«, den er selbst einen »verwilderten Roman« nennt, finden sich die provozierendsten Sätze wider die bürgerliche Zweck-, Nützlichkeits- und Arbeitsmoral: »Laß mich sie pflücken, die Blumen meines Wegs, wer weiß, ob ich sie nicht einst auch zu Heuhaufen mähen und wie die heutigen Ökonomen zur häuslichen Stallfütterung anwenden muß. Ich lebe nun einmal in einer Traumwelt, und tue ich nicht recht, wenn ich darin lebe, wie man kann? ... Werdet ihr besser mit eurem Verbessern eurer Umstände, wenn ihr nicht eure verbesserten Umstände in euch selbst zurückbringt, um euch selbst zu verbessern? ... Leben heißt nicht hundert Jahre alt werden, Leben heißt Fühlen und Fühlenmachen, daß man da sei, durch Genuß, den man nimmt und mit sich wiedergibt.« Wer zur Wollust geboren sei, und sie nicht übe, führe ein recht lasterhaftes Leben. Nicht daß er ein Revolutionär gewesen wäre! Ihn beschäftigte weder Politik noch das Soziale, sondern einzig und allein das Drama seiner eigenen Subjektivität, die Sehnsucht nach einem verlorenen Paradies, das in Bildern kindlicher Unbefangenheit, erotischer Verzauberung und religiöser Hingabe aufleuchtet. »Ich fühle täglich deutlicher, daß ich nur im phantastischsten, romantischsten Leben Ruhe finden kann«, heißt es in einem seiner Briefe an die um acht Jahre ältere Sophie Mereau, die 1803 seine erste Frau wurde, jedoch bereits drei Jahre später bei der Totgeburt ihres dritten Kindes starb. »Das aber, was der poetische Mensch selbst besitzt und seiner Geliebten mitteilt, sind die Früchte seiner innern unsichtbaren Welt, ist sein Heiligstes und der eigentliche Quell seines Lebens.« Und an seine Lieblingsschwester Bettina schrieb er etwa um die gleiche Zeit: »Sei unbekümmert um die Zukunft, es gibt keine; wenn Du in jeder Minute rein und voll und ohne Langeweile lebst, so gibt es nur eine gegenwärtige Ewigkeit.«

Eine Chiffre dieser unsichtbaren Welt und gegenwärtigen Ewigkeit ist jenes heimlich-heimelige *Vaduz,* das sich der Knabe auf dem Dachboden des väterlichen Wohnhauses »Zum goldenen Kopf« in der Frankfurter Großen Sandgasse errichtet hatte. Er hat das Wort irgendwann einmal aufgeschnappt und wegen seines seltsamen Klanges behalten. Vaduz ist ihm Utopia, Orplid und Eldorado, und er weiß sich als Regent dieses paradiesischen Ländchens. Da erfährt er bei der Kaiserkrönung Leopolds II., daß unter den anwesenden Festgästen sich auch ein Fürst Liechtenstein befinde, dem die Ortschaft Vaduz gehöre. Seine Enttäuschung schildert der alte Brentano in der »herzlichen Zueignung« des Gockel-Märchens an Marianne Willemer: »Mir war als einem, dem das Paradies und das Butterbrot mit der fetten Seite auf die Erde gefallen sind.« Die Mutter Goethes, die liebenswürdig muntere Frau Aja, tröstet den verzweifelten Knaben mit den legendarischen Worten: »Laß dich nicht irr machen, glaub du mir, dein Vaduz ist dein und liegt auf keiner Landkarte, und alle Frankfurter Stadtsoldaten und selbst die Geleitsreiter mit dem Antichrist an der Spitze können dir es nicht wegnehmen; es liegt, wo dein Geist, dein Herz auf die Weide geht.«

Diesem himmlischen Vaduz, das nicht von unserer Erde ist, entspringen die Quellen der Brentanoschen Poesie, seiner Lyrik, seiner Märchen und Erzählungen, auch der gotische Frömmigkeit und magische Symbolik verschmelzenden »Romanzen vom Rosenkranz«, des »Godwi« und seiner Briefe, vor allem der an seine Schwester Bettina, die zum Schönsten zählen, was er geschrieben hat, und einen überragenden Bestandteil seines dichterischen Werks bilden. Getrieben von dem, was Sophie Mereau den »Dämon namenloser Unruhe« nannte, hat dieser ruhelose Fremdling als Dichter sich selbst genießender Sprachlust, Wortmusik und Klangfülle etwas vom ewigen Geist verklärter Kindheit gerettet. Wer Brentano liest, wer sich von ihm anrühren und ergreifen läßt, der wird nicht mehr so arm sein, wie er bislang war. Man müßte seine Dichtungen lesen können, wie er selbst sie rezitiert hat. Seine »Musik des Vorlesens«, so berichten Zeitgenossen, habe an Äolsharfen denken lassen; mit »säuselnder Geisterstimme« habe er vorgetragen: »Wenn Brentano las, war es zuweilen ein Verdämmern, als täte er's im Traume.«
Brentano ist nicht populär, für die meisten Deutschen scheint er umsonst gelebt zu haben, doch wer ihm einmal wahrhaft begegnet ist, der wird dem in einem späten Brief an Bettina niedergelegten Urteil des Dichters zustimmen: »Vor allzu vielen historisch-politischen Liedern ist sich zu hüten, ... nur was so kurz dauert wie die Liebe, wird gesungen, weil es ewig wiederkömmt.« Alle Wege und Umwege, auch die Rückkehr des mutterlosen Spielers, Gauklers und Sängers zur Großen Mutter Kirche, hatten nur dieses eine Ziel: die Wiedergewinnung jenes gnadenhaften Zustandes, in dem noch der belangloseste Zufall Augenblicke schwereloser Entrückung herbeizuführen vermag, ein peinliches Widerfahrnis als Schleier wundersamer Befriedung erscheint und in einem unausdeutbaren Zweizeiler von wehmütiger Schönheit das Geheimnis der Welt sich emblematisch ausgedrückt findet:

O Stern und Blume, Geist und Kleid,
Lieb, Leid und Zeit und Ewigkeit! (1978)

ADAM MÜLLER

Dem Andenken Jakob Baxas († 11. November 1979) gewidmet

Obwohl er von Gentz bis Hofmannsthal immer wieder Verehrer, gelegentlich auch eine richtige Nachfolge, vor allem in der katholisch-sozialen Bewegung Österreichs, gefunden hat, gehört Adam Heinrich Müller zu den Unbekannten der deutschen Geistesgeschichte. Auch eine gewisse, konjunkturbedingte Müller-Renaissance in den zwanziger Jahren, insbesondere in Kreisen der sogenannten konservativen Revolution und der politischen Neuromantik, hat ihn nicht endgültig einzubürgern vermocht. So gilt noch immer Ernst Robert Curtius' Diktum von einem »der großen Verkannten des deutschen Geisteserbes«.

Müllers Gestalt steht in einem merkwürdigen Zwielicht. Für viele hat er geradezu etwas Verruchtes an sich. Was ist von einem Gelehrten zu halten, der öffentlich erklärt, daß Definitionen »das Gift der Wissenschaft« seien; von einem brillanten Publizisten, der sich gegen die Pressefreiheit und für die Staatszensur ausspricht; von einem Konvertiten, der die biblisch nicht zu belegende These aufstellt, »daß Christus nicht bloß für die Menschen, sondern auch für die Staaten gestorben sey«? Mag dies schon genügen, um Müller zum bigotten Obskurantisten abzustempeln, so fehlt es nicht an biographischen Details, vor allem aber an gezielten Gerüchten, die ihn als servil, verschlagen, korrupt und doppelzüngig erscheinen lassen, wobei selbstgerechte Entrüstung Müllers weises Wort über jene »Eigentümlichkeiten und Menschlichkeiten« vergißt, »deren man sich in dieser mittleren Region zwischen Himmel und Erde, wohin wir gestellt sind, doch niemals ganz entschlagen kann.«

Ist es zulässig, wie das Walter Jens getan hat, aus den immerhin sehr zahlreichen zeitgenössischen und postumen Verdikten über den zwielichtigen Charakter des Mannes auf die Insuffizienz seines Werkes zu schließen, ihm also zu attestieren, daß es kein besseres Schicksal verdient habe? Es entbehrt nicht einer gewissen Pikanterie, daß sich Jens bei seiner Verurteilung Müllers als »schlimmen Charakter« auf Carl Schmitt als Kronzeugen beruft und Jakob Baxas monumentale Dokumentation von »Adam Müllers Lebenszeugnissen« zwar rühmend erwähnt, jedoch offenbar nur flüchtig studiert hat. So gut wie auf jeder der sieben Seiten seines Nachworts zur Neuausgabe von Müllers »Zwölf Reden über die Beredsamkeit« (Insel-Verlag, Frankfurt 1967) repetiert Jens Legenden, Unterstellungen und Vorurteile, die Baxa anhand eines jahrzehntelang gesammelten Materials entweder völlig widerlegt oder doch mit guten Gründen infrage gestellt hat (Adam Müllers Lebenszeugnisse. Hrsg. von J. Baxa. 2 Bde. Paderborn 1966). Daß Müller schon zu Lebzeiten zu teilweise monströsen Bannflüchen herausgefordert hat, die noch heute gefahrlos kolportiert werden können und die Aufnahme seines von der Theologie bis zur Ökonomie, von der Ästhetik bis zur Staatswissenschaft und Meteorologie reichenden Werkes präjudizieren, ist nicht allein aus seinen wie immer fragwürdigen individuellen Charaktereigenschaften zu erklären. Müller dürfte, alles in allem, nicht korrupter gewesen sein als so mancher andere politische Romantiker, rechts- oder linksintellektuelle, ein Jahrhundert nach ihm. Wenn Müller es in Deutschland bis heute recht schwer hat – Jens meint sogar, es scheine, »als sei dieser große Stilist und schlimme Charakter auch von Wohlmeinenden nicht mehr zu retten« –, dann nicht zuletzt wegen seiner Option für eine Sache, die sub specie des neunzehnten Jahrhunderts und darüber hinaus für »falsch« – im Doppelsinn des Wortes – gelten mußte. Müller stand – nicht aus unreflektiertem Erbe, sondern aus bewußter Entscheidung – auf der österreichischen, katholischen und damit der konservativen Seite: das war ungefähr das Schlimmste, was man einem gebürtigen Preußen und Protestanten in diesem saeculum vorwerfen konnte, gleichsam eine Majestätsbeleidigung des Weltgeistes.

»*Eheu iam satis est!*« Wenn schon Kaiser Franz von Österreich, zugleich der oberste Zensor seines Landes, mit diesem Ausruf die Lektüre von Müllers »Vermischten Schriften« (1812) beschloß, was konnte der Abtrünnige dann erst von Deutschland erwarten, wo der historische Rang eines Mannes weitgehend von national-liberalen Professoren protestantischer Herkunft taxiert wurde?

»Denn sein Treiben in der Welt, abgerissen und unvollendet, wie es noch da liegt, ist mancherlei Mißdeutungen unterworfen: es gehört ein Wohlgefallen, so gänzlich rücksichtslos, und uneigennützig in Persönlichkeiten, die ihm ganz fremd und ungleichartig sind, dazu, um die innerliche Unschuld und Güte seines Wesens zu erkennen.«

Diese Worte, die Kleist im Sommer 1811, an seine ihm innig befreundete Cousine Marie über den soeben nach Wien abgereisten jahrelangen Weggefährten geschrieben hat, sollten nachdenklich stimmen. Neben Gentz ist niemand mit Adam Müller in so vertrautem Umgang gestanden wie Kleist, der noch im Angesicht des Todes den entschwundenen Freund aufgefordert hat, »ein rüstiger Streiter Gottes gegen des Teufels Aberwitz« zu bleiben. Gentz gestand am 22. Mai 1805 dem um fünfzehn Jahre jüngeren Freund:

»*Mir* kann von allen jetzt lebenden Menschen ... keiner so zusagen als Sie. Denn die wenigen *Reinen*, die ich außer Ihnen noch finde, sind für mich nicht genialisch genug, und die übrigen Genialischen sind alle unrein. Sie allein vereinigen alles in sich...«

Gentz meinte auch um die gleiche Zeit, in fünf Jahren werde diese »wundervolle Erscheinung« den einstimmigen Beifall aller gebildeten Zeitgenossen gefunden haben.

Hierin hat Gentz sich getäuscht. Nicht dem so überschwänglich Gepriesenen sondern dem ihn Preisenden ist ein gutes Angedenken beschieden gewesen. Neben dem politischen Realisten und philosophischen Rationalisten Gentz nimmt sich Müller nur allzu leicht als mystischer Schwärmer aus, wie er auch hinsichtlich schöpferischer Ursprünglichkeit keinen Vergleich mit Kleist aushält. Man könnte dieses Spiel beliebig fortsetzen, etwa bemerken, daß Müller des Herderschen Weitblicks und der energischen Idealität Schillers ermangle, ihm auch die mystisch-teutonische Tiefe eines Baader und der in archaische Fernen schweifende Spürsinn eines Görres fremd sei, er es trotz dialektischer Vorstöße an spekulativem Vermögen mit Fichte und Hegel, den von ihm schon früh Befehdeten, sowie mit Schelling, den er bewunderte, nicht aufnehmen könne.

Solche Negationen ergeben kein Porträt dieses Widerspruchsgeistes, dessen literarischer Erstling, 1804, ominös genug »Die Lehre vom Gegensatze« hieß. Mehr als andere Gestalten der klassisch-romantischen Epoche entzieht sich Müller den gängigen Definitionen und Vergleichen. »Wenn ein Mensch sich niemals widerspricht, so liegt das einfach daran, daß er nichts von Belang zu sagen hat.« Dieses Bonmot von Miguel de Unamuno paßt nicht übel auf Müllers gegensätzisches Lebenswerk.

Adam Heinrich Müller entstammt einer bürgerlichen Beamtenfamilie. Geboren wurde er am 30. Juni 1779 in Berlin als Sohn des Wilhelm Heinrich Müller, »Calculators des königl Ober Consistorii Amts u Kirchen Revenüen u Armen Directorii«, und seiner Gemahlin Anna Sophia Henriette, geb. Pahl. Die Mutter starb früh. So wurde denn seine Erziehung von der aus protestantischem Pfarrhaus stammenden Stiefmutter bestimmt. Deren Vater, der Pastor Johann David Cube, bekannt als Prediger, Orientalist und Übersetzer, widmete sich mit besonderer Sorgfalt dem Bildungsgang des Stiefenkels. Noch 1817 entsinnt sich Müller in einem Brief an Stolberg des nachhaltigen Einflusses, den dieser gelehrte Geistliche auf ihn ausgeübt hat:

»Da die Erziehung seines eigenen Sohnes mißrathen war, so wendeten sich alle seine Wünsche dahin, mich für die Kanzel und das Wort Gottes nach seinen besten Kräften heranzuziehen. Er starb, da ich 15 Jahre alt und so voll von kindischer und poetischer Weltlust war, daß ich seinen Tod und meinen Verlust kaum gewahr wurde.« Später jedoch, als er dem Beispiel des Konvertiten Stolberg gefolgt war, drängte es Müller »oft in wachenden Träumen zu dem Seligen zurück«, um ihm darzulegen, daß er »mit den heutigen Rationalisten und Supernaturalisten nichts würde haben anfangen können, wie er wenigstens der Gesinnung nach schlechterdings einer der Unserigen würde haben werden müssen«.

Müllers späteres Lebenswerk, das in einer familialen, am normativen Urbild der Ehe sich orientierenden Konzeption von Gesellschaft, Staat und Kosmos gipfelt, könnte man als einen anfänglich spielerisch-geistreichen, zuletzt aber mit theologischem Ernst durchgeführten Versuch deuten, sich der frühverstorbenen Mutter zu vergewissern, ohne dabei das Gesetz des Vaters und der Väter preiszugeben.

»...so blühen alle Gestalten und Zeitalter des irdischen Lebens verjüngt in jeder Familie. In der Familie steht die Formel der Weltgeschichte unverkennbar deutlich vor uns da...«. (1806)

»Die höhere Ehe der Dinge, die den Zweck hat, Schönheit und Leben überall und immerfort zu erzeugen...«. (1807/08)

»Die Theorie der Familie oder des ersten, zur Erhaltung, Verbindung und Fortdauer des menschlichen Geschlechtes nothwendigsten Verhältnisses muß am Eingang aller Staatslehre stehen... Die Ehe... ist eine ewige, unter allen Zonen der Erde verbreitete Schule der Gegenseitigkeit«. (1808)

»Die Ehe verstehn, heißt alle Verbindungen dieser Erde, alles Gemeinsame, verstehn«. (1812)

»Die Ökonomik geht von der Erkenntnis aus, daß der Mensch ein Kind sei in der großen Familie Gottes, Glied in dem großen Haushalte oder Staate unter dem Haupte Gott«. (1819)

»Es ist höheren Orts dafür gesorgt, daß der große Familienverein dieser Erde, auf dessen Befestigung es ankommt, nicht bestehen kann, ohne die dornenvolle Illustration einzelner hervorragender Geschlechter«. (1829)

Wie ein Wasserzeichen ist in Müllers politiko-theologische Spekulation dieses Eingedenken von Vater und Mutter eingeprägt, dieses zuerst romantisch-konfuse, dann patriarchalisch-konservative Bemühen um eine Ehe zwischen den Gegensätzen, zwischen Mittelalter und Neuzeit, Bürgertum und Adel, Kunst und Gesellschaft, Theorie und Praxis, Kapital und Arbeit, Kirche und Staat, Jugend und Alter, Stadt und Land, Mann und Frau. In seinen Vorlesungen »Von der Idee der Schönheit« legte Müller das bezeichnende Geständnis ab: »Wir sind wie das Kind, wenn es gefragt wird: willst du mit dem Vater gehn *oder* bei der Mutter bleiben? – Sicher wird es antworten: mit dem Vater gehn *und* bei der Mutter bleiben. In einer kindlichen, liebevollen Seele verträgt sich ganz still das Entgegengesetzteste...«

Von hier aus führt den feinnervigen, hochempfindlichen, beängstigend vielseitigen Mann ein folgerichtiger Weg zu den beiden überragenden Ordnungen seiner reifen Jahre: zur katholischen Kirche und zu Österreich. »Wo gehn wir denn hin? – Immer nach Hause«. Im Sinne dieses Novalis-Wortes erscheint Müllers Glaubenswechsel, der viele seiner Zeitgenossen skandaliert hat, als Rückkehr zur Mutter, in die Arme der mystischen magna mater, und seine Entscheidung für die patriarchalische Politeia Österreich als Heimkehr des ruhelosen Lutheraners ins Vaterhaus, in einen barock geprägten Kosmos von Ständen, Fürsten und Vätern, an dessen Spitze der Kaiser stand, nach Müllers eigenen Worten: »der Vater und Hauswirt einer großen Völkerfamilie«. Mit dieser doppelten Heimkehr wählte Müller die konservative Seite, denn Habsburg und Rom verkörperten im neunzehnten Jahrhundert das vornationale und vorrevolutionäre Alteuropa. Dieser Möglichkeitsmensch par excellence, dem Gentz als einzigen Fehler vorgeworfen hatte, daß er *»zu wenig einseitig«* sei, fand hier Obdach, Maß und Mitte, den klärenden und zügelnden »Antigegensatz« zu der proteischen Fülle seiner Anlagen und Abgründe. Das haben auch liberale Gegner wie Wilhelm Traugott Krug und Ludwig Börne schon früh erkannt.

Doch damit haben wir bereits dem Lebensweg Müllers weit vorgegriffen. Zunächst begegnete dem achtzehnjährigen Gymnasiasten Friedrich Gentz, dessen epochemachende Übersetzung von Burkes »Betrachtungen über die französische Revolution« 1793 bei Friedrich Vieweg dem Älteren in Berlin erschienen war. Die lebenslange Freundschaft zwischen Gentz und Müller, die in einem großartigen Briefwechsel ihren Niederschlag fand, war gleichsam die biographische Probe aufs Exempel der Lehre vom Gegensatz. Der um anderthalb Jahrzehnte ältere Gentz, gebürtiger Preuße wie Müller, dann in österreichischen Diensten, Begründer der politischen Publizistik in Deutschland, ein Hasser des Korsen, aber auch des heraufkommenden teutschtümelnden Nationalismus, Berater und Graue Eminenz Metternichs, Protokollführer sämtlicher Kongresse der Restaurationszeit, trotz persönlicher Abneigung gegen die Reformation den zudringlichen Bekehrungsversuchen Müllers widerstehend, intellektuell ein Schüler Kants, im Lebensstil dagegen ein Epikureer, ist durchaus eine Gestalt des dix-huitième, mit Affinitäten zu Lichtenberg, Lessing und dem Fürsten de Ligne, dagegen voller Mißtrauen gegenüber der romantischen Pléiade, befremdet von Fichtes Radikalität und überhaupt allem metaphysischen Absolutismus. Bereits 1800, in seinem ersten uns bekannten Brief an Müller, beschwört Gentz den in Göttingen – Berlin hatte damals noch keine Universität – die Staatswissenschaften (»Diplomatik«) studierenden Freund, er möge sich »die göttliche Klarheit des Bewußtseins, die höchste aller intellektuellen Höhen, durch den Mystizismus eines sich selbst überfliegenden Zeitalters nicht rauben lassen«, eine Mahnung, die wie ein roter Faden in der gesamten Korrespondenz immer wieder auftaucht. In Göttingen haben vor allem der Historiker Arnold Ludwig Hermann Heeren und der Jurist Gustav Hugo, ein Kritiker des Naturrechts, stark auf Müller gewirkt. Im übrigen huldigte der damals anglophile Student Burke und Adam Smith, spielte gegenüber Fremden gerne den reichen Engländer, hielt Vorträge gegen die Französische Revolution, begeisterte sich für Goethe und kritisierte keck Fichtes Utopie vom »geschlossenen Handelsstaat« (1801).

Nach einem kurzen Berliner Gastspiel als Referendarius bei der Churmärkischen Kriegs- und Domänenkammer zog Müller 1803 zu seinem Studienfreund Sigismund Kurnatowski auf dessen Gut Pozarowo, wo er in der ländlichen Abgeschiedenheit des polnischen Südpreußen sein erstes Buch, die Torso gebliebene »Lehre vom Gegensatze« verfaßte, die 1804 bei Andreas Reimer in Berlin erschien, ohne besondere Resonanz zu finden. Dieses rhapsodische Jugendwerk, zu dem sich Müller auch noch in seiner katholisch-theologischen Periode mit gewissen Einschränkungen bekannt hat, enthält im Keim bereits die großen Themen seines Lebens. Wenn es auch in seinem geistigen Rang keinen Vergleich mit der Dialektik Fichtes und Hegels aushält, vielmehr mit pubertärem Übermut eine Fülle von Antinomien, Polaritäten und Differenzen spielerisch berührt, getrennte ontologische Bereiche vermischt, ohne sie sachlich festzuhalten und zu durchdringen und in dem verwegenen Unternehmen gipfelt, Burke und Goethe in einem »höheren Dritten« zu verschmelzen, so kommt ihm doch das Verdienst zu, das heraklitische Prinzip der Gegensätzlichkeit erneut in den Mittelpunkt philosophischer Reflexion gerückt zu haben. Wenn Müller schon im ersten Satz der »Revolutionen in der Gesellschaft und in den Wissenschaften« gedenkt, enthüllt er den stimulierenden historisch-sozialen Hintergrund seines von den Gegensätzen zu deren Vermittlung drängenden Denkens.

In Pozarowo lernte Adam Müller den Junker Peter Boguslaus von Haza-Radlitz kennen, wurde der Hofmeister seiner Söhne und widmete sich auf dessen landwirtschaftlichem Mustergut auch agronomischen, astrologischen und meteorologischen Studien. »Sein Horoskop mußte ihm freilich Besorgnisse erregen«, spottet Carl Schmitt in seinem Buch »Politische Romantik« (München-Leipzig ²1924), einer schneidenden, cum ira et studio geschriebenen Abrechnung mit Adam Müller: »Er hatte eine Konjunktion des rückläufigen Saturn mit dem Mars im Skorpion und einen von der Venus quadrierten Jupiter. Das bedeutete öffentlichen Skandal, plötzlichen Tod durch Schlagfluß, böse Charakteranlagen usw.«

Der Skandal traf auch ein: Müllers leidenschaftliche Neigung zu Sophie von Haza, der Mutter seiner Zöglinge, wurde erwidert. Als ihre Familie, die im Herbst 1805 nach Dresden übersiedelt war, wieder aufs Land zurückkehren sollte, blieb Sophie zurück und folgte dem Lehrer ihrer Kinder. Da die Ehescheidungsakten schon vor Jahrzehnten vernichtet wurden, sind Einzelheiten der Affäre zwar nicht mehr rekonstruierbar; jedenfalls kann, entgegen manchen Nachreden, von einer »Entführung« nicht gesprochen werden.

Sophie, mit der er seit 1809 in glücklicher Ehe lebte und die ihm zwei Töchter gebar, war um vier Jahre älter als Müller, dem es offenbar der Typ der erfahrenen Frau mit mütterlichen Zügen angetan hatte. Auch zwei frühere Leidenschaften, von denen wir wissen, galten verheirateten Frauen: der um elf Jahre älteren Cousine Sophia Friderica Henriette Sander und Adolfine Sophie Henriette Vogel, der späteren Todesgefährtin Kleists.

Inzwischen hatte Müller zum erstenmal Wien besucht (Frühjahr 1805) und unter der Zeugenschaft Lorenz Leopold Haschkas, des Textdichters der von Haydn vertonten Kaiserhymne, in der Churkapelle zu St. Stephan die professio fidei catholicae abgelegt. Dieser lange verborgen gehaltene Schritt, gegen den sich der Vorwurf opportunistischer Motive nicht aufrecht erhalten läßt, wirkt um so mysteriöser, wenn man berücksichtigt, daß Müllers Ehe mit Sophie von Haza nach katholischem Recht ungültig war. Wie so oft in seinem Leben und gemäß seiner Philosophie von der Vermittlung der Gegensätze hatte Müller einen Horror vor dem harten Entweder-Oder, wählte er das Sowohl-als-auch, »das kindliche *Und*«: den Glauben *und* die Liebe, die Kirche *und* die Frau. Diesem vermittelnden, auf Ausgleich und Vermählung der Gegensätze bedachten Prinzip folgte er auch in seinen Dresdener »Vorlesungen über die deutsche Wissenschaft und Literatur«, gehalten im Winter 1806. Der bis dahin in der Öffentlichkeit kaum bekannte Privatgelehrte rëussierte mit diesen Vorträgen zum Mittelpunkt des kulturellen Lebens der Stadt. Müller zog in ihnen die Konsequenzen aus dem Historismus der beiden Schlegel, verwarf die Autorität der Akademie und den Kanon des Klassizismus, sprach vom Drang jeder Literatur, »sich ins Unendliche zu universalisieren«, sowie von der Dialektik als der notwendigen Vereinigung des Dogmatismus mit dem Skeptizismus, gelangte wie nebenbei zu verblüffenden literatursoziologischen Einsichten, feierte Goethe, Novalis und, wie immer, Burke als große Vermittler, und formulierte das Geheimnis seines Wesens in der Forderung, »jede einseitige und gebrechliche Gestalt ... mit echter Freiheit durch die entgegengesetzte Einseitigkeit einer anderen zu ergänzen, zu kompensieren ..., wie die ewige Weisheit der Natur sie alle durch einander ausgleicht und versöhnt.«

Immer wiederkehrende Schlüsselworte sind: Vermittlung, Universalität und Toleranz. Gefordert wird eine Kritik, »die echt deutsche, vermittelnde meine ich, die nicht bloß zu streiten, sondern im Streite selbst zu versöhnen weiß«: »Das Problem ist nämlich, das Urteil mit der Geschichte dialektisch zu versöhnen.« Wie dieses rühmliche Ziel verwirklicht werden soll, wird verschwiegen, stattdessen ein »Journal für die vermittelnde Kritik« in Aussicht gestellt, das jedoch niemals erschienen ist. Müllers alles mit allem vermittelnde Tugend war zugleich seine theoretische und, wie Gentz es drastisch formulierte, auch moralische Schwäche: »Was mir gegen Ihre weltumfassende Toleranz immer noch einigermaßen *aufstößt*, ist die Furcht, daß, wenn es so fortgeht, am Ende nichts mehr bleibt, das eigentlich *gehaßt* oder auch nur rechtschaffen *verachtet* werden dürfte. Hiermit geht mir das Leben aus. Wenn alles in dem Sinne, wie Sie es *zuweilen* nehmen, *notwendig* ist, ... so hat ja offenbar alle Kritik ein Ende, und es bleibt nichts weiter übrig, als alles so hinzunehmen, wie Gott es gibt.«

Den »Vorlesungen über die deutsche Wissenschaft und Literatur«, die auch als Buch erschienen (1806 und 1807 in Dresden), folgten weitere Vortragsreihen: »Über die dramatische Kunst« (1806/07), »Über das Schöne und Erhabene« (1807/08), und »Über das Ganze der Staatswissenschaft« (1808/09). Fast das gesamte Oeuvre Müllers entstand aus solchen Vorlesungszyklen vor einem erlesenen Publikum, wie überhaupt seine faculté maitresse das Rhetorische war, das er dann in seinen »Zwölf Reden über die Beredsamkeit und deren Verfall in Deutschland« (Wien 1812) zum ausdrücklichen Thema einer hinreißenden

Vorlesungsreihe erheben sollte. In seiner Dresdner Zeit erhielt Müller auch den guthonorierten Auftrag, dem Prinzen Bernhard von Sachsen-Weimar staatswissenschaftlichen Unterricht zu erteilen. »Die Elemente der Staatskunst«, die magna charta der politischen Romantik, erschienen 1809 in Berlin bei J. D. Sander, sind eine Frucht dieser Erziehungstätigkeit, die in den schon erwähnten öffentlichen Vorträgen »Über das Ganze der Staatswissenschaft« ihre Krönung fand und Müller den Titel eines »Herzogl. S. Weimarischen Hofraths« eintrug. Prinz Bernhard war der zweite Sohn Karl Augusts, des fürstlichen Freundes und Gönners von Goethe. Der aus dem Bürgertum stammende Apologet des Feudalismus fand somit schon früh Zugang in die höchsten Gesellschaftskreise, nachdem er bereits von 1801 bis 1803 in Berlin mit dem Hohenzollernprinzen Louis Ferdinand in Verbindung gestanden war und hierauf in Südpreußen mit Rittergutsbesitzern verkehrt hatte.

Während seines Dresdner Aufenthaltes begegnete Müller auch Kleist und erkannte als erster dessen Genius. Vorbehaltlos stellte sich der erfolgreiche Rhetoriker vor den namenlosen Dichter, edierte dessen »Amphitryon« mit einer schwärmerischen Vorrede und begeisterte seinen Mentor Gentz für das Stück. Gemeinsam mit Kleist gab Müller den kurzlebigen »Phöbus« heraus, eines der besten Kunstjournale der Romantik, das einer unempfänglichen Zeitgenossenschaft erstmals Teile der »Penthesilea«, des »Zerbrochenen Krugs«, des »Robert Guiskard«, der »Marquise von O...« und des »Michael Kohlhaas« vorstellte. Von Müller erschienen im »Phöbus« Bruchstücke seiner ästhetischen und literaturkritischen Vorlesungen sowie philosophische Miszellen, darunter auch die beiden anmutigen Kurzessays »Etwas über Landschaftsmalerei« und »Der poetische Besitz«.

Als im Juni 1809 die Österreicher während des österreichisch-französischen Krieges in Dresden einmarschierten, kollaborierte Müller offen mit der Besatzungsmacht. Als sie nach knapp drei Wochen den mit Napoleon verbündeten Sachsen weichen mußte, wurde der austrophile Literat als Landesverräter verhaftet und ausgewiesen.

Müller, der kurz zuvor politische Vorlesungen gehalten hatte, war mit dieser Parteinahme zum ersten Mal in die praktische Politik geraten. Während er mittellos und zu Fuß in seiner Vaterstadt Berlin eintraf, wo der heimliche Katholik die inzwischen geschiedene Sophie von Haza ehelichte, war man in Wien an allerhöchster Stelle auf ihm aufmerksam geworden. »Was den Adam Müller betrifft«, heißt es in einer Entschließung Kaiser Franz' I., »ist es meine Absicht nicht, ihn seinem Schicksale preiszugeben.« Dennoch kam es vorläufig noch zu keiner Anstellung Müllers in österreichischen Diensten. So versuchte er in Berlin Fuß zu fassen, indem er, im Anschluß an seine »Elemente der Staatskunst«, sich als Redner und Publizist nicht mehr ästhetischen, sondern politischen Themen zuwandte. Er hielt Vorlesungen »Über König Friedrich II. und die Natur, Würde und Bestimmung der preußischen Monarchie«, in denen er gegenüber liberalem Individualismus und aufgeklärtem Absolutismus, gegenüber der Freihandelslehre Adam Smith' und der rationalen Landwirtschaft Albrecht Thaers die feudalen Mächte, adliges Grundeigentum und ständische Hierarchie verteidigte. Damit inaugurierte Müller das folgenschwere Bündnis zwischen literarischer Romantik und politischem Konservatismus. Die ständische Fronde gegen die Reformen Steins und Hardenbergs hatte einen eloquenten und beweglichen Anwalt gefunden, der zugleich mit der Regierung in ausgezeichnetem Kontakt stand und das Wohlwollen hoher Bürokraten genoß. Auf wie vielen Registern Müller virtuos zu spielen verstand, geht aus seinem Vorschlag an den Staatsrat Stägemann hervor, den man, wenn er nicht dokumentarisch belegt wäre, für die Ausgeburt satirischer Imagination halten müßte:

»Ich getraue mir 1) öffentlich und unter der Autorität des Staatsraths ein Regierungsblatt 2) anonym und unter der bloßen Connivenz desselbigen ein Volksblatt, mit anderen Worten, eine Ministerial- und eine Oppositionszeitung zugleich zu schreiben.«

Man hat dieses Anerbieten oft als einen Beweis für Müllers Charakterlosigkeit zitiert, dabei aber außerachtgelassen, daß Kleist 1809 mit ähnlichen Gedanken zumindest gespielt hat: »Also redigiere man zwei Blätter, deren eines niemals lügt, das andere aber die Wahrheit sagt: so wird die Aufgabe gelöst sein.« Im Hinblick auf Müllers Gegensatz-Philosophie erscheint jedoch das Doppelprojekt weniger befremdlich, und, wenn man seine Begründung liest, sogar sympathisch. Der Redner par excellence, der noch in seiner Wiener Zeit für das parlamentarische Leben der Briten schwärmte, und auch im privaten Umgang ein brillanter Causeur war, geht davon aus, daß auch der Staat *sprechen* und »die Opposition nicht niedergeschlagen, aber geleitet, noch besser *vorweggenommen* werden« müsse. Und in einem Memorandum an den König heißt es, die Regierung dürfe »das Gespräch mit ihren Unterthanen« nicht zurückweisen, vielmehr möge sie »der wahren, gründlichen und patriotischen Opposition einen gesetzmäßigen Weg eröffnen«:

»Die geheime Opposition, die nicht öffentlich zum Worte kommen kann, ist die gefährlichste: sie nagt am meisten an dem Leben des Staats.«

Auch wenn man in Anschlag bringt, daß es sich im konkreten Fall um eine feudale Opposition handelt, enthalten Müllers Gedankengänge über öffentliche Meinung durchaus Elemente, die demokratisch fruchtbar gemacht werden können. Als einen Dunkelmann erweisen sie ihren Urheber jedenfalls nicht. Das kontradiktorische Zeitungsprojekt kam zwar nicht zustande, doch gab Kleist seit dem 1. Oktober 1810 die »Berliner Abendblätter« heraus, zu deren eifrigsten Mitarbeitern Müller gehörte. Die Zeitung wurde zum Sprachrohr der feudalen Opposition gegen Hardenberg. Müller traf mit ihr auch im Kreise der »Christlich-deutschen Tischgesellschaft« zusammen und verfaßte im Auftrag der unzufriedenen Junker eine zugleich einschmeichelnde und unerbittliche Denkschrift an den Kanzler. Da entledigte sich Hardenberg des lästigen Patrioten, der finanziell vor dem Nichts stand, indem er ihn nach Wien entsandte, wodurch die adelige Fronde ihres bürgerlichen Ideologen beraubt wurde.

Nach außen bloß Privatgelehrter und Schöngeist, traf Müller im Sommer 1811 von Berlin über Prag kommend in der Stadt an der Donau ein, um hier als Geheimagent der Berliner Regierung in »glücklicher und nützlicher Obscurität« die politische Lage zu beobachten. Nicht einmal Gentz, der Freund, und Wilhelm von Humboldt, der preußische Gesandte in Wien, ahnten etwas von dem geheimen Auftrag. Müllers Übersiedlung fiel um so weniger auf, als Wien, das keine genuine Romantik hervorgebracht hatte, nach der Gründung des Rheinbunds und der vernichtenden Niederlage Preußens von 1806/1807 zum Aufenthalt zahlreicher antinapoleonisch gesinnter Romantiker geworden war: der Brüder Schlegel, Eichendorffs, Theodor Körners, Bettina und Clemens Brentanos, Zacharias Werners und der meisten »nazarenischen« Maler. Gleichzeitig mit ihnen kam, von den Franzosen aus Warschau vertrieben, der Redemptoristenpater Clemens Maria Hofbauer, halbtschechischer Abstammung und ehemaliger Bäckergeselle, nach Wien, um hier, wie er meinte, sein Ausgeding zu finden. Der Polizei als Kirchendieb und gefährlicher Schwärmer verdächtig, zog Hofbauer, der selbst weder wissenschaftlich noch künstlerisch veranlagt und in seinem geistigen Habitus auch kein Romantiker war, innerhalb kurzer Zeit höchst verschiedene Charaktere, vor allem junge Künstler, Schriftsteller und Gelehrte, an sich. Zu ihnen gehörte auch Adam Müller, der im Bruder der Kaiserin, dem Erzherzog Maximilian d'Este, einen neuen einflußreichen Gönner fand. Es ist sehr wahrscheinlich, daß Müller in seinen »Zwölf Reden über die Beredsamkeit«, vor allem in der achten, elften und zwölften, den Prediger Hofbauer vor Augen gehabt hat. Und dem Erzherzog gestand er um die gleiche Zeit, Juni 1812, daß er sich als Bürger Österreichs betrachte. So verkörpern Hofbauer, der 1909 heiliggesprochene Schutzpatron Wiens, und Maximilian d'Este, zuletzt k.k. Generalfeldzeugmeister und Hochmeister des Deutschen Ritterordens, die beiden Kraftfelder, in die Müller, der Geheimagent Preußens, endgültig geraten war: die religiöse und die politische Restauration vor dem Hintergrund einer barocken Kulturkontinuität.

Er plante ein Erziehungsinstitut für junge Adelige, das eine Art platonisch-christliche Akademie unter der Schirmherrschaft Maximilians und der geistlichen Leitung Hofbauers werden sollte, während er sich selbst die wissenschaftlich-philosophische Direktion vorbehielt. Der Plan scheiterte, obwohl er bereits weit gediehen war, am vereinigten Widerstand der aufgeklärten Bürokratie und des katholischen Klerus, die dem als Mystiker und Phantasten verschrienen Ausländer mißtrauten.

Der Krieg von 1813 gegen Frankreich brachte eine neuerliche Wende: Adam Müller wurde Sekretär, Berichterstatter, diplomatischer Vermittler und Publizist im Dienste des Kreishauptmanns Roschmann, der den Tiroler Befreiungskampf organisierte. Erzherzog Johann schrieb damals in sein Tagebuch: »Adam Müller war bei mir, es ist ein Vergnügen, mit ihm zu sprechen; ich will ihn brauchen, was sonst seine Ansichten, bekümmert mich wenig.«

Daß Müller, wie noch Walter Jens unbekümmert behauptet, in Tirol »die Abschaffung jener ständischen Privilegien durchsetzte, für deren Erhaltung in Preußen er so leidenschaftlich gekämpft hatte«, ist wiederum eine jener Fabeln, die bereits im Vormärz von politischen Gegnern in Umlauf gebracht worden sind. Die ständische Verfassung der Tiroler war schon längst vor Müller vom aufgeklärten Absolutismus zu einem bloßen Ornament degradiert worden.

Müller wurde österreichischer Regierungsrat, nach dem Wiener Kongreß österreichischer Generalkonsul in Leipzig und »privater« Herausgeber der »Deutschen Staatsanzeigen«, eines von Wien aus dirigierten politischen Magazins, schließlich auch k.k. Gesandter an den Anhaltischen und Schwarzenburgischen Höfen, letzten feudalen Enklaven im preußischen Großstaat. In Anhalt-Köthen hatte er jahrelang die Stellung eines inoffiziellen Premierministers inne. Seine Politik war notorisch gegen Preußen gerichtet. Bei der aufsehenerregenden Konversion des Anhalt-Köthener Herzogpaares hat der gewitzte Diplomat, tüchtige Handelsagent, streitlustige Publizist und eifrige Laien-Theologe sicherlich seine Hand im Spiel gehabt.

Hatte er in seiner Jugend Burke gehuldigt, so feierte er nun Carl Ludwig von Haller, Bonald und de Maistre; seine späten Schriften »Von der Notwendigkeit einer theologischen Grundlage der gesamten Staatswissenschaften und der Staatswirtschaft insbesondere« (1819) und »Die innere Staatshaushaltung, systematisch dargestellt auf theologischer Grundlage« (1820) schließen sich diesen Restaurationsphilosophen weitestgehend an und entbehren der Eloquenz, des Einfallsreichtums und des Charmes seiner früheren Werke. Unverkennbar ist ihr stark resignativer Zug. Die siegreich vorwärtsdrängende kapitalistische Geldwirtschaft und Arbeitsteilung wird gelegentlich in Tönen kritisiert, die an Fourier, Saint-Simon und Owen gemahnen, teilweise sogar an Marx, der Müllers »Elemente der Staatskunst« aufmerksam gelesen hat und im »Kapital« wiederholt zitiert. So wie sich Metternich einmal als »geborenen Sozialisten« bezeichnet hat, finden sich auch bei Müller sozialistische Argumente: man sieht daraus, daß romantische Konservative die gleichen Phänomene im Blick hatten wie die linken Wortführer der proletarischen Opposition. Aristokratie, romantische Intelligentsia und Proletariat stehen im Widerspruch zur Warengesellschaft, zur Welt des Kapitals, des Handels und der Industrie. Schon Wilhelm Roscher und Bruno Hildebrand ist die Affinität feudaler und proletarischer Kapitalismuskritik am Beispiel Adam Müllers aufgefallen, wie auch Gentz nicht ohne Bestürzung festgestellt hat, daß die politikotheologischen Traktate seines Freundes »obgleich von ganz entgegengesetzten Motiven getrieben, den Revolutionsleuten selbst in die Hände arbeiteten.« Später meinte er allerdings: »Wenn irgend ein Mann Heilmittel gegen den falschen Communismus unserer Tage und gegen den Socialismus der Irreligion darbietet, so ist es Müller.«

Bereits in den »Elementen der Staatskunst« hatte Müller den Gesetzgeber, Politiker und Feldherrn Moses als »riesenhaften Helden der Freiheit« und als Schöpfer eines theokratischen Sozialismus über alle Heroen der Griechen und Römer gestellt – mehr als ein Jahrhundert später folgte ihm hierin Ernst Bloch. Sosehr Müller mit derlei Gedanken die katholische Sozialbewegung bis in unsere Zeit inspirierte, sowenig waren sie seinem Ansehen bei den Zeitgenossen bekömmlich. Nachdem er bereits im Oktober 1826 nach Wien zurückgekehrt war, erfolgte am 22. November 1827 seine offizielle Abberufung als Konsul und Gesandter. Erschüttert von dem plötzlichen Ableben Friedrich Schlegels und der Fürstin Metternich, erlitt der noch nicht einmal Fünfzigjährige am 17. Jänner 1829 einen Schlaganfall. Begraben wurde er neben Clemens Maria Hofbauer auf dem Friedhof in Maria Enzersdorf bei Wein, wo hundertfünfzig Jahre später auch Adam Müllers Wiederentdecker, Deuter und Biograph Jakob Baxa seine letzte Ruhe fand.

»Man wirft mir vor, ich hätte mich geändert. Ich habe mich kontinuierlich fortgesetzt, das ist alles.« Dieses Bekenntnis des Abbé de Lamennais könnte auch von Adam Müller stammen, dessen Lebensweg und Lebensumstände wir nicht zuletzt deshalb ausführlicher referiert haben, weil sie schon früh durch Gerüchte, Klischees und Verdikte bis zur Unkenntlichkeit verzerrt und verstellt worden sind.

Müller war der erste, der Kleist erkannt hat. Das allein würde ihm schon zum Ruhme gereichen. Was bleibt jedoch sonst, was kann er uns, die wir das fragwürdige Glück haben, anderthalb Jahrhunderte nach ihm zu leben, noch mitteilen? Müller ist kein »tiefer«, vor allem kein sehr »logischer« Denker, wenn er auch als Dialektiker und Dialogiker eher zur platonischen Weltlinie der Philosophie gehört und sich erst in der betont katholischen Spätperiode der aristotelisch fundierten Scholastik eines Thomas von Aquin genähert hat. In philosophiegeschichtlichen Nachschlagwerken könnte Müller fehlen. Ebenso war ihm die Erfüllung im dichterischen Werk versagt – sein Plan zu einem Julian-Drama blieb unverwirklicht. Weder Dichter noch Denker, war Müller primär Rhetoriker in einem sehr anspruchsvollen und, gemessen an deutschen Verhältnissen, aufsehen-erregenden Sinn. *Aufsehen* bezeichnet sehr prägnant den Eindruck, den Müller noch heute provoziert: Aufsehen vom Buch zum Redner, von lesender Innerlichkeit zur Öffentlichkeit des gesprochenen Worts. Müllers Werke waren fast durchweg ursprünglich als öffentliche Vorträge konzipiert. Von hier aus ergeben sich weitere Eigentümlichkeiten wie von selbst: der Sinn für das Soziale und Urbane, auch für den gesellschaftlich-geselligen Charakter von Kunst und Literatur, eine unromantische, im Grunde romanische Abneigung gegen alles Acherontische, Chaotische, Formlose. Er erinnert an die große Wahrheit, »die bei uns mehr als irgendwo sonst vergessen worden ist, nämlich daß es nur ein einziges Kennzeichen des Verständigen gebe, nämlich die Verständlichkeit, und daß man nur in demselben Grade selbst verstehe, als man verstanden wird.« Ein durchaus welscher Sinn für Geschmack, Maß, Ausgleich, Consensus, vermittelnde Soziabilität eignet diesem preußischen Wahlösterreicher, dessen literarisches Urteil großzügiger und beweglicher war als das seiner meisten Zeitgenossen. Müller hatte beispielsweise Verständnis für den lateinischen Typus von Poesie, für »jenen Sinn für sittliche und gesellschaftliche Beschränkung, der mit dem Worte Geschmack bezeichnet wird«, für französische Oratorik und Dramatik, für Bossuet, Racine und Schiller, den verhinderten Redner, »der die dichterische Form nur wählte, weil er gehört werden wollte, und weil die Poesie eine Art von Publikum in Deutschland hatte, die Beredsamkeit aber keines.« So tritt neben Müllers rhetorische Sensibilität sein literatursoziologisches Interesse. Am Beispiele Hans Sachs' zeigt er, »wie die politische oder die ökonomische und die poetische Existenz einander beständig bedingen«. Angesichts der »Spiele sogenannter moralischer Freiheit« gedenkt er »der düstern, harten physischen Schranken des bürgerlichen Lebens, seiner Gesetze und Konvenienzen«. Er konstatiert den Einfluß des Dichters auf die Gesellschaft und den lähmenden oder fördernden Einfluß der Gesellschaft auf den Dichter. »Ein echtes Lustspiel ist durchaus unverständlich für den, der das dazugehörige Publikum nicht kennt.« Die Komödie ist eher egalitär-demokratischer, die Tragödie elitär-monarchischer Natur. Adam Müller begeistert sich an der Ausgelassenheit des Aristophanes, verteidigt die mittelalterlichen Mysterienspiele, »die mit unbegrenzter Freiheit die Lebens-

und Leidensgeschichte Christi in wahrhaft komischem Lichte darstellen«, und huldigt dem Wiener Volksstück mit dem Kasperl, Tadädl und Tinterl. Aus ihm könne sich noch ein »Universallustspiel« entwickeln, in dem »*die* Dichter im Parterre gemeinschaftlich mit *dem* Dichter auf der Bühne dem ganzen Hause und jedem Schauspieler und Zuschauer offenbaren die unsichtbare Gegenwart eines höheren Dichters, eines Geistes der Poesie, eines Gottes.« In einer echten Gesellschaft wäre der Harlekin unter den Zuschauern ebensosehr zu Hause wie auf der Bühne. Die Zeit wird kommen, prophezeit Müller, »wo der Vorhang nicht bloß deshalb aufgehen wird, damit ihr den Schauspieler sehen könnt, sondern auch damit der Schauspieler euch sehe«. Die Heraufkunft dieses saturnischen Zeitalters zu beschleunigen, sollten schon jetzt geistreiche Schauspieler es sich herausnehmen, »fortlaufende Publikumskritik« zu schreiben.

Stärker noch als die Rückbeziehung künstlerischer Schöpfungen und Verhaltensweisen auf die Gesellschaft zeigt sich bei Müller die umgekehrte Tendenz: die Ästhetisierung des Sozialen, die Behandlung gesellschaftlicher Probleme unter dem Aspekt der Schönheit. Als Vision steht dahinter der »ganze Mensch«, die humanistische Ikone von Schiller bis Marx: Versöhnung der Gegensätze, Naturalisierung des Menschen, Humanisierung der Natur, befriedetes Dasein. Viele Zeitgenossen fühlen sich in ihrer Existenz unbehaglich, weil ein Widerspruch besteht »zwischen dem, was sie zu *sein*, und dem, was sie zu *bedeuten* glauben«: »Sie selbst, ihr sogenanntes *inneres* Wesen, widerspricht ihrer *Lage* oder einer vermeintlichen äußeren Welt, das heißt dem, was sie *haben*.«

Soweit Adam Müller im Winter 1806. Kunst vollendet sich in der ästhetischen Erziehung des Menschengeschlechts wie umgekehrt Gesellschaft zum Kunstwerk, Moral zur Ästhetik wird. Unüberhörbar der eminent sozialkritische, antikapitalistische Impuls, der diese Utopie produziert, aber auch noch in der theologischen Spätperiode aufflackert. 1812 spricht Müller von der »lasterhaften Tendenz der Teilung der Arbeit«, die »den Menschen, den vollständigen freien Menschen, in Räder, Trillinge, Walzen, Speichen, Wellen usf. zerschneidet, ihm eine völlig einseitige Sphäre in der schon einseitigen Sphäre der Versorgung eines einzelnen Bedürfnisses aufdringt.« Dem Menschen gemäß sei dagegen »ein allseitiges, ich möchte sagen kugelrundes Gebiet seines Wirkens«; das ist die »Globularform«, die sich schon in Müllers »Lehre vom Gegensatz« ankündigt. 1819 werden diese Thesen in der »Theologischen Grundlage der gesamten Staatswissenschaften« in geradezu marxianischen Wendungen wiederholt: »nur Teile des Menschen, nur einzelne Kräfte sind in der großen Fabrik zu gebrauchen; nicht der ganze Mensch«, der des edleren Restes seiner Persönlichkeit nur dann mächtig sei, »wann er die tierischen Funktionen verrichtet, wenn er ißt und trinkt und schläft; kurz überall da, wo er nicht für den Staat und für das Gemeinwesen lebt.« Wieder wird, nur mit theologischem Salböl, der »ganze Mensch« als Kontrastbild zitiert. »Alle Staatsverfassungen sind gut, inwiefern sie auf dem Grundsatz beruhen, daß der Mensch Haupt eines Staates und Glied eines Staates sei.« Scheinbar haben wir uns damit weit vom rhetorischen Ausgangspunkt entfernt, doch Müller spricht nicht nur vom Einfluß der christlichen Religion auf die Beredsamkeit, sondern meint darüber

hinaus, daß erst mit ihr recht eigentlich das *Wort* in die Welt gekommen sei. So wird auch noch Theologie, *Disputa del Sacramento*, zur Unterweisung im Wort, zur Schule sublimster Beredsamkeit. Whiteheads Apercu, Gott herrsche durch Überredung *(persuading)*, hätte Müller sicherlich zugestimmt.
Müllers Wiederentdeckung in den zwanziger Jahren hatte ein politisches Vorzeichen. *Othmar Spann* fand in den »Elementen der Staatskunst« die tiefsten Intuitionen seines eigenen Denkens ausgedrückt: die Ideen der »Ganzheit«, der ständischen Gliederung, des »wahren Staates«. *Ernst Karl Winter*, bekanntgeworden durch die Parole »Rechts stehn und links denken!«, knüpfte vor allem an die sozialtheologischen Spätschriften an und interpretierte sie im Sinne seines Ideals einer sozialen Monarchie. Beide Denker vernachlässigten das ästhetische, literaturkritische und rhetorische Oeuvre Adam Müllers. Die zweibändige Adam Müller-Edition, herausgegeben von Walter Schroeder und Werner Siebert (1967), die sämtliche kritischen, ästhetischen und philosophischen Schriften, ferner biographische Hinweise, Stellungnahmen von Zeitgenossen Müllers, Forschungsberichte, Drucknachweise, Lesarten, Anmerkungen, Zeittafel und Register enthält, sowie die von Jakob Baxa in jahrzehntelanger Arbeit zusammengestellten und sorgfältig kommentierten »Lebenszeugnisse«, die in zwei Bänden an die 2400 Seiten füllen, könnten eine neue Periode in der Beschäftigung mit dem Lehrer des Gegensatzes einleiten. Sie wird allerdings kein politicum mehr sein. Wenn man einen Platon, einen Spinoza widerlegt, fragte einmal Paul Valéry in einem Brief, bleibt dann von ihnen nichts mehr übrig? Valéry wagte die Antwort: gar nichts bleibt übrig, sofern nicht ästhetische Gebilde übrigbleiben. Auf diese Weise wird auch Müllers Werk Bestand haben. Mit einem Wort aus seinen Vorlesungen »Über die dramatische Kunst« kann man sagen, daß es nun in den »Himmelfahrtsmoment« eingetreten sei. Etwas davon leuchtet in einem Brief Brentanos an Rahel auf, in dem er über seinen Besuch bei Müller und seiner Familie in Wien berichtet: »In dem Ganzen herrscht eine Ruhe, eine Milde, ein so reines und klares Bestreben, zwischen schönen Sälen, einem kastanienbeschatteten Hof, in edlen Gemächern, luftigen Terrassen, blumenvollen Beeten, klaren Wasserbecken, fernen Gebirgen und frommen Wünschen genüber, unter herrlichem Himmel, und durchweht von einer durch harmonischen Glockenklang der Stadt feierlich durchschütterten Luft, daß ich ewig da zu sein wünschte.« (1968)

FRIEDRICH KARL VON SAVIGNY

Josef Nadler zählt in seiner Literaturgeschichte Savigny »zu den schönsten und besten Menschen, die über deutschen Boden gewandelt sind«, und er zitiert Jacob Grimm, der noch im Alter über den Marburger Rechtslehrer schrieb: »Dieses lehrenden Mannes freundliche Zurede, handbietende Hilfe, feinen Anstand, heiteren Scherz, freie ungehinderte Persönlichkeit kann ich nie vergessen.« Franz Wieacker, der bedeutende Rechtshistoriker, zählt Savignys Bücher »Geschichte des römischen Rechts im Mittelalter« und »System des heutigen römischen Rechts« zu den Meisterwerken deutscher wissenschaftlicher Prosa, und so wundert es auch nicht, daß Hugo von Hofmannsthal einen Savigny-Text in sein zweibändiges »Deutsches Lesebuch« aufgenommen hat.

Friedrich Karl von Savigny, geboren am 21. Februar 1779 in Frankfurt am Mein, gestorben am 25. Oktober 1861 in Berlin, entstammt einem lothringischen Adelsgeschlecht, das im Jahrhundert der Religionskriege seine Heimat um des Glaubens willen verließ, fortan im westlichen Mitteldeutschland lebte und verschiedenen Dynastien diente. Noch heute befindet sich das Hofgut Trages (bei Somborn in Hessen), der Majoratssitz der Savignys, im Besitz der Familie. Es spielte in der Geschichte der deutschen Romantik eine wichtige Rolle, denn hier verkehrten Clemens Brentano, Achim von Arnim, die Brüder Grimm, die unglückliche Karoline von Günderode und andere. Brentano hat dem gastfreundlichen, von einsamen Wäldern umgebenen Schloß in seinem Roman »Godwi« ein Denkmal gesetzt, und am Schluß rühmt er auch den »guten Geist dieser Wohnungen«, eben Friedrich Karl von Savigny. Er spricht von dem »Verstand«, der »tiefen gefühlten Würde« und dem »verhüllten Enthusiasmus« des damals eben zwanzigjährigen Studenten der Rechtswissenschaft, der bereits 1803 in Marburg, dann in Landshut und schließlich, berufen von Wilhelm von Humboldt, an der neugegründeten Universität Berlin als gefeierter Professor wirkte. 1804 hatte er Gunda Brentano, eine Schwester des Dichters, zur Frau genommen, der er in siebenundfünfzigjähriger glücklicher Ehe verbunden blieb. Er war Lehrer des preußischen Kronprinzen Friedrich Wilhelm IV., Mitglied des Staatsrates, von 1842 bis 1846 Minister für Gesetzgebung, und als der Jurist, Historiker und Politiker starb, wurde ihm wie einem Fürsten die letzte Ehre erwiesen.

Savigny, der Begründer der historischen Rechtsschule, gehört zu den überragenden Gestalten der deutschen Geistesgeschichte des vorigen Jahrhunderts. Als Rechtslehrer, Erforscher des römischen Rechts, Begründer des internationalen Privatrechts und Verkünder der Lehre vom alle Sphären der Kultur durchdringenden »Volksgeist«, hat er in ganz Europa, von Schweden bis Spanien, Widerhall und Nachfolge gefunden. Er war ein Montesquieu, Burke und Herder verwandter Geist. Die Brüder Grimm sowie Johann Jakob Bachofen, der tiefsinnige Deuter von Mythos, Totenkult und Mutterrecht, sind seine kongenialen Erben.

Obwohl Zeitgenosse und Freund der Romantiker, der in Berlin mit Kleist, Arnim, Adam Müller und anderen der romantisch-nationalen »Christlich-deutschen Tischgesellschaft« angehörte, war Savigny eher ein Mann der Klassik, ein für Maß, Ordnung und Freiheit unter dem Gesetz einstehender Grandseigneur. Auch als Professor blieb er ein sich seiner Würde bewußter Aristokrat, abhold allem Heftigen, Haltlosen und Willkürlichen, erfüllt von einem tiefen, mit den Jahren zu feierlicher Ehrfurcht sich steigernden Sinn für das geschichtlich Gewachsene, die in Überlieferung und Kontinuität enthaltenen Werte. Wenn er, der leidenschaftliche Sammler, Leser und Interpret alter Handschriften, von den *Quellen* des Rechts spricht, aus denen man andächtig schöpfen müsse, so ist dies keine unverbindliche Redensart. Vielmehr drückt sich darin die vornehm-konservative Grundhaltung eines Aristokraten der Geburt wie des Geistes aus, dem der Gedanke eines absoluten Neuanfangs, eines hochmütigen Abbrechens der uns mit der Vergangenheit verbindenden Tradition ein Greuel war. Für Savigny ist Geschichte eher eine organische Evolution denn eine Kette von revolutionären Stiftungen. Reichtum, Würde und Halt gewinnen Menschen nur in dem Maße, in dem sie sich dankbar als Treuhänder einer überindividuellen Ordnung verpflichtet wissen. Jedes Zeitalter steht in Verbindung mit dem vorhergehenden, und die Toten wollen Stimmrecht haben, wenn die Lebenden zu Rate gehen.

In diesem Sinne sieht Savigny auch das *Recht.* Es verdankt sich bis weit in die Neuzeit hinein, so lehrt er, weit mehr den still wirkenden Mächten von Volksglaube, Brauchtum und Sitte denn willkürlicher Setzung. Solange das Recht lebendig sei, bedürfe es keiner Kodifikation. Es gleicht eher der Sprache als der Technik; es wird weit mehr gefunden und überliefert als erfunden und gemacht. Sein Träger ist nicht der selbstmächtige einzelne, sondern das sich seiner Gemeinsamkeit spontan bewußte Volk. Jedes Volk verkörpert eine Individualität, ist Gefäß eines einzigartigen Geistes, und diesem entspringen auch seine Rechtsüberzeugungen, die das Zusammenleben der Gemeinschaft regeln. Rechtspflege erscheint Savigny geradezu als ein religiöses Amt; das Studium alter Gesetzbücher vergleicht er mit dem heiliger Schriften.

Aus dem Erz dieser Grundüberzeugung schmiedete Savigny die Waffen für den Kampf gegen das »Naturrecht«, also gegen die Lehre von einem überzeitlichen, universalen, für alle Zeiten und Völker gleich geltenden überpositiven Recht *und* gegen die Bestrebungen, das bürgerliche Recht Deutschlands durch Kodifizierung zu vereinheitlichen. Dieser Abneigung hat er in seiner auch heute noch hinreißenden Schrift »Vom Beruf unserer Zeit für Gesetzgebung und Rechtswissenschaft« programmatischen Ausdruck verliehen. Savigny hielt die Deutschen für noch nicht reif genug, die vielfältigen partikularen Rechte durch ein einziges Gesetzbuch zu ersetzen. Wenn überhaupt, so wollte er nur von einer subsidiären, einer bescheidenen Gesetzgebung etwas wissen. Sie sollte dem Gewohnheitsrecht zu Hilfe kommen, gelegentlich auftauchende Zweifel am Sinn überlieferter Rechtsüberzeugungen beseitigen und das intuitive Bewußtsein des Volkes von dem, was recht und unrecht ist, erhellen und läutern.

Wir wissen seit langem, daß Savigny mit diesen Ansichten nicht durchgedrungen ist. Sein Versuch, der Jurisprudenz die Würde einer eigenen Rechtsquelle zu verleihen und den Rechtsgelehrten zum Träger, Hüter und Vollender des überlieferten Rechts zu erheben, ist, wie Carl Schmitt treffend bemerkt, im und am 19. Jahrhundert gescheitert. Diese Tatsache vermindert jedoch weder Savignys Rang als Rechtsdenker und -historiker noch seine rechtspolitische Aktualität. Manche Umstände, positive wie negative, lassen uns heute sehen, wie sehr diesen angeblichen Reaktionär ein überaus humaner Grundgedanke geleitet hat. Seine Lehre vom »Volksgeist« ist inzwischen gewiß obsolet, wenngleich ihn an ihrer späteren verhängnisvollen Politisierung keine Schuld trifft; als eine frühe Form kultursoziologischer und sozialpsychologischer Denkweise mag sie sogar heute noch wenigstens von wissenschaftsgeschichtlichem Interesse sein. Savigny hat zweifellos auch das Ausmaß, in dem Recht aktiv geschaffen werden kann, unterschätzt. Doch richtig ist sein Grundgedanke, daß alles gesatzte Recht eingebettet ist in ein Gefüge gewohnheitsrechtlicher Normen und daß es wirkungslos wird, wenn ihm ein Rückhalt in der übereinstimmenden Erfahrung der Gemeinschaft fehlt. Er verstand unter Recht nicht etwas beliebig Machbares, und im wahren Juristen sah er nicht den willfährigen Vollstrecker jeder legislatorischen Willkür, sondern eher einen behutsamen Gärtner, der den in Gesetzesform und Rechtsüberzeugung vorliegenden Schößling veredelt und die ihm innewohnende Entelechie zu ihrer sozial angemessensten Vollendung bringt. Den hektischen Leichtsinn, mit dem heute im Zeitraffertempo Gesetze erlassen, verändert und wieder aufgehoben werden, hätte er entschieden mißbilligt. Wenn er voreilige Kodifizierungen ablehnte, so war dabei auch seine noble Aversion gegen eine zur Wut gewordene Neuerungssucht, gegen den Despotismus motorisierter Legislateure im Spiele. Das Gesetz erschien ihm nur als eine von mehreren Erscheinungsformen des Rechts, und seinen Wert erblickte er, unabhängig von den noch so guten Absichten der Gesetzgeber, in seiner Stabilität und Dauer, in dem, was Johannes Popitz einmal seine »relative Ewigkeit« genannt hat. Als gläubiger Christ lebte er im Bewußtsein einer sittlichen Ordnung, die den Zweck des Rechts darstellt und sich in den ethischen Überzeugungen der Völker offenbart. Und im römischen Recht, dessen Rezeption in Deutschland schon im 14. Jahrhundert begonnen hatte, sah er eine kulturelle Hervorbringung, deren sich Europa nicht entschlagen dürfe. Rechtstechnik und Rechtsweisheit Roms hätten im Laufe der Jahrhunderte sich so innig mit dem europäischen Rechtsbewußtsein verbunden, daß wir sie nur um den Preis eines Verlusts unserer Identität ausscheiden könnten.

Savigny, der die echt deutsche Lehre vom Volksgeist vertrat, aus dem alles Recht entspringe, war gleichwohl ein vom Geist der Latinität faszinierter Systematiker und Antiquar. Das Vergangene erschien ihm nicht als abgelebt Überwundenes, sondern als fortwirkende Macht, als auch heute noch zu uns sprechendes Leben, und in der Achtung des Volkes für seine überlieferten Rechte sah er eine unaufhebbare Voraussetzung nationaler Freiheit.

Als Rechtspolitiker ist Savigny gescheitert. Als Rechtsdenker, Erzieher und der großen gesamteuropäischen Überlieferung verpflichteter Hüter des Maßes gehört er zu den nobelsten Gestalten der klassisch-romantischen Epoche Deutschlands. (1979)

KAROLINE VON GÜNDERODE

Sie schwebt, wie Hugo von Hofmannsthal einmal gesagt hat, »als ein traurig-lieblicher Schatten durch die deutsche Erinnerung«. Berühmt geworden ist Karoline von Günderode nicht durch ihre Gedichte, lyrischen Prosastücke und Dramen, sondern durch ihre Erscheinung, als Gestalt im Umkreis von Clemens und Bettina Brentano, durch ihre unglückliche Liebe zu dem Heidelberger Altertumsforscher Friedrich Creuzer und vor allem ihren Selbstmord.

Ihr Leben war so ereignisarm und kurz wie der Ausschnitt, den sie von der Welt gesehen hat, klein. Geboren am 11. Februar 1780 in Karlsruhe als Tochter eines badischen Regierungsrates, wuchs sie nach dem frühen Tode des Vaters in der hessischen Stadt Hanau auf, um mit siebzehn Jahren in ein evangelisches Damenstift in Frankfurt am Main einzutreten. 1804 begegnete sie auf dem Altan des Heidelberger Schlosses dem um neun Jahre älteren Professor Creuzer, der mit der Witwe eines Gelehrten nicht sonderlich glücklich verheiratet war. Creuzer, den Symbolen und Mythen der Antike zugewandt, insbesondere den dionysisch-orphischen Aspekten der griechischen Kultur, war von Karolines Gestalt und Wesen hingerissen. Es war ihm, als ob sich in ihr die romantisch verklärte Idee des alten Griechenland verkörpert hätte. Sie erschien ihm als Priesterin wie Iphigenie und Diotima, ja geradezu als Gottheit.
Doch als seine begeisterte Zuneigung auf Karoline übergriff und sie Creuzer leidenschaftlich zu lieben begann, wurde ihm die Affäre unbehaglich und peinvoll. Es fehlte nicht an abenteuerlichen Plänen, wie dem, gemeinsam nach Rußland auszuwandern oder daß die Günderode als Mann verkleidet, wie Mignon in Goethes »Wilhelm Meister«, dem Geliebten nahe leben solle; auch eine Scheidung von der um dreizehn Jahre älteren Ehefrau wurde kurzfristig erwogen. Doch schließlich überwogen in Creuzer die Zweifel, Bedenken und wohl auch bürgerlicher Biedersinn. Er war äußerlich unschön, ein tüchtiger Gelehrter und Polyhistor alten Stils; das Überschwängliche und Poetische schätzte er nur aus der Distanz, und er mochte auch fühlen, daß Karoline kaum eine Frau war, mit der man im Alltag des Lebens existieren könnte. Ihre Liebe meinte gar nicht ihn, sondern einen Traum, ein ihrer Phantasie entstiegenes Ideal. Karolines Liebe kreiste selig-unselig in sich selbst; er war nur der Vorwand, aber nicht das eigentliche Ziel ihrer Leidenschaft, die an der Wirklichkeit des Geliebten vorbeiliebte. Die junge Adelige liebte mehr die Liebe als ein konkretes Du. Schwer erkrankt, gelobte Creuzer vor Zeugen, daß er seine Ehe nicht auflösen wolle und seiner Neigung zu dem schwärmerischen Stiftsfräulein endgültig entsage. Als die Günderode von diesem Entschluß erfuhr, stieß sie sich am Rheinufer bei Winkel einen Dolch, den sie schon lange mit sich führte, ins Herz.
Sechsundzwanzigjährig setzte sie mit dieser Tat einem Leben ein Ende, das immer mehr darnach verlangt hatte, »der Sterblichkeit zu sterben und der Unsterblichkeit zu leben, das Sichtbare dem Unsichtbaren zu opfern«. In einem wenige Tage vor ihrem Freitod geschriebenen Brief hat die Günderode einer Freundin gestanden: »Ich bin eigentlich lebensmüde; ich fühle, daß meine Zeit aus ist und daß ich nur fortlebe durch einen Irrtum der Natur.«
Am Tag ihres Selbstmords schrieb sie ihren von Herder inspirierten Grabspruch, sechs Zeilen des Dankes an die Elemente des Kosmos, aber auch der unstillbaren Sehnsucht ihres »inneren Sinns« nach einer von der uns sichtbaren Welt wie durch einen Vorhang verborgenen höheren Wirklichkeit:

Erde, du meine Mutter, und du, mein Ernährer, der Lufthauch,
Heiliges Feuer, mir Freund, und du, o Bruder, der Bergstrom,
Und mein Vater, der Äther, ich sage euch allen mit Ehrfurcht
Freundlichen Dank; mit euch hab ich hienieden gelebt
Und geh jetzt zur anderen Welt, euch gerne verlassend.

Lebt wohl denn, Bruder und Freund, Vater und Mutter, lebt wohl!

Sie fühlte sich als Fremdlingin in dieser Welt, die sie nicht ergreifen und gestalten, sondern nur im Spiegel traumhafter Bilder schauen wollte. Es ist, schreibt Margarete Susman, als wandelte ihre Gestalt wie ein schönes einsames Luftgebilde auf Wolken, wie im Traum; als hafte ihr Blick nicht an den Dingen dieser Erde, sondern würde durch sie hindurch unmittelbar fortgezogen ins Unendliche.

Ein Motiv kehrt in ihren Dichtungen immer wieder: *Sehnsucht.* Es ist wehmütig-todessüchtiger Drang nach Auflösung der eignen schmerzvollen Individualität im Ozean des Seins, nach unmittelbarer Teilhabe am Leben der Weltseele. »Aber eine Sehnsucht war in mir, die ihren Gegenstand nicht kannte; ich suchte immer, aber jedes Gefundene war nicht das Gesuchte, und sehnend trieb ich mich umher im Unendlichen... Da dachte ich, meine Sehnsucht sei auch, zurückzukehren zu der Quelle des Lebens.« Diese Sätze stehen im »Apokalyptischen Fragment«, und der in ihnen sich enthüllende lyrische Pantheismus bricht sich auch sonst immer wieder Bahn. Narzißtische Weltflucht, morbide Todeserotik und ein ernst zu nehmender mystischer Sinn für die Tiefendimension der Wirklichkeit – davon werden ihre Dichtungen gespeist. Ahnungsvolle Sehnsucht läßt sie in mythische Vergangenheiten schweifen, nach Griechenland, Ägypten und Indien oder auch in arktische Zonen; nicht von ungefähr sind Orpheus und Adonis, diese reinsten Verkörperungen todnaher Schönheit und die Pforten der Unterwelt überwindender Liebe, ihre bevorzugtesten poetischen Gestalten. Von den zeitgenössischen Dichtern preist sie in einem Sonett den Novalis, dessen »heil'gen Seherblicken sind aufgeschlossen aller Welten Räume« und dem »der Weltgeist liebend sich vertrauet und offenbaret«.

Karoline von Günderode hat in ihrem kurzen Dasein viel geschrieben. Nur ein paar Gedichte, bisweilen auch bloß eine Strophe oder wenige Verse, einige Prosafragmente – imaginäre Gespräche und meditative Phantasien –, vor allem aber ihre Briefe, in denen sie sich den andern großen Briefschreiberinnen der Romantik, einer Rahel Varnhagen, Caroline Schlegel-Schelling und Brentanos Schwester Bettina, zugesellt, vermögen uns noch zu ergreifen.

Nicht daß sie Dichtungen schuf, sondern selber eine schwebende Gestalt dichterischer Sehnsucht wurde, bewahrte Karoline von Günderode vor der Vergessenheit. Als sie sich erdolchte, war sie eben erst daran, einen eigenen unverwechselbaren Stil zu finden und ihrer Sprache sicherer zu werden. Ihr widerfuhr vielmehr jene Metamorphose, die sich an Helena im zweiten Teil von Goethes Faust vollzieht: »Ich schwinde hin und werde selbst mir zum Symbol.« An der »nüchternen Dürftigkeit« eines profanen Zeitalters leidend, in dem »die Ökonomie in jedem Sinn und in allen Dingen zu einer so beträchtlichen Tugend herangewachsen ist«, steht sie vor uns als gleichsam blumenhaft zartes Sinnbild einer sich aus der Welt sanft hinaussehnenden ästhetischen Existenz. Sie geistert durch die mythen- und symbolkundlichen Schriften Creuzers, der Karoline um mehr als ein halbes Jahrhundert überlebte, und insbesondere an einer Stelle, wo er von der stillen Melancholie der Bacchantin spricht, grüßt den Wissenden das wehmütig schwärmerische Antlitz dieser Träumerin. Christa Wolf hat ihr in der Erzählung »Kein Ort. Nirgends« ein Denkmal gesetzt

und bald darauf eine umfangreiche Auswahl aus den dichterischen Arbeiten, ergänzt durch Lebenszeugnisse von Zeitgenossen der Günderode, herausgebracht. Bereits vor Jahrzehnten haben Erwin Rohde und Ludwig von Pigenot sich um ihr Andenken bemüht. Daß ihr Bild der Nachwelt so rein erhalten blieb, ist freilich vor allem Bettinas Verdienst, die die Jugendfreundin in dem – als Dokumentation freilich nicht ganz zuverlässigen – Briefroman »Die Günderode« (1840) verewigt und sich ihr ganzes Leben lang als Jüngerin der Frühverstorbenen bekannt hat. Bettina verdanken wir auch die schönste und anschaulichste Beschreibung Karolines, dieser kleinen Schwester Hölderlins, Novalis', Keats' und Maurice de Guérins:
»Sie hatte braunes Haar, aber blaue Augen, sie waren gedeckt mit langen Augenwimpern; wenn sie lachte, so war es nicht laut, es war vielmehr ein sanftes, gedämpftes Girren, in dem sich Lust und Heiterkeit sehr vernehmlich aussprach; – sie ging nicht, sie wandelte; ihr Kleid war ein Gewand, was sie in schmeichelnden Falten umgab, das kam von ihren weichen Bewegungen her; – ihr Wuchs war hoch, ihre Gestalt war zu fließend, als daß man es mit dem Wort schlank ausdrücken könnte; sie war schüchtern-freundlich und viel zu willenlos, als daß sie sich in der Gesellschaft bemerkbar gemacht hätte.« (1980)

GIACOMO LEOPARDI

Im Winter 1818/1819, als der erste Band von Schopenhauers Hauptwerk »Die Welt als Wille und Vorstellung« erschien, hätte in Italien ein internationales Pessimisten-Symposion stattfinden können. Byron, Chateaubriand und auch Schopenhauer selbst hielten sich damals auf der Apenninenhalbinsel auf. Doch das Schicksal fügte es, daß keiner der drei Weltschmerz-Dichter und -Denker in jenem Jahre die anderen kennenlernte. Sie begegneten auch nicht dem jungen Grafen Giacomo Leopardi, der um diese Zeit bereits seine ersten ernst zu nehmenden Gedichte verfaßt hatte. In dem 1819 entstandenen Hymnus »Alla luna« (An den Mond) heißt es: »Denn qualvoll war mein Leben und ist es noch und wird so immer bleiben.« Begriffe wie *noia, tedio, fastidio, vanità* – Langeweile, Überdruß, Lebensekel, Vergeblichkeit – durchziehen leitmotivisch Leopardis gesamtes Werk, nicht nur die Lyrik, sondern auch seine Dialoge und Prosatexte sowie seinen »Zibaldone« – das heißt etwa Sammelsurium oder Mischmasch –, tagebuchartige Aufzeichnungen, die mehr als viereinhalbtausend engbeschriebene Seiten umfassen und erst mehr als sechs Jahrzehnte nach dem 1837 erfolgten Tode des Dichters in sieben Bänden veröffentlicht wurden. Immer wieder formuliert Leopardi, der verwachsene, schüchterne, stets kränkliche und unbehauste Poet aus aristokratisch-konservativem Hause, den einen Gedanken: Das Leben ist nicht lebenswert; Glück, Liebe und Wohlbefinden sind nur wahnhafte Täuschungen; es wäre besser, nicht geboren zu sein oder dem Leben so bald wie möglich ein Ende zu setzen.

Obwohl er nie ein Gymnasium oder eine Universität besucht hatte, war Leopardi ein hervorragender Kenner der griechischen und römischen Literatur, nicht nur der Klassiker, sondern auch weniger bekannter oder fast verschollener spätantiker Autoren wie Dion Chrysostomos, Cornelius Fronto, Hesychios von Milet, Dionysios von Halikarnassos, Moschos und anderer, die er eifrig übersetzte, edierte und kommentierte. So war ihm Pindars Wort vom Menschen als »eines Schatten Traum« ebenso vertraut wie der Ausspruch des Komödiendichters Menander: »Am glücklichsten ist, wer früh den Jahrmarkt des Lebens verläßt« und die düstere Strophe des Chorliedes im »Oidipus« des Sophokles. Er kannte auch jenen athenischen Rhetor, der im dritten vorchristlichen Jahrhundert lebte und den Beinamen *Peisithanatos* erhielt, weil er in seinen Vorträgen erfolgreich für den Selbstmord warb. Kierkegaards, seines um fünfzehn Jahre jüngeren Zeitgenossen, paradox makabre Wortbildung »Symparanekromenoi« (sie steht in »Entweder-Oder«) wäre wohl nach Leopardis Geschmack gewesen. Der unmögliche griechische Ausdruck bezeichnet einen Kreis von Sonderlingen, welche so leben wollen, als ob sie am liebsten gestorben geblieben wären.

Schopenhauer hat erst zwanzig Jahre nach Leopardis Tod und zwei Jahre vor seinem eigenen die lebensverneinenden, todessehnsüchtigen, alle religiösen Verheißungen als jämmerliche Illusionen beiseite schiebenden Prosaschriften des unglücklichen Italieners (der sein Land nie verlassen hat) kennengelernt. In der dritten Auflage seines Hauptwerks »Die Welt als Wille und Vorstellung«, bezeichnenderweise am Ende des Kapitels über die Nichtigkeit und das Leiden des Lebens, schreibt der deutsche Philosoph, nachdem er Homer, Heraklit, Theognis, Euripides, Shakespeare und Byron als Kronzeugen für seine pessimistische Haltung angeführt hat:

»Keiner jedoch hat diesen Gegenstand so gründlich und erschöpfend behandelt, wie, in unsern Tagen, Leopardi ... überall ist der Spott und Jammer dieser Existenz sein Thema, auf jeder Seite stellt er ihn dar, jedoch in einer solchen Mannigfaltigkeit von Formen und Wendungen, mit solchem Reichtum an Bildern, daß er nie Überdruß erweckt, vielmehr durchweg unterhaltend und erregend wirkt.«

Schopenhauer und Leopardi zu vergleichen liegt nahe, obschon ein solcher Vergleich berücksichtigen muß, daß der Italiener kein Systematiker war. Leopardis Pessimismus ist nicht in einem metaphysischen Gedankengebäude festgelegt, sondern äußert sich als allgegenwärtige Grundstimmung: als Gefühl der Sinnlosigkeit des Lebens, als verzweifelte Klage über die unser Dasein zerreißenden Dissonanzen, als Fortschrittsskepsis, Weltekel, Resignation oder auch stoische Gefaßtheit angesichts des Unvermeidlichen, als trotziger Verzicht auf Hoffnung und Trost der Religion, als Geste der *impassibilità.* In einem Bruchstück aus dem Jahre 1833 greift Leopardi den altpersischen Mythos von Ahriman auf. Anders als bei Zoroaster steht jedoch hier Ahriman, dem Gott der Finsternis, des Todes und der Lüge, kein Ormuzd als Lichtgestalt gegenüber, der der endzeitliche Sieg über das Böse verheißen ist. Im Gegenteil: Ahriman ist allmächtig und allwissend; er ist Schicksal, Natur und Gottheit ineins und triumphiert in Ewigkeit. Bisweilen verteidigt der Dichter den Selbstmord und spricht von der *gentilezza del morir,* der Liebenswürdigkeit des Sterbens. Dann wieder appelliert er an den heroischen Willen zum Durchhalten auf verlorenem Posten in einem sinn- und mitleidlosen Universum. »Lebe, sei groß und unglücklich«, läßt er in einem Dialog die grausame Natur zur Menschenseele sagen, und Leopardis Werk ist eine einzige Bestätigung dafür, daß er sich diesem Imperativ, der bereits Nietzsches *amor fati* vorwegnimmt, nicht entzogen hat. Mochte ihn auch Petrarcas wollüstige Schwermut angezogen und er sich als vom Schicksal Geschlagener dem Dichter Tasso am nächsten gefühlt haben, so war dieser leidende und ungeheuer leidensfähige Sänger universalen Weltschmerzes doch kein wehleidig jammernder, sondern ein heroischer Pessimist. Die Sehnsucht nach Erlösung im Nirwana war ihm fremd, und seinem Unendlichkeits-Pathos fehlen alle mystischen Züge. Sein Pessimismus, der, entgegen der Lehre des heiligen Thomas von Aquin, daß alles, was ist, indem es ist, auch gut ist, die Existenz für ein Unglück hält und nur jene Dinge als gut anspricht, die nicht sind, unterscheidet sich dennoch grundlegend von einer bloß verneinenden Haltung. Leopardis Negationen liegt nämlich die Bejahung menschlicher Überlegenheit gerade in aussichtslosen Situationen zugrunde. Er preist die *»nobil natura«,* den tapferen Charakter, der sich im Leiden groß erweist. Pascals Gedanke klingt an: »Nur ein Schilfrohr, das zerbrechlichste in der Welt, ist der Mensch, aber ein Schilfrohr, das denkt.«

Diese Haltung eines heroischen Pessimismus bezeugt sich nicht zuletzt in dem formvollendeten »Trotzdem« von Leopardis Lyrik und Prosa, in der unermüdlichen Disziplin und herben Illusionslosigkeit seines Werkes, das er einem an Schmerz, Enttäuschung und Krankheit reichen Leben abgerungen hat. Als Pessimist hielt er das Leben für eine einzige Katastrophe, aus der nur der Tod erlösen könne, und dennoch beging er nicht Selbstmord. Als Dichter zweifelte er am Sinn und Nutzen der Poesie und konnte gleichwohl das Schreiben nicht lassen. Unaufhörlich feilte und verbesserte er seine Gedichte und Dialoge und schuf einige *Canti,* welche, wie Horst Rüdiger bemerkt, »die süßesten Seufzer Petrarcas aufnehmen, ohne sie nachzuahmen«, und denen bis heute in der italienischen Lyrik nichts an die Seite zu stellen sei. Leopardi setzte einem sinnlosen Weltall die sinnstiftende Aktivität des Schreibens entgegen, und auf seine Kunst trifft zu, was er 1820 in sein Tagebuch notiert hat:

»Es ist eine Eigenheit der Werke des Genius, daß sie, selbst wenn sie uns die Nichtigkeit der Dinge darstellen, selbst wenn sie das unvermeidliche Unglück des Lebens zeigen und die schrecklichste Verzweiflung ausdrücken, einen großherzigen Leser, mag er sich selbst in einem Zustand äußerster Niedergeschlagenheit befinden, zu trösten und seine Begeisterung wieder zu entfachen und durch die nackte Zeichnung und Darstellung des Todes ihm für einen Augenblick jenes Leben wieder zu schenken vermögen, das er aufgegeben hatte.«

Leopardi hat die moderne Erfahrung der kosmischen Einsamkeit des Menschen in ihrer ganzen Tiefe durchlebt und durchdacht. Er steht an der Schwelle des europäischen Existentialismus. Kein anderer Dichter seines Jahrhunderts hat das Gefühl der Preisgegebenheit des Menschen und seine Daseinsangst so formvollendet ausgesprochen wie dieser frühreife und frühvollendete Italiener, in dessen Werk klassische Selbstbegrenzung und romantisches Unendlichkeitsverlangen eine überwältigende Synthese eingegangen sind. Aus Trostlosigkeit, die sich als solche bekannte, entstanden Verse von betörendem

Wohllaut, die das Vorurteil widerlegen, daß in der Kunst eine pessimistische Perspektive notwendig zur Haltung eines Kehrichtsammlers führe.
Trotz Schopenhauers Lob, ungeachtet auch der bereits im vorigen Jahrhundert erschienenen Übersetzungen von Paul Heyse und Robert Hamerling und der von Karl Vossler verfaßten Biographie des Dichters, gehört Leopardi zu den im deutschen Sprachraum am wenigsten bekannten Dichtern Italiens. Sein Name ist hier nicht viel mehr als ein Gerücht. Vosslers 1937, zum hundertsten Todestag des Lyrikers, gestellte Frage ist noch immer nicht überholt: »Wie kommt es, daß bei uns in Deutschland eine so große, menschlich echte und reine Poesie einen so schwachen Widerhall gefunden hat, wenigstens bis jetzt?« 1978 hat der Winkler Verlag, München, den ersten Band einer repräsentativen Leopardi-Ausgabe vorgelegt. Er enthält die *Canti* sowohl im italienischen Urtext als auch in der von Hanno Helbling besorgten Übersetzung sowie die von Alice Vollenweider verdeutschten *Operette morali,* Dialoge und andere Prosastücke, in denen der Dichter mit Witz, Ironie und Sarkasmus die menschlichen Eitelkeiten und Illusionen bloßstellt. Herrscht in der Lyrik der Moll-Ton sanfter Melancholie vor, so finden sich in den Prosaschriften oft auch Beispiele schneidenden Hohns und sich grotesker Mittel bedienender Spottlust. Ein zweiter Band wird eine Auswahl aus dem »Zibaldone« enthalten, diesem fast alle Bereiche menschlichen Lebens und Wissens zur Sprache bringenden Gedankenbergwerk des italienischen Dichters und Moralisten. Über die Grenzen der Sprache und Zeiten hinweg können wir nun endlich einen Einzelgänger kennenlernen, den Vossler als prophetischen Dichter, als »Dichter des Vorgefühls« gerühmt hat. Wer Leopardis Dialog gelesen hat, den ein Kobold und ein Gnom am Tage nach dem Untergang der Menschheit führen, oder die Kanzone »La Ginestra« (Der Ginster), das vermutlich letzte Gedicht des Frühverstorbenen, wird dieses Urteil nicht für übertrieben halten. Die Ginsterbüsche auf dem Vesuv erscheinen dem Dichter als letzte Überbleibsel, die vulkanischer Zerstörung widerstanden haben. Sie symbolisieren die Unwahrscheinlichkeit und das Risiko blühenden Lebens in einem gnadenlosen Gesetzen unterworfenen Universum ohne Sinn. Leben, Schönheit und Anmut sind verschwindende Inseln inmitten einer der Verwüstung preisgegebenen Welt. Die vulkanisch erzeugte Wüste steht aber auch für jenen verderblichen Vernichtungsprozeß, der einem eitlen Jahrhundert als herrlicher Fortschritt gilt. Fortschritt als Wiederkehr der Barbarei, als Vordringen der Wüste, als Niedergang des Lebens: dieses Motiv, das später bei Nietzsche, T.S. Eliot und Klages auftauchen wird, hat der Italiener Leopardi bereits in der ersten Hälfte des neunzehnten Jahrhunderts in die Weltliteratur eingeführt. (1979)

LUDWIG FEUERBACH

Wenn es zutrifft, daß der Abbau des Sinns für Transzendenz zu den entscheidenden Kennzeichen des gegenwärtigen Zeitalters gehört, dann ist die These, Ludwig Feuerbach sei – hundert Jahre nach seinem Tode – aktueller denn je, mehr als eine der bei Gedenktagen üblichen Redensarten. Und wenn es Feuerbachs Grundimpuls war, den von allen metaphysischen Sinngebungen emanzipierten, zu neuer adamitischer Unmittelbarkeit berufenen Menschen von den beiden zentralen Kategorien Leiblichkeit und Gesellschaft her auszulegen, dann scheint er sich erst heute weltgeschichtlich durchzusetzen in den hohen und Volksschulen des Marxismus, der Tiefenpsychologie und der Verhaltensforschung. Feuerbach war überdies der beredte Apostel der sexuellen Emanzipation als neuer Religion der Immanenz. Er hat aber auch die erotische Beziehung mit dem Gedanken des herrschaftsfreien Dialogs verknüpft und darin das normative Modell aller gesellschaftlichen Humanisierung erblickt. Und wenn in unseren Tagen Theologen, die kaum mehr von Gott zu reden wagen, Christentum auf politisches Engagement reduzieren und den Jenseitsglauben als Ablenkung von der notwendigen Revolution im Diesseits verwerfen, dann könnten sie als Kirchenvater Feuerbach anführen. Er war es, der an die Stelle der Gemeinschaft der Heiligen die Gemeinschaft der Arbeitenden setzte und offen proklamierte: *»Die Politik muß unsere Religion werden«*.

Seine Prämissen und Postulate sind weitgehend die kaum noch befragten Voraussetzungen, von denen aus der Geist unserer Epoche beharrlich sich selbst zu verstehen versucht, und insofern ist Friedrich Engels' auf die junghegelsche Bewegung der Jahre vor 1848 zielendes Wort heute gültiger als jemals: *»Wir waren alle momentan Feuerbachianer.«* Von Marx stammt aus eben diesen Zeiten des Enthusiasmus für den Autor des »Wesens des Christentums« der Satz: *»Der Feuerbach ist das Purgatorium der Gegenwart.«*

Von der Theologie zum Atheismus

Feuerbach selbst wußte sehr gut um das Epochale seines denkerischen Ansatzes. Er hatte ein ausgeprägtes Gefühl für seine »Mission« und die revolutionären Implikationen seiner Wendung verschwieg er nicht: »Die Menschheit muß, wenn sie eine neue Epoche begründen will, rücksichtslos mit der Vergangenheit brechen; sie muß voraussetzen, das bisher Gewesene sei nichts. Anknüpfungen an das Vorhandene würden den Flug ihrer Tatkraft lähmen. Sie muß von Zeit zu Zeit das Kind mit dem Bade ausschütten. Sie muß ungerecht und parteiisch sein.« – »Nur wer den Mut hat, absolut negativ zu sein, hat die Kraft, Neues zu schaffen.« Entschlossen, »die Philosophie zur Sache der Menschheit« zu machen, gelangte er dazu, »den Menschen zur Sache der Philosophie zu machen und die Philosophie selbst aufzuheben.«

Mit diesem Anspruch steht Feuerbach an der Spitze jenes Bewußtseinsumschwungs, der von dem Zusammenbruch des in Hegel gipfelnden Deutschen Idealismus seinen Ausgang nahm. Geboren 1804 in Landshut als vierter Sohn des berühmten Kriminalisten und Strafrechtsreformers Paul Johann Anselm

Feuerbach, fühlte sich der spätere Atheist in seiner Jugend stark zur Religion hingezogen. Der ernste, gelegentlich ein wenig nazarenisch gestimmte Jüngling versenkte sich in die Bibel – besonders liebte er das Buch Tobias –, lernte aus eigenem Antrieb bei dem Rabbiner von Ansbach die Sprache des Alten Testaments und gab sich, nicht unbeeinflußt von dem sinnenfälligen Barock-Katholizismus seiner bayerischen Heimat, einem ganz konkreten Christentum hin, zu dem nicht nur Jesus, sondern auch die Jungfrau Maria, Engel, Teufel und Wunder gehörten. Vom sonntäglichen Geläut der Kirchenglocken war er magisch berührt wie Gottfried Kellers »Grüner Heinrich«. So wählte er die Theologie als Universitätsstudium, als er zu Ostern 1823 nach Heidelberg ging, wo er sowohl den Rationalisten E. G. Paulus als auch den von Schelling und Hegel beeinflußten Romantiker Karl Daub hörte.

Schon drei Semester später wandte er sich in Berlin unter dem überwältigenden Einfluß Hegels von der Theologie zur Philosophie, um die religiösen Anschauungen durch die Begriffe der Vernunft zu erklären. »Der Berg Sinai und der Ölberg ist mir untergesunken unter der seligklaren Flut des Begriffs ...«, schrieb er damals an seinen früheren Lehrer Daub. Außerdem ließ er sich in die Naturwissenschaften, darunter die Anatomie, einweihen, wie er auch in reiferen Jahren der Physiologie, Botanik, Geologie und Naturgeschichte viel Zeit widmete. Als er 1828 in Erlangen sein Studium abschloß, schickte er seine lateinisch verfaßte Dissertation »De ratione una, universali, infinita« mit einem Begleitbrief an Hegel. Selbstbewußt entwickelt der Vierundzwanzigjährige in diesem Schreiben die Grundzüge seiner späteren Philosophie- und Religionskritik. Der reine Logos bedürfe der Inkarnation, die Idee der Verwirklichung und »Verweltlichung«. Es komme darauf an, »die bisherigen weltgeschichtlichen Anschauungsweisen von Zeit, Tod, Diesseits, Jenseits, Individuum, Person und der außer der Endlichkeit im Absoluten und als absolut angeschauten Person, nämlich Gott ... wahrhaft zu vernichten, in den Grund der Wahrheit zu bohren.« An ihre Stelle haben die Einsichten zu treten, die in der Philosophie – nämlich der Hegelschen! – »eingewickelt« enthalten sind. Das Christentum könne nicht als die absolute Religion gefaßt werden, die Vernunft sei in ihm »wohl« noch nicht erlöst.

Von diesem Standpunkt aus gelangte Feuerbach in seinen 1830 anonym erschienenen »Gedanken über Tod und Unsterblichkeit« zur Kritik des Glaubens an eine postmortale Existenz der menschlichen Seele. Als die Urheberschaft des polizeilich konfiszierten Buches bekannt wurde, sagte der Vater Ludwigs voraus: »Diese Schrift wird Dir nie verziehen, nie bekommst Du eine Anstellung.« Nachdem drei Versuche, eine Professur zu erhalten, gescheitert waren, gab Feuerbach seine Erlanger Privatdozententätigkeit auf und zog sich grollend in das Dasein seines Privatgelehrten zurück. Mit Schopenhauer, Kierkegaard, Marx, Nietzsche und Donoso Cortés gehört er zu jenen maßgebenden Denkern seines Säkulums, die im außerakademischen Bereich wirkten.

Idylle in Bruckberg

Er zog in das drei Stunden von Ansbach entfernte Schloß Bruckberg, das einst dem markgräflichen Hause Ansbach-Bayreuth gehört hatte. In dem Rokokobau war eine Porzellanmanufaktur untergebracht und 1837 heiratete Feuer-

bach die Tochter des Unternehmensverwalters, Bertha Löw. Nach einer »Geschichte der neueren Philosophie von Bacon bis Spinoza« (1833) sowie Monographien über Leibniz (1836) und Bayle (1838) schrieb er in seinem Idyll das Hauptwerk »Das Wesen des Christentums« (1841), das ihn schlagartig berühmt machte. Gott wird darin entlarvt als menschliche Selbstentfremdung, Theologie als sich selbst nicht durchschauende Anthropologie. Gott ist ein Wort, dessen Sinn der Mensch ist. »Religion ist die Entzweiung des Menschen mit sich selbst« und »Der Mensch ist der wirkliche Gott«. So entspricht der Destruktion des Gottes über dem Menschen die Vergöttlichung des Menschen selbst. Das ist die Grundkonzeption Feuerbachs, entwickelt im »Wesen des Christentums«, die er sein ganzes weiteres Leben nur mehr wiederholt hat, so auch in seinen Vorlesungen im Heidelberger Rathaus während des Revolutionswinters 1848/49, die auf Gottfried Keller so mächtig gewirkt haben. Abgeordneter im Frankfurter Paulskirchenparlament zu werden, lehnte der Religionskritiker dagegen ab.
Die folgenden Jahre der neoabsolutistischen Reaktion verbrachte er wieder in seiner Bruckberger Einsamkeit, wo er, nach Engels' Wort, verbauerte und versauerte. Die Leute des stillen Dorfes fragten den Tierfreund und Waldgänger gern nach Wind und Wetter, tagsüber beschäftigte er sich mit naturwissenschaftlichen, besonders chemischen Studien, der Herausgabe des biographischen Nachlasses seines Vaters und vor allem der Niederschrift seines reifsten, freilich auch schwierigsten religionsphilosophischen Werkes, der »Theogonie« (1857); die Abende pflegte der »große Gottesfreund«, wie Gottfried Keller ihn schalkhaft nannte, mit Bauern, Förstern und Jägern beim Bier zu verbringen. Als die Porzellanfabrik immer schlechtere Geschäfte machte, ließ sich die Wohnung im Schloß nicht mehr halten. Der Sechsundfünzigjährige spielte mit dem Gedanken, nach Amerika auszuwandern, und fand schließlich mit Frau und Tochter eine neue, bescheidenere Heimstatt in einem Vorstadthaus im Osten Nürnbergs, unweit vor dem Lauffer Tor. Dort wohnte der an einer Ethik der Glückseligkeit arbeitende Freidenker von 1860 bis zu seinem Tode in einer Herbstnacht des Jahres 1872. Bestattet wurde er auf dem Nürnberger Johanneskirchhof, wo auch Dürer, Pirckheimer und Hans Sachs ruhen, unter der Teilnahme einer überaus großen Menschenmenge. Ein Grabredner verglich ihn mit Jesus und nannte ihn einen Lehrer des »Himmelreichs auf Erden«.

Der Kritiker Hegels

Wie fast alle Philosophen des Deutschen Idealismus begann auch Feuerbach als Theologe. Er war überdies noch ein wirklicher Schüler Hegels. Mit seiner Abkehr von der Theologie und schließlich auch von der Philosophie beanspruchte er gleichwohl, den humanen Gehalt der Religion und des Idealismus durch deren Negation zu bewahren. Die Negation der Religion hatte mit Hegels Übersetzung der Theologie in eine spekulative Logik begonnen, Feuerbach führte sie fort mit seiner Transformation der Hegelschen Philosophie in philosophische Anthropologie. Man könnte Feuerbachs Philosophie einen naturalisierten und anthropologisierten Hegelianismus nennen. Damit trug er entscheidend zur Geburt des Linkshegelianismus bei, also zu jener Richtung, zu der auch Bruno Bauer, Moses Hess, David Friedrich Strauß, Max Stirner,

Karl Marx und Friedrich Engels sowie, als letzte Ausläufer, die Denker der Frankfurter Schule gehören. Ihr primäres Interesse ist nicht spezifisch metaphysischer, sondern gesellschaftskritischer Natur. Philosophie sollte nicht »Eule der Minerva« sein, die in der Dämmerung ihren Flug beginnt, sondern der Hahn, der einen neuen weltgeschichtlichen Morgen verkündet.

Anthropologie zielt für Feuerbach auf die konkrete Emanzipation des Menschen ab, indem sie die Voraussetzungen und Konsequenzen einer wahrhaft freien Humanität umreißt. Diese Wende konkretisiert sich in drei großen miteinander zusammenhängenden Bemühungen: in seiner Kritik der idealistischen, insbesondere der Hegelschen Philosophie; in seiner Analyse des religiösen Bewußtseins; in seinen Ansätzen zu einer dialogischen Anthropologie.

Obwohl ihm bereits 1827/28 die ersten Zweifel an Hegels System gekommen waren, trat Feuerbachs Bruch mit dem Philosophen des absoluten Geistes erst 1839 offen hervor. Sein Widerstand setzte ein bei dessen schwacher Stelle, beim Verhältnis von Logik und Naturphilosophie. Hegel vermochte nicht die unendliche Vielfalt der Natur aus der Idee a priori abzuleiten. Er hat darin eine Unangemessenheit der empirischen Wirklichkeit zum Begriff gesehen, die er die »Zufälligkeit« der Natur nannte, in der sich deren Unterlegenheit gegenüber dem Logos verrate. Feuerbach kehrt das Verhältnis um, indem er fragt: Wie aber, wenn eben das Zufällige der Natur das allein Wahre und Wesentliche wäre? Wenn die Hegelsche Philosophie des absoluten Geistes, derzufolge die Natur nur das »Außersichsein« der Idee ist, imgrunde »der letzte Zufluchtsort, die letzte rationelle Stütze der Theologie«, »rationelle Mystik« wäre? Hegel erscheint nun als das »Alte Testament« der Philosophie, als zweideutiger Versuch, die Negation des Christentum mit dem Christentum zu versöhnen, den Atheismus zu einem Moment des Gottesbewußtseins zu machen.

Keineswegs tut Feuerbach Hegels Denken als bloßen Unsinn ab. Vielmehr geht er an es ähnlich heran wie Freud an die Analyse der Träume, wenn dieser bei ihnen zwischen manifesten und latenten Inhalten unterscheidet. Metaphysik ist Feuerbach »esoterische Psychologie«, die noch nicht zum Bewußtsein ihrer selbst gelangte Wahrheit über die menschliche Seele. Hegels Philosophie schien ihm sogar den Schlüssel für die eigentliche Bedeutung der christlichen Religion zu liefern, der höchsten Form aller Religionen, und als diesen Schlüssel betrachtete Feuerbach die christologische Lehre von der Einheit zwischen Gott und Mensch. Feuerbachs Kehre vom Idealismus zum Materialismus ist nicht nur eine Konsequenz erkenntnistheoretischer Überlegungen, sondern auch Ausdruck ethischer Empörung über die spekulative Unredlichkeit, ein unglaubwürdig gewordenes Christentum dadurch zu »retten«, indem man es mit seiner Negation identifiziert. Insofern ist er ein Geistesverwandter Kierkegaards, des anderen leidenschaftlichen Hegel-Gegners, und es war Kierkegaard, der Feuerbachs Kritik der Hegelschen Logisierung der Religion »so vortrefflich« fand, »daß es eine Lust ist, ihn zu lesen«. Dieser radikale Christ zählte den radikalen Atheisten zu jenen Geärgerten, die die Aufgabe übernommen hätten, »das Christentum gegen die gegenwärtigen Christen zu verteidigen«.

Gott als Seufzer der Seele

Aufgrund dieses Ansatzes gelangte Feuerbach zur Kritik der Religion. Der schon von Xenophanes geäußerte Gedanke, daß sich die Menschen ihre Götter nach ihrem eigenen Wesen vorstellen, wird von ihm radikalisiert. Die Religion, die von David Friedrich Strauß auf historisch-philologische Weise erschüttert worden war, will Feuerbach durch Aufweis ihrer psychologischen Wurzeln als Illusion entlarven. Sie ist ihm eine Illusion, die dadurch entsteht, daß der Mensch seine eigene Natur, seine Wünsche, Begierden und Eigenschaften als etwas ihm fremd Gegenüberstehendes betrachtet. Der Mensch stellt sich sein eigenes Wesen als Übermenschliches gegenüber, indem er es ins Idealische steigert oder, mit Kleist zu sprechen, »ins Göttliche verzeichnet«. Die mittelalterliche Frage »Cur Deus homo?« umkehrend, fragt Feuerbach nach den Voraussetzungen der Hypostasierung menschlichen Wünschens im Bilde Gottes. War für Hegel der Mensch Gott im Zustand der Selbstentfremdung, so kehrte sein abtrünniger Schüler das Verhältnis um: Gott ist der Mensch im Status seiner Selbstentfremdung. »Die Religion ist die Reflexion, die Spiegelung des menschlichen Wesens in sich selbst.« Daher betet der Mensch im Gebet sein eigenes Herz an und das Wunder ist nichts anderes als ein vergegenständlichter Herzenswunsch.

Wer aber wünscht, dem mangelt etwas. Ein wünschendes Wesen ist ein leidendes Wesen. Feuerbach litt an der Welt kaum mehr als andere Philosophen, angefangen vom weinenden Heraklit bis zum verzweifelten Kierkegaard. Es eignen ihm sogar stark philiströse Züge. Gleichwohl hat er dem Leiden des Menschen an der Welt, der Erfahrung seiner fundamentalen Bedürftigkeit und Not, seiner Unterworfenheit unter das, was Freud den Druck der Realität genannt hat, auf eine Weise Ausdruck verliehen, die nicht zuletzt den außerakademischen Erfolg, die ungeheure Popularisierbarkeit seines Denkens erklärt. Er ließ sich trotz seines an diesseitige Erfüllung glaubenden Eudaimonismus von keiner idealistischen Spekulation die Tatsache hinwegzaubern, daß der Mensch im argen liege: »Niemand ist mehr als ich davon entfernt, die unendliche Misere des menschlichen Lebens zu verkennen.« In seinen »Vorläufigen Thesen zur Reform der Philosophie« (1843) sagt er: »Dem Denken geht das Leiden voraus«, um dann hinzuzufügen: »Nur das notleidende Wesen ist das notwendige Wesen... Ein Wesen ohne Not ist ein Wesen ohne Grund... Ein Wesen ohne Leiden ist nichts anderes als ein Wesen ohne Sinnlichkeit, ohne Materie.« Wenn die Wurzel der Religion der Mensch ist, dann der leidende, der nicht nur an irdischer Not, sondern an der Not des Irdischen überhaupt leidende Mensch. »Wenn der Mensch nicht stürbe, wenn er ewig lebte, wenn also kein Tod wäre, so wäre auch keine Religion.« Deshalb erblickt Feuerbach im »Grab des Menschen die Geburtsstätte der Götter.« Er betont die zutiefst pathogone, im leidenden Gemüte wurzelnde Eigenart des religiösen Phänomens: »Gott ist das Echo unserer Schmerzenslaute. Diese freie Luft des Herzens, dieses ausgesprochene Geheimnis, dieser entäußerte Schmerz ist Gott. Gott ist eine Träne der Liebe, in tiefster Verborgenheit vergossen über das menschliche Elend.« Als tiefsten Ausspruch christlicher Mystik zitiert der atheistische Freidenker in diesem Zusammenhang das Wort Sebastian Francks: *»Gott ist ein unaussprechlicher Seufzer, im Grunde der Seele gelegen.«*

Der Mensch als dialogisches Wesen

Augustinus hatte mit sich selbst gesprochen und dabei Gott gefunden, Feuerbach entdeckte, daß der zu Gott Betende mit sich selber spricht. Was bleibt dem Menschen, wenn er einmal den projektiven Mechanismus der Religion durchschaut hat, wenn ihm nicht länger verborgen bleibt, »daß das Geheimnis der Theologie die Anthropologie ist«? An die Stelle Gottes tritt dann »der Mensch« und zwar nicht das isolierte menschliche Individuum, sondern der Mensch als sich in der Einheit von Ich und Du verwirklichende Wesen: *»Homo homini Deus est.«* Feuerbach, der gegenüber der Geistphilosophie die Wahrheit der Sinne rehabilitiert, ist zugleich davon überzeugt, daß die das Denken fundierende Sinnlichkeit sich erst in der Partnerschaft mit dem Mitmenschen bewährt. Es genügt nicht, daß der einzelne einfach die Augen aufmacht, vielmehr ist er zur Findung der Wahrheit auf die Gemeinschaft von Ich und Du angewiesen: »Was ich allein sehe, daran zweifle ich; was der Andere auch sieht, das erst ist gewiß.« Nur in der dialogischen Wechselwirkung zwischen Ich und Du vermag der Mensch sich der Wirklichkeit zu vergewissern. Das Bewußtsein der Welt ist vermittelt durch das Bewußtsein des Du.

»Die Wahrheit beginnt zu zweien.« Dieses von Jaspers gerne zitierte Nietzsche-Wort faßt prägnant die Substanz von Feuerbachs dialogischer Anthropologie und anthropologisch fundierter Erkenntnistheorie zusammen: »Die wahre Dialektik ist kein Monolog des einsamen Denkers mit sich selbst, sie ist ein Dialog zwischen Ich und Du.« Das realste Ich-Du-Verhältnis ist aber die Liebe: »Die Liebe des Andern sagt Dir, was Du bist.« – »Das empfindungs- und leidenschaftslose abstrakte Denken hebt den Unterschied zwischen Sein und Nichtsein auf, aber der Liebe ist dieser dem Gedanken verschwindende Unterschied eine Realität. Lieben heißt nichts anderes als diesen Unterschied inne werden... So ist die Liebe der wahre ontologische Beweis vom Dasein eines Gegenstandes außer unserm Kopfe...« – »Nur durch Mitteilung, nur durch Konversation des Menschen mit dem Menschen entspringen auch die Ideen. Zwei Menschen gehören zur Erzeugung des Menschen, des geistigen sowohl wie des physischen. Die Einheit des Menschen mit dem Menschen ist das erste und letzte Prinzip der Philosophie, der Wahrheit und Allgemeinheit.«

Mit diesen Gedanken nähert sich Feuerbach, ohne es zu wissen, dem von ihm kritisierten Hegel, der in seinen Jugendschriften das Leben des Geistes von der Dialektik der Liebesbeziehung her begriff; die betreffenden Schriften wurden erst zu Beginn des zwanzigsten Jahrhunderts zugänglich. Feuerbach selbst hat diese in seinen »Grundsätzen der Philosophie der Zukunft« (1843) niedergelegten Gedanken nicht mehr weiter ausgeführt. Erst fünfzig Jahre nach seinem Tode wurden sie wieder entdeckt, zum Teil ohne nachweisbaren Feuerbachschen Einfluß, als Ferdinand Ebner seine dialogische Sprachphilosophie vorlegte, Karl Jaspers die existentielle Bedeutung der »Kommunikation« aufging, Franz Rosenzweig auf das »grammatische Denken« sich einließ, Martin Buber das Ich-Du-Verhältnis gegenüber dem abstrakten Ich-Es-Denken betonte, Gabriel Marcel das Geheimnis der Begegnung zu bedenken begann und etwas später Hermann Levin Goldschmidt »Philosophie als Dialogik« zu erneuern unternahm.

Feuerbach und die Folgen

Damit gelangen wir zu der Frage nach Feuerbachs Fortwirken. Es zeigt sich, daß er zu den großen, vielfach unbedankten Anregern der neueren Geistesgeschichte gehört. Rußlands gesamte revolutionäre Intelligentsia von Belinskij bis Plechanow und Lenin erfuhr ihn als Befreier von jahrtausendealten Geistesfesseln. Marx konzipierte seine Kritik der politischen Ökonomie analog der Feuerbachschen Kritik der Religion, die er seiner eigenen Theorie voraussetzte. Seine Religionskritik fügt der Feuerbachs nichts grundsätzlich Neues hinzu. Nietzsches und Rilkes leidenschaftlicher Wunsch, die an den Himmel verschleuderten Schätze und Schönheiten wieder zurückzufordern als Eigentum und Erzeugnis menschlichen Schöpfertums, steht ebenso in der Nachfolge Feuerbachs wie Ernst Blochs Utopie von einem »messianischen Reich Gottes ohne Gott« und Herbert Marcuses Rehabilitierung des Lustprinzips im Dienste einer futuristischen Anthropologie. Auf ganz anderen Bahnen sind Feuerbachs ideologiekritische Impulse eingegangen in die moderne Religionswissenschaft, in die Wissenssoziologie und Weltanschauungsanalytik etwa eines Ernst Topitsch. Und während manche in ihm noch heute so etwas wie eine Ausgeburt der Hölle, den Antichristen persönlich, sehen, ist er progressiven Theologen mittlerweile zum heimlichen Papst geworden. Feuerbach selbst hat gesagt: »So ändern sich die Dinge. Was gestern noch Religion war, ist es heute nicht mehr, und was heute für Atheismus, gilt morgen für Religion.«

Die Frage nach Gott heute

Feuerbachs Atheismus war selber noch religiös getönt, von mystischen Akzenten nicht frei. Mit Recht nannte ihn Stirner einen »frommen Atheisten«, der von der Religion zeitlebens nicht loskam. Kein Frommer hat unermüdlicher Beweise für die Existenz Gottes gesammelt, als Feuerbach Argumente für dessen illusionären Charakter. So gilt von ihm, was der Held eines Dostojewskischen Romans von sich sagt: »Zeit meines Lebens quälte mich Gott.« In der heutigen Situation stellt sich die Frage nach Gott allerdings gänzlich anders. Einerseits ist der Atheismus nicht mehr, wie noch im neunzehnten Jahrhundert, die radikale Gegen-Ideologie wider Thron und Altar, sondern in weiten Teilen der Welt selbst zur Staatsreligion geworden. Andererseits bildet er auch dort, wo er nicht politisch sankioniert ist, gleichsam den allgegenwärtigen Äther, in dem selbst die Gläubigen aller Konfessionen atmen. Der gegenwärtige Mensch ist weithin nicht nur gottlos, sondern in eine Verfassung des Lebens geraten, in der er Gottes unfähig ist.

Die Geschichte der Religionen ist ein Faktum. Die zunehmende Verbreitung eines atheistischen Humanismus ist ebenfalls ein Faktum: immer mehr Menschen finden einen Sinn für ihr Leben, und zwar einen befriedigenden Sinn, in einer rein profanen, innerweltlichen Perspektive. Das Abenteuer des Lebens enthält für sie genügend Erfahrungen, Möglichkeiten und Überraschungen, die ausreichen, um es nicht als sinnlos empfinden zu müssen. So schrieb Gottfried Keller, nachdem er Feuerbach begegnet war, einem Freunde: »Die Welt ist mir unendlich schöner und tiefer geworden, der Tod ernster, bedenklicher, und fordert mich nun erst mit aller Macht auf, meine Aufgabe zu erfüllen und mein Bewußtsein zu reinigen und zu befriedigen, da ich keine Aussicht habe, das Versäumte in irgendeinem Winkel der Welt nachzuholen.« Auch Bertrand Russell ist ein solcher Feuerbachianer, wenn er 1908 in einem Brief bekennt: »Und oft fühle ich, daß Religion gleich der Sonne die Sterne geringeren Glanzes, aber nicht geringerer Schönheit, die über uns aus dem Dunkel eines gottlosen Universums scheinen, in den Schatten gestellt hat. Die Herrlichkeit menschlichen Lebens, so fühle ich sicher, ist größer für jene, die nicht geblendet sind von den göttlichen Strahlen; und menschliche Gemeinschaft scheint inniger und zärtlicher zu werden durch die Empfindung, daß wir alle Verbannte sind in einem ungastlichen Land.« Um auf Feuerbach zurückzukommen, so meine ich, daß seine Theorie der Religion eine mögliche Interpretation des religiösen Phänomens ist, die freilich andere Interpretationen nicht ausschließt. Feuerbach ignorierte zum Beispiel fast gänzlich den Islam, und er wußte wenig Zuverlässiges über die Religionen Asiens und der »Primitiven«. Er vernachlässigte die sozial integrativen Effekte der Religion, ihre Funktion, die Wirklichkeit nicht bloß zu verschleiern, sondern auch aktiv zu gestalten. Ebenso ist das, zum Teil von Hegel übernommene, evolutionistische Schema fragwürdig.

Feuerbach hat dagegen recht, wenn er annimmt, daß technologischer Fortschritt und soziale Sekurität die Bedeutung der Religion vermindern. Sein Optimismus freilich, demzufolge das religiöse Bewußtsein ganz verschwinden werde, beruht, ebenso wie der von Marx, auf der offenkundig falschen Erwartung, daß menschliches Leid, menschliche Hilflosigkeit und Abhängigkeit durch Demokratisierung der Gesellschaft und wissenschaftlich-technologischen Fortschritt überwunden werden können.

Feuerbachs Grundthese von der Leidabhängigkeit des religiösen Bewußtseins und der projektiven Natur menschlicher Gottesvorstellungen bleibt von diesem Einwand unangefochten. Es fragt sich nur, ob daraus notwendig folgt, daß jede religiöse Projektion illusorisch, Ausdruck schädlicher Entfremdung sei. Feuerbachs Methode ist extrem reduktionistisch: Das göttliche Wesen ist *nichts anderes* als das menschliche Wesen, die Erhebung zu einem Jenseitigen *nichts anderes* als eine Erniedrigung des Diesseits, Anbetung Gottes *nichts anderes* als Selbstanbetung des Menschen usw. Seine Theorie läßt entscheidende Differenzierungen religiösen Bewußtseins unberücksichtigt. So ist es möglich, von Gott in einem durchaus kultfreien Zusammenhang zu reden: Gott nicht als Schöpfer, Richter und Erlöser der Welt, sondern als kosmologisches Prinzip wie bei Aristoteles, Leibniz oder Whitehead. – Umgekehrt gibt es Formen der Religiosität, die am Thema Gott nur am Rande oder überhaupt nicht interessiert sind: dazu gehören neben zahlreichen »Naturreligionen« insbesondere die Hochreligionen des Buddhismus und Jainismus sowie bestimmte Arten negativer Mystik. – Davon wieder zu unterscheiden ist »Glaube« im biblisch-christlichen Sinn, vor allem in der Gestalt des »credo quia absurdum«: ein historisch durchaus singuläres Phänomen, keineswegs eine konstitutionelle Mitgift des Menschen und weder mit Frommsinn noch mit der philosophischen Annahme eines »höchsten« oder »ersten« Wesens zu verwechseln. Nach von Weizsäcker gehört es zu den großen Überraschungen modernen naturwissenschaftlichen Denkens, daß hochabstrakte mathematische Modellvorstellungen, obwohl reine Projektion des menschlichen Bewußtseins, sich experimentell in ungeahnter Weise als richtig erweisen. Den komplizierten Denkstrukturen, die der Mensch in die Natur projiziert, entspricht in dieser selbst ein Gefüge von mathematischen Relationen: das Universum läßt sich mit Hilfe projektiver Konstruktionen zutreffend beschreiben. Wäre es möglich, daß theologisches Denken mit seinen Projektionen ähnlich auf eine Wirklichkeit verweist, die zwar »ganz anders«, gleichwohl aber nicht bares Phantom ist? Gottfried Keller sagt, daß Feuerbach »gleich einem Zaubervogel« aus der Brust von Tausenden Gott hinweggesungen habe, und Ernst Bloch datiert von ihm ab »die letzte Geschichte des Christentums«. Friedrich Engels hingegen spricht von einer »erstaunlichen Armut verglichen mit Hegel« und Karl Löwith stimmt diesem Urteil zu, wenn er bei Feuerbach »eine Barbarisierung des Denkens« feststellt. Feuerbach selbst nannte sich einen »aphoristischen Geist« und bekannte: »Ich bin nur solange etwas, solange ich nichts bin.« Es wäre falsch, ihn in seiner Bedeutung zu unterschätzen. Feuerbach gehört – ob wir es wollen oder nicht – zu den geistigen Voraussetzungen des gegenwärtigen Zeitalters, zu dem Fundament, auf dem wir alle – bewußt oder unbewußt – stehen. Seiner geschichtsfälligen Kritik des religiösen Bewußtseins vermag vielleicht am gerechtesten zu werden, wer mit einem Dichter unserer Zeit, René Char, der Vermutung traut, daß man vor allem dann, wenn es Gott nicht gibt, ihn nicht aus dem Auge verlieren dürfe. (1972)

JOHN STUART MILL

Der Liberalismus hat es nicht leicht. Daß er sich als ideologische und parteipolitische Kraft auf dem Rückzug befindet, ist ebenso offenkundig wie die Tatsache, daß die Liberalen selbst kaum noch einen Begriff von den Grundsätzen haben, die ihnen in besseren Zeiten teuer gewesen sind. Wer noch vor einigen Jahren dachte, daß der Liberalismus als eigener politischer Faktor von der Bühne abtreten könne, da alle Parteien zu Treuhändern des liberalen Erbes geworden seien, sieht sich heute einer völlig veränderten Situation gegenüber.

Von der rechten Seite als Stallburschen der »Systemüberwinder« verdächtigt, von der linken mit der Reaktion in einen Topf geworfen, stehen die Liberalen vor dem für sie möglicherweise tödlichen Dilemma, entweder zur Umfunktionierung liberaler Ideen in gegen die liberalen Institutionen gerichtete Waffen beizutragen oder aber aus Sorge um die Erhaltung der Liberalität nach »rechts« abzuwandern, das heißt: konservativ zu werden. Es ist nicht unwahrscheinlich, daß diese Zerreißprobe den Sinn für das, was einmal liberal bedeutet hat, völlig verkümmern lassen wird.

John Stuart Mill, dieser im deutschen Sprachraum viel zu wenig bekannte Autor, gehört in der englischsprechenden Welt zu den meistgelesenen politischen Denkern, und wer immer in die bleibende Substanz des Liberalismus eindringen will, wird ihn studieren müssen. Mill ist in die Geistesgeschichte als Vollender der klassischen Nationalökonomie sowie als Bahnbrecher des philosophischen Positivismus eingegangen. Seine Größe als politischer Denker beruht auf den beiden Hauptwerken »On Liberty« (»Über Freiheit«, 1859) und

»Considerations on Representative Government« (»Betrachtungen über die repräsentative Demokratie«, 1861).

Mills leidenschaftliches Anliegen war die Sicherung der Freiheit. An der Freiheit hing er wie Pascal an seinem Kreuz. Unter Freiheit verstand er konkret »die bürgerliche oder soziale Freiheit«, also jene Sphäre, die legitimerweise allein der individuellen Entscheidung und Selbstverwirklichung zu überlassen ist. Und trotz seines utilitaristischen Ausgangspunktes war Freiheit für John Stuart Mill nicht nur ein Mittel zur Erreichung anderer Ziele, sondern auch Selbstzweck. Freiheit war ihm jedoch nicht identisch mit Demokratie. Trotz seines Glaubens an die Vorzüge des demokratischen Systems, das er zu einer Zeit verteidigte, als auch in England nur ein kleiner Teil der männlichen Bevölkerung das Wahlrecht hatte, war er hellsichtig für gewisse freiheitsbedrohende Tendenzen, die der Demokratie immanent sind.

Er bekämpfte die naive Überzeugung, daß das Streben, die staatliche Gewalt zu begrenzen, nur gegenüber monarchischen oder aristokratischen Regimen angebracht sei, daß das demokratisch verfaßte Volk keines Schutzes gegen seinen eigenen Willen bedürfe: »Es ist nicht ausgemacht, daß der Despotismus von zwanzig Millionen besser ist als der einiger weniger oder eines einzelnen.« Der Wille des Volkes bedeute überdies den Willen des zahlenmäßig stärksten oder auch nur des aktivsten Teiles des Volkes: »Demzufolge kann das Volk das Verlangen haben, einen Teil seiner selbst zu unterdrücken, und Vorsichtsmaßregeln dagegen sind so notwendig wie gegen jeden anderen Mißbrauch der Macht. Die Begrenzung der Macht der Regierung über die Individuen verliert darum nichts von ihrer Bedeutung, wenn die Inhaber der Macht der Allgemeinheit verantwortlich sind, das heißt der stärksten Partei in ihr.«

Die Aktualität Mills liegt nicht zuletzt darin, daß er die Gefahr für die individuelle Freiheit keineswegs nur von der Regierung beziehungsweise der politischen Macht ausgehen sah, sondern auch – und vor allem – die »Tyrannei der vorherrschenden Meinung« kritisierte. Bereits 1859 stellte er die Diagnose, es sei »die Tendenz aller in der Welt vor sich gehenden Veränderungen, die Gesellschaft zu stärken und die Macht des Individuums zu mindern«; dabei handle es sich »nicht um eines der Übel, die dazu neigen, von selbst wieder zu verschwinden, sondern im Gegenteil um eines, das die Neigung hat, immer mehr und immer fruchtbarer zu wachsen«. Er fürchtete, »das unvermeidliche Wachstum der öffentlichen Meinung könnte der Menschheit das Joch der Uniformität in ihren Meinungen und Handlungen auferlegen«, so daß die großen liberalen Errungenschaften der letzten zwei Jahrhunderte verlorenzugehen drohen.

Mit prophetischem Blick erkannte Mill, daß die Verbindung von Freiheit und Demokratie (letztere verstanden als Mitwirkung des Volkes an der Politik durch allgemeines Stimmrecht) überaus locker sein könne: Die demokratischen Massen etwa zur Zeit Napoleons III. oder in der Weimarer Republik waren alles andere als liberal gesinnt. Gleichwohl ging Mill trotz dieser Einsicht in die Möglichkeit eines demokratischen Totalitarismus oder einer autoritären Demokratie zu keiner Zeit so weit wie sein Zeitgenosse Bachofen, der einmal sagte: »Weil ich die Freiheit liebe, so hasse ich die Demokratie.« Nicht die Demokratie als solche, sondern die unbeschränkte Staatsgewalt, von wem im-

mer ausgeübt, erschien ihm von Übel: »Die Idee einer vernunftgemäßen Demokratie besteht nicht darin, daß das Volk regiert, sondern darin, daß es Sicherheiten hat in bezug auf eine gute Regierung. Diese Sicherheiten kann es nicht haben als in der Form, daß es die letzte Kontrolle in seiner Hand behält... Das Volk sollte der Herr sein, aber es muß ein Herr sein, der geschicktere Knechte, als er selbst ist, zu beschäftigen hat.«
In diesem Sinne sprach Mill dem Parlament die Aufgabe des Gesetzgebers ab, um es hauptsächlich auf die der Diskussion, Kritik und Kontrolle zu beschränken – ein Punkt, der jene aufmerken lassen sollte, die den »Funktionsverlust« des Parlaments für etwas völlig Neues und unbedingt Beklagenswertes halten. Den Tendenzen zur Nivellierung und Reglementierung unter demokratischem Vorzeichen setzt Mill das Prinzip entgegen: »Der einzige Zweck, der die Menschen, individuell oder kollektiv, berechtigt, in die Handlungsfreiheit eines der ihren einzugreifen, ist Selbstschutz. Die einzige Absicht, um deretwillen Macht rechtmäßig über irgendein Mitglied einer zivilisierten Gemeinschaft gegen seinen Willen ausgeübt werden kann, ist die, eine Schädigung anderer zu verhindern.« Über sich selbst, über seinen eigenen Leib und Geist sei das Individuum souverän. Da nicht von vorneherein feststehe, was für die Gesellschaft richtig und zweckmäßig sei, müsse es eine völlige Freiheit des Denkens in bezug auf alle Belange geben. Diese Freiheit schließt auch die Freiheit ein, die Meinungen zu äußern und zu veröffentlichen. In eindringlichen Worten, die zur Weltliteratur des politischen Freiheitsgedankens gehören, verteidigt Mill dieses Grundrecht: »Wenn die ganze Menschheit minus einen einzigen Menschen einer Meinung wäre und nur dieser eine der entgegengesetzten Meinung, so hätte die Menschheit nicht mehr Recht, ihn zum Schweigen zu verurteilen, als er berechtigt wäre, die Menschheit zum Schweigen zu bringen.«
Die freie Meinungsbildung und -äußerung ist ihm »eine Notwendigkeit für das geistige Wohlbefinden der Menschheit, von der ihr gesamtes sonstiges Wohlbefinden abhängt«. Lernen durch Diskussion und die Möglichkeit, auch sozial nützliche Meinungen in Frage zu stellen, ist die »Quelle alles Respektablen im Menschen«. Diese permanente Konfrontation der Argumente sei nicht bloß die Angelegenheit einer intellekturllen Elite; sie sei auch notwendig, um durchschnittlichen Menschen zur Erreichung jenes geistigen Niveaus zu verhelfen, dessen sie fähig sind.

Angesichts der stets auf der Lauer liegenden Tendenz zu geistiger Mittelmäßigkeit und Sterilität seien nonkonformistische und ketzerische Meinungen unerläßlich für den Fortschritt. Ausgehend von diesem dialogisch-pluralistischen Modell statuiert der progressive, mit einem gemäßigten Sozialismus sympathisierende Liberale die Notwendigkeit einer konservativen »Partei der Ordnung und Stabilität« neben einer »Partei des Fortschritts oder der Reform«: »Jede dieser beiden Denkweisen leitet ihre Nützlichkeit aus den Unzulänglichkeiten der anderen ab; aber es ist in einem großen Maße die Opposition der anderen, die jede in den Grenzen der Vernunft und des gesunden Verstandes bleiben läßt.«

Dies sind nur einige Aspekte der Aktualität John Stuart Mills. Daß ihm die Frage, welcher Rang dem wirtschaftlichen Wachstum, der Zunahme des Sozialprodukts in der Skala der Ziele einer Gesellschaft zukommen soll, nicht fremd war, beweist vor allem das sechste Kapitel des vierten Buches seiner erstmals 1848 erschienenen »Principles of Political Economy«. Er plädierte für eine Einschränkung der Bevölkerungszunahme und leugnete, daß das Ende des ökonomischen Wachstums mit einem kulturellen Stillstand verbunden sein müsse. Eine überfüllte, lärmende und ausschließlich von der Sucht, wirtschaftlich vorwärtszukommen, beherrschte Welt erschien ihm als armseliges Ziel. Seines Erachtens mochte die Erde durchaus noch viel Raum für ein weiteres Wachstum von Bevölkerung und materieller Produktion bieten, doch wenig Gründe, es zu wünschen: »Es ist nicht gut für den Menschen, wenn er gezwungen ist, zu jeder Zeit in Gesellschaft seiner Gattung zu leben. Eine Welt, aus der die Einsamkeit verschwunden ist, ist ein trauriges Ideal«. – »Eine Gesellschaft, in der ausgeprägte Originalität ein Vorwurf ist, kann nicht gesund sein.«

John Stuart Mill, der am 8. Mai 1873 in Avignon starb, war sich mehr als andere politische Denker der geschichtlichen und institutionellen Voraussetzungen menschlicher Freiheit bewußt. Eine liberale Regierung ist nur möglich, wenn hinter ihr eine liberale Gesellschaft steht, eine Vielfalt von sozialen Gruppen, Lebensstilen und Entwürfen. Und er erkannte überdies, daß eine liberale Gesellschaft einen Menschen voraussetzt, der nicht nur die Freiheit, sondern auch die Fähigkeit und Bereitschaft zu vernünftiger Diskussion besitzt: einen Menschen, der das Gemeinwesen, dessen Gesetze er achtet und dessen Unvollkommenheit er bekämpft, überhaupt erst zum Raum freier Tat und schöpferischer Initiative macht, der aber auch, wenn es sein muß, bereit ist, für sich allein die Wahrheit und *sein* Heil zu suchen.

Groß nicht nur als Theoretiker des Liberalismus, verkörpert John Stuart Mill vielleicht am reinsten den Typus eines solchen Menschen. (1973)

WILHELM WEITLING

Weit verbreitet ist in unseren Tagen die Rede von einer »Theologie der Revolution« oder auch einer »Theologie der Befreiung«, besonders in der jüngeren christlichen Intelligenz. Wenn diese Parole überhaupt einen konkreten Inhalt birgt, dann jedenfalls die These, daß Religion und Revolution in einer besonderen Beziehung zueinander stehen, daß gesellschaftlich-politische Umwälzungen auch gewaltsamer Art durch Berufung auf den Gott der Bibel legitimiert werden können. Damit zusammen hängt die Deutung Jesu als Revolutionär. Nachfolge Christi bedeutet dann Teilnahme an seiner weltverändernden Umwälzung aller Zustände, »daß wir frei werden / von vorurteilen und anmaßung, / von angst und haß, / und seine revolution weitertreiben / auf sein reich hin« (Dorothee Sölle). Politisch läuft solche Nachfolge auf eine wie immer geartete Allianz von Christentum und Sozialismus hinaus, wobei das Spektrum vom akademischen Dialog mit marxistischen Theoretikern bis zur Aktivität des Priester-Politikers Ernesto Cardenal reicht.

Nur wenige Anhänger und Kritiker dieser neuen »politischen Theologie« scheinen sich jedoch bewußt zu sein, daß diese Motive bereits in der ersten Hälfte des neunzehnten Jahrhunderts in dem Schneidergesellen, Agitator und Verschwörer *Wilhelm Christian Weitling* auf eine zwar naivere, dafür aber auch ergreifendere Weise wirksam gewesen sind.

Geboren 1808 in Magdeburg als Sohn einer Köchin und eines französischen Offiziers, der im Rußlandfeldzug Napoleons fiel, ist Weitling zehn Jahre älter als Karl Marx, der ihn nach 1848 endgültig aus dem Bewußtsein der Arbeiterbewegung verdrängen sollte. Phantasiebegabt, lesehungrig und von edlen Räubern schwärmend, lernte er das Schneiderhandwerk. Die Lehr- und Wanderjahre führten ihn über Dresden und Leipzig nach Wien, der imperialen Zitadelle des Konservatismus, und schließlich quer durch die Schweiz nach Paris, der Hauptstadt des revolutionären Europas.

Die Romantiker hatten die Poesie des Handwerksburschentums wieder entdeckt und noch der die romantische Bewegung ironisierende Heine meinte, daß diesen wandernden Gesellen die dichterischen Worte nur so vom Himmel herabfielen. Die Wirklichkeit glich freilich diesen verklärten Bildern nur wenig: im Jahr, als Weitling geboren wurde, hob Napoleon die alten Zünfte auf, was zur Folge hatte, daß es bald viel mehr Meister als Lehrlinge und Gesellen gab. Die Überfüllung der Gewerbe führte zu wachsender Konkurrenz und diese zur Verelendung der Schwächeren. Hinzu kam die neue Konkurrenz der Maschinen. 1830 erlebte der junge Weitling während der revolutionären Unruhen in Sachsen, wie verzweifelte Handwerker zu Maschinenstürmern wurden. Am meisten von dieser Entwicklung betroffen waren weniger die Fabrikarbeiter, die im damals noch vorwiegend agrarischen Deutschland eine verschwindende Minderheit bildeten, sondern die Handwerksgesellen, die weder zu Industrieproletariern herabsinken, noch sich dem patriarchalischen Regiment der Meister unterwerfen wollten. Die Lage dieser sozial Heimatlosen zwischen den Mühlsteinen der wirtschaftlichen Dynamik wurde zum Nährboden revolutionärer und utopischer Ideenkeime. Es ist kein Zufall, daß sich unter den gefallenen Barrikadenkämpfern der Revolution von 1848 und auch noch der Pariser Kommune von 1871 so viele Vertreter jener Grenzschicht zwischen selbständigem Handwerker und abhängigem Lohnarbeiter befinden, vor allem Tischler-, Schneider- und Schlossergesellen. Auch in den zahlreichen oppositionellen Geheimgesellschaften und Klubs, denen Weitling im Paris des Bürgerkönigs Louis Philippe begegnete, waren diese »Straubinger«, wie Marx und Engels sie verächtlich nannten, im Übergewicht.

Der noch nicht dreißigjährige Wandergeselle trat dem radikalen »Bund der Gerechten« bei, den man als Keimzelle der Ersten Internationale bezeichnen kann. Eingeweiht in das nachjakobinische Verschwörertum durch Filippo Michele Buonarotti, einen Überlebenden der Babeufschen Konspiration von 1795, sowie fasziniert von dem revolutionären Manifest »Paroles d'un croyant« des exkommunizierten Priesters Lamennais und den sozialutopischen Visionen des Frühsozialisten Fourier, wurde Weitling bald zum Wortführer und Lehrmeister seines Bundes. Im Auftrag dieser in Gliederung und Ritual an die Freimaurer erinnernden Gruppe verfaßte er seine erste Broschüre »Die Menschheit, wie sie ist und sein sollte« (1839), in der bereits die ganze Weitlingsche Verbindung von revolutionärem Pathos und evangelischer Gläubigkeit, von vehementer Sozialkritik und volkstümlicher Theologie enthalten ist: »Die Ernte ist groß und reif, und Arbeit gibt's vollauf; also herbei, ihr Arbeiter, damit die Arbeit beginne!« Unter diesem biblischen Leitwort entwirft er vor dem düsteren Hintergrund frühkapitalistischen Elends eine geld- und klassenfreie kommunistische Zukunftsgesellschaft aus dem Geiste des Zimmermannssohns, Rebellen und Märtyrers Jesus. Nicht Martin Luther, der die Unterwerfung unter die Throne und Herrschaften als gottgewollt empfahl, sondern Thomas Müntzer, der in prophetischem Zorn den Aufruhr mit Schwert und Feuer lehrte, erscheint ihm als Verkörperung echter Christlichkeit.

In der Schweiz begann Weitling seine soziale Botschaft ab 1841 zu verkünden: als Agitator, als Herausgeber immer wieder beschlagnahmter Zeitschriften, als Gründer neuer Zellen des Bundes der Gerechten. Er gewann hier nicht nur Handwerker und Arbeiter, sondern auch Intellektuelle für seine Idee einer Gütergemeinschaft, darunter den Zürcher Verleger Julius Froebel. Auf dem Höhepunkt seiner Wirksamkeit, voll hochfliegender Pläne und getragen von der Sympathie der am Rande der bürgerlichen Gesellschaft lebenden Existenzen, veröffentlichte der vierunddreißigjährige Handwerker-Prophet seine berühmteste Schrift »Garantien der Harmonie und Freiheit«, die innerhalb weniger Jahre mehrere Auflagen erreichte und ins Französische, Englische, Norwegische und Ungarische übersetzt wurde. Für dieses kommunistische Manifest aus dem Geiste urchristlicher Brüderlichkeit gilt in einem ganz besonderen Sinne das Wort Kierkegaards, des konservativen Zeitgenossen Weitlings: »Die Stärke im Kommunismus ist offenbar das in demselben dämonisch enthaltene Ingrediens Religiosität, sogar christlicher Religiosität.« Während Marx noch Ende 1842 den kommunistischen Ideen, wie er selbst öffentlich bekannte, »nicht einmal theoretische Wirklichkeit« zugestand und »noch weniger ihre praktische Verwirklichung wünschen oder auch für möglich halten« wollte, wurde der Prolet aus Magdeburg im gleichen Jahr zum Verfasser jener Frohbotschaft, die, nach dem Zeugnis Heines, »lange Zeit der Katechismus der deutschen Kommunisten« blieb.

Ausgehend vom Paradies, in dem die Menschen friedlich und frei ihren Fähigkeiten und Bedürfnissen lebten, verwirft Weitling die vom Geld und Privateigentum beherrschte Weltgeschichte, um schließlich mit den vertrauten Worten der Bibel ein neues goldenes Zeitalter zu verheißen: »Harmonie aller und darin die größtmögliche Freiheit eines jeden!« Die vollkommene Gesellschaft werde keine Regierung, sondern nur eine Verwaltung haben; keine Strafen, sondern Heilmittel. Wörtlich dasselbe wird Engels Jahrzehnte später in seinem »Anti-Dühring« schreiben. Jedem soll nicht nur sein Existenzminimum garantiert, sondern auch die Möglichkeit gegeben werden, die über das Lebensnotwendige hinausgehenden Bedürfnisse zu befriedigen. Nicht nur der bisher ausgebeutete Arbeiter würde befreit sein, sondern auch die durch die Jahrtausende unterdrückte Frau. Im Gegensatz zu manchen puritanisch-prüde eingestellten Frühsozialisten wendet sich Weitling nicht ohne Galanterie an das weibliche Geschlecht: »Trockne deine Tränen, armes, unglückliches, verachtetes und mißhandeltes Weib! Einst wird auch dir der goldene Frühstrahl des

Befreiungsmorgens heranbrechen, um dir die heißen, bittern Tränen der Sklaverei aus den feuchten Wimpern zu küssen.« Der Troubadour der emanzipierten Frau fügt hinzu: »Die Freiheit des Weibes allein wird imstande sein, die Erde in ein Paradies zu verwandeln« und dem christlichen Gebot der Feindesliebe weltweit Geltung zu verschaffen. Neben dem Arbeiter und der Frau gilt Weitlings revolutionärer Eros vor allem der Jugend: »Dann, ihr lebensfrohen Jünglinge und Mädchen in der Blüte eurer Jahre, lebet und liebet! Dann lasset ausströmen die heute in eurem Busen widernatürlich verschlossene Glut, die an euren Herzen naget und eure Tatkraft lähmt, ehe sie eine der Harmonie der Gesellschaft und eurer Gesundheit schädliche Richtung nimmt. Dann liebe, wer zum Lieben fähig ist!«

Doch dieses Paradies, in dem Friede und Freude lachen, werde erst jenseits einer Revolution heranreifen. In den glühenden Farben der Apokalypse schildert Weitling diese Umwälzung: »Nun stehen wir am Vorabend wichtiger Begebenheiten, der wichtigsten, die je die Erde gesehen. Ein neuer Messias wird kommen, um die Lehre des ersten zu verwirklichen. Er wird den morschen Baum der alten gesellschaftlichen Ordnung zertrümmern, die Tränenquellen in das Meer der Vergangenheit leiten und die Erde in ein Paradies verwandeln. Bereiten wir uns vor, ihn würdig zu empfangen!«

Die konservative »Evangelische Kirchenzeitung« Hengstenbergs verhöhnte den Autor der »Garantien« als »Ritter von der Nadel«, doch Ludwig Feuerbach rief aus: »Dieses Schneiderlein ist mehr wert als eine Krone« und der junge Engels anerkannte 1845, Weitling sei der »einzige Deutsche, der *wirklich* etwas getan« habe für die Verbreitung der kommunistischen Idee. Der eben zum Kommunismus bekehrte Marx, der dem »Weitlingschen Glückseligkeitsstall« später wenig gewogen war, pries den Apostel eines neuen goldenen Zeitalters gar mit diesen Worten: »Wo hätte die Bourgeoisie – ihre Philosophen und Schriftgelehrten eingerechnet – ein ähnliches Werk wie Weitlings ›Garantien der Harmonie und Freiheit‹ in bezug auf die Emanzipation der Bourgeoisie – die *politische* Emanzipation – aufzuweisen? Vergleicht man die nüchterne, kleinlaute Mittelmäßigkeit der deutschen politischen Literatur mit diesem maßlosen und brillanten literarischen Debut der deutschen Arbeiter; vergleicht man diese riesenhaften Kinderschuhe des Proletariats mit der Zwerghaftigkeit der ausgetretenen politischen Schuhe der deutschen Bourgeoisie, so muß man dem deutschen Aschenbrödel eine Athletengestalt prophezeien.«

Es scheint, daß sowohl diese Sympathien von links als auch die Anfeindungen von rechts den Sinn des früher so bescheidenen und trotz aller Begeisterung nüchternen Handwerkerkommunisten verrückt haben. Zwischen Verfolgungs- und Sendungswahn schwankend, neigte Weitling immer mehr dazu, sich selbst für den verheißenen neuen Messias zu halten. Ähnlich war es mehr als zwei Jahrhunderte vor ihm dem schlesischen Dichter-Propheten Quirinus Kuhlmann ergangen, der dafür in Moskau den Flammentod starb. In dieser Stimmung schrieb er sein drittes Werk: »Das Evangelium des armen Sünders«. Darin wird erstmals Jesus als Sozialist begriffen. Christi Sendung war eine revolutionäre, wenngleich die Theologen dies verkannten, da sie »immer das Christentum mit den entstellenden Hüllen verwechselten«. Das Reich Jesu liege nicht im Jenseits, sondern werde bald durchaus weltlich-irdisch herabkommen: »Schauen wir darum nicht immer oben hinauf, in die blauen Lüfte, wenn vom Reich Gottes die Rede ist – hier unten ist auch ein Reich Gottes zu erobern!«

Naive Bibelkritik und überschwänglicher Adventismus vereinigen sich in diesem Bild von Christus, dem Bastard und Freund der Armen, dem Handwerker und Geißler der Reichen. Das nahe bevorstehende Himmelreich der Mühseligen und Beladenen gleicht einem üppigen Brueghelschen Gastmahl: »Die reichbesetzten Tafeln mit dem Osterbraten, dem Wein und dem Brot müssen wieder her, die wollen wir nach getaner Arbeit mit Weibern und Kindern einnehmen. Nicht mehr mit gefalteten Händen, kopfhängend und knieend wollen wir es genießen, sondern an großen Tafeln sitzend, bei Osterlamm, Wein und Brot, bei Milch, Kartoffeln, Fleisch und Fisch wollen wir es fröhlich mitsammen, einer wie der andere, genießen.«

Es bedurfte erst gar nicht des Erscheinens dieses Evangeliums kommunistischer Lebensfreude, um Weitling in Konflikt mit Kirche und Staat zu bringen. Ein Prospekt, der die wesentlichen Gedanken der Schrift schon im voraus verbreiten sollte, wurde von der Druckerpresse weg beschlagnahmt und Weitling wegen Gotteslästerung, Geheimbündelei und anderer Umtriebe angeklagt. In der zehnmonatigen Haft ist er immer mehr seinem Messiaswahn verfallen, wodurch er sich endlich auch seinen überzeugtesten Anhängern entfremden mußte.

Nach seiner Entlassung aus dem Kerker an die preußische Polizei ausgeliefert, von dieser weiter abgeschoben, gelangte der Gehetzte schließlich nach London, wohin der Bund der Gerechten inzwischen seinen Sitz verlegt hatte. Anfänglich von den einheimischen und ausländischen Arbeitern noch umjubelt, zerstritt er sich bald mit den dortigen Emigrantengruppen. Unter dem Einfluß der Massenbewegung des Chartismus und einer atheistischen Vulgäraufklärung war der Boden für religiöse Sozialutopien unfruchtbar geworden. Damit begann – schon vor dem dramatischen Zusammenstoß mit Marx in Brüssel (30. März 1846) – das Ausscheiden Weitlings aus der sozialen Bewegung, deren Kern sich nunmehr nicht länger aus wandernden Handwerkergesellen, sondern aus städtischen Fabrikarbeitern zu rekrutieren begann. »Meiner Ansicht nach ist jeder für den Kommunismus reif, sogar der Kriminelle. Die Menschheit ist zwangsläufig stets reif für die Revolution oder sie wird es niemals sein.« Solche Ansichten, die um 1968 Herbert Marcuse oder Daniel Cohn-Bendit geäußert haben könnten, waren vollends geeignet, Weitling als schwärmerischen Sonderling zu diskreditieren. Der Bruch mit Marx hatte bei allen menschlich-allzumenschlichen Mißverständnissen und Abneigungen auf beiden Seiten seine sachliche Notwendigkeit. In dem geborenen Proletarier und dem bürgerlichen Analytiker des proletarischen Klassenkampfes standen unvereinbare organisatorische, strategische und theoretische Auffassungen einander gegenüber: halbreligiöser Geheimbund gegen politische Massenpartei; Hoffnung auf den unmittelbaren Sprung ins Reich der Freiheit gegen langfristige historische Dialektik; messianische Reich-Gottes-Vision und ökonomische Begründung des Kommunismus.

Weitling ging darauf nach New York, wo er unter den isoliert lebenden deutschen Handwerkern mehr Aufgeschlossenheit fand als in London, kehrte 1848 nach Europa zurück, ohne in den revolutionären Kämpfen eine nennenswerte Rolle zu spielen, und ließ sich bald darauf endgültig in Amerika nieder. Dort war er wieder mit Eifer als Publizist, Organisator und Redner tätig, sprach auch auf Negerversammlungen, plante eine Eisenbahn quer durch den Kontinent vom Atlantik bis zum Pazifik, lebte eine Zeitlang in einer kommunistischen Brüdergemeinde, bis diese ihn zu Unrecht des Betrugs und der Unterschlagung bezichtigte, worauf das hoffnungsvolle Gemeinschaftsexperiment bald zerfiel. Mittellos, gebrochen und verbittert, wandte er sich nun kosmologischen und astronomischen Spekulationen zu, in denen er Kopernikus kritisierte. Außerdem erfand er eine Knopflochmaschine, die von der Firma Howe & Singer heimlich nachgebaut wurde. Als Weitling von dem Betrug erfuhr, forderte er 5000 Dollar, worauf ihm das Unternehmen 500 anbot. Stolz lehnte er diesen Betrag ab – und erhielt überhaupt nichts. Am 25. Januar 1871 starb er in New York.

An Weitling erinnern, heißt der Tatsache eingedenk sein, daß es lange vor Marx und Engels einen deutschen Sozialismus gab, der nicht nur in Frankfurt, Leipzig und Berlin, sondern auch in Zürich, Genf, Brüssel, London, Paris, New York und Philadelphia enthusiastische Jünger hatte. Darüber hinaus gedenken wir Weitlings als eines urwüchsig-frühen Vorläufers dessen, was in der Zeit zwischen den beiden Weltkriegen religiöser Sozialismus hieß und nun als Theologie der Revolution kursiert. Der proletarische Nazarener aus Magdeburg gemahnt an die durchaus christlichen Ursprünge der modernen sozialen Bewegung, an die Abkunft des deutschen Sozialismus aus dem chiliastischen Erbe Thomas Müntzers, der Schwabenväter und der religiösen Romantik. Damit ist freilich auch schon angedeutet, warum Weitling scheitern mußte. Millenarisches Harren auf den Messias ist in einer säkularen Industriegesellschaft nur in sektenhaften Zirkeln durchzuhalten; dies gilt insbesondere dann, wenn fast alle Forderungen des frühen Sozialismus ohne Dazwischenkunft eines Heilands, vielmehr als Folge der von den Arbeitern selbst immer mehr bestimmten gesellschaftlichen Entwicklung, erfüllt worden sind. Was anno Metternich noch Aufbruch in die Zukunft gewesen ist, wäre im Zeitalter der Automation und Kybernetik nur mehr reaktionär und, im schlechten Sinne, utopisch. In den Zentralen westlicher Gewerkschaftsbürokratien läßt sich Weitling ebensowenig denken wie in den Apparaten östlicher Staatsparteien. Auch den Ländern der Dritten Welt ist mit tüchtigen Entwicklungshelfern sowie gutausgebildeten Facharbeitern, Bauern und Lehrern mehr geholfen als mit in Gewalt dilettierenden Revolutionstheologen.

Diese Tatsachen hindern uns nicht daran, Weitling jene Sympathie entgegenzubringen, die humane Träumer und Täter verdienen, auch wenn sie von der Geschichte widerlegt worden sind. Etwas Helles, Reines und Freies leuchtet uns von jenem in die Biedermeierzeit verschlagenen Wiedertäufer entgegen – Gnade aller ahnungsvollen Frühgestalten, denen erspart blieb, ihr schimmerndes Traumbild durch Verwirklichung schänden zu müssen. (1971)

MICHAIL BAKUNIN

Ein Gespenst geht um in Europa, Asien und Amerika, in West und Ost, ein Gespenst, von dem man schon geglaubt hat, es gehöre in eine längst vergangene Periode der sozialen Bewegung. Es ist nicht mehr das Gespenst des Kommunismus: in den Ländern der westlichen Welt haben die Kommunisten sich mehr oder weniger aufrichtig mit dem bürgerlich-parlamentarischen Status quo arrangiert, in den Ländern der östlichen Welt bilden sie selbst das Establishment, das sich spätestens am 21. August 1968 als etablierte Konterrevolution demaskiert hat. Das Gespenst, das wir meinen, ist ein anderes. Es zeigte und zeigt sich in New York, Berkeley, London, Stockholm, Berlin, Hamburg, Rom, Tokio und vor allem im Pariser Mai 1968. Es ist das Gespenst des Anarchismus, das rezitiert wird unter der neugehißten schwarzen Fahne, die das rote Banner überschattet. Immer deutlicher treten seit den revolutionären Unruhen in Frankreich 1968 und in Italien 1969 aus dem Nebel marxistischer, maoistischer oder radikaldemokratischer Parolen und Phrasen die Umrisse ursprünglich anarchistischer Visionen hervor. Auch große Teile der sogenannten antiautoritären Studentenbewegung orientieren sich an Theoretikern des Anarchismus, deren lange vergessene Schriften in namhaften Verlagen neu erscheinen. Herbert Marcuses Gedankengänge erinnern stark an die anarchistischer Autoren des vorigen Jahrhunderts.

Was ist davon zu halten? Ist der Anarchismus, wie man noch vor kurzem geglaubt hat, nur ein vorindustriell-agrarischen Gesellschaften zugehöriges Phänomen, oder läßt seine derzeitige Renaissance erwarten, daß er auch in entwickelten Gesellschaften eine bedeutende Rolle spielen wird? Inwiefern ist das, was heute vor unseren Augen aufbricht, eine Wiederkehr historisch bekannter Protestbewegungen, so daß eine Erinnerung an deren Ursprung, Anlaß, Verlauf und Finale nicht ohne prognostischen Wert wäre? Zu welchen Hoffnungen oder Befürchtungen berechtigt die bisherige Geschichte des Anarchismus, vor allem des klassischen, der im zaristischen Rußland aufstand und von russischen Emigranten nach Frankreich, Deutschland, Italien und Spanien gebracht wurde?

Diese Fragen stellen heißt auf einen Mann zurückkommen, der nach dem Urteil seiner Anhänger und Feinde wie auch nach seinem Selbstverständnis ein Anarchist gewesen ist und wie kaum ein zweiter in Rede, Schrift und Tat den Anarchismus geprägt hat. Wir meinen Michail Bakunin, eine jener ungeheuerlichen, elementarischen Naturen, wie sie nur in Rußland möglich sind, dessen Geschichte – nach einem Wort von Gorki – an Sodom und Gomorrha erinnert. Grandseigneur, Gutsbesitzer und Gardeoffizier, Idealist und Materialist, Moskowiter und Europäer, Mystiker und Atheist, mit einer Affinität zu allem Verschwörerischen, Empörerischen und Unbotmäßigen vom Urbeginn an, hat Bakunin mehr als jeder andere unter seinen Zeitgenossen zwischen den Revolutionären Rußlands und des übrigen Europa Verbindungen geknüpft, sich zu einem politischen Radikalismus bekannt, der in der Negation aller Politik gipfelt, und schließlich in seiner zum Bruch führenden Auseinandersetzung mit

Karl Marx einen der großen politisch-ideologischen Antagonismen des 20. Jahrhunderts vorweggenommen. Insofern wird jeder, der unsere Zeit verstehen will, auch auf Bakunin zurückkommen müssen.

Einem Verständnis Bakunins und seines Anarchismus steht freilich entgegen, daß dieser, nicht ohne eigene Schuld, im allgemeinen Bewußtsein fast nur mit Putschismus, Unordnung, Chaos, Attentaten und Terror assoziiert wird. Diese eindeutig negative Bedeutung, wenn nicht gar Dämonisierung von Anarchie dürfte ihre Wurzeln in tiefen, vielleicht nur der Psychoanalyse, Verhaltensforschung sowie Mythenkunde zugänglichen Schichten des menschlichen Unbewußten haben. Darauf weisen schon etymologische Überlegungen hin, die in diesem Rahmen nur kurz angedeutet werden können, bevor wir uns der Persönlichkeit, den Gedanken und Taten Bakunins zuwenden.

Anarchie bedeutet Abwesenheit von *arché.* Arché meint *Herrschaft,* aber auch *Ursprung, Anfang, Urgrund.* Als Arché aller Dinge bezeichnet Anaximander, mit Thales der erste der jonischen Naturphilosophen, das Apeiron, das Unendliche: »Woraus aber die Dinge ihre Entstehung haben, in das hinein geschieht auch ihr Untergang nach der Schuldigkeit; denn sie leisten einander Strafe und Buße für ihre Ungerechtigkeit nach der Ordnung der Zeit.« Diesen durch Schuld und Sühne konstituierten kosmischen Zusammenhang deutet Anaximander nach dem Modell der verbindlichen Verfassung der Polis, des Bürgerstaates seiner Zeit, im Grunde also als Herrschaftsordnung. Gegen eine solche Verfassung des Daseins als Herrschaft rebelliert der Anarchismus. Anarchie ist Arché-losigkeit, Verneinung der Arché, nicht etwa einer bestimmten – etwa der Monarchie, der Herrschaft eines einzelnen, oder der Oligarchie, der Herrschaft weniger –, sondern der Arché überhaupt: Herrschaft soll nicht sein. Anarchie ist die Utopie einer Welt ohne Herrschaft, einer Ordnung ohne Herren und Knechte, ohne Untertanen und Obertanen. Insofern könnte ihr Wappenspruch das luziferische »Non serviam!« sein. Wenn auch Anarchie keineswegs Ordnungslosigkeit, sondern nur Herrschaftslosigkeit bedeutet, so ist doch vor dem skizzierten geistesgeschichtlichen Hintergrund die falsche Gleichsetzung von Anarchie und Chaos geradezu überdeterminiert. Wenn man Ordnung mit Herrschaft identifiziert, wie dies seit alten Zeiten getan wird, wenn man gar die Unverbrüchlichkeit kosmischer Gesetze – etwa der Bewegung der Gestirne – nach Analogie herrschaftlicher Beziehungen deutet, dann ist Herrschaftslosigkeit, Anarchie, gleichbedeutend mit Unordnung, mit Chaos, mit jenem Tohuwabohu vor der Schöpfertat Gottes. Und umgekehrt ist es wieder verständlich, wenn jene Rebellen gegen irdische Herrschaft, die sich als sakrosankte Doppelgängerin der himmlischen, als Einsetzung von Gottes Gnaden legitimierte, ihrem Selbstverständnis nach nicht nur Anarchisten, sondern auch Chaotiker waren. So feierte auch Bakunin, eines Sinnes mit Proudhon und Baudelaire, aber auch uralten gnostisch-ophitischen Überlieferungen, Satan als den »Ewigen Rebellen«, als den »ersten Freidenker und Weltbefreier«: »Er bewirkt, daß der Mensch sich seiner tierischen Unwissenheit und Unterwürfigkeit schämt; er befreit ihn und drückt seiner Stirn das Siegel der Freiheit und Menschlichkeit auf, indem er ihn antreibt, ungehorsam zu sein und die Frucht vom Baume der Erkenntnis zu essen.« Und dennoch ist dieser Satanismus des blasphemischen Russen untrennbar verbunden mit einer gelebten Theologie der Revolution, wie sie sich in manchen Briefen oder auch in seiner Jugendschrift »Die Reaktion in Deutschland« (1842) eruptiv äußert: »Wir müssen nicht nur politisch, sondern auch in unserer Politik religiös handeln, religiös in dem Sinne der Freiheit, deren einziger wahrer Ausdruck die Gerechtigkeit und die Liebe ist. Ja, uns allein, die wir Feinde der christlichen Religion genannt werden, uns allein ist es vorbehalten und selbst zur höchsten Pflicht gemacht, die Liebe, dieses höchste Gebot Christi und dieses einzige Wesen des wahren Christentums, selbst im heißesten Kampfe wirklich zu üben.« »Nur dann werden wir glücklich sein, wenn der ganze Erdball in Brand steht.« – »Jetzt suche ich Gott in der Revolution.« Bakunin als Verehrer Satans und als Nachfolger Christi, als Atheist, besser: Antitheist und als Mystiker – solche und ähnliche beklemmende Widersprüche im Wesen dieses »Revolutionärs an sich« gewinnen im Licht seiner Lebensumstände ihre eigentümliche Logik.

Geboren am 18. Mai 1814 in Prjamuchino, nahe der später von den Bolschewiken in Kalinin umbenannten Stadt Twer, etwa 200 Kilometer von Moskau entfernt, stammt Bakunin aus einer gebildeten Aristokratenfamilie. Der Vater, ein konservativer, jedoch nicht reaktionärer Vertreter des russischen Landadels, hatte seine Kindheit in Florenz verbracht, in Padua studiert und in Paris die Anfänge der Revolution miterlebt. Er war der Sohn eines Ministers der Zarin Katharina. Die Mutter Bakunins entstammte dem angesehenen Geschlecht der Murajew, aus dem die gegensätzlichsten Repräsentanten russischen Wesens im 19. Jahrhundert hervorgingen: sieben Murajew nahmen teil an der Verschwörung der Dekabristen vom Dezember 1825; ein anderer erhielt den Beinamen »der Henker«, weil er zu den grausamsten Unterdrückern der Polen gehörte; wieder ein anderer, Bakunins Vetter Nikolaj Murajew-Amurskij, dehnte durch Eroberung des Amurgebiets (daher sein Doppelname) das russische Reich bis zum Stillen Ozean aus und residierte als Generalgouverneur für Sibirien in Irkutsk. Bakunin hat in seiner sibirischen Verbannung mit diesem klugen Vertreter absolutistischer Staatsmacht die besten Beziehungen gepflegt und ihn gegenüber den Angriffen des nach London emigrierten Alexander Herzen leidenschaftlich als einen »der Unseren« verteidigt. Mit Haßliebe hing der junge Bakunin an seinem Vater; die egozentrische Mutter verachtete er; mit einer despotischen Eifersucht liebte er seine vier sanften Schwestern, von denen eine religiös wahnsinnig wurde. Schon in seiner Jugend inszenierte er gerne dramatische Auseinadersetzungen. Wenn er von irgendwo nach Hause kam, erwartete er stets, etwas Außerordentliches vorzufinden; war nichts besonderes geschehen, fand er ohne viel Umstände den Weg, daß etwas passierte. In dieser Hinsicht änderte sich Bakunins Charakter zeitlebens nur wenig. Die seinem Stande gemäße Offizierslaufbahn brach der junge Aristokrat plötzlich ab, weil ihm Drill und Disziplin des Militärdienstes unerträglich waren. Von einem Eintritt in den Staatsdienst, der anderen Möglichkeit einer standesgemäßen Karriere, oder einem zurückgezogenen Leben auf dem väterlichen Gut, zu dem etwa tausend Leibeigene gehörten, wollte er noch weniger wissen. So ging er mit einundzwanzig Jahren nach dem halborientalischen Moskau, das seinen Rang als Reichshaupt- und Residenzstadt 1703 an Sankt Petersburg hatte abgeben müssen, wo nach dem Tode Alexanders I. (1825) dessen Bruder Nikolaj I.,der »Gendarm Europas«, mit Geheimpolizei, Zensur und Terror drei Jahrzehnte lang regierte. »Die Nachfolge fand statt durch Erbschaft oder Ermordung«: Paul I., Katharinas ungeliebter Sohn,war 1801 von seinen nächsten Vertrauten erdrosselt worden. Sein Nachfolger Alexander I., der bei der Ermordung des Vaters seine Hände mit im Spiel gehabt hatte, verstarb 1825 unter mysteriösen Umständen. Dessen Bruder, Zar Nikolaj I., starb zwar während des Krimkrieges eines natürlichen Todes, doch überschattete der Aufstand der adeligen Dekabristen seine ganze Regierungszeit. Alexander II., der ihm auf den Thron folgte und die Farce der Bauernbefreiung durchführte (1861),die die früher leibeigenen Muschiks den Grundbesitzern noch mehr auslieferte, wurde nach einigen mißlungenen Attentaten am 13. März 1881 von Mitgliedern der Terroristengruppe »Narodnaja Wolja« (»Volksfreiheit«) ermordet – gerade an dem Tage, an welchem er ein Dekret über eine wenn auch sehr begrenzte Liberalisierung unterzeichnen wollte. »Narodnaja Wolja«, hervorgegangen aus der Bewegung der »Narodniki«, jener jungen Leute aus meist reichem Hause, die ins bäuerliche Volk gingen, um es aufzuklären, stand den Anarchisten nahe. In diesem Riesenreich Rußland, das mehr als zwei Jahrhunderte unter mongolischer Oberhoheit gestanden war, das keine Trennung von geistlicher und weltlicher Macht, keine Reformation, keine Renaissance, keinen Humanismus, keine naturrechtliche Tradition und nur schwache, aus dem Westen importierte Spuren der Aufklärung gekannt hatte, dem ein selbstbewußtes städtisches Bürgertum, eine politische Öffentlichkeit und eine sich vom Obrigkeitsstaat absondernde Gesellschaft fehlte, standen über den Massen leibeigener Bauern die adeligen Gutsbesitzer, die ihrerseits die Beamten und Offiziere des autokratisch regierenden Zaren stellten. 1801 wurde die Auspeitschung des Adels, der Geistlichkeit und des Großbürgertums abgeschafft, 1808 die der Frauen von Geistlichen, 1841 die der Gelehrten, Künstler und Hoflakaien und erst 1904 die Prügelstrafe für Bauern. So wies das Reich der Romanows noch bis in unser Jahrhundert hinein soziale, politische, wirtschaftliche und kulturelle Merkmale auf, die Westeuropa schon im 17. Jahrhundert liquidiert hatte. Vor diesem Hintergrund muß die Lage der schmalen Schicht der Intelligenz gesehen werden: entfremdet der barbarischen Primitivität der unteren Klassen, verfolgt von der Regierung, von den herrschenden Schichten verstoßen, verzweifelnd an ihrem Land und Volk.

Kaum ein bedeutender Schriftsteller oder Denker, der nicht Kerker, Verbannung, Emigration oder wenigstens Polizeiaufsicht und Entmündigung erlitten hätte! Wenn diese Intelligentsia aufbegehrte, dann nicht aus einem dunklen Unbehagen heraus, sondern weil die menschenunwürdigen Verhältnisse im eigenen Lande unerträglich waren. Sie haßte diesen Staat, weil er ihr nur als Monstrum, in Gestalt des starrsten Despotismus entgegentrat. Wie von einem anderen Stern erschien ihr die Botschaft der französischen Frühsozialisten,vor allem aber der deutschen Klassiker und Idealisten. Dies läßt sich vielleicht nirgends besser ablesen als an der intellektuellen Biographie Bakunins. Als er 1835 nach Moskau ging, schloß er sich dem einflußreichen Nikolaj Stankjewitsch an, der den Exoffizier mit den Werken Kants, Fichtes und Schellings bekannt macht. Das erste Buch, aus welchem Bakunin zugleich deutsche Sprache und deutsches Denken lernte, war Fichtes »Anweisung zum seligen Leben«.

Er war von der Lektüre überwältigt. Schwärmerisch trachtete er, Fichtes an das Johannes-Evangelium anknüpfende Mystik praktisch zu erproben. Fichte lehrte, daß es kein Sein außer dem göttlichen Leben gäbe. Dieses göttliche Leben erscheine dem menschlichen Bewußtsein auf mannigfaltige Weise verhüllt und getrübt. Dagegen trete es frei von diesen Hüllen aus dem Leben und Handeln des gottergebenen Menschen: in diesem Handeln handelt nämlich nicht der Mensch, sondern Gott selber. Das selige Leben erwartet uns nicht jenseits des Todes, sondern als Ewigkeit schon in der Zeitlichkeit *dieses* Lebens, sofern wir nur unser empirisches Dasein tätig abstreifen und ganz dem Göttlichen in uns leben. In seiner Schrift über die Bestimmung des Gelehrten hatte Fichte den Gelehrten für den Fortschritt des Menschengeschlechts verantwortlich gemacht: er müsse als Erzieher der sittlich höchststehende Mensch und das »öffentliche Gewissen« seines Zeitalters sein. Fichte war es auch, der seine frühe Philosophie in Parallele zur Französischen Revolution setzte, und trotz seiner Metaphysik des absoluten »Ich« gegenüber Rousseau und Kant den Menschen als soziales Wesen wiederentdeckte. »Nur unter Menschen wird der Mensch ein menschliches Wesen«, schrieb er bereits um 1795, und in der schon erwähnten Schrift über die Bestimmung des Gelehrten finden sich – ungefähr zwanzig Jahre vor Bakunins Geburt! – bereits die Grundsätze jeder anarchistischen Sozialtheorie. »Es ist wichtig«, heißt es dort, »die Gesellschaft nicht... mit der besonderen Art von Gesellschaft, die man Staat nennt, zu verwechseln.« Die Gesellschaft sei ihr eigner Zweck; dank ihrer vollzieht sich die »Vervollkommnung der Gattung«. Im Gegensatz dazu »geht der Staat... auf seine eigene Vernichtung aus. Es ist Zweck aller Regierungen, die Regierung überflüssig zu machen«. Der Staat ist wie »eine Kerze, die sich durch sich selbst verzehrt, sowie sie leuchtet, und welche verlöschen würde, wenn der Tag anbräche«. In seinem letzten Werk »Die Staatslehre oder über das Verhältnis des Urstaates zum Vernunftreiche« (1813) entwirft Fichte kühn ein ideales Reich der Freiheit, in dem »die hergebrachte Zwangsregierung allmählich einschlafen« werde, »weil sie durchaus nichts mehr zu tun findet«. Bakunin hätte den deutschen Philosophen in dieser Hinsicht nicht mehr viel lehren, sondern nur den auch schon bei Fichte angelegten aktivistischen Zug noch stärker betonen können, was denn auch der Fall war. Auch der von Bakunin und allen Anarchisten pointierte Gegensatz zwischen dem unpersönlichen, schematischen, abstrakten Apparat von Staat, Regierung, Bürokratie einerseits und dem spontanen, schöpferischen, in ewigem Umbruch befindlichen Leben der Gesellschaft, des »Volkes« anderseits findet sich bereits bei Fichte, etwa in seinen »Reden an die deutsche Nation« von 1807. Dieser Einfluß von Fichtes Ideen der schöpferischen Freiheit, der Dialektik des Sozialen und der Anwesenheit Gottes vor allem in der menschlichen Tat läßt sich bis zum späten Bakunin verfolgen, wie Ricarda Huch mit Recht bemerkt hat.

Vielleicht noch aufwühlender als die Begegnung mit Fichte erweist sich für Bakunin die mit Hegel, dem er sich zu Anfang 1837 nähert. Kaum nachvollziehbar ist uns diese eschatologische Ergriffenheit, mit der damals die wache Jugend eines Landes ohne philosophische Tradition den Werken des großen Schwaben sich hingab. Alexander Herzen entdeckte in ihnen die »Algebra der Revolution«; Stankjewitsch meinte nach seiner Hegel-Konversion: »Die Welt wird vom Geiste der Vernunft geordnet, das beruhigt mich über alles übrige«; Wissarion Bjelinski, um den dritten Freund Bakunins zu nennen, zerfloß unter der Wucht der Offenbarung, daß alles Wirkliche vernünftig und alles Vernünftige wirklich sei, in Tränen und fühlte sich als neuer Mensch. Bakunin selbst versenkte sich in die Hegelsche Philosophie »bis zum Wahnsinn«, wie er berichtet: »Ich sah nichts anderes als die Kategorien Hegels.« Auch er fühlte sich verwandelt von dieser alle Sphären des Seins durchdringenden Theorie, übersetzte einige von Hegels Nürnberger Gymnasialreden ins Russische – die ersten authentischen Hegeltexte in dieser Sprache – und unterwarf selbst seine persönlichsten Angelegenheiten dem Schematismus der Hegelschen Kategorien. Doch nur zu bald zeigte sich, daß angesichts der Grausamkeit, der Niedertracht und des Stumpfsinns der russischen Verhältnisse Hegels These von der Vernünftigkeit des Wirklichen und von der erreichten Vollendung der Geschichte existentiell nicht aufrechtzuerhalten war. Russische Leidenschaftlichkeit und Zerrissenheit mochten der Faszination der Hegelschen Dialektik erliegen, doch russischer Gerechtigkeitssinn und Edelmut empörten sich gegen den Anspruch des Hegelschen Systems, die göttliche Ruhe angesichts des siebenten Tages auf den endzeitlichen Begriff gebracht zu haben. Wenn alles vernünftig ist, ist alles gerechtfertigt: die Geheimpolizei, die Leibeigenschaft, die Prügelstrafe, die Deportationen nach Sibirien. Es gab in Bakunin allzu viel Leidenschaft, Empörung und Drang zur Aktivität, um nicht gegen diese perverse Konsequenz der Hegelschen Philosophie zu protestieren. Den jungen, erst von Dilthey wiederentdeckten Hegel des Tübinger Stifts, der gemeinsam mit Hölderlin einen neuen Äon begrüßte, der gegen staatlichen Absolutismus wie kirchlichen Obskurantismus wetterte, hätte Bakunin wohl akzeptieren können, nicht aber den preußischen Staatsphilosophen und Statthalter des Weltgeistes auf Erden. Als er im Sommer 1840 nach Berlin geht, wo er einige Zeit Schellings Vorlesungen hört und bei Varnhagen sowie Bettina von Brentano verkehrt, ist auch in Deutschland der »Verwesungsprozeß des Hegelschen Systems« (Marx) in vollem Gange. Die Wirklichkeit weigert sich, einem endgültigen metaphysischen Entwicklungsschema sich zu fügen; die Geschichte spottet der Periodisierung nach letzten Endes theologischen Prinzipien; vor allem aber macht sie keine Anstalten, sich in Harmonie zu vollenden: sie geht vielmehr weiter, eigensinnig und unerbittlich schafft sie neue Probleme und Situationen, die nicht in kontemplativer Retrospektion dialektisch »aufgehoben« werden können, sondern Entscheidung, Handeln, Tat und ein an der Zukunft orientiertes, ein prospektives Denken erheischen. »Die Philosophen haben die Welt nur verschieden interpretiert; es kömmt darauf an, sie zu verändern.« So wie Marx dachte damals fast die gesamte junge Generation, die Bakunin in Berlin, dann in Dresden, Zürich und Paris persönlich oder auf Grund ihrer Schriften kennenlernte: etwa Ludwig Feuerbach, Arnold Ruge, Bruno Bauer, David Friedrich Strauß, Moses Heß, Wilhelm Weitling, August Cieszkowski, Pierre Joseph Proudhon. »Weg mit allen religiösen und philosophischen Theorien! Sie sind nur eine Lüge; die Wahrheit ist keine Theorie, sondern die Tat, das Leben selbst«, faßte Bakunin seine leitenden Gedanken zusammen, wobei dieser theoriefeindliche Aktionismus nicht darüber hinwegtäuschen kann, daß er von einem eminent theoretischen Kopf vorgedacht worden ist, nämlich von Fichte. Doch eben dies stieß Bakunin, für den Deutschland, bevor er es betreten hatte, nur die olympische Heimat Goethes, Schillers und Beethovens, Kants, Fichtes und Hegels, das Reich der emanzipatorischen Kritik und der klassischen Humanität gewesen war, immer mehr von den Deutschen ab: daß sie den revolutionären Gehalt ihrer großen Dichter und Denker nicht im Leben, in Politik und Gesellschaft sich auswirken ließen, sondern zum sonntäglichen Bildungsgut für die biedermeierliche Stube entschärften; daß sie sich an »Faust«, »Iphigenie« und den »Räubern« berauschten, für die Ideale Freiheit und Autonomie schwärmten, jedoch sich gleichzeitig devotest vor ihren Landesherren, Beamten, Pfarrern und Polizisten duckten. Schon lange vor Bakunin hatte Madame de Staël in *De l'Allemagne* von den Deutschen Ähnliches gesagt, ebenso Hölderlin, und in unserem Jahrhundert hat ein christlicher Anarchist, der mit Bakunins Schriften überaus vertraut gewesen ist, diese Vorwürfe in schrillstem Tone wiederholt: Hugo Ball. Dieser Drang über Hegel hinaus – wenn auch noch mittels Hegelscher Begriffe und Formeln – schlug sich in Bakunins Aufsatz »Die Reaktion in Deutschland« nieder, der 1842 in Arnold Ruges »Deutschen Jahrbüchern für Wissenschaft und Kunst«, einer linkshegelianisch-liberalen Zeitschrift, unter dem Pseudonym Jules Elysard publiziert wurde. Diese Arbeit, die weit über Deutschland hinaus Aufsehen erregte, läßt sich charakterisieren als Entwurf einer Philosophie der Tat, einer Philosophie in praktisch-politischer Absicht, im Grunde als das Programm einer »Verwirklichung« und damit »Aufhebung« der Philosophie als Philosophie. Sie bezeichnet eine neue Gestalt von Wahrheit, die nicht mehr in den Begriffen der klassischen Philosophie formuliert werden kann. Am Schluß stehen die Worte, die den Schlüssel zu Bakunins Denken und Wollen enthalten: »Laßt uns also dem ewigen Geiste vertrauen, der nur deshalb zerstört und vernichtet, weil er der unergründliche und ewig schaffende Quell alles Lebens ist. – Die Lust der Zerstörung ist zugleich eine schaffende Lust.« Eine aufmerksame Lektüre dieser Schrift aus dem Jahre 1842 könnte vieles, was heute als anspruchsvolles Novum auftritt, in die rechte Größenordnung rücken. Zentrale Motive der Frankfurter Schule, insbesondere der utopisch-dialektischen Gesellschaftsphilosophie Herbert Marcuses und seiner Jünger unter der Neuen Linken, aber auch der sogenannten politischen oder Revolutionstheologie finden sich bereits beim jungen Bakunin.

Verfolgen wir kurz die nächsten Stadien von Bakunins Lebensweg: 1843 sehen wir ihn in der Schweiz, wo er dem Schneider-Kommunisten Wilhelm Weitling begegnet, dessen »Garantien der Harmonie und Freiheit« (1842) auf ihn großen Eindruck machen; 1844 kommt Bakunin nach Paris und lernt dort Proudhon sowie Marx kennen, jene Männer also, mit denen er sich bis zu seinem Ende in Zustimmung und Ablehnung ständig beschäftigen wird; als er sich weigert, einem Befehl zur Rückkehr in seine Heimat zu folgen, wird er in Abwesenheit zum Verlust seines Adelstitels und seines Vermögens sowie zu lebenslänglicher Zwangsarbeit in Sibirien verurteilt (1845); zwei Jahre später tritt Bakunin zum erstenmal öffentlich auf, indem er den Polen vorschlägt, mit den Russen gemeinsam gegen den Zarismus zu kämpfen; diese hochverräterische Rede hat zur Folge, daß der russische Gesandte in Paris die Ausweisung seines unbotmäßigen Landsmanns verlangt; Bakunin begibt sich nach Brüssel.

Dort schreibt er Ende 1847, an der Schwelle des europäischen Revolutionsjahres, an seinen Freund Pavel Annenkov einen langen Brief, der wie kaum ein zweites Dokument auf die sich ins Unendliche erstreckenden Horizonte dieses der Revolution geweihten Lebens blicken läßt:

»Beinahe mein ganzes Leben wurde bis jetzt nur durch unfreie Wendungen bestimmt, unabhängig von meinen eigenen Plänen. Gott weiß, wohin es mich führen wird. Ich habe nur das Gefühl, daß ich niemals umkehren und niemals meinen Überzeugungen untreu sein werde. Darin liegt alle Stärke und Würde; darin liegt die ganze Wirklichkeit und ganze Wahrheit meines Lebens; darin liegt mein Glaube und meine Pflicht; um das übrige kümmere ich mich nur wenig. Das ist meine Beichte. In all dem steckt, wie du sagen wirst, ein großer Teil Mystik – doch wer ist kein Mystiker? Kann ein Tropfen Leben ohne Mystik sein? Leben ist nur dort, wo es einen strengen, unbegrenzten und darum etwas mystischen Horizont gibt. Wir wissen in Wirklichkeit fast nichts; wir leben in einer lebenden Sphäre, umgeben von Wundern und lebendigen Kräften; und jeder unserer Schritte kann sie ohne unser Wissen und oft ohne unseren Willen ans Licht bringen...«

Unübersehbar zeigt sich schon in dieser Konfession, in der mehr von der Grundstimmung eines großen und gewagten Daseins denn von politischen Fragen im engeren Sinn die Rede ist, der Gegensatz zu Marx und zum Marxismus. Es geht hier nicht um die Frage, wer von beiden recht hatte, sondern um die grundsätzliche Einsicht, daß das Mißtrauen, die Rivalität und schließlich Feindschaft zwischen Marx und Bakunin in dieser Kollision unvereinbarer Grundhaltungen gegenüber der gesellschaftlichen Wirklichkeit wurzeln: der mystisch-enthusiastischen des Russen und der historisch-rationalistischen des Deutschen. Wenn auch Marx, vor allem in seiner Jugend, mystische Äußerungen keineswegs fremd waren, wenn umgekehrt der reife Bakunin Marx' materialistische Geschichtsauffassung öffentlich akzeptieren mochte, so bleibt dieser fundamentale Gegensatz beider Exponenten der sozialen Bewegung des 19. Jahrhunderts davon unberührt. Glaubte Marx, daß die Geschichte sich gesetzmäßig auf die proletarische Revolution zu bewege, die ihrerseits in einem langfristigen Prozeß zum Kommunismus führen würde, so war Bakunin davon überzeugt, daß die Geschichte weniger von objektiven Gesetzen, denn von »Wundern und lebendigen Kräften« in Gang gehalten wird. War für Marx die Revolution das unvermeidliche Mittel zur Herbeiführung einer neuen Gesellschaft, sofern die Produktivkräfte sich genügend entwickelt und die Klassengegensätze ihren kritischen Höhepunkt erreicht haben, so war sie für Bakunin keineswegs an die Voraussetzung eines starken Industrieproletariats gebunden, und überdies nicht ein Mittel, sondern das Ziel: das schöpferische Prinzip des Universums. Letzten Endes stehen hinter diesen und allen weiteren Differenzen verschiedene Weisen zeitlicher Orientierung: bildete für Marx Geschichte trotz aller Krisen und Katastrophen eine kontinuierliche, in sich zusammenhängende Evolution, die in ihrer Grundstruktur voraussehbar, jedoch nicht manipulierbar war, so erlebte Bakunin Geschichte als reine Möglichkeit spontaner, unkalkulierbarer Ausbrüche revolutionärer Gewalt, als im Grunde strukturloses Feld explosiver Umwälzungen. Was der religiöse Mystiker durch Kontemplation, durch intuitive Versenkung in jene Region der Seele, die Meister Eckhart das »Fünkchen« nennt, zu erreichen strebt, suchte Bakunin in der Ekstase der reinen, unvermittelten und undeterminierten Aktion, in der orgiastischen Zertrümmerung aller repressiven Institutionen. Nicht auf objektive historische Gesetze wird rekurriert und im Hinblick auf langfristige, vielleicht mehrere Generationen oder auch Jahrhunderte dauernde Entwicklungen der Klassenkampf gemäß einem strategischen Plan organisiert – wie in Marx' Konzeption –, sondern im stürmischen Nu sollen die Fesseln gesprengt werden, auf daß das Leben sich in tausend und aber tausend Funken erhebe: »Wir brauchen etwas anderes: Sturm und Leben und eine neue, gesetzlose und darum freie Welt«, schreibt Bakunin 1848 an Herwegh, dem er auch sein zutiefst erotisches Verhältnis zur Revolution mit den vielsagenden Worten eingestand: »Ich aber warte auf meine oder, wenn ihr wollt, auf unsere gemeinschaftliche Frau, die Revolution. Nur dann werden wir wirklich glücklich, das heißt wir selbst sein, wenn der ganze Erdboden im Brande steht.«

»Unsere gemeinschaftliche Frau, die Revolution«: dachte der Bilderstürmer Bakunin an jene in strahlender Nacktheit, mit erhobener Trikolore und aufgepflanztem Bajonett, über die Barrikaden stürmende Nike, in der Eugène Delacroix die bald verratene Revolution von 1830 verherrlicht hat? Wie auf diesem monumentalen Gemälde die Revolution nicht als Ereignis der Politik erscheint, sondern als triumphierende Wiederkehr des Göttlichen in einer sonst gänzlich profanen, dem Schauer des Heiligen völlig abholden Zeit, so erfuhr auch Bakunin nur in der Zugluft kollektiver Gewalt und Empörung jenes Aufsteigen des Lebens aus blutigen Rot in ekstatische Weißglut, an dem gemessen alles andere nur Abfall und Asche ist. Bakunin war jedoch kein Romantiker, der die Revolution nur als Feuerzauber aus der Ferne ästhetisch genießt: als im Februar 1848 in Paris die Freiheit wieder auf den Barrikaden stand, eilte er sofort aus Brüssel nach der französischen Hauptstadt zurück. Einen Monat später war er schon in Deutschland, wo er in Frankfurt, Leipzig und Breslau den Aufruhr schürte. Die nächste Station war Prag; dort forderte er auf dem von František Palacký geleiteten Slawenkongreß die österreichischen Slawen zur Erhebung gegen das Haus Habsburg auf – womit übrigens Marx und Engels keineswegs einverstanden waren – und beteiligte sich aktiv am Pfingstaufstand, der jedoch bei der geringen Zahl und Uneinigkeit der Tschechen scheitern mußte. Hierauf wieder in Breslau und Berlin weilend, dann im Herbst aus Preußen ausgewiesen und über den Winter in dem kleinen Herzogtum Anhalt-Köthen Unterschlupf findend, ging Bakunin zu Beginn des Jahres 1849 abermals nach Leipzig, von wo er die böhmischen Bauern zum Aufruhr ermunterte, und schließlich nach Dresden, wo er mit Richard Wagner und dem aus Graz gebürtigen Musiker August Röckel – er ist im selben Jahr wie Bakunin geboren und gestorben – zum radikalsten Flügel der Mairevolution gehörte. Von Feuerbach und Proudhon beeinflußt, hat Wagner damals – etwa gleichzeitig mit dem Kommunistischen Manifest von Marx-Engels und Bakunins Aufruf an die Slawen – an einem Drama »Jesus von Nazareth« gearbeitet, den Grundriß der späteren Tetralogie »Der Ring des Nibelungen« entworfen und den Traktat »Die Kunst und die Revolution« verfaßt. Manches davon weist auf den vulkanischen Russen hin, wie denn auch Thomas Manns Diktum über den »Ring« auf den Charakter des russischen Anarchisten gemünzt sein könnte:

daß er »in seiner Mischung aus Urtümlichkeit und Zukünftigkeit an eine inexistente Welt klassenloser Volklichkeit«, an »eine von Machtwahn und Geldherrschaft befreite, auf Gerechtigkeit und Liebe begründete, brüderliche Menschenwelt« sich wendet. Schwebte Wagner bei Siegfried die kolossalisch-löwenhafte Gestalt Bakunins vor, als er an den von der siegreichen Konterrevolution eingekerkerten August Röckel schrieb, daß »Siegfried der von uns gewünschte, gewollte Mensch der Zukunft ist, der aber nicht durch uns gemacht werden kann, und der sich selbst schaffen muß durch unsere Vernichtung«? Als Wagner diesen Brief schrieb, war der Hymniker der zerstörend-schaffenden Lust, auf dessen Kopf die russische Regierung 10 000 Silberrubel ausgeschrieben hatte, bereits zweimal zum Tode verurteilt – zuerst von einem sächsischen, dann von einem österreichischen Kriegsgericht – und schließlich nach Rußland ausgeliefert worden (1851). Dort wurde er nicht mehr vor Gericht gestellt, sondern auf Grund des bereits 1845 in absentia ergangenen Urteils in der Peter-Pauls-Festung, nach drei Jahren in der Feste Schlüsselburg eingekerkert und 1857, wahrscheinlich durch verwandtschaftliche Protektion, zu ewiger Verbannung nach Sibirien begnadigt. Hätte er noch eine Spur von religiösem Gefühl in sich gehabt, »so wäre es in der Festung gänzlich vernichtet worden«, schrieb Bakunin später an Alexander Herzen. Gepeinigt von der Zwangsvorstellung, er sei »ein Sklave, tot, Kadaver«, verlor er trotz Krankheit und Verzweiflung nicht seinen Mut: »Ich wünschte nur eines, bis an mein Ende ganz und voll das heilige Gefühl des Aufruhrs zu bewahren.«

Aus dieser Zeit der Gefangenschaft sind uns zwei Dokumente überliefert, die zu den merkwürdigsten und aufschlußreichsten literarischen Leistungen Bakunins gehören: seine unmittelbar nach Inhaftierung geschriebene Beichte an Zar Nikolaj I. aus dem Jahre 1851 und seine Bittschrift an Zar Alexander II. vom 14. Februar 1857, also kurz vor seiner Entlassung und Deportation nach Sibirien.

In der russischen Legende küßt Christus seinen Verräter Judas um des Verrates willen – zum Zeichen, daß im Erlösungsdrama beide ihre providentielle Rolle zu spielen haben. In Dostojewskis »Brüder Karamasow« gibt Christus diesen Kuß dem Großinquisitor. Auch im revolutionären Eros Bakunins, der sich, wie wir bereits angedeutet haben, trotz seines offen eingestandenen Satanismus immer wieder mit Christus identifiziert, finden wir solche Züge: das Erlösungsdrama der Revolution umfaßt auch den Reaktionär, den Widersacher der Anarchie. Schon in der Jugendschrift »Die Reaktion in Deutschland« hat Bakunin gleichsam die transzendentalen Voraussetzungen seiner Beichte an den Zaren aller Reußen umrissen. Bakunin achtet den Gegner, wenn er nur konsequent ist, mehr noch: er bewundert und akzeptiert ihn als Partner, der vor dem Angesicht der Göttin Revolution seine heilsgeschichtlich notwendige Rolle zu spielen hat. Dagegen verachtet er alle jene, die zwischen den Gegnern und Gegensätzen vermitteln wollen, und schleudert gegen sie das apokalyptische Zorneswort von den weder Kalten noch Warmen, die ausgespien werden. Mag dieses Denken in unvermittelten Gegensätzen auch etwas eigentümlich Russisches sein, gleichsam der Reflex einer extrem antinomischen Klassengesellschaft, ohne beachtenswerten Mittelstand, ohne selbstbewußtes Bürgertum und ohne Liberalismus, so bildet es doch den tiefsten Glutkern der spezifisch Bakuninschen Version von revolutionärer Theorie. Was die Beichte an den Zaren betrifft, so kam zu aller Berechnung noch hinzu, daß es zwischen den beiden Gegenspielern tatsächlich verbindende Momente gab: Bakunin war der Erzvater des Anarchismus, aber seiner Herkunft, Erziehung und Haltung nach auch ein Aristokrat, der in der Armee des Zaren gedient hatte; er war vor allem auf Grund seiner Enttäuschungen im Jahr 1848/49 sich wieder stärker seines Russentums bewußt geworden; er entdeckte, daß der Zar trotz seiner Borniertheit eine imposantere Statur hatte als die west- und mitteleuropäischen Monarchen, die vor der Revolution zitterten; wie der Zar verachtete er Liberalismus, Parlamentarismus und Gewaltenteilung, neigte er zunehmend zu panslawistischen Ideen und hatte überdies durchaus einen sensus für die Notwendigkeit einer starken Hand in dem zurückgebliebenen Rußland. Die Beichte endet mit der Formel »der aufrichtig bereuende Sünder M. B.«. Bakunin bereute aber nicht seine revolutionäre Vergangenheit, sondern bloß seinen Mangel an Erfolg. In seiner sechs Jahre später an Alexander II. gerichteten Bittschrift kommt Bakunin dem Zaren etwas mehr entgegen: »Herrscher! Welchen Namen soll ich meinem vergangenen Leben geben? – Vergeudet mit chimärischen und fruchtlosen Bestrebungen endigte es im Verbrechen.« Freilich fügte der »flehende Verbrecher«, als der er sich unterschrieb, diesem Eingeständnis sofort hinzu: »Aber ich war weder selbstsüchtig noch schlecht; ich besaß eine heiße Liebe zum Guten und Wahren und war bereit, mich dafür zu opfern.« Höchst eigenhändig notierte der Zar über diese Bittschrift: »Einen anderen Ausweg als Verschickung nach Sibirien zur Ansiedlung sehe ich nicht.« So wurde Bakunin nach sechsjähriger Gefangenschaft im April 1857 nach Tomsk gebracht. Dort lernte er die noch sehr junge, zierliche und kluge Antonia Kviatovska kennen, die Tochter eines ebenfalls nach Sibirien verbannten Polen, und heiratete sie. Bakunin war damals bereits fünfundvierzig Jahre alt. Trotz der beengten Verhältnisse dürfte sich der von seiner Heimat Verbannte in Sibirien recht wohl gefühlt haben. Es glückte ihm rasch, in der dortigen Gesellschaft Fuß zu fassen und, wie er selbst schrieb, seinen Vetter Murajew-Amurskij »von der Notwendigkeit der Dezentralisation des Reiches, von der Vernünftigkeit und dem Heile einer slawischen förderativen Politik zu überzeugen«. Vieles spricht dafür, daß Bakunin zeitweise mit dem Gedanken einer russischen Revolution unter der Führerschaft eines aufgeklärten Diktators wie Murajew gespielt hat, nachdem er schon in der Beichte an Nikolaj I. zu der Auffassung gelangt war, Rußland bedürfte einer starken Entwicklungs- und Erziehungsdiktatur: »einer Gewalt, die in ihrer Tendenz und ihrem Geiste frei ist, aber keine parlamentarische Form hat; einer Gewalt, die Bücher freien Inhalts druckt, aber ohne die Freiheit der Presse einzuführen; einer Gewalt, die von gleichgesinnten Männern in freiwilliger Zusammenarbeit umgeben, beraten und unterstützt, aber nicht durch irgend jemand oder irgend etwas begrenzt wird«. Im Unterschied von der Monarchie würde sich diese Diktatur durch Aufklärung und Erziehung des Volkes allmählich überflüssig machen. Dieser Umschlag von Anarchismus in Bejahung der Diktatur als Mittel zur Schaffung der Freiheit ist um so erstaunlicher, als Bakunin später Marx ähnliches zum Vorwurf machte: daß dieser sich nämlich die Befreiung des Proletariats vom – wenn auch revolutionär eroberten und umorganisierten – Staat, also »von oben nach unten, durch die Intelligenz und das Wissen einer aufgeklärten Minderheit« erwarte. Liegt es in der Logik des Anarchismus, daß sein Pathos schrankenloser Freiheit in ebenso schrankenlosen Zwang umschlägt? Durch welches Maß und welche Maßnahmen kann verhindert werden, daß der Kampf um Befreiung in einer neuen Zwingherrschaft untergeht und so seinen eigenen Ursprüngen untreu wird? Besteht, wie Albert Camus andeutet, »eine irreduzible Gegnerschaft zwischen der revoltierenden Bewegung und den Errungenschaften der Revolution«? Rächt sich in diesem Punkt, daß Bakunins Anarchismus eine Bewegung des Alles oder Nichts ist, ohne Sinn für das Relative aller Versuche, menschliches Zusammenleben zu ordnen, ohne zwischen Herrschaft und Autorität zu differenzieren? Bejahte Bakunin die Diktatur, nicht entgegen seinem Wunsche nach Zerstörung, sondern in Übereinstimmung mit ihm?

Im Juni 1861 begab sich Bakunin von Irkutsk auf eine angebliche Geschäftsreise. In der an der Mündung des Amurflusses gelegenen Stadt Nikolajewsk bestieg er unerkannt ein Schiff, das ihn aus dem Machtbereich des Zaren nach Japan brachte. Von dort ging es über den Pazifik nach den Vereinigten Staaten, von dort nach London, wo er im Dezember eintraf. Wie schon in den vierziger Jahren gehörte Bakunin von nun an bis zu seinem Tode mehr in die Geschichte der europäischen, denn der russischen revolutionären Bewegung, allerdings mit einer charakteristischen Verlagerung des Schwerpunkts: stand er vor 1848 größtenteils im Banne deutschen Geistes – Fichtes, Hegels, Goethes und der Romantik –, so wandte er in seiner Spätzeit seine Hoffnungen und Sympathien mehr und mehr den romanischen Völkern zu. Nach der Niederschlagung des polnischen Aufstands von 1863, den er von London und Schweden aus mitvorbereitet hatte, ging der bald fünfzigjährige Revolutionär nach Italien, das 1860 zwar seine nationalstaatliche Einheit – vorläufig noch ohne Rom und die österreichischen Gebiete –, nicht aber eine Lösung seiner drängenden sozialen Probleme gefunden hatte. In diesem noch vorwiegend bäuerlichen Land der Maffia, der Karbonari und anderer Geheimbünde, der volkstümlichen Räuber und Briganten sowie eines städtischen Lumpenproletariats, der Lazzaroni, fühlte sich Bakunin in seinem Element. Er gründete eine revolutionäre »Internationale Bruderschaft«, deren Statuten die völlige Unterordnung des einzelnen Mitglieds unter den Willen des Zentralkomitees dekretierten. Unentwegt in Komplotte, Intrigen und konspirative Pläne verwickelt, stets neue revolutionäre Komitees, Bünde und Zellen gründend, von denen manche nur in seiner Phantasie existierten, jedoch nichtsdestoweniger reale Folgen hatten, da es der charmanten Beredsamkeit ihres Gründers immer wieder gelang, deren Wirklichkeit glaubhaft zu machen, übersiedelte Bakunin 1867 in die Schweiz, wo er unter den noch heimarbeitlich tätigen Uhrmachern des Juragebietes, die ihn einfach Michel nannten, seine begeistertsten Anhänger fand. Bald darauf ging Bakunin in das Tessin und machte sich an die Übersetzung des ersten, 1867 erschienenen Bandes von Marx' »Kapital« ins Russische, nachdem er schon früher das »Kommunistische Manifest« übersetzt hatte. Bedeutungsvoller als diese Arbeit wurde für ihn jedoch seine Begegnung mit Sergej Gennadijewitsch Netschajew, der als Sohn eines armen Dorfpopen die Universität Moskau besucht und sich unter dem Einfluß der Ideen Bakunins und Tkatschews zum glühenden Hasser der zaristischen Autokratie entwickelt hatte. Nicht viel über zwanzig Jahre alt, fast noch ein Knabe seinem Äußeren nach, doch von unerbittlichem Fanatismus erfüllt, bezauberte Netschajew, eine der geheimnisvollsten Gestalten des terroristischen Anarchismus, den alternden Bakunin, indem er sich als flüchtigen Häftling aus der Peter-Pauls-Festung und Abgesandten eines mächtigen Geheimbundes ausgab. Gemeinsam mit Netschajew verfaßt er einen »Revolutionären Katechismus« und andere Manifeste, in denen die Gewalttätigkeit geradezu um ihrer selbst willen, der erbarmungslose Terror, die alle Mittel heiligende »Propaganda der Tat« gepredigt wird. Was ihnen vor Augen stand, war eine Art Orden von mönchischen Mördern, die auf Besitz, Beruf, Familie und selbst auf ihre Ehre verzichten.

»Ohne Rücksicht auf Menschenleben, vor keiner Bedrohung, Furcht oder Gefahr zögernd, müssen wir uns mit einer Kette von persönlichen Akten und Opfern, die einander nach genau festgelegtem Plan folgen, mit einer Serie von kühnen, um nicht zu sagen waghalsigen Unternehmungen in das Leben des Volkes stürzen, ihm Vertrauen zu sich selbst und uns machen... Wir haben einen einmalig negativen Plan, an dem niemand etwas ändern kann: totale Zerstörung.« Mit diesem Programm kehrt Netschajew nach Moskau zurück. Dort ermordet er nicht etwa den Zaren, sondern den Studenten Iwanow, ein Mitglied der eigenen revolutionären Zelle, dessen einzige Schuld darin bestanden zu haben scheint, daß er an Netschajews Mission gewisse Zweifel geäußert hat. Der Mörder floh wieder in die Schweiz, begann gegen Bakunin zu intrigieren, ging hierauf nach London und Paris, wo er die Zeit der Belagerung durch die Deutschen und der Kommune verlebte, wurde 1872 in Zürich durch einen Spitzel verraten, nach Rußland ausgeliefert und dort zu fünfundzwanzig Jahren Gefängnis verurteilt. Ohne seine stählerne Energie zu verlieren, plante er in seiner Haft die Ermordung des Zaren und machte sich sogar seine Kerkermeister fügsam. Bakunin gab zu, einem skrupellosen, wahrscheinlich geisteskranken Abenteurer aufgesessen zu sein, doch ändert diese Distanzierung nichts an seiner Mitverantwortung für die folgenreiche Allianz von Anarchismus und Terrorismus. Wenn auch stets die spezifisch russischen Bedingungen berücksichtigt werden müssen, die einer auf radikale Veränderung verschworene Gruppe kaum andere als gewalttätige Methoden übrigließen, so bleibt doch daran zu erinnern, daß von nun an auch ordinäre Kriminelle und Psychopathen sich auf den Anarchismus berufen konnten und, mit Franz von Baader zu sprechen, auch das Verbrechen seine öffentliche Doktrin und sein gedrucktes System hatte. Bakunin selbst hatte das russische Räuberwesen als revolutionären Faktor und den gnadenlosen Terror in grausigen Worten verherrlicht. Wichtiger für die Korruption des anarchistischen Prinzips ist jedoch, daß mit Netschajew zum erstenmal die Solidarität selbst unter den revolutionären Verschwörern prinzipiell aufgegeben wird: nicht nur dürfen Gegner, sondern auch zögernde und zweifelnde Anhänger und Genossen terrorisiert werden, um sie dadurch entweder zu vernichten oder ganz an die konspirative Gemeinschaft zu binden; diese Gemeinschaft wiederum ist nicht mehr anarchisch, also auf der Grundlage allgemeiner Gleichheit, sondern streng hierarchisch aufgebaut, so daß die niedrigeren Grade zu bloßen Instrumenten in den Händen eingeweihter Chefs werden. Die revolutionäre Elite betrachtet die revolutionären Untertanen als »ein Kapital, das man verschwenden darf«. Möglicherweise haben bisher alle herrschenden Klassen und Eliten so gedacht, doch hat bis zu Netschajew noch kein Revolutionär daraus eine Maxime seines Verhaltenskodex gemacht. Bakunin distanzierte sich zwar nach der Entlarvung des von ihm auch später noch bewunderten Idealisten, Hochstaplers und Verbrechers von dessen, wie er sagte, »widerlicher Taktik«, doch bleibt er insofern zumindest mitschuldig an dieser totalen Pervertierung revolutionärer Ethik, als er in seiner Apotheose der absoluten, von allen objektiven Voraussetzungen und moralischen Prinzipien losgelösten Revolution eben jeden Maßstab verloren hatte. Wenn die Revolution zum höchsten Wert wird; wenn moralisch ist, was der Revolution nützt, ist auch Netschajews Verhalten gerechtfertigt: denn der Sache der Revolution war dieser düstere Jüngling unzweifelhaft ergeben wie selten einer. So wiederholte sich in diesem Absolutismus der Revolution, was der junge Bakunin am Hegelschen Absolutismus der geschichtlichen Vernunft verworfen hatte: die geradezu obszöne Rechtfertigung noch der unmenschlichsten Wirklichkeit. Als Bakunin am 1. Juli 1876 in Bern starb, hatte er, abgesehen von Krankheit und Armut, eine Reihe weiterer Enttäuschungen erfahren müssen: den deutschen Sieg über Frankreich 1870/71, die Niederlage der Pariser Kommune im Mai 1871, das Scheitern der revolutionären Bestrebungen in Italien, vor allem aber den Bruch mit Marx und der Ersten Internationalen auf dem Haager Kongreß 1872. Mochten auch die unmittelbaren Ursachen für das Auseinanderfallen relativ belanglos sein – es ist eine etwas ermüdende Aufgabe, all die jahrelangen Mißverständnisse, Zänkereien, Gerüchte, Vorwürfe und Fehden zu rekapitulieren, die dem Ausschluß Bakunins aus der Internationalen vorangegangen sind –, so ließen sich doch die tieferen Gegensätze zwischen Marxismus und Bakuninismus auf die Dauer nicht überbrücken.

Nach Marx ist die große Revolution, die zum Untergang des Kapitalismus führt, von präzise definierten und objektiv nachweisbaren ökonomisch-sozialen Bedingungen abhängig: einer reifen Industriegesellschaft mit hochentwikkelten Produktivkräften, die jenen Überfluß an materiellen Gütern garantieren, ohne den auch eine revolutionäre Umwälzung keine höhere Gesellschaftsordnung schaffen, sondern nur »die alte Scheiße« reproduzieren kann. Nach Bakunin, der weniger am Untergang des Kapitalismus, den es zu seiner Zeit in Rußland nur ansatzweise gab, als an der Vernichtung des Staates interessiert war, ist die Revolution vorzugsweise in unterentwickelten, vorindustriellen Ländern möglich: so setzte er seine größten Hoffnungen eher auf Rußland, Italien und Spanien denn auf Großbritannien und Deutschland.

Nach Marx ist das klassenbewußte, organisierte Industrieproletariat, das die überwiegende Mehrheit der Bevölkerung ausmacht, der Vollstrecker der Revolution. Für Bakunin dagegen sind weit mehr als die Arbeiter die Bauern, vor allem aber alle klassenmäßig kaum definierbaren Außenseiter und Randexistenzen der Gesellschaft die berufenen Revolutionäre: Briganten, Lazzaroni und Lumpenproletarier einerseits, kleine Gruppen ordensmäßig organisierter Verschwörer und fanatischer Assassinen andererseits.

Nach Marx ist es Aufgabe des Proletariats, die Staatsmacht zu ergreifen und eine revolutionäre Diktatur zu errichten, die so lange dauern wird, bis alle Produktionsmittel vergesellschaftet und die alten Klassenverhältnisse beseitigt worden sind. Dann wird der Staat nicht einmal mehr abgeschafft werden müssen, sondern, nach dem bekannten Satz von Engels, mit dem Verschwinden der Klassen von selber absterben. Die Möglichkeit, daß sich die Diktatur des Proletariats in eine Diktatur über das Proletariat, daß sich das Provisorium zwischen der bürgerlichen Gesellschaft und der erwarteten kommunistischen Zukunftsgesellschaft in einen Dauerzustand verwandeln könne, wurde von Marx und Engels nicht erwogen. Eben diese Gefahr hat aber Bakunin gesehen. Er ahnte hellsichtig, daß die zur Herbeiführung und während der Revolution angewandten Methoden sich auch auf den Charakter der nachrevolutionären Gesellschaft auswirken würden. Deshalb bestand er – zumindest in seinen besten Zeiten – darauf, daß schon die Strukturen der revolutionären Bewegung denen der neuen Ordnung nach erfolgter Revolution ähneln müssen. Mit anderen Worten: Das Reich der Freiheit kann nicht mit Methoden verwirklicht werden, die unfreiheitlich sind. Das Ziel muß bereits in den Mitteln präsent sein. In dieser erhabenen Abstraktheit ist es leicht, jenes Prinzip als moralisierenden Utopismus abzutun, als eine Konsequenz der rousseauistischen Anschauung von der ursprünglichen Güte der Menschen, die auf Abruf bereitstehe, sobald nur die politischen Institutionen beseitigt wären. Bakunin freilich ist eben auf Grund dieses Prinzips, daß die Freiheit nicht ohne Freiheit verwirklicht werden könne, zu geradezu prophetischen Einsichten gelangt. Als Beispiel sei folgende Äußerung aus dem Jahre 1868 zitiert: »Unser aller großer Lehrer Proudhon sagte, die unglückseligste Kombination, die kommen könnte, sei die, daß der Sozialismus sich mit dem Absolutismus verbände: die Bestrebungen des Volkes nach ökonomischer Befreiung und materiellem Wohlstand mit der Diktatur und der Konzentration aller politischen und sozialen Gewalten im Staat. Mag uns die Zukunft schützen vor der Gunst des Despotismus; aber bewahre sie uns auch vor den unseligen Konsequenzen und Verdummungen des doktrinären oder Staatssozialismus … Es kann nichts Lebendiges und Menschliches gedeihen außerhalb der Freiheit, und ein Sozialismus, der sie aus seiner Mitte verstieße oder sie nicht als einziges schöpferisches Prinzip und als Basis annähme, würde uns geradewegs in die Sklaverei und die Bestialität führen.« Zwei Jahre später – im Geburtsjahr von Lenin – erwog Bakunin das Schicksal einer Revolution in Rußland: »Man kann das Etikett wechseln, das unser Staat trägt …, aber im Grunde bleibt er immer der gleiche.« Wenn man diesen Staat nicht zerstöre, sondern als Erbe übernehme, müsse man sich »mit der schändlichsten und fürchterlichsten Lüge, die unser Zeitalter hervorgebracht hat …, versöhnen: der roten Bürokratie. Nehmt den radikalsten Revolutionär und setzt ihn auf den Thron aller Reußen …, und ehe ein Jahr vergeht, wird er schlimmer als der Zar selbst geworden sein.«

Wie verhält es sich aber mit dem Anarchismus selbst? Kann er als Vision, Programm und Bewegung auch heute noch eine ernstliche Rolle spielen? Dieser Frage sei, in stetem Blick auf Michail Bakunin, der Abschluß dieser Überlegungen gewidmet.

Das Wiederaufleben des Anarchismus in unseren Tagen ist unter anderem darauf zurückzuführen, daß der Marxismus sich in einer weltweiten Krise befindet und in seiner sowjetischen Form längst zur Maske einer objektiv konterrevolutionär-imperialistischen Großmacht geworden ist, daß die westliche Welt trotz wirtschaftlich-politischer Krisen sich keineswegs zum Sprung in ein qualitativ neues gesellschaftliches System anschickt (wie Marx prognostiziert hatte) und daß einzig das externe Proletariat der sogenannten Entwicklungsländer einen revolutionären Faktor auf internationaler Ebene darstellt. Dieses Zusammentreffen sehr verschiedenartiger Phänomene scheint auf den ersten Blick die Situation zu reproduzieren, auf die im 19. Jahrhundert der Anarchismus eine Antwort versucht hat: an die Stelle des russischen Muschiks ist das bäuerliche Proletariat der Dritten Welt getreten, an die Stelle der Verschwörer klassischen Stils ein *foco* von Berufsguerillas à la Fidel Castro und »Che« Guevara und an die Stelle der Knute des Zaren ein System von zwei großen Machtblöcken, die trotz unterschiedlicher sozialer Systeme auf Grund einer gewissen Interessenidentität zu Komplicen werden. Da in den Ländern und Kontinenten der Dritten Welt einerseits alle Voraussetzungen für eine Revolution im Sinne von Marx fehlen, anderseits revolutionäre Veränderungen oft schon im Interesse nationaler Befreiung notwendig sind, scheint sich hier eine Chance für anarchistische Ideen zu ergeben. Aus der Distanz westlicher Metropolen haben denn auch viele Möchte-gern-Revolutionäre sich mit den charismatischen Führern der »Dörfer der Welt« identifiziert und deren Namen in die Liturgien ihrer Demonstrationen aufgenommen. Dabei wird freilich vergessen, daß Mao Tse-tung, Fidel Castro und Ho Tschi-minh alles andere als Anarchisten sind, sondern auch nach gelungener Revolution durchaus Herrschaft, Staat, kollektive Disziplin und Autorität bejahen. Selbst wenn man mit diesen Führergestalten nicht sympathisiert, bleibt doch einzugestehen, daß ein grundsätzlich anderer Weg als der von ihnen beschrittene in unterentwickleten Ländern schwer denkbar ist. »Anarchismus« – gerne noch mit dem Etikett »kleinbürgerlich« versehen – ist nach wie vor nicht nur in der Sowjetunion, sondern auch in China und Kuba eine politische Schelte. Was insbesondere den von studentischen Neoanarchisten gerne gefeierten Fidel Castro betrifft, so hat dieser auf seiner Insel die freien Gewerkschaften zerstört und die echten Anarchisten liquidiert. So zeigt sich, daß selbst in der Dritten Welt – dem Mekka der »Neuen Linken« – nur Bruchstücke des authentischen Anarchismus aktualisiert werden; es sind dies jene Elemente, die ich, im Rückblick auf Bakunins Leben, als Murajew- und als Netschajew-Komplex bezeichnen möchte: also die Idee einer Entwicklungsdiktatur und die Idee kleiner, aber entschlossener und hart geführter Terroristengruppen. Bezeichnenderweise sind eben diese Elemente in ihrer Isolierung überhaupt nicht anarchistisch. Anarchie meint das Fehlen von Herrschaft oder gar von aller Autorität. Dagegen hat Friedrich Engels, der ein begeisterter Soldat und ausgezeichneter Militärschriftsteller, aber auch von frivoler Revolutionsromantik weit entfernt war, schon 1872 die damaligen »Antiautoritarier« nüchtern gefragt: »Haben diese Herren nie eine Revolution gesehen? Eine Revolution ist gewiß das autoritärste Ding, das es gibt; sie ist der Akt, durch den ein Teil der Bevölkerung dem anderen Teil seinen Willen vermittels Gewehren, Bajonetten und Kanonen, also mit denkbar autoritärsten Mitteln aufzwingt; und die siegreiche Partei muß, wenn sie nicht umsonst gekämpft haben will, dieser Herrschaft Dauer verleihen durch den Schrecken, den ihre Waffen den Reaktionären einflößen.« Engels weist übrigens auch auf die Notwendigkeit von Autorität in der modernen industriellen Produktion hin, und es ist offenkundig, daß die seitherige Entwicklung der wissenschaftlich-technischen Zivilisation einen Verzicht auf Autorität, Zentralisation, Hierarchie und Bürokratie noch weniger möglich macht als vor hundert Jahren.

So bleibt als unbestreitbares Manko des Anarchismus: 1. daß er in seiner ganzen Geschichte keine einzige erfolgreiche Revolution aufweisen kann, die zur Errichtung einer herrschaftslosen Gesellschaft geführt hätte, wenn auch einzelne Anarchisten oft zur Vorhut (und immer wieder zu den ersten Opfern) von Revolutionen gehört haben; 2. daß anarchistische Lösungen in einer zunehmend auf Wissenschaft, Technik, Industrie, Autorität, Koordination und Planung angewiesenen Welt, deren Bevölkerung sich in unheimlichen Tempo vermehrt, immer mehr etwas Irreales, um nicht zu sagen Kindliches an sich haben. Wenn die vom Menschen entwickelten materiellen und intellektuellen Produktivkräfte nicht zerstörerisch wirken sollen, müssen sie von rationalen Zentralverwaltungen beaufsichtigt und gelenkt werden; dasselbe gilt für die mit der Bevölkerungslawine, dem Schutz von Umwelt und Leben, der Ernährung der Menschheit, der Industrialisierung der Dritten Welt und so weiter zusammenhängenden Probleme. Es ist ausgeschlossen, daß alle diese vitalen Belange von anarchischen Räten, Kommunen, Genossenschaften und losen Föderationen, wie sie auch Bakunin konzipiert hat, bewältigt werden können. Spätestens an diesem Punkt rächt sich am Anarchismus, daß er von jeher stark agrarisch, wenn nicht gar sozialidyllisch orientiert war, und niemals folgerichtig zwischen Herrschaft einerseits, Autorität anderseits unterschieden hat. Heute sind weniger denn je Gemeinwesen ohne Autoritäten, ohne Leiter und Geleitete, denkbar. Dies gilt auch für den Staat, der nicht als bloße Maschine der Unterdrückung (Bakunin) oder als Organisationsform bourgeoisen Klasseninteresses (Marx) charakterisiert werden kann. Mit Recht meint Peter Scheibert im Hinblick auf Bakunin dazu: »Die große und ernste Frage der Anarchisten an den modernen Staat als der Inkarnation des notwendig Inhumanen ist von ihm weniger geklärt als verschüttet worden.«

Was bleibt also von der Botschaft des Anarchismus noch übrig? In seinem Pariser Exil wurde ein greiser spanischer Anarchist von einem jungen Genossen gefragt: »Was soll man den Leuten sagen, wenn sie einwenden, die Verwirklichung einer anarchistischen Gesellschaft wäre zwar schön, sei aber unmöglich?« Seine Antwort lautete: »Natürlich ist sie unmöglich. Aber siehst du nicht, daß alles, was heute möglich ist, nichts wert ist?« Ist dieser Umschlag von Enthusiasmus in Resignation das letzte Wort? Oder sind in der Botschaft des Anarchismus noch Elemente enthalten, die beerbt und gehütet werden sollten? Ich denke, daß es tatsächlich solche Elemente gibt:

1. die Einsicht, daß Autorität in Herrschaft umschlagen und Herrschaft trotz gravierender gesellschaftlicher Umwälzungen nicht nur fortdauern, sondern sich sogar in einem bisher unbekannten Ausmaß verstärken könne;

2. der Gedanke, daß schon im Hier und Jetzt, in der Gegenwart als heiligem Boden, Raum für jene Freiheit geschaffen werden muß, in der künftig die gesamte Menschheit geeint sein soll;

3. das Verständnis der Welt in ihrer Totalität als einer »pluralité d'éléments irréductibles et antagoniques«, wie Proudhon sagt, und damit zusammenhängend der antidogmatische, für die Komplexität des Wirklichen aufgeschlossene Sinn des Anarchismus, so sehr er auch in der Praxis dagegen gesündigt haben mag;

4. die Sensibilität für die Spontaneität gesellschaftlichen Lebens, für die Zustände kollektiver Erregung und Erneuerung, für die Tiefendimension des sozialen Totalphänomens, der gegenüber juristische und politische Formeln sowie bürokratische Attitüden versagen: – man denke an die weltweite Protestbewegung der Studenten, an die Streiks und Fabrikbesetzungen von Millionen Franzosen sowie an die von den sowjetischen Kolonialherren und einheimischen Quislingen abgewürgte unblutige, demokratische Revolution der Völker der Tschechoslowakei von 1968, welche Ereignisse das Potential an Unberechenbarem unter der Kruste einer von Apparaten und Organisationen verwalteten Welt erkennen lassen;

5. die Vision einer Gesellschaft ohne Herrschaft, nicht aber ohne Ordnung, die inzwischen bei Staatsrechtlern und Rechtsphilosophen zum wertfreien Typus möglicher sozialer Ordnung avanciert ist: Anarchie als vollendete Demokratie, wie sie etwa bereits in der modernen Ehe, in allen Genossenschaften, Vereinen und föderalistischen Staaten, schließlich auch im Straßenverkehrsrecht und in der Organisation der Vereinten Nationen vorweggenommen ist;

6. die Bestimmung des Menschen als eines sozialen Wesens, das nur in der Gemeinschaft mündig und frei werden kann: »Die Solidarität ist nicht das Produkt, sondern die Mutter der Individualität, und die menschliche Persönlichkeit kann nur in der menschlichen Gesellschaft entstehen und sich entwikkeln«;

7. die metaphysische Überzeugung oder vorsichtiger: Sehnsucht, daß diese Welt nicht dazu verdammt sei, sich in einem ewigen Kreislauf von Machtergreifungen und Herrschaftsverhältnissen verzehren zu lassen; daß der Skandal, Menschen in Herren und Sklaven zu unterscheiden, nicht das Ende sei.

Für diese Dimension des Anarchismus, in der er an das rührt, was Philosophie einmal die Bestimmung des Menschen genannt hat, stehe abschließend eine Szene aus dem Epos eines anderen russischen Klassikers des Anarchismus, aus Leo Tolstois »Krieg und Frieden«: Schwer verwundet auf dem Schlachtfeld von Austerlitz liegend, entdeckt Andrej Bolkonski die Unermeßlichkeit des Himmels: »Wie kommt das nur, daß ich diesen hohen Himmel früher nie gesehen habe? Und wie glücklich bin ich, daß ich ihn endlich kennengelernt habe. Ja, alles ist Lug und Trug, außer diesem unendlichen Himmel.« Und als er den siegreichen Weltherrscher Napoleon vor sich erblickt, dämmert Andrej, daß der bisher als Vorbild Bewunderte ein kleiner, nichtiger Mensch ist im Vergleich zu dem, was soeben zwischen den ruhig dahingleitenden Wolken und seiner Seele vorgeht: »Ihm war es in diesem Augenblick völlig gleichgültig, wer da vor ihm stand, was der von ihm sagte; er freute sich nur darüber, daß Menschen bei ihm waren, und er wünschte nur, diese Menschen möchten ihm helfen und ihn dem Leben wiedergeben, das ihm so schön schien, weil er es jetzt so ganz anders verstand als früher.«

Anarchismus ist auch die Auflehnung dagegen, daß Menschen solche Gedanken nur in ihrer Todesstunde haben. (1970)

JOHANN JAKOB BACHOFEN

Für B. B.

Dieser Schüler Savignys und Geistesverwandte Arndts, Görres' sowie der Brüder Grimm gestand einmal, daß er sich mit den Toten besser unterhalten könne als mit den Lebenden, und so zog er sich aus der lärmenden Welt eines fortschrittsgläubigen »Bank- und Eisenbahngeschlechts« zurück in die Welt antiker und frühgeschichtlicher Symbole und Mythen. Bereits als Gymnasiast war der 1815 geborene Bachofen vom römischen Altertum fasziniert. Er studierte in Basel, Göttingen und Berlin, verbrachte hierauf noch je ein Jahr in Frankreich und England und wurde 1841, im Alter von nur sechsundzwanzig Jahren, zum ordentlichen Professor des römischen Rechts an der Universität seiner Vaterstadt ernannt. Ein Jahr später übernahm er auch das Amt eines Richters. Als eine radikaldemokratische Zeitung das Gerücht verbreitete, man habe Bachofen nicht wegen seiner wissenschaftlichen Fähigkeiten, sondern infolge Klüngelwirtschaft auf seinen Lehrstuhl berufen, legte er die Professur nieder. Als Richter amtierte er hingegen fünfundzwanzig Jahre lang. Daneben verfügte er jedoch über ausreichende Muße für seine Studien. Im Alter von einundfünfzig Jahren zog er sich völlig aus dem öffentlichen Leben zurück. Er starb am 25. November 1887.
1859 ließ Bachofen, der Sohn der einstigen Reichsstadt Basel, als Frucht jahrelanger Forschungen sein erstes großes Buch erscheinen; es trägt den Titel: »Versuch über die Gräbersymbolik der Alten«. Im gleichen Jahr wurden auch Darwins »On the Origin of Species by Means of Natural Selection« und Marx' »Zur Kritik der politischen Ökonomie« veröffentlicht. 1861 folgte Bachofens zweites Hauptwerk: »Das Mutterrecht.« Es enthält die Lehre, daß der patriarchalischen Familie zwei Stufen des Matriarchats vorangegangen seien. Die primitivste bildete der zügellose Hetärismus, die höhere die mutterrechtliche Sippenordnung. Diesen drei großen Zeitaltern entsprechen in aufsteigender Folge die Symbole Erde (Sumpf), Mond und Sonne; in mythologischer Hinsicht die Götter Aphrodite, Demeter und Apollo; in der Sprache philosophischer Begrifflichkeit die Kategorien Materie, Seele und Geist. Obwohl der erzkonservative Patrizier die Männerherrschaft als höchste Stufe der Kultur ansah und das Christentum für den Gipfel vaterrechtlichen Geistes hielt, fühlte er sich dennoch von den älteren gynaikokratischen Lebensordnungen unwiderstehlich angezogen; man kann geradezu von einem erotischen Verfallensein an die Dämmerwelt frühgeschichtlicher Zustände sprechen, die er unter den Auspizien der »Großen Mutter« erblickte. Sein Werk breitet sich in einem Rembrandtschen Helldunkel aus. Angerührt von der Würde und Innigkeit

vorchristlichen Totenkults, schämte er sich, wie er seinem Lehrer Savigny schrieb, »der Armut und Dürre unserer heutigen Welt«. »Wie viel Schönes muß eine Zeit in sich getragen haben, die noch in ihren Gräbern solche Sehnsucht nach sich zu erwecken vermag! Ich zweifle, daß Reste unserer Kirchhöfe künftigen Zeiten gleiche Teilnahme erwecken.« Bachofen vermutet, daß die vor- und frühgeschichtlichen Kultur- und Sozialverhältnisse in dekadenten Spätzeiten wiederzukehren pflegen, wenngleich auf entartete Weise.

Wenn man auch allgemein die Entdeckung mutterrechtlicher Institutionen dem schweizerischen Gelehrten zuschreibt, so gebührt der Primat dennoch dem französischen Jesuiten J. F. Lafitau. Lafitau hatte im frühen achtzehnten Jahrhundert als Missionar bei den nordamerikanischen Indianern gewirkt. Im Laufe seiner Tätigkeit fiel ihm auf, wie sehr gewisse Eigenarten der Huronen und Irokesen den Bräuchen einiger kleinasiatischer Völker entsprechen, über die er durch Lektüre antiker Schriftsteller Bescheid wußte. So berichtet etwa Herodot von den Lykiern, daß sie ihren Familiennamen von der Mutter erhielten und der Rang der Mutter, nicht der des Vaters, die Stellung der Kinder im gesellschaftlichen Gefüge bestimme. Dazu paßt auch die Nachricht eines gewissen Nicolaus Damascenus: »Die Lykier erweisen den Weibern mehr Ehre als den Männern, und sie vererben ihre Hinterlassenschaft auf die Töchter, nicht auf die Söhne.« Erinnert sei auch an Cato den Älteren, der seine Reden mit dem geflügelten Wort zu beenden pflegte, daß Karthago zerstört werden müsse. Cato hat seine römischen Mitbürger ermahnt, der Gesetze eingedenk zu sein, durch welche die frühere Macht der Frauen unter die der Männer gebeugt worden sei. Denn, so fügte der republikanische Politiker hinzu, Gleichstellung der Frau mit dem Manne würde auf weibliche Überlegenheit hinauslaufen.

Da jedoch Lafitaus Entdeckung vergessen worden war, knüpfte die neuere Mutterrechts-Debatte an Bachofen an, und dies hat, wie wir feststellen müssen, die Diskussion in mehrfacher Hinsicht belastet. Denn Bachofen war, ungeachtet seiner weitgespannten Kenntnisse, mehr ein romantischer Seher denn ein kritischer Altertumsforscher. Bemüht um die Deutung frühgeschichtlicher Mythen, hat er eine Entwicklungsgeschichte der Menschheit konstruiert, die selber den Charakter einer mythischen Rhapsodie hat. So haben von allem Anfang an in der Diskussion über das Mutterrecht schwärmerisch-irrationale, mystifizierende und missionarische Elemente mitgespielt. Dies vor allem aus zwei Gründen.

Zum einen war oft nicht recht klar, wovon überhaupt geredet wurde. Bedeutet »Mutterrecht« bloß ein System verwandtschaftlicher Zuordnung nach der mütterlichen Seite (Matrilinearität) und daß der Mann bei der Eheschließung in die Sippe seiner Frau überwechselt (Matrilokalität)? Oder meint man damit »Matriarchat«, also wörtlich: Herrschaft der Mütter, oder gar »Gynaikokratie«, Frauenherrschaft? Soll nur ganz allgemein damit ausgedrückt werden, daß in bestimmten Zeitaltern, Kulturen oder Sozialschichten Frauen oder auch weibliche Symbole sehr einflußreich sind, etwa in Gestalt von Priesterinnen, Prophetinnen, Zauberinnen, Hexen, Elfen, Nymphen oder Muttergottheiten? Oder versteht man darunter bloß, daß das weibliche Geschlecht innerhalb einer kleinen Elite zu sonst den Männern vorbehaltenen Tätigkeiten freien Zugang hat, so etwa, wenn eine Dynastie sich nicht für das Prinzip der männlichen Erbfolge entscheidet, sondern für das der Erstgeburt? Sind so unterschiedliche Frauen wie Kleopatra, Livia, Hildegard von Bingen, Maria Theresia oder auch Katharina die Große »mutterrechtliche« oder »matriarchale« Gestalten?

Zu berücksichtigen ist überdies, daß noch so evident scheinende Symbole, Mythen und verwandte kulturelle Hervorbringungen keineswegs als Spiegelbilder der tatsächlichen gesellschaftlichen Verhältnisse angesehen werden dürfen. So hat mich einst die Entdeckung sehr erschüttert, daß im christlichen Mittelalter ausgerechnet die Schäfer und Hirten zu den verfemten, den »unehrlichen« Berufen gezählt wurden, und dies ungeachtet der erhabenen Rolle, die die Bilder von Lamm, Hirte und Weide in der Bibel spielen. Ein anderes und näherliegendes Beispiel: daß die katholische Kirche die Mutter Jesu als Königin der Engel verehrt und ihr sogar den einmaligen Vorzug zuerkennt, leiblich in den Himmel aufgenommen worden zu sein, ändert nichts an dem extrem männerherrschaftlich ausgerichteten Charakter dieser religiösen Organisation. Ein Zusammenhang des Madonnenkults mit irgendwelchen mutterrechtlichen oder gar gynaikokratischen Strukturen läßt sich nicht nachweisen, dasselbe gilt für die im Hinduismus und Tantrismus hochverehrte Gottesmutter Shakti.

Diese Bedenken zusammenfassend, kann man vielleicht nicht ganz unzutreffend vom »Argument der Komplexität« sprechen. Gemeint ist damit, daß die Wirklichkeit immer verwickelter, vielstufiger und mehrdimensionaler ist als es den Anschein hat; daß, um zu Bachofen zurückzukommen, mütterliche Abstammungszurechnung, Vererbung von Namen, Titel und Eigentum in der Mutterlinie, Wohnsitz des Mannes im Heimatort der Frau, religiöse Verehrung von weiblichen Gottheiten, kultureller, erzieherischer und wirtschaftlicher Einfluß der Frau, Matriarchat und Gynaikokratie weitgehend voneinander unabhängige Variable sind.

Hinzu kommt als zweite Belastung der Bachofenschen Theorie, daß der ethnologische, prähistorische und kulturgeschichtliche »Gang zu den Müttern« von allem Anfang an auch mit geistespolitischen Stellungnahmen, Vorurteilen und Idiosynkrasien verbunden war. Mittels archäologischer Hypothesen und Forschungsergebnisse wollte man immer wieder auch ethische, zivilisationskritische und sozialutopische Entscheidungen rechtfertigen. Dabei kam oft die uralte Vorstellung ins Spiel, daß das, was am »Anfang« war, auch am »Ende« wiederkehren müsse, daß das »Ursprüngliche« notwendig auch das »Wahre«, »Rechte« und »Heile« sei. Linke Politiker und Ideologen wie Friedrich Engels, August Bebel, Peter Kropotkin und Ernst Bloch bedienten sich der Mutterrechtstheorie des Konservativen Bachofen, um die bürgerliche Familie zur Disposition zu stellen, und neuerdings entnehmen radikale Feministinnen diesem Fundus ihre Munition gegen patriarchalische Vorurteile.

Die Wissenschaft, wie Völkerkunde, Rechtsgeschichte und Prähistorik, verhielt sich gegenüber Bachofens Ansichten skeptisch, bisweilen sogar feindselig. Steinmetz, der holländische Soziologe und Ethnologe, urteilte über »Das Mutterrecht«: »Das merkwürdige Werk ist originell, bahnbrechend sogar, schrecklich gelehrt, aber durchaus unwissenschaftlich«, und der deutsche Anthropologe Wilhelm E. Mühlmann meint: »An Bachofen ist nichts zu ›retten‹.« Ludwig Klages, der Philosoph und Seelenforscher, hat als einziger unter den überragenden Denkern des zwanzigsten Jahrhunderts Bachofen als einen divinatorischen Kundschafter und Deuter der Urreligion der Menschheit ernstgenommen. Es sei dem schweizerischen Gelehrten gelungen, »das Bild der ursprünglichen Seele von der Tünche der Jahrtausende zu befreien und dessen unaussprechliche Schönheit uns ahnen zu lassen.«

So fragwürdig Bachofens Theorie ist, wenn man sie als ein periodisches System der Weltgeschichte auffaßt, so aufschlußreich erscheint sie als eine in die Tiefe dringende Symbolik der menschlichen Seele. Hetärismus und Promiskuität, Mütterlichkeit und Kult des Bodens, apollinisches Streben nach Maß, Klarheit und Bändigung der ins Unendliche schweifenden Triebe – dies alles sind nicht Stufen einer geschichtlichen Entwicklung, sondern immerwährende Möglichkeiten der menschlichen Natur. Vieles, was Bachofen als unwiederbringliche Vergangenheit ansah, mutet uns wie eine Vorausschau der kulturrevolutionären Wende unserer Zeit an. Sehen wir nicht überall die Abdankung der väterlichen Autorität und die Wiederkehr von Haltungen, Lebensweisen und Ideen, die Bachofen zweifelsohne als »matriarchalisch« klassifiziert hätte? Es war Bachofen, der vor mehr als hundert Jahren den erst in der Gegenwart offenbaren Zusammenhang zwischen Fundamentaldemokratisierung, Revolution des Geschlechtsverhältnisses und aphroditisch-dionysischer »Emanzipation des Fleisches« aufgedeckt hat: »Nicht dazu ist Helena mit allen Reizen Pandoras ausgestattet, daß sie nur Einem zu ausschließlichem Besitz sich hingebe.« Dieser Satz aus dem »Mutterrecht« hat angesichts der hypertrophen Sexualisierung der entwickelten Industriegesellschaft, in der das Ende der Monogamie offen proklamiert wird, eine ebenso erstaunliche Evidenz erhalten wie Bachofens Beobachtung, daß eine im Zeichen des Dionysos, dieses »Rätselgottes der werdenden Welt«, stehende Kultur zur Verwischung der Unterschiede zwischen Mann und Frau, zur – wie wir heute sagen würden – antiautoritären Auflösung der politischen und gesellschaftlichen Strukturen neige.

Bachofen berichtet von einem antiken Orakelspruch, der den Megarern gegeben wurde. Als dieser Volksstamm die bisherige Königsherrschaft gestürzt hatte, ließ er in Delphi fragen, was nun zu tun sei, um das Glück des Landes zu begründen. Die Antwort war: Mit der Mehrheit sollten sie sich beraten. Darum wurde, in richtiger Auslegung des Wortes, den Toten mitten im Rathaus eine Gedenkstätte errichtet. »Das ist ein Stimmenmehr«, setzt Bachofen hinzu, »wie es der heutigen Demokratie wohl nicht gefiele. Und doch ist mit den Toten zu Rate zu gehen die sicherste Bürgschaft der Volkswohlfahrt.«
Dieselbe Einstellung gegenüber den Toten spricht aus dem bekannten Gedicht von Bachofens Landsmann und Zeitgenossen Conrad Ferdinand Meyer, das mit den Versen beginnt:

»Wir Toten, wir Toten sind größere Heere
Als ihr auf der Erde, als ihr auf dem Meere!«

Seiner nekrotropen Haltung verdankte Bachofen Einsichten in die Mysterien antiken Gräberwesens, die bis zu seiner Zeit von der Altertumsforschung weitgehend unbeachtet geblieben waren. »Unerschöpflich beinahe ist es, was sich alles an die Gräber anknüpft. Man glaubt, einen ganz speziellen Gegenstand der Kunstarchäologie unter den Händen zu haben, und findet sich zuletzt inmitten einer wahren Universaldoktrin.«

Soweit Bachofen. Wenn er von den Toten, von der Beratung mit der schweigenden Mehrheit der Verstorbenen spricht, dann meint er damit auf eine sehr ernste Weise, was man auch Tradition nennt. Tradition ist älter als Wort und Schrift. Wenn wir irgendwelche uralten Überreste als von Menschen stammend ansprechen, dann hängt dies nicht zuletzt auch davon ab, ob sie wenigstens Spuren von Totenbestattung verraten.
Die Straßen menschlicher Kultur verlaufen entlang der Gräber. Wo wir auf sie stoßen, wissen wir von Wesen, die uns gleichen: der Sterblichkeit unterworfen, dem augenscheinlichen Ende trotzend und angesichts des Unabwendbaren den Sinn zum Unsichtbaren erhebend.
Es gab Zeiten, in denen die Verstorbenen ein solches Übergewicht über das Denken und die Werke der Lebenden hatten, daß jedem kulturellen Fortschritt eine Emanzipation von der prägenden Gewalt der Ahnen und damit von der Überlieferung vorangehen mußte. Eine Lockerung der Solidarität mit den unsichtbaren Massen der Toten konnte erforderlich sein, um die Verhältnisse der Lebenden zu humanisieren.
Heute freilich droht der westlichen Gesellschaft aus der entgegengesetzten Richtung Gefahr. Die vor uns gelebt haben, sind entmachtet wie in keiner Kultur der Vergangenheit. In dieser Situation wird die Frage nach dem Recht der Toten zunehmend gleichbedeutend mit der Frage nach dem Recht derer, die, aus welchen Gründen immer, in der technologischen Gesellschaft ebenfalls machtlos, ungeborgen und fremd sind, und somit auch darnach, wie wir, die Lebenden, uns selbst einschätzen, da wir alle jederzeit in diesen Zustand fallen können. Humanität selbst scheint nun geknüpft an unsere Haltung gegenüber denen, die bereits gelebt haben.
Viel ist die Rede in unseren Tagen von Demokratisierung und Mitbestimmung. Wie aber steht es mit dem Stimmrecht jener größten und verkanntesten aller Mehrheiten, mit der Demokratie für die Toten, von der Bachofen spricht?
Die schweigende Majorität der Toten hat heute keinen Anwalt. Dem entspricht ein Verfall von Tradition überhaupt. Wenn es zutrifft, daß unsere Kultur dabei ist, die Tradition und die Toten aus dem geistigen Haushalt zu verbannen, so wäre dies ein Bruch mit der gesamten bisherigen Geschichte und Vorgeschichte.
Eindringlich erinnert Bachofen an eine grundlegende Tatsache der Geschichte: Alle Kultur beruhte bisher auf der Kultivierung und Hegung der Erde, der agricultura, und auf dem Kult der Toten, der Wieder-zu-Erde-Gewordenen. Auf diesem Fundament erdhafter Pietät und Religiosität ruhten alle »höheren«, lichteren, spirituelleren Sphären menschlicher Bildung und Gesittung. Sollte sich die Menschlichkeit von dieser elementaren Basis ablösen und ihre Existenz von einem völlig anderen Prinzip her organisieren?
Wenn diese Vermutung richtig ist, wären wir um eine Dimension des Menschseins ärmer. Wir würden nicht aufhören, Menschen zu sein; doch würden wir aufhören, unsere eigene Geschichte noch verstehen zu können. Die Gegenwart könnte sich nicht mehr erkennen in aufleuchtenden Bildern der Vergangenheit. Die Toten wären dann wirklich ganz gestorben. Fast möchte ich glauben, daß dies nicht möglich ist. (1972)

FRIEDRICH ENGELS

An Georgi Plechanow, den Gründer der ersten russischen marxistischen Gruppe, schrieb er: »Zunächst einmal verschonen Sie mich mit dem ›Meister‹ – ich heiße ganz kurz Engels«, und an Karl Marx, mit dem er das Kommunistische Manifest und zahlreiche andere Werke gemeinsam verfaßt hatte: »Wie passen Leute wie wir, die offizielle Stellungen fliehen wie die Pest, in eine ›Partei‹? Was soll uns, die wir auf die Popularität spucken, die wir an uns selbst irre werden, wenn wir populär zu werden anfangen, eine ›Partei‹, das heißt eine Bande von Eseln, die auf uns schwört, weil sie uns für ihresgleichen hält?«

Wie zu Lebzeiten, so wollte er auch nicht postum zum Götzen werden: letztwilliger Verfügung gemäß wurde er eingeäschert und seine Asche bei Highgate ins Meer gestreut.

Würde Engels, könnte er bald ein Jahrhundert nach seinem Tode auf die Welt zurückkehren, an sich und den Folgen seines Werkes irre werden? Er hatte Kritik als Lebenselement der Arbeiterbewegung verstanden und sich dagegen ausgesprochen, daß die Presse »parteilich verstaatlicht und unter Zensur gestellt« würde. Er war sich der notwendigen Bedingtheit und Schranken aller Erkenntnisse, seiner eigenen miteingeschlossen, stets bewußt und mahnte die autoritären Genossen der alten SPD, daß die Wissenschaft nicht gedeihen könne »ohne Freiheit der Bewegung«. Er lehrte die Selbstbefreiung der arbeitenden Menschheit und das Absterben des Staates zugunsten einer herrschaftslosen Assoziation, »worin die freie Entwicklung eines jeden die Bedingung für die freie Entwicklung aller ist«.

Er müßte heute feststellen, daß seine und Marx' Theorien seit langem zur ideologischen Rechtfertigung einer bürokratisch-militärischen Parteidiktatur benutzt werden; daß in jenem Teil der Welt, dessen Vögte sich auf den Sohn des Wuppertales berufen, von einem Absterben des totalitären Staates nichts zu merken ist und jede grundsätzliche Kritik dort als Hochverrat gilt; daß in England und anderen westlichen Industriestaaten die große proletarische Revolution, die er schon 1845 als unmittelbar bevorstehend angekündigt hatte, noch immer nicht stattgefunden hat. Vielmehr ist eingetroffen, was von ihm 1858 in einem Brief an Marx nur als flüchtige Vermutung angedeutet wurde: daß Großbritannien, »diese bürgerlichste aller Nationen, es schließlich dahin bringen zu wollen scheint, eine bürgerliche Aristokratie und ein bürgerliches Proletariat neben der Bourgeoisie zu besitzen«. Eingetroffen ist auch die Vorhersage des alten Engels, daß die Umwälzungen in Rußland »viel tiefer und schärfer als irgendwo anders« sein würden: »die Geschichte ist wohl die grausamste aller Göttinnen, und sie führt ihren Triumphwagen über Berge von Leichen – nicht nur im Kriege, sondern auch in der ›friedlichen‹ ökonomischen Entwicklung«. Und obwohl er prophezeit hat, die politische Autorität würde im Gefolge der proletarischen Revolution »einschlafen«, so ist ihm bei anderer Gelegenheit doch nicht entgangen, daß eine entwickelte Gesellschaft, sei sie nun kapitalistisch oder kommunistisch, ohne Autorität nicht existieren könne. Je älter er wurde, desto weniger glich er gewissen linken Sozialromantikern von heute: »Alle diese großartigen ultraradikalen und revolutionären Phrasen verbergen nur die völlige geistige Misere und die absolute Unkenntnis der Bedingungen, unter welchen sich das tägliche Dasein der Gesellschaft vollzieht«, wetterte er gegen die damaligen »Antiautoritären«. Die Worte, die er vor einem Jahrhundert träumerischen Anarchisten entgegenschleuderte, haben nichts von ihrer Aktualität verloren: »Haben diese Herren nie eine Revolution gesehen? Eine Revolution ist gewiß das autoritärste Ding, das es gibt; sie ist der Akt, durch den ein Teil der Bevölkerung dem anderen Teil seinen Willen vermittels Gewehren, Bajonetten und Kanonen, also mit denkbar autoritärsten Mitteln aufzwingt; und die siegreiche Partei muß, wenn sie nicht umsonst gekämpft haben will, dieser Herrschaft Dauer verleihen durch den Schrecken, den ihre Waffen den Reaktionären einflößen.« Wird also Engels in der Sowjetunion, wo man sich seit Lenin dieses Rezepts erfolgreich bedient, doch zu Recht als geistiger Ahnherr gefeiert? Freilich können sich auch mit den roten Zaren rivalisierende Bewegungen und Staaten auf ihn berufen: hat doch Engels eine Theorie des bewaffneten Aufstands entwickelt, auf der die Konzeptionen Mao Tse-tungs und die in Kuba und Vietnam angewandten Guerillastrategien fußen.

Wie in dieser Hinsicht ist auch in vielen anderen das, was heute weltweit unter Marxismus verstanden wird, in größerem Maße eine Schöpfung von Engels als von Marx, so daß man vorgeschlagen hat, korrekterweise von »Engelsismus« zu sprechen. Dies alles gehört freilich schon zur Nachwirkung jenes vielseitigen, gewandten und stets etwas burschikosen Patriziersohns aus pietistischem Hause, und man kann bezweifeln, ob die Geschichte der Folgen von Engels dazu beigetragen hat, seine Gestalt besser sehen zu lassen.

Auffällig ist, daß die nach 1945 einsetzende Marxismus-Diskussion Engels sehr stiefmütterlich behandelt hat, obwohl niemand, der sich mit Marx beschäftigt, auf die Dauer an dessen Freund vorbeigehen kann. Gerade in linksorientierten Kreisen ist er entweder verdrängt oder mit schnöden Vorwürfen bedacht worden. Als Zeichen für diese Abneigung sei auf die reservierte Haltung der neomarxistischen Frankfurter Schule Adornos und Habermas' sowie auf das gereizte Verdikt von Sartre hingewiesen, der Mitbegründer des »wissenschaftlichen Sozialismus« habe ein zweifaches Attentat auf die Dialektik verübt. Wenn man weiß, daß die Dialektik zum Sanctissimum der Neuen Linken gehört, dann besagt diese schwere Anklage nicht weniger als daß Engels die Sünde wider den Heiligen Geist begangen habe. So wird er im Osten zum Universalgenie aufgebaut, neben dem Leonardo da Vinci geradezu als Waisenknabe erscheint, während er im Westen selbst bei betont linken Intellektuellen als oberflächlicher Vulgärmaterialist, als erste Station in der Verfallsgeschichte des authentischen Marxismus gilt. Beide Haltungen sind nicht dazu angetan, ein tieferes Verständnis dieses erstaunlichen Mannes zu fördern, der einmal als seine Haupteigenschaft »alles halb zu wissen« und als seine Lieblingstugend die Fröhlichkeit nannte.

Wer war nun dieser Engels, der am 28. November 1820 in Barmen/Wuppertal geboren wurde und am 5. August 1895 in London starb? Wenn wir den Berichten seiner Zeitgenossen trauen dürfen, war er eine überaus lebensfrohe und lebenstüchtige Natur, heiter, robust und streitbar, mit einer Spur von unbekümmertem Übermut, ja sogar eulenspiegelhaften Zügen, blond und von hochaufgeschossener Gestalt, auch als Arbeiterführer den Sohn aus gutem Hause nicht verleugnend, stets sorgsam gekleidet und mit englischen Manieren. Er war ein versierter Kaufmann, der es im Laufe der Jahre vom Angestellten zum Teilhaber des väterlichen Zweigunternehmens, der noch heute bestehenden Textilfabrik Ermen & Engels in Manchester, brachte. Darüber hinaus war er ein leidenschaftlicher Soldat, der als Gardeartillerist des preußischen Königs auf den Barrikaden des badisch-pfälzischen Aufstands 1849 und schließlich als Stratege der Internationale seinen Mann stellte. Er las Dante, Petrarca, Cervantes, Calderon, Shakespeare, Shelley, Balzac und Puschkin im Original, erlernte schon in jungen Jahren eine europäische Sprache nach der anderen, wandte sich später auch dem Persischen (»ein wahres Kinderspiel von Sprache«), ferner aus linguistisch-kulturgeschichtlichen Neigungen dem Gotischen, Altnordischen und Angelsächsischen sowie, als die irische Frage aktuell wurde, dem Keltischen zu. »Engels stottert in zwanzig Sprachen«, hieß es von ihm, da er in Erregung leicht mit der Zunge anstieß. Wenn Jugend heißt, aufgeschlossen, neugierig und beweglich sein, dann ist Engels zeitlebens jung geblieben. So wie er als Halbwüchsiger die deutschen Volksbücher von Faust, den Heymonskindern und den Schildbürgern verschlang, sich in die Mystik Jakob Böhmes versenkte und hierauf auf Heine, Börne, Lenau, Immermann und Platen stürzte, so durchdrang er in seinen zwanziger Jahren die Philosophie Hegels (»den dichten Wald, in dem der Palast der Idee steht«) und Schellings (den »neuesten Reaktionsversuch gegen die freie Philosophie«), dann alle wichtigen Werke der Nationalökonomie und des utopischen Sozialismus, um noch im Alter sich Darwin und Bachofen kritisch anzueignen, Vorgeschichte, Völkerkunde, Mathematik und Physik zu studieren. Schon bedroht von der sich zunehmend differenzierenden Arbeitsteilung, die er als gesellschaftlichen Sündenfall des Menschen anprangerte, war es die Vielfalt, Breite und Intensität seiner intellektuellen Neigungen, die Engels vor den verödenden Wirkungen des Dienstes im Kontor bewahrten.

Trotz der Fülle seiner Studien wurde er alles andere als ein Stubengelehrter; schon die praktische Tätigkeit in der Wirtschaft und seine vielen Reisen ließen ihn zu einem solchen nicht verkümmern. Nicht von ungefähr hatte er sich in seiner Jugend den gegen Riesen und Drachen kämpfenden Jungsiegfried zum Vorbild gewählt. Er war ein guter Reiter, Fechter und Schwimmer, einem schneidigen Gardeleutnant ähnlicher als einem Fabrikanten oder gar Gelehrten. Er unternahm in England verwegene Fuchsjagden, trank gerne und liebte die Frauen, von denen es ihm vor allem die Französinnen sowie die Wienerinnen angetan hatten: »Ich werde es dem Bismarck nie verzeihen, daß er Österreich aus Deutschland ausgeschlossen hat, schon der Wienerinnen wegen.« Wenn man die Tätigkeiten und Neigungen dieses Mannes kurz beurteilen soll, so kann man nur sagen: Er war eine Koryphäe. Er verfaßte eine stattliche Anzahl von Büchern, Broschüren und Aufsätzen sowie zahllose Zeitungsartikel über literarische, philosophische, ökonomische, sozialwissenschaftliche, anthropologische, rechts- und kulturgeschichtliche Fragen. »Ein wahres Universal-Lexikon, arbeitsfähig zu jeder Stunde des Tags und in der Nacht, voll und nüchtern, quick im Schreiben und Begreifen, wie der Teufel«, so charakterisierte Marx den um zwei Jahre jüngeren Freund. Gewiß: Marx bleibt die säkulare Gestalt, dem grenzenlos treuen Freund durch das Stigma der Genialität überlegen, und Engels selbst wollte stets nur »die zweite Violine« gespielt haben, doch ist er zu keiner Zeit nur Gehilfe und Interpret von Marx gewesen, sondern dessen selbständiger Kampfgefährte, der mit erstaunlichem Orientierungssinn, wenn auch einer gewissen Tendenz zur Vereinfachung, in die verschiedensten Gebiete sich rasch einzuarbeiten und über ein Problem treffend, klar und geistvoll zu äußern verstand. Es steht fest, daß Engels die wichtigsten Grundgedanken des Marxismus, insbesondere die Lehre von der primären Rolle der Produktivkräfte, dem Klassenkampf und der sozialen Revolution bereits entwickelt hatte, als 1844 seine unter Intellektuellen beispiellose Allianz mit Marx begann. Seine frühe Arbeit »Umrisse zu einer Kritik der Nationalökonomie«, die Friedrich Hebbels Zustimmung fand, hat Marx entscheidend beeinflußt. Engels unternahm darin erstmals den Versuch, das Problem »Entfremdung« ökonomisch zu interpretieren. Mit fünfundzwanzig Jahren veröffentlichte er sein Buch »Die Lage der arbeitenden Klasse in England«, jene aufwühlende, tief in die Abgründe der frühen Industriegesellschaft hinableuchtende Darstellung, die weniger als sozialwissenschaftliche Analyse denn als säkularisierte Apokalypse zu lesen ist. In den englischen Slums und Fabriken entdeckte der von seinem Kinderglauben abgefallene Pietistensohn die Hölle auf Erden, aber auch den kollektiven Vollstrecker des Jüngsten Gerichts: »Nur die Arbeiter, nur die Parias Englands, die Armen sind wirklich respektabel. Sie haben noch eine Zukunft.« Aus proletarischen Kreisen stammte auch Mary Burns, die Lebensgefährtin Engels'. In den katechismusartigen »Grundsätzen des Kommunismus« (1847), einer Vorstudie zum Kommunistischen Manifest (1848), faßte er die politischen Konsequenzen seiner Geschichtsauffassung einprägsam zusammen: Klassenkampf, Revolution, klassenlose Gesellschaft. Die Quintessenz des gesamten Marxismus ist darin enthalten. Was danach noch kam, baute darauf auf: die Arbeit über den deutschen Bauernkrieg im Reformationszeitalter, der »Anti-Dühring«, »Der Ursprung der Familie, des Privateigentums und des Staates«, »Ludwig Feuerbach und der Ausgang der klassischen deutschen Philosophie«, die erst von den Bolschewiken veröffentlichte »Dialektik der Natur«, die Studien »Der Anteil der Arbeit an der Menschwerdung des Affen«, »Zur Wohnungsfrage«, »Die Rolle der Gewalt in der Geschichte« und anderes mehr. Als Journalist und Historiker seiner Epoche hat er Beachtliches geleistet.

Manches freilich war schon damals höchst anfechtbar oder überholt, und zentrale Voraussagen seines Systems sind nicht eingetroffen. Immerhin sind ihm auch einige prognostische Volltreffer gelungen: die Revolutionierung Chinas, Indiens, Ägyptens und Algeriens, die Verlagerung des ökonomisch-politischen Schwergewichts vom Atlantik zum Pazifik, der erste sowie – zumindest an einer Stelle – der zweite Weltkrieg wurden von ihm ebenso hellsichtig vorhergesagt wie der Untergang der Habsburgermonarchie und die Expansion des russischen Imperialismus an der mittleren Ostsee sowie an der Adria.

Seine philosophischen Bemühungen hat Engels unter dem nicht ganz glücklichen Schlagwort »Dialektischer Materialismus« zusammengefaßt. Folgende Aspekte erscheinen mir bedeutsam: die Einsicht, daß der Mensch und die menschliche Gesellschaft nur im Zusammenhang mit der Wirklichkeit des allumfassenden Kosmos verstanden werden können; die Auffassung des Menschen als eines Naturwesens unter Vermeidung vulgärdarwinistischer oder rassistischer Ansichten; die heraklitische Perspektive eines ewigen kosmischen Kreislaufs, in den aller gesellschaftliche Fortschritt eingebettet ist. An den drei Leitmotiven wird klar, wie ferne Engels den heutigen Sozialromantikern und Revolutionstheologen steht: Sind diese doch, wie schon oft hervorgehoben, stark anthropozentrisch und geisteswissenschaftlich orientiert, mit einer eindeutigen Abneigung gegen jeden Naturalismus, »Positivismus« und kosmologischen Blickwinkel. Institutionenstürmerische Hektik, die »die Welt verändern« möchte, ist verständlicherweise ungehalten, daran erinnert zu werden, daß zur »Welt« auch das gesamte außermenschliche Universum gehört, daß der Mensch ein schwer veränderbares Naturwesen mit kaum manipulierbaren Konstanten ist und seine Geschichte wahrscheinlich nur das Aufblitzen eines winzigen Funkens in einem entlegenen Winkel des Alls. Engels hat diese Perspektive, die heute von linksintellektueller Seite gerne als faschistisch abgetan wird, mit der Gefaßtheit eines antiken Weisen akzeptiert.

Vom Pietismus zum Materialismus, vom großbürgerlichen Unternehmertum zum proletarischen Klassenkampf, vom Wuppertal zur Internationalen, das war der Weg von Friedrich Engels. Sein Werk enthält manche Oberflächlichkeiten, Vorurteile und Fehleinschätzungen, doch auch fruchtbare Perspektiven, gelungene Prognosen sowie eine Fülle von schlagenden Beobachtungen und anregenden Hypothesen. Mit seinen sympathischen und weniger sympathischen Seiten repräsentiert Engels besser als jeder andere die geistige, politische und soziale Signatur seines Jahrhunderts. Er war kein Genie, doch immerhin der einzigartige Freund und Mitarbeiter eines Genies, in gewisser Hinsicht ein verspäteter Aufklärer: urban, enzyklopädisch interessiert, begabt mit *esprit,* Klugheit, Humor und Mut.

Es wäre weltfremd, für die großen bewegenden Fragen unserer Zeit bei Friedrich Engels nach Patentrezepten zu suchen. Der Kapitalismus der Gegenwart hat nichts gemein mit dem sozialen Inferno, das er angeklagt hat, so wenig der in einem Drittel der Welt praktizierte Sozialismus seiner hehren Vision vom »Reich der Freiheit« entspricht. Die moderne technisch-wissenschaftliche Zivilisation erheischt differenziertere Lösungen als jene, die Engels der frühen Industriegesellschaft angeboten hat. Ungeachtet seiner Fragwürdigkeiten, Irrtümer und zeitbedingten Vorurteile gehört dieser Mann, der als am leichtesten zu entschuldigendes Laster die Unmäßigkeit bezeichnet hat, zu den merkwürdigsten Gestalten des deutschen Sozialismus. Den langen Weg, den er gegangen ist, zweigen zwei briefliche Äußerungen an. Die erste stammt aus dem Juli 1839, als Engels neunzehnjährig war, die zweite tat er zwei Jahre vor seinem Tode:

»Ich bete täglich, ja fast den ganzen Tag um Wahrheit, habe es getan, sobald ich anfing zu zweifeln, und komme doch nicht zu Eurem Glauben zurück... aber ich fühle es, ich werde nicht verlorengehen, ich werde zu Gott kommen, zu dem sich mein ganzes Herz sehnt. Und das ist auch ein Zeugnis des Heiligen Geistes, darauf leb' ich und sterb' ich, ob auch zehntausendmal in der Bibel das Gegenteil steht« (an den Jugendfreund Friedrich Graeber, einen Theologen).

»Die Natur hat Millionen Jahre gebraucht, um bewußte Lebewesen hervorzubringen, und nun brauchen diese bewußten Lebewesen Tausende von Jahren, um bewußt zusammen zu handeln; bewußt nicht nur ihrer Handlungen als Individuen, sondern auch ihrer Handlungen als Masse; zusammen handelnd und gemeinsam ein im voraus gewolltes gemeinsames Ziel verfolgend. Jetzt haben wir das beinahe erreicht. Und diesen Prozeß zu beobachten, diese sich nähernde Herausbildung von etwas in der Geschichte unserer Erde noch nie Dagewesenem, scheint mir ein Schauspiel, das des Betrachtens wert ist, und während meines ganzen vergangenen Lebens konnte ich die Augen nicht davon wenden« (an George William Lamplugh).
Wieviel religiöse Glaubenskraft und idealistische Euphorie ist doch in dem Materialismus verborgen, den Friedrich Engels sozusagen als natürliche Weltanschauung der Arbeiterklasse anempfohlen hat! (1970)

FJODOR MICHAILOWITSCH DOSTOJEWSKI

Zwei Weltkriege haben nicht nur Deutschland, sondern die planetarische Situation insgesamt grundlegend verändert, und in Rußland herrscht nicht mehr, wie zur Zeit Dostojewskis, die Dynastie der Romanows, sondern die auf die Lehren des Deutschen Marx sich berufenden Nachfolger Lenins. Marx und Dostojewski waren Zeitgenossen; sie scheinen einander allerdings nicht gekannt zu haben. Wenn wir aber fragen, wer von beiden der prophetischere Geist war, wer am weitesten in die Zukunft nicht nur Rußlands, sondern auch des Westens zu blicken vermochte, wer tiefer über die Möglichkeiten des Menschen Bescheid wußte, dann kann die Antwort heute nur lauten: *Dostojewski.* »Marx ist tot, Dostojewski lebt!« – dieses Losungswort macht seit einigen Jahren in Dissidentenkreisen der Sowjetunion die Runde. Ein provozierendes Wort, wenn man bedenkt, daß der große russische Dichter seit 1917 eine permanente Herausforderung und Verlegenheit für die kommunistischen Machthaber darstellt. Bereits Lenin hielt »Die Dämonen« für eine »reaktionäre Niederträchtigkeit« und überhaupt fühlte er sich von dem »Schund« des »erzscheußlichen Dostojewski« angewidert. Seine Bücher wurden zwar nicht ausdrücklich verboten, doch, anders als die von Tolstoi, auch nicht gefördert – was angesichts der totalen Verfügung der Partei über das gesamte Verlagswesen beinahe auf dasselbe hinauslief. Die öffentlichen Bibliotheken führten zwar – mit Ausnahme der »Dämonen« – seine Werke, doch wurden sie langsam aus dem Verkehr gezogen. Ihr Autor galt offiziell als »dekadenter Mystiker« und »Revolutionsfeind«. Als die sogenannte Entstalinisierung unter Chruschtschow einsetzte, wurde Dostojewski teilweise »rehabilitiert«, indem man vor allem den sozialkritischen Humanismus der frühen Schriften betonte und den Roman »Schuld und Sühne«, die Geschichte des Mörders Raskolnikow, als antikapitalistischen Traktat interpretierte. Doch der Verfasser von »Dämonen«, »Der Idiot« und »Die Brüder Karamasow« blieb für die sowjetischen Ideologen weiterhin ein unbewältigtes, nicht zu entschärfendes, sehr massives Ärgernis. Und so kommt die neueste Nachricht nicht allzu überraschend, daß die auf dreißig Bände berechnete Gesamtausgabe der Moskauer Akademie der Wissenschaften, die ursprünglich schon 1973 vollständig hätte vorliegen sollen, ein Torso bleiben wird. Auch der bereits gesetzte Band 17 soll nicht mehr erscheinen. Dabei war es – abgesehen von der Geldfrage – dem normalen Sowjetbürger ohnehin schon schwer genug gewesen, die nur in einer relativ kleinen Auflage erscheinende russische Edition zu erwerben. Die persönliche Subskription des Interessenten wurde nämlich nur dann angenommen, wenn dieser ein spezielles Attest vorweisen konnte, das dem Kaufwilligen ein rein wissenschaftliches Interesse an der Akademie-Ausgabe bescheinigte. Hundert Jahre nach seinem Tode ist es in Rußland schwieriger, die Werke des größten russischen Dichters zu erhalten als in der Bundesrepublik politische und andere Pornographie. Während der Gutsbesitzer und Aristokrat Tolstoi in der Sowjetunion längst als nationaler Klassiker gilt, wird der zeitlebens zu den »Erniedrigten und Beleidigten« zählende proletarische Großstadtschriftsteller Dostojewski im »Vaterland des Proletariats« nach wie vor geächtet.

Damit sind wir wieder bei der Frage nach den Gründen, die diesen russischen Zeitgenossen von Marx für die sowjetischen Machthaber so unheimlich und unannehmbar machen. Warum heißt es heute im immer vernehmlicher werdenden Untergrund: »Marx ist tot, aber Dostojewski lebt«? Schon früh hat man den Psychologen Dostojewski bewundert. Nietzsche nannte ihn den »einzigen, von dem ich etwas zu lernen hatte«, und zählte dessen Entdeckung zu den schönsten Glücksfällen seines Lebens. Dostojewski hat menschliche Seelenregungen enthüllt, die vorher nicht literaturfähig waren, und insofern ist er ein Meister der Psychoanalyse avant la lettre. Er ist insbesondere ein unvergleichlicher Pathologe; kein Dichter hat jemals die Krankheiten, Leiden und Abgründe der Menschenseele treuer geschildert. Seine Werke sind darüber hinaus eine kriminalpsychologische Enzyklopädie, in der wir den gemeinen Lumpen, Betrüger und Gauner ebenso finden wie den sozialrevolutionären Machtmenschen und luziferischen Nihilisten.

»Wenn es Gott nicht gibt, dann ist alles erlaubt.« Dieser Gedanke hat Dostojewski äußerst beunruhigt, und in dieser Beunruhigung zeigt sich auch die Nähe zu Nietzsche, dessen Zarathustra bekennt: »Wenn es Götter gäbe, wie hielte ich's aus, kein Gott zu sein!« Die psychologische Virtuosität des russischen Dichters ist nicht Selbstzweck. Seine Seelenanalyse steht im Dienste einer metaphysischen, ja theologischen Fragestellung. Anders als die Romangestalten Stendhals, Flauberts oder Prousts agieren Dostojewskis Figuren – ob sie nun Heilige, Narren oder Verbrecher, Zuchthäusler, Prostituierte oder Fürsten sind – vor dem Angesicht Gottes. Auch die nationalen, sozialen und politischen Probleme werden in diese Dimension erhoben, im Lichte (oder auch im Schatten) des Absoluten aufgerollt. »Mich hat Gott mein ganzes Leben lang gequält«, sagt eine Gestalt in den »Dämonen«, und fast die gleichen Worte äußerte der Dichter selbst 1870 in einem Brief.

Dostojewskis Romane sind durch und durch theologisch, gemäß dem Wort Aljoschas gegenüber Iwan Karamasow: »Ja, für die echten Russen sind die Fragen, ob es einen Gott gibt und eine Unsterblichkeit oder, wie Du sagst, die Fra-

gen vom anderen Ende natürlich die ersten und vordringlichsten, und so muß es auch sein.« Überall in der Dostojewskischen Landschaft, schreibt R. Guardini, »läuft der Rand, auf dessen anderer Seite Gott steht«. Ganz am Ende seines Lebens bekannte der Dichter, daß er durch das Innerste eines »Höllenfeuers von Unglauben« zu Gott gefunden habe. In einer Zeit, in der Millionen sich den alten Kirchentümern entfremdeten oder überhaupt jede religiöse Bindung verwarfen, wollte dieser Russe Christ sein. »Wenn mir jemand bewiesen hätte, daß Christus außerhalb der Wahrheit steht, so würde ich es vorziehen, mit Christus und nicht mit der Wahrheit zu bleiben«, schreibt er in einem Brief. Seine dichterische Imagination ließ sich in einem solchen Maße von der Gestalt Jesu ergreifen, daß man große Teile seiner Romane und Erzählungen geradezu als Erläuterungen des Neuen Testaments lesen kann. Und zumindest die Legende von Christus und dem Großinquisitor, die in den »Brüdern Karamasow« steht, ist vielleicht noch mehr als nur Interpretation der Bibel, nämlich das Bruchstück eines verlorengegangenen oder auch noch unvollendeten Evangeliums.
In einem merkwürdigen, heute vergessenen Roman des jungen Joseph Goebbels sagt ein russischer Student: »Wir glauben an Dostojewski, wie unsere Väter an Christus glaubten.« Wir wissen, wer Goebbels war, doch dies ist kein Grund, seiner Aussage zu mißtrauen (Auch der Teufel kann die Wahrheit sagen, hat Thomas von Aquin mit Recht behauptet...). Hinzu kommt, daß in die gleiche Richtung zielende Bemerkungen auch von Männern ganz anderer Herkunft und Statur vorliegen, etwa von Nikolai Berdjajew, George Steiner und Manès Sperber. »Er stößt durch die soziale Schilderung hindurch ins Absolute, ins Religiöse – die jungen Menschen aller Länder glauben in seinen Gestalten ihr eigenes Innere zu erkennen«, sagte Hugo von Hofmannsthal 1921 von Dostojewski. Man kann seine Romane nicht bloß lesen. Sie fordern uns heraus, sie zwingen uns, über uns selber Gerichtstag zu halten. Wie wir sie lesen, wie wir uns ihnen aussetzen, von ihnen ergreifen lassen, ist ein Prüfstein unserer Glaubenskraft, unserer Fähigkeit zu dem radikalen Entschluß: »Du mußt dein Leben ändern.«

Doch hat Dostojewski überhaupt »Romane« geschrieben? Sind »Der Idiot«, »Schuld und Sühne«, »Die Dämonen«, »Die Brüder Karamasow« nicht weit eher dramatische Meisterwerke, wenn nicht gar erratische »Autos sacramentales« (um den spanischen Fachausdruck zu verwenden) in einer bereits weitgehend säkularisierten Literaturlandschaft? Dostojewskis Romane sind in der Tat gigantische religiöse Dramen, in denen eine alle Tiefen der Menschenseele aufwühlende, oft in wenigen Tagen explodierende Handlung sich in fieberhaft-hektischen Dialogen widerspiegelt. Dostojewskis vielbewunderter Realismus umfaßt nicht nur die Erde, sondern auch Himmel und Höllen, Christ und Antichrist, das Chaos der Schöpfungsfrühe, Paradies, Sündenfall und endzeitlich wiedergefundenes Paradies. In seinem apokalyptischen Realismus sind das Tragische mit dem Phantastischen, das Naturalistische mit dem Visionären, das Journalistische mit dem Prophetischen untrennbar verbunden.

Nahezu ein halbes Jahrhundert bevor das Zeitalter der Weltkriege, Weltkrisen und Weltrevolutionen begann, inmitten einer Epoche euphorischen Fortschrittsglaubens, hat der als Konservativer, ja als Reaktionär verketzerte

Russe mit tiefer Unruhe und banger Sorge vor herannahenden Katastrophen gewarnt, »wie sie nur alle paar Jahrtausende vorkommen«. Er hat, wie der von Lenin aus Moskau vertriebene Philosoph Nikolai Berdjajew feststellt, »alle geistigen Grundlagen und Triebfedern der russischen Revolution prophetisch enthüllt«. Er hat vorausgesagt, wie bitter die Früchte des Kommunismus schmecken würden. Es gibt bei ihm Stellen, die sich lesen, als ob er bereits Hitler und Stalin, die Konzentrations- und Vernichtungslager sowie die Möglichkeit eines nuklearen Menschheitsuntergangs vorhergesehen hätte. Dostojewski enthüllt die Dialektik eines kriminellen Humanitarismus, einer in Sklaverei endenden Emanzipationsideologie und eines revolutionären Sozialismus, der nicht das versprochene klassenlose Reich der Freiheit errichtet, sondern die gnadenlose Diktatur in Permanenz. Die Legende vom Großinquisitor ist nicht nur eine Kritik der römischen Kirche, sondern auch eine Auseinandersetzung mit dem totalitären Wohlfahrtsstaat. Dostojewski hat mit unerhörter prophetischer Schärfe die Frage nach den theologischen Prämissen aller entscheidenden politischen Entwürfe gestellt. Dieser an Epilepsie leidende Zeitgenosse Marx' hat die Fallsucht der modernen Zivilisation hellsichtig diagnostiziert.

Der russische Christ, in dem ein Stück uralten asiatischen Schamanentums wiederauferstanden war, ist nur scheinbar im Jahre 1881 gestorben. In Wirklichkeit ist er unser Zeitgenosse, der Prophet der Verdammnis und Hoffnung unserer Weltstunde, der wie kein anderer Dichter des 19. Jahrhunderts unser Schicksal vorweg erlitten, enthüllt und dichterisch ausgedrückt hat. Ein einziges Kapitel seiner großen Romane, die im Grunde gar keine Romane sind, vermag uns mehr Aufschlüsse über die Rätsel der menschlichen Existenz und die Krise unseres Zeitalters zu geben als sämtliche Werke von Marx, Engels und Lenin zusammen. Obwohl die roten Inquisitoren Dostojewski gegenüber seit Jahrzehnten die Worte wiederholen, die er in seiner Legende den Großinquisitor zu Christus sagen läßt: »Geh und komm nicht wieder ... komm nie, nie mehr wieder ... niemals, niemals!«, ist dieser prophetische Dichter und Wahrheitszeuge nicht umzubringen. Dostojewski lebt! (1978)

ERNEST RENAN

Vorbei ist die Epoche des Kulturkampfes, in der Ernest Renan, geboren am 27. Februar 1823 in Tréguir in der Bretagne, den einen als Laienpapst säkularer Aufklärung, den anderen als der »Antichrist auf dem Katheder« erschien. Vorbei sind die Zeiten, da sein »Vie de Jésus«, erstmals 1863 erschienen, zu den meistgelesenen und umstrittensten Büchern gehörte – zur Zeit ist auf dem deutschen Büchermarkt keines seiner Werke erhältlich, nicht einmal eine Auswahl seiner religionsgeschichtlichen, zeitkritischen, politischen und biographischen Schriften.

Wer kennt noch den einst berühmten Geschichtsschreiber des jüdischen Volkes, der eigentlich lieber eine Geschichte des griechischen Geistes geschrieben hätte, und den von deutscher Bibelkritik inspirierten Historiker des frühen Christentums? Seine Darstellung Jesu als eines romantisch-sentimentalen Schwärmers und Edelanarchisten findet heute ebensowenig Liebhaber wie seine halb skeptische, halb blasphemische Freigeisterei, die ihn als Wahlverwandten Voltaires und Anatole Frances erweist.

Doch hinter der Haltung mondäner Aufklärung, spielerischer Eleganz und müde lächelnder Ironie verbirgt sich ein anderer Renan: ein überaus trauriger, von Angstvisionen heimgesuchter und am Sinn aufklärerischer Emanzipation zweifelnder, ja verzweifelnder Renan. Der tragische Liberale Renan, der von der Frage gequält wird, ob in einer total religionslosen Gesellschaft dauerhafte moralische Normen überhaupt möglich sind. Der hellsichtige Diagnostiker seiner Zeit, begabt mit einem prophetischen Blick für kommende Krisen und Katastrophen.

Renan war Liberaler, seitdem er unter dem Eindruck des Studiums Hegels und der deutschen historisch-kritischen Bibelwissenschaft das katholische Priesterseminar St. Sulpice in Paris verlassen hatte. Weder politische noch moralische Fehlleistungen der Kirche, sondern die Widersprüche zwischen dem Johannes-Evangelium und den Synoptikern entfremdeten den vor der Subdiakonatsweihe stehenden jungen Mann seinem Glauben. Sein Liberalismus bedeutete zunächst nichts anderes als Emanzipation von unbefragten Autoritäten, Dogmen und Traditionen; Selbstbehauptung der individuellen Vernunft gegenüber überlieferten Bindungen; Vertrauen auf die geschichtliche Macht von Bildung, Wissenschaft und Erziehung.

Sein Jugendwerk »L'Avenir de la Science« – verfaßt im Sturmjahr 1848/49, doch erst 1890 veröffentlicht – gehört zu den großen Dokumenten liberaler Fortschritts- und Wissenschaftsgläubigkeit: »Die Französische Revolution ist der erste Versuch der Menschheit, ihr Schicksal selbst in die Hand zu nehmen ... Man kann mit Robert Owen sagen, daß alles, was ihr vorangegangen war, die irrationale Periode der menschlichen Existenz war, und daß eines Tages diese Periode in der Geschichte der Menschheit ... nur als eine merkwürdige Einleitung zählen wird.«

Was nun bevorstehe, schreibt Renan, sei der Triumph der Moral über die Politik; Mittel zu diesem erhabenen weltgeschichtlichen Zweck sei die moderne Wissenschaft. Der *amour pur,* die reine Liebe der Wissenschaft, zerbreche die Ketten der Irrationalität und Barbarei. Der Heilige der Zukunft sei der Gelehrte, der Erzieher, der Liebhaber des Schönen. Die Wissenschaft sei imstande, eine dauerhafte, die Menschheit vervollkommnende Ordnung der gesellschaftlichen Beziehungen zu begründen: »Die ideale Herrschaft wäre eine wissenschaftliche Herrschaft, in der kompetente und spezialisierte Menschen die Probleme der Verwaltung und der Politik wie wissenschaftliche Fragen behandeln und auf rationale Weise die Lösung suchen würden.« – »Die Menschheit wissenschaftlich organisieren, das ist das letzte Wort der modernen Wissenschaft, das ist ihr kühner, aber legitimer Anspruch.«

Dies ist eine Fortführung der szientistisch-technokratischen Träume Condorcets, Saint-Simons und Comtes, dieser Hohenpriester der »Kirche der Wissenschaft«. Und wie bei ihnen verbindet sich auch Renans Glaube an die Allmacht der Wissenschaft mit dem an den fortschrittlichen Gang der menschlichen Geschichte. Das war auch der Glaube Lessings, Herders und Hegels, das Credo des deutschen Spiritualentums zwischen 1790 und 1830. Aufgabe Europas sei es, durch Ausbildung und weltweite Verbreitung des wissenschaftlichen Geistes den Fortschritt zu sichern.

Bereits hier weist Renans Denken gewisse Züge auf, die es von dem des vulgären Progressismus unterscheiden: »Ich bin tief überzeugt, wenn man sich nicht beeilt, das Volk zu erziehen, zu heben, dann stehen wir an der Schwelle einer furchtbaren Barbarei. Wenn das Volk triumphiert, so wie es jetzt ist, wird es schlimmer sein als die alten Franken und Vandalen.« Und doch bezeichnet dieser vor dem Aufstand der unzivilisierten Massen sich ängstigende Liberale sein Jahrhundert als »le plus amusant des siècles«...

Eine erste Erschütterung seines Glaubens bedeutete für Renan 1852 die cäsaristisch-plebiszitäre Machtergreifung Napoleons III. Die »demokratische Religion« schwand dahin. Er unterscheidet nun scharf zwischen Revolution und Freiheit, zwischen Herrschaft der Mehrheit und liberaler Regierung. Die geistige Ungleichheit der Menschen, die schöpferische Macht kleiner Minderheiten gewinnen für ihn zunehmend an Evidenz: Entstehung, Bewahrung und Fortschritt hoher Kultur sei eine durch und durch aristokratische Angelegenheit. Die große Tugend einer Nation bestehe darin, schreibt er 1869, die geschichtlich überlieferte Ungleichheit zu ertragen. Jede politische Konstruktion müsse eine konservative Basis haben.

Renan bezichtigt die Revolution, das Individuum »vom Gestern und Morgen« und von den »moralischen Bindungen« getrennt zu haben. Er setzt nun auf eine »oligarchische Lösung des Problems des Universums« und auf eine verantwortliche Elite, die die schöpferischen Kräfte nicht nur Frankreichs, sondern Europas in sich vereinigen sollte – hierarchisch gegliedert nicht nach Abstammung und Besitz, sondern nach dem Rang geistiger Leistung. Das alles nimmt bereits Gedanken Nietzsches vorweg, wenngleich Renan noch immer dem liberalen Glauben an die Macht von Wissenschaft und Bildung anhängt, welche nur in Freiheit gedeihen könnten.

An diesem Glauben hält er auch in seinem Buch »La Réforme intellectuelle et morale« (1871) fest – geschrieben unter dem Eindruck des Deutsch-Französischen Krieges, der Kommune von Paris und dem Verlust Elsaß-Lothringens. Renan prüft die Voraussetzungen des deutsch-preußischen Sieges. Im Vorwort formuliert er eine Absage an Deutschland, das er seinen Lehrer von einstmals nennt: »Es war der Traum meines Lebens, für die geistige, moralische und politische Allianz zwischen Deutschland und Frankreich zu arbeiten..., um die Welt zu einer freiheitlichen Zivilisation zu führen... Meine Chimäre, ich gestehe es, ist für immer zerstört. Ein Abgrund ist zwischen Frankreich und Deutschland aufgebrochen; Jahrhunderte werden ihn nicht schließen.«

Und dennoch ist diese epochale Selbstkritik des Liberalismus, die Georges Sorel das ernsteste und aufrichtigste von allen Werken Renans nannte, zugleich eine Apologie des »deutschen Wesens«: Der preußische Erfolg im Kriege gegen Frankreich sei ein Sieg der »moralischen Superiorität«, ein Sieg der besseren, härteren und anspruchsvolleren Erziehung. Preußen siegte, weil es im

»Ancien Régime« verblieben war. Ancien Régime bedeutet Erhaltung der aristokratisch-virilen Tugenden, hierarchische Gliederung der Gesellschaft, stolze Männlichkeit. Der Kampf Preußens gegen Frankreich war die »Vendée des Nordens«. In ihr siegte die Disziplin einer zu Selbstverleugnung fähigen Kultur über die unheroische Leichtlebigkeit einer Demokratie, die »den Vorrang des Adligen und Gelehrten« nicht begreifen will und vom ewigen Frieden träumt.

Mit diesem Bild von Deutschland vor Augen entwirft Renan den Plan des politisch-kulturellen Wiederaufbaus in Frankreich: Universitäten nach dem Vorbild Preußens; aktive Kolonialpolitik; Unterwerfung nichtzivilisierter Rassen; Kampf gegen die sozialistische Bedrohung... Hier nimmt Renan bereits Elemente faschistischer Politik vorweg, und es ist bezeichnend, daß sich Mussolini in seiner »Dottrina del fascismo« am ausführlichsten auf diesen am Liberalismus verzweifelnden Franzosen beruft, ihm eine »Vorahnung des Faschismus« attestiert.

Trotz solcher Vorzeichen bleibt Renan – dieser »erstaunlichste Geist zwischen Marx und Nietzsche«, wie Ernst Nolte ihn genannt hat – dem Geiste der Aufklärung treu. Er schreibt so erstaunliche Sätze wie diesen: »Die Kultur der Seele, das ist unsere Religion« und fügt hinzu: »Wenn aber die Kultur des Geistes, die Kultur der Seele eine heilige Sache ist, dann darf niemand von ihr ausgeschlossen werden.« Der voltairianische Spötter und radikale Rationalist, der den Satz wagte: »Die Vernunft wird erst die Menschen organisieren und dann Gott«, bekennt auch, daß man Kritik der Religion nur auf den Knien betreiben dürfe.

Den Geschichtsschreiber des Christentums, der in seiner sieben Bände umfassenden »Histoire des Origines du Christianisme« (1863–1882) die jesuanische Botschaft vom Reiche Gottes als Leitmotiv verwendet hatte, ließ auch als liberaler Aufklärer die Idee von einem Reich Gottes auf Erden nicht los. Seine Rede »Qu' est-ce qu'une nation?« (1882) ist ein Hymnus auf die menschliche Freiheit, auf ihre Überlegenheit über alle physischen Schranken wie etwa die Rasse.

Gleichwohl geht durch sein Denken ein Bruch, der nur ungenau bezeichnet wird, wenn man ihn auf den Unterschied von jugendlichen Optimismus und greisenhaften Pessimismus zurückzuführen versucht. Dieser Bruch hat mehr als bloß individuell-biographische Gründe. In ihm manifestiert sich eine tieferliegende Problematik, die Epochencharakter hat: das auf seine eigenen sozialen, aber auch metaphysischen Voraussetzungen stoßende liberale Bewußtsein. Renan verkörpert die Dialektik des Liberalen, der die Bedingungen und Grenzen seiner traditions- und autoritätskritischen Haltung zu reflektieren beginnt – die Einsicht, daß der Liberalismus, der als Kritik der Überlieferung angetreten ist, sich selbst aufhebt, wenn die Überlieferung des von ihm Kritisierten vollends aufhört.

»Was braucht man noch einen Protest, wenn man nichts mehr hat, wogegen zu protestieren ist?« Diese Frage Dostojewskis, des antiliberalen Zeitgenossen von Renan, faßt das Dilemma des westlichen Liberalismus in eine bündige Formel. Dieses Dilemma ist auch der Quell der Unruhe, Angst und Verdüsterung, die den »Papst des Antiklerikalismus«, wie zeitgenössische Kritiker ihn nennen, in steigendem Maße quälen. Immer mehr beschäftigt den alten Renan die Frage, ob nicht der Fortschritt rationaler Durchdringung und Beherrschung der Natur jenes Ethos zerstört, das die Grundlage der einen Zivilisation bildet, von der aus Wissenschaft, Technik und liberale Politik ihren Siegeszug um die Welt begonnen haben.

Es ist dies die Frage, die später Joseph A. Schumpeter, der österreichische Nationalökonom, und Christopher Dawson, der englische Geschichtsphilosoph, aufgenommen haben: Beide bekräftigen den metaphysischen Verdacht Renans mit historischen Argumenten. Der Liberalismus ist nur solange eine schöpferische Potenz, als er auf Reserven zurückgreifen kann, die er selbst nicht geschaffen hat. Sofern Liberalismus ein Sichbefreien von allen vorliberalen Institutionen, Überlieferungen und Werten meint, reißt er nicht Schranken nieder, die seiner Entfaltung entgegenstehen, sondern Strebepfeiler, die seinen Zusammenbruch verhindern. Liberalismus ist nur möglich in der stets gefährdeten Symbiose mit Mächten, die ihm widerstehen.

Genau das meinte Renan, als er den französischen Liberalen vorwarf, sie begriffen nicht, daß jede politische Konstruktion eine konservative Basis haben müsse. Am erschütterndsten gelangt die bange Sorge, die Renans Alter verdüsterte, im Vorwort zu den 1892, in seinem Todesjahr, erschienenen »Feuilles détachées« zum Ausdruck:

»Ein unermeßlicher moralischer und vielleicht auch intellektueller Niedergang wird dem Tag folgen, an dem die Religion auf der Erde verschwindet. Wir können zwar ohne Religion auskommen, weil andere sie für uns noch haben. Diejenigen, die nicht glauben, werden durch die mehr oder minder gläubige Masse mitgerissen; aber an dem Tage, an dem die Masse keine Schwungkraft mehr besitzt, gehen selbst die Tapferen nicht mehr zum Sturm vor. Der Wert des Menschen bemißt sich nach der Größe des religiösen Gefühls, das er von seiner Jugend her bewahrt hat, das den Duft seines Lebens bildet. Die religiösen Menschen leben von einem Schatten. Wir leben vom Schatten eines Schattens. Wovon wird man nach uns leben?«

Man muß nicht zu jenen Theologen gehören, die einen Atheisten, wenn er nur von Gott redet, fast schon als ihresgleichen vereinnahmen, um in diesen traurigen Sätzen den Renan zu vernehmen, der auch noch auf unsere Fragen antwortet. Er, der nicht zögerte, zu bekennen, daß er sich nicht vorstellen könne, »wie man ohne die alten Träume die Grundlagen eines noblen und glücklichen Lebens aufbauen kann«, war trotz allem kein Heiliger. Er war ein Mensch in seinem Widerspruch. Doch dieser Widerspruch war und ist nicht ausschließlich Renans Eigentum; in ihm drückt sich vielmehr die Aporie der liberalen Gesellschaft aus.

Wenn heute politischer Schwachsinn das Wort liberal zum Namen für die progressive Liquidierung verbindlicher Freiheit verhunzt, dann mag die Wiedererinnerung der metapolitischen Einsichten Renans, dieses schwermütig leichtsinnigen Liberalen, Skeptikers und Konservativen wider Willen, für das stehen, was einmal das Wort *Ernst* meinte – für den Gegensatz zu jener Ahnungslosigkeit, die links und rechts sich ausbreitet. (1973)

HIPPOLYTE TAINE

Konservatives Denken zeigt sich in mancherlei Gestalten. Wer vor allem die deutsche Geistesgeschichte im Auge hat, wird den Konservatismus mit politischer Romantik, überhaupt einer betont romantisch-idealistischen Bewußtseinsform, der Sehnsucht nach alten, angeblich heilen Zeitaltern in Verbindung bringen. Im angelsächsischen Raum weist konservative Politik ein betont pragmatisches Element auf; der Konservative gilt dort als Anwalt des gesunden Menschenverstandes und theorieloser, durchaus unromantischer Nüchternheit. Wieder anders erscheint uns das Phänomen in den romanischen Ländern, insbesondere in Frankreich. Die Franzosen sind nicht nur die Nation der Jakobiner, sondern auch, bis heute, ein ausgesprochen konservatives Volk. Frankreich hat Europa seit 1789 mehrere Revolutionen beschert; es ist aber auch die Pflanzstätte des gegenrevolutionären Konservatismus, wie die Namen de Maistre und Bonald beweisen; auch Saint-Martin und, mit Vorbehalten, Alexis de Tocqueville müssen in diesem Zusammenhang genannt werden. Der französische Konservatismus ist, anders als der britische, betont theoriefreundlich; er äußert sich immer wieder, von Bonald bis Charles Maurras, in systematischer, um nicht zu sagen doktrinärer Form. Die Franzosen haben gewissermaßen das *magisterium* im Konzert der konservativen Internationale; das Erstgeburtsrecht einer konservativen Theorie kommt eindeutig ihnen zu. Wobei noch zu erwähnen ist, daß zwar Chateaubriand bereits 1818 eine Zeitschrift »Le Conservateur« gegründet hat, die sich einsetzte für »conserver les saines doctrines«, ein Bewahren der gesunden Lehren, ohne daß das Wort »Konservatismus« in Frankreich die politisch-ideologische Bedeutung erlangt hätte, die es anderswo hat. Die Franzosen sprechen statt dessen von »*la droite*«, der Rechten. Deren Ideologie hatte im ersten Drittel des vorigen Jahrhunderts noch einen stark religiösen, genauer: katholischen Charakter; de Maistre und Bonald waren im Grunde Laien-Theologen, die von einer »heiligen Politik«, einer Restauration des Gottesgnadentums träumten. Doch schon bald brachte Frankreich den Typus des aufgeklärten, cartesianisch argumentierenden Rechtsintellektuellen hervor, gleichsam die Figur des »wissenschaftlichen Konservativen«. Dieser lehnt den revolutionären Radikalismus, die sei's jakobinische, sei's sozialistische Utopie, nicht mit religiösen oder metaphysischen Argumenten ab, sondern unter Berufung auf wissenschaftliche Erkenntnisse, vor allem solche der kritischen Historiographie, der Anthropologie, Soziologie und heute auch der Verhaltensforschung. Während in Deutschland die Soziologie sowohl bei Freunden als auch bei Verächtern als Domäne linksprogressiver »Weltveränderer« gilt, hat sie in Frankreich seit Comte und Durkheim den Ruf einer ausgesprochen konservativen Disziplin, einer Stabilisierungs- und Ordnungswissenschaft, dienstbar dem legitimen menschlichen Bedürfnis nach funktionierenden Institutionen. Die Rechte hat immer gewußt, daß in Lebenslagen, in denen Ordnung und Fortschritt oder Ordnung und Freiheit völlig in Widerstreit zu geraten drohen, die Menschen sich für die Erhaltung oder Wiederherstellung stabiler Verhältnisse entscheiden werden – dies nicht, weil sie autoritäre »Faschisten« sind, sondern normale Menschen. Französische Soziologie ist eine konservative Antwort auf die revolutionären Ereignisse seit 1789; sie soll die Revolution nicht herbeireden oder forcieren, sondern *beenden.*

In diesen geistesgeschichtlichen Zusammenhang muß *Hippolyte Taine* eingeordnet werden, also jener Denker, Gelehrte und Kritiker, der am 21. April 1828 in der Ardennenstadt Vouziers geboren wurde. Von den mächtigen Wäldern der Gegend, in der er aufwuchs, erhielt er dann auch nachhaltige Eindrücke; sie weckten seinen Sinn für großartige Naturszenen, der in seinen Werken so oft hervorbricht. Taines Leben verlief fast ereignislos, und er hat alles getan, um ein verborgenes, stilles Gelehrtendasein, nur seinen Studien und seiner Familie gewidmet, führen zu können. Nachdem er eine solide historische und philologische Ausbildung an der École Normale, dem bedeutendsten Lehrerbildungsinstitut Frankreichs, genossen hatte, war er an einer Schule in Besançon tätig, hierauf lebte er als Privatgelehrter in Paris, bis ihm 1865 ein Verwandter Napoleons III. eine Professur an der École des Beaux Arts verschaffte. Verschiedene Reisen führten ihn nach England, Belgien, Deutschland, den Niederlanden, Italien und der Schweiz. Es waren Studien- und Bildungsreisen. 1878 wurde er in die Académie Française gewählt. Er starb am 5. März 1893.

Ein neuer Blick auf Taine, mehr noch: seine Wiederentdeckung ist seit langem fällig. Wie konnte ein so machtvoller, vielseitiger und schöpferischer Geist in einem solchen Maße in Vergessenheit geraten, daß heute sogar geistesgeschichtlich und soziologisch Interessierte oft nicht einmal seinen Namen kennen? Dabei war Hippolyte Taine in der zweiten Hälfte des vorigen Jahrhunderts ein überaus einflußreicher Autor, und mit Recht hat man ihn einen der gebildetsten und kultiviertesten Männer seiner Zeit genannt. Nietzsche rühmte ihn als den »*ersten* lebenden Historiker« und »mit einer Taineschen Unerschrockenheit, aus einer Stärke der Seele heraus«, wünschte er eine kompetente Biographie Luthers geschrieben zu sehen. Meinungsverschiedenheiten über Taine gaben den letzten Anstoß zum Bruch von Nietzsches Freundschaft mit Erwin Rohde, dem Verfasser eines heute noch lesenswerten Buches über den Seelenglauben der alten Griechen. »Die Morgenröte« und »Die fröhliche Wissenschaft« hat der deutsche Philosoph an Taine geschickt, der sich für die Zusendung höflich bedankte, wenngleich die Korrespondenz zwischen beiden – nur fünf Briefe sind bekannt – leider nicht umfangreich ist. »Vielleicht hat niemand seit Hegel mehr originelle und tiefgründige Gedanken über die Geschichte der Literatur und Kunst in Umlauf gebracht, vielleicht wahre, vielleicht auch falsche, auf jeden Fall anregende und herausfordernde«, sagt Ferdinand Brunetière von Taine; ähnliche Aussagen ließen sich reihenweise anführen. Einen »Don Juan des Wissens« nannte ihn einer seiner Bewunderer, und Georg Brandes, der dänische Literaturhistoriker und Entdecker Nietzsches, sah in Taine einen Renaissancemenschen mit einer Vorliebe für grandiose und leidenschaftliche Strenge.

Hippolyte Taines Zugehörigkeit zur famille spirituelle des französischen Konservatismus wiegt um so schwerer, als er seiner Herkunft und seinem Temperament nach durchaus kein Konservativer im üblichen Sinne des Wortes war, sondern ein Liberaler. Nicht durch Abstammung, Klasseninteresse oder Gewohnheit näherte er sich im Laufe seines Lebens der Rechten, sondern aufgrund seiner umfassenden wissenschaftlichen Studien, aus Einsicht in die unabdingbaren Voraussetzungen zivilisierten Zusammenlebens, aus liberalem Abscheu vor dem verwegenen Leichtsinn plebejischer Radikaler und utopistischer Intellektueller. Die Herrschaft der Pariser Kommune im Frühjahr 1871 erschreckte ihn mehr als die Niederlage seines Vaterlands im deutsch-französischen Krieg, den er nicht gewollt hatte.

Taine repräsentiert den Typus des modernen Konservativen, der sich nicht mehr auf feudale, kirchliche und andere Überlieferungen stützt, sondern einzig auf seine Vernunft und Einsicht. Die Parole vom konservativen »empirisme organisateur«, seit Maurras berühmt geworden, kennzeichnet sehr treffend den Standort Taines. Kein Wunder, daß dieser obdachlose Rechtsintellektuelle in eine merkwürdige Zwischenstellung geriet, die ihn aber, aus der Perspektive unserer Zeit, so eminent aktuell erscheinen läßt. Den rechten Traditionalisten seines Jahrhunderts galt er als verkappter Linker; die Linken hielten ihn für einen Renegaten, einen Verräter der Sache emanzipatorischen Fortschritts.

Hippolyte Taine war auf eine sehr noble Weise wissenschaftsgläubig, hingegeben seinen historischen, sozialwissenschaftlichen und psychologischen Studien, ein Priester des Szientismus seines Zeitalters, ein Mönch aus dem Orden positivistischen Erkenntnisstrebens. Anders als Sainte-Beuve und Renan, mit denen er manchmal in einem Atemzug genannt wird, ist er ein von der Romantik ganz und gar unbeeinflußter Kopf. Sein Lebensweg ist der eines theoretischen Menschen. Auch zur Politik gelangte er erst auf dem Umweg geschichtlicher Forschungen. Wissenschaftliche Erkenntnis war sein Ethos und seine Religion. Er bekannte: »Das Glück ist unmöglich; die Ruhe ist das höchste Ziel des Menschen, und man kann sie nicht erreichen, wenn man nicht unerschütterliche Überzeugungen hat. Ich habe solche Überzeugungen.« Und an anderer Stelle: »Mit meiner Verehrung für die Wahrheiten der *Raison* und mit meinem unbedingten Vertrauen auf die Macht der Intelligenz gleiche ich einem Katholiken, der nur von seiner Kirche und seinem Glauben sprechen kann.« Taine wollte Geistesgeschichte, Politik, Literatur- und Kunstkritik sowie Ästhetik auf eine wissenschaftliche Grundlage stellen, und in der Entwicklung künstlerischen Schaffens objektive Gesetzmäßigkeiten aufdecken. Rasse, Milieu und Moment – der jeweilige geschichtliche Augenblick (die Griechen sprachen von *Kairos*) – waren ihm die drei bestimmenden Faktoren des historischen Prozesses. In diesem Sinne schrieb er seine Bücher über Titus Livius und Lafontaine, über die antike Kunst, die englische Literatur, die Malerei der Niederländer und der Italiener. Den Gipfel seines schriftstellerischen Schaffens stellt sein mehrbändiges Werk »Die Entstehung des modernen Frankreich« (1875–1894) dar. Es gehört zu den ehrgeizigsten historischen Arbeiten des neunzehnten Jahrhunderts und verbindet psychologische, soziologische sowie kulturwissenschaftliche Methoden. Taine ist der große Entmythologisierer der Französischen Revolution; allein schon deshalb sollten ihn die Konservativen ehren. War die Revolution für Jules Michelet ein gewaltiges Heldengedicht und ein glorreicher Neubeginn, so erschien sie Taine als katastrophale Regression in die Barbarei, als kollektives Desaster, ein epileptischer Anfall, der Frankreich in Anarchie, Terror und Despotismus stürzte und um Jahrzehnte zurückwarf. Das angeblich finstere Mittelalter war, kulturanthropologisch betrachtet, differenzierter und progressiver als die von den delirierenden Ideen der Aufklärung – gesunkenem Kulturgut – angeheizte Revolutionsepoche. Taine betont die geistigen Ursachen der Ereignisse von 1789 und ihrer Folgen. An erster Stelle nennt er den zum Leerlauf neigenden rhetorischen Rationalismus, der sich mit Rousseaus sentimentalem Mythos von der angeborenen Güte der menschlichen Natur verbindet. Solche Tendenzen, erklärt Taine, könnten nur dann schöpferisch wirken, wenn sie von starken Gegenmächten umgrenzt, gebändigt und relativiert werden; doch an solchen haltenden Mächten gebrach es eben im zu Ende gehenden achtzehnten Jahrhundert, und so verfiel die Gesellschaft politisch-ideologischer Besessenheit. Nicht nur die tonangebenden Literaten und Philosophen, sondern auch die herrschenden Klassen hatten damals die Wahrheit verdrängt, die Taine in einem am 12. Juli 1873 geschriebenen Brief an Guizot so formuliert hat:

»Die Zoologie zeigt uns, daß der Mensch Reißzähne hat; hüten wir uns, seine wilden Raubtierinstinkte zu wecken. Die Psychologie zeigt uns, daß die Vernunft beim Menschen durch Wörter und Bilder gestützt wird; hüten wir uns, in ihm den Narren und Phantasten wachzurufen... Die Geschichte zeigt uns, daß die Staaten, die Religionen, die Kirchen, alle großen Institutionen, die einzigen Mittel sind, durch welche der tierische und wilde Mensch sein geringes Teil Vernunft und Gerechtigkeit erwirbt...«

Die Revolution bedeutet den Triumph abstrakt-rhetorischer Intellektualität, des für die unaufhebbare Komplexität der Wirklichkeit blinden Ideologen und Phrasendreschers. Jede Art von etablierter, durch Tradition gerechtfertigter Herrschaft, und sei sie noch so unvollkommen und kritikwürdig, sei dem Regiment des revolutionären Pöbels, an dessen Spitze fanatische Advokaten und Halbgebildete stehen, vorzuziehen. Ende 1792, schreibt Taine, wird Frankreich von der Metropole aus regiert, und dort herrschen fünftausend Scheusale und Schufte mit zweitausend liederlichen Weibern, die die Nation zwingen, mit dem Kopf zu gehen und den Füßen zu denken. Die Jakobiner sind nicht einmal echte Barbaren, sondern mediokre Gehirne, zweitklassige Journalisten und größenwahnsinnige Winkeladvokaten, die, von wenigen abstrakten Ideen berauscht, das in Jahrhunderten geschaffene Kapital eines ganzen Volkes vernichten. Es handelt sich um elende Pubertäre, die ärger wüten als einst die Vandalen und Hunnen.

Die Barbaren sind mitten unter uns. Dieser Gedanke läßt Taine, wie zwei Jahrhunderte vor ihm Hobbes angesichts des Bürgerkriegs in England, zur Kassandra werden. Mitten in der Zivilisation gibt es ein Potential an Gewalttätigkeit, Destruktivität und Primitivismus, das nur auf den Augenblick wartet, in dem es sich seiner Fesseln entledigen kann. Und dieser unterirdische Fundus ist um so gefährlicher, als er sich verführerischer Phrasen zu bedienen weiß. Henker, Folterknechte und Terroristen pflegen seit zweihundert Jahren unentwegt von Menschenrechten, Humanität, Vernunft, Freiheit, Gerechtigkeit, Brüderlichkeit, Demokratie, Sozialismus und ähnlichem zu reden. Doch dahinter lauert nichts als der Wille zur Macht, gnadenloses Ressentiment, Zerstörungslust und Mordgier. Wenn man die humanitaristischen Schleier entfernt, entdecken wir die Bestie: das Krokodil und den Wolf.

Der Historiker und Soziologe Taine ist ein unerbittlicher Anti-Rousseau. Er kritisiert die Revolution – nicht weil er ein Anhänger des Adels oder der Monarchie ist, sondern weil seinem Sinn für Ordnung alle totalitären Gewaltkuren widerstreben, weil sein wissenschaftliches Gewissen das eitle Narrenspiel utopistischer Hoffnungen verabscheut. In dieser Hinsicht gleicht er dem Jacob Burckhardt der »Weltgeschichtlichen Betrachtungen«, und mit dem großen Basler Historiker teilt er nicht nur die skeptische Abneigung gegenüber dem Fortschrittsglauben und dem heraufkommenden Zeitalter der Massen, sondern auch seine Vorliebe für die sinnenfroh-festliche Kunst von Rubens, insbesondere aber die Faszination durch die italienische Malerei der Renaissance. Wer den ganzen Taine kennenlernen will, muß neben dem Werk über die Ursprünge des modernen Frankreich seine »Reisen in Italien« lesen. Im Mittelpunkt dieses Buches steht die Kunst, insbesondere die venezianische Malerei. Vor den Bildern Tizians, Tintorettos, Veroneses, Tiepolos stehend, gerät dieser kühle, an streng naturwissenschaftlichem Denken geschulte Analytiker in einen Zustand religiöser Ergriffenheit und visionärer Schau. Angesichts der Meisterwerke italienischer Malerei, so bekennt er, fällt ein Schleier von den Augen, »man entdeckt eine unbekannte Welt, ein Paradies von Entzückungen, jenseits aller Träume«.

Durch das auf weit über hundert Inseln sich erstreckende Labyrinth aus Wasser und Stein der Stadt Venedig wandernd, erkennt Taine die geographischen, klimatischen und politischen Voraussetzungen der überragenden Kultur dieser aristokratischen Republik: »Venedig ist nicht nur eine besondere, von allen Städten Italiens verschiedene Stadt, sondern Venedig ist auch eine besondere, von allen anderen Gegenden Italiens abweichende Gegend, mit einem eigenen Boden, einem eigenen Himmel, einem eigenen Klima und einer eigenen Luft. In der ununterbrochenen Bewegung wandeln sich und schmelzen alle Farbtöne. Je nach den Farben des Himmels wechselt das Wasser. An Stelle der klaren, starken und trockenen Töne des festen Bodens gewahrt das Auge ein Schillern und Verschwimmen, ein unaufhörliches Aufstrahlen verschmolzener Farben. Man könnte Stunden damit verbringen, diese Abstufungen und Tönungen, diesen Glanz zu beobachten. Ist aus einem derartig täglich betrachteten Schauspiel, aus dieser unwillkürlich als Lehrmeisterin aufgenommenen Natur das Kolorit der Venezianer entstanden?« Die Kirche San Marco betrachtend, ruft Taine aus: »Der Phantasie eines Magiers gleich ragt sie auf mit dem luftigen Schmuck eines Zauberpalastes! Ein verschwenderischer Reichtum an verschlungenen und verwobenen Formen quillt daraus hervor!« Von Tintoretto sagt er hingerissen: »Kein Maler hat so die Bewegungen gefühlt und wiedergegeben. Man findet kein mächtigeres und fruchtbareres Künstlertemperament in der Welt. Die Luft, die man bei Tintoretto atmet, ist feuriger als anderswo; diese Flamme des Lebens, die in Blitzen aus einem reifen und genialen Gehirn sprüht. Bevor man Tintorettos Werk nicht gesehen hat, hat man keine Idee von der menschlichen Phantasie«, denn dieser venezianische Maler »wandert grandios im Unmöglichen«.

Taine hat den Gegensatz zwischen Logik und Intuition, Analyse und Synthese,

Kritik und Enthusiasmus, Wissenschaft und Künstlertum tief empfunden. Zu sehr an der Gegenwart interessiert, um ein abgeklärter Historiker zu sein; zu sehr Theoretiker, um sich als Romancier zu versuchen; zu sehr Literat, um bloß ein akademischer Wissenschaftler zu sein, verkörpert er am vollendetsten den Typus des universal gebildeten, aufgeklärten und kritischen Liberalen, der aufgrund geschichtlicher Erfahrungen und illusionsloser wissenschaftlicher Studien zum Konservativen wird – ohne durch diesen Wandel sich selber untreu zu werden.
Hippolyte Taine gehört zu jenen bedeutenden Gestalten der französischen Geistesgeschichte, die, anders als Pascal oder Rousseau, wenn schon von nicht jeder, so doch von jeder zweiten oder dritten Generation neu entdeckt werden. Wenn hier seiner gedacht wird, dann nicht, um einen Toten noch einmal zu begraben, sondern um auf einen faszinierenden und vielseitigen Geist hinzuweisen, der als Schriftsteller, Historiker und politischer Denker keineswegs abgetan ist, dessen Wiederkehr manche Zeichen unserer Zeit anzukündigen scheinen. Es wäre gut, wenn man ihn wieder lesen wollte, und vielleicht findet sich auch endlich ein Verleger, der seine wichtigsten Werke in einer preiswerten Taschenbuchausgabe neu zugänglich macht. (1978)

EUGEN DÜHRING

Heutzutage stellen sich, beinahe mit gutem Gewissen und aller Verlegenheit bar, mittelmäßige und dazu noch übelgerathene Menschen an den Markt und preisen sich selbst als große Männer, Reformatoren an; wie z.B. Eugen Dühring thut, wahrhaftig ein geschickter und wohlunterrichteter Gelehrter, der aber doch fast mit jedem Worte verräth, daß er eine kleinliche Seele beherbergt und durch enge neidische Gefühle zerquetscht wird; auch daß nicht ein mächtiger, überschäumender Geist ihn treibt – sondern der Ehrgeiz! In diesem Zeitalter aber nach Ehren zu geizen, ist eines Philosophen noch viel unwürdiger als in irgendeinem früheren Zeitalter: jetzt wo der Pöbel herrscht, wo der Pöbel die Ehren vergiebt!« So urteilte Friedrich Nietzsche über einen Zeitgenossen, der in den siebziger und achtziger Jahren des vorigen Jahrhunderts viel von sich reden machte, dann schon zu Lebzeiten durch seine freiwillig-unfreiwillige Isolierung in Vergessenheit geriet und heute wohl nur mehr einigen historisch interessierten Nationalökonomen bekannt wäre, wenn nicht Friedrich Engels ein dickes Buch hinterlassen hätte, das schon im ironisch gemeinten Titel den Gegner nannte: »Herrn Eugen Dührings Umwälzung der Wissenschaft«, kurz: »Anti-Dühring«. Engels faßte sein vernichtendes Urteil in die Worte zusammen: »Unzurechnungsfähigkeit aus Größenwahn.« Damit war Dühring für alle folgenden Generationen von Marxisten erledigt. Von Lenin bis Lukács und Bloch finden sich keine Äußerungen, die über Engels' Polemik hinausgehen und eine selbständige Beschäftigung mit dem Verfemten verraten. So nimmt es nicht wunder, daß auch von marxistischer Seite nicht auf die Affinität Dührings zum Nationalsozialismus hingewiesen worden ist, obwohl Engels' Bemerkungen über dessen »spezifisch preußischen Sozialismus« den heutigen Leser geradezu darauf stoßen könnten.

Nach wie vor wird Eugen Dühring unter den Ahnen der Nationalsozialisten gewöhnlich nicht erwähnt, obwohl er lange vor Houston Stewart Chamberlain einen fanatischen Rassenantisemitismus vertreten und mit diesem sowohl die deutsch-nationale Bewegung des Österreichers Georg von Schönerer als auch die judenfeindliche Propaganda des Sachsen Theodor Fritsch entscheidend beeinflußt hat. Hitler und andere führende Nationalsozialisten haben sich wiederholt öffentlich zu diesen Männern bekannt. Doch sind dies nicht die einzigen Verbindungslinien zwischen Eugen Dühring und der Hitler-Bewegung. Im Jahre 1904 wurde in Trautenau in Böhmen die Deutsche Arbeiterpartei gegründet, die, von Hitler nirgends erwähnt, das organisatorische missing link zwischen den verschiedenen, nur lose verbundenen Dühring-Gruppen und der späteren NSDAP bildete. Schon lange bevor sich diese antitschechische, antiklerikale und antisemitische, aber auch antikapitalistische Reformpartei 1918 offiziell in »Deutsche Nationalsozialistische Arbeiterpartei« (DNSAP) umbenannte, wurden ihre Anhänger allgemein als »Nationalsozialisten« bezeichnet. Nach dem Ersten Weltkrieg zerfiel die Partei in selbständige Sektionen innerhalb der Tschechoslowakei, Polens und Österreichs. Nach einem mehr formellen Zusammenschluß der nationalsozialistischen Bewegungen Österreichs, Deutschlands und der Tschechoslowakei auf dem Salzburger Parteitag im August 1920 unterwarf sich 1926 die Mehrheit der österreichischen Parteiführer auf einer Konferenz in München endgültig der Führerschaft Adolf Hitlers. Einige Führer der deutschen Nationalsozialisten in der Tschechoslowakei, wie Rudolf Jung und Hans Krebs, brachten es später zu hohen SS-Rängen. Jung und Krebs beriefen sich ausdrücklich auf Dühringsche Anregungen, nachdem schon 1897 der Chemiker Matthäus Joksch, ein rühriger deutschnationaler Gewerkschaftsführer in Böhmen, das Programm einer Arbeiterpartei aufgrund der Schriften Dührings entworfen hatte.

Sind schon diese kurzen historischen Hinweise ein Indiz für die Rolle des Berliner Philosophen Dühring als Vorläufer und Anreger des Nationalsozialismus, so lassen etliche Zeugnisse aus der Zeit des Dritten Reiches vollends keinen Zweifel daran, wie sehr man sich dieser Zusammenhänge bewußt war. Die von Theodor Fritsch herausgegebene Zeitschrift »Hammer« veröffentlichte im Januar 1933 einen hymnischen Beitrag zum hundertsten Geburtstag Dührings, in dem es hieß: »Dühring war einer der deutschesten Männer aller Zeiten, ein unbeugsamer, herrlicher Charakter, ein schwergerüsteter Streiter und Kämpfer für Deutschland, gegen eine Welt von Feinden, ein Führer durch die Nachtseiten des Lebens, ein Erzieher zu männlicher, herber, klarer Weltauffassung und für ›aktionsfähige Geisteshaltung‹. Er wird schon deshalb zu den allergrößten Befreiern und Erziehern des Menschengeschlechts gerechnet werden müssen… Vom Aufgang bis zum Niedergang überblickte sein Auge alle Erscheinungen der Natur und der Menschenherzen, und er hielt scharfe Wacht, daß kein Sinnentrug unterlief und die Klarheit des Urteils trübte. In dieser Zeit grauenhafter Schande und Not des geistigen und leiblichen

Deutschtums, in dieser ganz aussichtslos erscheinenden Knechtschaft unseres Volkes, unter der feindlichen Zwingherrschaft leuchtet uns Dührings Kämpfertum gegen Einstein und seine unübersehbaren Anhängerscharen wie ein tröstender, helleuchtender Morgenstern, wie ein ›Licht in der Finsternis‹!«
Vier Jahre später wird in derselben Zeitschrift Dühring als Vater des Rassegedankens vorgestellt und seine Affinität zu den inzwischen etablierten Machthabern des Dritten Reiches noch stärker betont: »Dührings Verdienst in der Erkenntnis der Judenfrage und in der Schaffung eines lebensbejahenden, dem Deutschen artgemäßen Sozialismus, (bleibt) eine Großtat, die verdient, nicht vergessen zu werden. Dühring ist der Mann, der als erster Deutscher am schärfsten aus seinem Persönlichkeitsgedanken und aus seinen Gefühlen für das Kämpferische heraus den Führergedanken betont hat. Dabei deckt er sich auch sonst in sehr vielen Dingen mit Adolf Hitler... Es lebt und webt von seinem Geiste in der deutschen Vorkriegsjugend, ganz unbewußt viel in Ruhland, viel in Rosenberg, viel in Hitler fort.«
In einer Marburger Dissertation aus dem Jahre 1940 heißt es ähnlich: »Dühring war einer der ganz wenigen, der das Judenproblem in seiner ganzen Tiefe erfaßte und die kommenden Gefahren einer Judenherrschaft mit klarem Auge sah. ... Dührings Erkenntnisse und die aus ihnen gezogenen Folgerungen zur Lösung des Judenproblems (eilten) ihrer Zeit weit voraus...«
Es ist deshalb erstaunlich, daß trotz dieser Tatsachen und Zeugnisse Eugen Dühring bis heute in den zahlreichen Untersuchungen über die ideologischen und sozialen Wurzeln des Nationalsozialismus vernachlässigt worden ist. So wird beispielsweise in dem umfangreichen Sammelband »Entscheidungsjahr 1932. – Zur Judenfrage in der Endphase der Weimarer Republik«, den Werner E. Mosse 1965 herausgegeben hat, Eugen Dühring überhaupt nicht erwähnt; nicht einmal in der ausführlichen Bibliographie findet sich sein Buch »Die Judenfrage als Racen-, Sitten- und Culturfrage«, das nach seinem ersten Erscheinen 1880 immerhin noch fünf weitere Auflagen – die letzte 1930 – erlebt hat und unmittelbar neben Dietrich Eckarts und Julius Streichers berüchtigten Elaboraten seinen Platz behauptet.
Daß Dühring als Vorläufer des Nationalsozialismus so wenig beachtet wird, erscheint verständlicher, wenn wir zweierlei berücksichtigen: Einmal läßt er sich nicht wie die meisten anderen Protagonisten Hitlers in die irrationalistische Linie von der Romantik bis zum »Mythus des 20. Jahrhunderts« einfügen, wenn es auch bemerkenswert ist, daß der anticartesianische Denker Ludwig Klages in seiner Jugend Dühring bewundert hat. Er blieb zeitlebens Rationalist und Positivist, ja in vieler Hinsicht ein verspäteter Aufklärer, der nicht nur die Religion, sondern auch eine Reihe von Überlieferungen und Idolen wütend bekämpfte, die den betont nationalen Kreisen stets heilig waren: so Richard Wagner, die Romantik und alle Versuche, den Mythos zu restaurieren. Zum andern unterschied sich Dühring vom üblichen Typ des nationalistischen Ideologen durch seine vielseitige wissenschaftliche Produktivität, vor allem auf physikalischem, nationalökonomischem und philosophiegeschichtlichem Gebiet. So untersuchten immer wieder Fachgelehrte Dührings Schaffen aus dem Blickwinkel ihrer speziellen Disziplin und vernachlässigten dabei dessen zutiefst fragwürdige Züge. Während es unmöglich ist, Dietrich Eckart oder Al-

fred Rosenberg zu behandeln, ohne auf deren wahnsinnigen Rassenantisemitismus einzugehen, kann eine derartige methodische Beschränkung bei Dühring durchaus sinnvoll sein. Auch Friedrich Engels' »Anti-Dühring« enthält nur eine einzige Bemerkung über diesen Punkt.

Es ist eine Ironie der Geschichte, daß dieser fanatische Antisemit über Theodor Hertzka und Franz Oppenheimer direkt die israelische Genossenschaftsbewegung inspiriert hat, die dann von Martin Buber als bisher einziges nicht mißlungenes Experiment eines freiheitlichen Sozialismus gefeiert worden ist. Ebenso stark hat Dühring die Praxis der deutschen Sozialdemokraten beeinflußt, insbesondere Eduard Bernsteins Revisionismus.

Diese verwirrende Ausstrahlung unterscheidet Dühring von den sonstigen Musageten des Dritten Reiches, wie H. St. Chamberlain, Julius Langbehn und Dietrich Eckart. Sie gründet in dem vielschichtigen Entwicklungsgang dieses reichbegabten Denkers, an dessen vielseitige Schriften die gegensätzlichsten Bestrebungen anknüpfen konnten.

Dühring wurde am 12. Januar 1833 in Berlin als Sohn eines preußischen Staatsbeamten geboren. Die väterlichen Vorfahren stammten aus Schweden. Zeitlebens hat Dühring gerne auf seine nordische Abkunft hingewiesen. In seiner Autobiographie »Sache, Leben und Feinde« schildert er die puritanische Erziehung, die ihm sein Vater, ein offenbar deistisch-pantheistisch eingestellter Freidenker, zuteil werden ließ: keine Märchen und Geschichten, dafür Arithmetik, Geometrie und Astronomie und »geistige Unschuld oder vielmehr Unbeflecktheit in Sachen der Religion«. Antisemitismus war dem Elternhaus fremd. Dühring betont, »daß mir geradezu ein großmütiges Vorurtheil für die Juden eingepflanzt und erst von der vollen Lebenserfahrung und gereiften Erkenntnis wieder ausgerodet wurde«.

Weder die klassische noch die romantische Literatur waren dem prononciert amusischen Vater erwünscht: »Dazu war die Luft in unserm Haus viel zu gesund. Ich habe dort nie etwas von einem belletristischen Buch gesehen ... Die einzigen Bücher, um die er sich bekümmerte, waren diejenigen, aus denen ich zu lernen hatte. Er fragte sonst nach keiner Literatur.«

Der Knabe fügte sich ohne Widerstreben dieser Maxime, die sich wie eine Vorwegnahme des drakonischen Bannspruchs Oswald Spenglers ausnimmt, die junge Generation möge sich »der Technik statt der Lyrik, der Marine statt der Malerei, der Politik statt der Erkenntniskritik zuwenden«. Im zu Ende gehenden Biedermeier war dieser rigorose pädagogische Imperativ immerhin erstaunlich. Platons Dichterfeindschaft und das calvinistische Bilderverbot finden in ihm ihre positivistische Säkularisierung. Die grotesken Urteile des späten Dühring über die antike Tragödie, Goethes Lyrik und Wagners Gesamtkunstwerk verraten nicht nur eine rudimentäre ästhetische Sensibilität, sondern auch eine furchtbar verklemmte, die übliche viktorianische Prüderie übersteigende Feindschaft gegen die als minderwertig und drohend empfundene Sphäre der Libido. In einem Aufsatz, der den Titel »Metze Kunst« trägt, wendet sich Dühring in aller Schärfe gegen die gesamte ästhetische Überlieferung des Abendlandes, angefangen von »den antiken Puppenfabricanten und ihren gerühmten olympischen Werkstätten von allerlei Götter-, Halbgötter- und Menschenvolk. Sie haben uns die gerühmte nackte Schönheit überliefert,

die heutiges Judenblut gern zur Deckung seiner hebräischen Dirnenideale, mit Nasen, die sich schon einst wie Thürme auf dem Libanon ausnahmen, verwerthen möchte. ... Künstler und Prostituierte haben in der That manche bedenkliche Beziehungen gemein ... Ist nun etwa die Erregung von Vorstellungsreizen auf künstlerischem oder poetischem Wege, wenn sie zur Prostitution der Phantasie führt und letztere mit falschen Eindrücken verunsaubert, etwas weniger Verwerfliches als die eigentliche und buchstäbliche Prostitution niederer Dirnen oder sich höher dünkender Cocotten? ... Es ist hier eine Art geistiger Kuppelei im Spiele, die Erregung von Spannungen der Gefühle und Triebe, wie sie sonst nicht entstehen würden. Das sogenannte Künstlerische sozusagen mit seiner Kitzeltechnik regt ideell auf, aber bei Leibe nicht ideal an und arbeitet so den Prostitutionsthatsachen jeglicher Art vor. Es ist der eigentliche Vorkuppler, dergestalt, daß man beide Sphären nicht trennen kann, wenn man die Prostitution in ihren niedern und höhern Formen zureichend begreifen will.«
Aus diesem Zitat, einer Kostprobe des Dühringschen Schimpfstils, spricht nicht bloß mangelndes Kunstverständnis, wie es vielen Gelehrten in allerlei Anekdoten nachgesagt wird. Der bilderfeindliche Asket Dühring wütet gegen die Kunst wie der Anachoret gegen die aphrodisischen Reize von Frau Welt. Sie wird verpönt als perverses Mach- und Blendwerk einer antimenschlichen Gegenrasse.

Dühring begann mit dem Rechtsstudium in der Annahme, dabei seinen Gerechtigkeitssinn ausbilden zu können. Daneben beschäftigte er sich mit Mathematik, Naturwissenschaften, Philosophie und Nationalökonomie. Ein frühes Augenleiden, das schließlich zur vollständigen Erblindung des erst Achtundzwanzigjährigen führte, zwang Dühring, auf eine juristische Laufbahn zu verzichten. Er promovierte an der Universität Berlin zum Doktor der Philosophie mit einer lateinisch verfaßten Dissertation, »De tempore, spatio, causalitate atque de analysis infinitesimalis logica« (Berlin 1861), und erwog, freier Schriftsteller zu werden.

Über seine Erblindung schrieb er die stoischen Sätze: »Ich habe diese Katastrophe mit verhältnismäßig gutem Mut überstanden. Sie hat mich in den Tiefen des Gemüths gewaltig bewegt, obwohl sie nicht gänzlich unvorbereitet hereingebrochen war. Sie hat aber den Enthusiasmus, mit dem ich einen menschlichen Beruf von geistiger Tragweite mir schon vorher vorgezeichnet hatte, nicht gedämpft, sondern erhöht ... Mein Ziel war mein Trost ... Von allen Gedanken, die mir im späteren Leben fern geblieben sind, ist bisher der fernste derjenige gewesen, meine Blindheit zu beklagen.«

Trotz diesem Bekenntnis, das an die männlichen Worte eines anderen Erblindeten, Ernst Niekischs, erinnert, dürfen wir annehmen, daß Dührings persönliches Unglück auch sein Lebenswerk getroffen hat. Erst als Blinder verwickelte er sich in jene monströsen Fehden mit der offiziellen Universitätswissenschaft, witterte er in jeder Nichtbeachtung oder Kritik persönliche Perfidie, bis er zuletzt seine ganze Begabung in Haß, Rache und Schmähung ausmünzte. Seinen Plan, sich ganz dem freien Schriftstellertum zu widmen, mußte Dühring bald aufgeben. Dem noch unbekannten Akademiker, der sich soeben verheiratet hatte, fiel es schwer, Verleger und Redaktionen für seine literarischen Projekte zu gewinnen. Er habilitierte sich deshalb 1863 an der Berliner Universität zunächst für Philosophie, bald darauf auch für Nationalökonomie, um sich auf diese Weise eine für die allgemeine Anerkennung förderliche Basis zu schaffen. Die Vorlesungen des jungen Dozenten gehörten bald zu den meistbesuchten an der Universität. In rascher Folge ließ er Bücher erscheinen, die von der enzyklopädischen Weite seiner Interessen zeugen: Allein im Jahre 1865 kamen heraus »Capital und Arbeit«, »Natürliche Dialektik«, »Careys Umwälzung der Volkswirtschaftslehre und Sozialwissenschaft« und »Der Wert des Lebens«. Es folgten bahnbrechende Arbeiten auf dem Gebiete der Wissenschaftsgeschichte: »Kritische Geschichte der Philosophie von ihren Anfängen bis zur Gegenwart« (1869), »Kritische Geschichte der Nationalökonomie und des Socialismus« (1871), »Kritische Geschichte der allgemeinen Principien der Mechanik« (1872) sowie die systematischen Werke: »Kritische Grundlegung der Volkswirtschaftslehre« (1866), »Logik und Wissenschaftstheorie« (1872), »Cursus der National- und Socialökonomie« (1873), »Cursus der Philosophie« (1875), außerdem eine weitere Apologie des amerikanischen Nationalökonomen Henry Charles Carey, dem er neben Friedrich List besonders verpflichtet war. Seine »Kritische Geschichte der allgemeinen Principien der Mechanik«, die von Ernst Mach hochgeschätzt wurde, erhielt den Beneke-Preis der Universität Göttingen, während die »Kritische Geschichte der Nationalökonomie und des Socialismus« bis in unsere Zeit als wissenschaftlich bedeutendste und vorbildliche Darstellung der volkswirtschaftlichen Lehrmeinungen galt. Seine Bestrebungen in dieser von fast beispiellosen Erfolgen gekrönten Periode charakterisierte Dühring in Wendungen, die wie ein Widerhall des Programms von Marx und Engels wirken: »Mein System ging darauf, die äußersten Enden der menschlichen Interessen zusammenzufassen und den Bau vom materiellen Fundament bis zum geistigen Gipfel in einerlei Stil aufzuführen«, wobei er sich »am Leitfaden der Materialität oder, was dasselbe heißt, am Leitfaden der wahrnehmbaren Kräfte« orientierte. »Der Mensch hat ... mit nichts anderem, als dem Boden unter sich, der Luft über sich und seinesgleichen neben sich zu schaffen.«

Wie kein zweiter schien Dühring dazu prädestiniert, einem Volke von hochgespannter idealistischer Geistigkeit und verwegener Romantik, als welches sich die Deutschen von Madame de Staël bis tief ins neunzehnte Jahrhundert in gemeineuropäischer Sicht präsentierten, die metaphysischen Mucken auszutreiben, es als ein Schulmeister des Objektiven ins positiv-wissenschaftliche Zeitalter hineinzuführen. Die Zeit war günstiger denn je: Hegel starb zwei Jahre vor seiner Geburt, dessen intimer Feind Schopenhauer ein Jahr vor seiner Promotion. Der Deutsche Idealismus war passé, und nach dem gescheiterten Versuch einer bürgerlichen Revolution 1848 verlagerte sich der lange gehemmte Drang zur Praxis energisch auf den rasch expandierenden Komplex Naturwissenschaft–Technik–Industrie, den Motor der modernen Zivilisation. Dieser Trend verstärkte sich noch, als das Deutsche Reich von oben gegründet worden war. Im Zuge der rapiden Industrialisierung entstand in den Städten eine neue, traditionslose Klasse: das Proletariat. Der Religion entfremdet und von der bürgerlichen Kultur ausgeschlossen, wartete es auf die ihm gemäße politische Formel. Lassalle war 1864 gestorben; Marx und Engels im fernen London vermochten nur unzulänglich die soziale Bewegung in Deutschland zu überblicken und in ihrem Sinne zu dirigieren, wie die scharfe Kritik Marx' am Gothaer Programm von 1875 beweist. Dühring hatte sich inzwischen vom Sozialreformer, der die Grundlagen der bestehenden Wirtschaftsordnung wie Privateigentum und Lohnarbeit prinzipiell anerkannte, zu einem eigenwilligen Sozialisten entwickelt, dessen »sozialitäres System« scharf mit den kapitalistischen Produktionsverhältnissen kontrastierte. Die sozialphilosophischen Grundlagen dazu hatte Dühring in seinem »Cursus der Philosophie« gelegt. In der 1876 erschienenen zweiten Auflage des »Cursus der National- und Socialökonomie« entwickelte er sein neues sozialistisches Modell in concreto. Ziel ist Aufhebung der Ausbeutung des Menschen durch den Menschen, eine Gesellschaft von Freien und Gleichen. Das bisherige industrielle und landwirtschaftliche Privateigentum soll durch »Wirtschaftskommunen« ersetzt werden, die jedem Arbeitswilligen und Arbeitsfähigen offenstehen. Dühring meint damit eine »Vereinigung von Personen, die durch ihr öffentliches Recht der Verfügung über einen Bezirk von Grund und Boden und über eine Gruppe von Produktionsetablissements zu gemeinsamer Tätigkeit und gleicher Teilnahme am Staate verbunden sind«.

Da in diesem System der Ausschließlichkeitscharakter des Eigentums abgeschafft ist, hat jedermann freien Zugang zu den Produktionsmitteln. Unabhängige Produzenten verbinden sich zu genossenschaftlichen Selbstorganisationen öffentlichen Rechts, zwischen denen freie Konkurrenz besteht. Der volle Arbeitsertrag gehört den Mitgliedern der Kommunen, da Besitzrente und Kapitalzins – in Dührings Sprache: das »Gewalteigentum« – beseitigt sind. Benedict Friedländer, ein jüdischer Anhänger Dührings, charakterisierte das System der Wirtschaftskommunen auf plastische Weise: »An die Stelle der industriellen und landwirtschaftlichen Unternehmer oder Herrschaften wären also nach Dührings System Genossenschaften zu setzen, kleine ökonomische Republiken anstatt der wirtschaftlichen Monarchien.«

Schon bevor Dühring diese an manche sozialen Experimente des sogenannten utopischen Sozialismus erinnernde Konzeption verkündete, hatte man in sozialdemokratischen Kreisen seine akademische und literarische Tätigkeit mit Sympathie verfolgt. Eduard Bernstein erinnerte sich noch im Alter gut an den tiefen Eindruck, den Dühring in den frühen siebziger Jahren des vorigen Jahrhunderts auf die junge Sozialdemokratische Arbeiterpartei gemacht hatte: »Anstelle des Schlachtrufes hie Marx, hie Lassalle schien sich ein anderer Schlachtruf anzukündigen, nämlich: hie Dühring, hie Marx und Lassalle. Und daran war in nicht geringem Grade meine Wenigkeit schuld... Im Spätherbst des Jahres 1872 erschien Eugen Dührings Schrift ›Kursus der Nationalökonomie und des Sozialismus‹. Sie steigerte mein Interesse für den blinden Gelehrten, dessen ›Kritische Geschichte der Nationalökonomie und des Sozialismus‹ ich nun schon gelesen hatte, ganz bedeutend. Bekannte er sich doch in ihr unumwunden zum Sozialismus, und die pragmatisch-positive Form, in der er diesen dort lehrte, sprach mich um so mehr an, als der Sozialismus in Deutschland seit den Tagen des Marx-Engelsschen Manifests der Kommunisten keine zusammenfassende Darstellung der Grundgedanken und Ziele der sozialistischen Bewegung hervorgebracht hatte, das Manifest selbst aber sich mit summarischen Feststellungen begnügte, die den Bedürfnissen der Bewegung auf dem Stande, den diese nun erreicht hatte, mir nicht mehr zu genügen schienen. Und ähnlich wie mir, ist es ziemlich allen Sozialisten ergangen, die ich, von Dührings Werk begeistert, mit diesem bekannt machte. Einer der Ersten davon war August Bebel, den ich im Sommer 1873 in Hubertusburg besuchte, wo er inhaftiert war, und bei dieser Gelegenheit mit einem Exemplar des ›Kursus‹ bedachte. Er schrieb mir, als er ihn gelesen, einen begeisterten Brief darüber, auch feierte er das Buch in einem ›Ein neuer Kommunist‹ überschriebenen Artikel, der im Frühjahr 1874 im Leipziger ›Volksstaat‹, dem Zentralorgan der Sozialdemokratie Eisenacher Programms, erschien. Nicht minder nahm das Buch etwas später den vielgenannten Agitator Johann Most, dem ich es gleichfalls geschenkt, und andere Parteigrößen der Eisenacher gefangen ... Man mag es Eklektizismus oder was sonst nennen, mir schien die sozialistische Bewegung umfassend genug, um einen Marx und einen Dühring zu gleicher Zeit zu vertragen ...«

Doch nicht lange sollte diese Konzilianz dauern. Im Sozialismus war kein Platz für »hundert blühende Blumen«. Immerhin spricht es für die Großzügigkeit und Toleranz der beginnenden Sozialdemokratie, aber auch für die nur oberflächliche Rezeption des Werkes von Marx, dessen »Kapital«, Band I, schon 1867 erschienen war, daß derartig divergierende Lehrmeinungen damals noch gleichberechtigt zur Debatte stehen konnten. Wichtiger als die theoretischen Differenzen war den Arbeiterführern die Tatsache, daß ein Mann aus dem Lager des bürgerlichen Klassengegners, der noch dazu eine verheißungsvolle akademische Laufbahn angetreten hatte, sich in aller Öffentlichkeit immer mehr dem Sozialismus zuwandte. Von Wilhelm Liebknecht auf die methodischen Unterschiede zwischen Dühring und Marx aufmerksam gemacht, entgegnete Bebel: »Ich pfeife auf die Methode, wenn die Sache gut ist.« Selbst über bedenkliche Seiten Dührings glaubte man stillschweigend hinweggehen zu können: so über seinen Antisemitismus, der auch vor Marx nicht haltmachte. In der zweiten Auflage der »Kritischen Geschichte der Nationalökonomie und des Socialismus«, die 1875 erschien, interpretierte Dühring den Konflikt zwischen Marx und Bakunin als »Rassengegensatz in der Internationale«. Des russischen Anarchisten Widerwille gegen »das jüdische Blut und den deutschen Gelehrsamkeitsballast« von Marx sei »begreiflich«, ein Zeichen dafür, daß sich »die Emanzipation der Arbeit nicht nach Art einer Alliance Israélite bewerkstelligen« lasse. In diesen Wendungen aus dem 19. Jahrhundert wird bereits das faschistische Schlagwort des 20. vom »jüdischen Bolschewismus« vorweggenommen. So sehr man Äußerungen wie die erwähnten von Dühring als reaktionär einschätzte, so wenig war man sich damals ihrer gefährlichen Giftigkeit bewußt. Selbst Bernstein, der jüdischer Abstammung war, sah dem verbitterten Mann den Antisemitismus nach. Vielfach deuteten führende Sozialdemokraten den unmittelbar nach der Einigung Deutschlands ins Kraut schießenden Judenhaß als Wasser auf die Mühlen der Revolution, gleichsam als noch nicht zum Bewußtsein seiner selbst gekommenen Sozialismus. Der antikapitalistische Zug der sich gegen den Liberalismus wendenden antisemitischen Strömungen – man denke an die Christlich-Sozialen Parteien des Hofpredigers Stöcker in Berlin und des Bürgermeisters Karl Lueger in Wien – war zwischen 1870 und 1890 nicht zu übersehen. Daß der Antisemitismus einmal auch zur extremsten Gegenideologie gerade gegen den marxistischen Sozialismus werden würde – Rassenkampf gegen Klassenkampf –, ahnte damals niemand. Dazu kam noch, daß schon früh in der sozialistischen Bewegung – und zwar nicht nur in der breiten Masse, sondern auch bei so hervorragenden Gestalten wie Charles Fourier und Proudhon – eindeutig antijüdische Affekte zu verzeichnen waren. Eugen Dühring ist eine Übergangserscheinung: Gehörte er bis um 1880 noch in jene antisemitische Tradition des Sozialismus, in der das sozialistische Element das antisemitische überwog, so führte ihn seine spätere Entwicklung zu einem Rassenantisemitismus, der im Sozialismus nur noch eine Ausgeburt des gehaßten Judentums erblickte. Der Zeitgenosse von Marx, Engels und Proudhon wurde zum Wegbereiter jener, die das sozialistische Firmenschild nur noch in demagogischer Absicht gebrauchten.

Wie reagierten Marx und Engels auf Dührings wachsenden Einfluß in der deutschen Arbeiterbewegung? Vorausgeschickt muß werden, daß ihnen der Berliner Konkurrent schon früh aufgefallen ist: Dühring hat den ersten Band von Karl Marx' Fragment gebliebenem Hauptwerk »Das Kapital« unmittelbar nach Erscheinen in einer ausführlichen Rezension angezeigt. Marx mokierte sich zwar über verschiedene Punkte, räumte jedoch ein, daß sie fair sei. Nachdem Marx noch Dührings Schrift »Die Verkleinerer Careys« gelesen hatte, meinte er zu Engels: »Was sehr auffallend ist, ist der saugrobe Ton dieses berlinerisch Gespreizten gegen Mill, Roscher etc., während er mich doch mit ängstlicher Vorsicht behandelt!«

Im Rückblick erscheint diese beiderseitige Zurückhaltung als Ruhe vor dem Sturm. Bald befleißigte Dühring sich auch Marx gegenüber eines schmähsüchtigen Jargons, von dem wir bereits einige Beispiele zitierten. Vor allem war Dühring inzwischen vom bloßen Rezensenten zum Rivalen von Marx geworden. Bebel scheute sich nicht, in einem allerdings anonymen Artikel zu erklären, »daß nach Marx' ›Kapital‹ Dührings neuestes Werk zu dem Besten gehört, was auf ökonomischem Gebiete die neueste Zeit hervorgebracht hat«.

Inzwischen wurden die Bemühungen der sozialdemokratischen Dühringianer immer reger. Die Parteizeitung sollte in eine Tribüne für ihren Meister umgewandelt werden. Eine grundsätzliche Abrechnung ließ sich nicht mehr länger vermeiden. Neben Liebknecht drang nun auch Marx auf Engels ein. Dieser antwortete am 28. Mai 1876 aus Ramsgate, zu Beginn des Briefes noch etwas verdrossen, gegen Ende jedoch bereits für die neue, unerwartete Arbeit erwärmt: »Du hast gut sprechen. Du kannst im warmen Bett liegen – russische Bodenverhältnisse im besondern und Grundrente im allgemeinen treiben und nichts unterbricht Dich –, ich aber soll auf der harten Bank sitzen und den kalten Wein saufen, plötzlich wieder alles unterbrechen und dem langweiligen Dühring auf den Pelz rücken. Indes, es wird wohl nicht anders gehn, wenn ich mich auch in eine Polemik einlasse, deren Ende gar nicht abzusehen ist; ich bekomme sonst doch keine Ruhe ... Die Sache fängt an in meinem Kopf Form zu bekommen und das Bummeln hier an der Seeseite, wo ich mir die Einzelheiten im Kopf herumgehn lassen konnte, hat nicht wenig dazu beigetragen ...«

So entstand der »Anti-Dühring«, der die deutschen Genossen wenigstens in der Theorie zur marxistischen Räson bringen sollte. Vom Januar 1877 bis zum Juli 1878 erschien Engels' großangelegte Polemik fortsetzungsweise im Leipziger »Vorwärts«, bald darauf auch als selbständiges Buch. Der Widerstand der Anhänger Dührings war energisch, aber auch »alte Eisenacher«, wie August Bebel und Karl Julius Vahlteich, waren über die Form und das Ausmaß der Engelsschen Fehde konsterniert. Abraham Ensz, einer der begeistertsten Dühringianer, veröffentlichte sogar ein Pamphlet »Engels' Attentat auf den gesunden Menschenverstand oder Der wissenschaftliche Bankerott im marxistischen Sozialismus« (1877). Was soll denn dieses Gelehrtengezänk, das für die meisten Genossen unverständlich ist und die politische Tagesarbeit belastet, mochten die Parteiführer in ihrem pragmatischen Biedersinn grollen. Ihre nüchterne schlichte Geistigkeit wirkt sympathisch nach einem Jahrhundert ideologischer Überproduktion, in dem, mit Franz von Baader zu sprechen, auch das Verbrechen seine öffentliche Doktrin und sein gedrucktes System hatte. In ihrem unwilligen Mißtrauen gegen weltanschauliche Duelle auf der politischen Agora verrät sich ein heilsamer Sinn für republikanische Zivilisiertheit und Urbanität. Standen sich doch in Dühring und Engels die Protagonisten jener Großideologien gegenüber, die in unserem Zeitalter tellurischer Revolutionen und Gegenrevolutionen explodieren sollten. Der »Anti-Dühring« wurde zur Magna Charta des dialektischen Materialismus: Auf ihm beruhten Lenins und Stalins ideologische Direktiven, also der ganze Sowjetmarxismus. Indem Engels es mit den von Scharlatanerie nicht freien enzyklopädischen Ansprüchen Dührings aufnahm, gelangte er wider Willen dazu, den historischen Materialismus aus einer an kritischer Praxis orientierten Revolutionstheorie in eine naturalistische Ontologie zu verwandeln. Was dann im Leninismus, im behördlich verordneten DIAMAT der sowjetischen Partei- und Staatsscholastik manifest wurde, war bereits im »Anti-Dühring« angelegt: die Aufblähung und Entleerung der Dialektik zu einer universalen Weltformel; die Mutation der revolutionären Gesellschaftskritik zu einer monistischen Ursprungsphilosophie; die Verdinglichung der menschlichen Geschichte zu einer zweiten Natur; selbst die berüchtigt gewordene Formel, Freiheit sei »die Einsicht in die Notwendigkeit« findet sich schon hier. Wir müssen es uns versagen, in diesem Zusammenhang auf die ganze Problematik der angedeuteten Umwandlungen des Marxismus näher einzugehen. Jedenfalls war es Eugen Dührings Avancement in der jungen deutschen Sozialdemokratie, das Engels veranlaßte, »ihm überall hin zu folgen und seinen Auffassungen die meinigen entgegenzusetzen. Die negative Kritik wurde damit positiv; die Polemik schlug um in eine mehr oder minder zusammenhängende Darstellung der von Marx und mir vertretenen dialektischen Methode und kommunistischen Weltanschauung, und dies auf einer ziemlich umfassenden Reihe von Gebieten.«

Die Anklagepunkte von Engels lassen sich etwa wie folgt zusammenfassen: Dühring verwerfe und verkenne die Dialektik; sein materialistischer Ausgangspunkt sei nicht entschieden genug; als Ökonom sei er dilettantisch und vulgär, Marx teils plagiierend, teils verdrehend; als Sozialist repräsentiere er einen Rückfall in den utopischen Sozialismus, ja sogar noch hinter diesen. Dührings immer heftiger werdender Antisemitismus dagegen wird von Engels nur gestreift.

War durch Engels' Attacke Dührings Stellung innerhalb der sozialistischen Arbeiterbewegung erschüttert worden, so hatte fast gleichzeitig auch seine akademische Karriere ein skandalöses Ende genommen. Es begann damit, daß dem erblindeten Gelehrten allmählich bewußt wurde, er würde wohl nie vom Privatdozenten zum Professor aufsteigen. Eine Denkschrift, die er für Bismarck angefertigt hatte, erschien zwei Jahre später ohne sein Wissen als anonyme Broschüre, dann sogar unter dem Namen des Geheimen Rats Hermann Wagener. Aus Mißtrauen gegen seine Verleger bedingt sich Dühring nun aus, daß jedes Exemplar seiner Bücher von ihm signiert werden müsse. Seine immer heftiger werdenden Angriffe auf Kollegen, vor allem die »Kathedersozialisten«, tragen ihm einen Verweis ein. Dühring hört nicht auf, die Universität und ihre Lehrer zu verunglimpfen. Wenn seine Bücher neu aufgelegt werden, entstellt er sie durch grelles Geschimpfe, so auch die zweite Auflage seiner preisgekrönten »Kritischen Geschichte der allgemeinen Principien der Mechanik«, die 1877 erscheint. Sie enthält schärfste persönliche und wissenschaftliche Vorwürfe gegen Hermann von Helmholtz, dem er vorwirft, Robert Mayers physikalische Entdeckungen bewußt unterdrückt zu haben. Der Skandal läßt nicht auf sich warten: Dühring wird die Lehrbefugnis entzogen, und er darf sich nicht einmal von seinen Studenten verabschieden. Noch einmal wenden sich dem Angegriffenen die Sympathien zu. Der »Vorwärts« publiziert am 6. Juli 1877 eine Ode auf Dühring, und selbst Engels sprach von dem »schmählichen Unrecht«, das Dühring von seiten der Universität widerfahren sei. Brieflich äußerte er sich drastischer: »Was muß der Helmholtz ein elend kleinlicher Mensch sein, daß er sich über Äußerungen eines Dühring auch nur ärgert, und noch dazu derart, daß er der Berl(iner) Fakultät die Alternative stellt: entweder Dühring wird gegangen oder ich gehe! Als ob sämtliche Schriften Dührings, mit all ihrem wütenden Neid, in der Wissenschaft auch nur das Gewicht eines Furzes hätten!«

Dühring verstand es nicht, die durch seinen Konflikt mit der Universität mobilisierten liberalen und sozialistischen Kräfte für ein sachlich artikuliertes Alternativprogramm zu gewinnen, obwohl die Gelegenheit dazu günstig war. Mochte der unabhängige Gelehrte auch nach außen hin als Geschlagener aus dem Zusammenstoß hervorgegangen sein, so blieb doch kulturpolitisch engagierten Beobachtern nicht verborgen, daß die Lehrfreiheit gefährdet war in einem Lande, in dem ein Kollege Dührings, der Physiologe Emil Dubois-Reymond, anläßlich einer Huldigungsfeier der Universität Berlin unter allgemeinem Applaus verkündet hatte: »Die Universitäten sind die Erziehungsstätten für die geistige Leibwache der Hohenzollern.« Statt sich aber unbeirrt dem Ziel einer umfassenden Reform des öffentlichen Lebens zu widmen, was nicht zuletzt auch eine produktive Zügelung seiner privaten Rankünе erfordert hätte, wurde Dühring von jenen Schatten überwältigt, die schon seine Polemik gegen Marx verdüstert hatten und nun sein ganzes weiteres Leben und Schaffen durch fast noch ein halbes Jahrhundert heillos beschädigen sollten. Mit Recht meinte Fritz Mauthner: »Eugen Dühring ... wäre ein gutes Beispiel für den ästhetischen Satz, daß nicht zum Helden einer Tragödie taugt, wer bei allen heroischen Eigenschaften ein unangenehmer Mensch ist. Sein Lebensschicksal hätte ihm (auch abgesehen von seiner Erblindung) die herzliche Teilnahme aller freien Menschen zuwenden müssen, weil er wirklich um seiner Überzeugung willen gelitten hat; aber die Form, in welcher er seinen Kampf ausfocht, war unschön, und das Opfer, das er zu bringen hatte, war doch schließlich nur die akademische Tätigkeit, auf die ein Schopenhauer in etwas vornehmerer Haltung verzichtete, von Spinozas stolzer Ablehnung jeder Berufung gar nicht zu reden. Dühring verquickt, zu nicht geringem Schaden seiner Bücher, seine Urteile mit seinen persönlichen Angelegenheiten...«

Halten wir einige bemerkenswerte Daten fest: 1877 wurde Dühring die venia legendi entzogen. Im gleichen Jahr begann Friedrich Engels' »Anti-Dühring« zu erscheinen. 1878 kam er in Buchform heraus. Im November 1879 hielt der gestürzte Philosoph seinen ersten Vortrag über die Judenfrage, nachdem bereits am 19. September der Hofprediger Stöcker über »Unsere Forderungen an das moderne Judenthum« gesprochen hatte. Ebenfalls im November 1879 erklärte Heinrich von Treitschke in den »Preußischen Jahrbüchern«: »Unterdessen arbeitet in den Tiefen unseres Volkslebens eine wunderbare, mächtige Erregung... Bis in die Kreise der höchsten Bildung hinauf, unter Männern, die jeden Gedanken kirchlicher Unduldsamkeit oder nationalen Hochmuths mit Abscheu von sich weisen würden, ertönt es heute wie aus einem Munde: die Juden sind unser Unglück!«

Bernhard Förster, der betrügerische Schwager von Friedrich Nietzsche, begann um die gleiche Zeit für ein Antisemitengesetz zu agitieren, das die Juden unter Ausnahmerecht stellen sollte. Von Berlin aus verbreitete sich die neue Epidemie durch ganz Deutschland, dessen durch den Gründerkrach von 1873 irritierter Mittelstand seine Panik und seine Ressentiments nur allzu gern auf das »jüdische Kapital« entlud. Der deutsche Bazillus griff alsbald auf das Ausland über: 1878/79 fielen in Österreich die ersten antisemitischen Äußerungen Georg von Schönerers, des erklärten Vorbildes des Österreichers Hitler. Einige seiner treuesten Parteigänger fand Dühring in österreichischen Landen: Schönerer berief sich auf den Berliner Fanatiker, als er im Wiener Reichsrat den Juden Ritualmordgreuel unterstellte; die »Villacher Zeitung«, ein deutschnationales Wochenblatt, brachte viele antisemitische Hetzartikel Dührings; und in Steyr ließ ein Sonderling namens Johann Simander bis 1893 »Die Judenfrage« erscheinen, eine Zeitschrift, deren Leitspruch von Dühring stammte: »Die Judenfrage ist eine Existenzfrage der modernen Völker.« Die deutschnationalen Sympathien für Dühring ließen zwar nach, nachdem dieser 1894 ihr Idol, den Reichskanzler Bismarck, angegriffen hatte, doch fand der greise Racheapostel noch zu Beginn unseres Jahrhunderts in Salzburg einen neuen beredten Anwalt in Paul Pacher. Dieser wohlhabende Pensionär, dessen Frau entfernt mit Friedrich List verwandt war, brachte auf eigene Kosten verschiedene Flugblätter und Schriften heraus, in denen er Dühring verteidigte (»Die Höllenangst vor Eugen Dühring«, »Der klägliche Versuch, Eugen Dühring todtzuschweigen«).

1880 erreichte die judenfeindliche Welle in Rußland einen ersten Höhepunkt. Der russische Pogrompöbel war für die neue deutsche Lehre sehr empfänglich und entwickelte sie weiter; nach dem Ersten Weltkrieg kam sie mit zahlreichen Emigranten in das besiegte Deutsche Reich zurück, wo man die mit Hilfe der zaristischen Geheimpolizei fabrizierten »Protokolle der Weisen von Zion« als Bestätigung der eigenen Dolchstoß-Legende willkommen hieß.

In dieses von Treitschke begrüßte »Erwachen des Volksgewissens« fiel das Erscheinen von Eugen Dührings Buch »Die Judenfrage«, mit dem er seine Lebens- und Schaffenswende besiegelte. In seiner Autobiographie bemerkte er nicht ohne Stolz dazu: »Zum ersten Mal wurde hier die Frage rein vom Standpunkt der Race und nicht mehr bloß als Frage, sondern mit der völligen Entschiedenheit einer unfraglichen Antwort behandelt. Völlig neue Gesichtspunkte sowohl für die theoretische Auffassung des Judenwesens als auch für die praktischen Maßregeln wurden darin angegeben, und ich unterschied sorgfältig zwischen dem, was zur Einschränkung der Judenrace seitens der modernen Völker und insbesondere seitens der Deutschen sofort und was erst später geschehen könne...« Zeitlebens bestand Dühring auf seiner Priorität in Sachen des Rassenantisemitismus, wohl zu Recht. Erst bei ihm – und nicht bei dem spätfeudalen Katholiken Gobineau, bei dem Judenfeindschaft nur ansatzweise vorkommt –, finden wir alle Elemente jenes nicht mehr religiös, sondern rassisch motivierten Antisemitismus, den Hitler, Himmler, Rosenberg und Streicher in die Tat umgesetzt haben.

Dühring forderte anfänglich die »Einschränkung, Einpferchung und Abschließung« der Juden, also deren Rückkehr ins Getto, sowie die »Mediatisierung der jüdischen Finanzfürsten«. Im Laufe der Zeit steigerte sich sein Antisemitismus bis zu einer offenen Ausrottungshetze, wie sie auch von den Nazis nicht mehr überboten wurde. Im Jahre 1900 kündigte er in einem Leitartikel diese letzte Radikalisierung ausdrücklich an: »Angesichts der heutigen Sachlage geht es nicht mehr an, die Judenfrage als eine Frage der bloßen Einschränkung des Hebräervolkes zu behandeln... Im Hinblick auf die Unverbesserlichkeit eines verderblichen Nationalcharakters, der in aller Geschichte eigentlich nur ein einziges Geschäft, nämlich die Schädigung anderer Völker und aller bessern Menschheit betrieben hat, sind alle bloßen Eindämmungsmaßregeln unzureichend, so daß Sein oder Nichtsein schließlich die allein passende und entscheidende Fragestellung werden muß.«

Er proklamiert offen den Völkermord als »höheres Recht der Geschichte« und die Zuspitzung der Judenfrage zu einer »Existenzfrage«. »Ausmerzung« und »blutradical« werden seine bevorzugten Worte, wenn er auf die Juden zu sprechen kommt. Und er kommt bei jeder Gelegenheit auf sie zu sprechen: ein Beweis dafür, daß die Ursachen des Antisemitismus nicht bei seinen Opfern liegen. Seinem manischen Antisemitismus opfert Dühring alle früheren Einsichten und Zielsetzungen: Aus seinen sozialpolitischen und volkswirtschaftlichen Vorstellungen schwinden alle sozialistischen Elemente, so vor allem die Konzeption der Wirtschaftskommunen: Privateigentum, Kapital, Zins und Rente werden nun gegen den Sozialismus rehabilitiert. Übrig bleiben Spuren mildernder Sozialpolitik im Rahmen des status quo; Gesinnungsreform statt institutioneller Änderungen; viel Gerede von Persönlichkeit und Individualität, auf die es letztlich einzig ankomme; vor allem aber: ein alle Gedankengänge zersetzender Judenhaß. Während Dührings Schriften der mittleren Periode Theodor Hertzkas utopischen Roman »Freiland« (1889) inspirierten und den gedanklichen Ausgangspunkt Franz Oppenheimers bildeten, der seinerseits zum Wirtschaftsberater Theodor Herzls wurde, erinnern die Auslassungen des späten Dühring an die sozialdemagogischen Programmpunkte der Hitler-Bewegung. Ähnlich wie Hitler schon vor der Machtergreifung aus seinem Programm alle Forderungen eliminierte, die an Sozialismus erinnern konnten – man denke an seinen Rückzieher vom 13. April 1928 gegenüber Punkt 17 des Parteiprogramms, das »unentgeltliche Enteignung von Boden für gemeinnützige Zwecke« in Aussicht gestellt hatte –, so liquidierte auch der alte Dühring die sozialkritischen Intentionen seiner mittleren, »sozialitären« Periode, um allmählich das Niveau eines Gottfried Feder, des NS-Wirtschaftstheoretikers, zu erreichen. Der monoman gesteigerte Rassenantisemitismus soll diese schrittweise Absage an jegliche Gesellschaftsreform kompensieren. Sein indirekt apologetischer Charakter wird von Dühring geradezu naiv hervorgehoben, so daß man kaum mehr von Betrug sprechen kann. Klassenkampf, Sozialpolitik, gar erst kommunistische Gemeinwirtschaft wird als schnöder Mammonismus beiseite geschoben, während Blut und Rasse zu den eigentlichen Menschheitsfragen deklariert werden. »Der Gegensatz von Besitz und Arbeit ist dem gegenüber nur eine Kleinigkeit, und Revolutionsvelleitäten, deren letztes Ziel bloß Besitz oder Nichtbesitz gewesen, müssen nicht nur mit der Zeit durch ihre eigene Beschränktheit versumpfen, sondern auch durch den Stillstand im Hauptpunkte und durch die Kleinheit ihres Gegenstandes die entschiedenste Verachtung herausfordern.

Wer sich zum Ziel setzt, die Menschen und Völker dadurch zu reformieren, daß er deren persönliche Eigenschaften und maßgebende Charaktertypen umschafft, und wer dieses Umschaffen nicht etwa bloß auf halbem Wege, sondern durch alle gerechten Mittel der Ausscheidung und Vernichtung zu erreichen sucht, der eröffnet einen ganz andern Kampf, als den, um den sich die Besitzkleinigkeiten drehen. Völkerausmerzungen wie beispielsweise gegenüber gemeinschädlichen Racentypen hebräischer Analogie sind denn schon ein ganz anderes Programm, als irgendeine armselige, geistesbeschränkte und selber von der Raubgier erzeugte Communisterei.«

Diese schauerlichen, gnadenlosen Worte stammen nicht etwa erst aus den Akten des Dritten Reiches, sondern aus einer Berliner Winkelzeitschrift, erschienen im Jahre 1900, dem Geburtsjahr Heinrich Himmlers. Sämtliche Mythen und Parolen der Nationalsozialisten lagen bereits um die Jahrhundertwende parat. In der bis zu seinem Tod auf 3300 Seiten angewachsenen Halbmonatsschrift »Personalist und Emancipator« hat Dühring seit 1899 von der »Deutschen Physik« bis zur »Endlösung« der Judenfrage, vom Rassenkult als Religionsersatz bis zum Primat der Propaganda nichts vergessen. Er zürnte darin in teilweise wegen ihrer Ausfälligkeit kaum zitierbaren Wendungen gegen alles und jedes, so gegen: »die schöne Dreieinigkeit von Professoren, Juden und Socialjudodemokraten«, gegen die »socialdemokratische Halbwelt im Verein mit Juden und Judengenossen«, gegen die »Professorgestelle« und »Philosophaseler«, sowie die ganze »Intellectuaille«, gegen die »Nasen-« und »Futtercommunisten«, gegen die »Metze Kunst«, den »Bestattungswahn der Antigone« und »das Ordinäre und Niedrige« im Typus Goethe, den »Asiatismus«, gegen Impfzwang, Koedukation, Gleichberechtigung der Frau und die ersten Flugversuche der »Luftstapler«. Dies sind nur einige aufs Geratewohl gewählte Beispiele. Allein die Aufzählung sämtlicher schäbiger Namensverballhornungen – Goethe = Kothe, Schiller = Schillerer, Dreyfus = Dreyfusel, Minkowski = Wurzelminuskowski, Nietzsche = Nichtske – würde etliche Seiten füllen. Wie unter einem schrecklichen Zwang zur Verunglimpfung beschädigt Dühring selbst die ganz, ganz wenigen hellen Gedanken, die ihm noch geblieben sind: etwa die merkwürdige Neubestimmung des Utopischen, seine geradezu unwahrscheinlichen Überlegungen zum Thema Entkolonialisierung oder die ideologiekritische Einsicht in die Zusammenhänge von pessimistischer Philosophie und Gegenrevolution. Auch treffliche Einzelbetrachtungen und Reminiszenzen an seine aufklärerische Vergangenheit geraten bei ihm sofort ins Schiefe, weil sein Wahn sie nicht unverderbt passieren läßt. In seinem letzten Werk »Soziale Rettung« schlägt sein staatsfeindlicher Personalismus in eine verzweifelte Bejahung der Diktatur um. Bereits 1905 hatte er mit den russischen »Schwarzen Hundert« sympathisiert, einer rechtsextremen Terrororganisation, die in ihrer Ideologie und politischen Praxis an die späteren faschistischen Fememörder und Schutzstaffeln erinnert. In einem Artikel aus dem Jahre 1909, in dem er auch auf die Lage in Österreich einging, wurde Dühring zum Propheten: er entwirft darin das Bild des ersehnten Retters: »Ob so einer gut oder schlimm, das würde im Zusammenwerfen der Welt nicht viel austragen. Er würde heute besonders das Sociale benützen können, um die Widerstandskräfte der Staaten und Regierungen zu paralysieren. Er würde, was Landkarten anbetrifft, einen neuen Geographen abgeben und die bisherigen Atlanten erheblich antiquieren können... Er wüßte die Völker bei dem zu fassen, was sie wirklich wollen: Volk und Völker wollen Sicherheit, Leben, Brod und Recht. Sie wollen die Ausbeuter, vor allem jetzt in erster Linie die Juden unschädlich gemacht wissen. Man denke sich also, Einer an der Spitze von einigen Millionen Waffenträgern, und unterstützt durch die willigen Volkskräfte, käme mit den entsprechenden ernstgemeinten Schlagwörtern, die er sofort in Thaten bewährte. Würde *er* dann nicht als der wahre Volksrepräsentant bejubelt werden und demgemäß nicht im Entferntesten nöthig haben, sich um die Abstimmeriche und Vormünder zu kümmern, deren falsche Gattung heut kaum mehr als volksvertreterisch, sondern im Grunde nur als volkszertreterisch gilt? Es würde eine lustige wie heilsame Umkehrung der Dinge geben...« Kurz bevor Dühring, fast neunzigjährig, am 21. September 1921 in dem Berliner Vorort Nowawes starb, hatte er seinem selbst schon greisen Sohne Ulrich anvertraut, er wolle »ganz sterben«, unbedingt und für immer. Mit Heraklit hielt der zähneknirschende Freidenker dafür, daß Leichen eher fortzuschaffen seien als Mist. Doch inzwischen war Dührings Wahn längst nicht mehr an ihn selbst, jenes armselige, vergällte und haßerfüllte Menschenwesen, gebunden, von dem man kaum glauben kann, es sei jemals jung gewesen. (1967)

BERNADETTE SOUBIROUS

Eine fremde, befremdliche und, sagen wir es geradewegs heraus, irgendwie anstößige Welt tut sich auf, wenn man sich der Welt der *Heiligen* nähert. In den Heiligen verkörpert sich der religiöse Mensch schlechthin. Jeder von ihnen ist zwar verwurzelt in einem bestimmten Erdstrich, trägt das Kleid einer geschichtlichen Epoche, hat seinen Platz in der Überlieferung eines Volkes, doch zugleich ist er sozusagen das Organ einer übergeschichtlichen Macht, Zeitgenosse der Ewigkeit und Widerschein der Transzendenz. Im Heiligen gelangt eine Möglichkeit des Menschseins zum Ausdruck, die sich fundamental von anderen Lebensformen – etwa der des Philosophen, Künstlers, Gelehrten, Technikers und Staatsmanns – unterscheidet.

Gewiß gibt es einige Heilige, die (wie etwa Franz von Assisi) auch Dichter oder (wie Thomas von Aquin) auch Philosophen waren; doch der grundsätzliche Unterschied zwischen Heiligkeit und anderen Weisen menschlicher Größe bleibt von solchen Doppelbegabungen unberührt. Pascal – Mathematiker, Schriftsteller und eminent religiös begabte Natur zugleich – hat diese Inkommensurabilität so umschrieben: »Die Heiligen haben ihr eigenes Reich, ihren Glanz, ihre Siege, ihre Herrlichkeit. Sie bedürfen weder der irdischen noch geistigen Größe und haben mit ihr, die ihnen weder etwas geben noch nehmen kann, nichts zu tun. Sie werden von Gott und den Engeln gesehen, nicht von Körpern und neugierigen Geistern; Gott genügt ihnen.«

Das sich am Ende seines tragischen Lebens der Dimension der Heiligkeit nähernde Genie Pascal hat damit treffend die befremdliche, herausfordernde, ja skandalöse Eigenart jener Menschen umschrieben, denen Gott genügt. Die Worte gelten ganz besonders für *Bernadette Soubirous,* das Mädchen von Lourdes.

Sie war die Tochter eines ehrenhaften Müllers, der schuldlos von Stufe zu Stufe verarmte, bis er schließlich Handlangerdienste leisten und mit seiner Familie in den düsteren Mauern eines früheren Gefängnisses hausen mußte. Eine Zeitlang arbeitete Bernadette als Schafhirtin. Biblische Luft liegt von allem Anfang über ihrem stillen und dürftigen Leben. Ihr Christentum war das des Vaterunsers, und in der Schürzentasche trug sie stets den Rosenkranz bei sich. Mit vierzehn Jahren konnte sie noch immer nicht lesen und schreiben. Doch trotz ihrer Einfalt war die zeitlebens Kränkelnde nicht dumm und stumpf. Es sind Aussprüche von ihr überliefert, die Geistesgegenwart, Urteilsvermögen und naive Klugheit verraten. Und in Bernadettes großen dunklen Augen leuchtete, wie André Ravier zu berichten weiß, manchmal auch »das Sternefunkeln des Humors« auf. Trotz ihrer nicht leichten Jugendzeit steckte in ihr eine große Lebensfreude. In einer Lebensbeschreibung heißt es: »Sie war fröhlich, eigensinnig und ein bißchen verschmitzt, sie liebte Spiele und schöne Spaziergänge.« Ravier erzählt von den Späßen und sogar Streichen, die sich auch die Nonne gewordene Bernadette erlaubte, um den Zudringlichkeiten abergläubischer Zeitgenossen zu entgehen.

Heiligkeit und Humor – es lohnte sich, der Frage nachzugehen, inwiefern beide menschliche Haltungen zusammenhängen. Sowohl der Heilige wie der große Humorist stehen in einem besonders innigen Verhältnis zum Metaphysischen. Der von Jean Paul beeinflußte Theologe Anton Günther hat es gewagt, christliche Spiritualität und humoristische Lebensauffassung als Geschwister zu bezeichnen; er nennt den Humor einen »lustigen Kreuzträger auf dem großen Weltmarkte«. Es wirkt sympathisch, daß Bernadette solch geläuterter Humor nicht fremd war, vielleicht auch gar nicht fremd sein konnte, wenn Léon Bloys Wort zutrifft, daß man recht eigentlich nur über eines traurig sein könne: nämlich kein Heiliger zu sein. Dem ist nur hinzuzufügen, daß noch kein Heiliger sich selbst als Heiligen angesehen hat.

Franz Werfel hat der Müllerstochter von Lourdes in seinem auch verfilmten Buch »Das Lied von Bernadette« ein Denkmal gesetzt. Für ihn ist Bernadette ein Symbol göttlicher Erwählung und religiöser Poesie. Zwischen dem 11. Februar und 16. Juli 1858 erschien ihr achtzehnmal in der Grotte von Massabielle die Madonna in Gestalt einer schönen lächelnden Dame. Meistens schwieg die Erscheinung, doch gelegentlich sprach sie auch. Sie vertraute dem Hirtenmädchen drei Geheimnisse an, forderte es auf zu beten »für die Bekehrung der Sünder«, ließ unter einem Felsen eine Quelle entspringen, die noch heute fließt.

Schon früh haben sich Kitsch und Sentimentalität, Aberglauben und Sensationsgier dieser Heiligen bemächtigt, die am 16. April 1879 in Nevers gestorben ist. Wer kennt nicht die süßlichen Gipsstatuen der weiß-blaugewandeten Madonna mit dem vor ihr knieenden Mädchen aus Lourdes? Es gibt auch eine Unmenge fad erbaulicher und romantisch idealisierender Literatur über Bernadette, die dieser, trotz des Wunderbaren, das ihr widerfuhr, unbefangen nüchternen und besonnen ausgeglichenen Gestalt nicht gerecht wird. Die neueste Biographie, verfaßt von dem französischen Jesuiten André Ravier, gehört nicht zu dieser Gattung tendenziöser Traktate. Sie ist bewußt um Wirklichkeitstreue, Genauigkeit und Nüchternheit bemüht, ohne deshalb der Versuchung eines bilderstürmerischen Reduktionismus zu erliegen. Auf jeder Seite spürt man die Ehrfurcht vor dem Wunderbaren, die den Autor bei der Darstellung des Lebens dieser sanfteren Schwester von Jeanne d'Arc leitet. Ohne solche Ehrfurcht kann ja auch die Geschichte eines Heiligen gar nicht geschildert werden. Doch Raviers Sinn für das Wunderbare hat, wie gesagt, nichts zu tun mit einem Haschen nach Mirakeln. Der Schwerpunkt seines Interesses liegt nicht auf den visionären Erlebnissen der Heiligen und schon gar nicht auf den erstaunlichen Heilungen, die in Lourdes stattgefunden haben, sondern auf der Wahrhaftigkeit, Treue und Entsagungsbereitschaft von Bernadette, die die letzten dreizehn Jahre ihres Lebens im Kloster verbrachte. Ihre Redlichkeit und Aufrichtigkeit haben auch Ungläubige, Skeptiker, ja selbst Gegner immer wieder anerkannt. Der Biograph zitiert einen aufgeklärten protestantischen Beamten, der nach einem Gespräch mit Bernadette bekannte: »Meiner Ansicht nach spricht hier die Kraft der Überzeugung. Dieses Kind setzt mich in Erstaunen und macht mich betroffen. Es gibt da irgend etwas.« Es gibt da etwas... Ohne dieses »Etwas« gäbe es keine Heiligen. Und eben deshalb erscheinen sie den meisten von uns so befremdlich. Sie erinnern uns daran, daß der Mensch, der gegen das Leiden ankämpft, möglichst viel genießen und vom Leben »haben« will, nicht der ganze Mensch ist. Sie relativieren die üblichen Begriffe von Größe, Erfolg und Selbstverwirklichung. Sie beunruhigen und ärgern, doch zugleich vermögen sie in denen, die Wundersucht wie Wunderangst in gleicher Weise meiden, wenigstens ein leises Echo hervorzurufen. Und sie können sogar trösten. Wie tröstlich ist das gelassene Wort, das Bernadette zu einem Zweifler gesagt hat: »Ich verpflichte Sie nicht, mir zu glauben, aber ich kann nur wiederholen, was ich gesehen und gehört habe.«

(1979)

VILFREDO PARETO

Am 19. August 1923 schloß der Nationalökonom, Soziologe und politische Denker Vilfredo Pareto in seinem schönen Haus in Céligny am Ufer des Genfer Sees für immer seine überanstrengten Augen. Der sechsundsiebzigjährige Gelehrte hatte den Tod nicht als eine persönliche Beleidigung aufgefaßt, sondern mit der Gefaßtheit eines antiken Philosophen erwartet. Ähnlich war er bei seinen jahrzehntelangen sozialwissenschaftlichen Studien bemüht gewesen, sich subjektiver Gefühle und Meinungen zu entsagen, um einzig und allein Tatsachen, auch wenn sie noch so sehr liebgewordenen Vorurteilen widersprachen, kühl distanziert zu untersuchen und aus ihnen logische Folgerungen zu ziehen. Bereits damals hatte sein Name einen gewissen Klang.

Die Gegner der sozialen Revolution, die erst vor kurzem in Rußland das Erbe der zaristischen Autokratie angetreten hatte, schätzten sein zweibändiges Werk »Les Systèmes Socialistes«, die vielleicht vollkommenste und tiefste Kritik des Sozialismus, die bis heute geschrieben worden ist. Das italienische Sozialistenblatt »Avanti« nannte ihn deshalb in einem Nekrolog den »Karl Marx der Bourgeoisie«, eine Formulierung, die seither oft wiederholt wurde. Gleichzeitig brachte man den 1848 in Paris geborenen Sohn eines Italieners und einer Französin, der fast die Hälfte seines Lebens in der Westschweiz verbracht hatte, in Verbindung mit der damals noch jungen Bewegung des Faschismus. Hatte nicht Mussolini eine Zeitlang seine Vorlesungen in Lausanne besucht und war Pareto nicht von seinem kürzlich zum »Duce« avancierten Schüler in den Senat des Königreichs Italien berufen worden? Hatte nicht der stets von Angorakatzen umgebene Eremit von Céligny mit bisweilen beleidigendem Hohn gegen ein dekadentes Bürgertum und den liberalen Humanitarismus geschrieben sowie daran erinnert, daß die Geschichte von Eliten gemacht werde?

Doch wie verträgt sich diese Affinität zum Faschismus mit Paretos großartiger Liberalität, die er allen politisch Verfolgten entgegenbrachte, auch wenn ihm ihre Ansichten und Ziele noch so zuwider waren? Obwohl zutiefst skeptisch gegenüber dem Sozialismus, hatte der Gelehrte viele der bedeutendsten sozialistischen Intellektuellen Italiens gastfreundlich in seine Villa aufgenommen, als diese nach den blutigen Ereignissen des Jahres 1898 von der Polizei gejagt wurden. Dabei hatte Pareto für die radikalen Revolutionäre weit mehr Sympathien als für die gemäßigten Reformer, denen er mißtrauisch Opportunismus, Demagogie und Karrieredenken unterstellte. Wie er radikale Sozialisten in seinem Haus beherbergte, so stellte er sich auch schützend vor die zu Beginn des 20. Jahrhunderts von der französischen Linken verfolgte katholische Geistlichkeit, obwohl er jeder Theologie, selbst der des Atheismus, mit aristokratischer Distanz gegenüberstand und zu den wenigen Genies gehören dürfte, denen religiöse Bedürfnisse völlig fremd gewesen sind. Man hat deshalb Pareto auch einen »filosofo voltairiano« genannt, ihn mit Skeptikern und Aufklärern, wie Montaigne und Pierre Bayle, verglichen, um die zutiefst liberale Haltung dieses gelehrten Einzelgängers hervorzuheben.

Noch wenige Wochen vor seinem Tode warnte er die Faschisten in einem Zeitschriftenaufsatz vor militärischen Abenteuern und einer Einschränkung der Meinungs-, Presse- und Lehrfreiheit. Es sei nicht die Aufgabe der Regierung, einer kleinen Gruppe die Mittel dazu zu geben, um dem Volk bestimmte Vorlieben und Meinungen aufzuzwingen. Überhaupt sollte der Staat zwar imstande sein, Entscheidungen zu treffen und auch durchzusetzen, nicht aber alles und jedes reglementieren wollen.

Liberaler oder Faschist, Aufklärer oder Reaktionär, Wissenschaftler oder Ideologe – dies sind nicht die einzigen Extreme, zwischen denen die Urteile, vielfach aber auch die Vorurteile, über Pareto schwanken. Leicht zu fassen ist er nicht. Das Gebot, ihm Gerechtigkeit widerfahren zu lassen, stellt einen vor harte Proben. Dies gilt insbesondere im Hinblick auf die geistespolitische Situation im deutschen Sprachraum. Hier gehört Pareto, fünfzig Jahre nach seinem Tode, noch immer zu den großen Unbekannten, um nicht zu sagen: Verdrängten und Verfemten. Während die englischsprechende Welt ihn mit Max Weber und Emile Durkheim zu den Gründervätern der modernen Soziologie zählt, scheint der große Italiener in Deutschland dafür büßen zu müssen, daß er Bismarck, der heute eher verachtet wird, als politischen Realisten schätzte, dagegen für den seit Jahren zunehmend gefeierten Hegel nur ausgiebigen Spott übrig hatte.

Auf jeden Fall gehört Pareto zu jenen geistig prägenden Gestalten unseres Jahrhunderts, mit denen die Auseinandersetzung im deutschsprachigen Raum noch nicht begonnen hat. Vergebens sieht man sich hier nach der vollständigen Übersetzung auch nur eines der Hauptwerke Paretos um. Anders als im Falle von Karl Marx, Sigmund Freud oder auch Edmund Husserl gibt es hier keine Schule, die an seine Gedanken anknüpft und seine Ziele weiterverfolgt. Nur zögernd erscheinen über ihn Aufsätze von Fachphilosophen oder Fachsoziologen. Wo im akademischen Bereich eine Stellungnahme erfolgt, ist sie, von wenigen Ausnahmen abgesehen, zurückhaltend und kühl, wenn nicht gar feindselig und bösartig. Zynismus, Naturalismus, Amoralismus, Elitismus und Faschismus sind nur einige der ihm unterstellten Ruchlosigkeiten. Mit diesen Schelten glaubt man, sich die Befassung mit einem Manne ersparen zu können, von dessen »Trattato di sociologia generale« ein kompetenter Kenner, G.-H. Bousquet, gesagt hat, er sei »eine der mächtigsten Anspannungen des menschlichen Geistes, um die Struktur der Gesellschaften und den Wert des in ihnen geltenden Denkens zu erfassen«. Diesem Urteil stimmt vorbehaltlos Guido Sensini zu: »Ich weiß nicht, ob es in der Literatur der ganzen Welt, welcher Art sie auch angehöre, ein Werk gibt, das in dem Reichtum des gesammelten Materials, in der Genialität der Interpretation, in der strengen Anwendung erfahrungswissenschaftlicher Methoden auf die Stufe des ›Trattato‹ gestellt werden kann.«

Aus der Fülle der Gedanken und Einsichten Paretos seien einige besonders wichtige Aspekte hervorgehoben:

1. Pareto, der eine Einleitung zu einer von Paul Lafargue, dem Schwiegersohn Marx', herausgegebenen Auswahl aus dem »Kapital« geschrieben hat, gehört zu den gründlichsten und überzeugendsten Kritikern des Marxismus, obwohl er bei Marx manche Lektion gut gelernt, ja geradezu einige von ihm in die wissenschaftliche Diskussion eingeführte Themen aufgegriffen und abgewandelt hat. Man hat Pareto, wie schon erwähnt, einen Marx der Bourgeoisie genannt. Vielleicht könnte man ihn, etwas weniger reißerisch, einen Marx minus Hegel nennen. Ein Marx minus Hegel bedeutet aber nichts anderes als ein Marx minus dialektischem Heils- und Erlösungswissen, minus Theologie, Apokalypse und »Gnosis«.

Für ihn waren Ideologienlehre und Klassentheorie keine Fiaker, aus denen man beliebig aussteigen könne. Niemand hat hellsichtiger vorhergesehen – bereits Jahrzehnte vor dem Sieg der Bolschewiki –, daß Aufhebung des Privateigentums und Planwirtschaft nicht im geringsten zu einem klassen- und herrschaftslosen Gemeinwesen führen würden. Schon im Jahre 1902 stellte Pareto nicht nur fest, daß innerhalb der sozialistischen Parteien sich neue Oligarchien bildeten, sondern auch, daß ein siegreicher Sozialismus mit einer neuen Klassenherrschaft gleichbedeutend wäre. Gebrauch und Mißbrauch der Macht würden um so ausgedehnter sein, je mehr sich der Staat, unter welcher Ideologie auch immer, in die Angelegenheiten der Menschen einmische.

2. Pareto gehört mit Nietzsche und Freud zu den bedeutendsten Entlarvern der menschlichen Illusionen. An Hand eines immensen Materials aus Rechts-, Kultur-, Religions- und politischer Geschichte, aus Völkerkunde und Mythenforschung kommt er zu dem Ergebnis, daß die Menschen in einem weit größeren Ausmaß, als sie zuzugeben bereit sind, nicht durch rationale Erkenntnisse und Überlegungen, sondern durch Gefühle, Leidenschaften und Triebe in ihrem Tun bestimmt werden. Mit Recht stellt Carl Brinkmann fest: »Paretos Soziologie ist der rational-exakte Aufweis der irrationalen Tiefendimension alles sozialen Verhaltens.«

Gleichwohl haben die Menschen überwiegend das starke Bedürfnis, ihre nichtlogischen Handlungen mit logischen, meistens jedoch pseudologischen Erklärungen zu versehen. Pareto unterscheidet zwischen »Residuen«, den meist emotionalen Konstanten und Grundmustern menschlichen Handelns, und »Derivationen«, den wechselnden verbalen Maskeraden primärer Bedürfnisse, Wertungen und Verhaltensweisen. Für Pareto hat der größte Teil aller politischen, moralphilosophischen und naturrechtlichen Argumente und Theorien den Charakter von Derivationen, das heißt von Scheinbegründungen oder Scheinrechtfertigungen jeweils schon stillschweigend vorausgesetzter beziehungsweise erwünschter Werte, Normen und Entscheidungen. Die wissenschaftliche Nullität solcher Derivationen (z. B. der Dialektik) gehe schon daraus hervor, daß ein und dieselbe in den Dienst verschiedener, diametral entgegengesetzter politisch-moralischer Ziele gesetzt werden könne.

3. Pareto gehört mit Gaetano Mosca zu den Schöpfern einer modernen Theorie von den politischen und sozialen Eliten. Den Begriff Elite definierte er völlig wertfrei, ohne moralische Nebentöne. Er besagt bloß, daß sowohl in der Gesamtgesellschaft als auch in jedem ihrer Untersysteme einige wenige eine Macht über ihresgleichen besitzen, die in keiner Proportion zu ihrer Zahl (und gewöhnlich auch nicht zu ihren Verdiensten) steht. Eine Minorität fällt Entscheidungen, die alle betreffen. An dieser Tatsache könne eine parlamentarische Demokratie ebensowenig ändern, wie ein Sozialismus mit noch so menschlichem Antlitz. Es verwundert nicht, daß eine solche Lehre sowohl östlich wie westlich des Eisernen Vorhangs wenig beliebt ist. Sie gilt als zynisch, menschenverächterisch und machiavellistisch. Es scheint jedoch, daß sie die Wirklichkeit besser beschreibt als die Theorien von der Volkssouveränität oder der klassenlosen Gesellschaft.

Keineswegs war Pareto deshalb ein Mann, der die Unterprivilegierten verachtet oder sich über die Qualitäten der herrschenden Klassen fromme Illusionen machte. Die Weltgeschichte war ihm ein Friedhof von Eliten, und er sah keine Gründe, die zu der Vermutung berechtigten, daß in Zukunft das »oligarchische Faktum«, wie man es nennen könnte, eine geringere Rolle als früher spielen würde. Im Gegensatz zu Marx leugnete Pareto nicht nur die Möglichkeit einer klassenlosen Gesellschaft; er kritisierte auch seine Reduktion aller sozialen Konflikte auf den Gegensatz von Kapitalisten und Arbeiterschaft. Er unterschied zum Beispiel zwischen Kapitalisten und Unternehmern und meinte, daß die letzteren in der Regel mit den Arbeitern durchaus auch gemeinsame ökonomische Interessen haben.

Für eine Demokratie als totale Selbstbestimmung aller hat dieser souveräne Analytiker der gesellschaftlichen Verhältnisse und ihrer illusionären Verschleierungen nur ein Lächeln übrig gehabt. Aber er war, obgleich Kritiker jeder Utopie von Demokratie und Demokratisierung, ein leidenschaftlicher Anwalt der Freiheit – jener bürgerlichen Freiheit, in der allein auch ein Werk wie das seine entstehen konnte. Er hat seine Zeit nicht mit Diskussionen über die Vorteile einer totalen und antiautoritären Demokratie vergeudet, dafür aber mit seiner Soziologie eine ernstzunehmende Antwort auf die Frage gegeben, wie man die unaufhebbare Herrschaft von Menschen über Menschen zügeln und humanisieren könne. Als solche Mittel, die Macht zu beschränken, nannte er die institutionell gesicherte Freiheit der Meinung, Rede und Forschung, ein von individueller Initiative getragenes Wirtschaftssystem und nicht zuletzt einen Staat, der stark genug ist, die Bedingungen geistiger sowie ökonomischer Freiheit durchzusetzen und zu verteidigen.

Wir können damit schließen, daß alle diese Mittel nichts taugen würden, wenn es nicht Männer und Frauen wie Pareto gäbe, den ein hervorragender Kenner mit den treffenden Worten charakterisiert hat: »Er war freiheitsliebend bis zur Anarchie, und er ertrug auch nicht den leichtesten äußeren Zwang, von wem immer er ausging, namentlich aber von seiten der Mächtigen.« (1973)

JAMES GEORGE FRAZER

Von James George Frazer (1854–1941), dem britischen Anthropologen, Völkerkundler und Religionswissenschaftler, gilt das bekannte auf den Dichter des »Messias« gemünzte Lessing-Epigramm: »Wer wird nicht einen Klopstock loben? Doch wird ihn jeder lesen? – Nein. Wir wollen weniger erhoben und fleißiger gelesen sein.« Zumindest trifft diese spitze Bemerkung auf die seit dem Tode dieses großen Gelehrten verflossenen Jahrzehnte zu. Zu seinen Lebzeiten hatte der gebürtige Schotte, den der englische König schließlich mit dem Sir-Titel auszeichnete, durchaus einen aufmerksamen und prominenten Leserkreis gehabt, nicht zuletzt im deutschen Sprachraum. In Sigmund Freuds »Totem und Tabu«, als Buch zuerst 1913 erschienen, ist Frazer der meistzitierte Autor, auch Philosophen, Mythenforscher und Sozialwissenschaftler wie Wilhelm Wundt, Richard Thurnwald, Oswald Spengler, Ludwig Klages und Leopold Ziegler haben ihn fleißig benutzt. Der russische Filmregisseur Sergej Eisenstein wühlte monatelang in Antiquariaten nach Frazers »The Golden Bough«, da er die darin ausgebreiteten mythologischen und folkloristischen Belege in seinem (Fragment gebliebenen) Film »Que Viva Mexiko« auswerten wollte. So unterschiedliche Männer wie der Schriftsteller Anatole France, der Philosoph Henri Bergson und der Universalhistoriker Arnold Toynbee haben sich von diesem heute fast vergessenen Autor inspirieren lassen. Wer immer im ersten Drittel unseres Jahrhunderts einen Zugang zur Welt der Primitiven suchte oder über die mutmaßlichen Ursprünge von Mythos, Kult und Magie spekulierte, der griff auf Frazers Bücher zurück, insbesondere auf das am Ende zwölf Bände umfassende Hauptwerk »Der goldene Zweig«, von dem der Autor 1922 eine zweiteilige Kurzfassung herausgegeben hatte. Eine deutsche Ausgabe dieses für einen größeren Leserkreis bestimmten Buches ist zuerst 1928 erschienen. Nach vierzig Jahren brachte der Verlag Kiepenheuer & Witsch einen fotomechanischen Nachdruck heraus, auf dem auch die Paperback-Edition des Ullstein Verlags (1977) basiert. Die Übersetzung von Helen von Bauer liest sich flüssig und angenehm; man hat bei der Lektüre kaum je den Eindruck, ein aus einer fremden Sprache übertragenes Werk zu lesen. Bedauerlich ist nur, daß an manchen Stellen statt des richtigen Ausdrucks »germanisch« das Wort »deutsch« steht, vor allem aber, daß es immer wieder statt »anscheinend« irreführenderweise »scheinbar« heißt.

Sir James George Frazer wird, wie gesagt, schon seit langem nicht mehr gelesen. Bei Religionswissenschaftlern, Ethnologen und Prähistorikern gilt er als passé. Keine Seminararbeit, die Frazers Theorien für bare Münze hielte, fände heute Gnade bei einem auf seinen wissenschaftlichen Ruf bedachten Professor. Die Theorien dieses einst mit Montesquieu verglichenen Forschers gelten als abgeschmackt und obsolet, als tiefes »neunzehntes Jahrhundert« im abschätzigen Sinne. In seinem ganzen langen Leben hat Frazer keinen einzigen von den vielen primitiven Stämmen, die er in seinen Büchern behandelt, durch persönlichen Augenschein kennengelernt; er hat keine »Feldforschung« betrieben, sondern war und blieb (wie sein etwas älterer Zeitgenosse Bachofen, der Autor des »Mutterrechts«) ein Schreibtisch-Ethnologe, der sich durchweg auf die Berichte anderer stützte. Obwohl Freud seine Theorie über die Entstehung des Inzest-Tabus auf den Resultaten Frazers aufbaute, hat dieser sich geweigert, die Psychoanalyse auch nur eines Blickes zu würdigen. Ebenso kühl stand der Autor des »Goldenen Zweigs« der modernen Soziologie gegenüber. Als Kind seines Jahrhunderts war Sir James – nicht anders als Saint-Simon, Comte und Spencer – ein Fortschrittsgläubiger, der naiv optimistisch auf eine stetige Höherentwicklung der Menschheit vertraute. Doch als ob dies noch nicht genug wäre, um ihn als Repräsentanten einer inzwischen völlig untergegangenen Epoche erscheinen zu lassen, wird von B. Malinowski, einem kompetenten Kenner seines Werks, noch der am schwersten wiegende Einwand vorgebracht: »Er war kein Logiker, vielleicht nicht einmal ein analytischer Denker. Wenige seiner theoretischen Ergebnisse können, so wie sie dastehen, aufrechterhalten werden.«

So ist es. All diesen auftrumpfenden Vorwürfen, Einwürfen und Warnungen ist nichts entgegenzusetzen. Wir können sie nur vergessen, gleichsam suspendieren und einklammern. Und dann den »Goldenen Zweig« lesen. Nicht so sehr als wissenschaftliches Werk – obwohl es eine überquellende Fülle von historischen, volkskundlichen, religionsgeschichtlichen und anderen Belegen birgt. Wissenschaft ist ständigem Fortschreiten unterworfen. Überholt zu werden, ist nicht nur das Schicksal eines jeden Forschers, sondern geradezu der Zweck seines Tuns; er muß, wie Max Weber einmal gesagt hat, arbeiten im Bewußtsein, daß seine Ergebnisse in zehn oder fünfzig Jahren veraltet sein werden. Seine einzige Hoffnung besteht darin, daß andere weiterkommen mögen als er. Warum lesen wir aber trotzdem heute noch die Werke der großen Naturforscher oder Historiker des neunzehnten, auch des achtzehnten Jahrhunderts? Warum lohnt es sich, die Arbeiten von Buffon, Fabre, Darwin, Faraday, Alexander von Humboldt und anderen zu lesen, obwohl sie doch alle in vielen Punkten längst »überholt« sind? Es ist doch durchaus mehr als bloß wissenschaftsgeschichtlich-archivarisches Interesse, das wir diesen Autoren entgegenbringen. Und ausschlaggebend ist gewiß auch nicht der von Hegel notierte Gesichtspunkt, daß das, »was in früheren Zeitaltern den reifen Geist der Männer beschäftigte, zu Kenntnissen, Übungen und selbst Spielen des Knabenalters herabgesunken« ist und nunmehr als pädagogisches Exerzitium, als Mittel der Schulung dient. Den Kern einer Antwort auf die Frage, warum wir mit verwandeltem, im Grunde aber ungeschmälertem Gewinn veraltete wissenschaftliche Werke studieren können, findet sich in einem Brief von Paul Valéry: Wenn man einen Platon, einen Spinoza oder einen Lukrez widerlegt, bleibt dann von ihnen nichts mehr übrig? – Nichts bleibt übrig, sofern nicht ästhetische Gebilde übrigbleiben, sofern das wissenschaftliche oder philosophische Werk nicht auch eine *Dichtung* ist. Anders als wissenschaftliche Arbeiten werden nämlich Kunstwerke nicht durch spätere Schöpfungen überholt oder widerlegt.

Ein Kunstwerk dieser Art ist Frazers »Goldener Zweig«. Nicht nur der Titel ist poetisch – eine Anspielung auf den magischen Zweig, mit dem der vergilische Aeneas die Unterwelt gefahrlos zu durchwandern vermag –, sondern das ganze Buch hat den Charakter einer Dichtung, eines aus zahllosen Fäden gewobenen Teppichs, der ein ganzes Epos zur Darstellung bringt. Ausgangspunkt ist eine alte Legende, die uns Strabo überliefert hat. In der Nähe von Aricia am Fuße der Albaner Berge, an den Ufern des Lago di Nemi, befand sich einst ein Diana-Heiligtum, dem ein Priester vorstand, der den Titel eines »Königs des Waldes« trug. Sein Leben war auf geheimnisvolle Weise mit einem bestimmten Baum verknüpft, auf dem ein goldener Zweig wuchs. Diese idyllische Landschaft, die an ein Gemälde von Lorrain erinnert, war allerdings der Schauplatz blutiger Ereignisse, die sich kultischer Einsetzung verdankten. Wer nämlich nach dem königlichen Priestertum im Hain der Göttin Diana strebte, mußte den jeweils amtierenden Priester ermorden; diese Tat aber konnte ihm nur gelingen, wenn er einen Zweig von dem heiligen Baum gepflückt hatte. Jeder Priester war somit der Mörder des vorangegangenen. Zu dieser seltsamen Institution findet sich in der Geschichte des klassischen Altertums keine Parallele; wie ein erratischer Block steht sie inmitten der überwiegend heiter-humanen Götterwelt der Antike. Eben deshalb faszinierte Frazer die Geschichte vom Priestertum am Lago di Nemi. Anfänglich glaubte er, das Rätsel des Ursprungs der merkwürdigen Nachfolgeregelung auf wenigen Seiten lösen zu können. Bald aber mußte er feststellen, daß die Spuren ihn mehr und mehr von Italien hinwegführten. Er war gezwungen, immer weiter auszuholen, die entlegensten Zeugnisse der gesamten ihm zugänglichen Völkerkunde und Mythologie auch afrikanischer, asiatischer und amerikanischer Stämme heranzuziehen und Stein für Stein ein wissenschaftliches Gebäude von geradezu kyklopischen Ausmaßen zu errichten, um ein auf den ersten Blick eher abseitig-kurioses Problem zu lösen. Im Laufe der Jahrzehnte war er mehr und mehr davon überzeugt, in der dunklen Sage von dem Diana-Priestertum in Aricia die Spitze einer versunkenen Pyramide gefunden zu haben, deren Grundfläche die gesamte Vorgeschichte der Menschheit umfaßt. Eine Fülle von Belegen und Exkursionen in die verschiedensten Bereiche der Welt soll diese Vermutung erhärten. Altfränkische Fastnachtsbräuche, homöopathische Magie, Wetterzauber, Baumkult, Fruchtbarkeitsriten, Menschenopfer, Sündenbock-Zeremonien, Unterweltvorstellungen, heilige Gärten, Speise- und Trank-Tabus, Oster- und Weihnachtssitten, Auferstehungs-, Seelen- und Dämonenglaube – eine unermeßliche Welt erschließt sich dem Leser des »Goldenen Zweigs«. »Zu Nürnberg gingen Mädchen von sieben bis achtzehn Jahren durch die Straßen mit einem kleinen Sarg, in dem sich eine unter einem Leichentuch verborgene Puppe befand«, weiß Frazer zu berichten. Diese Puppe stellt den Tod dar. Er wird zu Frühlingsbeginn unter Gesängen in die Fluten der Pegnitz geworfen. An anderen Orten wird der Karneval begraben, der Sommer feierlich eingeholt oder eine mit Laub und Blumen geschmückte Figur symbolisch hingerichtet. Ähnliche Bräuche gibt es in Rußland, Indien und Schwarzafrika, und immer wieder findet Frazer Berührungspunkte mit dem Mysterium von Nemi. Was heute kindlicher Zeitvertreib und Fremdenverkehrsattraktion ist, war einmal blutiger Kult, von dessen Vollzug der frühe Mensch nicht nur das Wohl seines Stammes, sondern den Bestand der kosmischen Ordnung abhängig glaubte. Die Religion einer Epoche ist Poesie für die folgende und am Ende karnevalesker Ulk oder Stoff für eine Operette.

Dies war die »Tagesansicht«, wie wir sie nennen können, des fortschrittsgläubigen Aufklärers und Rationalisten Frazer. In seinen Augen war die ganze Fülle des im »Goldenen Zweig« verschwenderisch ausgebreiteten völkerkundlichen Materials nichts als primitiver Aberglaube, der im Zuge der progressiven Entwicklung von der Magie über die Religion zur Wissenschaft zum Aussterben verurteilt sei. Doch dies ist nicht der ganze Frazer. In ihm steckte unter der Maske eines an die Zukunft glaubenden positivistischen Polyhistors ein von der Vor- und Frühgeschichte lebhaft ergriffener Liebhaber alles, was dunkel, fremdartig und exotisch war. Nicht umsonst war er, obwohl seiner Ausbildung nach ein Jurist, ein »classical scholar«, ein hingebungsvoller Leser, Kenner und Verehrer der antiken Schriftsteller. Die Beschäftigung mit den Griechen und Römern war ihm, wie für Goethe, »die Basis der höhern Bildung«; deshalb hat er auch Pausanias und Ovid (sowie das Alte Testament) übersetzt und kommentiert. Er verstand sich als Aufklärer, und als solcher hat er, fast achtzigjährig, im Jahre der Machtergreifung Hitlers, dem Marquis de Condorcet, dem Propheten menschlicher Vervollkommnungsfähigkeit und geschichtlichen Fortschritts, eine Gedächtnisrede gewidmet. Er wollte zeitlebens zur Entzauberung der Welt beitragen und Aufklärung noch in die finstersten Verliese der mythischen Katakomben hineintragen. Doch im Grunde seines Herzens scheint er Goethes Maxime zugestimmt zu haben: »Der Aberglaube ist die Poesie des Lebens.« Er hat das Geschäft der Entmythisierung betrieben und zugleich aus den Elementen archaischen Bilderdenkens und Brauchtums einen neuen Mythos komponiert. Seinem Anspruch nach ein Wissenschaftler, war Frazer ein zum Verzaubertsein fähiger Visionär. Die von ihm geduldig gesammelten Tatsachen sprechen für seine Gelehrsamkeit und szientifische Akkuratesse; doch die Art und Weise, in der er die Fakten assoziiert und deutet, verrät einen intuitiv vorgehenden Künstler, der ein mythisches Universum aufbaut. Mit Recht rühmt Malinowski, sein Schüler und Kritiker, Frazers »Fähigkeit, ein totes Gerippe ethnographischer Tatsachen zu einem spannenden Drama umzugestalten, seine schöpferische Kraft, anschauliche Bilder ferner Länder und exotischer Kulturen zu entwerfen«, wie etwa die Schilderungen des landschaftlichen Hintergrunds des Adonis-Kults auf Cypern und im Libanongebirge oder auch der keltisch-germanischen Wälder beweisen. Er trachtete die Welt des Mythos und der Magie als überwundene Stufe menschlicher Weltauslegung zu entlarven und war trotzdem, wie Malinowski berichtet, von einer »tiefen Ehrfurcht vor dem Gegenstand seiner wissenschaftlichen und künstlerischen Interessen« erfüllt. Jedes theoretisch-kritische Herumdoktern an dieser seiner visionär gestalteten Welt erregte in ihm Unbehagen; er hielt es weniger für einen Angriff auf seine Person als für ein frevlerisches Attentat auf Diana, Baldur und Osiris. So findet man bei Frazer überall – in Charakter, Lehre und Werk – einen Anflug von Paradoxie, die Malinowski so umschreibt: »Seine Unfähigkeit zu überzeugen scheint in Widerspruch zu stehen zu seiner Kraft, zu bekehren und zu begeistern.« So wie Vergil den in einem dunklen Wald vom rechten Wege abgekommenen Dante kundig durch die Unterwelt geleitet, so führt uns Frazers enzyklopädischer »Goldener Zweig« in die Brunnenstuben und Krypten menschheitlicher Bewußtseins- und Daseinsweisen, die uns näherliegen als der vor hundertfünfundzwanzig Jahren geborene Autor glaubte. Was er für geschichtlich aufeinanderfolgende Stufen hielt, sind *im-*

merwährende Möglichkeiten der menschlichen Seele, die gleichzeitig neben- und übereinander bestehen. Jeder Mensch kommt als Primitiver zur Welt, und seine Neigungen zu Magie und Mythisierung hat er auch im Zeitalter der Computertechnologie nicht verloren. Sie können verschüttet, überlagert und gezähmt werden, aber nicht vernichtet. Das beweist, entgegen dem Vorsatz seines aufgeklärten Autors, das Riesenbuch »Der goldene Zweig«. Als wissenschaftliche Arbeit anfechtbar, ja überholt, als literarisches Dokument eines von der Welt des Mythos ergriffenen Aufklärers jedoch einen Überschuß an menschlicher und geistiger Substanz enthaltend, gehört es wie Lukrez' »De rerum natura« oder Bachofens »Mutterrecht« zu jenen poetischen Hervorbringungen, die das Jahrhundert ihrer Geburt lange überleben und in dem mitgerissenen Leser gar nicht erst den banausischen Wunsch aufkommen lassen, sie zu widerlegen. (1977)

HOUSTON STEWART CHAMBERLAIN

Als »einer der Deutschesten des deutschen Volkes« habe er »die Fahne des Deutschbewußtseins« hinübergerettet ins 20. Jahrhundert. Sein literarisches Hauptwerk markiere »vielleicht die tiefeinschneidendste Zäsur in der Geistesgeschichte der letzten Jahrzehnte«; denke man es sich aus ihr hinweg, »so würde eine furchtbare Öde« herrschen. Wie Leibniz um 1700 und Goethe um 1800, sei er um 1900 »der universalste Mann« gewesen, und nicht nur dies: »Es war mehr als ein Menschenleben, das vor unsern Augen vorübergezogen ist.«

Diese emphatischen Worte widmete Alfred Rosenberg 1927 einem Manne, dessen Werk, falls man seiner überhaupt noch gedenkt, mit den schrecklichsten Tendenzen der neueren deutschen Geschichte verknüpft wird: Houston Stewart Chamberlain. Rosenberg hat den gebürtigen Engländer, der erst während des Ersten Weltkrieges als alter Mann deutscher Staatsbürger geworden war, auch später zu wiederholten Malen als Ahnherrn und Propheten des Dritten Reiches reklamiert. Chamberlain konnte sich dieser Beschlagnahme nicht mehr widersetzen. Er war bereits am 9. Januar 1927, seit langen Jahren der Sprache beraubt, gelähmt und vereinsamt, von seiner zweiten Frau Eva, der jüngsten Tochter Richard Wagners, geduldig betreut, in Bayreuth gestorben. Nach einer letzten Hausse während des Zweiten Weltkrieges sind seine Schriften seit 1945 nicht mehr aufgelegt worden, jedoch nach wie vor in Antiquariaten zu relativ niedrigen Preisen erhältlich. In besseren Wiener Häusern konnte man seine »Grundlagen des 19. Jahrhunderts« noch in den fünfziger Jahren finden: Ältere Kommerzialräte, Rittmeister und Staatsbeamte mit musischen Ambitionen, allesamt keine Fanatiker, ja nicht einmal ehemalige Parteigenossen, sprachen mit Hochachtung und Sympathie von dem Manne, der, bevor er nach Wahnfried ging, zwei Jahrzehnte in der Metropole der Donaumonarchie gelebt hatte. Doch von diesen Reminiszenzen abgesehen, ist Chamberlain heute ein erledigter Fall. Selbst die verschiedenen Gruppen der Neuen Rechten in Westdeutschland scheinen nicht mehr auf ihn zurückzugreifen, und diejenigen, die ihn nicht gelesen haben, halten ihn einfach für einen üblen Rassisten, Antisemiten und Germanenschwärmer. Man weiß, wer Rosenberg war, und glaubt deshalb zu wissen, was von Chamberlain zu halten sei. Wer sich jedoch, neugierig, wie dieser Engländer dazu kam, geistiger Nährvater der Nationalsozialisten zu werden, in Chamberlains Bücher und Briefe vertieft sowie in die Zeugnisse derer, die ihn kannten – womöglich nach der Lektüre anderer Musageten des Dritten Reiches –, der begegnet einem sympathischen, kultivierten Gentleman, dessen Bildung, Umgang und jahrzehntelanges Wanderleben ihn eher zum »guten Europäer« als zum Rassenchauvinisten prädestiniert hätten. Zu Chamberlains Freunden gehörten die Philosophen Rudolf Kassner und Graf Hermann Keyserling, die Indologen Paul Deußen und Leopold von Schroeder, der Theologe Adolf von Harnack, ferner Julius Wiesner, der Pflanzenphysiologe und Rektor der Wiener Universität, Jakob von Uexküll, der Begründer der Umwelt-Lehre, sowie Ulrich Graf Brockdorff-Rantzau, der 1917 Lenins Reise im »plombierten« Zug nach Rußland organisierte und dann erster Botschafter der Weimarer Republik in der Sowjetunion wurde.

Chamberlain war nicht nur ein leidenschaftlicher Leser, dessen Interessen von der Biologie bis zur Religionsgeschichte und Sprachwissenschaft reichten, sondern auch ein vielseitiger und anregender Briefeschreiber. Er korrespondierte mit König Ferdinand von Bulgarien, Prinz Max von Baden und gebildeten Damen des österreichischen Hochadels; am aufschlußreichsten ist jedoch sein umfangreicher Briefwechsel mit Cosima Wagner und Wilhelm II. Die beiden zuletzt genannten Namen sind geradezu Chiffren für Chamberlains Traum von Deutschland, in dem sich weltbürgerlicher Idealismus und imperialistisches Machtdenken verhängnisvoll verbunden haben. Mit ihm wurde ein sensibler, hochkultivierter Liberaler, der selbst in seinen fragwürdigsten Äußerungen ein achtbarer Mann blieb, zu einer Schlüsselfigur der Barbarisierung Deutschlands. Sowenig der Nationalsozialismus auf Chamberlains Schuldkonto zu verbuchen ist, sowenig zufällig ist jedoch, daß gerade er auf breite Schichten von Besitz und Bildung so verführerisch wirken konnte. Wie kein zweiter Autor repräsentierte er jene soziologisch schwer zu fassende Gruppe, die in doppelter Abwehr stand: gegen Marxismus, Sozialismus, Arbeiterbewegung einerseits, gegen den traditionellen Konservatismus klerikaler und dynastischer Art andererseits.

Chamberlain wurde am 9. September 1855 in Portsmouth geboren. Mütterlicherseits stammt er aus schottischem, väterlicherseits aus englischem Kleinadel.

Da die Mutter bald nach der Niederkunft starb und der Vater als Mariner stets auf See war, kannte der Knabe niemals ein elterliches Zuhause. Der noch nicht einmal Einjährige kam zu seiner Großmutter väterlicherseits und deren unverheirateter Tochter, Harriett Mary Chamberlain, nach Versailles. Hier besuchte er später ein französisches Lyzeum, wurde aber zugleich von den beiden Frauen ganz in englischer Tradition erzogen.

Im Jahre 1868 kehrte Chamberlain nach England zurück, wo er zuerst eine kleine Privatschule auf dem Lande bei Portsmouth, dann das große College in

Cheltenham besuchte. Der Halbwüchsige, der mehr als ein Jahrzehnt in Frankreich gelebt hatte, wurde von seinen englischen Mitschülern als Ausländer betrachtet. Seinem Vater, der inzwischen leitender Hafenangestellter in Chatham geworden war, begegnete Chamberlain auch in dieser Zeit nur selten. Neben seiner lebenslangen Verbundenheit mit französischer Kultur – zu seinen Lieblingsschriftstellern gehörten Montaigne, Rousseau, Voltaire, Diderot und Balzac – verdankt Chamberlain dieser Periode eine rauschhaft überwältigende Begegnung mit dem dramatischen Genius Shakespeares und fand zu einer undogmatisch milden Religiosität, geprägt von dem zärtlich energischen Wesen der Tante: »Man kann und soll diese Dinge nicht durch viele Worte entweihen; es genügt, wenn ich Sie nachempfinden lasse, daß diese gute, ja heilige Frau mir gleichsam das Gefühl für die Gegenwart Gottes geschenkt hat.« So wuchs der empfindsame, begabte Junge von allem Anfang an ohne Elternhaus und Heimat auf: »...der Verlauf meiner Kinderjahre hat zur Folge gehabt, daß ich ohne ›Heimat‹ durchs Leben gegangen bin. Was alle Menschen besitzen – das Gefühl einer naturnotwendig-angehörigen, bergenden, allseitig umhegenden, tragenden Heimat – das habe ich nie gekannt. Vom Erwachen des Bewußtseins an bis zu dieser Stunde habe ich überall ›in der Fremde‹ gelebt; keinen Fleck auf Erden gibt es, von dem ich sagen könnte: dahin gehöre ich; und bin ich auch kürzlich bayerischer Bürger und damit politisch ein Deutscher geworden, so geschah das, als schon das sechzigste Lebensjahr umschifft war... Eine ›Heimat‹ im handgreiflichen Sinne der von Kindheit an vertrauten, den Instinkten, den Gewohnheiten, dem Geschmack mit unbewußter Vollendung genau angepaßten Umgebung, kann mir auch Deutschland nicht werden. Ich weiß nicht, hochverehrte Freundin, ob Sie imstande sind, sich vorzustellen, was das heißt: nicht eine Heimat verloren, sondern eine Heimat niemals besessen, niemals ein Gemeinwesen betreten zu haben, wo jeder bekannt hätte: der gehört zu uns! vielmehr überall dem ausgesprochenen oder unausgesprochenen Gefühl begegnet zu sein: der gehört *nicht* zu uns! Es bedeutet dieser Zustand ein völliges Aufsichgestelltsein, eine Vereinsamung mitten auf unserem so menschenreichen Gestirn, von der sich, glaube ich, andere schwerlich einen Begriff machen können...«

In diesen gegen Ende des Ersten Weltkriegs geschriebenen Zeilen hat Chamberlain seiner nationalen Obdachlosigkeit Ausdruck verliehen.

Zu Beginn des Jahres 1870 wurde der Schüler, dem das englische Klima nicht guttat, zum erstenmal von einem nervösen Leiden geplagt, das die Ärzte als Erkrankung der Atmungsorgane mißdeuteten. Der Knabe fuhr mit der Tante nach Deutschland, nach Bad Ems. Geplant war lediglich ein mehrwöchiger Kuraufenthalt bis zum Ende der Sommerferien, worauf Chamberlain wieder nach England zurückkehren hätte sollen. Es kam jedoch anders: Er verließ damals das Land seiner Herkunft auf immer, um es bis zu seinem Tode nur noch anläßlich flüchtiger Verwandtenbesuche zu betreten. Chamberlain wurde in Ems Zeuge der denkwürdigen Unterredung zwischen dem preußischen König Wilhelm und dem französischen Gesandten Benedetti, die zum Ausbruch des deutsch-französischen Krieges führte, und ließ sich von der kriegerisch-nationalen Begeisterung diesseits des Rheins mitreißen: »Gleich der erste Eindruck, der mich beim Betreten deutschen Bodens erwartete, riß mich aus dem lauen, gleichmäßigen Gange meiner Kinderjahre heraus und erfüllte meine Seele mit bisher ungeahnten Gefühlen . . . Hier ist nur das Eine zu betonen: der Einfluß, den diese Erlebnisse auf das Gemüt des Vierzehnjährigen ausüben mußten, indem ihm gleich von Anfang an nicht ein philisterhaftes Deutschland, auch nicht ein Deutschland von Handlungsreisenden und Fabrikdirektoren, nicht einmal ein Deutschland von Phantasten und Professoren, am allerwenigsten ein Deutschland von schwatzseligen Parlamentariern und schwachen Ministern, sondern ein heroisches Deutschland vor Augen stand, sich aufrichtend in der unüberwindlichen Kraft seines Rechtes und seiner reisigen Mannschaften, angeführt von unsterblichen Helden. Wahrlich ein großartiger Auftakt zu meiner Einführung in die Welt des Deutschgedankens!«

Von Ems reiste Chamberlain in die Schweiz, wo er, nahe an Triebschen vorbeikommend, zum erstenmal den Namen Richard Wagners hörte, der bald darauf zum Magnetberg seines geistigen Lebens werden sollte.

Es begann ein freischwebendes Leben, seltsam anachronistisch an Wilhelm Meisters Wanderjahre, aber auch an die ziellos impressionistischen Bildungswege von Jens Peter Jacobsens Niels Lyhne erinnernd. Den Winter verbrachte der botanisierende, dichtende und musizierende Müßiggänger, der weder ein akademisches Studium vollendete noch je einen Beruf ausübte, meist in Italien und Südfrankreich, den Sommer in der Schweiz. Ein junger Theologe, Otto Kuntze, brachte dem wißbegierigen, vielseitig dilettierenden Engländer die deutsche Sprache bei und übte auch sonst einen gewissen disziplinierenden Einfluß auf ihn aus, sofern das in jenen ungebundenen Jahren überhaupt möglich war. So bildete sich dem enthusiastisch veranlagten, von der Nüchternheit und Kälte seines Vaterlandes abgestoßenen jungen Mann allmählich eine letztlich imaginäre Heimat, die er »Deutschland« nannte. Dem Realpolitik betreibenden und industriell avancierenden Bismarck-Reich glich dieses von den überschwänglichen Emser Eindrücken, der Lektüre deutscher Klassiker und dem Zauber Wagnerscher Musik inspirierte Traumbild nicht mehr als die antikischen Visionen der deutschen Jünglinge um 1800 dem historischen Hellas. Während das Land der Dichter und Denker, wie es Madame de Staël siebzig Jahre früher einem erstaunten Publikum vorgeführt hatte, noch ein fundamentum in re besaß, war Chamberlains Kulturtraum nur mehr ein Deutschland von innen, nicht frei von gespenstischer Donquichotterie. Er sah nicht, wollte es vielleicht auch nicht wahrhaben, daß das, was ihn, verglichen mit dem brutalen Industriekapitalismus und der utilitaristischen Bürgerlichkeit seiner Heimat, an Deutschland anzog, immer mehr zu barer Ideologie wurde. Diese seine Blindheit, die nicht zuletzt in einem Mangel an historischem Sinn begründet war, ließ ihn zum deutschen Wesen verdinglichen, was nur Ergebnis einer vorübergehenden sozialgeschichtlichen Konjunktur war und bereits 1848, vollends aber seit der Reichsgründung mit einer Hast, die Nietzsche bestürzte, verdrängt, abgebaut und trivialisiert wurde.

Chamberlain ist gelegentlich nahe daran, die kompensatorische, für ihn selber quasi biologische Funktion seines privaten Mythos zu durchschauen, der so bald seine Unschuld im Dienste der völkischen Barbarei verlieren sollte: »...wird der eine Nährboden entzogen, so muß ein anderer dafür gewonnen werden; und so habe ich denn schon sehr jung begonnen, mir eine eigene Welt zu schaffen, eine eigene Heimat, mich mit Künstlern, Denkern, Dichtern, Forschern, Träumern, Erfindern, Helden, Heiligen zu umgeben, dazu auch mit sinnlich vorhandener, greifbarer Liebe – alles aber um mich herum abgeschlossen, abgerundet, unzugänglich, etwa wie die Wasserspinne Argyroneta in ihrem kugelförmigen Lufttropfen mitten im Wasser ihren Kosmos mit sich führt, von der Umgebung ebenso getrennt, als wäre ihre Lufthülle ein undurchdringlicher Diamant, und dem Tode verfallen, wenn sie ihr aufgerissen wird... was ich erblickte, was mein Denken umgab und mein Herz erfüllte, das waren deutsche Freunde, deutsche Helden, deutsche Dichter in Worten und in Tönen, deutsche Forscher, deutsche Erfinder und Bahnbrecher.«

Fast gleichzeitig lernte der deutschwärts strebende Chamberlain seine erste Frau, die um einige Jahre ältere Breslauerin Anna Horst, und – bemerkenswerterweise durch zwei Juden – die Musikdramen Richard Wagner kennen. Erst durch den Wiener Juden Blumenfeld erfuhr er, daß Wagner nicht – wie die »Times« fälschlich gemeldet hatte – im damals türkischen Beirut, sondern im fränkischen Bayreuth seine Festspiele inszeniere. Blumenfeld war es auch, der auf Chamberlain eindrang, das Textbuch vom »Ring des Nibelungen« – eine wahrlich schwierige Lektüre für den im Deutschen noch wenig bewanderten Briten – zu studieren. Jahrzehnte später erinnert sich Chamberlain jener Tage: »Und doch ist mir keine Erinnerung einer Mühseligkeit geblieben, vielmehr nur die eines freudigen und erregten Kampfes... Der Zustand glich genau dem des ersten Shakespeare-Rausches, nur traf er mich jetzt nach außen ungebunden und nach innen um sechs wichtige Jahre auf dem Wege von Kindhaftigkeit zu Manneswert reifer... Die Sonne seines Lebens... war dem Jüngling aufgegangen.«

Der zweite Jude, der Chamberlain für Wagner begeisterte, hieß Löwenthal. Noch mehr als von Blumenfeld spricht er von diesem jung verstorbenen Manne im Tone höchster Wertschätzung: Löwenthal – so meint er – entstamme offenbar den Sephardim, also dem spanisch-mediterranen Zweig des jüdischen Volkes, für den der Mitbegründer des Rassenantisemitismus eine eigentümliche Vorliebe gehabt zu haben scheint. »...ich habe selten den orientalischen Typus so schön und edel ausgebildet angetroffen; er aber litt darunter, denn der Arme war untröstlich über seine jüdische Herkunft, und meine ganze Beredsamkeit vermochte nicht, ihn zu beschwichtigen; dieser Kummer hat gewiß Teil an seinem frühen Ende gehabt... in dem Elemente der Musik fanden sich unsere Herzen.«

Einige Jahre später lernte Chamberlain in dem Dirigenten Hermann Levi den dritten jüdischen Wagnerianer kennen. Diese über ihre eigene Abstammung unglücklichen Emanzipierten, denen Theodor Lessing das Buch »Der jüdische Selbsthaß« gewidmet hat, standen Modell zu Chamberlains wohl als liberale Konzession gedachtem, im Grunde jedoch unbarmherzigen Begriff des »reinhumanisierten Juden«.

Im Mai 1878 heiratete Chamberlain nach dem Tode seines Vaters Anna Horst. Im Spätherbst erlebten die Jungvermählten in München die erste Aufführung des »Rings des Nibelungen« außerhalb Bayreuths. Der begeisterte Engländer wurde Patron des Bayreuther Festspielvereins und schrieb einen Aufsatz für die »Bayreuther Blätter«, das publizistische Organ Richard Wagners. Hans von Wolzogen, der Herausgeber, lehnte jedoch nicht nur die Veröffentlichung ab, sondern ließ in der nächsten Nummer der Zeitschrift einen kulturchauvinistischen Artikel erscheinen, der Chamberlain höchlich brüskieren mußte. Wörtlich hieß es darin: »Das, was uns Deutschen bei der Beteiligung an den Bayreuther Bestrebungen zumeist am Herzen liegen sollte..., kann nur der Deutsche in seiner tiefsten Notwendigkeit empfinden und begreifen...« Und in einer Anmerkung: »Einer Zusendung aus Italien, von seiten eines begeisterten englischen Verehrers der Wagnerschen Kunst, haben wir erst neuerdings wiederum eine merkwürdige Bestätigung der oben geäußerten Ansicht über die Stellung des Ausländers zu unseren Bestrebungen entnehmen dürfen.«

Dabei hatte Chamberlain in dem von den »Bayreuther Blättern« abgelehnten Aufsatz durchaus kluge Gedanken geäußert, die sowohl seinen common sense als auch seine ästhetische Sensibilität bezeugten, jedoch den Gralshütern Bayreuths seicht, wenn nicht gar lästerlich dünken mußten. Seine Einwände gegen die Ideologisierung von Wagners Kunst sind um so beachtlicher, als sie sich wie eine vorweggenommene Selbstkritik des eigenen späteren Wirkens für Bayreuth ausnehmen: »Es ist ein ganz falsches und stark zu tadelndes Verfahren, bestimmte philosophische Lehren aus einem Kunstwerk zu ziehen. Auch auf des Künstlers persönliche Ansichten brauchen wir bei der Betrachtung seiner Schöpfungen nicht einzugehen; denn diese atmen einen höheren Geist; und es kann wohl kaum eine unglücklichere und der Sache, welche der Verein vertritt, mehr Schaden zufügende Idee geben, als diejenige, ›die philosophischen Anschauungen des Meisters an Hand seiner Werke darzulegen‹. Außer dem reinen Gefallen an dem Schönen ist und kann die Wirkung des Kunstwerkes nur eine ästhetische und – indirekt – eine ethische sein. ›Unter einer ästhetischen Idee aber‹, sagt Kant, ›verstehe ich diejenige Vorstellung der Einbildungskraft, die viel zu denken veranlaßt, ohne daß ihr doch irgendein bestimmter Gedanke, d.i. Begriff adäquat sein kann.‹ ... Nein, wir bedürfen der scharfen Waffen nicht! Vor allem bedürfen wir weder der philosophischen noch der moralischen, noch der politischen Systeme. Nur das *Verständnis* für die wahre, reine Kunst – wie sie aus ihrem zeitweiligen Tode größer und heiliger als je erstehen soll – verbreiten und erweitern: das ist die wahre Aufgabe!«

Fast schien es, als würde Chamberlain sowohl durch Wolzogens überhebliche Ablehnung als auch durch die Lebensumstände der nächsten Jahre von seiner Germanophilie geheilt. In der Absicht, Botanik zu studieren, reiste er mit seiner Frau von München nach Florenz, wo er sich jedoch ganz in künstlerischem Dilettieren verlor. Er raffte sich auf und übersiedelte 1879 nach Genf. In langwierigen und komplizierten Experimenten bereitete er sich dort auf seine Doktorarbeit über den Wurzeldruck der Pflanzen vor. Nach fünf Jahren – im Herbst 1884 – unterbrach ein schwerer Nervenzusammenbruch die verheißungsvollen pflanzenphysiologischen Studien. Chamberlain, der damals eine Zeitlang weder schreiben noch lesen konnte und von Selbstmordgedanken gequält wurde, ging nun nach Dresden, wo er bis 1889 mit seiner Frau ein beschauliches Rentnerdasein führte, unterbrochen von alljährlichen Reisen zu den Bayreuther Festspielen. Zu den Bekannten der Familie gehörten damals der Genfer Bühnenbildner, Schriftsteller und Regisseur Adolphe Appia (1862–1928) und der französische symbolistische Lyriker Jules Laforgue

(1860–1887), der in Berlin eine Stelle als Vorleser der Kaiserin Augusta innehatte. Das wichtigste Datum der Dresdner Zeit war aber der 12. Juni 1888, als Chamberlain im Hause des Bildhauers Gustav Kietz Cosima, die Witwe und Testamentsvollstreckerin Richard Wagners, persönlich kennenlernte. Schon zwei Tage darauf leitete er mit seinem ersten Brief an die »hochverehrte Meisterin« eine umfangreiche und intensive Korrespondenz ein, die bis 1908 währte, als er in zweiter Ehe Cosimas Schwiegersohn wurde und in die Villa Wahnfried übersiedelte. Chamberlain, der sich noch 1878 von dem nationalistischen Hochmut der Wagnerianer abgestoßen fühlte und Richard Wagner nur einmal – bei der Uraufführung des Parsifal 1882 – flüchtig begegnet war, geriet von nun an endgültig in den magischen Bann Bayreuths.

Vorerst jedoch zog er nach Wien, wo er im sechsten Bezirk Mariahilf, Blümelgasse 1, zwei Jahrzehnte lang bleiben sollte. Chamberlain selbst gesteht, daß diese Ortsveränderung sein Schaffen entscheidend gefördert, ja überhaupt erst ausgelöst habe: »Als mich im Frühjahr 1889 eine kleine Reise zu kurzem Aufenthalt nach Wien geführt hatte, war mein Entschluß gefaßt: das war der Ort, wo mir vom Schicksal Kräftigung und Gedeihen bestimmt waren! Im Herbst 1889 zog ich dahin und habe zwanzig Jahre dort gelebt. – Mein Instinkt hatte mich nicht irregeführt. Die Liebe zu Wien nahm mit den Jahren nur zu, und es ist meine Überzeugung, daß, wenn ich im Leben etwas geleistet habe, dies zum großen Teil der unvergleichlich anregenden Luft und dem nicht zu beschreibenden – den Geist allezeit beschäftigenden, ausruhenden und anspornenden – Zauber dieser einzigen Stadt zu verdanken ist.«

Anfänglich dachte Chamberlain noch daran, seine botanischen Studien an der Wiener Universität fortzusetzen. Hier lehrte Julius Wiesner, der nicht nur ein hervorragender Fachgelehrter auf dem Gebiet der Pflanzenphysiologie, sondern darüber hinaus ein philosophisch interessierter Kopf war, der neben großangelegten Lehrbüchern auch eine kleine kritische Arbeit über Darwin verfaßt hatte. Obwohl Wiesner den inzwischen schon im vierten Lebensjahrzehnt stehenden Studenten förderte, gelang es Chamberlain auch in Wien nicht, seine akademischen Studien mit dem Doktorgrad abzuschließen. Wiederum brach sein nervöses Leiden aus, sobald er sich längere Zeit mit naturwissenschaftlicher Detailarbeit beschäftigte. Als er 1897 die Resultate seiner Untersuchungen über den Wurzeldruck der Pflanzen in französischer Sprache publizierte, nahm die Universität Genf zwar die ihr gewidmete, 340 Seiten starke Abhandlung an, machte aber die Promotion noch von einigen mündlichen Examina abhängig, zu denen sich Chamberlain, der bereits an den »Grundlagen des 19. Jahrhunderts« schrieb, nicht mehr bequemen wollte.

Das kinderlose Ehepaar lebte mit seinen zwei Hunden zurückgezogen im dritten Stock des »Blümel-Turms«, der auf der einen Seite an die Gumpendorferstraße, auf der anderen an den Esterházy-Park grenzte. Der ganze Tag gehörte weitgespannten Studien, der Abend der Musik, dem Vorlesen, bisweilen auch dem Theater und Konzert. Häufige Spaziergänge durch den Prater und den Augarten, Ausflüge in den Wienerwald und sommerliche Reisen nach Bosnien, dem Orient der Habsburger-Monarchie, gehörten zu den angenehmen Abwechslungen dieses musisch-beschaulichen Lebens. Der seinen gelehrten Neigungen frönende unabhängige Gentleman, der nur wenig in der Wiener

Gesellschaft verkehrte, wurde dennoch bald als der »berühmte Herr von Tschamberlay« bekannt, wahrscheinlich infolge der Namensgleichheit mit seinem Onkel, dem Feldmarschall Sir Neville Chamberlain (1820–1902). In einem launigen Brief an Cosima Wagner gibt der soeben nach Wien Übergesiedelte eine anschauliche Momentaufnahme seiner kontemplativen Existenz, die sich nicht schlecht in den bildungsaristokratischen Kosmos von Adalbert Stifters »Nachsommer« einfügen würde: »Ob wir Umgang in Wien haben? O ja! Yadjnavalkya, Sanatkumâra und andere Freunde mit unaussprechlichen Namen lassen Sie ehrerbietigst grüßen, auch Bach, Gluck und Beethoven; namentlich Gluck freut sich sehr, wenn ich ihm von Bayreuth erzähle und einzelnes aus ›Armida‹ und ›Iphigenie in Aulis‹ mit verdecktem Orchester vorspiele, während Beethoven seine Taubheit vorschützt und meint, der mystische Abgrund läge unter dem eigenen Schädelgewölbe. Und dazu manche Naturforscher und Philosophen, nicht viele, denn meine Gesundheit gestattet mir nicht, viel Umgang zu pflegen, aber eine gewählte Gesellschaft – oder vielmehr Freundeskreis... Weiteres, was man einen ›Verdacht‹ von Freundschaft nennen könnte, das habe ich nicht und sehe ich auch bisher von keiner Seite dämmern...«

Diesem erlauchten Umgang, der von den altindischen Weisen bis zu den Genien der deutschen Klassik und Romantik reichte, entstammen Chamberlains auch heute noch, trotz ihrer Patina, lesenswerte Monographien über Wagner, Kant und Goethe. Die Idee zum Kant-Buch kam ihm bei einem Spaziergang durch die Wiener Josefstadt. Mehrere Vorträge über Wagner hielt er im Wiener »Neuen Richard-Wagner-Verein«, dessen Ehrenmitglied er neben Anton Bruckner geworden war. Diesen Verein hatten 1890 Anhänger des österreichischen Antisemiten und Führers der Deutschnationalen, Georg Ritter von Schönerer, gegründet; Juden waren von der Mitgliedschaft ausgeschlossen. Chamberlain, der erst 1914 mit seinen antibritischen Kriegsschriften die Arena politischen Streits betreten hat, schrieb in seinem autobiographischen Buch »Lebenswege meines Denkens«, daß er infolge seiner »Beziehungen zu Führern der Deutschnationalen mit dem verwickelten politischen Leben des österreichischen Staates in engere Fühlung« gekommen sei.

Es stellt sich daher die Frage: Wie stand der heimatlose englische Schriftsteller und Schöngeist zu dem komplexen Phänomen der Habsburgermonarchie, die ihm durch zwei Jahrzehnte Gastrecht gewährte? Inwiefern hat die Atmosphäre Kakaniens – wie Robert Musil im »Mann ohne Eigenschaften« dieses multinationale Imperium apostrophiert – Problemauswahl und Perspektive des Autors der »Grundlagen des 19. Jahrhunderts« beeinflußt? War Wien, das hier pars pro toto steht, für Chamberlain nur freundlich-heiteres Asyl, wie er selbst zu verstehen gibt, oder verbanden den Liebhaber deutschen Wesens diffizilere, auch ambivalentere Gefühle mit dem seit 1866 aus dem Deutschen Bund endgültig ausgeschiedenen Vielvölkerreich, in dem die deutschsprachige Volksgruppe nur zwanzig Prozent der Einwohner stellte? Immerhin stimmt die Tatsache nachdenklich, daß auch Georg von Schönerer und Jörg Lanz von Liebenfels, zwei besonders extreme Vorläufer der nationalsozialistischen Rassendoktrin, in der Hauptstadt der Donaumonarchie gelebt haben, ebenso wie der schreckliche Vereinfacher aus Braunau am Inn, in dessen Geburtsjahr Chamberlain Wien betreten hat. Seine Bücher über Kant und Goethe sowie über das Aufsteigen der Pflanzensäfte hätte Chamberlain wohl auch in Genf, Dresden oder anderswo schreiben können. Sein fatales Hauptwerk »Die Grundlagen des 19. Jahrhunderts« jedoch wäre ohne den langjährigen Wien-Aufenthalt sicherlich anders ausgefallen. Ohne die von Gobineau und vor allem von Darwin stammenden Motive zu vernachlässigen, können wir behaupten, daß nicht nur gewisse Akzente, sondern die gesamte Konzeption der darin entwickelten rassischen Geschichtsauffassung auf das Erlebnis der Habsburgermonarchie zurückweisen.

Im Februar 1896 wurde Chamberlain von dem Münchener Verleger Bruckmann beauftragt, »ein Buch über das neunzehnte Jahrhundert« zu schreiben. Cosima hatte ihn darin bestärkt, diesen Auftrag anzunehmen, und verfolgte auch mit wachem Interesse die jahrelange Arbeit an dem Buch, das erstmals 1899 herauskam und bis zum Ende des Ersten Weltkriegs in zwölf weiteren Auflagen erschien. Am 1. Januar 1897 schrieb Chamberlain in seinem Neujahrsbrief an Eva Wagner: »Wollen Sie der Meisterin sagen, daß ich mich heute an mein XIXtes Jahrhundert setze, von dem heiligsten Ernst erfüllt, im Vertrauen, daß es ein Stück ›Bayreuther Arbeit‹ werden soll. Hätte ich dieses Vertrauen nicht, ich könnte es nicht wagen, denn niemals ist ein Mann mit bewußterem Unbewußtsein an eine große Aufgabe herangetreten.« Soweit der unmittelbare Anstoß zu dem Werk, mit dem sich Chamberlain erklärtermaßen in den Dienst Bayreuths stellte, das ihm »lebendiges Symbol« der »allumfassenden, idealistischen deutschen Weltanschauung« war.

Worin aber besteht der Anteil Österreichs, gleichsam die Mitwirkung des Diabolus loci Wiens bei der Niederschrift der »Grundlagen«? Eine kurze, pointierende und deshalb manche Nuancen notgedrungen vernachlässigende Zusammenfassung sei dem Versuch einer Antwort vorausgeschickt.

Chamberlain, der eine Anamnese des 19. Jahrhunderts vorlegen will, untersucht jene gesellschaftlichen Prozesse und geistigen Überlieferungen sowie deren angeblich rassemäßig unterscheidbaren Träger und Akteure, die dieses Säkulum geprägt haben. Dabei erweist es sich als notwendig, das Erbe früherer Zeiten in die Untersuchung einzubeziehen: vor allem die griechisch-römische Kultur, das Judentum, die Germanen und die christliche Religion. Zu den nach zwei Jahrtausenden noch immer nicht überwundenen Folgen der Antike gehöre auch das »Völkerchaos«, an dem das Imperium Romanum zugrunde gegangen sei. Wenn auch das Germanentum zum »Träger der Weltgeschichte« geworden sei, so hätte es doch jenes zersetzende Rassenchaos, für das Chamberlain gerne die Chiffre »Syrien« verwendet, nicht vollständig beseitigen können. Die römisch-katholische Kirche sei die Erbin des Rassenchaos, während Jesus »höchst wahrscheinlich« kein Jude gewesen und insofern zu Recht zum »Gott der jungen, lebensfrischen Indoeuropäer« geworden sei. Wie schon bei Edward Gibbon und später bei Oswald Spengler wird der Untergang des römischen Weltreichs zum Modell für geschichtliche Dekadenzprozesse schlechthin. An ihm sucht auch Chamberlain Maßstäbe, um über Gegenwart und Zukunft des Abendlandes zu urteilen: »Die Vernichtung jenes Undinges eines unnationalen Staates, jener Form ohne Inhalt, jenes seelenlosen Menschenhaufens, jener Vereinigung der nur durch gleiche Steuern und gleichen

Aberglauben, nicht durch gleiche Herkunft und gleichen Herzschlag aneinandergeknüpften Bastarde, jener Versündigung an dem Geschlechte der Menschen, die wir in das Wort Völkerchaos zusammengefaßt haben – sie bedeutet nicht das Niedersinken der Nacht, sondern das Entreißen eines großen Erbes aus unwürdigen Händen, das Anbrechen eines neuen Tages. Doch bis heute ist es uns nicht gelungen, alle Gifte jenes Chaos aus unserem Blute zu entfernen. Auf weiten Gebieten behielt schließlich das Chaos doch die Oberhand. Überall, wo der Germane nicht zahlreich genug auftrat, um physisch die übrigen Einwohner durch Assimilation zu überwinden, also namentlich im Süden, machte sich das chaotische Element immer mehr geltend.«

Dies ist eine verräterische Stelle aus Chamberlains »Grundlagen«: Obgleich sie sich auf das Römische Reich bezieht, liest sie sich wie eine Polemik aus deutschnationaler oder nationalsozialistischer Sicht gegen den altösterreichischen Vielvölkerstaat, der in der Tat als eine letzte Metamorphose des Imperium Romanum angesehen werden kann. Daß in Chamberlains Gedankengängen diese beiden übernationalen Gebilde, der römische Orbis terrarum und die Ökumene des Habsburger Reiches, ineinander übergehen, erhellt sich auch daraus, daß er an anderer Stelle Österreich und Preußen ähnlich kontrastiert wie das spätantike Rassenchaos und die germanischen Lichtbringer: »Preußen ist eine Nation mit einer scharfgeschnittenen, unverkennbaren Physiognomie und einer bis zur rauhesten Unnachgiebigkeit geprägten Eigenart. Und fassen wir die historische Entwicklung Preußens als in der Hauptsache aus einem Kampf bestehend zwischen ihm und Österreich, so erkennen wir deutlich, daß hier die unbezwingbare physische Kraft echter Rasse über Rassenlosigkeit und die moralische Kraft einer wahren Nation über die numerisch hundertfach überlegene Masse eines nur aus dynastischen Interessen zusammengestoppelten, jeder inneren Einheit ledigen Territoriumkonglomerats gesiegt hat.«

So wie das Deutschtum als »Sitz des eigentlichen germanischen Bewußtseins« »die Würde und die Verantwortlichkeit eines Hauptes des germanischen Rassegedankens« erlangt habe, sei der Kaiser von Österreich, dessen Proklamationen mit der feierlich-patriarchalischen Wendung »An meine Völker« begonnen haben, der letzte Repräsentant der römischen Universalmonarchie, der – wie Chamberlain spottet – als einziger Herrscher Europas »nicht an der Spitze einer Nation, sondern eines ungestalteten Menschenhaufens steht«. Und um nur ja keinen Zweifel daran zu lassen, daß er Österreich als rassenchaotischen »Nachfolgestaat« des orientalisch überfremdeten Römischen Reiches und damit als Antipoden der arisch-germanischen Edelrasse ansieht, illustriert Chamberlain den Charakter der verächtlich als Mestizen abgetanen Syrier wie folgt: »Unter den damaligen Syriern z. B. darf man sich nicht eine bestimmte Nation, irgendein Volk, eine Rasse vorstellen, sondern vielmehr eine bunte Agglomeration pseudohethitischer, pseudosemitischer, pseudohellenischer, pseudopersischer, pseudoskythischer Bankerte. Leichte Begabung, oft auch eigentümliche Schönheit, das, was die Franzosen *un charme troublant* nennen, ist Bastarden häufig zu eigen; man kann dies heutzutage in Städten, wo, wie in Wien, die verschiedensten Völker sich begegnen, täglich beobachten; zugleich aber kann man auch die eigentümliche Haltlosigkeit, die geringe

Widerstandskraft, den Mangel an Charakter, kurz, die moralische Entartung solcher Menschen wahrnehmen.«

Diese Äußerungen zeigen, daß Chamberlain trotz seines langen Aufenthalts in Wien kein »gelernter Österreicher« geworden ist. Ähnlich wie er keinen Zugang zur Welt Franz Grillparzers fand, blieb ihm selbst die Ahnung der – wie unzulänglich auch immer realisierten – Idee Österreich versagt. Dem Bewunderer des Bismarckschen Nationalstaates erschien die Donaumonarchie als ein archaisches Relikt, das möglichst bald verschwinden müsse. Mit sicherem Instinkt schmähte er die römische Kirche als »letzte Vertreterin des universalen, antinationalen Prinzips«, wobei liberaler Antiklerikalismus und chauvinistische Rassenmystik ineinander übergingen. Auf lapidare Weise hatten die katholischen Bischöfe Österreichs in einem Hirtenbrief das »sacrificium nationis« als transzendental-soziologische Voraussetzung ihres viele Völker, Stämme und Sprachen beherbergenden Landes aufgezeigt: »Die Nationalität ist ein Rest des Heidentumes und die Verschiedenheit der Sprache nur eine Folge der Sünde und des Abfalles von Gott.« Wie fremd war dieser biblisch inspirierte Ökumenismus einem Manne, dessen Äußerungen über Wien an die Tiraden in Hitlers »Mein Kampf« erinnern: »Mir erschien die Riesenstadt als die Verkörperung der Blutschande... Mir wurde schlecht, wenn ich an dieses Rassenbabylon auch nur zurückdachte.«

Chamberlains merkwürdige, zwischen Abscheu und Faszination schwankende Haltung gegenüber Wien findet sich, wie das letzte Zitat beweist, in brutalisierter Form bei Hitler wieder. In diesem Zusammenhang müssen wir auf Chamberlains Urteil über das Judentum, das wir bereits kurz gestreift haben, etwas ausführlicher zurückkommen.

Die Emanzipation der Juden ist ihm neben dem technisch-wissenschaftlichen Fortschritt eines der bedeutsamsten Ereignisse des 19. Jahrhunderts. Chamberlain, der vom nivellierenden Rassenchaos ebenso verächtlich spricht wie die Feudalen von nicht ebenbürtigen Ehen, kann nicht umhin, das sich durch Jahrtausende erhaltende Judentum zu bewundern. Inmitten des rassisch amorphen Völkerchaos der Spätantike sei es wie »ein scharfgeschnittener Fels« gestanden. Sein moralischer Kern sei »der Begriff der physischen Rasseneinheit und -reinheit«, und insofern anerkenne es eine »grundlegende physiologische Tatsache des Lebens«, das »vom Schimmelpilz bis zum edlen Rosse« die Bedeutung der Rasse vor Augen führe. Zustimmend zitiert er Disraelis Diktum: »Rasse ist alles; es gibt keine andere Wahrheit.« Am Beispiel der Sephardim, der sogenannten »spanischen Juden«, die uns bereits anläßlich seiner Bekanntschaft mit dem Wagner-Enthusiasten Löwenthal begegnet sind, sei zu ersehen, »wie eine echte Rasse sich durch Reinheit Jahrhunderte, ja Jahrtausende hindurch edel erhalten kann... Das ist Adel im vollsten Sinne des Wortes, echter Rassenadel! Schöne Gestalten, edle Köpfe, Würde im Reden und Gebaren... Daß aus solcher Leute Mitte Propheten und Psalmisten hervorgehen konnten, das verstand ich beim ersten Anblick...«

Chamberlain, der auch in seinen Briefen durchaus noble Worte über die Juden findet und den Radau-Antisemitismus ironisiert, wird dennoch immer wieder von Angst, Widerwillen und vor allem Neid überwältigt. Der kultivierte Bildungsbürger, der Goethe, Schiller und Herder zitiert, verfällt dann in einen

Jargon, der dem später von Hitler, Streicher und Rosenberg verwendeten in nichts nachsteht: Jüdische Weltherrschaftspläne, jüdischer Materialismus, jüdische Bevölkerungszunahme werden mit dumpfer Wut auf »ein direktes verbrecherisches Attentat auf alle Völker der Erde« zurückgeführt. Ähnlich wie manche Abwehrpublizisten meinten, Hitler sei in seinem Programm ein Schüler der von ihm als apokalyptisches Schreckgespenst hingestellten »Weisen von Zion« gewesen, kann man auch bei Chamberlain ein merkwürdig ambivalentes Verhältnis zum Judentum aufweisen. Wahnwitzige Angst, im Horror des elitären Individualisten vor dem Emporkommen der »Massen« wurzelnd, und grandseigneuriale Noblesse, Spott und Widerwille mischen sich darin ebenso wie lebensphilosophischer Mystizismus und rassistische Viehzüchterallüren. Ist ihm Wien Modell für das Rassenchaos, so figuriert das Judentum als bewundertes Vorbild rassischer Exklusivität, dem man das Erstgeburtsrecht der Auserwähltheit neidet. Zugleich wird »Rasse« derart vage definiert, daß der Begriff jeglichen wissenschaftlichen Wert verliert und zum demagogisch manipulierbaren Reizwort wird, wofür zwei Zitate bezeichnend sind: »Würde auch bewiesen, daß es in der Vergangenheit nie eine arische Rasse gegeben hat, so wollen wir, daß es in der Zukunft eine gebe; für Männer der Tat ist dies der entscheidende Gesichtspunkt.«

Wechselt hier Chamberlain von der Ebene historischer und anthropologischer Forschung unvermittelt auf die willkürlicher politischer Leitbilder über, so zieht er sich an anderer Stelle auf irrationale Ahnungen zurück: »Unmittelbar überzeugend wie nichts anderes ist der Besitz von ›*Rasse*‹ im *eigenen* Bewußtsein. Wer einer ausgesprochenen, reinen Rasse angehört, empfindet es täglich. Die Tyche seines Stammes weicht nicht von seiner Seite... Ohne mich um eine Definition zu kümmern, habe ich Rasse im eigenen Busen, in den Hochtaten der Genies, auf den glänzendsten Blättern der Menschengeschichte am Werke gezeigt...«

Ähnlich wie bei den nationalsozialistischen Rassisten geht es hier nicht um die kontrollierbare Erkenntnis objektiver Tatbestände, sondern umgekehrt: Wer »Rasse im eigenen Busen« intuitiv fühlt, beweist damit schon, daß er zur Elite gehört; wem diese subjektive Erfahrung abgeht, der gehört eo ipso zu den Ausgeburten des Völkerchaos.

Die von Chamberlain erwähnten »Männer der Tat« ließen nicht lange auf sich warten. Zu den begeistertsten Lesern der »Grundlagen« gehörte Kaiser Wilhelm II., der am 31. Dezember 1901 an den Autor folgenden Brief schrieb: »Und nun mußte all das Urarische-Germanische, was in mir mächtig geschichtet schlief, sich allmählich in schwerem Kampf hervorarbeiten. Kam in offene Gegnerschaft zum ›Althergebrachten‹, äußerte sich oft in bizarrer Form, oft formlos, weil es mehr als dunkle Ahnung, oft unbewußt in mir sich regte und sich bahnbrechen wollte! Da kommen Sie, mit einem Zauberschlage bringen Sie Ordnung in den Wirrwarr, Licht in die Dunkelheit; Ziele, wonach gestrebt und gearbeitet werden muß; Erklärung für dunkel Geahntes, Wege, die verfolgt werden sollen zum Heil der Deutschen und damit zum Heil der Menschheit! Sie singen das Hohelied vom Deutschen und vor allem von unserer herrlichen Sprache... Nein! Fürwahr, danken wir Ihm dort oben, daß Er es mit unseren Deutschen noch so gut meint, denn Ihr Buch dem deutschen Volk und Sie

persönlich mir sandte Gott, das ist bei mir ein unumstößlich fester Glaube... Und nun Gottes Segen und unseres Heilandes Stärkung zum neuen Jahr 1902 wünsche ich meinem Streitkumpan und Bundesgenossen im Kampf für Germanen gegen Rom, Jerusalem usw. Das Gefühl, für eine absolut gute, göttliche Sache zu streiten, bringt die Gewähr des Sieges! Sie schwingen Ihre Feder, ich meine Zunge, schlage auf meinen Pallasch und sage trotz aller Angriffe und Nörgeleien
dennoch!
Ihr treu dankbarer Freund
Wilhelm I.(mperator) R.(ex)«

Wilhelm II. blieb bis in die Zeit seines Doorner Exils hinein mit Chamberlain in Verbindung: Zu einer ersten persönlichen Begegnung kam es im Sommer 1902 in Liebenberg und Potsdam, zu einer zweiten im Jahre 1903 in Wien. In der Hofburg meinte der Kaiser, selbst halber Engländer von Geburt und der Heimat seiner Mutter mit bewundernder Haßliebe zugetan, zu dem seiner englischen Herkunft abtrünnigen Wahldeutschen: »Wenn diese Mauern verstünden, welch gefährlichen Mann sie jetzt bergen, würden sie wohl einstürzen!« Chamberlain überreichte dem Monarchen bei dieser Audienz sein Buch »Worte Christi«. Auch dies gehört zum Bilde dieses zwiespältigen Rassisten: eine lebenslange Beschäftigung mit den Evangelien, ein mildes Christentum humanistischer Prägung. Seine »Grundlagen« wünschte er sich in die Hände »wissenschaftlich gebildeter, frei gesinnter, unparteiisch urteilender, christlich gerichteter Männer nach der Art Julius Wiesners, dem ich sie darum widmete«. Hitler, Streicher und Goebbels allerdings hatten solche Leser nicht mehr im Sinne und wären kaum zu jenem seltsamen Geständnis fähig gewesen, das sich in einem Brief Chamberlains an den Münchener Verleger J.F. Lehmann findet: »Ich fühle mich weit mehr mit Christus verwandt als mit Luther.«
Es ließen sich zahlreiche Züge ambivalenter Art im Leben und Werk Chamberlains anführen, die nachsichtig stimmen könnten und die es begreiflich machen, daß ein Mann wie Rudolf Kassner ihn trotz mancher Vorbehalte schätzte, ja sogar Karl Kraus Beiträge von ihm in der »Fackel« brachte.
Jedoch nicht diese Elemente seines Denkens waren es, die dann von den Nationalsozialisten aufgegriffen wurden. Wenn Chamberlains Werk schon im Kaiserreich weite Verbreitung finden konnte, so deshalb, weil selbst auf seinen fragwürdigsten und fatalsten Äußerungen zumindest stilistisch ein Abglanz der Goethe-Zeit und ihres Nachsommers lag. Eben weil er kein geifernder Sendbote wie Eugen Dühring war, eben weil er – hierin ganz eines Sinnes mit Cosima – Nietzsche verständnislos ablehnte und das Christentum nicht hochmütig verwarf, sondern nur von dessen »semitischen Verfälschungen« reinigen wollte, eben deshalb reichte sein Einfluß auch in jene Kreise, denen, bei aller Sympathie für nationale Wiedergeburt, Hitler und seine Komplicen denn doch etwas zu plebejisch waren.
Es genügt, wenn wir den weiteren Lebensweg Chamberlains kurz zusammenfassen: Nach der Scheidung seiner ersten Ehe heiratete er Ende 1908 Eva Wagner und ließ sich in Bayreuth nieder; während des Ersten Weltkrieges schrieb er zahlreiche gegen die Entente gerichtete Streitschriften, für die er

vom deutschen Kaiser mit dem Eisernen Kreuz ausgezeichnet wurde. Er erhielt die deutsche Staatsbürgerschaft. Chamberlain war damals bereits schwerkrank und bald nicht mehr fähig, eigenhändig Briefe zu schreiben oder auch nur Buchseiten umzublättern. In Lauten stammelnd, die nur seine Frau zu deuten vermochte, diktierte der vollständig Gelähmte sein religiöses Vermächtnis: »Mensch und Gott«, in dem er weder Wotan noch die Vorsehung beschwor, sondern eine neue Ecclesia spiritualis ohne Dogma und Hierarchie in der Nachfolge Christi und Goethes.

Ungefähr zur gleichen Zeit diktierte er auch folgenden Brief an den Trommler aus dem Bürgerbräu, dem er einmal flüchtig begegnet war: »Sie sind ja gar nicht, wie Sie mir geschildert worden sind, ein Fanatiker, vielmehr möchte ich Sie als den unmittelbaren Gegensatz eines Fanatikers bezeichnen. Der Fanatiker erhitzt die Köpfe, Sie erwärmen die Herzen. Der Fanatiker will überreden, Sie wollen überzeugen, nur überzeugen – und darum gelingt es Ihnen auch; ja, ich möchte Sie ebenfalls für das Gegenteil eines Politikers – dieses Wort im landläufigen Sinne aufgefaßt – erklären, denn die Achse aller Politik ist die Parteiangehörigkeit, während bei Ihnen alle Parteien verschwinden, aufgezehrt von der Glut der Vaterlandsliebe... Sie haben Gewaltiges zu leisten vor sich, aber trotz Ihrer Willenskraft halte ich Sie nicht für einen Gewaltmenschen. Sie kennen Goethes Unterscheidung von Gewalt und Gewalt! Es gibt eine Gewalt, die aus dem Chaos stammt und zu Chaos hinführt, und es gibt eine Gewalt, deren Wesen es ist, Kosmos zu gestalten, und von *dieser* sagt er: ›Sie bildet regelnd jegliche Gestalt – und selbst im Großen ist es nicht Gewalt‹. In solchem kosmosbildenden Sinne meine ich es, wenn ich Sie zu den auferbauenden, nicht zu den gewaltsamen Menschen gezählt wissen will... Mein Glaube an das Deutschtum hat nicht einen Augenblick gewankt, jedoch hatte mein Hoffen – ich gestehe es – eine tiefe Ebbe erreicht. Sie haben den Zustand meiner Seele mit einem Schlage umgewandelt. Daß Deutschland in der Stunde seiner höchsten Not sich einen Hitler gebiert, das bezeugt sein Lebendigsein.«

Es ist möglich, daß Rudolf Kassner auf diesen Brief anspielte, als er 1934 von Chamberlains »unbedeutender Nase« sprach: »Er hatte keine für Menschen oder: er spürte die Menschen nicht, oder, wem das zu hart klingt: er wußte wohl im Buch der Natur, aber nicht oder nur mit geringer Sicherheit im Buch des Menschen zu lesen... er (hatte) keine Nase für eben das Böse, für die Sünde.«

(1967)

ALFRED SCHULER

Als sich im München der neunziger Jahre des vorigen Jahrhunderts der Schwerpunkt des kulturellen Lebens aus den barocken und klassizistischen Palästen der kunstliebenden Wittelsbacher in die Cafés, Salons und Mansarden Schwabings verlagerte, waren es vornehmlich zugereiste Künstler, Literaten, Bohemiens und Schwärmer, die in der noch ländlichen Vorstadt eine schillernde, exzentrische Kontrastkultur schufen. Aus Bingen am Rhein kam nach zahlreichen Reisen durch fast ganz Europa Stefan George nach München; aus Darmstadt Karl Wolfskehl; aus dem Unterfränkischen Ludwig Derleth; aus dem Holsteinischen Franziska Gräfin zu Reventlow; aus Braunschweig Friedrich Huch und aus Hannover kamen Ludwig Klages sowie Theodor Lessing. Sie alle trugen dazu bei, daß Schwabing damals »kein geographischer Begriff, sondern ein Gemütszustand« war (Rolf von Hoerschelmann), »eine geistige Bewegung, ein Niveau, eine Richtung, ein Protest, ein neuer Kult oder vielmehr der Versuch, aus uralten Kulten wieder neue religiöse Möglichkeiten zu gewinnen« (Franziska zu Reventlow).

Wer immer sich mit dieser Epoche befaßt, wird auch eines Mannes gedenken müssen, der im Jahre 1887 von Zweibrücken in der Pfalz nach München gekommen ist und die dort einmal gewählte Wohnung, Luisenstraße 69, bis zu seinem Tode 1923 beibehalten hat. Wir meinen Alfred Schuler, der, mehr ein Gerücht als eine greifbare, definierte Gestalt, in seinem ganzen Leben zwar nur einen kleinen Aufsatz über Ibsen veröffentlicht, jedoch auf gleichsam kapillarische Weise Dasein, Dichten und Denken einiger bedeutender Gestalten der deutschen Geistesgeschichte unseres Jahrhunderts beeinflußt hat.

Eine Erinnerung an diesen bald schon legendären Mann, dessen Lebensumstände vorwiegend aus dem Zerrspiegel von Klatsch, Nachrede und Anekdote abgelesen werden müssen, mit einer persönlichen Reminiszenz zu beginnen, mag etwas ungewöhnlich anmuten. Dennoch glaube ich, daß dieser Novemberspaziergang nicht nur einiges über den Autor und seinen Weg zu dem Schwabinger Mysteriosophen verrät, sondern auch über Alfred Schuler selbst, den Marie von Thurn und Taxis meint, wenn sie in einem Brief an Rilke von jenem »merkwürdigen Mann aus dem Totenreich« spricht. Ich war damals noch nicht lange in München, als ich an einem Allerseelentag den nahe von Nymphenburg gelegenen Westfriedhof besuchte. Am Eingang loderten aus dunklen metallenen Schalen gelbe Flammen in den stürmischen Herbsthimmel; als Überreste oder pompöse Wiederaufnahme vorchristlicher Rituale befremdeten mich diese Feuerbecken ebenso wie der in Bayern übliche Brauch, die Verstorbenen in offenen Särgen aufzubahren, ja auszustellen. Beim Betreten des Friedhofs gelangte ich nichtsahnend in einen öffentlichen Wandelgang mit großen, beleuchteten Nischen, in denen hinter Glas – wie in einer Auslagenpassage – jeweils ein Toter zur Schau gestellt war. Der in antiken funebralen Kulten geradezu schwelgende Schuler hatte wohl dieses heimatliche Ineinander von Theatralik und Totenkult im Sinne, wenn er einmal das Theater als »Guckkasten ins Jenseits« bezeichnete: »Denn was auf der beleuchteten Bühne gespielt wird, ist nichts andres als das Leben der Toten, der Vorfahren, der Vergangenen, das in die Quintessenz, in die Ursprünglichkeit zurückversetzt ist; wodurch dem Diesseits, dem Zuschauerraum nun in magischer Weise wie mittels einer Laterna magica das Leben der Toten sich eröffnet.« Unterhalb der erwähnten Leichenhalle des Westfriedhofs entdeckte ich eine von zahlreichen Kerzen erhellte Krypta mit Grabnischen. Zwei davon fielen durch lateinische Inschriften auf, eingraviert in Platten aus braunem Ton. Die eine lautete:

D M
ET LVMINI
BVS MAIORVM
ALFRED SCHVLER
VIVVS SIBI HVNC
MONVMENTVM
IN TRANSITV FEC

Über der Inschrift ein zierlicher Knabenkopf – wahrscheinlich als Genius gedacht –, unter ihr ein dreigliedriges Ornament, das an eine gotische Rosette, aber auch an eine funkensprühende Swastika erinnert. Links daneben in gleicher Höhe die zweite, mit einem Mädchenkopf und einer Weintraube verzierte Grabplatte, deren ebenfalls lateinische Inschrift besagte, daß hier Katharina Schuler nach einem fünfundachtzig Jahre und fünf Tage währenden Leben von ihrem sie sehr liebenden Sohn bestattet worden war (1912). Ich entzündete vor den beiden Katakomben zwei Kerzen. In der Friedhofskanzlei erkundigte ich mich nach Schulers Grab. Ein Blick in die Bücher ergab, daß Schuler als »Privatgelehrter« geführt wurde. Ob Verwandte oder sonst jemand für sein und seiner Mutter Grab sorgten, war ihnen nicht zu entnehmen. Mir war Schuler bisher nur aus gelegentlichen Erwähnungen im Zusammenhang mit Rilke bekannt gewesen. Ich fand es beziehungsvoll, das unterirdische Grab des chthonischen Gnostikers, der von Kindheit an sich als Römer gefühlt und in römischer Kleidung bestattet zu werden gewünscht hatte, gerade an jenem Tag erstmals besucht zu haben. Ist doch Allerseelen ein Fest, das weder an ein historisches Ereignis noch an die christliche Offenbarung anknüpft, sondern in antike, wahrscheinlich sogar prähistorische Schichten hinabreicht. Am 1./2. November begingen die Völker des Altertums ihre Feste zu Ehren der Abgeschiedenen, der Diis Manibus, die auch auf Schulers Epitaph angerufen werden. Die Toten wurden beschworen, den Lebenden nicht feindselig zu sein. Als das Christentum die durchaus auch ins Diesseits hineinspielende Wirkkraft der Verstorbenen so weit vermindert hatte, daß sie zu »armen Seelen« geworden waren, führte Abt Odilo von Cluny um das Jahr Tausend das vorchristliche Totenfest wieder ein, allerdings unter umgekehrtem Vorzeichen: nicht mehr sollte die numinose Übermacht der Ahnen besänftigt, sondern ihrer Ohnmacht erbarmungsvoll gedacht werden.

»Reden bei meinem Leichenbegängnis untersage ich. Man ehre das Rätsel meines Lebens im Tod durch Schweigen.« Es scheint, daß Schuler mit dieser testamentarischen Verfügung die geistesgeschichtliche Forschung bis heute blockiert hat, obwohl seine Spuren schon früh von einigen Kundigen ahnungsvoll verfolgt worden sind. So fand Walter Benjamin, als 1930 das George-Buch von Friedrich Wolters erschien, »daß das einzig Verwendbare mir – aus freilich sehr besonderen Konstellationen – die Mitteilungen waren, die da über Schuler zu finden sind. Ich habe mir auch ein Bändchen nachgelassener Bruchstücke zum verborgenen Anstaunen kommen lassen«.

Bevor wir uns in die Katakomben von Schulers Gnosis begeben, seien die äußeren Stationen seiner Biographie nachgezeichnet.

Alfred Schuler wurde am 22. November 1865 in Mainz als unehelicher Sohn einer einfachen Frau geboren. Sein Vater, der Appellationsgerichtsrat August Schuler, heiratete jedoch bald nach der Geburt des Kindes die Mutter, Katharina Ries. Beide waren katholisch. Seine Schulzeit verbrachte Schuler in Zweibrücken, wohin der Vater versetzt worden war. Schon den Knaben zog die Welt des Altertums an, die ihm weniger vom Gymnasialstudium her, sondern in den Überresten der Trierer Kaiserperiode heimatlich gegenwärtig war. Die von verkrusteten Trümmern, patinierten Münzen und buntem Schutt ausgehende Aura konnte ihn in rauschähnliche, ekstatische Zustände versetzen, von denen er selbst berichtet: »Wenn ich in den Trümmern von Schwarzenacker verweilte und rings um mich frisch ausgeworfener Schutt der eingesunkenen Römervillen lag, da belebte sich plötzlich meine öde Umgebung. Aus den halb verbrannten umherliegenden Menschenknochen, die an eine furchtbare Katastrophe erinnerten, stiegen die Geister der Vorzeit. Aufs neue wölbten sich die längst verschwundenen Hallen, aufs neue sprudelte Wasser durch die säulenumrahmten Höfe und Bäder, und jubelnde Bacchantinnen umtanzten die zechenden Gäste... Vor mir lag das weite Römerreich mit seinen Hauptstädten, durchdrungen von griechischer Kultur... Den Stadtplan von Rom hatte ich aufs genaueste studiert: kein Tempel, keine Säule entging mir...« Ein Leben lang erfüllte Schuler diese geradezu erotische Hingezogenheit zum römischen Altertum, vor allem zur Kaiserzeit. 1887, nach dem Tode des Vaters, zog er mit seiner Mutter nach München. Er immatrikulierte sich an der dortigen Universität und hörte bei Traube, Furtwängler und Brunn, ohne jedoch seine geschichtlichen, kunstwissenschaftlichen und archäologischen Studien mit einem akademischen Grad abzuschließen. Nicht das akademische Milieu wurde für ihn entscheidend, sondern das künstlerisch-literarische Leben des Vororts Schwabing, wo er alsbald zu den Lokalberühmtheiten zählte. Im Jahre 1893 begegnete Schuler jenen drei Männern, deren Leben und Wesen er nachhaltig beeinflussen sollte: Ludwig Klages, Karl Wolfskehl und Stefan George.
Der um sieben Jahre jüngere Niedersachse Klages, später bekannt geworden durch zahlreiche graphologische Arbeiten und sein Hauptwerk »Der Geist als Widersacher der Seele«, studierte damals noch Chemie und stand philosophisch vor allem unter dem Bann des Positivisten Eugen Dühring. Es war Schuler, der ihn aus dieser nüchtern-platten Verstandeswelt in das Reich der Symbole und Mythen führte. Klages nannte Schuler den »weitaus Wissendsten um die Geheimnisse des Altertums« und bekannte an anderer Stelle: »Erst indem ich unter den Lebenden eine Persönlichkeit anzutreffen das Glück hatte, die, so unwahrscheinlich es klingen mag, zugleich im höchsten Sinne denkender Geist und dennoch ungeteilt im Boden symbolischen Erfahrens wurzelständig, entschloß ich mich zum Glauben an die Wirklichkeit der mythischen Mächte, die bis hoch hinauf in die historische Menschheit das Innenleben der ursprünglichen beherrschten.« Klages' Lehre vom »Geist als Widersacher der Seele« ist in großen Partien bereits von dem Münchner Mysteriosophen formuliert worden.

Karl Wolfskehl, 1869 als Sohn einer jüdischen Familie in Darmstadt geboren, war noch während seiner Gießener Doktorarbeit über germanische Werbungssagen sowohl auf das »Mutterrecht« Johann Jakob Bachofens als auch auf die frühe Lyrik des nur um ein Jahr älteren Stefan George gestoßen. Sowohl seine mythenkundliche Gelehrsamkeit als auch sein dionysisches Temperament mußten durch den um antike Überlieferungen wissenden Schuler angesprochen werden. Dieser wiederum fand in Wolfskehls gastlichem Haus einen Kreis, der für seine mit monotoner Stimme vorgetragenen Inspirationen empfänglich war. Noch Jahrzehnte später, in seinem fernen neuseeländischen Exil, sprach Wolfskehl von Schuler nur in Wendungen der Bewunderung und Ehrfurcht und beschwor dessen Andenken, wenn er Dichter wie Konstantin Kavafis, Thomas Beddoes oder C.J.Brennan rühmend charakterisieren wollte.

Stefan George, Rheinländer mit französischen Vorfahren, hatte 1892 in Paris seinen »Algabal« als Privatdruck veröffentlicht und die erste Folge der »Blätter für die Kunst« herausgegeben. Sie enthielt neben Auszügen aus den eigenen Gedichtzyklen »Hymnen«, »Pilgerfahrten« und »Algabal« Beiträge von Hofmannsthal und Paul Gérardy. In einer redaktionellen Vorrede wurde eine »geistige kunst auf grund der neuen fühlweise und mache – eine kunst für die kunst –« gefordert: »Enthalte man sich auch allen streites und spottes über das leben wobei – wie Goethe meint – nicht viel herauskommt. – In der kunst glauben wir an eine glänzende wiedergeburt.« Die äußerlich bis 1904 währenden Beziehungen zwischen Schuler und George waren von Anfang an ambivalent: sosehr Schuler aufhorchte, als aus dem schwülen »Algabal« eine wahlverwandte Stimme erklang, die eine heidnische Renaissance zu verheißen schien, sosehr mußten ihm der elitäre Ästhetizismus einer »geistigen kunst«, der gesetzgeberische, auf Form, Plastik und Gestaltung zielende Drang Georges fremd bleiben. So standen sich gegenüber, vom Gegensatz angezogen und abgestoßen: Ethos geschichtlichen Bewußtseins und archaiophile Versunkenheit in prähistorische Welten, Wille zur Tat und Absage an Wille und Tat, apollinischer Männerbund um einen »Meister« und dionysische Hinwendung zur »Großen Mutter«, zu den dämonischen Mächten der Erde, der Nacht und des Totenreichs. Lange versuchte jeder der beiden den andern in die eigene Welt hinüberzuziehen. Das Ringen mußte ergebnislos bleiben. Beide waren zu unveränderlich anders. Dazu kam noch Schulers Antijudaismus, der zwar nicht rassisch motiviert war, jedoch zuletzt zum Zerfall der »kosmischen Runde« und zum Bruch mit George führen mußte. Schulers Einfluß auf George war dennoch nachhaltig. Noch im Jänner 1930 meinte der Dichter, man solle die Kosmiker – als welche Schuler, Wolfskehl und Klages in die Geistesgeschichte eingegangen sind – nicht zu wichtig, aber auch nicht zu unwichtig nehmen: »Sie müssen sein, so wie zum Apoll dem Lichtgott die dunklen Mysterien sein müssen. Ich verstehe sie besser als die ahnen. Ich bin auch so gewesen.« Während Schuler weder Georges ursprüngliches Programm einer Kunst um der Kunst willen noch dessen spätere pädagogisch-politische Ambitionen geteilt hat, finden sich in Georges Dichtungen und Gesprächen wiederholt Winke und Anspielungen auf den unheimlichen Kosmiker. So heißt es etwa in Erinnerung an Schulers intuitive Erläuterungen antiker Funde:

> Strich deine hand auf schal und urnenscherbe,
> So stand fast körperhaft vor uns dein denkbild.

Im »Jahr der Seele« gedenkt George eines gespenstischen Gastmahls, dessen Teilnehmer »wie vergiftet« noch tagelang fassungsloser Bestürzung erliegen –

das Nachbild eines jener Feste, durch die Schuler den Genius Georges für seine heidnische Gnosis zu gewinnen hoffte. 1901 schrieb George in Trier das Gedicht »Porta Nigra«, das er ausdrücklich dem »Ingenio Al. Scolario« widmete. Diese Widmung zog der Dichter auch nach seinem Bruch mit Schuler nicht zurück. In dem Gedicht spricht der Schatten eines längstverstorbenen römischen Lustknaben verachtungsvoll über das Leben in unserer Zeit: »das edelste ging euch verloren: blut . . .« Er, der sich den Legionären feilbot, würde es ablehnen, über »lebendige Gespenster«, das Gesindel der heutigen Massengesellschaft, den Zepter zu schwingen. Aus diesen Versen, erstmals 1903 in den »Blättern für die Kunst« veröffentlicht und schließlich in den Gedichtband »Der siebente Ring« (Berlin 1907) aufgenommen, spricht durchaus Schulersches Lebensgefühl: Abneigung gegen die moderne Zivilisation, Hingezogenheit zur visionär verklärten Spätzeit des Imperium Romanum, seine Mystik des Blutes und nicht zuletzt seine homoerotische Neigung, die, wie Theodor Lessing berichtet, »weiblich und primitiv, nur von männlicher Stärke fasziniert wurde«, von jungen Soldaten, Matrosen, Boxern und Bauernknechten.
Aber auch in Georges Gedicht »Maskenzug«, das ebenfalls in den »Siebenten Ring« aufgenommen worden ist, taucht Schuler auf in der »götter zug«:

...doch der vordere –
Verhüllt – ist mann und mutter mit der lampe.

Der Dichter spielt damit auf das Faschingsfest 1903 im Hause Wolfskehl an, bei dem George als Cäsar, Wolfskehl als Dionysos und Schuler als in Schwarz gehüllte, parfümierte römische Matrone kostümiert war. Im »Stern des Bundes« (Berlin 1914) beschwört George den Mysteriosophen als »hausgeist der um alte mauern wittert«, und noch im »Neuen Reich« (Berlin 1928), seinem letzten Gedichtband, erscheint »unheimlichen schleichens der dämon«.

Von Schuler hat George die Swastika, das Hakenkreuz, als Signet für die geisteswissenschaftlichen Veröffentlichungen seines Kreises übernommen. Die von Melchior Lechter entworfene Vignette findet sich auf den Einbänden von Ernst Bertrams »Nietzsche. Versuch einer Mythologie« (1918), Ernst Kantorowiczs »Kaiser Friedrich der Zweite« (1927), Max Kommerells »Der Dichter als Führer in der deutschen Klassik« (1928), den George-Büchern von Friedrich Gundolf (1920) und Friedrich Wolters (1930) und anderen Werken, die allesamt im Berliner Verlag Georg Bondi erschienen sind.

Als 1933 das Hakenkreuz zum offiziellen Symbol des Hitler-Reiches wurde, wies der Verlag in einem Prospekt darauf hin, daß er dieses uralte Zeichen schon seit 1910 – allerdings ohne politische Nebenbedeutung – verwendet habe. Doch bereits um 1895 glaubte Schuler im Hakenkreuz »das mittelpünktliche Symbol der vorgeschichtlichen Menschheit entdeckt zu haben«. Er plante eine Zeitlang, diesem eine Dissertation zu widmen und verherrlichte es in verschiedenen Gedichten, während er das christliche Kreuz als »kastrierte Swastika« herabsetzte: »Die klebrige Fliegenstange, an der sich die gläubigen Seelen zu Tode zappeln«. So war es Schuler, der dem George-Kreis das Hakenkreuz zugeführt hatte. Daß auch Hitler durch ihn auf die Swastika aufmerksam geworden sei, ist dagegen eine unbegründete, wenn auch sehr häufig geäußerte Vermutung. Hitler war bereits lange vor seiner Münchner Zeit auf Adolf (Jörg) Lanz (von Liebenfels) gestoßen, der schon 1907 auf der Burg Werfenstein in der Wachau während einer Rassenkultfeier eine Hakenkreuzfahne gehißt hatte und die antisemitischen »Ostara«-Hefte herausgab. Wenn sich auch George immer wieder von Schuler distanziert hat, so bleibt doch auffällig, wie sehr er zeitlebens dem Magus aus München als einem Schatten, einer gefährlichen, nicht immer gebannten Möglichkeit seines eigenen Selbst verhaftet geblieben ist: »Ich bin auch so gewesen.« Nicht nur in der Übernahme des Hakenkreuzes, sondern auch in seinem maßlosen Anspruch auf Rang, Würde und Gewalt eines Gesetzgebers, Priesters und Propheten ist George dem Vorbild Schulers, freilich auf gleichsam kontradiktatorische Weise, verpflichtet gewesen. Dies geht besonders deutlich aus den Gesprächen hervor, die George 1907 nach Vollendung des »Siebenten Rings« mit dem holländischen Dichter Albert Verwey geführt hat. Verwey berichtet, daß George eine neue Religion stiften wollte. Im Zentrum seiner damaligen Erläuterungen stand, was er »die Substanz« nannte: »Was die Substanz ist, macht nichts aus. Sie kann ein schwarzer Stein sein oder eine grüne Kugel.« Meinte George damit jene »aus dem Weltall einschießende Substanz« und »Weltessenz«, die Schuler in seinen Vorträgen über das alte Rom zu deuten unternahm? Auch in Schulers Gedichten erscheinen Mineral und Kugel als ausgezeichnete Träger der kosmischen Substanz. Er verherrlicht den »Porphyrschaft Unsterblichkeit«, die »breiten Platten stummen Muschelkalks«, der »Empfindungseinheit goldenen Ball« und die »vibrierende Kugelgestalt« kosmischen Lebens. Ein Abschnitt aus seinem Fragment gebliebenen Nero-Roman heißt »Trias Emesa-Nazareth«. In der syrischen Stadt Emesa wurde bekanntlich der Sonnengott Elagabal in Gestalt eines schwarzen Aerolithen verehrt. Sein gleichnamiger Oberpriester, der als Vierzehnjähriger von den Soldaten zum römischen Kaiser ausgerufen wurde (218), ließ den Stein nach Rom bringen und ihm auf dem Palatin einen Tempel errichten. Elagabal aus Emesa ist Georges Algabal.

Neben George, Wolfskehl und Klages begegnete Schuler, der »um anderthalb Jahrtausende verspätete Römer« (L. Klages), noch einer Reihe anderer Gestalten, unter denen Ludwig Derleth, Leopold von Andrian und Rainer Maria Rilke hervorragen. In dem streitbaren und kühnen Hymniker Derleth (1870–1948) trat dem heidnischen Römer mit dem Cäsarenschädel auf hermaphroditisch aufgeschwemmter Leibesfülle ein katholischer Römer von geradezu islamischer Militanz gegenüber, der Jesus als Imperator, das Neue Testament als kategorische Kriegserklärung, die Kirche als heroischen Kreuzzug und seine eigenen Werke »Proklamationen« und »Der Fränkische Koran« in einem hohen, anspruchsvollen Sinn als propaganda fidei verstand. Unbehagen, Spannung, Faszination und zuletzt Haß prägten das Verhältnis zwischen dem kosmischen Heiden und dem kosmischen Christen, wie auch Derleths »Proklamationen« und Schulers neronische Fragmente, fast gleichzeitig entstanden, eine erregende Antithetik bilden.

Leopold von Andrian (1875–1951) ist neuerdings durch die Veröffentlichung seines umfangreichen Briefwechsels mit Hugo von Hofmannsthal wieder ins Bewußtsein der literarisch Interessierten getreten, nachdem der noch von George, Maeterlinck, Gide und Hermann Bahr bewunderte frühreife Verfasser des »Gartens der Erkenntnis« (Berlin 1895), ein schon in der Habsburgermonarchie unzeitgemäßer Altösterreicher, bereits zu Lebzeiten vergessen worden war. Andrian, mütterlicherseits ein Enkel des Komponisten Meyerbeer, hatte 1893 einige Gedichte an Stefan George gesandt, die dieser in den »Blättern für die Kunst« veröffentlichte. Alfred Schuler war von dem hypochondrisch nervösen Wiener mehr als von allen anderen Mitarbeitern der »Blätter« beeindruckt. Andrians frühe Lyrik, vor allem aber die sublime, in Österreich spielende Erzählung »Der Garten der Erkenntnis«, die ihm durch eine kunstvolle, von George veranlaßte Abschrift bekannt geworden war, schien Schuler erfüllt von der herbstlichen Essenz des Habsburgerreiches, jener letzten Metamorphose des Imperium Romanum, insbesondere von der magischen Ausstrahlung der Kaiserin Elisabeth, der er, wie Klages berichtet, als dem »lebenden Gefäß unvermischt kosmischer Feuer« sich einigemale vergeblich zu nähern versucht hatte, um ihr seine dichterischen Fragmente zu überreichen. In einem kalligraphierten Brief vom 27. Juni 1900 dankt Schuler Andrian und seinem »Heimatlande Österreich, an das seit Jahren meine Zärtlichkeit tastet, für den unerwarteten, mir so bekannten Blütengeruch verjüngter Lebensblicke..., der mich aus persönlichster Ferne von Ihrem Werk aus erquickt«. Wie tief der Wahlmünchner von dem jungen Wiener ergriffen gewesen ist, verrät folgender Vorschlag: »Sollte sich andererseits Gelegenheit bieten, Ihnen meine Erkenntlichkeit durch Einblick in die fragmentarisch gefaßten Complexe meiner eigenen glutenreichsten Verströmungen beweisen zu können, so würde für mich diese Wechselenthüllung ehemals gleichzeitiger und gleichbedingter Blutwellen zum wenigsten einen kostbaren und seltenen Trost bedeuten.« Leider wissen wir nicht, wie Andrian auf dieses Schreiben und das ihm gewidmete merkwürdige Sonett von Schuler reagiert hat. Nur schwer läßt sich vorstellen, daß der im Alter katholischer Theologie sich zuwendende Aristokrat, in dessen Adern jüdisches Blut floß, mit dem neuheidnischen Gnostiker übereinstimmen hätte können, der gegen den »Marder Juda« und den »Cadaver Christentum« die heftigsten Verwünschungen ausstieß. Immerhin bilden die Beziehungen zu Österreich ein bemerkenswertes Moment in der Biographie des Preußenhassers Schuler, dessen Herkunft, wie es heißt, nicht nur in die Schweiz (Glarus), sondern auch ins Zillertal hinweist. Österreich mochte den mit allen Fasern zur Mater Latina Strebenden durch das dionysische Element in Volkstum und Kultur, die Überreste römischer Herrschaft und die durch Kirche, Dynastie und geopolitische Lage vermittelte, zuletzt im Barock triumphal überschäumende Romanitas anziehen. Nicht ohne Zusammenhang damit standen jene in feudale, ja sogar archaische Schichten zurückreichenden Reminiszenzen quer zur bürgerlich-kapitalistischen Gegenwart, an denen mystisch partizipierend Schulers Altertumsschauer ähnlich sich stärkten wie in der Mythe Antaios durch Berührung der Erde. »Was beginnen Sie mit einem schelten auf die Bierstadt? davon seh ich überhaupt nichts. München ist die einzige stadt der erde ohne ›den bürger‹, hier gibt es nur volk und jugend.« (Stefan George) So hätte auch Schuler schreiben können, der mythischen Spuren vorbürgerlicher Erdverfallenheit und rauschbereiter Sinnenfreude nicht nur in dem damals noch stark chthonisch durchsetzten Bayern, sondern auch in Tirol, Salzburg und der Wachau begegnet sein mochte. Auf einem Gut in Mösern bei Seefeld war Schuler gelegentlich Gast von Gustav Willibald Freytag, einem Sohn des bekannten Schriftstellers, noch im Jahr vor seinem Tod wanderte er zu Fuß die Donau entlang von Linz bis Wien, und in seinen Vorträgen »Vom Wesen der ewigen Stadt« kam er mit sympathetischer Einfühlung auf im südslawischen Teil Österreich-Ungarns geübte Bruderschafts-, Fruchtbarkeits- und Gräberriten zu sprechen.

Österreichischer Herkunft war auch Rilke, der von 1910 an verschiedene Beziehungen zum Kreis um Stefan George, noch mehr aber zu jenen Außenseitern anknüpfte, »die, weil sie, ihrer Natur nach, auf mythisches Erleben angelegt waren, mit jenem Kreis in vorübergehende Berührung gerieten, ohne eigentlich hinein einzugehen; von solchen Menschen bin ich, in seltsamer Fügung, mehreren begegnet«. Gemeint ist in diesem Brief an die Prinzessin Marie von Thurn und Taxis-Hohenlohe (13. April 1915) vor allem Alfred Schuler, wahrscheinlich auch Ludwig Klages. Bereits am 18. März hatte Rilke an die Fürstin geschrieben: »Stellen Sie sich vor, daß ein Mensch, von einer intuitiven Einsicht ins alte kaiserliche Rom her, eine Welterklärung zu geben unternahm, welche die Toten als die eigentlich Seienden, das Toten-Reich als ein einziges unerhörtes Dasein, unsere kleine Lebensfrist aber als eine Art Ausnahme davon darstellte: dies alles gestützt durch eine unermeßliche Belesenheit und von einem solchen Gefälle innerer Überzeugung und Erlebung, daß der Sinn unvordenklicher Mythen, gelöst, in dieses Redebett herabzustürzen schien, den Sinn und Eigensinn des seltsamen Sonderlings auf seiner großen Strömung tragend...« Im Jahre 1917 hörte Rilke im Kreise von etwa dreißig Gästen abermals Schulers Vorträge, die in der Bibliothek Professor Freytags in der Münchner Elisabethstraße stattfanden. »Sie wissen, daß ich das, was Sie zu geben haben, für ganz unschätzbar halte«, schrieb Rilke an den Mysteriendeuter, der ihn auch auf Bachofens Mutterrechtsspekulationen und Gräbersymbolik aufmerksam gemacht hatte. Clara Rilke, die Gemahlin des Dichters, schuf in ihrem Atelier in München-Bogenhausen eine eindrucksvolle Büste Schulers, die sich jetzt im Rilke-Archiv, Bremen-Fischerhude, befindet. Rilkes eigentümliche Idee einer Raumwelt, seine Affinität zur Sphäre der Frau und des Kindes, seine Ablehnung des Gottmenschen, des Logos und der nachparadiesischen Tragik, seine bewußt-unbewußte Vorliebe für die Sepulkralwelt der Antike und seine Passion für die »offene« Einheit der Lebenden und Toten fanden in den Exegesen Schulers eine leidenschaftliche Bestätigung. »In den Sonetten an Orpheus steht vieles, was auch Schuler zugegeben haben würde; ja wer weiß, ob nicht manches davon so offen und geheim zugleich auszusagen, mir aus der Berührung mit ihm herüberstammt...« (Brief an Clara Rilke, 23. April 1923), bekannte Rilke, kurz nachdem er von Schulers Tod erfahren hatte. Damit haben wir jedoch unseren biographischen Ausführungen weit vorgegriffen und kehren nun in das München der letzten Jahrhundertwende zurück.

Wie bereits angedeutet, ließen sich die Gegensätze zwischen Schuler und George auf die Dauer nicht überbrücken. Schon 1896 hatte der Dichter des »Algabal« an den immer stärker unter Schulers mediale Ausstrahlung geratenden Klages warnend geschrieben: »Seien Sie vor denen gewarnt die geistig weit unter Ihnen stehend doch durch die drückende gewohnheit einen einfluß üben könnten.«

Anfang 1904 brachen Klages und Schuler mit George und dessen Kreis. Es scheint, daß die Trennung eher von Klages als von Schuler forciert worden ist. Wenn auch über Ursachen und Verlauf des Zerwürfnisses, das zum Münchner Tagesgespräch wurde, verschiedene Auskünfte kursieren, so gehen wir doch mit der Annahme nicht fehl, daß die antijüdischen Affekte Schulers und Klages' den Ausschlag gegeben haben. In seiner Einleitung zum Schuler-Nachlaß hat denn auch Klages 1940 den Bruch mit George geradezu als Selbstbefreiung aus den Banden einer zionistischen Weltverschwörung gedeutet. Er berichtet darin, daß Schuler »dem Herrn Dr. Wolfskehl durch einen Soldaten ein schwarz versiegeltes Kuvert überreichen ließ mit einer Art förmlichen Kriegserklärung«, und zitiert aus einem bald darauf geschriebenen Brief Schulers an einen Unbekannten: »Die Zeit ist da, Zeichen um Zeichen fallen mir zu. Auch die hoher persönlicher Gefahr; entdeckt ... von jenen, an denen das Blut des Gerichteten klebt und die ich mit Abscheu von mir stieß, als sie nach dem Gral des Lebens griffen, um ihn zum Schemel ihrer Macht zu entwürdigen.« Diese Wahnidee eines ruchlosen Attentats auf Seele, Blut und Leben zieht sich durch die gesamte Gnosis Schulers. »Ahnungslos, daß Leuchtendes Mordgier zeitige, unbewußt eines todfeindlichen Außerhalb, schäumte meine Seele in gelben Strömen am Austritt ins Leben zu...«, schrieb Schuler in einem Pergamentbrief an Kaiserin Elisabeth, der allerdings die Adressatin nie erreichte, und im Gedenken an die Ermordung der Monarchin und den mysteriösen Tod Ludwigs des Zweiten im Starnberger See beschwor er am Schluß seiner Vorträge in dunklen Worten jene »wirkende Macht« des »schwarzen Rades, welches jetzt der Herr ist weithin über den Erdkreis«. Dieses »todfeindliche Außerhalb«, das in die pulsende Lebenszelle mörderisch einbricht, identifiziert Schuler an verschiedenen Stellen mit dem Judentum, am krassesten in seinem schaurigen »Epilogus. Jahwe – Moloch», auf den wir noch zurückkommen werden, und in folgendem Diktum: »Die Seelenleuchte des Sterbenden fällt in die Hände Judas, welches lauert, sie abzufangen. Die Leuchten werden vereinigt zum Stern Juda, der über dem Roten Meer, dem Blutmeer, aufgehen wird.« Nach dem Zerfall der »kosmischen Runde«, den die Gräfin Reventlow in der nur leicht verschlüsselten Groteske »Herrn Dames Aufzeichnungen oder Begegnungen aus einem merkwürdigen Stadtteil« – Schuler taucht darin als Delius auf – amüsant beschrieben hat, fand der nun gleichsam Obdachlose im gastfreundlichen Hause Hugo Bruckmanns einen Kreis gleichgesinnter, zumindest mit ihm sympathisierender Menschen. Bruckmann war Verleger und hatte 1899 jenes Werk herausgebracht, das zur Bibel der Deutschnationalen und Nationalsozialisten werden sollte: Houston Stewart Chamberlains »Grundlagen des 19. Jahrhunderts«. Daß Schuler bei Bruckmann den Führer der Nationalsozialisten kennengelernt und in die Mysterien des Hakenkreuzes eingeweiht habe, ist eine Legende. Hitler und Schuler sind einander nie begegnet: als Hitler Ende 1924 den Chamberlain-Verleger zum erstenmal besuchte, war Schuler schon mehr als anderthalb Jahre tot. Seine letzten Vorträge im Hause Bruckmann hatte er 1922 gehalten. Weitere Gönner fand der zeitlebens berufslose Mythen- und Symbolforscher in Gustav Willibald Freytag, dem Grafen von Sessel, Hedwig Jaenichen-Woermann und Johanna von der Nahmer, über deren Lebensumstände und Anteilnahme an Schulers Gedanken leider nur wenig bekannt ist. Das Milieu, in dem er damals gewirkt hat, ist von Thomas Mann im

»Doktor Faustus« einprägsam geschildert worden: die Gestalt des Dr. Breisacher erinnert stark an Schuler, wenn auch nicht dieser, sondern Oskar Goldberg, der Verfasser des Buches »Die Wirklichkeit der Hebräer« (Berlin 1925), sein Modell gewesen ist. 1912 starb die greise Mutter. Ihre Grabplatte in den Katakomben des Westfriedhofs wurde von Schuler selbst entworfen. Der bisher durch die mütterliche Pension bescheiden Versorgte wurde nun von Professor Freytag unterstützt, der den gelehrten Sonderling zur Katalogisierung seiner umfangreichen Bibliothek heranzog. Als infolge des Ersten Weltkriegs sich die wirtschaftlichen Verhältnisse seines Gönners verschlechterten und auch ein Versuch, bei der Münchener Stadtbibliothek unterzukommen, erfolglos blieb, ließ sich Schuler nach anfänglichem Widerstreben von Freunden dazu bewegen, vor ausgewählten Hörern Vorträge zu halten. Nachdem er 1915 im Rahmen der von Frau Elsa Bruckmann geleiteten »Kriegshilfe für geistige Berufe« bei Graf von Sessel in der Ludwigstraße an drei Abenden gesprochen hatte, wiederholte Schuler den auf sieben Abende erweiterten Zyklus »Vom Wesen der Ewigen Stadt« bei Freytag (Dezember 1917 – März 1918), dann vor einem Dresdner Freundeskreis (April–Mai 1918) und zuletzt im Hause Bruckmann (1922). Diese Vorträge, zu denen noch größere Einladungen von Verehrern nach Berlin, Hamburg, Bremen, Wustrow in Mecklenburg und dem westpreußischen Gut Lubochin kamen, wurden allemal vor einem geschlossenen Kreis zahlungskräftiger Esoteriker gehalten, die Schuler ein für seine Verhältnisse ansehnliches Honorar garantierten. Weiterhin veröffentlichte Schuler keine einzige Zeile, obwohl er, wie Klages und Lessing berichten, beim abendlichen Bierkrügel vor einem wahllosen Publikum sich redselig über Ritualmordorgien, Hexenprozesse, Blutleuchte und Seelenwanderung ergehen konnte. Da der Erste Weltkrieg mit außerordentlichen militärischen Erfolgen für Deutschland begann, glaubte Schuler bis gegen Ende 1916 an einen »partiellen Sieg« des Reiches, obwohl er, gleichzeitig mit Klages, bereits im Frühjahr 1905 die Vision eines tellurischen Verfalls, eines Versiegens der kosmischen Aura unseres Planeten gehabt hatte. Ähnlich wie manche spätantike Schriftsteller – der Autor des vierten Esrabuches, Aelian und Cyprian von Karthago – sprach Schuler, ein »Dithyrambiker des Untergangs«, von einem Älterwerden der Erde: *mundus iam senescit.* Klages, der bereits um 1902 ein Werk über Schuler geplant hatte, das jedoch nicht zustande kam, rühmte dann in seinem 1922 erschienenen Buch »Vom kosmogonischen Eros« den heidnischen Mystiker als »Neueinkörperung von unerloschenen Funken ferner Vergangenheiten« und »Entzifferer des verborgensten Sinnes mehr als einer Rune der Vorzeit«. Dieses Buch hatte noch Schuler vorgelegen, der, bereits als schwerkranker Mann, im Juni desselben Jahres mit Klages und einigen weiteren Gefährten die Wachau durchwanderte, wobei besonders die Gozzoburg in Krems seinen archäologischen Spürsinn erregte. Inzwischen war sein Idol, das Hakenkreuz, »das Feuerzeichen Preisgebung«, wie er es auch nannte, zum Emblem der aufstrebenden Hitlerbewegung geworden. Als er eines Nachts bei der Rückkehr von einem der Vorträge im Hause Bruckmann auf den Mauern der Propyläen hingeschmierte Hakenkreuze entdeckte, sagte er nicht ohne Leidenschaft zu seinem Begleiter, Ludwig von Pigenot: »Mit wachsendem Entsetzen bemerke ich, wie dieses altehrwürdige Zeichen der Swastika heute

profaniert wird. Wer ist eigentlich dieser Herr Hitler? Wie ich höre, ein Kriegsoffizier. Das klingt meinen Ohren nicht gut.«
Am 8. April 1923 ist Schuler an den Folgen einer Darmoperation in München gestorben. In seinem minuziösen Testament hatte er Ludwig Klages, Elsa Bruckmann und Gustav Willibald Freytag als Verwalter seines literarischen Nachlasses eingesetzt; Teile daraus erschienen 1930 und 1940. Auf viele, die Schuler noch gekannt hatten, wirkten sie bombastisch, dürftig und stammelnd; einige wenige verglichen sie allen Ernstes mit Goethe, Hölderlin und Nietzsche, und wieder andere wollten mit dem verstorbenen Mystiker in unmittelbarer Verbindung sein und ließen in spiritistischen Seancen sein Phantom erscheinen.
Wenden wir uns nun der Lehre Schulers zu, so wird man sich hüten müssen, die davon erhaltenen und zugänglichen Trümmer als Bruchstücke eines logisch zusammenhängenden philosophischen Systems deuten zu wollen. Schuler war seiner ganzen Anlage nach kein Philosoph, wie zweifellos Ludwig Klages einer war. Wohl aber läßt sich das, was er hinterlassen hat, nicht unzutreffend als Wiederkehr gnostischer Denkweisen charakterisieren. Klages spricht, mit gewissen Vorbehalten, von »heidnischer Gnosis« und ein Anhänger Klages', Otto Huth, diese Bestimmung näher ausführend, von Schulers »dionysischer Gnosis«, die, quer zur hellenistischen, vor allem alexandrinischen Gnosis, bis in prähistorische Kulte und Mysterien, gleichsam eine archaische »Urgnosis«, zurückreiche. Lapidar nennt ein spätantikes Fragment aus der Schule der Valentinianer die großen Themen aller Gnosis: sie sei die erlösende Erkenntnis, »wer wir waren, was wir wurden; wo wir waren, wo hinein wir geworfen wurden; wohin wir eilen, woraus wir erlöst werden; was Geburt ist, was Wiedergeburt«. Mit diesem Grundriß können wir auch den Gang durch die Katakomben von Schulers Gnosis antreten, deren Atmosphäre – Schuler spricht gelegentlich vom »Katakombengeruch römischer Liebe« – uns folgende drei Zitate vermitteln mögen.

»Ich bin das Licht, das aus der Nacht dich saugt,
Ich bin das Auge, das den Glanz dir heuchelt,
Ich bin die Perle, die die Muschel füllt.
Ich bin der Rausch, der diese Welt verjüngt,
Ich bin das Leben –«

»Allein die Toten sind quintessentielles Leben. Nur das überdauert die Schwelle des Todes, was im Telesma erlebt ist, und der quintessentielle Kern, geschaffen, ruft auch die dorthin Zurückgekehrten in die Lebensleuchte... Der Tod ist nicht das ›große Reservoir des Lebens‹, sondern die Quintessenz (die Saite, welche, zwischen dem Diesseits und Jenseits gespannt, den süßesten Wohllaut erklingen läßt); aber die Geburten kommen von dort, wohin die Toten gehen, und deshalb leuchtet die Jugend gleich ihnen, und das jugendliche Leben – befreit – bringt auch die Toten wieder als Seligkeitsschauer um die Lebendigen. Das ist offenes Leben. Das geschlossene Leben wehrt auch den Toten die Rückkunft, es versiegelt das Jenseits...«
»Jesus hing am Kreuz im triefenden Speer, Fraß des Moloch und Nach-innen-

Phallos. Cella judaica. Nicht fand der Verschnittene ins Fleisch die Rune. Nicht erlöst er das Kreuz in das kreisende Swastika. Und so zog ans Kreuz er, gierig nach Liebe – für Moloch ans Kreuz er – aller Wesen blutenden Zellenherd.« Das erste Zitat stammt aus dem »Tryptichon des korybantischen Dithyrambos«, geschrieben 1895, als Schuler daran dachte, den umnachteten Nietzsche durch kultische Tänze kupfergerüsteter Jünglinge zu erlösen. Diese ekstatische Strophe ist durchaus gnostischen Gepräges. »Licht«, »Auge«, »Perle«, »Leben« sind uralte gnostische Topoi. Sie finden sich in mandäischen wie johanneisch-christlichen Schriften. Schulers Verse stellen nach Otto Huth das einzige neuere Beispiel der gnostischen »Ich-bin«-Formel dar: »Ich bin das Leben –.«

Was aber ist Leben? Schuler unterscheidet zwischen offenem und geschlossenem Leben, läßt jedoch keinen Zweifel daran, daß nur das erstere Leben im Vollsinn sei. Im offenen Leben kommunizieren die je Gegenwärtigen mit den Gewesenen; es ist eine hochzeitliche Welt polarer Einheit und Fülle, die Schuler auch mit Licht, Essenz, Substanz, Telesma, Blutleuchte, Floreszenz umschreibt. Urgrund aller schöpferischen Mächte ist das Blut, sofern es mit der Blutleuchte, einem mystischen Fluidum, geschwängert ist. In Zeiten des Niedergangs ist Erneuerung und Wiedergeburt, ein novus ordo saeclorum, nur von jenen begnadeten »Sonnenkindern« zu erwarten, die einer besonders essenzhaltigen Blutleuchte teilhaftig sind. Diese Menschen verkörpern das »offene Leben«.

»Im offenen Leben ist kein Besitz, kein Eigentum, da der Besitz der Leuchte allen gemeinsam ist. Alle leben im All. Der Urzeit ist deshalb der Begriff der proprietas völlig fremd... Auch das Gefühl der Freiheit, welches dieser Zeit eignet, ist nichts anderes als das Gefühl des Einsseins mit der Schrankenlosigkeit des Universums. Daß jeder das Ganze ist, ist das Gefühl der Solidarität, selbstverständlich auch – das Wort im richtigen Sinn verstanden – der Gleichheit. Es ist der große Feiertag des Lebens, und wo Fest, Feier, Glück ist, da ist auch das offene Leben nah –.« Dieser vorgeschichtliche Zustand entspricht dem Paradies der Bibel und dem Pleroma der Gnostiker. Die uns bekannte Weltgeschichte dagegen sei – abgesehen von wenigen Sternstunden, in denen uraltes kosmisches Leben emporschäumte: etwa zur römischen Kaiserzeit und, schwächer schon, in der deutschen Spätromantik – ein einziger Verfallsprozeß in Richtung auf ein »geschlossenes Leben«. Anklänge an Rousseaus Verherrlichung des primitiven, naturwüchsigen Lebens, aber auch an Marx' und Engels' Theorie vom »Urkommunismus« sind nicht zu überhören. Typisch für das »offene Leben« ist die zyklische Zeit, die ewige Wiederkehr, der Reigentanz, die feurig rotierende Swastika. Es gleicht einem »harmonischen Ganzen«, »in dem die einzelnen Glieder wie ungeheure Ketten von Sternen sich im rhythmischen Reigen um die Lichtzentrale schlingen«. Der Sprung vom »offenen« zum »geschlossenen Leben« ist nur als Abfall, als »Sündenfall« möglich. Schuler deutet ihn als »Entlichtungsprozeß«, als »beginnenden Parzellierungsprozeß der Menschheit«. Während der Urmensch androgyner oder – wie Schuler sich ausdrückt – hermaphroditischer Natur war, so prägt sich nun der Antagonismus der Geschlechter aus.

»Die Weltgeschichte beginnt, wo die Pforte des Paradieses sich schließt. Was als erstes Symptom der Evolution erkennbar ist, erscheint als okkupierender Wille von seiten der männlichen Potenz. Nach außen tritt derselbe auf als Unterwerfung des Weibes unter den Willen des Mannes. ›Er soll dein Herr sein‹, heißt es bei der Vertreibung aus dem Paradies. Es folgt Familiengründung, Eigentum, der beginnende Parzellierungsprozeß der Menschheit... Der Mann als Magus, wirkend im Geheimbund, ist der Ausgangspunkt der Evolution«, das heißt: der Weltgeschichte. Insofern ergeben sich verblüffende Affinitäten zu marxistischen Überlegungen, vor allem zu Friedrich Engels und August Bebel. Sowohl die marxistischen Kirchenväter Engels und Bebel als auch die irrationalistischen Archaiker Schuler und Klages beziehen sich auf Johann Jakob Bachofens Mutterrechtstheorie. »Die Frau und der Arbeiter haben seit alter Zeit gemein, Unterdrückte zu sein.« Die Frau »ist das erste menschliche Wesen, das in Knechtschaft kam. Die Frau wurde Sklave, ehe der Sklave existierte«. Soweit August Bebel. Und Friedrich Engels gelangt ebenfalls zu einer Interpretation des Mann-Frau-Verhältnisses in der Perspektive des Klassenkampfes: »Der Umsturz des Mutterrechtes war die weltgeschichtliche Niederlage des weiblichen Geschlechts... Der erste Klassengegensatz, der in der Geschichte auftritt, fällt zusammen mit der Entwicklung des Antagonismus von Mann und Weib in der Einzelehe, und die erste Klassenunterdrückung mit der des weiblichen Geschlechts durch das männliche.« Schuler schildert das Ende der römischen Republik mit diesen Worten: »Die Evolutivkraft Wille, die Grundlage der Aristokratie, ist gänzlich Herr geworden über das urtümlich passive, demokratische Weib Volk. Ihrer saugenden Habsucht dient in Ketten der plebejische Schuldknecht, und ihr schwarzer Schlund bedroht das Leben des Innern.«

Nähe und Ferne zur marxistischen Theorie werden deutlich sichtbar. Schuler und Engels assoziieren Klassenkampf und Geschlechterantagonismus als Formen der »Entfremdung« (der Terminus »Entfremdung« findet sich wörtlich auch bei Schuler). Während jedoch Engels die Erniedrigung der Frau als Moment des Klassenkampfes deutet, faßt Schuler umgekehrt die soziale Unterdrückung primär als sexuelle auf: Herrschaft ist ihm »Vergewaltigung des demokratischen Weibes Volk«. Anders als Engels ist Schuler Archäologe im eigentlichen Sinne des Wortes: er beharrt emphatisch auf dem Eigenwert und der Eigenmacht archaischer Lebensformen und Bewußtseinszustände. Seine Verherrlichung saturnischen Lebens verbindet sich allerdings mit einer geradezu nekrotropen Affinität zur Welt der Abgeschiedenen. Von hier aus wird auch Schulers Vorliebe für das cäsarische Rom einsichtig, nicht für das unsentimentale, nüchterne und rationale Rom mit seiner bis heute maßgebenden Jurisprudenz und politischen Weisheit, sondern für die als dekadent verpönten Spätzeiterscheinungen, für die Katakomben und Keller der aurea domus, die noch heute die Schritte durch die Farnesischen Gärten auf dem Palatin hohl klingen lassen. Seine Vision von der festlichen Roma Anthusa mit ihren Thermen, Gastmählern, Gladiatorenspielen und Theatern steigt ihm gleichsam aus den Tiefen jenes funeralen Pantheons auf, zu dem die weltbeherrschende Stadt der Cäsaren geworden ist: Rom als orgiastischer Untergang und Sarkophag der alten Welt.

»Denn es ist keine Rückkehr der Toten, es sei durch die Sinne –.« Die gesamte

Schulersche Gnosis durchzieht der Gedanke, daß die Grenze zwischen Diesseits und Jenseits durchlässig sei, daß Leben im Überschwang sich dem Tode angleiche. Lust will Ewigkeit, ewig ist aber nur das Totenreich. Diese Nivellierung ergibt sich aber auch noch aus einem metaphysischen Grund: Schuler verneint das kosmische Ärgernis Logos. Geist ist ihm nicht »des Lebens Leben«, sondern *der* Dolchstoß gegen das Leben: »Das Agens der Evolution ist ein bewußtes... Der Geheimbund, der es ausübt, hält die Bewegung im Gang; sein Deckwort ist ›Gott‹.« Individueller Geist, Ichbewußtsein, ist Depravation, ein »Hebel zur Atomisierung der Menschheit«. Schuler preist pathisches Leben ohne Geist, Leben ohne Differenz und Hierarchie, das bedeutet aber: halbes, sich dem Tode angleichendes Leben. Von hier aus wird auch der Stellenwert von Schulers Antijudaismus sichtbar. Mit hellsichtigem Haß identifiziert er Logos mit Jahwe: »Ans Herz des Lebens schlich der Marder Juda. Zwei Jahrtausende tilgt er das heiße, pochende, schäumende, träumende Mutterherz. Bei diesem Schlurfe nicht ertappt zu werden, hat er alle Wege zum Herzen verrammelt. Das Herz der Erde als Hölle der Christen... Morde den Vater, eh' daß er dein Kind, deine Seele frißt und entfessle die Knäuel, das hundertspeichige Feuerrad. Die Hölle, das Herz der Gaia, wird dir helfen. All das tat Zeus, und ein Olymp war die Folge –.« Diese Zeilen aus dem morbiden Machwerk »Epilogus. Jahwe – Moloch« ergänzen vortrefflich die bereits zitierte Strophe aus der Odin-Trias, in der von Christus, dem »Verschnittenen«, gesagt wird, daß er das Kreuz nicht zur kreisenden Swastika (zum »hundertspeichigen Feuerrad«) erlöst habe. Schuler lehnt nicht nur den Moloch-Vater, sondern auch den Logos-Sohn ab, wobei markionitische und ophitische Motive, ohne daß sie ausdrücklich angerufen werden, zum Vorschein kommen. Schuler kennt nur das mythische Opfer, die Totenspende, die Besprengung mit Wasser, Blut oder Wein, die Larenopfer der caena romana, die Weihe von Blumen, Früchten und Kränzen. Er verneint das Opfer des Neuen Bundes, das Opfer als Umkehr, durch das, nach prophetischem Vorspiel, alle Opfer des Altertums aufgehoben, ihrer Sakralität entkleidet werden. Schuler, der sich sehr eindringlich über antike Speise- und Tranksitten geäußert hat, ist nicht von ungefähr dem Abendmahlskelch ausgewichen. Er hat ebensowenig versucht, Christus als Orphiker seinem chthonischen Pandämonium einzureihen. Auch findet sich bei ihm keine Anspielung auf die Vorstellung altchristlicher Gnostiker vom singenden und tanzenden Jüngling Jesus. Christus hat die Opfer- und Gräberwelt des Altertums beendet: »Lasset die Toten die Toten begraben.« Dadurch war er für den ultimus paganorum, als den sich Schuler gerne bezeichnete, unannehmbar.

Die Frage liegt nahe, was Schuler mit dem Nationalsozialismus zu tun habe. Hitler ist dem Münchner Mysteriosophen nie begegnet. Nicht Herrenmenschentum und militanter Männerbund, als welche sich die »Machtergreifung« deklarierte, sondern die freundlichere Vision einer »androgyn« versöhnten Gesellschaft findet sich in seinen Vorträgen. »Freiheit und Gleichheit« strömt ihm aus den vitalen Symbolen Roms entgegen: »Im Inneren der Konfraternität (liegt) das quintessentielle Leben.« Noch das Du-Wort der Liebenden ist ihm »eine letzte Erinnerung an die ursprüngliche Gleichheit aller Kinder in Aphrodite, in der Venus vom Berge, in der Urleuchte«. Trotz dieser Abgründe zwischen dem Dritten Reich Hitlers und der Ewigen Stadt Schulers gilt, was Luis Jorge Borges einmal im Hinblick auf die Literaturgeschichte gesagt hat: daß jeder Autor seine Vorläufer erst »erschaffe«. Ohne den späteren Nationalsozialismus wäre Schuler mit seinem Antijudaismus und Swastikakult vielleicht überhaupt nicht oder doch nur als lokale Münchner Kuriosität, als »one crank more«, wie die Engländer sagen, wahrnehmbar. Nach allem aber, wovor Schuler selbst, Böses ahnend, entsetzt zurückgewichen ist, bleibe uns die Wehklage unvergessen, die Heinrich Kaminski in seine sofort verbotene Deutsche Messe 1934 hineingenommen hat: »Weh uns, wohin, in welchen Abgrund reißt Verblendung uns Verlorene... Weh über unsern Geist-Verrat!«

(1968)

WLADIMIR ILJITSCH LENIN

Sprichwörtlich heißt es: »Kein Mensch ist unersetzlich.« Die wenigen freilich, die eben doch zu den Unersetzlichen zählen, sind groß. Dabei ist es völlig unwesentlich, ob dieser Mensch den Beinamen »der Große« erhält. Von weltgeschichtlicher Größe ist dann legitim die Rede, wenn, nach einem Wort Jacob Burckhardts, uns die Welt ohne das Wirken einer bestimmten Gestalt unvollständig erschiene – weil gewisse große Leistungen nur durch sie innerhalb ihrer Zeit und Umgebung möglich waren. Diese Gestalt ist, wie Burckhardt hinzufügt, »wesentlich verflochten in den großen Hauptstrom der Ursachen und Wirkungen«.

Siebenundsiebzig Jahre unseres Jahrhunderts – mehr als drei Viertel – sind verflossen. Niemand weiß, was die ausstehenden dreiundzwanzig Jahre uns bescheren werden und welchen bis zum Beginn des dritten nachchristlichen Jahrtausends auftretenden Figuren man einmal weltgeschichtliche Größe zuerkennen wird. Doch eine Feststellung ist bereits heute erlaubt, und sie wird im Jahre 2000 nicht weniger gültig sein als jetzt: Wladimir Iljitsch Lenin gehört zu den ganz großen Gestalten dieses Säkulums, zu den überragenden Weichenstellern, Bewegern und Gestaltern der Weltgeschichte. Lenin hat sie einschneidender verändert als Napoleon; allenfalls Mohammed kommt ihm an Wirkungsmacht gleich.

Als Lenin 1917 in dem berühmten »plombierten Waggon«, den der deutsche Generalstab zur Verfügung gestellt hatte, nach Rußland zurückkehrte, war er siebenundvierzig Jahre alt. Wäre er damals gestorben, würde sich heute seiner niemand entsinnen; von den fünfundsiebzig Monaten seiner Regierungszeit war er fast zwanzig Monate lang arbeitsunfähig, weitere zehn Monate konnte er nur in eingeschränktem Maße tätig sein. Alles in allem dauerte seine effektive Herrschaft weniger als vier Jahre; und doch hat er innerhalb dieser unwahrscheinlich kurzen Zeitspanne den Gang und die Richtung der Weltgeschichte entscheidender beeinflußt als irgendein anderer Politiker des zwanzigsten Jahrhunderts. Zwischen allen politischen Nachrichten, die auf uns Tag für Tag einströmen, blickt uns unerbittlich Lenins Antlitz mit den hohen Bakkenknochen, den schräg eingesetzten, etwas verkniffenen Augen und seinem Spitzbart an. Mit diesem Russen, in dessen Adern auch kalmückisches und deutsches Blut floß, beginnt das zwanzigste Jahrhundert. Am 6. November 1917 – nach dem damaligen russischen Kalender war er noch Oktober, daher der Name »Oktoberrevolution« – schuf er eine total neue Konstellation, von der wir auch heute noch ausgehen müssen.

Diese »Oktoberrevolution« war in Wirklichkeit gar keine Revolution, sondern ein Staatsstreich, ein erfolgreicher Putsch, bei dem wenige, aber entschlossen geführte Gewehre, der Zugriff auf die wichtigsten Kommunikationsmittel und das Fehlen einer militanten Abwehr den Ausschlag gaben. Es war nicht Lenin, der den am 27. Februar 1917 (nach dem Gregorianischen Kalender am 12. März) vollzogenen Umsturz in Petrograd inszeniert hatte. Er lebte damals noch als Emigrant in Zürich, und seine Organisation zählte in Rußland nicht mehr als fünftausend Mitglieder. Der Zar war bereits Monate vor Lenins Rückkehr gestürzt worden. Und dennoch ist Lenin die eigentliche Schlüsselfigur der russischen Revolution. Er hat gezeigt, wie man Revolutionen *gewinnt.* Das ist das entscheidend Neue. Gesiegt hat er nicht mit Hilfe von Marx, sondern von Machiavelli. Er hat eine spontane, von niemandem geplante Erhebung, an deren Kommen er kaum mehr geglaubt hatte, zu *seiner* Revolution gemacht – im Widerspruch zu allen Grundsätzen marxistischer Geschichtsphilosophie. Sein Erfolg rührt vor allem daher, daß er einige fundamentale Dinge erkannt hat, ohne deren Berücksichtigung im zwanzigsten Jahrhundert keine Politik – auch keine konservative – zu machen ist.

Wie niemand vor ihm erkannte Lenin das umwälzende Potential der modernen technischen *Kommunikationsmittel* – der Druckerpresse, des Telegraphen, des Rundfunks und, als er an der Macht war, auch des Films. Er begriff, daß politische Macht gleichbedeutend mit Organisation und Kontrolle der Kommunikationsmittel ist. Nicht zufällig wurde der Bruch in der russischen Sozialdemokratie auch durch den Streit über die Rolle und Aufgaben der *Parteipresse* ausgelöst, den Kampf um die Leitung der Zeitschrift »Iskra«. Die bolschewistische Untergrundorganisation war nahezu identisch mit ihrem Kommunikationsapparat, der Parteipresse und dem Nachrichtendienst. Unmittelbar nach der Machtergreifung ließ er sein Friedensdekret durch Funkspruch »An alle! An alle!« in die Welt ausstrahlen. Das Radio war damit erstmals als Instrument der politischen Massenbeeinflussung eingesetzt worden. Der entscheidende Schlag der Leninschen Bolschewiken bestand darin, daß sie mit verhältnismäßig geringen Kräften sich der »kybernetischen« Schaltstellen der damaligen Hauptstadt Petrograd bemächtigten: des Post- und Telegraphenamtes, der Telephonzentrale, der Druckereien – kurz: der bedeutsamsten Ebenen im Netzwerk gesellschaftlich-politischer Nachrichten- und Befehlsvermittlung. Die Mitte-Links-Regierung unter Ministerpräsident Kerenski war damit außer Gefecht gesetzt. Keine Machtergreifung ohne Verfügung über die Kommunikationsmittel: Das ist die erste Lehre, die uns Lenin vermitteln sollte.

Die zweite Lehre ist die von der Ohnmacht der Massen. Lenins politische Theorie hat *elitären* Charakter. Bertrand Russell bezeichnete Lenin 1920 nicht ohne Grund als einen »intellektuellen Aristokraten«. Lenin belustigte sich über die verbreitete Auffassung, daß Revolutionen von Mehrheiten gemacht würden. Für sozialnervöse Utopisten, die glauben, daß Revolutionen durch wirtschaftliches Elend hervorgerufen werden, hatte er nur ein verächtliches Lächeln übrig. Leninismus ist Elitismus. Er ist nicht die Ideologie eines Aufstands von Sklaven und Plebejern; er ist eine imperiale Bewegung revolutionärer Herrenmenschen, die mit gutem Gewissen zu kommandieren verstehen. Der spezifisch politische Kampf wird nicht von schwerfälligen Omnibus-Parteien geführt, sondern von entschlossenen, disziplinierten und intellektuell geschulten Minoritäten. Die russische Revolution brach spontan aus, doch gewonnen wurde sie nicht von den Volksmassen, sondern von einer kleinen radikalen Elite, von einer Avantgarde intellektueller Kader, einem Orden disziplinierter Machttechniker und Strategen. *Nur* diese kleinen Gruppen entscheiden über das Schicksal einer Revolution. Alles andere ist nachträglich fabrizierter Mythos. Weder romantische Einzelgänger noch erregte Volksmassen machen heute und morgen große Politik, sondern erprobte, entschlossene, einsatzbereite, intelligente Gesinnungs- und Leistungseliten. Ihnen verdankt der Kommunismus seine Siege.

Mit achtzehn Jahren war Lenin auf den Marxismus gestoßen. Er verstand sich als Schüler und Interpret der Lehre von Marx. Doch als *Praktiker* hat er sich über sämtliche Annahmen des Marxismus hinweggesetzt: über die These, daß das ökonomische Sein das Bewußtsein determiniere; über die These, daß die Revolution auf dem Höhepunkt der kapitalistischen Entwicklung in der fortgeschrittensten Industrienation stattfinden werde; über die These, daß in dieser Umwälzung die riesige Mehrzahl verelendeter Fabrikarbeiter gegen wenige Kapitalmagnaten kämpfen würde. Nichts davon trifft bei Lenin zu. Man kann sagen, daß er den Marxismus ebenso »benutzt« hat, wie er die Hilfe Ludendorffs benutzt hat. Deshalb ist es auch unsinnig, ihn als »Verräter« oder »Agenten« des deutschen Kaiserreichs zu bezeichnen. Verräter waren die *andern.* Lenin hat seine Absichten offen und deutlich ausgesprochen. Man lese im Hinblick darauf einmal seine Schriften und Reden, vor allem: »Was tun?«, seine Bemerkungen zu Clausewitz und anderes mehr. *Er* ließ sich von niemandem benutzen; doch er war imstande, jeden andern für sich zu benutzen.

1894 schrieb er in einem polemischen Artikel: »Die Kenntnis der historischen Notwendigkeit unterdrückt in keiner Weise die Rolle der Person in der Geschichte.« Im Schweizer Exil studierte er neben Clausewitz auch Hegel, den Meister der Dialektik. In Hegels Philosophie der Geschichte ist die Rede von den »welthistorischen Individuen« wie Alexander, Cäsar und Napoleon: »Dies sind die großen Menschen in der Geschichte, deren eigene partikulare Zwecke das Substantielle enthalten, welches der Wille des Weltgeistes ist.« Lenin hat diesen Satz doppelt unterstrichen; am Rand der betreffenden Buchseite notierte er: »die großen Menschen«.

Als marxistischer Theoretiker mag Lenin ein Geschichts-*Determinist* gewesen sein; doch der Praktiker Lenin, der eine Revolution zu gewinnen verstand, die nach Marx' Lehre gar nicht möglich war, verhielt sich als Geschichts-*Voluntarist.* Was aber ist Voluntarismus? Voluntarismus ist der Determinismus der entschlossenen Tat. Am 30. Mai 1923 erschien in der »Prawda« ein Artikel von Lenin. Er hat die Überschrift: »Über unsere Revolution«. Dort heißt es: »Wie ich mich erinnere, hat Napoleon geschrieben: ›O s'engage et puis... on voit!‹ In freier Übersetzung bedeutet das etwa: Zuerst stürzt man sich ins Gefecht, das weitere wird sich finden!«

An diese Maxime hat sich Lenin im Oktober 1917 gehalten. Sechzig Jahre darnach sollten auch die deutschen Konservativen endlich begreifen, daß sie sich an Lenins geschichtlicher Größe nicht vorbeidrücken können, wenn sie überhaupt ernst genommen werden wollen. Es hilft ihnen nicht, in der Art aufgeregter alter Damen darüber zu jammern, daß Revolution etwas Unfeines ist, daß man so etwas nicht tut. Die Revolution *ist* nun einmal da. Wir stehen mitten in einer bald offen, bald versteckt, auf den verschiedensten Ebenen sich ereignenden Weltrevolution. Es kommt nicht darauf an, diese Revolution zu beklagen. Es kommt ebensowenig darauf an, diese Revolution zu verhindern. Die Konservativen haben nur noch *eine* Chance: *die Chance, diese Revolution zu Ende zu führen und zu gewinnen.* Falls sie dieser Aufgabe ins Auge zu blikken wagen, dann wären die Konservativen gut beraten, wenn sie einige Lektionen von Lenin lernen wollten. Wie ein an das Reich Gottes glaubender Christ die Ränke und Schliche des Teufels studieren muß, so muß ein zukunftsoffener Konservativer im Zeitalter der Weltrevolution die Schule des Leninismus bewältigt haben. Ein dem Zeitalter Lenins gewachsener Konservatismus ist ein Konservatismus aus Eis und Feuer, der, nach einem Wort von Hegel, in die Kraft des Feindes eingeht und sich in den Umkreis seiner Stärke stellt. Alles andere ist unwichtig und wesenlos. (1977)

JOHAN HUIZINGA

Denke dir die Aristokratie nach allen ihren Prädikaten, niemals könntest du Sparta ahnen.« Diesen Einwand gegen ein an der Wirklichkeit der Geschichte vorbeizielendes historiosophisches Theoretisieren, wie es sich in unseren Tagen geradezu epidemisch ausbreitet, hat zwar schon Leopold von Ranke formuliert, doch könnte er auch von Johan Huizinga stammen. Wie armselig und blaß wirkt etwa alles Gerede über Feudalismus neben dem 1919 erschienenen »Herbst des Mittelalters«, der Huizinga schlagartig als einen der größten Kulturhistoriker unseres Jahrhunderts und kongenialen Nachfahren Jacob Burckhardts erwies.

Für den Soziologen wie für den Juristen gibt es »Fälle«, für den Historiker dagegen nur Ereignisse, die einmal vorgekommen sind und auch anders hätten ausfallen können. In diesem Sinne stellt Huizinga die verwirrende Problematik des zu Ende gehenden Mittelalters dar. Mit intuitivem Verständnis und künstlerischem Feingefühl weist er nach, wie die gesamte höhere Kultur dieser »Spätzeit« immer raffinierter wird, Züge eines sublimen, hochstilisierten Gesellschaftsspiels annimmt und schließlich auch ihren eigenen Verfall in zunehmendem Maße ironisch reflektiert. Das Mittelalter, das Huizinga mit besonderem Blick auf Frankreich, Burgund und die Niederlande auferstehen läßt, ist alles andere als eine Epoche stabiler Ordnung, milden Frommsinns und sozialer Geborgenheit. Es ist eine Zeit härtester und grellster Gegensätze, die den Geruch von Blut und Rosen durcheinander vertrug und »wie ein Riese mit einem Kinderkopf« zwischen höllischen Beklemmungen und kindlichster Ausgelassenheit schwankte. Es ist auch ein Musterbeispiel für die Gleichzeitigkeit des Ungleichzeitigen. Obzwar die Blüte des Rittertums schon im dreizehnten Jahrhundert der Handelsmacht des städtischen Bürgertums und der darauf beruhenden Geldmacht der Landesfürsten gewichen war, beherrschten die feudalen Lebensformen noch lange die neue bürgerliche Gesellschaft, bis in das siebzehnte, teilweise sogar bis in das zwanzigste Jahrhundert hinein. Neben seinem »Herbst des Mittelalters« ist im deutschen Sprachraum vor allem Huizingas Alterswerk »Homo Ludens« (1938) in weiteren Kreisen bekannt geworden. Dieses Buch hat auch heute, nach dem Erscheinen thematisch verwandter Untersuchungen von Eugen Fink, Friedrich Georg Jünger, Roger Caillois, Gustav Bally und Hugo Rahner nichts von seinem Rang verloren. Wenn verschiedene Anzeichen nicht trügen, dann dürfte es in unseren Tagen besondere Aktualität gewinnen. Wird doch immer deutlicher, wie wenig eine einseitig an der Sphäre der Arbeit orientierte Anthropologie, Soziologie und Gesellschaftspolitik der Wirklichkeit des Menschen gerecht wird. Dies wird inzwischen auch von undogmatischen Marxisten anerkannt, die sich um eine anthropologische Ergänzung ihrer Theorie und eine Thematisierung der »Sinn«-Frage bemühen. Weder der homo faber noch der homo sapiens, weder der homo theoreticus noch der homo practicus beschreiben den ganzen Menschen. Was liegt näher, als an Huizingas Versuch anzuknüpfen, die menschliche Kultur »sub specie ludi«, aus dem Blickwinkel des Spiels zu betrachten? »Die Realität Spiel erstreckt sich, für jedermann wahrnehmbar, über Tierwelt und Menschenwelt zugleich: Nahezu alles Abstrakte kann man leugnen. Den Ernst kann man leugnen, das Spiel nicht.« Anhand einer überwältigenden Fülle von Befunden aus primitiven und Hochkulturen weist der niederländische Historiker nach, wie alle großen Betätigungen und Ausdrucksformen menschlichen Zusammenlebens nicht nur von spielerischen Zügen durchwoben, sondern vielfach geradezu spielend – im und als Spiel – entstanden sind: Kult, Fest und Feier, Wettkampf, Musik, Poesie, Drama und Tanz. Selbst bei auf den ersten Blick so unspielerischen Institutionen wie Handel, Recht und Krieg gelingt es Huizinga, zumindest Elemente des Spiels in den Blick zu rükken: etwa im Rechtshandel das Prinzip des Wettkampfs, aber auch des Glücksspiels; dasselbe gilt für den durch bestimmte Auffassungen von Heldentum, Ehre und Schicklichkeit gehegten Kampf in archaischen und feudalen Kulturen; Philosophie wieder entfaltete sich in sakralen Rätselspielen oder in spielhaft geführten Streitgesprächen, die in Platons Dialogen Weltliteratur geworden sind.

So gelangt Huizinga zu dem Urteil: »Kultur in ihren ursprünglichen Phasen wird gespielt.« Ohne eine gewisse Spielhaltung sei Kultur gar nicht möglich. Diese Haltung scheine allerdings seit dem neunzehnten Jahrhundert zu schwinden, wenngleich Huizinga auch noch in unserer Zeit Erscheinungen sichtet, die mit dem Spielsinn wenigstens einige Züge gemeinsam haben. Er nennt in diesem Zusammenhang den »Puerilismus«, eine an den Maßstäben der Pubertät sich orientierende Geistesart. Als charakteristisch für die puerilistische Mentalität führt er an: »das leicht zufriedengestellte, aber nie gesättigte Bedürfnis nach banaler Zerstreuung, die Sucht nach grober Sensation, die Lust an Massenschaustellungen«, ferner »das Fehlen des Sinns für Humor, übertriebenes Reagieren auf gewisse mit Abneigung oder auch mit Liebe geladene Worte« und »Zugänglichkeit für jede Illusion, die der Eigenliebe oder dem Gruppenbewußtsein schmeichelt«.

Dies ist nur ein Beispiel für die eminenten kulturdiagnostischen Einsichten, wie Huizinga sie vor allem auch in seinen beiden zeitkritischen Schriften »Im Schatten von morgen« (1935) und »Geschändete Welt« (1945) ausbreitet. Diese Schriften hat, ebenso wie die Erasmus-Biographie (1924) und zahlreiche Essays, der Basler Historiker Werner Kaegi durch hervorragende Übersetzungen dem deutschen Leser zugänglich gemacht. Er hat überdies in Aufsätzen, Rezensionen und Vorlesungen die Gestalt und das Werk Huizingas uns auf eine so eindringliche, das Wesentliche aussagende Weise nahegebracht, daß wir den Namen des großen niederländischen Geschichtsschreibers und Kulturphilosophen nur dankbar mit dem seines verdienstvollen Vermittlers aus der Stadt Jacob Burckhardts zusammen denken können. (1972)

NIKOLAI BERDJAJEW

Die mutige Kritik, die Alexander Solschenizyn, Wladimir Maximow und andere russische Oppositionelle im Exil sowohl am sowjetischen Kommunismus als auch an der Demokratie des Westens geübt haben, ist bei uns gehört worden. Hat man sie aber auch verstanden? Die Reaktionen aus den linksliberalen Quartieren offenbaren eine Mischung aus Ahnungslosigkeit, Verlegenheit und sehr oft auch Feigheit. Daß das verheißene »Reich der Freiheit« im Osten noch immer nicht begonnen hat, wird zwar kaum bestritten. Doch daß der »Sozialismus« als solcher ein humanes System sei, dem die Zukunft gehörc, gilt bei »kritischen« Intellektuellen nach wie vor als ausgemacht. Diese Haltung unterstellten sie lange Zeit auch den russischen Systemkritikern. Die oppositionelle Intelligentsia, so ließ man verlauten, wende sich zwar gegen gewisse »Entartungen« und »Deformationen« der Sowjetgesellschaft, doch selbstverständlich bejahe sie den »Sozialismus«. Es handle sich um Menschen, die zwar den Stalinismus, nicht aber die Lehren von Marx ablehnen. Was sie wünschen, sei ein »geläuterter«, ein humanisierter Marxismus.

Spätestens seit der Ausbürgerung Solschenizyns und Maximows wissen wir, daß dies ein falsches Bild gewesen ist. Es gibt namhafte russische Wissenschaftler und Schriftsteller, die sich nicht mit bloßen Korrekturen an der Theorie und Praxis des Marxismus begnügen, sondern ihn radikal ablehnen. Verschiedene Anzeichen lassen darauf schließen, daß der größere Teil der intellektuellen

Opposition diese Haltung teilt. Zu diesem Schluß gelangt auch der aus dem Baltikum stammende Schriftsteller Wolfgang Strauss, dem wir einen hervorragend dokumentierten Bericht »Bürgerrechtler in der UdSSR« (1979) verdanken.

Im Zusammenhang mit diesen geistig-politischen Entwicklungen steht auch das erstaunliche come-back eines Philosophen, der 1874 in Kiew geboren und 1922 von Lenin aus der Sowjetunion verbannt wurde. Sein Name lautet: *Nikolai Berdjajew*. Im gleichen Jahr wie Karl Kraus, Max Scheler und Hugo von Hofmannsthal geboren, hat die bundesdeutsche Presse Berdjajews hundertsten Geburtstag mit Schweigen übergangen, obwohl noch in den fünfziger Jahren einige wichtige Werke des russischen Denkers in Übersetzungen erschienen sind und sein Name von Emigranten immer wieder genannt wird. In der Sowjetunion sind Berdjajews Bücher seit Jahrzehnten aus dem Verkehr gezogen. Dennoch existieren dort im Untergrund kleine Studien-Zirkel, die sich mit diesem Denker intensiv befassen. Sie verschaffen sich seine Werke auf oft abenteuerlichen Wegen und fertigen Abschriften an. Auch die 1970 erfolgte Verhaftung einer Berdjajew-Gruppe in Leningrad vermochte den zunehmenden Einfluß des verfemten Philosophen nicht einzudämmen.

Berdjajew, der 1948 in Paris starb, hat eine Entwicklung durchgemacht, die es verständlich erscheinen läßt, daß er postum zum spiritus rector der antikommunistischen Opposition der siebziger Jahre in der Sowjetunion geworden ist. Einer adeligen Offiziersfamilie entstammend, begann er als Marxist, der mit der revolutionären Bewegung sympathisierte, sozialistische Literatur über die Grenze in das Zarenreich schmuggelte und, wie viele andere, auch Haft und Verbannung im Norden Rußlands kennenlernte. Einmal stand er auch wegen Gotteslästerung vor Gericht. Schon lange vor der Oktoberrevolution hatte sich Berdjajew vom Marxismus abzuwenden begonnen, ohne daß durch diese Änderung des religiös-philosophischen Standorts seine Kritik an den sozialen und politischen Verhältnissen des vorrevolutionären Rußland verstummt wäre. Die Machtergreifung Lenins im Jahre 1917 brachte eine wichtige Wende: Berdjajew hält den vorübergehenden Sieg der Kommunisten für unvermeidlich, bewahrt sich aber seine geistige Selbständigkeit, gründet in Moskau eine »Freie Akademie für Geisteskultur«, wird stellvertretender Vorsitzender des russischen Schriftstellerverbandes, bemüht sich um die Freilassung von Verhafteten und wird schließlich selber ein Opfer des revolutionären Terrors. Nachdem er von den Kommunisten zweimal ins Gefängnis geworfen worden war, kam es im September 1922 zur Verbannung. Eine Zeitlang wirkte Berdjajew in Berlin, schließlich übersiedelte er nach Frankreich, wo er drei Jahre nach dem Ende des Zweiten Weltkriegs starb.

Mit seinen im Exil erschienenen Werken hat Berdjajew nicht nur zur Vermittlung russischer Spiritualität an die westliche Philosophie und Theologie beigetragen, sondern auch tiefschürfende Versuche zur Deutung der großen geistig-politischen Entwicklungen unseres Zeitalters vorgelegt. Ich erwähne nur einige Bücher, die auch heute noch nichts von ihrer Überzeugungskraft verloren haben und eine Wiederentdeckung verdienen: »Der Sinn des Schaffens. Versuch einer Rechtfertigung des Menschen« (dt. 1927), »Der Sinn der Geschichte« (dt. 1925), »Wahrheit und Lüge des Kommunismus« (dt. 1936, 1953 und 1977), »Das Ich und die Welt der Objekte. Versuch einer Philosophie der Einsamkeit und der Gemeinschaft« (dt. 1951), »Existentielle Dialektik des Göttlichen und Menschlichen« (dt. 1951), »Das Reich des Geistes und das Reich des Caesar« (dt. 1952), »Selbsterkenntnis« (dt. 1953), »Die Geister der russischen Revolution« (dt. 1972).

Berdjajews Philosophie ist eine Philosophie des Primats der Freiheit über das Sein, des existentiellen Subjekts über die objektivierte Welt, des schöpferischen Geistes über die gegenständliche Natur. Sie ist dynamisch und personalistisch orientiert. Berdjajew will die Kräfte entlarven, die Leben und Geist verzerren, und er will, indem er einen Weg durch die Welt der Objektivierung hindurch zum Transzendenten aufweist, den Menschen vor Vermassung, Nivellierung und metaphysischer Austrocknung bewahren. Es geht ihm um das Verständnis jener Formen von Entfremdung, Tragik und Not, die nicht gesellschaftlichen Verhältnissen, sondern der menschlichen Stellung in der Welt überhaupt entspringen.

Nach seiner Abwendung von Marx hat Berdjajew anderen deutschen Denkern gehuldigt: Kant, Schelling und Nietzsche. Am meisten jedoch fühlte er sich der deutschen Mystik verbunden, insbesondere dem schlesischen Theosophen Jakob Böhme. Seiner gedachte der Russe, wenn er betete, in einer Reihe mit Dostojewski.

Es ist in diesem Rahmen nicht möglich, Berdjajews metaphysische Anschauungen zu referieren. Nur auf einige Grundgedanken, die das Problem der *Zeit* betreffen, sei kurz hingewiesen, da sie den Schlüssel auch zu seiner politischen Philosophie enthalten. »Die Zeit ist eine Krankheit, eine Krankheit zum Tode«, schreibt der russische Denker. Sie besteht »in der Unmöglichkeit, die Fülle und Freude der Gegenwart als eine Erreichung der Ewigkeit zu erleben, in der Unmöglichkeit, in diesem Augenblick der Gegenwart, so vollwertig und freudig er auch sein mag, von dem Gift der Vergangenheit und der Zukunft, von der Trauer über die Vergangenheit und der Angst vor der Zukunft freizuwerden... Nur als Partizipation an der Ewigkeit hat der Augenblick eine andere Qualität. Gesund gewordene Zeit ist: Ewigkeit«. Ausgehend von diesen in mancher Hinsicht an Augustinus, Jakob Böhme, Baader und Schelling anknüpfenden Gedanken kritisiert der Philosoph sowohl einen sterilen Kult der Vergangenheit als auch einen abstrakten »Futurismus«. Jenen Emigranten, die bloß von einer Restauration der russischen Verhältnisse vor Lenin träumten, hält er entgegen: »Es ist sinnlos, dasjenige zu restaurieren, was zur Revolution geführt hat.« Gegen die fortschrittsgläubigen Revolutionäre und Utopisten wendet er ein:

»Man spricht von dem Erscheinen des ›neuen Menschen‹. Man sucht den neuen Menschen. Das ist nicht neu, es ist schon oft dagewesen... Der Mensch kann sich verbessern oder verschlechtern in den Grenzen seines Typs, aber das ergibt noch keinen neuen Menschen. Man muß sagen, daß politische Revolutionen, sogar die allerradikalsten, den Menschen verhältnismäßig wenig ändern. Es wird ein großer Unterschied zwischen dem bourgeoisen und dem kommunistischen Menschen gemacht. Aber ein Kommunist, der gesiegt und die Macht ergriffen hat, kann innerlich, geistig, bis ins Mark bourgeois sein. Geistig bourgeoises Wesen ist sowohl Sozialisten wie Kommunisten sehr eigen.

Es ist allen denen eigen, die sich *zu gut* hier auf Erden einrichten wollen, allen, denen die Unendlichkeit verschlossen ist und die sich fest im Endlichen einwurzeln. Die Macht der Vergangenheit über den Menschen bleibt auch in den radikalsten Revolutionen bestehen. In den Revolutionen wirken die alten Instinkte der Gewalt, der Grausamkeit und der Herrschsucht. Sie äußern sich auch in den stürmischen Reaktionen gegen das Vergangene... Man muß staunen, daß es noch Menschen gibt, welche Revolutionen idealisieren und bereit sind, in den kommenden Revolutionen den Triumph des Erhabenen und des Schönen zu sehen. Revolutionen, *alle* Revolutionen enthüllen die ungemeine Niedrigkeit der menschlichen Natur vieler neben dem Heroismus weniger. Die Revolution ist ein Kind des Verhängnisses und nicht der Freiheit... Die wütende Vernichtung der Vergangenheit ist gerade Vergangenheit und nicht Zukunft. Man kann nur das verkaufte, verlogene und üble Vergangene vernichten. Aber man kann nicht das ewig Wertvolle, Echte in der Vergangenheit vernichten. Die positivsten Eigenschaften des russischen Menschen, welche in der Revolution und im Kriege zutage traten – seine außerordentliche Opferwilligkeit und Leidensfähigkeit, sein Gemeinsinn – sind christliche Eigenschaften, die das Christentum im russischen Volke entwickelt hat, das heißt: die Vergangenheit.«

Von dieser Sicht der menschlichen Existenz aus hat Berdjajew eine Fülle von Beiträgen zur philosophischen Anthropologie, zur Religionsphilosophie, zur Philosophie der Geschichte und zur Diagnose unserer Zeit geliefert. Ich beschränke mich darauf, drei besonders bedeutungsvolle Schwerpunkte zu erwähnen: seine Gedanken über das »Mysterium der Androgyne«, also über das Geheimnis der abgründigen Verschiedenheit der beiden Geschlechter, aber auch der verstandesmäßig nicht auslotbaren Einheit, die in jeder Liebe ersehnt und, wenn es mit glücklichen Dingen zugeht, wenigstens flüchtig Ereignis wird; seine Überlegungen über den zutiefst religiösen Sinn der modernen Technik, die sich durch Abstinenz sowohl von romantischer Zivilisationsfeindschaft als auch von utopischem Überschwang auszeichnen; und schließlich seine viel zu wenig bekannten Analysen der geistigen Grundlagen des russischen Kommunismus. Berdjajew spricht aus, daß die tiefe *Häßlichkeit* kommunistischer Praxis nicht zufällig sei: »Die Häßlichkeit ist immer das Zeichen einer ontologischen Gefährdung. Das in Wahrheit verklärte, verwandelte und gnadenerfüllte Sein *ist* Schönheit.« Die gnadenlose Anti-Schönheit des sich auf Marx berufenden Kommunismus beweise, daß sich in ihm mit einer zweifellos vorhandenen Wahrheit »eine übergroße Lüge« vermengt. »Die Kommunisten tragen in sich das Ressentiment: sie sind gereizt, weil sie den von ihnen ausgeübten Eindruck der Häßlichkeit kennen und peinlich empfinden. Alles hat sich im Kommunismus als häßlich erwiesen: der Gesichtsausdruck, die Gebärden, die unedle seelische Haltung, die kommunistischen Sitten und der kommunistische Alltag...« Im Zusammenhang damit sei noch kurz an Berdjajews Deutung der *Utopie* erinnert. Anders als gewisse Konservative, ist sich der Russe darüber im klaren, daß Utopien zu den treibenden Kräften der Geschichte gehören: »Es scheint, daß sie viel leichter zu verwirklichen sind, als wir früher annahmen. Wir sehen uns jetzt einer Frage gegenüber, die uns auf eine neue Art plagt: Wie ist ihre faktische Verwirklichung zu verhindern?... Utopien lassen sich verwirklichen. Das Leben bewegt sich auf eine Utopie zu. Und vielleicht eröffnet sich für die Intelligenz ein neues Zeitalter des Sinnens und Träumens darüber, wie man die Utopien vermeiden und zu einer Gesellschaft gelangen kann, die nicht-utopisch, weniger ›vollkommen‹ und freier ist.«

Diese utopiekritische Haltung machte Berdjajew keineswegs blind für die Notwendigkeit gesellschaftlicher Reformen. Nur erwartete er sich im Gegensatz zu Ernst Bloch und anderen Links-Romantikern nicht einmal von einem gelungenen Sozialismus eine ekstatische Mutation aller Daseinsbedingungen. Er erschien ihm günstigstenfalls als »eine harte und prosaische Realität, eine Notwendigkeit zu einer gewissen Stunde der Geschichte«. Glück, Wahrheit, Liebe und die Beziehung zu Gott entziehen sich jeder Planung und Organisation. Es wird immer Leiden geben, die nicht von sozialen Verhältnissen herrühren und die deshalb auch durch keinen Wandel derselben gebannt werden können: »Es ist unmöglich, auf soziale Weise den grundsätzlichen tragischen Konflikt zu lösen, der daher rührt, daß der Mensch als geistiges Wesen und im Streben nach dem Ewigen und dem Unendlichen wie ein Gefangener in den Bedingungen dieser Welt mit ihren engen Grenzen eingeschlossen ist.«

Kein Wunder, daß eine solche Philosophie der Freiheit, der Tragik und der Personalität den sowjetischen Machthabern zuwider sein muß. Sie haben Berdjajew verbannt. Kein Wunder aber auch, daß eine solche Philosophie, auf unterirdisch-kapillarische Weise nach Rußland zurückgekehrt, alle jene anzusprechen vermag, die an die religiöse Tradition des »heiligen Rußland« anknüpfen, sich um die metaphysische Dimension der menschlichen Existenz nicht betrügen lassen und Freiheit vor allem verstehen als Freisein von Lüge.

(1974)

MAX SCHELER

Der Philosoph Max Scheler, geboren 1874 in München, gestorben 1928 in Frankfurt am Main, gehört zu den fruchtbarsten, vielseitigsten und faszinierendsten Erscheinungen der deutschen Geistesgeschichte des zwanzigsten Jahrhunderts. Er hat ein außerordentlich reiches Gesamtwerk hinterlassen, das von der Ethik bis zur Anthropologie, von der Religionsphilosophie bis zur Politik, von der Erkenntnistheorie bis zur Psychologie die verschiedensten Gebiete umfaßt. Er hat überdies, hierin Schelling ähnlich, eine Reihe von Wandlungen und »Kehren« durchgemacht. Der Darstellungsstil seiner Schriften bewegt sich zwischen der akademischen Esoterik subtiler phänomenologischer Analysen, gehobenem Journalismus und der Diktion eines Propheten. Stand Scheler anfänglich unter dem Einfluß seines neu-idealistischen Lehrers Rudolf Eucken, so verschrieb er sich nach seiner Begegnung mit Edmund Husserl (1901) der phänomenologischen Methode der »Wesensschau«, die er jedoch bald auf eigenwillige Weise modifizierte und als Einstieg in konkrete Sachforschung auf den verschiedensten Gebieten benützte. In gleicher Weise öffnete er sich aber auch der Botschaft

Henri Bergsons von dem »élan vital« und der »évolution créatrice«; wie er überhaupt der Lebensphilosophie mit ihrer Betonung der emotional-vitalen Daseinsmächte nahestand, ohne allerdings jemals deren extrem irrationalistische Ausformungen zu akzeptieren. Scheler gehört aber auch zu den Entdekkern der personalistischen Perspektive innerhalb der von Husserl begründeten Phänomenologie und, mit seiner Lehre vom Primat des »Du« vor dem »Ich«, zählte er mit Martin Buber, Ferdinand Ebner, Franz Rosenzweig und anderen zu jenen Denkern, die, im wesentlichen unabhängig voneinander, eine »Dialogische Philosophie« begründeten.

Schon vor dem Ersten Weltkrieg näherte sich Scheler, der Sohn einer jüdischen Mutter und eines protestantischen Vaters aus Franken, immer mehr der katholischen Kirche, bis er den Übertritt vollzog. Unter Aufnahme vor allem augustinischer Traditionen widmete er sich leidenschaftlich religionsphilosophischen Studien. Ernst Troeltsch nannte den Scheler dieser Periode einen »schwarzen Nietzsche«; und mit Recht hat Heinrich Lutz festgestellt, daß der Konvertit in den Krisenjahren 1914–1919 die überragendste Gestalt innerhalb des intellektuellen Weltkatholizismus gewesen ist.

Wie die meisten Intellektuellen seiner Generation feierte Max Scheler den Ausbruch des Ersten Weltkrieges. Er erhoffte von ihm ein »metaphysisches Erwachen« aus bourgeoiser Dumpfheit, aus Rationalismus, Positivismus und Utilitarismus. Befreundet mit Werner Sombart und Walter Rathenau, wurde der vorher nur einem kleinen Kreis bekannte Berliner Privatdozent zu einer Figur ersten Ranges im geistig-politischen Ringen der Nation. Nachdem er zuerst in Erzbergers Propagandabüro gearbeitet hatte, reiste Scheler im Dienste des Auswärtigen Amtes in neutrale Länder, wo er durch Vorträge und Kontakte mit einflußreichen Persönlichkeiten für die deutsche Sache zu wirken versuchte.

Bald darauf entfernte sich der Philosoph jedoch immer mehr vom Katholizismus und entwarf eine pantheistische Lehre vom »werdenden Gott«, die in mancher Hinsicht an Jakob Böhme, Schelling und Schopenhauer anknüpft. Vor diesem Hintergrund wandte sich Scheler, der im Jahre 1919 als ordentlicher Professor für Philosophie und Soziologie an die Universität Köln berufen worden war, in Auseinandersetzung mit der Gestaltpsychologie, der Freudschen Trieblehre, der Kulturzyklentheorie Spenglers, dem Marxismus und dem Positivismus zunehmend soziologischen Problemen zu. Er gehört zu den Bahnbrechern der Wissenssoziologie, wobei er jedoch deren Fragestellungen und Gesichtspunkte stets im Rahmen seines philosophischen Weltbildes entwickelte.

Dessen Grundzüge umriß er in einer kleinen, doch dem Inhalt nach äußerst dichten Schrift: »Die Stellung des Menschen im Kosmos« (1928). Sie gipfelt in der gnostischen Vision, daß Menschwerdung und Gottwerdung zwei aufeinander angewiesene Prozesse sind: Nur in der »Bewegung dieses gewaltigen Wettersturmes, der die ›Welt‹ ist«, kann der kosmische Urgrund die in ihm angelegte Ideen- und Wertfülle verwirklichen; und dazu bedarf es des tätigen, sich mit der »Deitas«, der Gottheit, identifizierenden Einsatzes des Menschen. Es ist dies Max Schelers letzte Veröffentlichung; sie stand bereits im Schatten von Heideggers »Sein und Zeit« (1927). Nachdem er noch zu Beginn des Jahres

1928 nach Frankfurt am Main berufen worden war, starb er dort am 19. Mai im Alter von vierundfünfzig Jahren. Maria Scheler, seine Frau, berichtet, daß die fest in seinem Wesen verankerten metaphysischen Überzeugungen dem zeitlebens wandlungsfähigen, ruhelosen und von der sprühenden Fülle seiner Intuitionen geradezu gejagten Philosophen schließlich doch jenen tiefen, versöhnlichen Frieden geschenkt haben, den er als höchstes Ziel seines Daseins erhofft hatte.

Schelers Größe liegt nicht in der systematischen Konsequenz und methodischen Strenge seines Denkens, sondern in dem Reichtum der von ihm umkreisten Erfahrungen; der Vielseitigkeit seiner Ansätze; der Unermüdlichkeit und Offenheit seines leidenschaftlichen Fragens; seiner Fähigkeit, auch sehr heterogene Denkmotive auszubalancieren und in originellen Synthesen zusammenzufassen. Sein Genius vermochte es, von System zu System durchzustoßen, Denkmöglichkeiten als Möglichkeiten stehenzulassen, verschüttete Probleme freizulegen, sich einerseits den sublimsten religiösen und metaphysischen Fragen zu widmen, andererseits aber auch gegenüber aktuellen politischen Ereignissen dezidiert Stellung zu beziehen, Prognosen über den weiteren Verlauf der geschichtlichen Entwicklung aufzustellen und auch die Rolle eines an absoluten Werten orientierten ethischen Menschenbildners und kulturellen Programmatikers zu übernehmen.

Dennoch läßt sich hinter der verschwenderisch überquellenden Fülle seiner Aussagen, Anregungen und Einfälle ein zentraler philosophischer Impuls ausmachen, wie Arnold Metzger schon 1931 festgestellt hat: das Wissen um die von dem »Ewigen« abgekommene »Weltstunde« und der Drang, dem in eben dieser geschichtlichen Situation metaphysisch gefährdeten Menschen das Ewige wieder zugänglich zu machen, ihn in das Universum des ewig Seienden wieder hineinzustellen. Die Phänomenologie diente ihm dabei als eine fruchtbare Einstellung geistigen Schauens. Sie verbürgt, daß ursprüngliche menschliche Erfahrung viel weiter reicht und mehr an Qualitäten enthält als dem reduzierten Erfahrungsbegriff des neuzeitlichen Empirismus und Positivismus eingängig ist.

Eben dieser Drang zur »Gegebenheit des Seins«, zur »Evidenz im erlebenden Haben der Sache«, zum »Sichhingeben an den Anschauungsgehalt der Dinge« ließ Scheler sich auch der Lebensphilosophie à la Bergson nähern. Gleichwohl hielt er in allen Phasen seines Denkens an der letzthinnigen Autonomie der Geist-Sphäre fest – ein Motiv, das er mit dem Christentum und der Metaphysik des Deutschen Idealismus teilt. Trotz dieser Vielfalt unterschiedlicher Bezüge und Einflüsse wirkt Schelers weitgespanntes Gesamtwerk nicht eklektizistisch. Es wird zusammengehalten durch das erkenntnisleitende Interesse an der anthropologischen Thematik.

Schelers Arbeiten zur Ethik, über das Ressentiment, die Formen der Sympathie, die Idole der Selbsterkenntnis und die Rangordnung der Werte zielen ebenso auf eine umfassende philosophische Anthropologie wie seine wissenssoziologischen Entwürfe. Ohne den evolutiven Zusammenhang mit dem Tierreich zu leugnen, hielt Scheler dennoch daran fest, daß dem Menschen eine Sonderstellung unter allem Seienden zukommt. Nicht Intelligenz, Wahlfähigkeit und Erfindungsgabe machen nach ihm den qualitativen Abstand zwischen

Mensch und Tier aus: »Zwischen einem klugen Schimpansen und Edison, dieser nur als Techniker genommen, besteht nur ein – allerdings sehr großer – *gradueller* Unterschied... Das, was den Menschen allein zum ›Menschen‹ macht, ist nicht eine neue Stufe des Lebens – erst recht nicht nur eine Stufe der *einen* Manifestationsform dieses Lebens, der ›Psyche‹ (eine solche schreibt Scheler bereits den Pflanzen zu!) –, sondern es ist ein allem und *jedem Leben überhaupt, auch dem Leben im Menschen entgegengesetztes Prinzip*«: der Geist. Geist aber bedeutet: »existentielle Entbundenheit vom Organischen« – auch von der Mensch und Tier gemeinsamen triebhaften Intelligenz –, »Erhebung zur Weltoffenheit«, das heißt: Emanzipation von den Schranken instinktiver Umweltabhängigkeit, »Sachlichkeit«, »Bestimmbarkeit durch das Sosein der Sachen selbst«. Der Mensch ist das »zu vollendeter Sachlichkeit fähige Lebewesen«, das sich prinzipiell in unbegrenztem Maße »weltoffen«, jede vorgegebene Umwelt zur »Welt« vergegenständlichend, distanzierend und transzendierend verhalten kann.

Geist bedeutet aber, darüber hinaus, auch die Gabe, den Wirklichkeitscharakter aller Dinge zu suspendieren, Wesen und Dasein ideierend zu trennen und der Realität ein »Nein« entgegenzusetzen. Der Mensch als Geist-Person ist das Lebewesen, das sich prinzipiell asketisch verhalten kann: »Mit dem Tiere verglichen, das immer ›Ja‹ zum Wirklichsein sagt – auch da noch, wo es verabscheut und flieht –, ist *der Mensch der ›Neinsagenkönner‹, der Asket des Lebens;* der ewige Protestant gegen alle bloße Wirklichkeit.«

Doch obwohl der Mensch das sich selbst transzendierende Wesen ist, »das Gebet des Lebens über sich selbst hinaus«, das Wesen, »das es müde ist, ein bloßer Mensch zu sein«, bleibt er unaufhebbar ein Trieb-, Drang- und Vitalwesen, verschwistert mit Pflanze und Tier, eingebettet in ein alles Organische umgreifendes All-Leben, mit dem er sich durch Sympathie in Einklang zu bringen vermag. Scheler betont nicht nur die Erkenntnisfunktion der Gefühle, vor allem der Liebe, sondern geht in seinem Spätwerk sogar so weit zu sagen, daß der Geist als solcher überhaupt keine Spur von »Kraft« und »Wirksamkeit« besitze. Er vermag nur Triebimpulse zu lenken und zu hemmen, nicht aber aus sich selbst heraus schöpferisch zu sein. Er ist, je reiner er Geist ist, um so ohnmächtiger. Er gewinnt nur Macht, indem er sich mit Energien »von unten«, aus der Sphäre des Trieb- und Dranglebens, verbindet. Andererseits hält aber Scheler daran fest, daß Sinngehalt, Wert und Gültigkeit geistiger Hervorbringungen nicht aus der Wirksamkeit der außergeistigen »Realfaktoren« abgeleitet werden können; diese haben bloß eine auswählende Funktion; sie entscheiden darüber, welche idealen Gehalte im Weltprozeß jeweils zur Verwirklichung gelangen.

Kurz vor seinem Tode hielt Scheler einen Vortrag »Der Mensch im Weltalter des Ausgleichs«. Im Blick auf die damals – wie heute – sich kräftig regenden irrationalistischen Tendenzen (eine Triebrevolte gegen übersteigerte Intellektualität und Sublimierung) faßte der Philosoph nochmals das zentrale Problem seiner Anthropologie zusammen: daß der Mensch nur menschlich ist, wenn er sich sowohl mit dem alle Wesen durchflutenden kosmischen Lebensstrom ekstatisch ineins fühlen als auch zum Leben distanziert-asketisch verhalten kann. Geist und Leben befinden sich in immerwährender Spannung und sind doch aufeinander hingeordnet. In ihrem Ausgleich sah Scheler die wahre Bestimmung des Menschen. (1974)

GIOVANNI GENTILE

Man hat das zwanzigste Jahrhundert das »Jahrhundert des Verrats« genannt, und angesichts der einschneidenden politischen Umwälzungen, die Europa und vor allem Deutschland seit 1918 getroffen haben, sind immer mehr Menschen – nicht nur Individuen, sondern ganze Berufsgruppen, Stände, Klassen, Religionsgemeinschaften und sogar Völker – des Verrats bezichtigt worden. Hitler ließ die Juden als Menschheitspest ausrotten, Stalin die seit Jahrhunderten im Wolgagebiet lebenden Deutschen als »Verräter« und »Kollaborateure« deportieren und teilweise auch umbringen.

Wie viele sind 1914 mit dem Ruf »für Gott, Kaiser und Vaterland« in den Krieg gezogen, haben 1918 begeistert, zweifelnd oder widerwillig der demokratischen Republik die Treue geschworen, wurden dann Beamte, Soldaten und Parteigänger Hitlers, um sich, nach erfolgter »Entnazifizierung«, mit der zweiten demokratischen Republik (im Westen) oder der kommunistischen Parteidiktatur (im Osten) zu arrangieren; in Österreich kam zwischen erster Republik und Hitler noch das Zwischenspiel des autoritären »Ständestaats« unter den Bundeskanzlern Dollfuß und Schuschnigg hinzu. Zwei Weltkriege, drei Revolutionen (1918/19, 1933/34, 1945–1949) und vier (oder fünf) politische Systeme innerhalb einer Generation – mehr als sonst in Jahrhunderten oder Jahrtausenden – haben den Verrat zu einer alltäglichen Sache werden lassen.

Der banale Verrat, der sich in der wendigen Anpassung an die schnell wechselnden Verhältnisse äußert, im Vergessen der Treueschwüre von gestern, im Mitläufertum, schließlich in der Unfähigkeit und Unmöglichkeit, einem Herrscher, Führer oder Staatswesen die Treue zu halten, Treue zu einer Sache als existentiellen Wert zu empfinden – dieser alltägliche, fast zum Normalfall gewordene Verrat bildet den grauen Hintergrund, vor dem einige tragische Gestalten der europäischen Geistesgeschichte unseres Jahrhunderts agieren.

Eine davon ist Giovanni Gentile, der größte Philosoph Italiens in der ersten Hälfte des zwanzigsten Jahrunderts. Gentile, der an den Universitäten Palermo, Pisa und Rom lehrte, war von Fichte und Hegel inspiriert, schrieb eine »Rifforma della Dialettica hegeliana«, wandte sich leidenschaftlich gegen den Materialismus eines krämerhaften Bürgertums, verkündete einen totalen Idealismus: den Geist als reine Aktualität, das Denken als einzige Wirklichkeit, den Logos als schöpferischen Prozeß, der kein von ihm unabhängiges Dasein duldet. Das, was wir Objekt nennen, ist nichts als das in Raum und Zeit zerstückelte Leben des absoluten Geistes. Es gibt kein Ding, dessen Urheber nicht der Geist wäre.

Giovanni Gentile beginnt seinen Weg als Liberaler. Er ist Freund und Mitstreiter Benedetto Croces, des anderen großen Hegelianers, der vorübergehend Erziehungsminister im liberalen Kabinett Giolitti war. Am 30. Oktober 1922 tritt Gentile, noch als Liberaler, in das erste Kabinett Mussolini ein. Er übernimmt das Amt des Erziehungsministers. Am Weihnachtsabend des gleichen Jahres schreibt Croce aus Neapel an Karl Voßler: »Gentile wird von der Arbeit erdrückt. Aber er ist sicher der rechte Mann am rechten Platz. Ich bin sehr froh, ihn auf diesem Posten zu wissen.«

Doch bald trennen sich die Wege der hegelianischen Dioskuren. Während sich Croce grollend in seine Bibliothek zurückzieht und eine Zeitlang sogar interniert wird, wandelt sich Gentile innerhalb weniger Jahre zum führenden Theoretiker des Faschismus. Gentile und Croce werden zu Widersachern. Jeder von beiden unterzeichnet ein Manifest: Gentile ein faschistisches, Croce ein antifaschistisches (April 1925). Gentile definiert den Faschismus als »wahre und konkrete Freiheit« gegen die »abstrakte und falsche« der Liberalen. Der faschistische Staat sei »die vollkommenste Form des Liberalismus und der Demokratie«.

Große Bedeutung mißt der von Hegel kommende Philosoph der Schule bei. Er sieht in ihr eine wesentliche Aufgabe des Staates. Er wird zum Schöpfer der faschistischen Schulreform, der *Riforma Gentile.*

Auch in der Pädagogik müsse man, ganz im Sinne seines aktualistischen Idealismus, die konkrete geschichtliche Dynamik sich entfalten lassen. Erziehung ist mehr als das Anlegen eines Gewandes. An die Stelle bloßer »Information«, der abstrakten Weitergabe toten Wissens, müsse die »Formation« treten: die Förderung vollmenschlicher Bildung im dialektischen Ineinander von Erziehung und Selbsterziehung:

»Die Autorität des Lehrers wird somit zur Freiheit des Schülers.« Vor römischen Studienräten erläutert Gentile sein Bildungsideal, das in mancher Hinsicht Fichtes »Reden an die deutsche Nation« verpflichtet ist: »Der Lehrer ist nicht deshalb Lehrer, weil er am Katheder steht und seine physische Person den empirischen Personen seiner Schüler entgegenhält; er ist erst dann Lehrer, wenn seine physische Person von den Schülern geradezu nicht mehr gesehen wird, wenn sie in ihm den Ausdruck eines Denkens spüren, eine universale Seele, in der sich jeder Dualismus und alle Vielheit zwischen ihren Seelen und der des Lehrers aufhebt.«

Gentile wirbt auch im Ausland, in Vorträgen an den Universitäten Tübingen und Lund sowie auf den Hegel-Kongressen im Haag und in Berlin, für seine Philosophie, die Mussolinis tyrannische Staatsauffassung in den Begriffen eines spekulativen Idealismus auslegt. Der Denker des absoluten Geistes arbeitet Hand in Hand mit dem Politiker des totalen Staates.

Im Jahre 1928 beginnt der Verlag Sansoni mit der Herausgabe von Gentiles *Opere complete* – die Werkausgabe umfaßt heute mehr als vierzig Bände. Der vom Liberalismus abgefallene Politiker-Philosoph ist ein überaus produktiver Autor. Jahr für Jahr erscheinen neue Bücher von ihm, oft sogar zwei oder drei. Er veröffentlicht bedeutsame Studien über das Denken der Renaissance, über Dichter wie Dante, Alfieri, Manzoni und Leopardi, über die Propheten des *Risorgimento.* Er ediert gemeinsam mit anderen Gelehrten eine Gesamtausgabe der Werke des großen Barockphilosophen Giambattista Vico, eines Geschichtsdenkers vom Range Herders und Vorläufers der Kulturmorphologie Spenglers. Es gibt kaum ein Gebiet, das Gentile nicht bearbeitet. Die *massimi problemi* der Ethik, Ästhetik, Erziehungslehre, Politik, Religionsphilosophie werden von ihm neu durchdacht. Er leitet überdies die große *Enciclopedia Italiana,* die auch von Gegnern des Faschismus als Leistung von internationalem Rang anerkannt wird. (Im Mitarbeiterstab finden sich zahlreiche Regime-Gegner.) Sein Ministeramt hatte Gentile freilich schon nach knapp zwei Jahren wieder aufgegeben. Zwar war seine Schulreform vom Kabinett gebilligt worden, doch der geistesaristokratische Zug in Denken und Haltung des Philosophen war den Faschisten, die niemals auf eine gewisse demokratisch-populistische Fassade verzichten wollten, nicht recht geheuer. Gentiles Pädagogik war streckenweise so elitär, daß sie sogar dem faschistischen Regime verdächtig wurde.

Am 15. April 1930 erläutert Gentile in der schwedischen Universitätsstadt Lund in knappen und gedrängten Worten den Kern seines »aktualen Idealismus«: »Jeder Mensch besitzt... innerhalb seiner empirischen Menschlichkeit noch eine tiefere Menschlichkeit..., durch die er ein Bewußtsein von sich selber hat, durch die er denkt, spricht und will. Indem er denkt, denkt er sich selbst und alles übrige.« Ist das metaphysischer Humanismus, transzendentale Anthropozentrik oder orgiastischer Kult der keine materiellen und normativen Schranken anerkennenden reinen Aktion? Was hat der im absoluten Denken, das zugleich Tat ist, sich verwirklichende Gott, den Gentile lehrt, mit Mussolinis Bekenntnis zu tun, daß das stolze Desperado-Wort »Ich pfeife darauf« den Extrakt des faschistischen Lebensstils enthalte? Ist der *Duce* gleichsam die »Weltseele zu Pferde«, als welche einst Hegel den in Jena einmarschierenden Kaiser Napoleon bezeichnet hat (Brief an F. I. Niethammer, 13. 10. 1806), der Vollstrecker des reinen Denkens, das Theorie und Praxis ineins ist und alles Objektive in der absoluten Immanenz des schöpferischen Ich auflöst? Was verbindet den abtrünnigen Liberalen Gentile, der gleichwohl seinen humanistischen Idealen nie abschwört, mit dem abtrünnigen Sozialisten Mussolini, der acht Tage vor seiner Erschießung einem Journalisten gesteht: »Wenn die Wechselfälle dieses Krieges der ›Achse‹ günstig gewesen wären, hätte ich dem Führer (Hitler) im Augenblick des Sieges die Sozialisierung der Welt vorgeschlagen, das heißt: Grenzen von ausschließlich historischem Charakter... Einheitsgeld... wirkliche und radikale Abschaffung aller Waffen...« (Mussolini: Opera omnia. Firenze 1951 ff., Bd. 32, S. 197)?

Als Mussolini dieses merkwürdige Bekenntnis ablegte, war Gentile, sein Erziehungs- und Unterrichtsminister, der Initiator einer umfassenden Schulreform und Doktrinär des aktualen Idealismus, bereits seit einem Jahr tot. Wie der *Duce,* zu dem er sich bis zuletzt bekannt hatte, wurde auch sein Philosoph von Partisanen ermordet: am 15. April 1944. In seiner letzten Schrift »La mia religione«, erschienen 1943, stehen die Worte: *Io sono cristiano, io sono cattolico* – Ich bin Christ, ich bin Katholik. Er fügte freilich hinzu, daß »jeder auf seine Weise katholisch sein könne«.

Giovanni Gentile ist ein Beispiel für viele Apostaten-Schicksale, für die Tragik der Abtrünnigen, von denen viele aus den nobelsten Beweggründen zu Verrätern wurden. Gentile war Liberaler und Faschist, Philosoph und Politiker, Geist-Mystiker und Anti-Intellektualist, Hegelianer und Katholik, Humanist und Mitstreiter des Menschenverächters Mussolini. Sein Pakt mit den Faschisten entsprang weniger machiavellistischem Machtkalkül denn der Sehnsucht, seine in der Studierstube entwickelte idealistische Pädagogik auf nationaler Ebene verwirklichen zu können. Der Gegensatz von Geist und Macht, von Philosophie und Politik sollte aufgehoben werden. So wie Platon sich mit Dionysios II. von Syrakus auf verhängnisvolle Weise einließ, so auch der italienische Denker mit dem sich auf das Erbe des imperialen Rom berufenden Diktator. Das Bündnis ergab sich nicht aus kühler Berechnung, es war auf der Seite des Philosophen gewiß auch professorale Naivität dabei im Spiele. Es kann aber keineswegs als bloßer Zufall, als groteske Entgleisung eines weltfremden Akademikers abgetan werden. In Gentiles Abfall vom Liberalismus liegt eine gewisse Logik, die von mehr als nur biographisch-psychologischem Belang ist. Es gibt eine Affinität zwischen absolutem Idealismus und politischer Tyrannei. Im idealistischen Metaphysiker steckt ein Despot, dies gilt insbesondere für Hegel und seine Schüler, zu denen neben Gentile und Christoph Steding auf der »rechten« auch Ernst Bloch, Georg Lukács und Herbert Marcuse auf der »linken« Seite gehören.

Alexandre Kojève, der aus Rußland gebürtige französische Philosoph, hat einmal gesagt, die Geschichte sei bisher noch keineswegs über Hegel hinweggegangen; sie habe nur noch nicht eindeutig zwischen seiner linken und rechten Auslegung entschieden. (1980)

ARTHUR MOELLER VAN DEN BRUCK

Am 10. Januar 1927 hielt Hugo von Hofmannsthal im Auditorium maximum der Münchner Universität seine programmatische Rede »Das Schrifttum als geistiger Raum der Nation«. Ausgehend von dem unterschiedlichen Verhältnis der Deutschen und der Franzosen zu ihrer Literatur, entwirft der Dichter, ohne bestimmte Namen zu nennen, ein Bild jener »Suchenden« unter seinen Zeitgenossen, in denen, trotz oder gerade wegen ihrer Problematik, deutsche Geistigkeit nach Sturm und Drang, Klassik und Romantik wieder wesentlich geworden sei. »Auf Schritt und Tritt begegnen wir ihnen, niemals aber als einem dichten Haufen, sondern einzeln schweifend durchdringen sie diese Nation der Einzelnen... Dies Suchen und Treiben und Drängen ist überall da, es manifestiert sich in jedem Wort höherer geistiger Rede, das zwischen uns hin und her geht. Es ist da als ein Schwindel unter unseren Füßen, es bringt dies Gefährliche und Abwegige, mit Überraschungen und Zweifeln Schwangere in jede Unterhaltung, es durchsetzt die Atmosphäre mit der Ahnung, daß beständig alles möglich ist – mit diesem Knistern wie vom Zerfall ganzer Welten, diesem Heranwehen eines ewig Morgigen... Wem ist nicht, und mehr als einmal, die Gestalt begegnet, die diese Zeichen trug und von solcher Luft umweht war?«

Hofmannsthal mag hierbei Stefan George und – mehr noch als diesen – einzelne Mitglieder seines Kreises wie Ludwig Klages, Alfred Schuler, Ludwig Derleth, Karl Wolfskehl, aber auch Oswald Spengler, Ernst Jünger, Edgar Dacqué, Oskar Goldberg und den einen oder anderen Expressionisten vor Augen gehabt haben. Sehr wahrscheinlich spielte er auch auf einen Mann an, dessen erst postum wirkende Schriften, wie nur noch wenige andere, Denken, Stil und Agitation der antiliberalen Rechten in der Weimarer Republik inspirierten. Scheint Hofmannsthal schon in seiner Charakteristik der »Suchenden« den Schatten Moellers van den Bruck zu zitieren, so nimmt er am Schluß seiner Rede geradezu Wort für Wort dessen geschichtsphilosophisch-politisches Leitmotiv auf, wenn er von jenem »Prozeß« spricht, »in dem wir mitten inne stehen, einer Synthese, so langsam und großartig – wenn man sie von außen zu sehen vermöchte – als finster und prüfend, wenn man in ihr steht... Der Prozeß, von dem ich rede, ist nichts anderes als eine konservative Revolution von einem Umfange, wie die europäische Geschichte ihn nicht kennt. Ihr Ziel ist Form, eine neue deutsche Wirklichkeit, an der die ganze Nation teilnehmen könne«.

Doch nicht auf Hofmannsthal geht das Schlagwort von der konservativen Revolution zurück, wenn er auch entscheidend zu dessen Verbreitung beigetragen hat. Moeller van den Bruck verkündete bereits 1923 in seinem berühmt-berüchtigten Hauptwerk »Das dritte Reich« eine »konservativ-revolutionäre Gegenbewegung«, die »die Teilhaftigkeit der Nation an ihrer Bestimmung« verwirklichen werde. Vor Moeller, dem Herausgeber der ersten deutschen Dostojewski-Gesamtausgabe, sprach Thomas Mann – bezeichnenderweise in einem Aufsatz über russische Literatur – schon 1921 von konservativer Revolution. Innerhalb kurzer Zeit wurde diese Bezeichnung gebräuchlich für jene politischen und ideologischen Kräfte, die sich in der Ablehnung der »Ideen von 1789« – konkret: der parlamentarischen Weimarer Republik – einig waren, ohne deshalb – trotz manchen Querverbindungen, Übereinstimmungen und Abhängigkeiten – mit der in Hitler gipfelnden völkischen Opposition identisch zu sein. Moeller van den Bruck war der wohl bedeutendste Ideologe dieses »dritten Lagers«, das, abgesehen von einigen eher entmutigenden Ansätzen, niemals dazu kam, seine Ideen in konstruktive politische Praxis umzusetzen. Mit Recht schrieb Gustav Hillard-Steinbömer, der durch Hans Blüher mit Moeller und seinem heute legendären Juni-Klub bekannt geworden war, in seinen Lebenserinnerungen: »Die jungkonservative Bewegung fand ein tragisches Ende ohne Nachwelt. Der Nationalsozialismus behängte sich mit einigen Fetzen ihres Gedankengutes, verfälschte sie zu gängigen Schlagworten, mit denen er die Gutgläubigkeit in sein Lager täuschte, während der Mord den aktiven Widerstand beseitigte. Die Düpierten gingen den bitteren Weg von der Hinneigung über Enttäuschung und Verzweiflung zum Aufruhr bis in den Untergang.«

Doch nicht nur als Wortführer einer »dritten Partei«, die durch ihren Kampf gegen Liberalismus und Demokratie den Sieg des im Grunde ebenfalls abgelehnten Nationalsozialismus vorbereitete, ist Moeller van den Bruck ein lehrreicher Fall. Er erscheint in geistesgeschichtlicher Perspektive als verspäteter politischer Romantiker und als Repräsentant einer geistigen Strömung, die keineswegs auf Deutschland beschränkt war, sondern als gemeineuropäisches Ereignis auftrat. Namen wie Wladimir Solowjow, Dmitri Mereschkowski und Nikolai Berdjajew, Charles Maurras, Maurice Barrès, Georges Sorel und René Guénon, Filippino Marinetti, Giulio Evola, Miguel Unamuno, David Herbert Lawrence und Knut Hamsun wären zu nennen. Andererseits gewinnen bestimmte Themen und Motive Moellers im Zeichen des weltweiten Aufbruchs der »Entwicklungsländer« eine neue, verblüffende Aktualität. Doch bevor wir uns diesen erregenden Aspekten der politischen Philosophie Moellers zuwenden, mögen einige lebensgeschichtliche Angaben ihren Platz finden.

Arthur Moeller wurde am 23. April 1876 zu Solingen in Westfalen geboren, väterlicherseits einer angesehenen protestantischen Familie entstammend, die in der ersten Hälfte des 19. Jahrhunderts aus dem Thüringischen nach dem Westen Deutschlands gezogen war. Unter seinen Vorfahren finden wir durch Generationen preußische Offiziere, Beamte, Gutsbesitzer und vor allem Pastoren. Der Vater, Ottomar Victor Moeller, war königlich-preußischer Baurat, Erbauer des damals sehr modernen Solinger Gefängnisses und einer jener Verehrer Arthur Schopenhauers, wie man ihnen im gebildeten deutschen Bürgertum nach 1848 nicht selten begegnen konnte. Der Vorname seines einzigen Kindes ist ein Zeugnis dieser philosophischen Vorliebe. Die Vorfahren der Mutter, Elise van den Bruck, einer außerordentlich schönen Frau, waren spanischer und holländischer Herkunft. Schon als junger Literat fügte Arthur Moeller den mütterlichen Namen seinem eigenen hinzu, während er den vom Vater gewählten Vornamen gerne wegließ.

Arthur Moeller war ein schwieriges Kind. Das humanistische Gymnasium in Düsseldorf, wohin die Eltern bald nach seiner Geburt übersiedelt waren, mußte er drei Jahre vor dem Abitur verlassen. Ausschlaggebend für seinen vorzeitigen Abgang war vielleicht ein anonymer Zeitungsaufsatz des Schülers über eine Edvard-Munch-Ausstellung. Für den kaum Zwanzigjährigen begann nun eine fast zwei Jahrzehnte lang dauernde Bohème, deren erste Stationen Erfurt, Leipzig und Berlin waren. Die »Universitäten« des gescheiterten Gymnasiasten waren Literaten-Cafés, Theaterpremieren, avantgardistische Malerateliers und Kunstausstellungen, Varietés und nicht zuletzt die vielen schlaflosen Nächte, in denen er sich, lesend, eine ungewöhnliche literarische und kunstgeschichtliche Bildung erwarb. Mit 21 Jahren heiratete Moeller seine Jugendfreundin Hedda Maase, mit der er sich bereits als Schüler verlobt hatte. Eine Erbschaft, die es Moellers Großvater mütterlicherseits verdankte, gestattete dem jungen Paar ein Leben ohne Beruf in einem Häuschen am Tegeler See bei Berlin. Der Moeller jener Jahre wird uns als ein schweigsamer, grüblerischer junger Mann von geradezu aristokratischen Umgangsformen geschildert. Seine Frau, die später den Dramatiker Herbert Eulenberg geheiratet hat, spricht in ihren Lebenserinnerungen beiläufig von »der Kälte und arktischen Kargheit unseres Lebens«.

Moeller übersetzte damals gemeinsam mit seiner Frau Baudelaire, Barbey d'Aurevilly, Maupassant, Edgar Allan Poe, Daniel Defoe und Thomas de Quincey. Seine ersten Aufsätze, die sich durchweg mit literarischen Themen befassen, sind Zeugnisse für den Einfluß Nietzsches, aber auch Houston Stewart Chamberlains und Julius Langbehns. Die zwölf schmalen Bände der

Sammlung »Die Moderne Literatur in Gruppen- und Einzeldarstellungen«, die er unter dem Namen Arthur Moeller-Bruck zwischen 1899 und 1902 veröffentlicht hat, gehen größtenteils auf diese frühen Versuche zurück. Wenn auch nicht alle Arbeiten gleichwertig sind, so bleibt doch die Belesenheit, Sensibilität und Umsicht erstaunlich, mit der dieser Autodidakt eine ansehnliche Reihe junger zeitgenössischer Dichter behandelt, die inzwischen fast durchwegs zu klassischem Rang aufgestiegen sind: Gerhart Hauptmann, Stefan George, Hugo von Hofmannsthal, Peter Altenberg, Frank Wedekind, Max Dauthendey, Richard Dehmel, Alfred Mombert und Stanislaw Przybyszewski. Einige Zitate mögen uns etwas von dem geistigen Klima verraten, in dem sich der Ästhet und Dandy Moeller damals bewegt hat.

»Wir haben schon die Kunst, die ... die Religion überflüssig gemacht und jeden wahrhaft modernen Menschen mit derselben Sicherheit zum Weltall erfüllt hat, die sonst nur das Vertrauen auf Gott geben konnte.« Ein Gemälde von Böcklin oder ein Gedicht von Dehmel könne diese mystische Teilhabe am kosmischen Leben vermitteln.

»Ein Blutwechsel tut der Nation not, eine Empörung der Söhne gegen die Väter, die Ersetzung des Alters durch die Jugend.«

»Sie ist prachtvoll, die Schlacht, und menschenwürdiger als Selbstgenuß in dumpfem Behagen. Sie gibt uns, gerade wenn es die Schlacht der Geister und Leidenschaften ist, unsere höchsten Könige und besten Helden. Das andere, der ewige Frieden, wäre nicht zu tragen – eine Langeweile, ein Gähnen, das uns nur den Philister gäbe.«

»Für wen ist Christus da, für die schwachen oder für die starken Menschen, für die schwachen oder für die starken Stunden der Menschheit? Die Antwort auf diese Gewissensfrage kann nur sein: für die allerschwächsten Stunden und Menschen – und schon allein unser Stolz sollte verhindern, daß wir immer wieder nach Christus rufen... Gott selbst aber bleibt deshalb bestehen – auch wenn wir wissen, daß er nicht ist.«

»Varieté, scheint mir, ist von altersher die Art, wie die Menschheit von sich aus und als Summe ihrer Typen sich mit jener Lebenslust abfindet, zu der sie allemal erwacht, wenn sie irgendwie in ein neues Entwicklungsstadium tritt. Varieté ist alles, was Dionysos den Menschen antreibt zu tun und das noch nicht Kunst geworden oder überhaupt nicht Kunst zu werden vermag.«

Obwohl Moeller in dieser Zeit noch keinen dezidierten politischen Standort bezogen hat, schwelt in den angeführten Sätzen bereits jene explosive Mischung von Lebensphilosophie in der Nachfolge Nietzsches, elitärer Kulturkritik und sozialdarwinistischer Kriegsverherrlichung, die zuerst als Abwehrideologie im Ersten Weltkrieg und dann in der Weimarer Republik als Mythos der Opposition von rechts politisiert worden ist. An Moellers Entwicklung läßt sich dieser Funktionswandel wie an einem Modell ablesen. Seine Hinwendung zur Politik datiert seit seiner Flucht nach Paris im Jahre 1902. Die Gründe seiner überstürzten Abreise liegen in Dunkel – wie manche Episoden seines Lebens. Seine erste Frau, die damals ein Kind von ihm erwartete, schrieb ungefähr ein halbes Jahrhundert später die sibyllinischen Worte: »Moeller van den Bruck hatte sich, um untragbaren Verhältnissen, in die er schicksalhaft geraten war, zu entgehen, nach Paris begeben, und ich war allein bei meinen Eltern geblieben. Moeller van den Bruck – das unschuldige Opfer einer Angstvorstellung – war … nach Paris geflohen und ich in meiner schwierigen Lage war allein.« Paul Fechter, der Freund Moellers, gab hingegen unumwunden zu, daß der künftige Autor des »Dritten Reiches« Berlin verließ, »weil er sich der Erfüllung seiner militärischen Dienstpflicht entziehen wollte. Der Rheinländer in ihm, der Mann eines leidenschaftlichen geistigen Daseins konnte die Aussicht auf Jahre des Kasernendaseins nicht ertragen. Er verließ seine Familie, ging nach Frankreich, verlor die Frau, die bald darauf Eulenberg heiratete, und nahm das Odium der Fahnenflucht auf sich, um draußen in Jahren des Exils die Entwicklung vom Europäer zum bewußten Deutschen durchzumachen. So sehr, daß er sich schließlich von Paris aus mit den deutschen Behörden in Verbindung setzte und heimkehrte, um als Soldat zweiter Klasse die Konsequenzen des einstigen Schrittes auf sich zu nehmen. Er kam nach Küstrin: der Arzt, der ihn untersuchte, riet ihm dringend ab, die Strapazen, die seiner warteten, auf sich zu nehmen; Moeller aber blieb fest, bis nach ein paar Monaten der Arzt doch siegte und seine Entlassung aus dem Lazarett durchsetzte«.

Doch damit greifen wir bereits vor. In Paris, wo er fast vier Jahre lang in dürftigen Verhältnissen lebte, begegnete Moeller nach kurzer Zeit seiner späteren zweiten Frau, der Baltin Lucy Kaerrick, und durch deren Vermittlung dem russischen Dichter Dmitri Mereschkowski, unter dessen Einfluß sich der deutsche Emigrant in die Werke Dostojewskis vertiefte. Dieser dreifachen Begegnung verdankt der deutsche Sprachraum die erste Dostojewski-Gesamtausgabe, die in zweiundzwanzig stattlichen Bänden zwischen 1905 und 1914 im Piper-Verlag, München, erschienen ist. Herausgeber waren Mereschkowski und Moeller van den Bruck, die Übersetzung besorgte Less Kaerrick, die Schwester von Lucy Kaerrick, unter dem Pseudonym E. K. Rahsin. Diese Edition war eine verlegerische und kulturpolitische Tat ersten Ranges, die aus der deutschen Geistesgeschichte des 20. Jahrhunderts nicht wegzudenken ist. Dostojewski wirkte in Deutschland auf die geistig rege Jugend der Zeit vor und nach dem Ersten Weltkrieg nicht weniger überwältigend als im 19. Jahrhundert die Rezeption der deutschen Philosophie – vor allem Hegel, Schelling, Feuerbach und später Marx – auf die russische Intelligentsia.

Christian Morgenstern faßte sein Dostojewski-Erlebnis in dem Satz zusammen: »Aus seinen Büchern findet man schwer wieder nach Westeuropa zurück.« Aber auch ein so eminent kritischer Kopf wie Georg Lukács ließ seine zu Beginn des Ersten Weltkrieges niedergeschriebene »Theorie des Romans« in einem Ausblick auf Dostojewski, ja auf eine Dostojewskische Welt gipfeln: »Bei Tolstoi waren Ahnungen eines Durchbruchs in eine neue Weltepoche sichtbar: sie sind aber polemisch, sehnsuchtsvoll und abstrakt geblieben. – Erst in den Werken Dostojewskis wird diese neue Welt, fern von jedem Kampf gegen das Bestehende, als einfach geschaute Wirklichkeit abgezeichnet… Dostojewski hat keine Romane geschrieben… Er gehört der neuen Welt an…« Diese Äußerungen, denen wir zahlreiche weitere hinzufügen könnten, sind Zeugnisse für eine mentale Neuorientierung von säkularer Bedeutung. Die klassisch-romantische Sehnsucht nach dem mediterranen Süden, die alle deutschen »Renaissancen« begleitet hatte, wurde verdrängt durch eine bisher unbekannte Emphase für die geradezu numinose Unermeßlichkeit des Ostens, dessen Pforten man durch Dostojewski aufgerissen glaubte. Osten – das war primär weder eine geographische Realität noch eine politische Option, sondern vielmehr eine ausschweifend-ausweichende Flucht aus der schmerzvoll erlebten Antithetik der modernen Zivilisation in ein mystisches Nirwana, in dem Krieg und Frieden, Kirche und Staat, Freiheit und Knechtschaft, Europa und Asien, Himmel und Hölle sich zusammenfanden. Osten – das war Muttergrund, Gnade wie Anarchie der Dinge, das war Weite und Verheißung, das war jene »vierte Dimension«, von der Rilke – auch er ein von Dostojewski Ergriffener – in einem seiner Briefe schrieb: »Der russische Mensch hat mir in so und so vielen Beispielen vorgestellt, wie selbst eine alle Kräfte des Widerstandes dauernd überwältigende Knechtung und Heimsuchung nicht notwendig den Untergang der Seele bewirken muß. Es gibt da, für die slawische Seele wenigstens, einen Grad der Unterwerfung, der so vollkommen genannt zu werden verdient, daß er ihr, selbst unter dem aufliegendsten und beschwerendsten Drucke, etwas wie einen heimlichen Spielraum schafft, eine vierte Dimension ihres Daseins, in der nun, mögen die Zustände noch so bedrängend werden, eine neue, endlose und wahrhaft unabhängige Freiheit für sie beginnt.«

Der russische Philosoph Nikolai Berdjajew schrieb einmal, daß sich unter den menschlichen Seelen zwei Typen unterscheiden lassen: eine, die zum Geiste Tolstois, und eine, die zum Geiste Dostojewskis neigt. Moeller sowie seine Freunde, Anhänger und Epigonen neigen eindeutig zum Geiste Dostojewskis. Diese Affinität war jedoch mehr als ein nicht weiter ableitbarer psychologischer Tatbestand. Wenn sich das bolschewistische Rußland seit Lenin und Gorki unmißverständlich für Tolstoi entschied, während Deutschland vom Expressionismus bis zur Existenzphilosophie im Schatten Dostojewskis stand, so ist dies ein nicht zu übersehendes Indiz für die politische Symbolik literarischer Vorlieben.

Dostojewski war die Antwort der Antiliberalen und Irrationalisten von rechts auf die Herausforderung Zola, das Idol der Linken. Der russische Dichter wurde zum politischen und geschichtsphilosophischen Horoskop jener Kreise, die dem Westen, seinen Idealen und seinem Lebensstil, die Fehde angesagt hatten. Bei ihm fand Moeller die Formel von den »Revolutionären aus Konservatismus« sowie eine polemische Absage an die Ideen der Aufklärung, des Liberalismus und der modernen Zivilisation. Bei ihm fand er auch Äußerungen über das deutsch-russische Verhältnis, die ihn erregen mußten, etwa die folgende, die bereits an die Konzeptionen Ernst Niekischs und anderer »Nationalbolschewisten« erinnert: »...Deutschland braucht uns nicht zu einem zeitweiligen politischen, sondern zu einem ewigen Bündnis... Zwei großen Völkern, uns und ihm, ist es bestimmt, das Angesicht der Welt zu verändern.« Bei Dostojewski fand Moeller die Formel von den »jungen Völkern«, die er zuerst kulturhistorisch und nach der Niederlage von 1918 politisch ausmünzte. Doch waren es wohl nicht nur diese ausgesprochenen Thesen, die Moeller faszinierten, sondern auch der prophetische Tonfall des russischen Dichters, sein tiefer Pessimismus sowie die für sein Werk charakteristische Behandlung von sozialen Konflikten vor dem Hintergrund metaphysischer Probleme.

»Auch dieZeichensrache Dostojewskis ist für den Westen nur Romantik.« Hellsichtig hat Hugo Ball mit diesen Worten den durch Moeller inaugurierten

Dostojewski-Kult charakterisiert. Romantik bedeutet auch: unverbindliches Spiel mit Bildern, Stimmungen und Ideen, Flucht vor der Härte endgültiger Entscheidungen in die Magie, Mystifizierung praktisch zu bewältigender Probleme zu abstrakten weltanschaulichen Prinzipienfragen. Alle diese Züge, die Carl Schmitt als »politische Romantik« kritisiert hat, finden sich auch bei Moeller. Seine Vision vom »dritten Reich« ist eine typische Denkfigur politischer Romantik.

In Paris lernte Moeller van den Bruck das Land seiner Heimat, dem er entflohen war, mit anderen Augen sehen. Es entstand vor ihm das verklärte Bild eines Deutschland, das zu den jungen Völkern gehörte und zur Neuordnung Europas berufen schien. Aus dieser Sicht schrieb er ein umfangreiches Werk, die acht Bände umfassende Sammlung »Die Deutschen«, erschienen zwischen 1904 und 1910. Moeller, der sich darin ausdrücklich als »deutscher Nationalist« bezeichnet hatte, schrieb später über seinen damaligen Wandel: »Ich wandte mich in jenen Jahren ganz anderen Dingen zu. An die Stelle der ›Literatur‹ trat das Leben. Ich war Auslandsdeutscher. Ich erlebte die Unterschiede der Nationen. Ich fühlte, daß eine große Auseinandersetzung bevorstand. Das Ergebnis waren die ›Deutschen‹, die durchaus als Vorbereitungsbuch gedacht waren. Als Erziehungsbuch. Als ein Buch, das die Nation zur Selbstbehauptung erziehen sollte. Als ein Buch, das aus einer Geschichte eine Sendung folgerte.«

Die acht Bände, die so etwas wie ein »deutscher Plutarch« sein sollten, enthalten biographische Essays über deutsche Staatsmänner, Philosophen und Künstler. Goethe ist ein eigener Band gewidmet. Die übrigen sieben Bände haben folgende Titel: Verirrte Deutsche, Führende Deutsche, Verschwärmte Deutsche, Entscheidende Deutsche, Gestaltende Deutsche, Scheiternde Deutsche, Lachende Deutsche. Das Werk steht in der Nachfolge der literarischen Heroenverehrung Emersons und Carlyles, repräsentiert aber auch eine Vorwegnahme jener mythisierenden Biographik, wie sie etwas später vor allem im Stefan-George-Kreis gepflegt worden ist. Das durch Dostojewski vermittelte Ost-Erlebnis geht dabei in deutschnationale Mythologie über, so wie auch das antiwestliche Pathos der Panslawisten in den kulturpessimistischen Verdikten Moellers wiederkehrt, der in seinem nächsten Werk »Die Zeitgenossen« – einer Art Fortsetzung seiner acht Bände über »Die Deutschen« – ahnungsvoll schreibt: »Auch die (zeitgenössischen) Ideologen gehörten zu ihnen, die, denen ihre Epoche zwar klar war, denen sie sich aber immer wieder soziologisch-utopisch oder ästhetisch-utopisch verhüllte, und die nun vor lauter dritten Reichen, die sie sich aus unserer Zeit heraus zu erträumen versuchten, in dieser selbst gründlich ins Schwanken gerieten.«

1906 ging Moeller von Paris nach Italien, wo er den expressionistischen Maler, Bildhauer und Dramatiker Ernst Barlach kennenlernte und Theodor Däublers Riesenepos »Nordlicht« redigierte. Beiden Künstlern, die im Reich Hitlers als »entartet« galten, blieb er zeitlebens freundschaftlich verbunden. In Italien entwarf Moeller die Umrisse eines großangelegten Werkes, in dem er seine Doktrin von den jungen und alten Völkern zu explizieren gedachte. Drei Bände sollten den alten Völkern, zu denen er Frankreich, England und Italien zählte, drei Bände den jungen Völkern Deutschland, Rußland und den Vereinigten Staaten von Amerika gewidmet sein. Nur ein Band ist schließlich zustande gekommen: »Die italienische Schönheit«, weder ein Reiseführer noch eine Kunstgeschichte, sondern der eigenwillige Hymnus eines gebildeten Kenners auf Landschaft, Kultur und Kunst des Südens von den etruskischen Anfängen bis zur Renaissance, mit besonderer Betonung der mittelalterlichen Architektur und Malerei. Wie in seinen verschiedene Charaktere vorstellenden Lebensdarstellungen verfällt Moeller auch in diesem Buch in einen mythisierenden Tonfall, der, durchaus legitim, solange er die Schönheit Italiens schildert, so fatal werden sollte, als er sich der politischen Rede bemächtigte: »Schönheit ist Überschwang.

Wir erlebten vielleicht zum ersten Male Schönheit vor der Größe und den Schrecken der Urlandschaft, an den Bewegungen der Tiere darin, und schließlich an der Gestalt des Menschen. Oder wir erfuhren sie im Aufbruch der Liebe, im Triumph bestandenen Kampfes, im Pathos erprobter und anerkannter Königlichkeit... Doch ist das Schöpferische allein, eben weil es dem Religiösen so nahe steht, noch nicht das Künstlerische. Das Bildende ist die formende Kraft, durch die der schöpferische Mensch sich mit der Natur verbindet, um in dritten Gebilden Schönheit hervorzubringen... Die tiefe Dankbarkeit, die jeder geborene Künstler für das Wirkliche hat, die zärtliche Liebe zu den Dingen, mit der er ihre Seele hervorlockt, ist hier verwurzelt. Aber damit ist die Kunst noch keine Wiederholung der Natur, sondern ein Teil jener metaphysischen Wirklichkeit, die über die Natur hinaus will.«

Moeller war schon 1907 nach Deutschland zurückgekehrt, doch verbrachte er weiterhin – nach einem kurzen, vorzeitig beendeten Gastspiel beim Militär – die meiste Zeit auf Reisen, die ihn durch fast ganz Europa führten. Er besuchte das Baltikum, England, für kurze Zeit auch wieder Paris und Italien, schließlich Rußland, Finnland und – kurz vor Ausbruch des Ersten Weltkrieges – Dänemark und Schweden. Nach 1914 hat Moeller Deutschland nicht mehr verlassen. Zurückgekehrt nach Berlin, meldete er sich freiwillig zum Militär, kam als Landsturmmann an die Ostfront, wurde aber schon wenige Monate später wegen seines nervösen Leidens entlassen und in die von Ludendorff errichtete Presse- und Propagandazentrale der Obersten Heeresleitung versetzt. Im Laufe dieser Tätigkeit, bei der er seinen Aufsatz »Das Recht der jungen Völker« verfaßte, wurde der bisher vaterlandslose Bohémien und kulturhistorische Amateur endgültig zum politischen Schriftsteller. Sein auch noch heute lesbares Buch »Der preußische Stil« – das einzige Werk von Moeller, das nach 1945 neu aufgelegt worden ist – steht an der Schwelle zwischen beiden Lebens- und Schaffensperioden. In einer feierlich getragenen Sprache, deren Pathos dennoch nicht gespreizt wirkt, befrachtet mit symphonisch weitgespannten Reminiszenzen, die sich zuweilen in Thesen von lapidarer Knappheit zusammenraffen, beschwört Moeller ein atmosphärisch dichtes, anschauungsgesättigtes Bild preußischer Kultur, wobei deren architektonische Denkmale im Mittelpunkt stehen – wohl nicht zuletzt deswegen, weil die Baukunst mehr als jede andere ästhetische Produktivität wirklichkeits- und gesellschaftsbezogen, Ausdruck und Setzung eines letzthin politischen Imperativs ist. Landschaften und Städte, Fürsten, Ritter und Soldaten, Backsteingotik, Zopf und Klassizismus werden in ihrer Eigentümlichkeit plastisch und einprägsam gezeichnet.

Die Charakteristiken Schlüters, Knobelsdorffs, Gillys, Schadows und Schinkels als Genien preußischer Monumentalität vereinigen auf glückliche Weise Begeisterung und Präzision. Moellers Exkurse in die prähistorischen Grundlagen preußischer Wesensart verraten, wie wenig er von den Rassendoktrinen völkischer Sektierer hielt, welche Unbefangenheit ihm von den Nationalsozialisten denn auch angekreidet wurde. Daß er das Wendische im Preußentum betonte, ja sogar von einem untergründigen »Ainocharakter« aller nordischen Stämme sprach, berührt sich zwar merkwürdig mit den Ergebnissen mancher Rassenforscher, mußte aber den Gralshütern der NS-Ideologie ebenso unannehmbar sein wie folgender Satz Moellers: »Denn am Ende ist nicht die Rasse, nicht die Rassenmischung, nicht die Rassenzusammensetzung für ein Volkstum entscheidend, sondern die Einheit seiner Kultur, zu der jeder Stamm beiträgt.«

Ernst Barlach spürte wohl hinter dem aus historischen Betrachtungen, biographischen Skizzen und kulturmorphologischen Intuitionen fugenlos komponierten Traktat die knisternde Flamme enthusiasmierter Affinität zum behandelten Gegenstand, wenn er nach der Lektüre an Moeller schrieb: »Es ist eine gute Anrede für einen angehenden Soldaten. Ich finde es ruhig-großartig als Werk, man kann es genießen, aber man muß es auch vertragen können, muß ein bißchen Organ für es mitbringen.«

In der Schule Preußens, eines Preußens, das allerdings mehr regulative Idee als historische Wirklichkeit war, hätte Moeller seine ungezähmte, allzu leicht in leere Begeisterung, in romantische Oratorik ausschweifende Begabung disziplinieren können. Es ist verlockend, sich vorzustellen, welche Bahn er – und unter seinem Einfluß die ganze konservativ-revolutionäre Bewegung – gegangen wäre, wenn er mehr von den Tugenden, die er an Preußen zu rühmen fand, in seinem eigenen Schaffen kultiviert hätte: Klarheit, Nüchternheit, Sachlichkeit, Verzicht auf die romantische Geste, gerechten Sinn für die Notwendigkeiten geordneten Zusammenlebens. Mit Recht konstatierte Moeller:

»Preußen war ohne Mythe, wie es ohne Romantik war. Darin lag seine Armut. Darin lag seine Kraft.«

Kaum etwas war unpreußischer als der Mythos vom Reich, gar vom Dritten Reich, den Moeller, seine eigene Warnung vergessend, nach 1918 verkündete. Er entstammte seiner tiefen Abneigung gegen den Liberalismus, die sich schwer mit jenem »altpreußischen liberalen Geist« vereinbaren ließ, den noch Fontane an den »obersten Behören« Preußens gerühmt hatte. Nichts unpreußischer als seine Flucht in politische Mystik, die der trotzigen Kargheit des preußischen Staatsethos widersprach, als sein hybrider Nationalismus, dem Preußen, das keine Nation, kein Volk, nicht einmal ein Stamm war, bis in die zweite Hälfte des 19. Jahrhunderts widerstanden hatte. Mit den großen Traditionen dieses Staates hatte das alles wenig zu tun, eher schon mit jener verlogenen Farce vom 21. März 1933, als Hitler in der Garnisonkirche zu Potsdam am Grabe Friedrichs II. seine Machtergreifung mit der Weihe preußischer Legalität besiegelte.

So aber bedeutete Preußen für Moeller keine Bekehrung zu politischer Vernunft oder zu den Idealen der Rechtsstaatlichkeit, Toleranz und Liberalität, die in jenem stoischen Staatsgebilde trotz Junkerherrschaft, Obrigkeitsmentalität und Kasernenhofdrill beheimatet waren. Die Zeit, in der Moeller sein Buch »Der preußische Stil« beendete – der Erste Weltkrieg war soeben ausgebrochen –, kam einer solchen Besinnung wenig entgegen. Preußen war vielmehr eine Chiffre, in der sich nun sein durch Dostojewski erregtes Ost-Erlebnis zusammenballte: die Überzeugung, daß Deutschland noch zu den »jungen Völkern« gehörte.

Von 1916 bis zum Ende des Weltkrieges arbeitete Moeller für die »Militärische Stelle des Auswärtigen Amtes«, die im Mai 1918 in »Auslandsabteilung der Obersten Heeresleitung« umbenannt wurde. Während er bisher in Literaten-Cafés und Ateliers verkehrt hatte, lernte Moeller hier Manager der Politik, Verwaltung und Wirtschaft sowie einflußreiche Publizisten kennen, die von nun an zu seinem bevorzugten Umgang gehörten.

Um Moellers damalige Rolle im Dienste der psychologischen Kriegsführung angemessen bewerten zu können, muß man die Konfusion und Unsicherheit der offiziellen deutschen Propaganda berücksichtigen, über die auch die zahlreichen Stellungnahmen prominenter Akademiker und Literaten – man denke etwa an die Kriegsschriften von Max Scheler, Werner Sombart, Rudolf Eucken und Thomas Mann – nicht hinwegtäuschen dürfen. Vielmehr spiegelt jene Sekundärliteratur mit ihren höchst widersprüchlichen Zielvorstellungen und Kriegsinterpretationen die Schwäche der deutschen geistigen Kriegsführung in vergrößertem Maßstab wider. An dieser Unterlegenheit, die eigentlich bis zum Kriegsende andauerte, war nicht nur das organisatorische Durcheinander Dutzender amtlicher Pressestellen und Propagandastäbe schuld, die eifersüchtig ihre Autonomie gegen alle Zentralisierungsversuche verteidigten. Entscheidender war, daß der herrschenden Klasse Deutschlands eine Idee fehlte, die ihrem europäischen Expansionsdrang als missionierendes Vorzeichen hätte dienen können. Die Nationalstaatsidee, auf der noch ein Schmelz romantischer und idealistischer Geistigkeit lag, war seit der verspäteten deutschen Einigung von 1870 weitgehend funktionslos geworden. An ihre Stelle trat, von Bismarck noch hintangehalten, ein säbelrasselnder Imperialismus, der mit auftrumpfendem Stolz darauf verzichtete, seine handfesten machtpolitischen Ziele ideologisch zu bemänteln. Man appellierte allenfalls an das sozialdarwinistisch verstandene »Recht des Stärkeren« auf »Lebensraum« und rühmte sich ungeniert, massive Interessenpolitik einzig »nach Staatsräson« zu betreiben. Der Bedeutungswandel des Wortes »national« zeigt diese Entwicklung an: Es bezeichnet nicht mehr den Willen der Deutschen, in einem gemeinsamen Staat zu leben, sondern den Drang des bereits gegründeten Reiches, auch nichtdeutsche Gebiete unter seinen Einfluß zu bringen, kurz: Ellbogenfreiheit eines Nationalstaates auf Kosten der anderen. Ganz unverblümt heißt es in Friedrich Naumanns »Nationalsozialem Katechismus« von 1897: »Was ist das Nationale? Es ist der Trieb des deutschen Volkes, seinen Einfluß auf die Erdkugel auszudehnen.«

Während England und Frankreich den Kreuzzug für Demokratie, Liberalismus und Menschenrechte proklamierten, verfügte Deutschland über keinen missionarischen Auftrag, der auch auf das Ausland anziehend gewirkt hätte. Irritiert durch dieses ideelle Vakuum, schwankte das Kaiserreich zwischen maßlosen Annexionsforderungen, wie sie am extremsten der von der Schwerindustrie protegierte Alldeutsche Verband bereits vor 1914 erhoben hatte, und der defensiven Beteuerung, in dem »freventlich aufgezwungenen« Kriege nur seinen Bestand in Freiheit und Ehre sichern zu wollen. Jetzt schlug die Stunde jener bisher wenig beachteten Intellektuellen, die dem wilhelminischen Regime lange in grimmiger Distanz gegenübergestanden waren. Was sie aus Bildungserlebnissen, Ressentiments und aufgrund oft treffender Einzelbeobachtungen formuliert hatten, konnte plötzlich als geistige Landesverteidigung improvisiert werden. Zu diesen Intellektuellen gehörte Moeller van den Bruck, dem es beschieden war, daß einige seiner ursprünglich gar nicht politisch gemeinten Thesen mit den Erfahrungen seit 1914 zu konvergieren schienen: die als »alt« apostrophierten Völker – England, Frankreich und Italien – standen auf der Seite der Gegner Deutschlands; der von den Marxisten vorausgesetzte proletarische Internationalismus war spätestens am 4. August 1914 illusorisch geworden, als die deutschen Sozialdemokraten für die Kriegskredite stimmten; die heroischen Tugenden, die er im »Preußischen Stil« gefeiert hatte, wurden nach den Jahren bürgerlicher Sekurität unter dem Motto »Helden gegen Händler« (W. Sombart) rehabilitiert. Wenn Moeller innerhalb kurzer Zeit vom fahnenflüchtigen Feuilletonisten zum führenden Ideologen der konservativen Revolution wurde, so bedeutete dies nicht, daß er seine schon früh gewonnenen Überzeugungen nun revidiert hätte. Im Gegenteil: sie erlangten angesichts der seit 1914 akut gewordenen ideologischen Krise eine ungeheure Aktualität, ohne daß Moeller sie hätte umformulieren müssen. Ähnlich wie freischwebende Romantiker vom Schlage eines Adam Müller und Friedrich Schlegel der Metternichschen Restauration dienstbar geworden waren, der sie ihre »organischen« Gesellschaftslehren zur Verfügung stellten, wurde ein Jahrhundert später Moeller van den Bruck zum Musageten des deutschen Imperialismus und der antidemokratischen Opposition gegen Weimar. Auch er war politischer Romantiker, der primär weder aus politischem Ehrgeiz noch aufgrund eines konkreten sozialen Programms den Weg in die Öffentlichkeit gefunden hatte. Er hatte keine brauchbaren Lösungen anzubieten und trat auch nicht direkt für die Interessen einer bestimmten Klasse oder Partei ein. Vielmehr verkündete er metapolitische Visionen, denen eine geradezu musikalische Unbestimmtheit eigentümlich war. So wie manchen volkstümlichen Weisen sind auch Moellers rhapsodischem Werk die verschiedensten Texte unterlegt worden, ohne daß man einen von ihnen als authentisch bezeichnen könnte. Sein Ost-Erlebnis ist ebensowenig eindeutig wie sein Mythos vom Dritten Reich oder seine Formel von der konservativen Revolution. Diese Unbestimmtheit wird noch gesteigert durch die Tatsache, daß Moeller Überlieferungen miteinander zu verschmelzen versucht hat, die sich geistesgeschichtlich und politisch ausschließen: seine Vision vom Reich, der unverkennbar sakrale, ja eschatologische Züge anhaften, steht im Widerspruch sowohl zu seiner Verherrlichung des säkularen preußischen Staates als auch zu seinem Appell an den großdeutschen Nationalismus.

Am deutlichsten wurde diese Widersprüchlichkeit in den Nachkriegsjahren. Moeller war damals der »Papst« des Berliner Juni-Klubs, einer offiziell überparteilichen, tatsächlich jedoch national-konservativ eingestellten Gruppe von Gelehrten, Schriftstellern und Publizisten, die sich regelmäßig in klubeigenen

Räumen in der Motzstraße 22 trafen. Der Klub konstituierte sich in jenem »Traumland der Waffenstillstandsperiode«, wie Ernst Troeltsch einmal die Monate zwischen der Revolution vom November 1918 und dem Abschluß des Versailler Friedensvertrags im Juni 1919 bezeichnete. Nach dem Monat, in dem der unerwartet harte Diktatfriede unterzeichnet worden war, nannte sich der Verein Juni-Klub. Sein publizistisches Organ war die Wochenzeitschrift »Das Gewissen«, als deren Herausgeber Eduard Stadtler, der Gründer der »Antibolschewistischen Liga«, zeichnete, obwohl Moeller van den Bruck ihr Spiritus rector war. Mitglieder des Juni-Klubs waren neben Heinrich von Gleichen-Rußwurm, der später im jungkonservativen Herrenklub eine führende Rolle spielte, Eduard Stadtler und Moeller; der Baltendeutsche Max Hildebert Boehm, dessen völkersoziologische Studie »Das eigenständige Volk« (1932, ²1965) Theodor Heuss »voll Anregung« nannte; Hans Grimm, der Autor des Bestseller-Romans »Volk ohne Raum«; Paul Fechter, Schriftsteller und späterer Feuilletonchef der »Deutschen Allgemeinen Zeitung«; Rudolf Pechel, der Herausgeber der »Deutschen Rundschau«, in der Moeller zwei wichtige Kriegsaufsätze publiziert hatte; Walther Schotte, der 1920 die Herausgabe der »Preußischen Jahrbücher« übernahm und später zum Ideologen der Regierung Papen wurde; Martin Spahn, der katholische Historiker, dessen 1901 höheren Orts durchgedrückte Berufung nach Straßburg einen Skandal ausgelöst hatte; Hans Blüher, der Autor des Werkes »Die Rolle der Erotik in der männlichen Gesellschaft« und zweier Bücher über die Wandervogel-Bewegung; der Verfassungsrechtler Heinrich Herrfahrdt und andere. Zu den Gästen des Juni-Klubs gehörten der Nationalökonom Franz Oppenheimer, der Soziologe Ernst Troeltsch, der spätere Reichskanzler Heinrich Brüning und Otto Strasser, der »Trotzki des Nationalsozialismus«.

In diesem Milieu schrieb Moeller sein programmatisches Werk »Das dritte Reich«, ein Buch der Anklage und des Zornes, voll von schrecklichen Vereinfachungen, gewagten geistesgeschichtlichen Synthesen und orakelhafter Ambivalenz. »Das dritte Reich« erschien 1923 und erreichte in den ersten Jahren der Hitler-Diktatur, die den Titel des Buches zu ihrem Emblem erhoben hatte, eine Auflage von 130000 Exemplaren. Merkwürdigerweise hatte Moeller, als er das Buch schrieb, noch nicht diesen ominösen Titel im Sinn; er wollte es zunächst »Die dritte Partei« nennen. Die Zahl Drei spielt in der Art, wie Moeller argumentiert und seinen Standort bestimmt, eine geradezu pythagoräische Rolle, wobei zweifellos Erinnerungen an das christliche Dogma von der Dreifaltigkeit Gottes, an die Drei-Reiche-Spekulationen von Montanus über Joachim de Fiore bis zu den chiliastischen Schwabenvätern und, damit untergründig zusammenhängend, an die triadische Dialektik Hegels hineinspielen. Bald spricht er von der »Ebene einer dritten Anschauung«, bald von einem »dritten Standpunkt« oder einer »dritten Partei«, und im letzten Kapitel, von dem das ganze Buch seinen Namen hat, verkündet er die Botschaft:

»Die dritte Partei will das dritte Reich.

Sie ist die Partei der Kontinuität deutscher Geschichte.

Sie ist die Partei aller Deutschen, die Deutschland dem deutschen Volke erhalten wollen...

Wir werden die Kraft haben müssen, alle Gegensätze, die wir von unserer Ge-

schichte her in uns tragen, nicht zu verleugnen und abzustoßen, sondern zu bekennen und zu verbinden...
Der deutsche Nationalismus ist Streiter für das Endreich. Es ist immer verheißen. Und es wird niemals erfüllt. Es ist das Vollkommene, das nur im Unvollkommenen erreicht wird...
Es gibt nur Ein Reich, wie es nur Eine Kirche gibt.«
Wer sich von Moellers »drittem Reich«, das vor allem Goebbels und Otto Strasser geschätzt haben, ein konkretes politisches Konzept erwartet, wird enttäuscht werden. Wie das bereits angeführte Zitat verrät, ist das Buch in einem apokalyptischen Tonfall geschrieben. Die magische Zahl Drei bezeichnet darin stets die von Moeller vertretene Position: *tertium datur.* Diese Position bleibt jedoch – verglichen mit der grellen und schneidenden Kritik, die Moeller am Liberalismus, Marxismus, am »Westen« und an der Weimarer Republik übt – überaus vage. Mit rhetorischen Kunstgriffen vermeidet er es, zu dringlichen verfassungsrechtlichen und wirtschaftspolitischen Fragen präzise Vorschläge zu machen. »Wir müssen die Kraft haben, in Gegensätzen zu leben.« Das ist gewiß ein männlicher Satz. Aber was hat diese nüchterne heraklitische Absage an alle Versuche, dem Leben seine Antinomien und Konflikte zu nehmen, was hat dieses Ja zur unausrottbaren Widersprüchlichkeit des menschlichen Daseins mit jenen peinlichen Phrasen zu tun, die Moeller vorbringt, wenn es um verbindliche Aussagen geht?
Soll das künftige Deutschland, das er prophezeit, Bundesstaat oder Staatenbund sein? Moeller vermeidet eine Entscheidung, indem er folgende Haarspaltereien vorbringt: Es gehe nicht darum, »den Bundesstaat zum Staatenbund zurückzubilden, sondern ein Reich zu schaffen, das beides ist, und den Gegensatz aufhebt, indem es ihn erhöht. Nur in einem solchen Staate wird dann an der Stelle des Parlamentarismus eine Volksvertretung der Nation möglich werden, in der sich ihre Lebenskraft als Willensrichtung vertritt«.

Soll die Wirtschaft kapitalistisch-marktwirtschaftlich oder sozialistisch-planwirtschaftlich organisiert werden? Wieder umgeht Moeller eine klare Wahl, indem er sowohl das »Zunftwesen des Mittelalters« als auch den »Führergedanken einer neuen Jugend« als Grundlagen einer neuen Ordnung angibt, die er abwechselnd als »deutschen Sozialismus« und als »Sozialismus der Unternehmung« deklariert. Doch was Moeller damit anbietet, hat kaum etwas mit Sozialismus in herkömmlichem Sinne gemein. Wo er mehr verrät, als daß Sozialismus »Verwurzelung, Staffelung, Gliederung« bedeute – was eher an ständestaatliche Konzeptionen erinnert –, entpuppt sich seine sozialistische Version gar als unverblümter Machtstaat. Offen wirft er dem deutschen Proletariat vor, in seiner marxistischen Verblendung nicht rechtzeitig erkannt zu haben, »daß der deutsche Imperialismus diejenige Lebensform hätte werden können, die eine natürliche und nationale Antwort auf jene ›soziale Frage‹ gab, von der wir immer redeten... Als der Imperialismus den Krieg verlor, da verlor ihn der Sozialismus«.

Soll Deutschland eine Allianz mit dem slawischen Osten, insbesondere der Sowjetunion, bilden, so wie die preußischen Könige sich stets ein gutes Verhältnis zu Rußland angelegen sein ließen, oder soll es aggressive Ostpolitik auf Kosten seiner Nachbarn führen? Auch in dieser prinzipiellen Frage deutscher

Außenpolitik hat Moeller zeitlebens geschwankt. Sein epochemachendes literarisches Erlebnis – die Begegnung mit Dostojewski – ließ ihn zu einer ausgesprochen rußlandfreundlichen Politik neigen. Allerdings verlor seine Ostvision, wie wir bereits zeigten, nie ihren vorwiegend ästhetischen Charakter, der ihr etwas Vieldeutig-Schillerndes verlieh.

»Wir brauchen in Deutschland die voraussetzungslose russische Geistigkeit... Nachdem wir so lange zum Westen hinübergesehen haben, bis wir in Abhängigkeit von ihm gerieten, sehen wir jetzt nach dem Osten hinüber – und suchen die Unabhängigkeit... Der Blick nach Osten erweitert unseren Blick um die Hälfte der Welt. Die Fragen des Ostens sind für uns eine Frage der geistigen Universalität... Wir haben im Verlaufe unserer langen Bildungsgeschichte schon manches ferne und fremde Bildungsgebiet einbezogen... Aber noch nie wurde eines so gefährlich, wie das westliche geworden ist. Wir werden uns hüten müssen, daß nicht auch der Osten zu einer Gefahr wird. Es ist kein anderes Verhältnis zu ihm möglich, als das des völligen Vertrautseins, aber des sicheren Abstandes. Wenn wir unsere geistige Souveränität, und aus ihr folgend auch unsere politische Souveränität wiedergefunden haben, dann wird auch Rußland nicht mehr und nicht weniger für uns sein als eines jener großen Bildungsgebiete, die uns reicher machten, aber auch selbständiger. Bis dahin teilen wir mit Rußland... das gleiche Schicksal.«

Neben dieser distanzierten Sympathieerklärung, die abgrundtief vom Rassenhochmut Hitlers gegenüber den »slawischen Untermenschen« entfernt ist, finden sich jedoch bei Moeller verschiedene Äußerungen, die unverkennbar imperialistisch klingen, wie etwa diese aus dem Jahre 1916: »Weil sich Rußland mit dem Westen verband, hat das Russentum uns das Recht gegeben, selbst östliche Politik zu treiben.« Was Moeller euphemistisch unter »östlicher Politik« verstand, war nichts als eine Folge seiner Anfang 1918 geäußerten Überzeugung, »daß Deutschland den Krieg nach Osten auch dann gewinnen werde, wenn es ihn im Westen verlieren sollte«.

Noch im Jahre 1919 wollte er in seinem Buch »Das Recht der jungen Völker« den amerikanischen Präsidenten Wilson für die deutsche Sache gewinnen, indem er darauf hinwies, daß nur ein von den Siegern nicht entmachtetes Deutschland die Westmächte vor der bolschewistischen Gefahr schützen könne. Doch zwei Jahre später attackierte er Ludendorff, der ähnlichen Sinnes einen internationalen Kreuzzug gegen die Sowjetunion angeregt hatte. So blieb Moellers Einstellung auch hier in höchstem Grade wechselnd und zweideutig: Sowohl Ernst Niekisch als auch Adolf Hitler konnten sich durch sein Werk legitimiert fühlen. Moeller selbst zögerte, sich für eine der beiden radikalen Auslegungen zu entscheiden. Sein »dritter Standort« ist nicht zuletzt eine suggestive Umschreibungsformel für dieses Zögern. Nachdem Hitler 1922 im Juni-Klub einen Gastvortrag gehalten hatte, wandte er sich an Moeller mit den Worten: »Sie haben alles das, was mir fehlt. Sie erarbeiten das geistige Rüstzeug zu einer Erneuerung Deutschlands. Ich bin nichts als ein Trommler und Sammler. Lassen Sie uns zusammenarbeiten!« Doch Moeller blieb reserviert. Nachdem Hitler fortgegangen war, sagte er zu Rudolf Pechel, der diese Begegnung arrangiert hatte: »Pechel, der Kerl begreift's nie!«

So wie er dem Lockruf Hitlers ausgewichen war, ließ er auch das überraschende Angebot von Lenins Sendboten Karl Radek vorübergehen. Radek, ein Bolschewik der alten Garde, Mitglied des Zentralkomitees der KPdSU und Deutschlandspezialist der Kommunistischen Internationale, hatte auf dem Höhepunkt der Ruhrkrise, am 20. Juni 1923, in einer Rede vor dem Erweiterten Exekutivkomitee der Komintern an die deutschen Nationalisten die Frage gestellt: »Gegen wen wollen die Deutschvölkischen kämpfen: gegen das Ententekapital oder gegen das russische Volk? Mit wem wollen sie sich verbinden? Mit den russischen Arbeitern und Bauern zur gemeinsamen Abschüttelung des Joches des Ententekapitals, oder mit dem Ententekapital zur Versklavung des deutschen und russischen Volkes?«

Unmittelbarer Anlaß zu dieser Frage war der Tod des Freikorpskämpfers Leo Schlageter. Dieser war, nachdem er zuvor gegen russische und deutsche Kommunisten gekämpft hatte, am 26. Mai 1923 von einem französischen Kommando wegen Sabotage und Spionage erschossen worden. Frankreich hatte damals das Ruhrgebiet besetzt. Gleichzeitig erreichte die Inflation ihren Höhepunkt. Moeller antwortete Radek in drei Aufsätzen, die im »Gewissen« erschienen. Bei aller Hochachtung, die Moeller dem sowjetischen Gesprächspartner entgegenbrachte, war der Tenor seiner Antwort ausweichend. Obwohl er eine Reihe von plausiblen Einwänden vorbrachte, wird man den Verdacht nicht los, daß der politische Romantiker, der bisher von der Allianz der jungen Völker nur geträumt hatte, höchst erschrocken war, als er endlich – auf dem Höhepunkt einer zugleich nationalen und sozialen Krise – beim Worte genommen wurde. Vor der sich abzeichnenden Möglichkeit einer pragmatischen Zusammenarbeit zwischen Deutschland und Rußland packte Moeller eine Art Wasserscheu. Um seiner Ost-Vision die sterile Reinheit bloßer Idealität zu bewahren, lenkte er die Diskussion mit Radek bewußt von den aktuellen politischen Fragen auf die Ebene weltanschaulicher Prinzipien, wo sie ergebnislos verstummte.

Was damals in Deutschland scheiterte, ein nationaler Abwehrkampf unter dem Zeichen sozialistischer Innenpolitik und rußlandfreundlicher Außenpolitik, wurde Jahrzehnte später Ereignis in den nationalrevolutionären Bewegungen Afrikas, Asiens und Lateinamerikas. Die »jungen Völker« Moellers van den Bruck begegnen uns heute im externen Proletariat der Entwicklungsländer, im dritten Reich der Armut, des Hungers und der Bevölkerungsexplosion. Während der Nationalbolschewismus in Deutschland eine literarische Angelegenheit blieb, begannen ihn die ehemaligen Kolonien als »dritten Weg« zwischen den Westmächten und dem kommunistischen Lager in die Tat umzusetzen. Die neuen Staaten der Südhälfte des Erdballs – so verschieden ihr Ehrgeiz und ihr Potential auch sein mögen – stellen heute jene dritte Kraft dar, die Moeller für die besiegten Deutschen beansprucht hat. Wenn man von seinen bleibenden Verdiensten um Dostojewski absieht, ist der zögernde Autor des »Dritten Reiches« in Deutschland passé. Seine Erben finden wir nicht in den rechtsintellektuellen Kleingruppen der Bundesrepublik, sondern in Algier, Kairo und Damaskus, in Dakar, Accra und Nairobi, in Delhi, Djakarta und Havanna. Einer von ihnen war Frantz Fanon.

War auch Moellers Tod eine Flucht, ebenso zweideutig wie sein ganzes Werk? Am 30. Mai 1925 setzte er in Berlin seinem von Schwermut umdüsterten Leben ein Ende. Sein Selbstmord steht zwischen dem von Kleist und dem von Hitler. Hatte er ihn gewählt, weil er ahnte, was Deutschland und der Welt unter dem von ihm so schwärmerisch verkündeten »dritten Reich« bevorstand? In seinem Hauptwerk stehen auch diese Sätze: »Das deutsche Volk ist nur zu geneigt, sich Selbsttäuschungen hinzugeben. Der Gedanke des dritten Reiches könnte die größte aller Selbsttäuschungen werden, die es sich je gemacht hat... Es könnte an ihm zugrunde gehen.« (1967)

ROBERT WALSER

Von dem Dichter Robert Walser redend, ist es nicht unangebracht, sich zunächst an einige seiner eigenen Aussprüche zu erinnern, in denen er offen oder verschleiert über das Geheimnis seiner Existenz spricht: »Ja, sein Lebenswandel ist wie ein Traum, und seine Erscheinung ist wie ein Rätsel.« – »Ich bin nichts als ein Horchender und Wartender, als solcher allerdings vollendet, denn ich habe es gelernt, zu träumen, wenn ich warte.« – »Ich kann nur in den untern Regionen atmen.« – »Niemand ist berechtigt, sich mir gegenüber so zu benehmen, als kennte er mich.« Worte dieser Art ließen sich noch manche anführen; sie lassen ahnen, daß Robert Walser, sich selbst ein Rätsel, um das Außergewöhnliche seines Dichter- und Künstlertums wußte.

Er wurde am 15. April 1878 in Biel geboren. Nach den Schuljahren wurde er Lehrling bei einer Bank. Seit seinem achtzehnten Lebensjahr wechselte er häufig Wohnort und Beruf; in den meisten Stellungen hielt er es nicht länger als einige Wochen aus. Walser war Sekretär, Verlagsangestellter, Kontorist in einer Maschinenfabrik, Buchhändler, Gehilfe eines Rechtsanwalts, Commis bei einer Versicherungsgesellschaft, Hausbursche und anderes mehr. Eine Zeitlang träumte er davon, Schauspieler zu werden; als sich der berühmte Josef Kainz von seiner Talentprobe unbeeindruckt zeigte, entdeckte er seine Berufung zum Dichter. Die ersten lyrischen Veröffentlichungen des Zwanzigjährigen erregten das Interesse des österreichischen Essayisten Franz Blei. 1905 zog er nach Berlin, wo auch sein Bruder Karl, ein bekannter Maler, lebte. 1904 war im Insel-Verlag sein erstes Buch erschienen, »Fritz Kocher's Aufsätze«; verkauft wurden davon 47 Exemplare. Der Mißerfolg hinderte den Dichter nicht daran, das diesem Werk zugrundeliegende Grundmuster auch in den meisten seiner späteren Prosawerke abzuwandeln. So wie er hier in die Rolle eines Schülers schlüpft, hat der kontaktscheue Poet immer wieder neue Masken angenommen, um von sich selber sprechen zu können: die Masken des Narren, Gauklers, Pagen, Spaziergängers, Tölpels, des Commis oder auch von Dichtern wie Hölderlin, Kleist, Brentano, Lenau. Er schrieb drei Romane, die alle bei Bruno Cassirer in Berlin erschienen sind: »Geschwister Tanner« (1907), »Der Gehülfe« (1908), »Jakob von Gunten« (1909). Hinzu kommen einige Dramoletts, über zweihundert Gedichte und mehr als tausend Prosastücke – impressionistische Miniaturen, verspielt und hintergründig, filigranzart und traumhaft, in denen er alltägliche Begebenheiten festhält. Diese kleine Prosa macht den Hauptteil von Walsers Schaffen aus. 1913, ein Jahr vor Ausbruch des Ersten Weltkriegs, verläßt der Poet Berlin fast fluchtartig. Er leistet Militärdienst im schweizerischen Heer, ist während einiger Monate Bibliothekar des Berner Staatsarchivs, wird von seiner Schwester Lisa unterstützt, leidet in zunehmendem Maße an Angstzuständen, halluzinatorischen Auditionen und begibt sich schließlich, wenige Monate nach seinem fünfzigsten Geburtstag, in die Heilanstalt Waldau (Bern). Die Diagnose der Ärzte: Schizophrenie. Im Juni 1933 wird er in die psychiatrische Klinik Herisau (Appenzell-Außerrhoden) gebracht, die ihm zum ständigen Aufenthalt für die letzten dreiundzwanzig Jahre seines Lebens wird. Er schreibt nichts mehr, zieht sich zurück in schweigende Einfalt, lehnt alle Vergünstigungen ab, reinigt die Säle der Anstalt, zupft Wolle, sortiert Stanniolabfälle und Schnüre, falzt Papiertüten. Im Irrenhaus, diesem »Kloster der Moderne« (Elias Canetti), fühlt er sich normaler als »draußen«, wo Dichter und Träumer nur verdächtige Fremdlinge sind. Ein Hölderlin-Schicksal, von dem er einmal gesagt hat: »Hölderlin hielt es für angezeigt, das heißt für taktvoll, im vierzigsten Lebensjahr seinen gesunden Menschenverstand einzubüßen.«

So lebt er, gleichgültig, ja abweisend gegenüber allen Versuchen, ihn berühmt zu machen, ein dahindämmerndes Pflanzenleben bis zu seinem Tod am Weihnachtstag 1956; fast drei Jahrzehnte dauert sein Lebensabend. Er selbst hat freilich einmal den schönen Satz geschrieben: »Abende sind Gottheiten, und im Abend ist man wie in einer süßen, hohen, wehmutreichen Kirche.« Robert Walser ist einer der wirklich großen und eigenständigen Poeten dieses Jahrhunderts, die bedeutendste Erscheinung der deutsch-schweizerischen Literatur nach Gottfried Keller und Carl Spitteler, der Verfasser der zauberhaftesten, duftigsten und anmutigsten Kleinprosa in deutscher Sprache. Schwer ist es, ihn einzuordnen. »Andauernd schwankt er zwischen Karl Valentin und Hölderlin«, sagt sein Namensvetter Martin Walser von ihm, und er fügt hinzu: »Robert Walser schlägt einem von Mal zu Mal die Instrumente kaputt, mit denen man ihn erklären will.« So verschiedene Geister wie Hermann Hesse und Franz Kafka, Walter Benjamin und Armin Mohler haben Walser gerühmt. Was Kafka betrifft, so hat bereits Robert Musil darauf hingewiesen, daß der Prager Schriftsteller von dem schweizerischen in mancher Hinsicht beeinflußt ist; dabei handelt es sich nicht nur um oberflächliche Entlehnungen und Adaptionen, sondern wohl um eine geistig-seelische Verwandtschaft.

Wer war Robert Walser? Ein später Nachfahre der mittelalterlichen Vaganten? Ein Urenkel des Eichendorffschen Taugenichts? Oder, um an eine Legende Gottfried Kellers zu erinnern, ein in das zwanzigste Jahrhundert verirrter Ritter Zendelwald, dem keine gütige Madonna beizustehen beliebte? Ein Halbbruder des Wiener Kaffeehaus-Bohémiens Peter Altenberg oder Peter Hilles, des verbummelten Berliner Hymnikers? War er ein antibürgerlicher Ästhet, ein in das Wort und den Schein verliebter Narziß? Ein ironischer Rokoko-Romantiker? Ein visionärer Tragiker hinter der Maske eines Spitzwegschen Kauzes? Ein leichtsinnig-beschwingter Melancholiker? Ein Weiser oder ein Narr? Er war dies alles – und noch viel mehr. Vielleicht hat Christian Morgenstern Walsers Grundhaltung am treffendsten charakterisiert, als er 1907 schrieb, eigentümlich sei dem Bieler Dichter »die Nichtachtung dessen, was ich das Bürgerliche im Inneren des Menschen nenne, und das Sehen der Welt als eines fortwährenden Wunders«.

Robert Walser war der geborene *homo viator,* ein Peripatetiker, dem die Einfälle im Spazierengehen, Umherwandeln und Wandern zuflogen. Vom Spaziergänger, sagt Schopenhauer, kann man nicht behaupten, daß er Umwege mache; er geht um des Gehens willen. Auf einem Spaziergang starb er auch einen sanften Tod, am Christtag des Jahres 1956. Der Weg ist das Ziel, Unterwegsein alles, der Eros nach der, ach, so lockenden fernen Nähe, die beides enthält: heimelige Geborgenheit und den Zauber der Fremde. Das Kennwort der chinesischen Philosophie, *Tao,* heißt: der Weg. Ein apokrypher Jesus-Spruch lautet: »Werdet Wanderer!« Christliche, taoistische und romantische Motive verschlingen sich in Walsers Lebensgefühl, dem Dichter höchstwahrscheinlich kaum bewußt, auf eine schier unentwirrbare Weise. Schwer kann man ihn sich im Hochgebirge, etwa im Engadin, vorstellen. Seine bevorzugten Landschaften sind sanfthügelige Wälder und Wiesen, auch alte Städte mit winkeligen Gassen oder Gegenden gleich der am Bieler See. Wie Stifter liebt er das Kleine und Unscheinbare, die Magie des Alltäglichen erregt sein kindhaftes Staunen. Das Große, gar das Gigantische oder Pompöse erschrecken ihn, und ebenso alle gesellschaftlichen Bindungen, große nicht weniger denn kleine. »Beim Anblick von Bäumen denke ich: Wie sind die ruhig und wohlwollend. Warum sind nicht auch die Menschen so?« Walser ist eine liebevolle Seele, doch er liebt die Welt auf eine lebensscheu-schüchterne Weise, sozusagen in intimer Distanz, in zärtlicher Leislichkeit (ein von ihm geprägtes Wort) und mit einer sich der Gier des Habenwollens entschlagenden Sehnsucht. »Was man hat, hat man schon wieder nicht mehr, und was man besitzt, hat man schon wieder verloren. Nur das, wonach man sich sehnt, besitzt man und hat man«, heißt es in einer Skizze »Der Traum«.

Auch wenn er sich nach außen bisweilen mürrisch, grantig und unwirsch gab, waren dennoch die sein Dichten beschwingenden Affekte und Stimmungen tiefe Freude, Zärtlichkeit, ein Gefühl des Dankes. Immer wieder tauchen die Worte »köstlich«, »nett«, vor allem aber »entzückend« in seinen kapriolenreichen und graziösen Prosastücken auf. »Entzückung« ist ein aus der hohen Mystik stammendes Wort. Goethe billigt es, im tiefsinnig-geheimnisvollen zweiten Teil seines »Faust«, dem »Doctor Marianus« zu, als dieser »in der höchsten, reinlichsten Zelle« die Königin des Himmels schaut. Voraussetzung der Gnade, entzückt zu sein, ist das Sehen der Welt als eines immerwährenden Wunders, von dem Morgenstern im Hinblick auf Walser sprach. Dieses Entzücken ist etwas ganz anderes als sentimentale Schwärmerei. Es ist ein Nachklang jener universalen Gutheißung, die der biblische Weltenschöpfer am siebenten Tag ausspricht, oder auch jener kosmischen Bejahung, wie sie in einem indischen Spruch zum Ausdruck kommt: »Als Gott die Morgenröte schuf, erschrak er, sie so schön zu finden.« Der Ausdruck »entzückend« gehört zu den Herzworten der Walserschen Sprache. Er zielt auf eine unversehrbare Helle und Heiterkeit, die nicht enttäuscht und widerlegt werden kann. »Fürstlich schön, geradezu entzückend« kann eine Kastanienallee sein; entzückend ist aber auch die rührende Hilflosigkeit eines Kindes, das Stürmen des Windes.

Entzückend sind nicht nur Blumen, Blätter, Bäume, Wälder, Farben, Düfte, Töne, Gedanken, Stimmungen, ein Zimmer, ein Bergdorf, ein Mädchen, ein Vogel; entzückend ist sogar, wie Walser einmal schreibt, »die Güte des Unglücks«. In seiner fast hundert Seiten umfassenden Dichtung »Der Spaziergang« umschreibt er dieses Entzücken als ein tiefes Einverständnis mit dem Wunder des Seins:

»In all der Schweigsamkeit ließ da und dort ein Vogel aus liebreizendem, heiligem Verborgenen seine heitere Stimme vernehmen. Ich stand und horchte. Plötzlich befiel mich ein unnennbares Weltempfinden und ein damit verbundenes, gewaltsam aus freudiger Seele hervorbrechendes Dankbarkeitsgefühl.«

Eine Erinnerung werde ihn noch im Tode beleben, fügt der Dichter hinzu, und eine Freude ihn noch im Grabe beglücken: »ein Danksagen für die Genüsse und ein Entzücken über das Danksagen«.

Nur Narr? Nur Dichter? »Dichterisch wohnet der Mensch auf dieser Erde« (Hölderlin). Robert Walser, der Einzelgänger, Flaneur und unzeitgemäße Zeitversäumer, kann kein »Vorbild« im pädagogischen Sinne sein. Doch er erinnert wie nur wenige Meister des Wortes daran, daß Dichtung nicht nur eine besondere, vom Leben abgetrennte Kunst ist, sondern eine Urfunktion, ein Wesensmerkmal des Menschen, ursprünglicher als das rational-diskursive Denken. Sein gesamtes Werk ist eine einzige Absage an die grämliche Orthodoxie der Kehrichtwühler, an eine Literatur engagierter Übellaunigkeit, aufgeblasener Verbiesterung und hochmütiger Larmoyance. Der Mensch kann, das ist die Botschaft Robert Walsers, vom Leben, von der Welt, von allen Dingen und Widerfahrnissen sehr, sehr viel »haben«, wenn er zu jener höflichen, gelassenen, zärtlichen Einstellung findet, die auf jenes zur Wut, zur rasenden Hast gewordene Haben-Wollen verzichtet, das uns und unsere Erde verwüstet. Es ist dies ein Verzicht, der nicht nimmt, sondern gibt und reich macht. »Man kann ihn nicht lesen«, sagt Elias Canetti von Robert Walser, »ohne sich für alles zu schämen, was einem im äußeren Leben wichtig war, und so ist er ein eigener Heiliger, nicht einer nach überlebten und entleerten Vorschriften.« Der schweizerische Dichter ist auch, ja gerade heute, an seinem hundertsten Geburtstag, ein großes, aber heilsames Ärgernis, weil er so eindrücklich, sanft und entzückend von dem redet, woran es uns am meisten gebricht. (1978)

OTHMAR SPANN

Der bedeutende französische Soziologe Raymond Aron hat einmal gesagt: »Es ist schwer, Othmar Spann gerecht zu werden.« Die Schwierigkeit, ihm gerecht zu werden, hat mehrere Gründe. Da ist zuvörderst die staunenerregende Vielseitigkeit dieses Mannes. In der Zeit zwischen den beiden Weltkriegen gehörte Spann, neben Werner Sombart, zu den meistgelesenen und bekanntesten Wirtschaftswissenschaftlern. Seine Vorlesungen an der Wiener Universität zogen die Massen an und waren Ereignisse, die immer wieder in den Tageszeitungen kommentiert wurden. Spanns Bücher wurden nicht nur in die wichtigsten europäischen Sprachen übersetzt, sondern auch ins Indische, Chinesische und Japanische. Seine erstmals 1911 erschienenen »Haupttheorien der Volkswirtschaftslehre« erreichten eine Gesamtauflage von mehr als 120000 Exemplaren. Der am 1. Oktober 1878 in einem Wiener Vorort geborene Gelehrte war nicht nur ein prominenter Nationalökonom, der bei Albert Schäffle und Carl Menger eine solide Ausbildung erhalten und seine akademische Laufbahn als Statistiker begonnen hatte. Er war auch – und vor allem! – Philosoph, ein eminenter spekulativer Denker, der die platonisch-aristotelische Weltlinie der abendländischen Metaphysik auf kühne Weise fortzusetzen sich unterfing, ein idealistischer Streiter gegen Positivismus, Naturalismus und Materialismus. Er schuf im Laufe der Jahrzehnte ein keinen Bereich der Wirklichkeit auslassendes System, dessen Geschlossenheit, Weite und theoretische Kraft an die großen Hervorbringungen des Deutschen Idealismus gemahnen. Natur-, Religions-, Geschichts- und Sozialphilosophie, Kategorienlehre, philosophische Anthropologie, Ästhetik, Psychologie, Logik – nichts fehlt. Ein Teil dieses Systems, des Spannschen »Universalismus«, ist auch seine Soziologie mit ihren Grundbegriffen »Ganzheit«, »Gezweiung« (Gegenseitigkeit, Gemeinschaft) und »Rückverbundenheit«. Hinzu kommen eine große Arbeit über den hochmittelalterlichen Mystiker Meister Eckhart, ein »Philosophenspiegel« und »Das Gespräch über Unsterblichkeit«. Die postume Gesamtausgabe, zwischen 1963 und 1979 von der Akademischen Druck- und Verlagsanstalt in Graz vorgelegt, umfaßt einundzwanzig Bände mit insgesamt über neuntausend Seiten.

All dies zu bewältigen und zu durchdringen setzt einen sehr hohen Grad von Bildung und Hegelscher »Anstrengung des Begriffs« voraus, und so wundert es nicht, daß die Diskussion über Spanns metaphysische Ansichten nur in recht kleinen Kreisen gepflegt wird. Doch dies ist nicht die einzige Schwierigkeit, die den Zugang zu seinem philosophischen Werk erschwert. Hinzu kommt der politisch-ideologische Aspekt. Spann gehörte zu den führenden Gestalten jener in sich sehr heterogenen geistespolitischen Bewegung, die man nicht unmißverständlich als »Konservative Revolution« bezeichnet. Man könnte seine Lehren geradezu als einen »Marxismus von rechts« ansprechen. Wie der Marxismus hat auch Spanns universalistische Philosophie, wenngleich auf höherem Niveau, den Charakter einer in sich geschlossenen, alle Fragen beantwortenden, alle Widersprüche auflösenden Heilslehre. Als Ordinarius in Wien war er die vielleicht vollkommenste Verkörperung des missionarischen »Kathederpropheten«, der, entgegen den Warnungen Max Webers, wissenschaftliche Fragen nicht von moralischen Werturteilen und politischen Zielsetzungen trennen wollte. Verehrt von den einen, gehaßt von den anderen, hatte Spann dem Liberalismus wie dem Marxismus den schärfsten Kampf angesagt. Er war ein elitärer Denker, ein Hierarchist, und wie Platon wünschte er, daß an der Spitze des Staates Philosophen-Könige stehen mögen. Mit Platon teilt er freilich auch das Los, daß alle Versuche, seine Philosophie unmittelbar im Bereich der Politik zu verwirklichen, kläglich gescheitert sind. Von dem Experiment eines christlich-autoritären »Ständestaates« in Österreich unter Dollfuß und Schuschnigg distanzierte er sich öffentlich, weil ihm der »Austrofaschismus«

noch zu sehr mit den liberalen Ideen der Französischen Revolution behaftet schien. Eine kleine Weile hatte er dann gehofft, Hitler zum Universalismus bekehren zu können. Ein weltfremder Gedanke, wenn man berücksichtigt, daß der geistgläubige Othmar Spann den Antisemitismus und die vulgärdarwinistische Rassenideologie der Nationalsozialisten ebenso abgelehnt hat wie den totalitären Einparteistaat! Als Hitler im März 1938 nach Wien kam und Österreich zur »Ostmark« degradierte, verlor Spann seine Professur. Er wurde verhaftet, fünf Monate lang gefangengehalten, mit Publikationsverbot belegt und schließlich auf seinen Besitz im Burgenland verbannt. Ebenso wurden fast alle seine Schüler aus dem akademischen Leben entfernt. Einer der bedeutendsten Verehrer Spanns in Deutschland war übrigens der konservative Publizist Edgar Julius Jung, der zu den ersten Opfern des 30. Juni 1934 gehört. Auch nach 1945 mußte Spann der Universität fernbleiben. Die Sozialisten verziehen ihm seinen kompromißlosen Antimarxismus nicht, während die Katholiken ihm seine »großdeutschen« Sympathien und die Ablehnung des Ständestaates vorwarfen. Spann widmete sich nur noch seinem philosophischen Werk. Am 8. Juli 1950 starb er in Neustift bei Schlaining im Burgenland.

Mißverständnisse, Voreingenommenheit, aber auch schlichte Ignoranz haben dazu geführt, daß dieser einst so berühmte wie umstrittene Denker außerhalb Österreichs nur noch wenigen bekannt ist. Ein bekannter neudeutscher Politologe meinte unlängst arrogant, Spanns Lehren seien »heute keinen Pfifferling mehr wert«. Wenn damit gemeint ist, daß die Grundintentionen des vor hundert Jahren geborenen Philosophen allen maßgebenden Tendenzen unserer Zeit widersprechen, dann enthält dieses hochmütige Urteil einen Kern von Wahrheit. Auch Spann selbst mag sich wohl zu den Besiegten des Zweiten Weltkriegs gezählt haben, als im Westen die liberale Demokratie, im Osten der Marxismus zum Siege gelangt war – also zwei Bewegungen, für die er nie etwas übrig gehabt hatte. Gleichwohl mehren sich die Anzeichen, daß man allmählich unbefangener die Bedeutung und den Rang dieses vielseitigen Denkers wahrzunehmen beginnt. Es zeigt sich, daß viele seiner Thesen, die auf progressive Gemüter so ärgerniserregend wirken, überaus plausibel sind. Das gilt auch für den umstrittenen Satz, daß »das Ganze« mehr als die Summe seiner Teile sei, mit dem bekanntlich eine alte aristotelische Lehre erneuert wird, aus der viele freilich nur den Nazi-Slogan heraushören wollen: »Du bist nichts, dein Volk ist alles.« Heute spricht man zwar nicht von Ganzheit, sondern von »System« oder »Totalphänomen«, und in diesem Sinne gehört ein universalistischer Ansatz zu den unabdingbaren Voraussetzungen sowohl der Ökologie wie jeder brauchbaren Langfristplanung. Churchman, einer der Pioniere von »Operations Research«, fordert sogar, obwohl er kaum jemals etwas von Spann gehört haben mag, eine »Ethik für Gesamtsysteme«. Es kommt nur darauf an, diese Ganzheiten nicht fetischistisch zu verabsolutieren, und eben dies hat Spann in seinen besten Augenblicken durchaus vermieden, so, wenn er betont, daß ungeachtet der logischen (nicht zeitlichen) Priorität des Ganzen dieses kein eigenes Dasein neben den Gliedern habe.

Ebenso evident ist Spanns »antidemokratische« These, daß im Staat »die Besten« regieren sollen, daß also die »Aristokratie« die beste Regierungsform sei. Schwer läßt sich vorstellen, daß ein einsichtiger Mensch wünschen könnte, die Schlechtesten mögen die Angelegenheiten des Staates leiten. Die Schwierigkeit liegt nur darin, mit welchen Methoden und nach welchen Maßstäben festgestellt werden soll, wer zu den Besten gehört. Der Demokrat vertraut darauf, daß Parteiwettbewerb, Wahlen und Mehrheitsprinzip anderen Formen von Führerauslese überlegen seien. Darüber kann man diskutieren, doch grundsätzlich schließen Demokratie und Aristokratie einander nicht aus.

Aktuell ist auch ein dritter Gedanke Othmar Spanns: staatliche Gemeinwesen sind mehr als bloße Zweckverbände; sie sind unaufhebbar auf ethische Überzeugungen und inspirierende religiös-philosophische Grundsätze angewiesen.

Was Spanns »ständestaatliche« Vorstellungen betrifft, so haben diese ihrem Urheber den Vorwurf eingetragen, er erstrebe eine Rückkehr ins Mittelalter. Der Sozialdemokrat Otto Bauer meinte einmal boshaft, Spann repräsentiere die Flucht der durch die Inflation verelendeten bürgerlichen Intelligenz in einen romantisch verklärten Feudalismus. Inzwischen können wir allenthalben eine Renaissance ständestaatlicher Ideen feststellen, sei es unter dem marktwirtschaftlichen Vorzeichen der »Sozialpartnerschaft«, sei es unter rätedemokratisch-syndikalistischer Flagge. Österreich ist heute unter einem sozialistischen Bundeskanzler in weit höherem Grade ein Ständestaat als zu Lebzeiten Othmar Spanns, und die Bundesrepublik ist auf dem besten Wege dazu. Fraglich ist nur, ob die Resultate die Hoffnungen rechtfertigen, die Spann einst auf den Ständegedanken gesetzt hat.

Linke Kritiker haben dem Schöpfer des Universalismus oft vorgeworfen, er sei ein »Arbeiterfeind«. Das ist er niemals gewesen – er war ein Feind des Marxismus, und dies ist etwas ganz anderes. Spann hat die moderne Gewerkschaftsbewegung durchaus bejaht und in der Institution des Kollektivvertrags einen Meilenstein auf dem Wege zu einer Ständebildung zwischen Arbeitgebern und Arbeitnehmern gesehen.

Überhaupt wird, wer sich in die Schriften dieses elitären Idealisten vertieft, dessen System zu den seltenen Beispielen einer umfassenden »konservativen Theorie« gehört, keinem herzlos kalten Menschenverächter begegnen. »Gott hat nichts zu seinem Fußschemel gemacht«, hat Spann einmal gesagt. Niemand ist überall der Erste, niemand überall der Letzte. Dahinter steht der Krongedanke Adam Müllers: Jeder Mensch ist Haupt eines Standes und Glied eines Standes, zugleich *primus* und *minister.* Hinter Müller aber steht Goethe: »Der geringste Mensch kann komplett sein«, – ein »Ganzer«. Dazu paßt auch, daß Spann seinen Wiener Studenten immer wieder die Lektüre von Grillparzers Novelle »Der arme Spielmann« empfohlen hat.

Stellt man die Frage, was von seinem Werk noch gültig ist, so ist vor allem zu bedenken, daß Othmar Spann vor allem Philosoph war, und zwar ein in der großen idealistischen Tradition von Platon, Leibniz, Fichte, Hegel und Schelling stehender Metaphysiker. Hier liegt der Grund seiner momentanen Unzeitgemäßheit, aber auch die Chance seiner Wiederkehr.

Für einen erklärten Antimetaphysiker mag ausgemacht sein, daß Spanns Denken obsolet und unwissenschaftlich sei. Sein System erscheint dann als »Begriffsdichtung«. Es fragt sich nur, ob nicht auch strenge Erfahrungswissenschaft immer wieder eine Grenze erreicht, an der sie gezwungen ist, zumindest experimentell auf aus solchen Begriffsdichtungen entlehnte Kategorien, Prin-

zipien und Hypothesen zurückzugreifen. Was ist Ganzheit? Besteht die Gesellschaft aus grundsätzlich isolierten Individuen oder sind diese nur durch gesellschaftliches Miteinander (das keineswegs harmonisch zu sein braucht) das, was sie sind? Wie verhalten sich Freiheit und Ordnung, Ausgliederung und Rückverbundenheit, Sein und Sollen zueinander? All diese Probleme, mit denen Spann gerungen hat, sind Fragen, die sich immer wieder jedem Denkenden stellen. Sie können vorübergehend verdrängt und vergessen werden, aber nicht veralten. Othmar Spanns denkerischer Rang erweist sich auch darin, daß er imstande ist, allen grundlegenden philosophischen Standorten einen bestimmten Platz innerhalb der von ihm am Maßstab zunehmender Rückverbundenheit und das heißt letztendlich: Versenkung in die Wirklichkeit errichteten Systematik zuzuweisen. Er verneint nicht die von ihm kritisierten Philosophien, sondern nimmt sie in bedingter Weise auf, läßt sie im Hinblick auf eine je bestimmte Stufe des Seins als berechtigte Erkenntnis gelten. Die Hierarchie Empirismus, Rationalismus, Apriorismus, subjektiver Idealismus, ontologischer Idealismus, Mystik beruht darauf, daß jede dieser Richtungen jeweils in tiefere Schichten vordringt als die ihr vorangehende. Nichts wird von Spann von vornherein verdammt, auch noch die Irrtümer anerkennt er als Bruchstücke der Wahrheit, als bloß einseitig formulierte, voreilig verallgemeinerte oder unvollständig ausgesprochene Wahrheiten.
Othmar Spann könnte, vielleicht auf Umwegen und in anderer Weise, als er es sich gedacht hat, jene metaphysische Glut wieder anfachen, die wohl in jedem Menschen steckt, doch unter der Asche alltäglicher Selbstverständlichkeiten, angelernter Vorurteile und konventionellen Geredes nur zu oft zu verlöschen droht. In diesem Sinne ist wohl auch das Bekenntnis Spanns zu verstehen: »Wer Geschichte begreifen und nicht an den Fürchterlichkeiten des Geschehens scheitern will, die nur zu handgreiflich an der Oberfläche liegen, der muß an den Geist glauben. Keine Wunde, die er nicht zu heilen vermöchte, kein Dunkel, das er nicht zu lichten, kein Irrtum, den er nicht zu berichtigen, kein Verlauf, den er nicht größer und schöner zu wiederholen imstande wäre, kein Sieg, den er nicht übertrifft. Der Geist kennt keine Erschöpfung, keine Vernichtung; sein Ziel ist, wie der Ursprung, nichts weniger als die Ewigkeit.«

(1978)

THEODOR HAECKER

Wer es heute unternimmt, an Theodor Haecker zu erinnern, muß davon ausgehen, daß er von einem weithin Unbekannten spricht, sozusagen *in partibus infidelium.* Der am 4. Juni 1879 in Eberbach (Württemberg) geborene Schriftsteller, Übersetzer und Philosoph wird nur von wenigen wahrgenommen, die den Blick auf die geistige Landschaft der ersten Jahrhunderthälfte werfen. Der leidenschaftliche Konvertit, der den Weg von Kierkegaard und Karl Kraus zu Kardinal Newman und Thomas von Aquin gegangen ist, scheint auch den deutschen Katholiken fremd geworden zu sein. Er wurde für sie nicht zu einer Leitgestalt, wie es für den französischen *renouveau catholique* Charles Péguy, Jacques Maritain und Paul Claudel gewesen waren. Kaum fünfunddreißig Jahre nach seinem Tode gehört dieser überragendste Polemiker und Essayist, den der deutsche Katholizismus in der Zwischenkriegszeit hervorgebracht hat, der vielleicht furioseste Satiriker neben Karl Kraus, zu den großen Vergessenen, Verkannten und Totgeschwiegenen. Zwar hat Ludwig Rohner in seine vierbändige Sammlung »Deutsche Essays« Haeckers Dialog über die Satire aufgenommen und der Suhrkamp Verlag vor einigen Jahren die während des »Dritten Reiches« heimlich geschriebenen »Tag- und Nachtbücher« neu herausgebracht, nachdem bereits zwischen 1958 und 1969 bei Kösel in München eine fünfbändige Werkausgabe erschienen ist, doch dies ist auch schon fast alles. Gelesen werden die Schriften nur wenig. In wichtigen literaturgeschichtlichen Nachschlagwerken fehlt der Name Haecker, auch das im katholischen Herder Verlag erschienene »Lexikon der Weltliteratur im 20. Jahrhundert« verweigert ihm die Ehre eines eigenen Artikels.

Wer war dieser Mann, dessen schönste, reifste und beglückendste Schrift dem römischen Dichter Vergil gewidmet ist; der öffentlich erklärte, daß mit dem Liberalismus der Ernst aufhöre und der Spaß beginne; der bedauerte, daß Luther nicht, wie wenige Jahrzehnte vor ihm Jan Hus, in einem »feurigen Akt der Liebe« verbrannt wurde; und bereits vor Hitlers Machtergreifung das Hakenkreuz als »Zeichen des Tieres«, als »das Symbol des Dreh«, des subjektiven wie objektiven Schwindels, verflucht hat?

Zu den Grundelementen von Theodor Haeckers Biographie gehört zuvörderst seine württembergische Herkunft. Sein Vater war Ratsschreiber in Esslingen am Neckar. Schwäbische Dichter, Theologen und Lebensführer wie Hölderlin und Mörike, Christoph Blumhardt und Carl Hilty blieben für ihn Quelle und Urgrund eigenen Denkens; auf sie kam er immer wieder zurück. Sein Landsmann Christoph Schrempf, der erste Herausgeber und Übersetzer Kierkegaards unter den Deutschen, hatte ihn auf den dänischen Existenz-Denker hingewiesen, und Haecker lernte Dänisch, um Kierkegaard im Original lesen zu können. Sein eigenes melancholisch-grüblerisches Naturell, das er mit anderen großen Schwaben teilte, mochte sich durch den um Schwermut, Angst und Verzweiflung tief Bescheid wissenden Kopenhagener besonders angesprochen fühlen. Haecker schuf kongeniale deutsche Übersetzungen von mehr als einem halben Dutzend der Schriften Kierkegaards; seine Vorworte, Nachworte und Deutungen sind oft länger als der Haupttext.

Entscheidend war für ihn, neben der schwäbischen Heimat, auch sein Autodidaktentum. Als junger Mann träumte er davon, Schauspieler zu werden, aber sein Gesicht war durch eine Nasenoperation entstellt; er war, wie Kierkegaard der Mann mit dem Buckel, der »Mann mit der zerbrochenen Nase«. Doch auch von diesem physiognomischen Makel abgesehen, wäre Haecker, so eindrucksvoll er war, wenn er vorlas, wohl kaum jemals ein guter Schauspieler geworden. Bedrückende häusliche Verhältnisse zwangen ihn, das Gymnasium vorzeitig zu verlassen und in eine kaufmännische Lehre einzutreten. Obgleich er später das Abitur nachholte und auch einige Semester Philosophie studierte, war und blieb Haecker zeitlebens allem Universitätsbetrieb fern, ja er verachtete ihn sogar. Seine umfassende humanistische Bildung hat er sich unabhängig von Schulen und Akademien erworben. Er fühlte sich als Außenseiter, und er bejahte sein Einzelgängertum, so sehr er darunter auch litt – ein Zug, der ihn ebenfalls mit Kierkegaard verbindet. Von allen zeitgenössischen Universitätsphilosophen hatte nur Max Scheler einen größeren Einfluß auf diesen Selbstdenker, und zwar der »mittlere«, der katholischen Philosophie und Theologie, vor allem dem heiligen Augustinus, sich zuwendende Scheler. Haecker rühmt ihm nach, daß er »die geistigen Werte sah und darzustellen und hierarchisch zu ordnen wußte wie keiner sonst«, weil ihm »in erstaunlichem Grade gegeben war eine ›natürliche‹ Übereinstimmung einer großen, weiten, weltumspannenden Vernunft mit katholischem Geiste«.

Haeckers Lebenswerk ist nicht verständlich ohne seine 1921 vollzogene Konversion zum Katholizismus. Es war die Begegnung mit den Schriften des vom Anglikanertum zur katholischen Kirche übergetretenen Theologen und späteren Kardinals John Henry Newman, die ihn diesen Weg gehen ließ. Er führte den Jünger Kierkegaards nicht nur zurück in die römische Kirche, er hatte auch zur Folge, daß er dem neugewonnenen Glauben das Opfer der Satire brachte – nicht der Satire als literarischer Gattung, sondern als menschlicher Haltung. Haecker überwand, wie er selber bekannte, die Satire in dem Augenblick, als ihm diese Art zu schreiben am besten gefiel, als er Gerhart Hauptmann und Thomas Mann, Oswald Spengler und Stefan George, um nur die bedeutendsten Namen zu nennen, mit beißendem Spott, sarkastischem Witz und einem Pathos der Entrüstung, wie es nur auf dem Boden eines ethischen Absolutismus gedeihen kann, angegriffen, bloßgestellt, der Lächerlichkeit preisgegeben hatte. Die Konversion rettete den zornmächtigen, von der geistigen Pöbelhaftigkeit seines Zeitalters angewiderten Rebellen vor der Gefahr aller großen Satiriker: der Gefahr, vor Ekel, Empörung und Entlarvungswut angesichts des Nichtigen und Niedrigen, des Aufgeblähten und Verderbten, des Angemaßten und Falschen in Menschenverachtung, Verzweiflung oder gar Seinshaß zu verfallen. »Wenn ein Satiriker sich vorstellt, er müsse seine Arbeit endlos, Jahrhunderte fortsetzen, dann ist er in der Hölle«, bekennt Haecker, und an anderer Stelle sagt er: »Ich halte Karl Kraus für einen großen Schriftsteller, aber ich möchte doch ›Die Fackel‹ nicht geschrieben haben.« Dieses Urteil wiegt um so mehr, als Haecker einmal von Kraus bezeugt hat: »Er ist der einzige große, durch die Ethik gedeckte Polemiker und Satiriker der Zeit.«

So sehr Haeckers Konversion sich vielfach in allzu apodiktischen, ja maßlosen Urteilen über Luther und den Protestantismus insgesamt niederschlug, so sehr verdankte er dem katholischen Glauben jene Maßstäbe und Kräfte, die ihn davor bewahrten, dem Ungeist seiner Epoche zu erliegen. Bei Tag eine humoristische Postille redigierend, die (1929 mit den »Fliegenden Blättern« vereinigten) »Meggendorfer Blätter«, schuf Haecker in den Nächten für die Zeitschriften »Der Brenner« und »Hochland« seine großen Essays über Kierkegaard, Newman und Francis Thompson, vor allem aber seine Traktate »Christentum und Kultur« (1927), »Wahrheit und Leben« (1930), »Vergil« (1931), »Was ist der Mensch?« (1933), »Schöpfer und Schöpfung« (1934), »Der Christ und die Geschichte« (1935), »Schönheit« (1936) und »Der Geist des Menschen und die Wahrheit« (1937).

Dem Umfang nach sind sie alle »kleine Bücher«, doch in der Zeit des heraufziehenden und dann des siegreichen Nationalsozialismus war ihr Erscheinen allemal ein geistiges Ereignis ersten Ranges. Inmitten politischer Unterdrükkung, geistiger Verwahrlosung und ethischer Barbarei bekannte sich Haecker zum Primat des Geistes, zur Freiheit und Würde des Menschen, zur Wirklichkeit eines allgemein Humanen vor allen rassischen, gesellschaftlichen und kulturellen Unterschieden, zur christlichen Substanz der abendländischen wie der deutschen Geschichte. Gegenüber nordisch-germanischem Rassenhochmut, wie er unter Hitler gepredigt und verordnet wurde, wies der eifernde Katholik mit Nachdruck auf das griechische und römische Erbe hin, das neben dem Christentum, sozusagen als dessen heidnischer Advent, zu den unaufhebbaren Fundamenten der europäischen Zivilisation gehöre. Für Haecker gab es, weltgeschichtlich, ja heilsgeschichtlich betrachtet, nur *ein* »Reich« auf dieser Erde: das *Imperium Romanum,* und die Berufung der Deutschen zum Reich sei gebunden an deren Treue zum christlichen Glauben. Alles Reden von einem »zweiten« und »dritten Reich« erschien Haecker als provinziell und plebejisch, mehr noch: als bodenlose Betrügerei.

Kein Wunder, daß die Nationalsozialisten Haecker bereits 1933 in München verhafteten, nachdem er in der österreichischen Zeitschrift »Der Brenner« im Herbst des Vorjahres die prophetischen Sätze veröffentlicht hatte: »Welche Provinzen wird den Deutschen das dritte Reich kosten?... Bleibt im deutschen Reiche die Hegemonie bei Preußen, so ist Ostpreußen mit absoluter Sicherheit verloren, so werden die Sudetendeutschen unaufhaltsam tschechisiert werden. Der Fluch des preußischen Geistes wird nicht vorher enden.« Prophetische Worte, gewiß, doch auch eine ärgerniserregende Einseitigkeit des Blicks verratende, denn Hitler war kein Preuße und der Nationalsozialismus keine preußische Erfindung, sondern, grob gesprochen, die Verbindung von österreichischem Wahnwitz und preußischem Schwert. Kardinal Faulhaber und Carl Muth, dem Herausgeber der Zeitschrift »Hochland«, gelang es damals, Haekkers Verhaftung rückgängig zu machen. Doch bereits 1935 verhängten die Nationalsozialisten über ihn Redeverbot, und seit 1938 durfte keines seiner Bücher mehr verlegt werden. Es folgten Haussuchungen durch die Gestapo, Haecker stand in Beziehungen zur Widerstandsgruppe »Weiße Rose«, und einer zweiten Verhaftung, wenn nicht Schlimmerem, entging er nur durch den glücklichen Umstand, daß die Polizei seine bei Kriegsausbruch begonnenen Tagebücher nicht entdeckte. Die »Tag- und Nachtbücher«, aufgezeichnet unter dem »ständigen dunklen Flügelschlag einer Bedrohung«, gehören zu den erregendsten Zeugnissen für das, was man etwas vage »innere Emigration« genannt hat. Als 1944 durch Bombenangriffe seine Münchener Wohnung zerstört war, floh Haecker nach Usterbach bei Augsburg, wo eine ehemalige Magd ihm Obdach bot. Dort ist er am 9. April 1945 gestorben, nur wenige Wochen vor dem von ihm grimmig ersehnten Zusammenbruch des Hitlerreiches. Haecker ging es in seinem Kampf gegen den Nationalsozialismus primär nicht um Fragen der praktischen Politik, sondern um eine theologische Entscheidung. Er haßte ihn kompromißlos, weil Hitler in seinen Augen der Agent der Unterwelt, des Gegenreiches der niedrigen Dämonen, war und das Hakenkreuz das schmachvolle Zeichen des Antichrist, die schauerliche Perversion des Kreuzes, an dem der Erlöser gestorben ist. In der mörderischen Verfolgung des jüdischen Volkes vollzog sich für ihn die zweite Kreuzigung Christi. Nicht deshalb griff der gläubige Katholik, um dessen Gestalt, wie seine nächsten Freunde berichten, eine beängstigende Hiobsluft lag, den Nationalsozialismus an, weil dieser antidemokratisch und antiliberal war; er haßte und bekämpfte und verachtete ihn aus der Position eines von einer absoluten Wertordnung Überzeugten, eines aus biblischer Gläubigkeit und klassischer Philosophie lebenden *Hierarchisten.*

Immer wieder taucht in Haeckers Schriften wie ein Refrain der Satz auf: »Wir sind Hierarchisten.« Und: »Das Höhere kann das Niedere erklären, niemals das Niedere das Höhere.« Schon in seiner frühen Zeit hatte er gestanden: »Ich ertrage zur Not ein unaufgeräumtes Zimmer... aber im Geist müssen die Dinge an ihrem Platz stehen, sonst werde ich krank und grob.« Dieser Liebhaber kosmosstiftender Ordnung definierte einmal *Klassik* als »das nichts auslassende, das Ganze nicht auslassende hierarchische Ordnen des Seins und der Dinge«.

In solchen Sätzen kommt eine Haltung zum Ausdruck, die dem Geist der Gegenwart sehr fremd ist; auch viele katholische Christen haben dafür heute wohl nur ein Achselzucken übrig. Doch nur kraft dieses zutiefst katholischen Eros, der alles an seinen rechten Platz zu stellen strebt, der im Leben des personalen Individuums wie der menschlichen Gemeinschaften, in der Ordnung der Natur wie in der Welt des Geistes hierarchische Strukturen anerkennt, war es Theodor Haecker gegeben, einige Bücher zu schreiben, von denen T. S. Eliot gesagt hat, sie trügen »den dreifachen Adel der Schönheit, der Wahrheit und der Güte«.

Dies gilt vor allem für »Vergil – Vater des Abendlandes«, gewidmet jenem Künder von Roms Größe und Herrlichkeit, der zugleich unter den Dichtern des antiken Heidentums derjenige ist, den das mittelalterliche Christentum fast wie einen Heiligen verehrt hat. Beatrice bestimmt Vergil zum Führer Dantes durch Inferno und Purgatorio, und viele Generationen haben seine Eklogen wie die »Aeneis« als Orakelbücher behandelt. Haeckers Vergil-Buch enthält auf weniger als hundertfünfzig Seiten die Theologie, Anthropologie, Geschichtsphilosophie, Ästhetik und Ethik dieses gläubigen Denkers, liebenden Polemikers und entschiedenen Hierarchisten. Es ist auch das persönlichste Buch des im menschlichen Umgang sehr schweigsam und verschlossen gewesenen Schriftstellers. Am ergreifendsten ist das Kapitel über Vergils Wort *»sunt lacrimae rerum«*. Es bedeutet: Die Dinge selber haben ihre Tränen, nicht nur wir beweinen sie. Diesen eine ganze Weltanschauung enthaltenden Halbvers aus der Aeneis versteht Haecker am Ende so, »daß da Dinge sind, die mit keiner andern Antwort zufrieden sind als mit Tränen, die durch nichts wirklich *erkannt* werden, durch nichts anderes ausgeglichen werden können als durch Tränen und zuweilen selbst durch sie nicht... Die Träne hat fast die Kraft der Rechtfertigung«.

An keiner Stelle ins Wehleidig-Sentimentale abgleitend, läßt diese Interpretation Vergils, des »adventistischen Heiden«, der das Maß des Menschen weder feige unterboten noch frevelhaft überschritten hat, etwas von den geheimen Quellen ahnen, die Haeckers unbeirrbaren Widerstand in Deutschlands finsterster Zeit speisten. An sie zu erinnern, ist heute nicht weniger angebracht als vor vierzig oder fünfzig Jahren. Unterscheidung der Geister, Nicht-Anpassung, Widerstand aus der Kraft eines inappellablen Glaubens heraus: das geht nicht nur Katholiken, nicht nur kirchlich gebundene Christen an. Und die Frage, woraus wir leben und was wir im äußersten Fall mitnehmen sollen, ist nach Hitler so zeitgemäß wie vor und unter ihm. Theodor Haecker hat seinem »Vergil« als Motto den Rat vorangestellt, aus den Greueln der Verwüstung das Kreuz mitzunehmen. »Und dann: nun, was einer am heißesten liebt. Wir aber wollen nicht vergessen unsern Vergil, der in eine Rocktasche geht.«

Soll man also Theodor Haeckers gedenken? Besser wäre es, wenn wir seine Schriften wieder entdeckten, auch die von ihm stammenden Übersetzungen, vor allem aber das meisterliche Buch über den »Vater des Abendlandes«, das Hermann Broch zu seinem großen Roman »Der Tod des Vergil« inspiriert hat. Es ist dies Haeckers schönstes, hellstes und tröstlichstes Buch, eine unüberholte Urkunde christlich-abendländischer Menschlichkeit, eines der nobelsten deutschen Bücher überhaupt. (1979)

OTTO WEININGER

Es gibt nicht nur eine österreichische Literatur, sondern, was weniger bekannt ist, auch eine österreichische Philosophie, die Gestalten wie Bernhard Bolzano, Adolf Stöhr, Ernst Mach, Wilhelm Jerusalem, Robert Reininger, Ludwig Wittgenstein, Ferdinand Ebner und Rudolf Kassner umfaßt. Österreicher ist auch Otto Weininger, der am 3. April 1880 in Wien als Sohn eines jüdischen Kunsthandwerkers geboren wurde und bereits 1903, nur einige Monate nach dem dreiundzwanzigsten Geburtstag, aus dem Leben schied. Er schoß sich eine Kugel in die Brust, im Sterbehaus Beethovens in der Wiener Schwarzspanierstraße.

Otto Weininger hinterließ ein umfangreiches Buch »*Geschlecht und Charakter*«, das aus seiner Doktorarbeit hervorgegangen war und die respektvolle Aufmerksamkeit Karl Kraus', August Strindbergs und Gottfried Benns erregte. Es wurde ein Bestseller, der 1927 in der sechsundzwanzigsten Auflage erschien. Bald nach Weiningers Tod folgten noch zwei schmale Nachlaßbände, von denen der »Über die letzten Dinge« vielleicht bedeutender als das berühmt-berüchtigte Hauptwerk ist. In seinen Tagebüchern bemerkt Ernst Jünger dazu: »Hier treiben Knospen eines Sehens, die Hoffnung auf wunderbare Frucht geben. Daher ist es bestürzend, daß dieser Kopf so früh zerstört wurde.«

Neben einer geradezu manichäischen Geringschätzung der weiblichen Natur, die freilich nicht mit ordinärem Frauenhaß verwechselt werden darf, bezeugt Otto Weiningers Werk ein tiefes Leiden an seiner jüdischen Herkunft. Am Tage nach seiner Promotion war er zum Protestantismus übergetreten, und den Judenfeind Richard Wagner hielt er für den größten Menschen nach Christus. Zu seinen Lieblingsschriftstellern gehörte der Norweger Hamsun, von den großen Philosophen standen ihm Platon und Kant besonders nahe. Auffällig ist eine innere Verwandtschaft mit Kierkegaard, obgleich der junge Wiener den dänischen Existenz-Denker nur dem Namen nach kannte. Wie dieser litt auch Weininger an einem quälenden Gefühl der Sündhaftigkeit und Verworfenheit. Kierkegaards Prophezeiung, die Zeit sei nicht mehr fern, da man einsehen werde, »daß der Weg zum Absoluten nicht durch den Zweifel, sondern durch die Verzweiflung geht«, hat sich in Otto Weiningers Schicksal auf erschütternde Weise erfüllt.

In seinen postum erschienenen Aufzeichnungen stehen die Sätze: »Jedes wahre, ewige Problem aber ist ebenso wahre, ewige Schuld; jede Antwort eine Sühnung, jede Erkenntnis eine Besserung.« Und: »Die metaphysische Schuld des Juden ist Lächeln über Gott« – eine Aussage, die sich nicht auf das Volk der alttestamentlichen Patriarchen und Propheten, auch nicht auf die Kabbalisten und Chassidim in den Gettos Europas bezieht, wohl aber auf einen Menschentypus, der gleichsam »gottunfähig« ist, verschlossen gegen jede Transzendenz. »Judentum« in diesem negativen Sinne ist für Weininger *keine* Rasse, *kein* Volk, *keine* biologische Kategorie, sondern eine Geisteshaltung, zu der grundsätzlich alle Menschen neigen können. Man mag in diesem Zusammenhang auch an Nietzsches Albtraum vom »letzten Menschen« denken, »der sich selbst nicht mehr verachten kann« und bei den Worten Liebe, Sehnsucht und Stern nur noch blinzelt.

Weininger trachtete, am Leitfaden des alten Gedankens vom Menschen als Mikrokosmos, eine umfassende metaphysische Symbolik zu schaffen, die den unsichtbaren Zusammenhang alles Einzelnen im Universum entziffern sollte. Wäre er dazu gekommen, dieses Werk zu vollenden, so hätte er wohl ein gnostisches System hinterlassen, von dem manche Linien sowohl zur Romantik als auch zur Lebensphilosophie führen würden. So aber liegen uns nur Fragmente vor, deren Reichtum an Intuitionen, Vermutungen und Einsichten, oft in aphoristischer Kürze formuliert, auch dann nicht geleugnet werden kann, wenn man die extrem antifeministische Sexualmetaphysik von »Geschlecht und Charakter« bloß für ein bemerkenswertes pathologisches Dokument hält. In dessen Zentrum steht der Gedanke von der Unfreiheit und Unwahrheit aller Erotik. Sexualität ist für Weininger die Negation des Ethischen und Logischen. Nur Bewußtheit sei sittlich. Die Werte höheren Lebens seien der Frau ebenso unzugänglich wie die Welt der Ideen. Je weiblicher das Weib ist, desto mehr verkörpere es die reine geistlose Geilheit. Das Wesen der Frau sei die Kuppelei, die Mission im Dienste des Beischlafs. Das zutiefst Unsittliche aller Erotik liege darin, daß der Mann entweder das Ideale, statt selber es zu verwirklichen, auf die Frau projiziert, oder die Frau als Mittel zum Zweck gebraucht. Die Frau aber will durch die Liebe des Mannes Dasein, Individualität und Wert empfangen, also ein Leben aus zweiter Hand leben; mit außergeschlechtlichen Dingen befasse sie sich nur um des Mannes willen, den sie begehrt oder von dem sie begehrt zu werden verlangt. Es fehle ihr »der Sinn für den Engel im Manne«. Jede Liebe sei unglücklich, und »was sonst noch Liebe genannt wird, gehört in das Reich der Säue«. Soweit Weininger, dessen Hauptwerk Ernst Bloch »eine einzige Anti-Utopie des Weibes« genannt hat.

Sein Verhältnis zur Frau und zum Judentum kann gewiß nur aus den Nöten verstanden werden, von denen dieser geniale junge Mensch bedrängt wurde. Rudolf Kassner und Stefan Zweig berichten, wie wenig die äußere Erscheinung Weiningers dazu angetan war, in ihm einen bedeutenden und vielseitigen Geist vermuten zu lassen. Einer seiner Freunde schildert ihn so: »Die hagere Gestalt mutete steif an, entbehrte aller Biegsamkeit und Grazie. Die Bewegungen, oft nur linkisch, unbeholfen, waren meist jäh und unvermittelt. Glätte und Ausgeglichenheit fehlte ihnen. Markant schon durch die Wucht der Stirn, einzigartig durch die großen Augen, deren Blicke die Dinge sanft zu umfassen schienen, war sein Antlitz dennoch nicht schön, fast häßlich. Lachen sah ich es nie, lächeln selten.« Fremd war Otto Weininger der spielerisch-leichtsinnige Genius der Wiener belle époque. Den Tanz lehnte er als etwas zutiefst Unethisches, als Symbol sinnlos kreisender Wiederholung, ab. Anfänglich an Kants Ethik der autonomen Persönlichkeit sich ausrichtend, wurde er zuletzt immer mißtrauischer gegenüber der lebendigen Individualität: sie erschien ihm als eine Frucht schuldhafter Eitelkeit. »Der Verbrecher ist eitel, denn er hat den Wunsch zur Einzigartigkeit.« Mit steigendem Entsetzen meinte er, in sich selbst kriminelle Züge zu entdecken. Er fühlte in seiner Seele, wie wohl auch Georg Trakl, einen ungeheuren Drang zu Lüge, Grausamkeit und Mord. Jedenfalls vermochte er sich, hierin Dostojewski ähnlich, auf beklemmende Weise in das Innere des Verbrechers hineinzuversetzen. Diese sympathetische Fähigkeit mochte er schließlich als Beweis für seine eigenen verbrecherischen Instinkte empfinden. So fühlte er sich von den Dämonen in seiner eigenen Brust immer mehr bedrängt, verfolgt von einem allwissenden Doppelgänger. Er, der rigoros alle Dinge, sogar die grundlegenden ontologischen Konstituenten Raum und Zeit, aus dem Blickwinkel der Ethik betrachtet hatte, stand in steigendem Maße unter dem Bann des Bösen, des Rätsels menschlicher Schuld und Sühne. »Ich morde mich selbst, um nicht einen anderen morden zu müssen«, schrieb er wenige Tage, bevor er Hand an sich legte im Sterbehaus Beethovens, den er gleichfalls als eine geborene Verbrechernatur ansah: »Der anständige Mensch geht selbst in den Tod, wenn er fühlt, daß er endgültig böse wird.«

Wenn dieser unglückliche Anti-Feminist in Erinnerung gebracht zu werden verdient, dann nicht einfach, weil ein Gedenktag uns dazu verpflichtet. Otto Weininger darf vielmehr aus anderen Gründen beanspruchen, vor dem Vergessenwerden bewahrt zu werden. Er gehört, erstens, zu jenen »seismographischen« Autoren der letzten Jahrhundertwende, in deren Werk sich die kommenden Umwälzungen, Krisen und Untergänge bereits ankündigen. Ein apokalyptischer Fanatiker der Wahrheit und des ethischen Willens, wollte er das Höchste und stand gegen ein Zeitalter, das ihm als das niedrigste erschien. Er verkörpert, zweitens, die Kierkegaardsche Kategorie des »Einzelnen«, der sich der nivellierenden Herrschaft des »Sozialen« nicht aufgrund elitären Hochmuts widersetzt, sondern weil er in ihr eine existenzverkürzende Trivialisierung der Berufung des Menschen, also theologisch gesprochen: die Sünde, erkennt. Auch wenn seine Sexualmetaphysik auf hybride Weise naturwissenschaftliche Befunde mit philosophischen Aussagen vermengt und von pubertären Verallgemeinerungen nicht frei ist, so bleibt, drittens, Weininger dennoch hochbedeutsam als unerbittlicher Kritiker einer aphrodisischen Zivilisation, die sich mit einer zur Wut gewordenen »Emanzipierung des Fleisches« an der

Einsicht hinwegzuschwindeln versucht, daß Liebe das Unbehauste schlechthin auf dieser Erde ist. Gewiß: Weininger eignet sich nicht als Vorbild, da seine radikale Position allzusehr der uns vertrauten menschlichen »Normalität« widerspricht. Und dennoch steht er, viertens, wenn auch auf keine lebbare Nachfolge zulassende Weise, wenn auch nur als extremes Korrektiv, für eine Möglichkeit, die unbestritten zur bisherigen conditio humana gehört: für die Möglichkeit, als Asket des Lebens, zur Welt *nein* zu sagen. Man kann in diesem Zusammenhang, ganz unabhängig von konfessionellen Zurechnungen, auch von der Möglichkeit menschlicher Heiligkeit und Transzendenz sprechen. Oswald Spengler zögerte nicht, Weininger als einen Heiligen des Judentums zu bezeichnen, »dessen Tod in einem magisch durchlebten Seelenkampf zwischen Gut und Böse einer der erhabensten Augenblicke später Religiosität ist«. Und Friedrich Georg Jünger faßt das Wesentliche, worauf es ankommt, in dem Satz zusammen: »Inmitten der Moderne, deren transzendente Leere er erkennt, ist er der transzendente Mensch, der untergeht.« (1973)

OSWALD SPENGLER

Geboren am 29. Mai 1880, berühmt geworden in der Zeit des Interregnums nach dem Ersten Weltkrieg, gestorben 1936, drei Jahre nach Hitlers Machtergreifung, drei Jahre vor Beginn des Zweiten Weltkriegs, steht der Kulturphilosoph, Geschichtstheoretiker und politische Schriftsteller Oswald Spengler mit einem Fuß noch im neunzehnten, mit dem andern im zwanzigsten Jahrhundert. Er ist *einerseits* Erbe der Romantik, ein letzter Nachfahr der Metaphysiker, Visionäre und Grübler des lebensphilosophischen Protests gegen die aufklärerische Entzauberung der Natur, ein Geistesverwandter Schellings, Görres', Bachofens und Nietzsches; *andererseits* erscheint er als weit in die Zukunft blickender Prophet, als nüchterner Diagnostiker und Futurologe der technischen Zivilisation, die er als unvermeidliches Schicksal entschlossen bejaht.

Spengler hat immer wieder betont, wie viel er Goethe verdanke und bis weit in sein viertes Lebensjahrzehnt hinein fühlte er sich zum Dichter berufen. In seinem Nachlaß finden sich lyrische Arbeiten und dramatische Entwürfe. Spengler beabsichtigte, eine Tiberius-Tragödie zu schaffen; auch Cäsar und Jesus faszinierten ihn als Gestalten eines imaginären historischen Schauspiels. Spengler war zeitlebens ein Träumer, der seine Visionen in künstlerischen Gebilden darzustellen trachtete. Zu seinen Vorfahren mütterlicherseits zählen Solotänzer, Ballettmeister und Ballerinen; eine der Schwestern schrieb Klavierstücke und versuchte, allerdings ohne Erfolg, sich als Pianistin durchzubringen. Spengler liebte Musik und Theater; bei Aufführungen von Goethes »Stella« oder Verdis »Macht des Schicksals« weinte er von Herzen. Frühe Fotografien zeigen einen eleganten Herrn mit schmaler, aufrechter Stirn und Lippenbart; Miene, Blick und Haltung erinnern an Hugo von Hofmannsthal,

Rilke und ein wenig auch an den frühen Nietzsche der »Geburt der Tragödie«. Sensible Künstlernatur und verspäteter Romantiker, Träumer, Dichter und Visionär – dies ist der eine Pol seines Wesens, der ästhetisch-empfindsame und intuitive, der Oswald Spengler einmal zu dem erstaunlichen Bekenntnis inspirierte: »Geschichte *wissenschaftlich* behandeln zu wollen ist im letzten Grunde immer etwas Widerspruchsvolles. Natur soll man wissenschaftlich behandeln, über Geschichte soll man dichten.«

Den andern Pol offenbaren uns spätere Bilder, die einen kahlschädeligen, untersetzten Börsenmakler oder Industriekapitän zeigen, der mit leicht geschlitzten Augen und dunkelbuschigen Brauen kalt, skeptisch, fast bösartig in die Welt blickt. Es ist dies der um forcierte Illusionslosigkeit und bis zum Zynismus gesteigerte Brutalität bemühte politische Schriftsteller Oswald Spengler, den es zu politischer Tat drängte, der Mussolini huldigte und die Weimarer Republik verachtete. Der feinnervige, leicht verletzbare, gesundheitlich labile Ästhet verbarg sich hinter der Physiognomie eines potentiellen Diktators, der den demokratischen Parteienstaat bloß als Vorspiel eines neuen imperialen »Cäsarismus« ansah und lieber mit Konzernmanagern, hohen Militärs und Diplomaten denn mit Philosophen, Poeten und »Humanisten« Umgang pflegte. Dieser Spengler kultivierte mit grimmigem Behagen die Pose des kaltschnäuzigen Machtmenschen, des alle Literaten und Ideologen zusammenstauchenden »Realpolitikers«: »Herr der Tatsachen zu bleiben ist uns wichtiger als Sklaven von idealen Werten zu werden.« – »Nur Träumer glauben an Auswege. Optimismus ist Feigheit.« – »Ideale sind Feigheiten.« – »Wenn unter dem Eindruck dieses Buches (›Der Untergang des Abendlandes‹) sich Menschen der neuen Generation der Technik statt der Lyrik, der Marine statt der Malerei, der Politik statt der Erkenntniskritik zuwenden, so tun sie, was ich wünsche, und man kann ihnen nichts Besseres wünschen.«

Man muß *beide* Pole sehen, wenn man dem Werk Oswald Spenglers gerecht werden will: seiner monumentalen Geschichtsdeutung »Der Untergang des Abendlandes«, um deren beide Bände (1918 und 1922 erschienen) sich die zeitdiagnostisch-politischen Schriften »Preußentum und Sozialismus« (1919) und »Jahre der Entscheidung« (1933), der anthropologische Entwurf »Der Mensch und die Technik« (1931) sowie die erst postum veröffentlichten universalgeschichtlichen Fragmente »Urfragen« (1965) und »Frühzeit der Weltgeschichte« (1966) scharen. Das ist alles; hinzu kommen nur noch die Briefe (1963 ediert) und verschiedene Reden, Aufsätze sowie Studien, beginnend mit seiner Dissertation über Heraklit und endend mit der Antwort auf die Frage einer amerikanischen Zeitschrift »Ist Weltfriede möglich?«.

Der romantische Ästhet Spengler überflog die Schranken der traditionellen nationalstaatlichen Historie und verwarf das europazentrische Schema von Antike–Mittelalter–Neuzeit ebenso wie die Idee eines linienförmigen oder dialektischen »Fortschritts«. Vor seinem Künstlerauge breitete sich das Schauspiel einer Vielzahl souveräner Kulturen aus, deren jede ihr eigenes Leben, Wollen, Fühlen und Schicksal hat. Diese Kulturen, mit urweltlicher Kraft einer bestimmten Landschaft entspringend, sind pflanzenhafte Großorganismen, die »in erhabener Zwecklosigkeit« aufblühen, reifen, verwelken oder erstarren und nie wiederkehren. Die Erde erscheint als ein gewaltiger Garten, in dem gleich riesigen Beeten, teils neben-, teils nacheinander, die Kulturen wachsen und vergehen. Spengler unterscheidet acht solcher kultureller Organismen: die ägyptische (einschließlich der kretisch-minoischen), die babylonische, indische, chinesische, griechisch-römische, arabische, altamerikanisch-mexikanische und abendländische Kultur. Im Russentum Dostojewskischen Typs erblickt Spengler die mögliche Grundlage einer neuen, noch nach Form und Ausdruck ringenden Kultur, sofern es ihm gelingt, die Herrschaft des aus dem Westen importierten Marxismus rechtzeitig abzuschütteln. Jede Kultur ist eine in sich geschlossene Ganzheit, gleichsam eine fensterlose Monade, in der alle Bereiche morphologisch zusammenhängen. Sie sind Ausdruck einer unverwechselbaren »Seele«. Auch noch die prosaischsten Einrichtungen, Erfindungen und Entdeckungen haben neben ihrem praktischen Wert immer auch eine *symbolische* Bedeutung. Sie bezeugen, ebenso wie Mythos, Religion, Kunst und Philosophie, ein überindividuelles Lebensgefühl, eine fundamentale Haltung gegenüber Raum und Zeit, Gegenwart und Zukunft, Diesseits und Jenseits. In diesem Sinne haben etwa innerhalb der abendländischen Kultur Fernsprecher, Fernwaffen, Scheck, Doppelte Buchführung und Differentialrechnung keinen geringeren symbolischen Rang als die gotischen Dome, die kontrapunktische Instrumentalmusik, die Sixtinische Madonna und Versailles. Die Hellas und Rom umfassende Kultur nennt Spengler *apollinisch;* sie ist gegenwartsbezogen, ahistorisch, dem Genius des Plastischen verfallen, »somatisch«. Die arabische Kultur, zu der Spengler neben dem islamischen Zweig auch die persische, frühchristliche und byzantinische Welt rechnet, wird mit dem Etiquette *»magisch«* versehen; ihr Ursymbol ist die Höhle, im Zentralkuppelbau gelangt dieses magische Höhlengefühl ebenso zum Ausdruck wie in der Apokalyptik, der Alchymie und dem Goldgrund byzantinischer Mosaike. Die altägyptische Kultur ist *»eine Inkarnation der Sorge«,* und dieser Grundhaltung symbolischer Ausdruck sind die Bewässerungsanlagen und Beamtenhierarchien nicht weniger als der Kult der Mumie, die Hieroglyphenschrift, die Wahl von Basalt und Granit für die Skulpturen. Als *»faustisch«* bezeichnet Spengler schließlich die abendländische Kultur, den einzigen noch lebendigen geschichtlichen Großkörper, der allerdings bereits die Phase des Verfalls – der *»Zivilisation«* – erreicht hat. Auch sie hat eine Lebensdauer von rund einem Jahrtausend und wird wie alle andern eines Tages erloschen sein.

Fachwissenschaftler haben Spenglers visionärer Kulturmorphologie die verschiedensten Fehler, Mängel und Einseitigkeiten vorgeworfen, und viele dieser Einwände sind von Gewicht. Thomas Mann nannte den »Untergang des Abendlandes« einen »intellektualen Roman« und seinen Verfasser einen »Defaitisten der Humanität«. Der liberale Rationalist Theodor Geiger sprach von einem »der unheilvollsten Bücher unseres Jahrhunderts«, in dem fast jede einzelne Behauptung anfechtbar oder gar nachweislich falsch sei. Der marxistische Theoretiker Georg Lukács widmet in seinem Buch »Die Zerstörung der Vernunft« Oswald Spengler knapp fünfzehn Seiten, auf denen er eine ganze Kaskade von Schmähungen auf den Autor des »Untergangs« prasseln läßt: »Dilettantismus«, »skrupellos-zynische Offenheit«, »Absurdität« und »Mystik« sind noch die vergleichsweise milderen seiner Schimpfworte.

Wenn gegen einen Denker in solchem Maße polemisiert wird, dann ist die

Vermutung begründet, daß der Schaum vor dem Mund die Schwäche eigener Gegenargumente verbergen soll. Und dies ist in den Auseinandersetzungen mit Oswald Spengler meistens der Fall. Alle Kritik gegen das Ganze wie gegen Details seines Systems ändert nichts an der Tatsache, daß dieser Einzelgänger abseits der Universitäten, Konfessionen und Parteien vieles gesehen hat, wofür seine liberalen und marxistischen Widersacher blind sind. Spengler hat, wie Theodor W. Adorno zugeben mußte, bislang kaum einen Gegner gefunden, der sich ihm gewachsen gezeigt hätte.

Vielleicht sollte, wer einen Zugang zu seinen Grundgedanken sucht, nicht mit dem erratischen Monumentalwerk »Der Untergang des Abendlandes« beginnen – kluge Alpinisten vermeiden es, gleich am Anfang und ohne Training die höchsten Berggipfel ersteigen zu wollen. Man versuche es mit den »Jahren der Entscheidung« und dem Bändchen »Der Mensch und die Technik«, zwei kleineren Arbeiten, die sich an einen größeren Leserkreis wenden. Sie vermitteln eine gute Zusammenfassung der zentralen Thesen und Einsichten des romantischen Visionärs und realistischen Diagnostikers, des Geschichtsphilosophen und politischen Denkers, des unerbittlichen Zeitkritikers und illusionslosen Untergangsschilderers Oswald Spengler, der, wie niemand vor ihm, den pessimistischen Gedanken von der Sterblichkeit und Vergeblichkeit aller Kultur zu Ende gedacht und dennoch nicht resignierter Weltflucht oder panischer Desertion das Wort geredet hat.

»Jede hohe Kultur *ist* eine Tragödie; die Geschichte des Menschen *im Ganzen* ist tragisch. Der Frevel und Sturz des faustischen Menschen aber ist größer als alles, was Äschylus und Shakespeare je geschaut haben. Der Herr der Welt wird zum Sklaven der Maschine. Es gehört zur Tragik dieser Zeit, daß das entfesselte menschliche Denken seine eigenen Folgen nicht mehr zu erfassen vermag.« – »Die weißen Herrenvölker sind von ihrem einstigen Rang herabgestiegen. Sie verhandeln heute, wo sie gestern noch befahlen, und werden morgen schmeicheln müssen, um verhandeln zu dürfen. Sie haben das Bewußtsein der Selbstverständlichkeit ihrer Macht verloren und merken es nicht einmal.« – »So sehr der heutige, noch wenig entwickelte Sozialismus sich gegen die Expansion auflehnt, er wird eines Tages mit der Vehemenz eines Schicksals ihr vornehmster Träger sein.« – »Ein Demokrat vom alten Schlag würde heute nicht Freiheit für die Presse, sondern von der Presse fordern . . . Einst durfte man nicht wagen, frei zu denken; jetzt darf man es, aber man kann es nicht mehr. Man will nur noch denken, was man wollen soll, und eben das empfindet man als seine Freiheit.« – »Der Bolschewismus ist nirgends tot – außer in Rußland. Wenn man seine Kampfformation vernichtet, lebt er in neuen Formen weiter, als linker Flügel der Partei, die ihn besiegt zu haben glaubt, als Gesinnung, über deren Vorhandensein im eigenen Denken einzelne und ganze Massen sich gründlich täuschen können, als Bewegung, die eines Tages in organisierten Formen hervorbricht.« – »Kaum eine Partei wagt es mehr auszusprechen, daß sie andere Teile der Nation vertreten will als ›den Arbeiter‹. Sie behandeln ihn fast ohne Ausnahme als privilegierten Stand, aus Feigheit oder in der Hoffnung auf Wahlerfolge... Was man in allen Ländern Arbeiterpartei und Gewerkschaft nennt ... hat die Herrschaft erobert und regiert heute die abendländische Zivilisation.«

Diese ebenso aktuellen wie herausfordernden Sätze stammen nicht aus dem Jahr 1980; sie wurden vor fünfzig, teilweise sogar schon vor sechzig Jahren von einem unabhängigen Privatgelehrten formuliert, der zweifellos zu den sprachgewaltigsten und suggestivsten Essayisten der Zwischenkriegszeit gehört. Er ist groß und bedeutsam aus zumindest zwei Gründen. Erstens: Spengler hat unseren Blick befreit, er hat unsere Augen geöffnet für die Fülle grundsätzlich gleichberechtigter und selbständiger Kulturen. Spengler hat, obwohl politisch ein Imperialist, als Historiker und Geschichtsphilosoph unser Verständnis der Vergangenheit sozusagen »entkolonialisiert«. Er hat radikal gebrochen mit dem europazentrischen Hochmut, der Babylon, Ägypten, Altchina, die Antike und den Islam nur als Vorläufer oder Nebenfiguren der »eigentlichen« Weltgeschichte, die vom Mittelalter zur technischen Zivilisation führe, betrachtet hat. Zweitens: Spengler ist groß als Lehrer einer modernen Art stoischer Haltung. Aus dem Wissen um die letzthinnige Vergeblichkeit und Sterblichkeit aller Kulturen, aller menschlichen Bemühungen auf künstlerischem, philosophischem und politischem Gebiet, folgerte er nicht eine Lehre passiven Verzichts und pessimistischer Resignation. Er verkündete vielmehr eine Haltung heroischen Ausharrens und stoischer Unerschütterlichkeit. Und eben dies *ist* groß: wissend, daß kein Stein auf dem andern bleiben wird, dennoch mit Würde die Pflicht des Tages zu erfüllen, auch angesichts des unvermeidlichen Untergangs – nicht nur des Abendlandes, sondern aller Kulturen – nicht in Panik zu geraten oder sich in Selbstbemitleidung zu ergehen.
Ich halte es für angebracht, daß Oswald Spengler allein schon aus diesen beiden Gründen wieder unbefangen gelesen wird. Als zusätzlichen Gewinn schenkt die Lektüre seiner Schriften uns eine Fülle von brillanten Einsichten und Prognosen, die ihn als einen der wenigen Futurologen von Rang erweisen.

(1980)

HUGO BALL

Man gedenkt, wenn überhaupt, Hugo Balls entweder als des Urhebers der Dada-Bewegung, die vom Zürcher Cabaret Voltaire mit der ansteckenden Hektik eines mittelalterlichen Massenwahns auf Wien, Berlin, Paris, Prag, Belgrad, Moskau, New York und andere Metropolen übergriff, oder als des späteren Freundes und ebenbürtigen Biographen Hermann Hesses. Beide Aspekte scheinen sich auf den ersten Blick kaum in einen inneren Zusammenhang zu fügen, wie es auch schwierig genug ist, ein klares Bild von der Bedeutung und dem Umfang des Ballschen Werkes zu gewinnen: Nur wenige seiner Bücher sind heute noch erhältlich, manches ist unveröffentlicht geblieben. So mag Ball den Nachgeborenen weniger als faßbare Gestalt in einem definierten Kontext denn als flüchtiges Fabelwesen aus dem Limbus erscheinen und insofern noch postum recht behalten mit seiner Tagebuchnotiz von 1915: »Es ist ein Irrtum, an meine Anwesenheit zu glauben. Alle Mühe habe ich, mir selber eine reale Existenz vorzutäuschen.« Ungefähr um dieselbe Zeit schrieb er im Hinblick auf seinen Abschied von Deutschland:

»Und als am End' die großen Tage kamen,
da bin ich unauffällig weggefahren.«

Schon zu Lebzeiten ein Abgeschiedener, der mit den gegensätzlichsten Daseinsweisen experimentiert hatte, ein gewesener Mensch (wie die Russen den Emigranten bezeichnen), ist dieser von keiner Partei vereinnahmte Dichter, Dandy, Rebell und schließlich im Geruche der Heiligkeit stehende Narr trotz erstaunlich aktueller Bezüge (davon später) auch heute kaum mehr aus seiner Versunkenheit zu retten. »Die Flucht aus der Zeit« heißt das letzte Buch jenes auch physiognomisch an einen gotischen Vaganten gemahnenden Mannes, der davon überzeugt war, daß die Aventiuren seiner Biographie eine Abbreviatur der Geschichte seines Volkes darstellen, und von einer deutschen secessio plebis in ein Reich charismatischer Anarchie aus dem Geiste Thomas Münzers geträumt hat.

Hugo Ball wurde am 22. Februar 1886 im vorwiegend protestantischen Pirmasens als fünftes Kind katholischer Eltern geboren. Generationsmäßig gehört er zur expressionistischen Plejade. Gottfried Benn, Paul Boldt, Albert Ehrenstein, Max Herrmann-Neisse, Kurt Pinthus und Oskar Kokoschka haben mit ihm dasselbe Geburtsjahr; Ernst Bloch, Carl Einstein, Kurt Hiller, Gustav Sack und Fritz von Unruh sind ein Jahr älter; Hans Arp, Georg Heym, Jakob van Hoddis, Paris von Gütersloh, Georg Trakl, Arnold Zweig und der Dramatiker Reinhard Göring wurden 1887 geboren. Der zartgebaute, träumerische, altkluge, musikalische, zu Enthusiasmus und Schwermut neigende und unter der emotionalen Kargheit der arbeitsamen Mutter leidende Knabe besuchte zuerst die Volksschule, dann das humanistische Gymnasium, wo er Latein und Griechisch liebgewann. Ohne zu rebellieren, ließ sich der Sechzehnjährige von seinen Eltern in eine Lederwarenfabrik stecken, wo er von der Buchführung bis zum Gerben alle Arbeiten ausführte, während er in den Nächten heimlich las und dichtete – darunter zwei shakespearisierende Dramen – und unter dem überwältigenden Eindruck der Schriften Nietzsches seinen Kinderglauben verlor. Balls Industrie- und Technikfeindschaft, die sich bis zu maschinenstürmerischen Attacken steigerte, war insofern keine rein literarische Schrulle, sondern wurzelte in schmerzvollen Erfahrungen am eigenen Leibe, deren traumatischen Charakter Tagebucheintragungen wie diese ahnen lassen: »Ein Gang durch das Zuchthaus kann nicht so furchtbar sein wie ein Gang durch den lärmenden Saal einer neuzeitlichen Offizin.« – »Man sollte die Maschinen dezimieren, statt die Menschen. Wenn später einmal die Maschinen selbst und allein marschieren, wird das mehr in der Ordnung sein. Mit Recht wird dann alle Welt jubeln, wenn sie einander zertrümmern.«

Erst nach einem Nervenzusammenbruch konnte Ball mit zwanzig Jahren seine Gymnasialstudien abschließen und die Universität besuchen. Im Herbst 1906 kam er nach München, das damals bereits mehr als eine halbe Million Einwohner zählte und kulturell zwischen dynastischem Klassizismus, kapriziösem Jugendstil und expressionistischem Aufbruch oszillierte. Ball studierte Philosophie, Germanistik und Geschichte, bewältigte eine Unmenge von wissenschaftlicher, politischer und poetischer Literatur und spielte täglich Klavier:

Bach, Beethoven, Mozart und Reger. Nach einem Jahr in Heidelberg, wo er sich seine leicht gekrümmte Nase durch einen chirurgischen Eingriff gerade machen ließ – um 1908 eine überaus seltene und für einen minderbemittelten Studenten sehr kostspielige Operation –, arbeitete er an einer Dissertation über Nietzsche, die Emmy Hennings, seine spätere Frau, eine Art Dämonenweihe nannte. Nietzsche wird darin durchaus zustimmend als »erster Immoralist« und Prophet einer neuen dionysischen Kultur interpretiert, die den Menschen »aus der Herrschaft des Zufalls und der Priester« erlösen würde. Dies ist auch der Tenor des in Heidelberg entstandenen Renaissance-Dramas »Die Nase des Michelangelo«, dessen Künstler-Held Torrigiano durch päpstlichen Zynismus und pöbelhafte Willkür zugrunde geht.

Trotz der nahezu vollendeten Dissertation verließ Ball 1910 die Universität, um sich, inspiriert von Nietzsches dionysischem Ästhetizismus, dem Theater zuzuwenden. Herbert Eulenberg, Carl Sternheim und vor allem Frank Wedekind wurden zu den stärksten dramatischen Erlebnissen des jungen Feuergeistes, der mit seinem akademischem Studium auch den letzten familiären Rückhalt aufgab und von nun an ständig ohne bürgerliche Sicherheit, meist in extremer Armut, leben mußte. Er ging nach Berlin, wo er die Reinhardt-Schule besuchte und bald entdeckte, daß er zum Schauspieler nicht taugte, weil er nur sich selbst überzeugend spielen konnte. Ball bildete sich zum Regisseur, studierte die Dramen Lessings, Goethes, Schillers und Hauptmanns und wurde schließlich 1911 vom Plauener Stadttheater engagiert. Ein Jahr später kehrte er bereits wieder nach München zurück, wo er als Dramaturg der Kammerspiele in nahe Beziehung mit Wedekind kam. Obwohl er inzwischen die schäbigen Seiten des Theaterlebens kennengelernt hatte, glaubte er noch immer fanatisch an die Möglichkeit einer »Bühne der wahrhaft bewegenden Leidenschaften«, eines »jenseits der Tagesinteressen experimentierenden Theaters«: »Das Theater allein ist imstande, die neue Gesellschaft zu formen. Man muß die Hintergründe, die Farben, Worte und Töne aus dem Unterbewußten lebendig machen, daß sie den Alltag mitsamt seinem Elend verschlingen.« Das Drama bedeutete ihm »die unfaßbare Freiheit«; es sollte zum Gesamtkunstwerk gravitieren, nicht den Intellekt, sondern die Leidenschaften herausfordern und das Universum auf die Bühne bringen: »Das neue Theater wird wieder Masken und Stelzen benützen. Es wird die Urbilder wecken und Megaphone gebrauchen. Sonne und Mond werden über die Bühne laufen und ihre erhabene Weisheit verkünden.«

Wie durch eine solche Konversion zu einem Weltschauspiel die bestehende Gesellschaft revolutioniert werden sollte, bleibt unklar, wenn auch derartige Hoffnungen von der ganzen expressionistischen Generation geteilt und noch von Kurt Pinthus in seinem Vorwort zur Anthologie »Menschheitsdämmerung« (Berlin 1920) orgiastisch beschworen wurden. Statt die verhaßte bürgerliche Gesellschaft real zu bekämpfen, wird, als Enklave in ihr, die Kunst revolutioniert. Statt die banausischen Verhältnisse zu verändern, wird pathetisch eine bohemianistische, bestenfalls religiös-asketische »große Weigerung« deklariert: »Was not tut, ist eine Liga all derer, die sich dem Mechanismus entziehen; eine Lebensform, die der Verwendbarkeit widersteht. Orgiastische Hingabe an den Gegensatz alles dessen, was brauchbar und nutzbar ist.«

Dieser Maxime ist Ball bis zum Ende treu geblieben, so sehr auch die Vorzeichen gewechselt haben mögen. In München schloß er Freundschaft mit dem um sechs Jahre jüngeren Lyriker und Publizisten Hans Leybold. Gemeinsam verfaßten sie unter dem Sigel »Ha-Hu-Baley« bizarre Versmontagen, die trotz ihrer Abhängigkeit vom expressionistischen Zeitgeist bereits Dadaistisches vorwegnahmen, letzteres vielleicht nicht ohne Morgensternsche Anregungen. »Fisches Nachtgesang«, ein nur aus metrischen Zeichen bestehendes Stummgedicht, und »Das große Lalula« aus den »Galgenliedern« von 1905 sind geradezu dadaistische Paradigmata, wie auch Morgensterns spätere Hinwendung zur Anthroposophie Rudolf Steiners mit der von Ball zu einem mystischen Katholizismus parallelisiert werden kann. Leybold gab dann 1913 in dem kleinen avantgardistischen Verlag F. H. S. Bachmair die Zeitschrift »Die Revolution« heraus, deren aggressives Programm an die surrealistischen Manifeste der zwanziger Jahre erinnert: »Kampf gegen Seiendes, für Keimendes... Gegen literaturbehaftete Oberlehrer, kunstsinnige Kritiker, allgemeine Rundschauer. In summa: Gegen Zuständliches. ... Nichtschriftsteller heraus! Keine Literaten sollen gezüchtet werden.« Gleich die erste Nummer wurde wegen Balls Gedicht »Der Henker« beschlagnahmt. Es mag damals schockiert haben, heute wirkt es in seiner pubertären Überreiztheit wie eine unfreiwillige Parodie expressionistischer Lyrik. Bemerkenswerter ist dagegen Balls Bericht über eine Ausstellung futuristischer Gemälde in Dresden, erschienen in der »Revolution« (Nr. 3, 15. 11. 1913, S. 5): »Diese Bilder zwingen das absolut Verrückte in Erscheinung. Man schreit vor Angst und Entsetzen. Diese Bilder sind das Innerste, Erschütterndste, Grandioseste, Unfaßbarste, das seit Menschengedenken gemacht worden ist... Aktiv gewordene zerfetzte Körper tanzen, Lichtgranaten in platzender Wut, Sinfonien und Schwaden von Blut und Gold... atemberaubende heulende Dinge, die kommen werden, die kommen werden.«

Ein Jahr darauf lernte Ball, nachdem er sich dreimal vergeblich als Freiwilliger gemeldet hatte, das bisher nur in effigie dargestellte Grauen im vom Weltkrieg verwüsteten belgischen Grenzgebiet kennen. Aus dem stürmischen, aber wegen eines Herzfehlers von der Armee zurückgewiesenen Patrioten wurde ein glühender Pazifist. Dieser Wandel kündigte sich bereits in dem apokalyptischen Gedicht »Das ist die Zeit« an, vor allem aber in Balls Abrücken von dem expressionistischen Theaterpathos: »Es ist die Tyrannei, die die Entwicklung der schauspielerischen Fähigkeiten begünstigt. Die Höhe des Theaters steht immer im umgekehrten Verhältnis zur Höhe der sozialen Moral und der bürgerlichen Freiheit. Rußland hatte vor dem Krieg ein glänzendes Theater, und Deutschland stand ihm darin kaum nach.« Zerstört war nicht nur der Glaube an eine neue Menschheitskultur, sondern auch an den Sinn der bisherigen artistischen Experimente. Eine tiefgreifende Desorientierung erfaßte selbst jene Kräfte und Kreise, die bis zum Ausbruch des Krieges eher pazifistisch ausgerichtet waren. Die Sozialdemokratie stimmte am 4. August 1914 zusammen mit ihren feudalen und bürgerlichen Gegnern für die Kriegskredite; die Kirchen gaben dem Völkerringen die Weihe eines Kreuzzuges; angesehenste Gelehrte, Philosophen und Künstler verfaßten martialische Manifeste. Rilke besang den Heldentod, Thomas Mann erbaute sich an Friedrich II., Hofmannsthal am Prinzen Eugen, Klabund schrieb Soldatenlieder, Werner Sombart verkündete, daß der Deutsche sich wie »der Aar erhaben fühlen soll über alles Gevölk«, und Max Scheler stilisierte den Waffengang zum »metaphysischen Erwachen aus dem dumpfen Zustand eines bleiernen Schlafes«. Selbst Ball war anfänglich von Kriegsbegeisterung erfüllt, und in Frankreich meldeten sich Apollinaire, der Kronzeuge der Kubisten, Expressionisten, Dadaisten und Surrealisten, in Italien die futuristische Gruppe zum Kriegsdienst. Wer weder zur Uniform drängte noch der nationalen Propaganda sich eingliederte, galt als verdächtig.

Bald zeigte sich der Krieg als gräßliche Wirklichkeit. In ihm fielen Ernst Stadler, Franz Marc, August Macke, Alfred Lichtenstein, Reinhard Sorge, August Stramm. Georg Trakl starb im Felde an einer Überdosis Kokain, kurz nach seinem letzten großen Gedicht, das seine Überschrift von dem galizischen Schlachtort Grodek hat. Auch Balls bester Freund, Hans Leybold, erlag den Folgen einer im Schlachtfeld erlittenen Verwundung. Im Februar 1915 hielt Ball in Berlin auf einer Gedenkfeier die Totenrede: »Es ist unerhört und scheußlich, daß dieser junge Mann aus dem Kriege nur die physische Konsequenz ziehen mußte, während die geistige ihm versagt blieb... Sie alle haben seinen Tod mitverschuldet. Alle, wie Sie auch hier sitzen.« Die geistige Konsequenz, von der in diesem Nekrolog die Rede ist, versuchte der überlebende Freund zu ziehen:

»Man wird nicht von Granaten nur zerrissen.
In meine Nächte drangen Ungeheuer,
Die mich die Hölle wohl empfinden ließen.«

Im Mai 1915 floh er mit Emmy Hennings, die er zwei Jahre vorher in München kennengelernt hatte, in die Schweiz. Der neutrale Kleinstaat war damals zur Heimstatt von Flüchtlingen aus allen kriegführenden Ländern geworden. Allein in Zürich lebten Albert Ehrenstein, Franz Werfel, Hugo Kersten, Else Lasker-Schüler, Leonhard Frank, Ludwig Rubiner, Alfred Wolkenstein, Max Herrmann-Neisse, Theodor Däubler, Otto Flake, René Schickele, Hans Arp, Walter Serner und Tristan Tzara. Zu ihnen kamen Hugo Ball und Emmy Hennings. An anderen Schweizer Orten hielten sich Yvan Goll, Frans Masareel, Alexander Archipenko, Romain Rolland, Stefan Zweig, Hermann Hesse und Ernst Bloch auf. Im Februar 1916 war auch ein russischer Emigrant – nachdem er schon ganz Europa und die sibirische Verbannung kennengelernt hatte – aus Bern nach Zürich gekommen, wo er die meiste Zeit in der Stadtbibliothek verbrachte. Es heißt, daß ihn der Ausbruch des Krieges wie ein Keulenschlag getroffen habe. Als ihm ein Genosse jene Ausgabe des »Vorwärts« brachte, in der die Nachricht von der sozialdemokratischen Zustimmung zu den Kriegskrediten stand, soll er ungläubig den Kopf geschüttelt haben. Das sei sicherlich eine Fälschung des deutschen Geheimdienstes, um das Proletariat irrezuführen, meinte er, überrascht von der Vaterlandsbegeisterung der damals noch auf den Marxismus vereidigten Sozialdemokraten. Und dennoch hatte Lenin, von dem hier die Rede ist, schon seit Jahren den Krieg als unausweichlich betrachtet und ihn auf internationalen Kongressen als Mittel zur sozialistischen Revolution hingestellt.

»Insbesondere interessiert mich alles, was Rußland angeht. Von dort erhoffe und erträume ich mir eine Befreiung und einen Umsturz, wie er sich nur mit der französischen Befreiung 1789 vergleichen läßt. Wenn das nicht kommt, sind wir alle verraten. Ich betrachte diesen Krieg, den wir jetzt haben, durchaus nur als ein Vorspiel, als ein Morden, das seinen Sinn nur bekommen kann, wenn Rußland geschlagen wird und – Deutschland verliert.« Diese einen klaren Blick für weltpolitische Perspektiven verratenden Sätze stammen nicht von Lenin, sondern aus einem Brief von Hugo Ball an seine Schwester Maria. Zur gleichen Zeit, als der russische Marxist nach Zürich kam, mietete der deutsche Anarchist, nachdem er sich einige Monate mit dem Annähen von Knöpfen und als Pianist in einem Tingel-Tangel kümmerlich durchgebracht hatte, einen leeren Saal in der »Holländischen Meierei« des früheren Matrosen Jan Ephraim (Zürich, Spiegelgasse Nr. 1). Hier sollte sich – wie es in der Zürcher Presse vom 3. Februar hieß – unter dem Namen »Künstlerkneipe Voltaire ... eine Gesellschaft junger Künstler und Literaten« etablieren, »deren Ziel es ist, einen Mittelpunkt für die künstlerische Unterhaltung und den geistigen Austausch zu schaffen«. Angekündigt wurden tägliche musikalische und rezitatorische Darbietungen, und an die junge Künstlerschaft Zürichs erging der Aufruf, »sich ohne Rücksicht auf eine besondere Kunstrichtung mit Vorschlägen und Beiträgen einzufinden«. Am Samstagabend, 5. Februar 1916, wurde die bald »Cabaret Voltaire« genannte Künstlerkneipe eröffnet. Man hat dieses Datum oft als erste offizielle Manifestation des Dadaismus bezeichnet, doch sowohl aus den publizierten Tagebuchnotizen als auch den Briefen Hugo Balls geht eindeutig hervor, daß mit Ausnahme der etwas odiös klingenden Taufe auf den Namen Voltaire mit dem Cabaret ursprünglich keine wie immer geartete Provokation, gar eine neue extreme Form kulturellen Protests beabsichtigt war. Man dachte an eine Lokalität à la Simplizissimus, gleichsam an eine Schweiz in der Schweiz, die sämtliche Kunststile, aber auch bloßes Amusement beherbergen und sich nur im Niveau von jener vorstädtischen Varietéwelt mit ihren Seiltänzern, Schlangenmenschen, Papagenos und Feuerspeiern unterscheiden sollte, deren Elend Ball aufgrund eigener Erfahrungen in seinem kleinen Roman »Flametti oder vom Dandysmus der Armen« (Berlin 1918) geschildert hat.

So standen auf den ersten Abendprogrammen neben Rezitationen von Texten Voltaires, Morgensterns, Wedekinds, Kandinskys, Cendrars', Mühsams und Balls russische Wiegen- und serbische Soldatenlieder, Humoresken von Max Reger, Rhapsodien von Franz Liszt und eine Berceuse von Claude Debussy. Was die bildende Kunst betraf, so wurden Werke von Arp, Giacometti, Meili, Segall, Slodki, Picasso und anderen ausgestellt.

»Es konnte den Anschein haben«, hatte Ball bereits in seiner Münchner Zeit notiert, »als sei die Philosophie an die Künstler übergegangen; als gingen von ihnen die neuen Impulse aus. Als seien sie die Propheten der Wiedergeburt. Wenn wir Kandinsky und Picasso sagten, meinten wir nicht Maler, sondern Priester; nicht Handwerker, sondern Schöpfer neuer Welten, neuer Paradiese.« Er feierte den in der neuen Malerei sich inkarnierenden demiurgischen Überschwang: »Der Intellekt als eine verruchte Welt war ausgeschaltet. Paradiesische Landschaften brachen hervor. Das Bild machte alle Anstrengung, den Rahmen zu sprengen, so mächtig war die bewegende Kraft ... Die Malerei schien das göttliche Kind noch einmal auf ihre Weise gebären zu wollen. Nicht umsonst hatte sie jahrhundertelang vor dem Mythus von Mutter und Kind gekniet.«

In einer diesem strahlenden ascensus entgegengesetzten Richtung bewegte sich auch Balls Cabaret Voltaire auf die Welt des Kindes zu, gleichsam in jener für manche gnostische Lehren bezeichnenden Umkehrung des »itinerarium mentis in Deum« zu einem descensus spiritus in eine delirierende Gegenwelt von Traum, Torheit und Trance, um dadurch von unten ins verlorene Paradies heimzufinden.

Nachdem die Rumänen Tristan Tzara, Marcel und Georges Janco, der Elsässer Jean Arp sowie ein weiterer Herr, »dessen Name mir entging« (Ball), sich als erste Mitarbeiter gemeldet hatten, wurde mit dem Eintritt des deutschen Medizinstudenten Richard Huelsenbeck, der zum radikal oppositionellen Kreis um Franz Pfemfert gehörte, die harmlose Anfangsphase des Cabarets nach kaum drei Wochen beendet. »Ein undefinierbarer Rausch hat sich aller bemächtigt«, schreibt Ball am 26. Februar 1916. »Das kleine Kabarett droht aus den Fugen zu gehen und wird zum Tummelplatz verrückter Emotionen.« Statt spätromantischer Salon-Musik spielte man bald Arnold Schönberg, Eric Satie, Negerrhythmen und bruitistische Stücke. Expressionistische Gedichte und satirische Chansons wurden seltener, an ihre Stelle traten afrikanische Lyrik, Texte von Max Jacob, Apollinaire, Alfred Jarry, wohl auch von Lautréamont und Rimbaud: »Wir sind Rimbaudisten, ohne es zu wissen und zu wollen. Er ist der Patron unserer vielfachen Posen und sentimentalen Ausflüchte; der Stern der modernen ästhetischen Desolation.«

In diesem geistigen Klima entzündete sich die zugleich kindliche und dandystische Revolte des Dadaismus. Am Anfang stehen Simultangedichte, kontrapunktische Rezitative, in denen drei oder mehr Stimmen gleichzeitig durcheinander sprechen, singen, pfeifen, brüllen, schluchzen und lachen: so verdeutlichen sie »die Verschlungenheit des Menschen in den mechanistischen Prozeß..., den Widerstreit der vox humana mit einer sie bedrohenden, verstrikkenden und zerstörenden Welt, deren Takt und Geräuschablauf unentrinnbar sind«. Es folgen »Verse ohne Worte«, Lautgedichte ohne jegliche Syntax. »Wenn das Wort die erste Regierung war«, wie Ball fast gleichzeitig mit den österreichischen Sprachdenkern Ferdinand Ebner und Ludwig Wittgenstein bündig notierte, dann muß der konsequente Anarchist auch die Sprache umwälzen, Sprache als Logik gewordene Herrschaft, untrennbar verbunden mit der Idee einer ordnenden Vernunft. Die Satzteile, selbst die einzelnen Laute werden autonom und verbinden sich zu grotesken, gelegentlich auch berükkend-traumhaften Gebilden, etwa von der Art der folgenden Sprachclownerie, die Ball, mit bunter Pappe als gnostischer Hoherpriester verkleidet, im Juni 1916 zum besten gegeben hat:

»gadji beri bimba
glandridi lauli lonni cadori
gadjama bim beri glassala
glandridi glassala tuffm i zimbrabim
blassa galassasa tuffm i zimbrabim...«

Hugo Ball war nicht nur der Initiator des Cabaret Voltaire, sondern blieb auch bis zu seinem vorübergehenden Rückzug im August 1916 der Führer der Dada-Bewegung, wenn ein solcher Titel für die Leitung einer hierarchielosen Gruppe autoritätsfeindlicher Außenseiter überhaupt zulässig ist. Miklavź Prosenc hat überzeugend nachgewiesen, daß die Zürcher Dada-Bewegung im Gegensatz etwa zum George-Kreis nicht nach dem Führer-Gefolgschaft-Modell, sondern als gleichberechtigtes Miteinander dem totalen Protest gegen die bürgerliche Kultur verschworener Bohémiens gestaltet war. Verblüffenwollen und Bluff, gezielter Schock, Provokation und methodischer Skandal waren die erklärten Ziele dieser Gruppe, die bewußt darauf verzichtete, weiterhin Kunst schaffen zu wollen: »Was wir zelebrieren, ist eine Buffonade und eine Totenmesse zugleich... Unser Kabarett ist eine Geste. Jedes Wort, das hier gesprochen und gesungen wird, besagt wenigstens das eine, daß es dieser erniedrigenden Zeit nicht gelungen ist, uns Respekt abzunötigen... Was wir Dada nennen, ist ein Narrenspiel aus dem Nichts, in das alle höheren Fragen verwickelt sind; eine Gladiatorengeste; ein Spiel mit den schäbigen Überbleibseln; eine Hinrichtung der posierten Moralität und Fülle.« Etwas vom militanten russischen Nihilismus der zweiten Hälfte des neunzehnten Jahrhunderts klingt hier ebenso an wie vom Geist gnostischer Absage an die bestehende schlechteste aller Welten. Allen Dadaisten war gemeinsam das traumatische Erlebnis des Zerfalls der bisher gültigen Ordnung. Ihre Exzesse waren ein gellender Aufschrei angesichts der den Himmel verfinsternden Giftgasschwaden, der verkohlten und stinkenden Leichenberge vor Verdun, sowohl ein pueriles Pendant *zu* als auch ein Protest *gegen* Ludendorff, Joffre, Clemenceau, Kitchener. Wie sehr diese seither von den Beatniks, Pop-Artisten und Happening-Arrangeuren nachgeäffte Extremreaktion eine Resultante verschiedener anarchisch verbundener Intelligenzen gewesen ist, beweist auch das Dunkel um den Ursprung des Firmennamens »Dada«. Nach Huelsenbeck wurde das Wort von ihm und Ball am 16. oder 17. Februar 1916 in einem deutsch-französischen Diktionär gefunden, als sie nach einem passenden Künstlernamen für eine Sängerin des Cabarets suchten. Arp dagegen behauptet, Tzara habe bereits am 6. Februar um 18 Uhr das Wort erfunden. Tatsache ist jedenfalls, daß das Symbol erstmals am 18. April 1916 im Tagebuch von Hugo Ball und dann in Balls Einleitung zum Almanach »Cabaret Voltaire« (erschienen Juni 1916) auftaucht. Nach dem Larousse Classique Illustré bedeutet Dada »cheval dans le langage des enfants«, ebenso Schaukelpferdchen, aber auch »idée favorite«, also Steckenpferd. Im Oxford Dictionary wird Dada nur als »infantile sound« angeführt. Im Rumänischen – der Muttersprache Tzaras – heißt Dada Ja, ja, während es für Deutsche, laut Ball, »ein Signum alberner Naivität und zeugungsfroher Verbundenheit mit dem Kinderwagen« ist. Als er später sein Buch »Byzantinisches Christentum« vorbereitete, gelangte er zu einer anspruchsvolleren Deutung: »Als mir das Wort ›Dada‹ begegnete, wurde ich zweimal angerufen von Dionysius Areopagita: D.A.-D.A.« Und für ein deutsches Wörterbuch definierte er »Dadaist: kindlicher, donquichottischer Mensch, der in Wortspiele und grammatikalische Figuren verstrickt ist«. Mehr als literaturhistorische Definitionen vermittelt dieses unentschiedene Schweben zwischen dem zum Schaukelpferdchen gewordenen Pegasus, dem Kindlich-Verspielten, ja Infantilen, der mystischen Anrede und dem Ritter von der traurigen Gestalt etwas von der verzweifelten Lustigkeit des dadaistischen regressus, in dem nicht nur ein letzter Rest apokrypher Religiosität – »den Heiden eine Torheit« –, sondern paradoxer Menschlichkeit schlechthin enthalten war, ähnlich wie in Bartoks »Cantata profana« die vox humana reiner erklingt aus der Weigerung der in Tiere verwandelten Söhne, zu Vater und Mutter zurückzukehren, als aus dem Schrei elterlicher Sehnsucht. »Wir sind Phantasten. Wir glauben nicht mehr an die Intelligenz. Wir haben uns aufgemacht, dies Tier – das Karussellpferd Johann –, dem unsere ganze Verehrung gilt, vor dem Mob zu retten«, heißt es in dem kleinen grotesken Roman »Tenderenda, der Phantast«, an dem Ball in jener Zeit gearbeitet hat.

Nach einem Nervenzusammenbruch kehrte er im Sommer 1916 der Dada-Bewegung den Rücken, um sich in den damals noch vom Fremdenverkehr unberührten Tessin zurückzuziehen. Wie er sich nach Kriegsausbruch vom Theater distanziert hatte, begann er bereits nach einem halben Jahr dadaistischen Experimentierens an dessen Wert zu zweifeln: »Ich erkläre hiermit, daß aller Expressionismus, Dadaismus und andere Mismen schlimmste Bourgeoisie sind«, ließ er Tzara wissen, an den nun die Leitung des Cabaret Voltaire übergegangen war. Doch nach einigen Monaten, in denen er sich vergeblich als freier Schriftsteller zu etablieren versucht hatte, stürzte Ball sich noch einmal in eine ebenso kurze wie hektische Dada-Phase. Am 18. März 1917 eröffnete er in Zürich, Bahnhofstraße 19, die »Galerie Dada«, die ein Schauplatz exzentrischer Rituale gewesen zu sein scheint: »An den Soiréen aber werden hier Feste gefeiert von einem Glanz und einem Taumel, wie Zürich sie bis dahin nicht gesehen hat.« Im geschlossenen Kreis wurden Mystiker des 12. und 13. Jahrhunderts wie Jacopone da Todi, Corrado Alvaro, Francesco Meriano, Schwester Mechthild, ferner die Chronik des Phantasten Herzog Ernst und Jakob Böhmes »Morgenröte im Aufgang« rezitiert. Intensiv wandte sich Ball dem bayerischen Theosophen Franz von Baader zu, auf den er als einer der ersten in unserem Jahrhundert wieder aufmerksam gemacht hat. Die modernen Künstler erscheinen ihm nun als Gnostiker, die »Dinge praktizieren, die die Priester längst vergessen wähnen; vielleicht auch Sünden begehen, die man nicht mehr für möglich hielt«. Der Maler sei »Sachwalter der vita contemplativa«, die Liturgie der Kirche »ein Gedicht, das von Priestern zelebriert wird«, die abstrakte Bildkunst Zeichen eines »universalen Karfreitags«: »Das bekannte Philosophenwort ›Gott ist tot‹ beginnt ringsum Gestalt anzunehmen. Wo aber Gott tot ist, dort werden die Dämonen allmächtig sein. Es wäre denkbar, daß es, sowie es ein Kirchenjahr, auch ein Kirchenjahrhundert gibt und daß auf das unsere der Karfreitag und genauer die Todesstunde am Kreuze fällt.« In dieser Stimmung, in der sich bereits seine spätere Hinwendung zur Religion ankündigt, hat Ball seinen Essay über Kandinsky verfaßt: »Das ganze Geheimnis Kandinskys ist, daß er als der erste und radikaler als die Kubisten alles Gegenständliche als unrein ablehnte und auf die innere Form, den Klang der Dinge, ihre Essenz, ihre Wesenskurve zurückging.« Künstlern wie ihm gelinge es, »Existenzen zu schaffen, die man Bilder nennt, die aber neben einer Rose, einem Menschen, einem Abendrot, einem Kristall gleichwertigen Bestand haben«.

Nach einem weiteren Nervenzusammenbruch verließ Ball die Galerie Dada und zog sich abermals in den Tessin zurück. In äußerster Not übersiedelte er bereits im Herbst nach Bern, wo er Ernst Bloch begegnete und Mitarbeiter, schließlich Redakteur des republikanisch-pazifistischen Emigrantenblattes »Die Freie Zeitung« wurde, für die er, einer Anregung Schickeles folgend, das ursprünglich als Artikelserie erschienene Pamphlet »Zur Kritik der deutschen Intelligenz« schrieb. Ball datierte mit dieser Übersiedlung den Beginn seiner im eigentlichen Sinne politischen Phase, der dann 1919/20 die religiöse gefolgt sei, und die meisten Biographen haben diese Einteilung beibehalten. Es fragt sich allerdings, inwiefern und ob Ball überhaupt je ein politischer, sich für die Praxis der öffentlichen Angelegenheiten engagierender Mensch mit dem dazugehörigen Augenmaß für Machtverhältnisse und konkrete Möglichkeiten gewesen ist. Verglichen mit Lenin, der im Hause Spiegelgasse Nr. 6 gewohnt und das gegenüberliegende Cabaret Voltaire gelegentlich auch besucht hat, war Ball zeitlebens ein Schwarmgeist, Träumer und Moralist, der jedesmal davor zurückbebte, wenn – wie in Rußland 1917, in Deutschland 1918/19 – der von ihm ersehnte Umsturz und Neubeginn zur Sache politischer Auseinandersetzungen wurde. Zum Italien Mussolinis, das er immerhin von 1924 bis 1926 unmittelbar erlebt hat, fiel ihm anscheinend überhaupt nichts mehr ein, obwohl in jenen Jahren Giacomo Matteotti ermordet, der faschistische Terror gegen jede Opposition losgelassen, die Jugend staatsparteilich organisiert, das Streikrecht der Arbeiter abgeschafft und die Zensur eingeführt wurde. »Es ist hier in Rom eigentlich immerfort Fest- und Feiertag. Und wenn die Kirche einmal ausruht, dann setzt der Faschismus mit Illumination und Flaggen ein«, schrieb er harmlos am 10. Januar 1925 an Hesse. Einzig Balls damaliges Interesse für Dämonologie und Exorzismus scheint ein ferner, mystisch verfremdeter Reflex politischer Zeitereignisse zu sein.

Doch damit haben wir bereits in Balls letzte Lebensperiode vorgegriffen, in der freilich vieles manifest wurde, was schon in seinen Zürcher und Berner Jahren latent vorhanden gewesen war. In der Mitte zwischen seiner dadaistischen und seiner mystischen Zeit liegt die furiose »Kritik der deutschen Intelligenz«, die 1919 als das erste größere Buch von Hugo Ball erschienen ist. Gerhardt Edward Steinke attestierte ihm zu Recht »a fiery brilliance, a polemical violence, an unreserved fearlessness which is worthy of his two teachers, Nietzsche and Bakunin... It is one of the most violent and denunciatory expositions of the German mind and character that a German thinker has produced«. Auf den ersten Blick könnte man die Streitschrift für ein politisches Manifest halten: die gegen die Regierungen der Mittelmächte erhobene Kriegsschuldanklage soll auf die Geistesgeschichte der deutschen Nation seit dem Mittelalter ausgedehnt werden. Bei aller Leidenschaft wollte Ball nicht blind attackieren und gestikulieren. »Man muß den Deutschen Argumente bringen, Rektoren, Schulräte, Universitätsprofessoren und Journalisten. Bevor das nicht geschehen ist, ist alles umsonst...« Mit großem Fleiß studierte er religiöse, politische, literarische und philosophische Werke, dazu Biographien und historische Darstellungen, um seine These von der Daseinsverfehlung des deutschen Volkes zu belegen. Luther war ein nationales Unglück, indem er die von der päpstlichen Suprematie befreite Kirche dem Joch des Landesfürstentums auslieferte und die evangelische Freiheit – im Gegensatz zu Thomas Münzer – rein geistig-geistlich verstanden haben wollte. Dieser Auffassung haben auch marxistische Gelehrte, etwa Ernst Bloch (»Thomas Münzer als Theologe der Revolution«, München 1921) und Georg Lukács (»Die Zerstörung der Vernunft«, Berlin 1954) zugestimmt, hierin eines Sinnes mit Alexander von Humboldt, der davon sprach, daß Deutschland im Bauernkrieg seinen Weg verfehlt habe. Die von protestantischen Häusern entstammenden Intellektuellen, oft Pastorensöhnen, getragene deutsche Philosophie erscheint Ball als raffinierte ideologische Rechtfertigung feudalabsolutistischen Zwanges, als spekulativer Paravent herrschaftlicher Entmündigung. »Kant hob die preußische Knutung zur Metaphysik«, seine Moralphilosophie ist »die Kaserne in ihrer metaphysischen Potenz.« Gegen Hegel schreibt er – die alten Vorwürfe Rudolf Hayms verschärfend – das Anathema: »Und so wurde der deutsche ›Idealismus‹ zu jenem Geheimkabinett, auf dessen Dach die Flagge der Vernunft und Aufklärung wehte, während im Innern ein Mystagoge seiner Nation eine Chloroformmaske übers Gesicht warf und das betäubte Objekt dem Sadismus der Herrscher auslieferte.« So wird ihm unter dem Schock der Katastrophe von 1914 bis 1918 in ärgerlicher, bisweilen freilich auch großartiger Einseitigkeit die deutsche Geschichte zu einer einzigen Weltverschwörung von protestantischer Theologie, philosophischem Idealismus und spätfeudalen Machtstaatsaspirationen. War die deutsche Intelligentsia 1914 zur ideologischen ancilla des Militarismus geworden, nachdem schon 1870 Dubois-Reymond stolz verkündet hatte: »Wir sind die geistige Leibwache des Hauses Hohenzollern«, so ist sie dem vom Unheil faszinierten Blick Balls nie etwas anderes gewesen. Auch Marx, den aus jüdischem Hause stammenden Rheinländer und getauften Protestanten, sieht er nur im Lichte des linken Chauvinismus von 1914, ebenso Lassalle, während die utopischen Sozialisten, etwa Weitling, die Anarchisten, aber auch so konservative Denker wie Schopenhauer, vor allem aber Franz von Baader, positiv beurteilt werden. Ähnlich wie Hölderlins Hyperion klagt er über das aller Grazie bare deutsche Wesen, wobei im Bild der lieb- und gnadenlosen Germania Züge der herben Mutter aus Pirmasens aufscheinen, die eigens in die Schweiz gereist war, um ihren abtrünnigen Sohn der kriegführenden Heimat zurückzugewinnen.

»Sie verstanden es nie, sich verführen zu lassen, Werbungen zu erwidern. Finster und verschlossen blieben sie aufgerichtet als eine drohende Konstruktion. Enthusiasmus und Liebe beantworteten sie mit Polizeimaßnahmen und Rüstungsfieber... Es ist angebracht, stets die Stirne zu runzeln, mit geladenem Revolver zu gehen, stechende Blicke um sich zu werfen, die Brust in Positur zu halten und mit verbissenen Nußknackerkiefern den Muskel spielen zu lassen...« So haben auch George Grosz, Otto Dix und John Hartfield die deutschen Herrschaften gesehen.

Romantisch ist dagegen Balls okkasionalistische Xenophilie, seine irgendwie weibliche Einfühlsamkeit in verklärte Völker und Länder. So preist er »jene vergötternde Begeisterung, jene Zärtlichkeit, mit der französische Geister Frankreich ›Notre Dame‹ und ›la douce France‹ nannten«, aber auch den »Geist der Freiheit, der das Gewissen des russischen Volkes seit 1825 in heftigsten Wehen geschüttelt hat«, und das »Italien der Carbonari und der Freimaurerorden«. Dieser sympathetischen Hinwendung zum Fremden widersprechen auch nicht die gelegentlichen kritischen Bemerkungen über das Judentum, wobei Ball charakteristischerweise niemals das Judentum überhaupt, sondern allemal das deutsche, genauer das deutschnationale, im Auge hat. Daß Ball kein Antisemit gewesen ist, beweist sowohl seine wiederholte Polemik gegen Treitschke, H. St. Chamberlain und andere judenfeindliche Ideologen als auch seine Sympathie für eben jene jüdischen Geister, die, wie Heine oder Karl Kraus, die deutsche Misere schärfstens kritisiert haben. Sagt Ball schon in seiner »Kritik der deutschen Intelligenz«, er würde sich »glücklich schätzen, der sozialen, jüdischen und deutschen Emanzipation gleicherweise einen Dienst zu leisten«, so gelangt er in der »Flucht aus der Zeit« gar zu der Vermutung: »Vielleicht werden orthodoxe Katholiken und Juden im Bunde einmal noch Deutschland aus seinem Sumpfe retten.«

Wenn auch Ball selbst seine »Kritik« mit Recht nicht als wissenschaftliche Arbeit, sondern als Streitschrift und Manifest verstanden haben wollte, so hat er in ihr dennoch mit dem Problem der Absonderung Deutschlands von Westeuropa eines der großen Themen moderner Historiographie aufgegriffen, das auch nach den profunden Analysen von Ernst Troeltsch, Friedrich Meinecke und Hajo Holborn immer wieder alle geschichtlich Denkenden von neuem zu reizen imstande ist. Kritisch anzumerken wäre, daß Ball trotz bisweilen drastisch formulierter wissenssoziologischer Einsichten den deutschen Sündenfall weniger aus gesellschaftlichen Bedingungen denn aus einer verfehlten Metaphysik erklärt, so daß eine nationale Umkehr letzten Endes eine Konversion zu einer neuen, besseren Metaphysik bedeutete. Hinzu kommt, daß er die kritisierten Überlieferungen nur in ihrer defizienten, ideologischen Form zu kennen scheint. Das gilt insbesondere für Balls Deutung von Luther, Kant, Hegel und Marx, wobei er den einen oder andern kaum je im Original, sondern mittels meist schon polemischer Sekundärliteratur studiert hat. Daß sich Eichmann und Rosenberg auf Kant berufen konnten, mag als Verifikation von Balls Verdikten gegen den Königsberger Philosophen wirken. Doch auch ehrwürdigste Gestalten deutscher Résistance gegen Hitler, etwa Ernst Niekisch und Kurt Huber, waren von Kant geprägt. Dasselbe gilt für Hegel: auf ihn beriefen sich faschistische und nationalsozialistische Autoren wie Christoph Steding, Karl Larenz, Giovanni Gentile und andere, aber auch einige der nobelsten Antifaschisten, unter ihnen Benedetto Croce und Adam von Trott zu Solz. In seinem Rigorismus überläßt Ball vorschnell der Reaktion Gestalten und Werke, die entweder ursprünglich keineswegs reaktionär gewesen oder doch zumindest auch antireaktionär zu beerben sind. Losgelöst von realsoziologischen Voraussetzungen und politischen Implikationen vereinigt Ball nach Art einer dadaistischen Collage die einander widersprechendsten Figuren und Traditionen: Baader und Bakunin, Novalis, Nietzsche und Franziskus. Damit hängt auch zusammen Balls heillos verstiegene Therapie, die zwischen einem unvermittelten, extrem voluntaristischen, auf bloße Entschlossenheit reduzierten Anarchismus und einem ebenso unvermittelten mystischen Vertrauen in eine neue »hierarchische Ordnung der Geister nach Maßgabe ihrer Leidensfähigkeit«, in eine joachitische »Kirche freier Individuen« schwankt. An die Stelle des Hegelschen Gott-Staates tritt eine »demokratische Kirche der Intelligenz, an die die Verwaltung der Heiligtümer und des Gewissens übergeht«, welche luftige und freischwebende Hierarchie kaum als Alternative zum Machtstaat ernstgenommen werden kann. Hier kündigt sich bereits Balls »Byzantinisches Christentum« an, und was Romano Guardini in bezug auf jenes Buch gesagt hat, gilt auch für die »Kritik«: »Die überall große Forderungen erheben, haben die schon daran gedacht, was geschieht, wenn diese Forderungen von großmütigen Herzen ernstgenommen werden? Mir ist oft, als sähen sie nur Stumpfe! Als rechneten sie gar nicht im Ernst mit der Möglichkeit, daß einer tue, was sie sagen, und zwar ein wirklicher Mensch, mit seiner oft so armen Kraft... Laien-Gefahr ist Radikalismus der Idee, des individuellen Gewissens und der Augenblicksforderung. Die Gefahr, aus Verantwortung für die Idee verantwortungslos zu werden gegen das Leben. Und aus Gewissen Urteil und Unterscheidung zu verlieren für die Wirklichkeit!«

Trotz seines Dilettantismus und seiner Verstiegenheit: welch ein erstaunliches Buch, das alle Hoffnungen und Leidenschaften der expressionistischen Generation bis zur Weißglut aufleuchten läßt, in dem darüber hinaus so vieles anklingt, was uns durchaus vertraut ist: Ernst Blochs münzerisches Pathos für ein kathedralisches Reich der Freiheit, Karl Mannheims »freischwebende Intelligenz«, Herbert Marcuses »Große Weigerung«, Georg Lukács' »Zerstörung der Vernunft« und Theodor W. Adornos »Negative Dialektik«, in der sich die erstaunlich an Ball erinnernde Stelle findet: »Dem Einzelnen indessen bleibt an Moralischem nicht mehr übrig, als wofür die Kantische Moraltheorie, welche den Tieren Neigung, keine Achtung konzediert, nur Verachtung hat: versuchen, so zu leben, daß man glauben darf, ein gutes Tier gewesen zu sein.« Freilich unterscheidet sich Ball von den Genannten durch seine radikale Verwerfung des Deutschen Idealismus und Marxens. Die bereits im Dadaismus hinter destruktivem Spott und anarchoidem Ulk wirkenden religiösen Impulse brechen in der »Kritik der deutschen Intelligenz« noch stärker durch.

Während Becher, Herzfelde, Grosz, Tzara durch ihre zumindest zeitweilige Option für den Kommunismus in die Politik fanden, wandte sich Ball, ausgehend von einem noch dogmenfreien, anarchisch verstandenen Christentum, immer mehr dem Katholizismus zu. Nachdem er im Februar 1920 Emmy Hennings standesamtlich geheiratet hatte, kehrte er im Juli desselben Jahres in Flensburg, der Geburtsstadt seiner Frau, nach langjähriger Entfremdung wieder zur katholischen Kirche zurück, die dem Ruhelosen die einzige Heimat wurde. Der mystische Katholizismus, zu dem er konvertierte, war vielleicht nur ein getaufter Dadaismus, ein Aufstieg von den niederen Weihen rebellischer Gnosis zu den seraphischen Sphären des Dionysius Areopagita, die er in seinem reifsten Buch »Byzantinisches Christentum« (1923) verherrlichte. Mit Emmy Hennings lebte er abwechselnd im Tessin, in Deutschland und Italien, ständig in Armut, oft nahe am Verhungern, angewiesen auf die Hilfe von Freunden, vor allem von Hermann Hesse. Gedichte aus dieser Zeit erinnern bisweilen an die exotischen Märchenbilder des Zöllners Rousseau, wenn sie auch durch romantisch-epigonale Floskeln, eine forcierte Frömmigkeit und Einfalt beeinträchtigt werden. Die Priester des Tessin respektierten den franziskanischen Narren in Christo als ihresgleichen. Ähnlich wie sein Namenspatron Hugo von St. Viktor die Mystik des Herzens gegen den Geist des scholastischen Rationalismus verteidigt hatte, verschrieb auch Ball sich bis zu seinem

Tode in San Abbondio (bei Lugano) am 13. September 1927 der Disziplin religiöser Einweihung.

Während er im »Byzantinischen Christentum« seinen eschatologischen Spiritualismus zur ekstatischen Hierarchie der Mönche, Asketen, Priester, Engel, Erzengel, Seraphim und Cherubim stilisierte, begann im Rußland Lenins eine sozialrevolutionäre Intelligentsia, den traditionellen byzantinischen Messianismus säkularisierend, einen ganzen Kontinent umzuwälzen. Lenin und Ball, die Emigranten in der Spiegelgasse, waren beide Intellektuelle: der Stratege des Weltbürgerkriegs, der nach einem Wort von Georges Sorel mit seinem unerbittlichen, stets praxisbezogenen Rationalismus die Geschichte »forcieren« wollte, und der vom Anarchismus kommende Träumer einer »küssenden Verbrüderung von Mensch, Tier und Pflanze«, dem nichts ferner lag, als bewußt Geschichte zu machen. Keine dieser beiden äußersten Haltungen kann auf die andere zurückgeführt werden. Immer wird es neben dem politischen Pathos, die Welt durch Tat zu verändern, auch die abseitigen Passionen von Dichtern, Heiligen und Narren geben: die Absage an Wille und Macht und Tat; die Sehnsucht nach der schönen Fremde des ungeschändeten Bildes; die in der Ikone des sprachlos-trauernden Christophoros Kynokephalos, des heiligen Idioten mit der Hundeschnauze, sakrosankt gewordene Bruderschaft querweltein im Kreuzzeichen des Widerspruchs.

»Bevor Dada da war, war Dada da«, meinte Jean Arp auf die Frage nach dem Anfang dieser Revolte, und ähnlich äußerte sich Marcel Janco: »Dada besteht und wird solange bestehen, wie der Geist der Verneinung das Ferment der Zukunft in sich schließt.« In diesem Sinne mag auch der heitere Ernst von Hugo Balls Epitaph verstanden werden:

> »Der gute Mann, den wir zu Grabe tragen,
> Sieht wächsern aus und scheint erstarrt zu sein.
> Doch war er so verliebt in allen Schein,
> Daß man sich hüten muß, ihn tot zu sagen.« (1969)

ARNOLD J. TOYNBEE

Ähnlich wie Oswald Spenglers Lehre vom schicksalhaften »Untergang des Abendlandes« nach dem Ersten Weltkrieg von einem durch katastrophische Umwälzungen verstörten Laienpublikum geradezu süchtig aufgenommen wurde, fand in den Jahren nach 1945 der Engländer Arnold J. Toynbee mit der von D. C. Somervell besorgten Kurzfassung seiner »Study of History« eine durch die unmittelbar erfahrene Geschichte für globale Auslegungen und Standortbestimmungen empfänglich gewordene Leserschaft. Wie der von herrischer Menschenverachtung erfüllte Spengler ist auch der urbanere, weniger apodiktische und menschlich sympathischere Toynbee von den zünftigen Philosophen und Historikern mit kritischer Reserviertheit, wenn nicht gar feindseliger Ablehnung bedacht worden.

So hat der Oxforder Historiker H.R. Trevor-Roper im »Encounter« seinem Londoner Kollegen unterstellt, er sei ein religiöser Obskurantist und halte sich für den Messias einer neuen Universalkirche. Pieter Geyl nannte Toynbee einen Propheten, der in einer eingebildeten Welt lebe, und Ortega y Gasset warf ihm »intellektuelle Mogeleien«, »historischen Mystizismus« und, nicht zuletzt, sein englisches Naturell vor. Toynbee dringe »nicht gern in die Kulturen selbst ein, sondern pflegt sie von außen zu betrachten, so wie man ein Gebirge betrachtet, und so führt er über die weiten Felder der Geschichte die Touristenseele spazieren, die Gott dem Engländer gab«.

Zweifellos ist Toynbee trotz seiner grandiosen Produktivität und seines Weltruhms schon zu Lebzeiten ein Anachronismus geworden. Die neueren Moden der Welt- und Selbstinterpretation wie Strukturalismus, Futurologie und negative Dialektik haben bei allen Unterschieden eine prononciert antihistoristische Wendung gemeinsam. Es hat viel für sich, daß Toynbee, der wie kein einzelner zuvor die Weltgeschichte als Totalität durchdrungen hat, ohne Nachfolger bleiben, daß historisches Wissen als Selbsterinnerung der Menschheit an den von ihr zurückgelegten Weg im Zuge der wissenschaftlich-technischen Revolution als nutzloses Überbleibsel liquidiert wird.

Doch ehe wir diesen Gesichtspunkt, der Toynbee selbst nicht ganz fremd sein dürfte, näher erwägen, sei wenigstens ein flüchtiger Blick auf Leben, Werk und Resultate des britischen Universalhistorikers und Geschichtsphilosophen geworfen.

Geboren 1889 in London, hat Toynbee in Oxford klassische Studien betrieben und ist auch zeitlebens in Stil, Geschmack und Bildung ein Klassizist, ein Liebhaber antiker Dichtung und Philosophie geblieben. Die türkische Revolution von 1908 erregte sein bleibendes Interesse für Fragen der internationalen Politik, und eine Reise nach Griechenland und Kreta, wo er den Überresten der minoischen Kultur begegnete, scheint seinen historischen Sinn geweckt zu haben. Als er dann zu Beginn des Ersten Weltkrieges Thukydides las, kam ihm der Gedanke der geschichtsphilosophischen »Gleichzeitigkeit« bestimmter Epochen und Ereignisse. Toynbee fand, daß der Peloponnesische Krieg dem 1914 ausgebrochenen Weltbürgerkrieg entspreche und daß Thukydides in gewisser Hinsicht nicht nur längst vergangene, sondern auch künftige Entwicklungen geschildert habe. Der nächste Gedanke war, daß es historische Einheiten geben müsse, die man ohne Rücksicht auf ihre chronologische Reihenfolge strukturell vergleichen könne. Als diese grundlegenden Einheiten bestimmte er nicht die Rassen, Völker, Staaten und Imperien, sondern die Kulturen (civilizations). So stand Toynbee schon um 1916 der Plan zu seiner »Study of History« vor Augen, wenn auch das schließlich auf insgesamt zwölf voluminöse Bände angewachsene Opus erst 1934 zu erscheinen begann und nach weiteren zwei Jahrzehnten endlich abgeschlossen wurde. In all den Jahren widmete sich Toynbee sowohl politischen Gegenwartsfragen als auch historischen Studien. Den Vorderen Orient lernte er als Mitglied des Intelligence Service kennen, 1918 war er Fachreferent der britischen Friedensdelegation, 1919 wurde er Professor für Byzantinistik an der Universität London, doch schon zwei Jahre später berichtete er für den »Manchester Guardian« vom türkisch-griechischen Krieg. Seit 1925 Mitglied (von 1939 bis 1943 Direktor) des Royal Institute of International Affairs (Chatham House) und Herausgeber des jährlich erscheinenden »Survey of International Affairs«, schließlich Leiter der wissenschaftlichen Abteilung des Foreign Office, ist Toynbee stets mit der internationalen Politik in Verbindung geblieben und auf zahlreichen Reisen den Schauplätzen der von ihm systematisch erkundeten Hochkulturen begegnet. Er starb im Alter von sechsundachtzig Jahren am 22. Oktober 1975 in York. Neben seinem zyklopischen Hauptwerk »A Study of History«, dessen zweibändige Kurzfassung Jürgen von Kempski ins Deutsche übersetzt hat (»Der Gang der Weltgeschichte«, 1954, 1958), seien noch folgende Werke erwähnt: »Kultur am Scheideweg« (dt. 1949), »Die Welt und der Westen« (dt. 1953), »Wie stehen wir zur Religion?« (dt. 1958), »Das Christentum und die Religionen der Welt« (dt. 1959), »Menschheit und Mutter Erde« (dt. 1979) und die Gespräche mit seinem Sohn Philip »Über Gott und die Welt« (dt. 1963).

Man hat Toynbee boshaft einen Epigonen Spenglers genannt. In Wahrheit sind jedoch beide Autoren Antipoden, die einzig darin übereinstimmen, daß die Kulturen als grundlegende historische Einheiten anzusprechen seien. Im Vergleich zu Spengler basieren Toynbees Untersuchungen auf einer breiteren empirischen Basis, wie er überhaupt in seinen historischen Analysen solider, in seinen Schlußfolgerungen für die Zukunft zurückhaltender vorgeht. Während Spengler nur acht Kulturen kennt, untersucht Toynbee deren 21, zusätzlich noch fünf »gehemmte« und drei »gescheiterte«. Trotz aller Unterschiede im einzelnen lassen sich in der Entwicklung dieser Kulturen, von denen nur noch fünf am Leben sind, bestimmte Gleichförmigkeiten feststellen: Entstehung, Wachstum, Niedergang und Verfall. Allerdings vermeidet Toynbee eine ausgesprochen biomorph-organologische Deutung, auch ist er kein Determinist. In der Geschichte waltet kein ehernes Fatum, vielmehr gestaltet sie sich nach dem Prinzip von »challenge and response«, von Herausforderung und Antwort. Sie ist allemal das Werk schöpferischer Individuen und insofern auf Freiheit, Wahl und Selbstbestimmung gestellt. So wurden beispielsweise die Herausforderungen der physischen Umwelt von der ägyptischen und babylonischen Kultur schöpferisch beantwortet, indem sie die jährlichen Überschwemmungen technisch-organisatorisch bewältigten; die chinesische Kultur entstand aus einer produktiven Antwort auf die sumpfige Wildnis und die extremen Temperaturschwankungen am Gelben Fluß; die Maya-Kultur war eine historische Antwort auf die Herausforderung des tropischen Urwalds nördlich des Isthmus von Panama und die Inka-Kultur mit ihren Terrassen, Dämmen und Berieselungsanlagen eine solche auf das rauhe Klima der Anden und die Dürre der äquatorialen Pazifikküste. Die minoische Kultur, von der die hellenische eine Tochter ist, wurde wiederum durch das Meer herausgefordert. Doch nicht nur Klima, Geographie und physischer Druck, sondern auch Bevölkerungswachstum und politisch-soziale Entwicklungen stellen Herausforderungen dar, deren jeweilige Beantwortung kulturbestimmend wird. Am Beispiel der Antike hat Toynbee diese Dialektik von »challenge« und »response« besonders einprägsam herausgearbeitet, um sie jedoch – vor allem in den letzten Bänden seines Hauptwerks – metaphysisch zu überhöhen. Durch die Zyklen der Zivilisationen vollzieht sich ein aufsteigender Prozeß religiöser Erleuchtung, in dem auch die von Toynbee so treffend beschriebenen Spätzeitsymptome der abendländischen Kultur ihren düsteren Bann verlieren: »Die Menschheit ist nicht, wie Ixion, für immer ans Rad gefesselt oder, wie Sisyphus, ewig zum Hinaufrollen des Steins verdammt, nur um ihn dann, in Ohnmacht, wieder ins Tal rollen zu sehen. Die Kinder der westlichen Welt können also hoffen... der göttliche Funke schöpferischer Kraft ruht in uns selber. Wir brauchen ihn nur zur Flamme werden zu lassen, um doch noch das Ziel allen menschlichen Strebens zu erreichen.« Kreislauftheorie und Fortschrittsglauben sucht Toynbee zusammenzudenken: »Soll ein Fahrzeug sich in einer Richtung vorwärtsbewegen, die ihm sein Lenker vorgeschrieben hat, so muß es schließlich von Rädern getragen sein, die sich gleichförmig immer im Kreise drehen. Während Kulturen aufsteigen und versinken und im Sinken andere emporheben, schreitet vielleicht irgendein zweckvolles Unternehmen höherer Art, als es die Kulturen sind, stetig vorwärts: in einem göttlichen Plan ist vielleicht das Wissen, das aus dem Leid geboren wird – aus dem Leid des Untergangs der Kulturen –, das höchste Mittel zum Fortschritt.« Diese geschichtstheologische Vermutung, mit der sich Toynbee von seinem empirischen Ausgangspunkt weit entfernt, wird freilich mit folgendem Ausblick auf eine Post-Histoire der Insekten wieder in Frage gestellt: »Die äußerste Katastrophe wäre, daß es uns gelänge, das gesamte Menschengeschlecht auszurotten. Es könnte sein, daß dann die Ameisen und Bienen das Auftreten der Säugetiere und die kurze Herrschaft des menschlichen Säugetieres als unwesentliche Episode ansähen. Die Herausforderung, die an uns ergangen ist, besteht darin, dafür zu sorgen, daß diese Auslegung der Geschichte nicht Wahrheit werde.« Mit dieser Interferenz von Vollendung und Ende der Geschichte, Heilsgeschichte und Naturgeschichte steht Arnold J. Toynbee als letzter in der mit Vico beginnenden geschichtsphilosophischen Tradition. Wer angesichts des Übergangs zu einer mondialen Zivilisation noch von Untergang sprechen will, wird nicht länger den der Kultur und der Kulturen, sondern der gesamten Menschheit selbst in Betracht ziehen müssen. Soweit Toynbee als Historiker argumentiert, finden sich bei ihm keine Beweise dafür, daß eine numinose Macht hinter dem Rücken der Menschen deren Fortschritt garantiere. Gültig bleibt jedoch seine antifatalistische Wendung: »Wir können nur feststellen, daß das Versagen der Väter, auf eine Herausforderung zu antworten, nicht die Kinder, wenn deren Stunde kommt, dazu verdammt, angesichts einer neuen Herausforderung die Antwort schuldig zu bleiben.« (1969)

MARTIN HEIDEGGER

I.

Einer gut bezeugten Anekdote zufolge, sagte Martin Heidegger einmal zu Beginn einer Aristoteles-Vorlesung anstelle der üblichen biographischen Bemerkungen: »Aristoteles wurde geboren, arbeitete und starb.«

Auch ein Nachruf auf Heidegger, den am 26. Mai 1976 in Freiburg im Alter von 87 Jahren verstorbenen Philosophen, kann im Grunde nicht biographisch sein. Heideggers Leben war sein Denken. Bereits als junger Mensch hat er, nach dem Abbruch des Studiums der katholischen Theologie, sein gesamtes Dasein in den Dienst seines Denkens gestellt. Dem Denken war er zeitlebens untertan. Als Denker dachte er nicht »über« dies und das; er fragte von allem Anfang an nach dem Sein, und er hielt dieses Fragen aus bis zum Ende. Diese Fähigkeit – oder sollte man nicht besser von Gnade sprechen? – nannte er einmal die Frömmigkeit des Denkens. Das Ende des Lebens ist der Tod; doch der Tod ist nicht das Ziel des Lebens. So war auch für Heidegger das Ziel des Denkens nicht die rechnerisch-logische oder spekulative Lösung irgendwelcher Probleme oder gar ein zum System abgerundetes Resultat, sondern das unaufhörlich tätig-sinnende Denken selbst. Denken war sein Pathos.

Platon nannte das Staunen den Ursprung der Philosophie – das Staunen über das Selbstverständliche, das scheinbar Bekannte. Heidegger sprach einmal, ganz im Sinne Platons, von dem »Vermögen, vor dem Einfachen zu erstaunen und dieses Erstaunen als Wohnsitz anzunehmen«. Der Mensch ist ein denkendes, das heißt: ein sinnendes Wesen. Er hat auch die Gabe des Erstaunens – vor allem dann, wenn er jung ist und sich an sein Dasein noch nicht allzusehr gewöhnt hat. Doch nur wenige halten es in diesem Zustand lange aus und sind imstande, darin bleibend zu wohnen. Der Wohnsitz, von dem Heidegger spricht, liegt abseits der Gehäuse der Menschen. Er ist ein einsamer »Ort der Stille«, jenseits der bevölkerten und geräuschvollen Straßen.

Immer wieder taucht in Heideggers Denken das Bild vom Weg auf. Eine seiner späten und leicht zu lesenden Schriften heißt »Der Feldweg«. Denken war für ihn »das In-die-Nähe-Kommen zum Fernen«. Waren die von dem Wohnsitz des Erstaunens aus beschrittenen Wege seines sinnenden Denkens »Holzwege«, wie der Titel eines 1950 erschienenen Buches von Heidegger lautet? Holzwege sind Wege im Walde, die, anstatt zu einem außerhalb des Waldes gelegenen Ziel zu führen, jäh im Unwegsamen aufhören. Das Bild von den Holzwegen trifft etwas sehr Wesentliches im Heideggerschen Denken. Mit Ausnahme der fünf Jahre (1923–1928), während der er in Marburg lehrte, hat Heidegger sein ganzes Leben im Schwarzwald verbracht, in der Gegend des Feldbergs, in einer einfachen Hütte, und in Freiburg im Breisgau. Badische Holzfäller und Bauern gehörten zum Umgang des Universitätsprofessors. Hannah Arendt verglich ihn einmal mit einem Holzfäller, der auf Wegen geht, die von ihm selber gebahnt werden durch das Schlagen des Holzes.

Spätestens seit seiner Schrift »Von der Wahrheit« ist die Frage erlaubt, ob er nicht die Grenzen des sprachlich noch Faßbaren und damit der zwischenmenschlichen Kommunikation überhaupt überschritten hat. Heidegger selbst war sich dieser Frage besser als seine Spötter bewußt, die ihn als »Clown des Nichts«, als »Tieftuer« und »reaktionären Mystiker« abkanzelten. Um »das Ende der Philosophie« wissend, vertraute er einzig der Möglichkeit vorbereitenden Denkens. Denken aber habe »den Charakter eines Rückgangs«. Rückgang, Rück-Schritt – war Heidegger also ein reaktionärer Denker, wie Lukács, Bloch und kleinere Geister ihm grimmig oder verdrießlich vorgeworfen haben? Gilt doch mittlerweile das Denken selbst schon als Atavismus und reaktionäres Überbleibsel, als ein Zwischenspiel zwischen archaischem Mythos und der heraufkommenden kybernetischen Weltzivilisation…

»Sein und Zeit«, das Werk, das den Ruhm des Husserl-Schülers Heidegger begründet hat, ist 1927 erschienen. Noch lebten Hugo von Hofmannsthal, Stefan George, Ludwig Klages, Henri Bergson, Oswald Spengler, Max Scheler und Sigmund Freud. Wenige Jahre vorher hatte Rilke seine »Sonette an Orpheus« gedichtet und war Franz Kafka gestorben. Thomas Mann, Robert Musil, Hermann Broch und James Joyce schrieben ihre Hauptwerke. Hölderlin, Büchner, Kleist und Kierkegaard wurden neu entdeckt. In dieser geistig so überreichen Welt veröffentlichte der achtunddreißigjähre Heidegger, von dem damals nichts Gedrucktes außer der 1916 publizierten Habilitationsschrift über den Scholastiker Duns Scotus vorlag, sein Buch »Sein und Zeit«, das ihn mit einem Schlage berühmt machte. In ihm nahm er die alte »Gigantenschlacht um das Sein« wieder auf, von der schon Platon gesprochen hatte. Heidegger zitiert in einer Vorbemerkung Platon: »Denn offenbar seid ihr doch schon lange mit dem vertraut, was ihr eigentlich meint, wenn ihr den Ausdruck ›seiend‹ gebraucht; wir jedoch glaubten es einst zwar zu verstehen, jetzt aber sind wir in Verlegenheit gekommen…« Und er fügte hinzu: »Haben wir heute eine Antwort auf die Frage nach dem, was wir mit dem Wort ›seiend‹ eigentlich meinen? Keineswegs. Und so gilt es denn, die Frage nach dem Sinn von Sein erneut zu stellen.«

Was ist der Sinn von Sein? Was meinen wir, wenn wir das Wort ›ist‹ aussprechen, wenn wir also sagen: der Baum »ist«, der Mensch »ist«, die Welt »ist«, Gott »ist«? Heidegger fragte nach dem Sinn dessen, was uns so selbstverständlich erscheint, daß wir es meistens vergessen.

Der Heidegger des Jahres 1927 fragt nach dem Sein vom menschlichen Dasein aus. Der Mensch ist dasjenige Seiende, »das unter anderem die Seinsmöglichkeit des Fragens hat«. Als fragendes Wesen ist er derjenige, der nicht einfach ist, sondern dem es »in seinem Sein um dieses selbst geht«. So sieht Heidegger den Menschen immer in Beziehung zum Sein. Menschliches Dasein ist der Ort des Verstehens von Sein, das gleichsam den Horizont all seines Erkennens, Fühlens, Wollens und Handelns bildet. Heidegger versucht den Sinn von Sein durch eine fundamentalontologische Analyse der Existenzialien, der wesentlichen Weisen menschlichen Daseins, zu bestimmen. Er fragt nicht nach der Art der Anthropologie: *Was* ist der Mensch?, sondern vielmehr: Wie *ist* der Mensch? An der Oberfläche ist der Mensch zu sichten als sich den Dingen gegenüber besorgend und zu seinesgleichen fürsorgend verhaltendes Wesen. Dasein ist wesentlich *Sorge;* sie liegt jedem tatsächlichen Verhalten bereits voraus. Sorge ist eine Weise, das Sein zu vernehmen. Durchdringen wir die Dimension alltäglichen Sorgens, dann gelangen wir, nach Heidegger, zur Befindlichkeit der *Angst.* »Wovor die Angst sich ängstet, ist das In-der-Welt-Sein selbst.« In der Angst erfährt sich der Mensch in seiner tiefen Befremdlichkeit, Einsamkeit, Unheimlichkeit und »*Geworfenheit*«. Er erfährt sich als Geworfensein in den Tod. Als Sein zum Tode ist der Mensch »Platzhalter des Nichts«. Immer in Gefahr, der »Uneigentlichkeit« zu verfallen, das heißt der Versuchung, seine unaufhebbare Situation vor sich selbst zu verharmlosen, neugierig, zerstreut und bequemlich seine Tage wie ein Geschwätz dahinzuleben, in ein entscheidungsloses »Man«-Sein zu flüchten, gewinnt der Mensch seine ihm mögliche Größe nur durch die »vorlaufende Entschlossenheit«. Sie ist »das verschwiegene, angstbereite Sichentwerfen auf das eigene Schuldigsein«. In ihr geht das Dasein illusionslos dem Tode unter die Augen, um so sich selbst in seiner Geworfenheit ganz zu übernehmen. In ihr wird Dasein zu eigentlicher Existenz. Dasein und Existenz sind demnach nicht dasselbe. Existenz ist vielmehr eine bestimmte Seinsweise von Dasein, nämlich die Seinsweise des »Selbstseins«, der »Eigentlichkeit«, des entschlossenen und unbedingten Ernstes, in dem der Mensch sein Schicksal annimmt. Existenz ist nicht etwas körperlich Vorhandenes, sondern eine Haltung kategorischer Radikalität.

Kein Wunder, daß Aussagen wie diese die junge Generation der zwanziger und frühen dreißiger Jahre tief erregten. Es war die Zeit nach dem Ersten Weltkrieg, nach der russischen Oktoberrevolution und der Etablierung des Faschismus in Italien, die kurze Zeit der Weimarer Republik zwischen Inflation und Weltwirtschaftskrise. Junge Menschen, denen Christentum, akademischer Idealismus und bürgerlich-liberaler Fortschrittsglaube schal geworden waren, fühlten sich unwiderstehlich gebannt von dem zierlichen, kleingewachsenen Professor aus dem Schwarzwald. Der antibürgerliche Zug von »heroischem Nihilismus«, der männlich-herbe Trotz »todbereiter Entschlossenheit« sprach das Lebensgefühl einer Generation an, die weder liberal noch im herkömmlichen Sinne konservativ war. Diese Haltung kam auch in der Lyrik Benns und in den Prosaschriften Ernst Jüngers zum Ausdruck, auf tieferem Niveau in den Schriften Moeller van den Brucks, eines der nobelsten Ideologen der »Konservativen Revolution«. Heidegger freilich hat die Wirkung, die von »Sein und Zeit« ausging, als Mißverständnis bezeichnet. In einem Brief an Max Kommerell nennt Heidegger sein Hauptwerk sogar »eine Verunglückung«, um hinzuzufügen: »Und jede unmittelbare Darstellung meines Denkens wäre heute das größte Unglück. Vielleicht liegt darin ein erstes Zeugnis dafür, daß meine Versuche zuweilen in die Nähe eines echten Denkens kommen. Alles aufrichtige Denken ist zum Unterschied der Dichter in seinem unmittelbaren Wirken eine Verunglückung.«

Als Heidegger diese Sätze schrieb, am 4. August 1942, lag seine kurze Annäherung an den Nationalsozialismus bereits acht Jahre zurück. Heidegger war einige Wochen nach der Machtergreifung Hitlers zum Rektor der Universität Freiburg gewählt worden und in die NSDAP eingetreten. In seiner Rektoratsrede »Die Selbstbehauptung der deutschen Universität« sprach er vom »Marsch, den unser Volk in seine künftige Geschichte angetreten hat«. Bereits 1934 hat Heidegger das Rektorat niedergelegt. Über seinen »Irrtum« – wie die vorübergehende Annäherung an Hitler meist genannt wird – kursierten eine

Zeitlang wilde Gerüchte, die inzwischen durchweg widerlegt sind. Weder war Heidegger Mitglied der SA noch hat er sich gegenüber seinem Lehrer Husserl, der jüdischer Abstammung war, schäbig verhalten. Der »Irrtum« Heideggers, über den sich Robert Minder, Hermann Glaser und andere noch heute ereifern, war belangloser als etwa Ernst Blochs stalinistische Eskapaden oder Gentiles Allianz mit Mussolini. Der Inhalt des Irrtums unterschied sich erheblich von dem, was damals an Illusionen bei deutschen Universitätsprofessoren üblich war. Wer außer Heidegger kam jemals auf den Gedanken, daß sich im Nationalsozialismus die »Begegnung der planetarisch bestimmten Technik und des neuzeitlichen Menschen« vollziehe? Derlei klingt nicht eben nach völkischer Blut- und Boden-Romantik, sondern verrät eher eine Affinität zur »futuristischen« Komponente des italienischen Faschismus.

Wie dem auch sei, Heidegger hat sich schon bald wieder in seinen angestammten Wohnsitz zurückgezogen. Damals, in den späten dreißiger Jahren, kam es zu der »Kehre« seines Denkens. Er wandte sich den Vorsokratikern Anaximander, Heraklit und Parmenides zu, Hölderlin und Nietzsche, auch Trakl, Rilke und George. Vom menschlichen Dasein ist in den Schriften des späten Heidegger nur noch am Rande die Rede. Nicht mehr versucht er durch eine Auslegung des In-der-Welt-Seins des Menschen zum Sein zu gelangen, sondern vom Sein her den Menschen zu betrachten.

Was aber ist das Sein? Heidegger selbst lehnt es ab, das Sein mit irgendeinem Seienden gleichzusetzen. Sein ist auch nicht identisch mit Gott oder irgendeinem Weltgrund. Solche Verwechslung von Sein und Seiendem wirft er der gesamten Metaphysik seit Platon und Aristoteles vor. Die Geschichte Europas ist ihm eine Geschichte der *»Seinsvergessenheit«*. Obwohl er die Technik nicht verteufelt, sind die kulturpessimistischen und zivilisationskritischen Töne dennoch unüberhörbar. Im Verlust der »frühesten Frühe« wird Weltgeschichte zu einer Art von metaphysischem Interregnum. Heidegger spricht vom »geistigen Verfall der Erde«, von der »Verdüsterung der Welt« und der »Flucht der Götter«. In der »totalen Vernutzung der Erde« wird das Leben der »technischen Herstellung« ausgeliefert. Der »hassende Verdacht gegen alles Schöpferische und Freie« habe Ausmaße angenommen, daß Kategorien wie Optimismus und Pessimismus unbrauchbar geworden seien.

Doch es fehlen auch nicht Ausblicke ins Heile. Es gibt den geheimnisvollen »Zuspruch des Feldweges«, denkende Dichter und dichtende Denker des Seins bereiten in der »spätesten Späte« einen neuen Advent des Seins vor. Der Nihilismus muß nicht die dauernde Bleibe des Menschen sein. Die »Heimatlosigkeit des Menschen« könne überwunden werden – allerdings nicht durch eigenmächtiges menschliches Machen. Heidegger verweist den von der »Erschütterung alles Seienden« heimgesuchten Menschen der Neuzeit auf die mystische Tugend der *»Gelassenheit«*. Es gilt, so sagt er, auf den »Anruf des Seins« zu warten. »Der Mensch ist nicht der Herr des Seienden. Der Mensch ist der Hirt des Seins«, heißt es im 1946 geschriebenen Brief »Über den Humanismus«. Er muß in seinem Denken »das unausgesprochene Wort des Seins zur Sprache« bringen. Der Mensch findet seine Würde, indem er denkend auf »die Lichtung des Seins« achtet. Das Denken des Seins ist ein Tun jenseits von Theorie und Praxis. Es übertrifft Handeln und Herstellen »durch das Geringe seines erfolglosen Vollbringens«. Dieses Denken ist nicht mehr Philosophie. Es sammelt die Sprache in das einfache Sagen. In der jetzigen Weltnot sei nötig »weniger Philosophie, aber mehr Achtsamkeit des Denkens; weniger Literatur, aber mehr Pflege des Buchstabens«.

Kein Wunder, daß es um diesen späten Heidegger in den letzten Jahren sehr stille geworden war. Er bot keine Methodenlehre, keine Anleitungen zur Revolutionierung der Gesellschaft, keine wissenschaftlichen Forschungsergebnisse. Er lehrte, daß es darauf ankomme, gelassen »im Namenlosen zu existieren«. Das klang nach Resignation und Verzicht. Heidegger freilich schrieb die Sätze: »Der Verzicht nimmt nicht. Der Verzicht gibt. Er gibt die unerschöpfliche Kraft des Einfachen.« Dies aber sei in der gegenwärtigen Weltstunde unser Los: »Wir kommen für die Götter zu spät und zu früh für das Seyn. Dessen angefangenes Gedicht ist der Mensch. Auf einen Stern zugehen, nur dieses.«

Dieser Gang auf einen Stern zu war der Gang eines Einsamen, für den das Denken den Charakter eines Rückgangs hatte. Alles Große steht im Sturm, sagte Heidegger in seiner umstrittenen Rektoratsrede von 1933. Doch Hannah Arendt fügte in einem Aufsatz zum achtzigsten Geburtstag des Denkers (1969) hinzu: Der durch das Denken Heideggers wehende Sturm stammt nicht aus diesem Jahrhundert. Er kommt aus dem Uralten, und was er hinterläßt, ist ein Vollendetes, das, wie alles Vollendete, heimfällt zum Uralten. (1976)

II.

Philosophische Schulen oder das kanonisierte Werk eines bestimmten Lehrmeisters hütende Weltanschauungszirkel hat es in der Geschichte immer wieder gegeben, angefangen von der altchinesischen »Gruppe des Korngott-Tempels« und den Taoisten über die platonische Akademie, den Garten des Epikur und die Pythagoräer bis zu den ordensähnlichen Richtungen der Thomisten und Skotisten im Mittelalter, den Autoren der »Encyclopédie« und den Hegelianern in der Neuzeit. Selten sind hingegen große Freundschaften zwischen Denkern gleichen Ranges. Die drei Granden des Deutschen Idealismus – Fichte, Schelling und Hegel – waren trotz des gemeinsamen Ausgangspunktes untereinander so verschieden, jeder eine Monade für sich, die die andern ablehnen und verwerfen mußte. Die Schwierigkeit philosophischer Freundschaften gründet vielleicht zutiefst darin, daß die größten unter den Denkern *dasselbe* wollen. Wollten sie Verschiedenes, so wäre Duldung, Gelassenheit und Verständigung zwischen ihnen leichter zu erreichen.

Diese Gedanken kommen dem Leser der nachgelassenen Notizen von Karl Jaspers über Martin Heidegger in den Sinn, die Hans Saner, Jaspers' Assistent von 1962 bis 1969, im Piper Verlag 1978 herausgebracht hat. Jaspers (geboren 1883) und der um sechs Jahre jüngere Heidegger sind einander im Jahre 1920 zum erstenmal persönlich begegnet; der letzte Besuch fand im Juni 1933 statt. In den zwanziger Jahren mochte Jaspers geglaubt und später wenigstens für Augenblicke noch gehofft haben, daß er und Heidegger Freunde seien oder sein könnten. Heidegger hatte, als Jaspers ihn kennenlernte, noch keine größere Arbeit publiziert und war »doch schon Ursprung einer Fama um ihn«. Jaspers hingegen hatte sich damals bereits mit seinen Werken »Allgemeine Psychopathologie« (1913) und »Psychologie der Weltanschauungen« (1919)

einen Namen gemacht. Es waren wohl drei Momente, die den von der Medizin zur Philosophie gelangten Jaspers an dem Denker aus Meßkirch faszinierten und an ein Bündnis mit ihm glauben ließen. In Heidegger glühte ein ähnliches Pathos der Revolte gegen eine sterile Professoren-Philosophie wie in ihm selbst. Zweitens schien es beiden, daß sie aus einer verwandten Grundsituation heraus das philosophische Denken erneuern wollten, nämlich durch eine schöpferische Aneignung jener existentiellen Tradition, zu der Augustinus, Luther, Pascal, Kierkegaard und Nietzsche gehören. Und drittens verband beide Philosophen die ursprüngliche Fähigkeit, zwischen einem »gelehrten Gegenstand« und einer »gedachten Sache« zu unterscheiden. Akademische Gelehrsamkeit erschien ihnen zwar nicht als wertlos, doch wesentlich war ihnen, wie Heidegger es später nannte, »die Sache des Denkens«. Da war endlich ein Mensch, mit dem man nicht bloß *über* Philosophie reden, sondern einen philosophischen Dialog führen konnte. Mit ihm als »Bundesgenossen« schien eine Erneuerung der Philosophie, eines leidenschaftlichen Denkens, das lebendig und streng zugleich war, in greifbare Nähe gerückt zu sein. Jeder von beiden glaubte in dem andern den gefunden zu haben, der ihn philosophisch verstehen würde.

Aus dem den Gang der beiderseitigen Beziehungen einfühlend und kenntnisreich nachzeichnenden Vorwort von Hans Saner geht freilich hervor, daß die Freundschaft nicht erst an dem gescheitert ist, was man allgemein den »politischen Irrtum« Heideggers im Jahre 1933 nennt. Die ersten Enttäuschungen stellten sich bereits sehr früh ein, schon in den beginnenden zwanziger Jahren, als politische Differenzen zwischen den beiden Dioskuren überhaupt noch keine Rolle spielten. Menschliche, allzu menschliche Schwächen waren hierbei ebenso bedeutsam wie tiefgreifende Unterschiede in den grundlegenden Denkansätzen. So ist es denn doch erstaunlich, daß Jaspers, der Anwalt »unbeschränkter Kommunikation«, sich nie dazu aufraffen konnte, Heideggers »Sein und Zeit« gründlich zu studieren oder auch nur dessen sachliche Kritik an seiner »Psychologie der Weltanschauungen« mehr als bloß flüchtig zur Kenntnis zu nehmen. Sein primäres Interesse galt weniger dem Werk als vielmehr der Person Heideggers. Dieses Interesse schlug sich nieder in den mehr als 250 Notizen, die er zwischen 1928 und 1964 niedergeschrieben hat. Diese Aufzeichnungen haben sehr unterschiedlichen Charakter. Neben Exzerpten, flüchtigen Anmerkungen und Stichworten finden sich auch Briefentwürfe, mancher Klatsch, Skizzen zu Rezensionen sowie Kurzessays und Studien zu einem nie geschriebenen Buch über Heidegger.

»Das Ärgerliche an dem Werk: Zugleich angezogen und abgestoßen zu werden.« Diese Bemerkung kehrt häufig wieder und, damit zusammenhängend, der Vorwurf der »Zweideutigkeit«. Wiederholt gesteht Jaspers, daß er ungeachtet aller Befremdung, ja Gegnerschaft die Neigung verspüre, auf die Seite des Widersachers zu treten. »Mit Heidegger, meinem schlimmsten Gegner unter den Zeitgenossen, verbindet mich, daß ich zu spüren vermeine, er wisse auf eine Weise, wenn vielleicht auch auf eine verkehrte Weise, was Philosophie sei...« – »Keiner der anderen Lebenden kann mich interessieren...« – »Daher finde ich die Kritiken, die er erfahren hat, durchweg unleidlich, da sie nicht auf jener Ebene dort oben stattfinden...« Er wird hin- und hergerissen zwischen

Bewunderung und Abscheu, zeichnet immer neue Bilder des Seinsdenkers, verwirft ihn total und bekennt dann doch: »Heidegger weiß, worum es sich handelt, – vielleicht der Einzige heute unter den offiziellen Philosophen.« Diese Ambivalenz bezeugen alle Notizen.

Heidegger hat in diesem Buch viele Gesichter. Bisweilen will es scheinen, daß Jaspers in ihm mehr ein mythologisches Wesen – die Inkarnation einer dämonischen Macht – erblickt denn einen im »Gelehrten-Kürschner« aufgeführten Universitätsprofessor. Mit dem antiken Gott Proteus hat er gemein, daß er stets, wenn man ihn fassen will, zwischen den Händen zerrinnt, um dicht daneben wieder in anderer schillernder Gestalt aufzuerstehen. Ist Heidegger vielleicht nur ein Schaumschläger? Doch schließlich schlägt auch der Ozean Schaum ... Ist er eine Hexen-Großmacht, eines der apokalyptischen Ungeheuer, von denen es in der Bibel heißt: »Und es ward ihm gegeben ein Mund, zu reden große Dinge und Lästerungen?« Zu diesen Lästerungen gehört etwa Heideggers Wort von Hitlers »wundervollen Händen« – Jaspers zitiert es mehrmals –, aber auch das Urteil über den von Jaspers ebenfalls grimmig abgelehnten Sigmund Freud: »der sieht nach was aus«. Kaum daß er mit ihm übereinstimmt, ist Jaspers bereits gezwungen, seine Bejahung zurückzunehmen oder doch stark zu relativieren. Heideggers Philosophie sei »gottlos und weltlos«. Sein Pathos der »Entschlossenheit« verrate eine »unbedingte, aber leere Energie«. Er wirft ihm vor: »Unfreiheit durch Mangel an Ironie«, »Künstlichkeit und Gewaltsamkeit«, »nihilistische Hybris«, »Stolpern ins Absurde«, »die Grundhaltung des Diktatorischen«, »Blindheit im Realen«. Heidegger habe »das Philosophieren unter dem Maßstab der Wahrheit verlassen«; er gleite ab in »leere Gebärde«; ihm mangle »jede Noblesse«; fremd sei ihm der Adel Schellings, mit dem ihn doch sonst manches verbinde. Immer wieder fragt der betroffene Jaspers, ob und inwiefern die – allerdings nur kurzfristige – Option des Freiburger Professors für den Nationalsozialismus eine notwendige Konsequenz seiner denkerischen Haltung sei. Doch ist Heidegger überhaupt ein Philosoph? Ist er nicht eher ein Magier, ein Gnostiker, Gaukler oder Scharlatan? Jaspers fragt: »Ist er ein ungemein begabter Hochstapler, eine andere Art Hitler-Typus?« Er wittert in ihm eine tiefe Affinität zu autoritärer Dogmatik, einen Zug der Kulturverneinung und des Ressentiments gegen alles »Humanistische«, einen »ungeheuren Ehrgeiz und Machtwillen, der den Zauberern, aber nie den spekulativ wahrhaften Philosophen eignet«. So wie in Thomas Manns Faustus-Roman Serenus Zeitblom mit Adrian Leverkühn, so ringt der im Grunde seines Herzens großbürgerlich-liberale Jaspers mit dem aus kleinbürgerlich-bäuerlichem Niedervolk stammenden Heidegger – schaudernd, abgestoßen und doch fasziniert: »Heidegger weiß nicht, was Freiheit ist.« Er erscheint ihm als Medium einer gefährlichen zerstörerischen Macht. »Man weiß nicht, mit wem man es zu tun hat.« Wie ein roter Faden zieht sich dieses Unbehagen durch die Notizen. Zweideutigkeit, Gnostizismus, Magie – dies sind die am häufigsten wiederholten Schelten. Heidegger wirkt auf Jaspers geradezu als Verkörperung alles dessen, was er, der durch die Schule Kierkegaards gegangene Kantianer, zutiefst verabscheuen muß. Da ist die Rede von dem »Gnomischen«, dem »ungewußt Lügenhaften«, »Tückischen« und »Treulosen« in Heideggers Charakter, der »nie ruhend in einer Liebe« sich

den Dialog mit dem Andern, dem Du, der Welt des Humanen überhaupt verweigere: »Er erfährt die Einsamkeit, mißtraut jedem Schritt aus ihr heraus, leidet an ihr, und hält sie trotzig für unentrinnbar.« In dieser Einsamkeit freilich – auch dies hält Jaspers fest – sind Heidegger Erfahrungen und Einsichten zuteil geworden, wie sie einst nur großen Mystikern beschieden waren.
Es stehen die ärgsten Dinge in diesen Aufzeichnungen, die in immer neuen Anläufen das Ereignis Heidegger auszuloten versuchen, und es fällt in der Tat viel Schatten auf Charakter und Denken des Freund-Feindes. Es fehlt kaum einer der abschätzigen Ausdrücke, mit denen Heidegger auch von Tucholsky, Kurt Hiller und Robert Minder bedacht wurde. Der Unterschied liegt nur darin, daß Jaspers, auch wo er zürnt und hadert, als Philosoph spricht. Die schlimmsten Einwände und Anschuldigungen versieht er meistens mit einem Fragezeichen. Nie spricht er im Tonfall eines Staatsanwalts oder Großinquisitors. Sogar in den Momenten radikalster Ablehnung sucht er nicht über den Widersacher zu triumphieren. Heidegger ist für ihn in keinem Augenblick ein erledigter Fall. Er kommt von ihm nicht los. Er zweifelt sogar am Sinn seiner ganzen Bemühungen, ihn zu verstehen: »Ist hier überhaupt Kritik möglich?«
Es geht in Jaspers' Notizen, die immer von zweien handeln, obwohl nur einer in ihnen zu Wort kommt, nicht bloß um Heidegger und Jaspers. Es geht um zwei grundsätzliche Möglichkeiten menschlichen Selbstverständnisses und philosophischer Wirklichkeitserhellung, die durch keine Dialektik zu vermitteln sind. Hier gilt Fichtes berühmter Ausspruch: »Was für eine Philosophie man wähle, hängt davon ab, was man für ein Mensch sei.« Die Lektüre der Notizen fordert in einem Maße heraus, wie dies Gedrucktes schon seit langem nicht mehr vermag. Kein Leser wird das Buch ohne Erschütterung aus der Hand legen.

(1978)

JOSEF WEINHEBER

Der Dichter Josef Weinheber war Wiener, und zwar ein Wiener der Vorstadt. Er kommt aus einem jener Bezirke, wo Arbeiter und Kleinbürger zu Hause sind. Sein Vater war Fleischer und Kellner, die Mutter Hebamme und Näherin. Die Eltern verlor der 1892 Geborene bereits, als er noch zur Schule ging; auch die beiden Schwestern starben früh. Weinheber mußte das Gymnasium verlassen und wurde in eine Metzgerei, dann in das Büro einer Molkerei gesteckt. Von 1911 bis 1932 war er als Postbeamter – zuletzt im Range eines Inspektors – tätig. Der Österreicher Weinheber verstand sich als *deutscher* Dichter, und er ließ es sich auch gefallen, daß die Nationalsozialisten ihm huldigten. Als allerdings Hitler 1938 den »Anschluß« Österreichs an das »Großdeutsche Reich« vollzog, empfand er dieses Ereignis als Katastrophe. Der nationalsozialistischen Kulturpolitik war er von allem Anfang an ablehnend gegenübergestanden. Sein Werk selbst blieb vom Ungeist der Diktatur im wesentlichen völlig unberührt. Am 8. April 1945, als die Russen bereits nach Österreich vorgedrungen waren, starb der seit Jahren schwerkranke Dichter, nachdem er eine übergroße Dosis Morphium eingenommen hatte.

Weinheber war stolz auf seine Herkunft aus der Hefe des Volkes. Er fühlte sich nicht einfach als Wiener, sondern als Bürger der Vororte, »wo das Leben klein ist und still verläuft, wo wie eh und je ein breites, derbklingendes Wienerisch gesprochen wird«. In seinem bänkelsängerischen Gedichtbuch »Wien wörtlich« (1935) hat der Plebejer Weinheber diesem Milieu das Lob gesungen, zum Teil im Dialekt. Er beschwört hier in teils wehmütig-melancholischen, teils humoristisch-ironischen Versen die von der großstädtischen Einheitszivilisation bedrohte Welt der kleinen Leute am Rande der alten Kaisermetropole: die mit einem Föhrenbuschen gekennzeichneten Weinschenken (»Heurigen«), die Tauben und Finken fütternden Pensionisten, die einsam oder im familiären Kreise zechenden Stammgäste der Beisel, Straßenmusikanten und Kutscher, Spaziergänger und Sonntagsausflügler, den Gang der Jahreszeiten, die Sehnsüchte, Sorgen und kleinen Freuden der Hausfrauen, Kinder und Dienstboten. Auch die Sammlung »O Mensch, gib acht« (1937) ist eine Art Volksbuch, in dem Alltägliches und Besinnliches, Witz und Brauchtum, Feuchtfröhliches und Frommes, Lebensgenuß und Todesvertrautheit sich ein Stelldichein geben.

Doch dies ist nur der eine Pol von Weinhebers Wortkunst, den man mit den Chiffren Grinzing, Prater und Ottakring bezeichnen mag und der den Dichter vor allem in Österreich populär werden ließ. Wer nur die aus dem Trinker-, Nörgler- und Kleinbürgermilieu schöpfende Lyrik Weinhebers kennt, wird ihn bloß für einen – wenngleich überaus begabten – Heimatdichter halten und damit arg verkennen. Neben dem urwüchsigen Spielmann und erbaulichen Kalendersprüchedichter gibt es auch den weniger bekannten *Parnassien,* den sich an Alkaios, Pindar und Sappho, an Michelangelo, Klopstock und Hölderlin orientierenden Formkünstler, Seher und Sänger, der der Kunst den gleichen Rang wie der Religion einräumte, dem Lyriker ein hohepriesterliches Amt zuschrieb und die vollendete Gestalt von Gottes Atem durchseelt wähnte. Dieser Weinheber, der die Gedichtsammlungen »Adel und Untergang« (1934), »Späte Krone« (1936), »Zwischen Göttern und Dämonen« (1938) und »Kammermusik« (1939) schuf, war ein Erotiker des Wortes, ein an Gestirnen erster Ordnung sich ausrichtender Artist, ein fanatischer Liebhaber apollinischer Klarheit und Zucht. Er beharrte darauf, daß Lyrik der Bildhauerei näher stehe als der Musik. Poesie sei eine strenge und körperlich-gestalthafte Kunst wie die Skulptur; der Dichter müsse das vollendete Wort der stets von Verfall, Verwahrlosung und Banalisierung bedrohten Sprache abringen, den schöpferischen Urlaut aus ihr herausmeißeln wie ein Bildhauer die Figur aus dem Marmor. Gedichte sollten wie Statuen sein, in sich ruhend, geradezu leibhaftig fühlbare, mit den Händen zu ertastende Gebilde. Nicht von ungefähr hat Weinheber »Späte Krone« den Manen Michelangelos gewidmet. In »Adel und Untergang« steht ein Gedicht »Pro domo«, das mit den Versen beginnt:

Ich will nicht die Menschen beglücken.
Ich will keine Engel züchten.
Ich will keine Himmel stürzen.
Ich will die Kunst.

In der zweiten Strophe heißt es:

Das Bild der Landschaft ist gottlos
ohne die Form

und die letzte Zeile der dritten enthält den kategorischen Imperativ:

Das Werk sei starr!

Gegen expressionistische Auflösung, »Sturm und Drang« und schwärmerischen Subjektivismus setzte dieser haltlose Säufer aus der Wiener Vorstadt das Pathos klassischer Vollkommenheit, die Unterwerfung unter den Anspruch der objektiven Formen, wie sie sich im Laufe der Jahrtausende herauskristallisiert haben. Der oft in abschätzigem Sinne verwendete Ausdruck *L'art pour l'art* gewinnt im Hinblick auf Weinhebers Lyrik einen neuen, einen existentiellen Ernst, und mit Recht betont F. Jenaczek, daß die Sprachlehre von Karl Kraus der feste Grund ist, auf dem Weinhebers Dichtung steht. Man mag dabei auch an Wittgensteins kühnen Satz denken: »Ethik und Ästhetik sind Eins.« Wenn man schon von Weinhebers Ästhetizismus sprechen will, dann muß man sich hüten, dabei an Oscar Wilde oder das unfruchtbare Kunstgewerbe müder décadents zu denken. Dieser stiernackige, heißblütige und trunksüchtige Postbeamte aus österreichischem Niedervolk war ein heroischer Ästhetizist, der sich als Künstler mit einem preußischen Ordnungswillen dem Gesetz apollinischer Klarheit unterwarf und »die ganze Häßlichkeit der Welt in strahlende Schönheit umschmieden« wollte. So wie er als volkstümlicher Porträtist des Wienertums kein »Blut-und-Boden«-Barde war, so war er als »Klassizist« alles andere denn ein in den Elfenbeinturm steriler Poeterei sich zurückziehender Versemacher. Er machte vielmehr Ernst mit Nietzsches These, daß die Welt, wenn überhaupt, nur als ästhetische Erscheinung gerechtfertigt sei, und aus eben dieser auf den ersten Blick »immoralistischen« Haltung erwuchs ein neues Ethos: das Ethos eines existentiellen Ästhetizismus, zu dem sich in der österreichischen Philosophie der Zwischenkriegszeit, etwa bei Roretz, Wahle und Schlick, erstaunliche Parallelen finden.

In Weinheber gipfelt die von Winckelmann über Platen und Conrad Ferdinand Meyer zu Stefan George führende Linie apollinischer Schönheitsreligion, und wer diesen Hyperion aus Grinzing deshalb einen Epigonen nennen will, muß sich die Frage gefallen lassen: Wer ist denn heute kein Epigone? So sehr der maßlose Zecher und urwüchsige Improvisator zur Laute sich als Wahrer klassischer Überlieferung, der von Hellas geprägten großen Formenwelt empfand, so wenig war er ein müder Nachahmer und Nachbildner, sondern, um es paradox zu sagen, ein hinreißender Neuerer im Alten. Kein Epigone, sondern – zumindest in seinen besten Arbeiten – ein aus dem fruchtbaren Fundus volkstümlicher Sprache und Dichtung schöpfender Klassiker. Gewiß: Weinhebers Werk ist reich an Schlacken, manches kaum mehr als ein Gipsabguß. Sein Talent entwickelte sich, wie Rilkes, mühsam aus unsicheren Anfängen, in denen er peinlichen Kitsch, rhetorische Pose und triviale Kolportageliteratur produziert hat. Die stark autobiographischen Romane und die Erzählungen, die man in der fünfbändigen Gesamtausgabe, herausgegeben von Josef Nadler und Hedwig Weinheber, der Witwe des Dichters, nachlesen kann, sind zu Recht vergessen. Doch in der mit »Adel und Untergang« beginnenden Lyrik erweist er sich als ein Wortkünstler ersten Ranges, erfüllt von einem glühenden Vertrauen in die Heil stiftende Kraft des Dichterworts, von einer erotischen Hingerissenheit im Umgang mit dem Wunder der Sprache, die ihm als Leib und Stein, als Gefäß und Standbild erscheint. Er begegnet ihr wie einem Weib, dem er huldigt, das er leidenschaftlich umwirbt, das er zugleich zu umfangen und zu erfüllen begehrt. »Ich werde mir nie darin genugtun können, ihrem ewig neuen Geheimnis auf die Spur zu kommen. Sie allein, als die königlichste der Frauen, ist ein echtes Liebesgedicht wert.« Solche Liebeserklärungen sind etwa »Intarsia aus Vokalen«, die »Ode an die Buchstaben« und der »Hymnus auf die deutsche Sprache«:

Sprache unser!
Die wir dich sprechen in Gnaden, dunkle Geliebte!
Die wir dich schweigen in Ehrfurcht, heilige Mutter!

Weinheber war ein Höriger der Sprache, sie war ihm Göttin, Mutter und Geliebte, und ihre Reinheit gegen Sprachverwilderung und Phrase zu verteidigen sah er, je mehr sich sein Dichtertum festigte, als sein alles andere ausschließendes Amt an. Die Sprache selbst, das leidenschaftliche Liebeswerben um die Gnade des Wortes, Seligkeit, Ruhm und Tragik dichterischen Schaffens wurden zum zentralen Gehalt seiner Kunst; darum spielt nicht zufällig die Liebeslyrik im herkömmlichen Sinne in Weinhebers reifem Werk nur eine überaus untergeordnete Rolle.

Überlieferte lyrische Formen aufgreifend – altgriechische Odenstrophe und Elegie, Ghasel, Epigramm, Sonett, Stanze, Terzine und Rondel –, entwickelte Weinheber eine Meisterschaft, die in der neueren deutschen Literatur beispiellos ist. Seine zehn Abwandlungen von Hölderlins Ode »An die Parzen« sind Ausdruck eines überlegenen Formwillens, in dem sich virtuoses handwerkliches Können und naive Spielfreude die Waage halten; vergleichbar den edlen Variationen eines Orgelspielers alter Schule über ein ihm von einem anderen Meister vorgegebenes Thema, eine kaum zu überbietende Huldigung des Genius Wiens an den von griechischer Götterwelt ergriffenen Sänger aus dem Tübinger Stift. Ein anderes Beispiel sind die beiden Sonetten-Kränze, die den Band »Späte Krone« eröffnen und beschließen. Jeder von ihnen besteht aus fünfzehn Sonetten, wobei die letzte Zeile des einen sich jeweils wiederholt als Anfangsvers des nächstfolgenden, bis am Ende die Summe der Verse die Übersetzung des vorangestellten Michelangelos-Gedichts ergibt.

»Adel und Untergang«, »Zwischen Göttern und Dämonen«: die Titel dieser beiden Gedichtsammlungen verraten unendlich viel von Weinhebers Anthropologie. Der Mensch ist das extrem gefährdete, das extrem leidende und leidenschaftliche Wesen. Leben ist wesentlich Schmerz. Nur zwei Philosophen hat dieser Dichter gepriesen: Schopenhauer, den Metaphysiker des blinden Lebensdranges, von dessen Qual, wenigstens für Augenblicke, nur hohe Kunst zu befreien vermag, und Mark Aurel, den in Wien gestorbenen Stoiker auf dem römischen Cäsarenthron. Dem Primat statuarischer Form in der Kunst entspricht im Leben das Ethos unerschütterlicher Haltung. Beide sind jenem Chaos entgegengesetzt, das am Untergang aller unserer Schöpfungen unablässig arbeitet. Beide haben ihren Sinn und Lohn in sich selbst, auch wenn sie umsonst sind. Im Bewußtsein dieses Umsonst aufrecht auszuharren, das unentrinnbar Verhängte gefaßt hinzunehmen und die Pflicht des Tages zu erfüllen, dies eben bedeutet: *Adel.* Adel ist für Weinheber keine soziale Kategorie, sondern eine existentielle: die Fähigkeit, auch »ohn' Warum« tapfer, gefaßt und »nicht lohnfroh nach den Auen des Himmels schielend« seinen Weg zu gehen:

Prüfstein des Mannes ist,
der Vergeblichkeit in das Antlitz zu sehn,
zu wissen den Tod und leben zu bleiben.

»Bewußt... stolz... traurig« geht der adelige Mensch durch eine götterlose Welt. Man mag eine solche Philosophie elitär, individualistisch und hoffnungslos nennen. Sie hat jedenfalls ihre Würde, und sie wird, wie die Stoa, deren moderne Version sie darstellt, immer wieder jene anziehen, die sich weder in religiösen Gesamtauslegungen geborgen wissen noch einem nihilistischen Sich-treiben-Lassen hingeben wollen.

Doch so wie es ein Lächeln gibt, das der tiefsten Not benachbart ist, so finden sich auch bei dem Tragiker Weinheber, der den Menschen in ein trostloses Universum hineingestellt weiß, bisweilen Töne einer magischen Hoffnung. Diese Hoffnung ist eng verbunden mit des Dichters Leidenschaft zur Form, zur Integrität des Wortes. Ist nicht der Durst nach Gestalt, Ausdruck und Dauer, der sich in einem Maße zu verselbständigen vermag, daß um des gültigen Gebildes willen die biographische Existenz des Künstlers völlig von der Entelechie des Werkes verzehrt wird, ein Indiz dafür, daß in der Evolution des Lebens etwas präsent ist und auf dem Spiele steht, dessen Organ, Zeuge und Geburtshelfer der schöpferisch-poetische wie der gelassen ausharrende einzelne ist? Daß also des Menschen Dichten und Denken, Tun und Lassen, so mikroskopisch es in kosmischer Perspektive sich auch ausnehmen mag, nicht einem an sich sinnlosen Universum nachträglich winzige Inseln von flüchtigem Sinn einfügt, sondern einen schon unvordenklich angelegten Sinn der Welt birgt, entfaltet und sichtbar werden läßt? Gewiß, hier handelt es sich nur um einen hypothetischen Mythus, nicht um dogmatische Gewißheit. Um ein Stück Artisten-Metaphysik, das sich kaum systematisch darlegen, sondern nur momenthaft evident machen läßt – dichterisch. Caroline, die spätere Frau Schellings, hat eine Ahnung dieser Art gegenüber August Wilhelm Schlegel so ausgesprochen: »O mein Freund, wiederhole es Dir unaufhörlich, wie kurz das Leben ist, und daß nichts so wahrhaftig existiert als ein Kunstwerk – Kritik geht unter, leibliche Geschlechter erlöschen, Systeme wechseln, aber wenn die Welt einmal aufbrennt wie ein Papierschnitzel so werden die Kunstwerke die letzten lebenden Funken sein, die in das Haus Gottes gehn – dann erst kommt Finsternis.« Und Josef Weinheber: »Kunst hebt den Zufall auf. Kunst ist etwas Geistiges: Der einfachste und kürzeste Gottesbeweis.«

Es ist dies freilich ein Beweis, der um so einleuchtender ist, je mehr er als Sprachkunst das, was bewiesen werden soll, selber mit hervorbringt und vergegenwärtigt. Er erschließt sich nur dem, der dem das Chaos bannenden Dichter so folgt, daß ihm der Ehrenname gebührt, den Weinheber in einem seiner letzten Briefe so formuliert hat: »Der Nachgestaltende, und das ist mein Leser...«

(1978)

JAKOB L. MORENO

Vieldeutigkeit des Wortes Gemeinschaft, welches die mannigfaltigen Vergesellungen der Tiere und Pflanzen, das Liebespaar, die Freundschaften und Familien, die Stämme, Gemeinden und Völker der menschlichen Rasse und schließlich auch das Universum, ja Gott selbst umfaßt, der, als trinitarischer, in der Einheit der drei Personen Vater, Sohn und Heiliger Geist dem Christen als das erhabene Urbild vollkommenster Gemeinschaft gilt! Diese Vieldeutigkeit mag zwar allen auf Exaktheit und Präzision bedachten Sozialwissenschaftlern ärgerlich sein, doch ist sie auch eine unversiegliche Quelle philosophischer Inspiration. Im alltäglichen Sprachgebrauch kann Gemeinschaft (ähnlich wie das englische Wort community) fast jeden Grad menschlicher Verbundenheit und nahezu alle Gruppenbildungen bezeichnen. So ist die Rede von der Gemeinschaft der Vereinten Nationen, von Interessen-, Arbeits-, Güter- und Erbengemeinschaften und im Zuge der auf eine Vereinigung Europas zielenden Bemühungen von der Europäischen Kohlen- und Stahlgemeinschaft, der Europäischen Wirtschaftsgemeinschaft und der Europäischen Gemeinschaft. Gemeinschaft ist nicht nur eine »soziale« Kategorie, sondern auch eine kosmische. Die intensiv erfahrene Geborgenheit im Miteinander schließt nicht ab, führt nicht zu sich abkapselnder Verschlossenheit gegenüber der »Welt«, sondern ist Ausgangspunkt für eine Begegnung mit dem Universum und seinem transzendenten Grund, mit dem Geheimnis der Wirklichkeit insgesamt. Zur Gemeinschaft gehören nicht nur die als *fellow-creatures,* als Genossen, Mitgeschöpfe und Teilhaber der Schöpfung empfundenen Menschen; sie umfängt die gesamte Natur: Gestirne, Wind und Wolken, Bäume und Tiere. Der Kosmos erscheint als Gemeinschaft oder besser als eine allumfassende Gemeinschaft von Gemeinschaften. Einsichten der fortgeschrittensten Ökologie verbinden sich mit dem symbiotischen Lebensgefühl archaischer Kulturen, wie es noch in den Worten nachklingt, die Hölderlin Diotima sagen läßt (Hyperion, 2. Buch): »... ich denke mir die Welt am liebsten, wie ein häuslich Leben, wo jedes, ohne gerade dran zu denken, sich ins andere schickt, und wo man sich einander zum Gefallen und zur Freude lebt, weil es eben so vom Herzen kommt.« Begeisterung für und durch die Gemeinschaft führt darüber hinaus mit innerer Notwendigkeit zu religiöser Aufgeschlossenheit. Ohne brüderliche Gemeinschaft kein Reich Gottes. Ohne Versöhnung mit dem Bruder ist die Opfergabe nichtig. Dies ist die Botschaft Jesu. Zwar ist die Gemeinschaft selber nicht Gott – auf diesen aberwitzigen Einfall verfielen erst die Sozialgnostiker des neunzehnten und zwanzigsten Jahrhunderts –, doch Gott ereignet sich nur in der Gemeinschaft. Auch der in stiller Abgeschiedenheit meditierende Einsiedler hat noch teil an der Gemeinschaft der Heiligen, an der *communio sanctorum,* ist Gefährte und Bruder der Patriarchen, Propheten und Apostel, eingehüllt in eine »Wolke von Zeugen« (Hebr. 12, 1). Nur das gemeinsame Gebet vermag den Herrn zu vergegenwärtigen: »Denn wo zwei oder drei versammelt sind in meinem Namen, da bin ich mitten unter ihnen« (Matth. 18, 20). Die Gemeinschaft der Gläubigen, deren Haupt der verklärte Christus ist, wird bereits von Paulus als lebendiger Organismus gesehen. Die Eucharistie läßt Christi Blut durch alle Glieder der Gemeinschaft der Kirche fließen. *Communio* heißt Gemeinschaft, *communio* heißt der sakramentale Empfang von Brot und Wein, in denen Christus gegenwärtig ist.

Mannigfaltig sind die Ansätze zu einer Lehre von der Gemeinschaft, die Philosophen, Soziologen, Psychologen und Verhaltensforscher im zwanzigsten Jahrhundert vorgelegt haben; erwähnt seien Namen wie Martin Buber, Othmar Spann, Theodor Litt, Dietrich von Hildebrand, Konrad Lorenz und Gabriel Marcel. In diesem Zusammenhang ist auch eines Mannes zu gedenken, der entscheidend zu einer wirklichkeitsgerechten Sicht gemeinschaftlichen Lebens beigetragen hat: des Dichters, Religionsphilosophen, Pädagogen, Mediziners, Psychiaters und Gesellschaftswissenschaftlers Jakob L. Moreno, der aus Österreich stammt und, wie Sigmund Freud, lange Jahre in Wien gelebt hat. Doch anders als Freud, der sich überwiegend mit dem isolierten Individuum beschäftigt, ist bereits der junge Moreno an den mannigfaltigen interindividuellen Beziehungsgeflechten, an den psycho-sozialen Netzwerken interessiert. Ebenfalls im Gegensatz zu Freud, der die Psyche der Macht der Vergangenheit in Gestalt verdrängter Begierden, Wünsche und Kindheitsepisoden unterworfen glaubte, betont Moreno den spontanen, schöpferischen, ekstatischen Charakter der in kleinen Gruppen sich äußernden seelischen Dynamik.

Moreno studierte und spielte mit Gruppen von Kindern, die er in Parkanlagen und auf Straßen zusammengetrommelt hatte. Er erforschte ihre spontanen Spiele, in denen Knaben und Mädchen sowohl ihre Träume, Sehnsüchte und Imaginationen mimetisch darstellen als auch die Welt entdecken und sich aneignen. Die Einsicht in die Heilkraft des Spiels, der spielerischen Expression von Wünschen, Befürchtungen und Gefühlen, wurde zum bleibenden Leitstern von Morenos wissenschaftlicher und therapeutischer Aktivität. Er gründete kurz vor Ausbruch des Ersten Weltkrieges einen »Verein Wiener Prostituierter« – nicht, um die Freudenmädchen im Sinne der bürgerlichen Moral zu »bessern« oder als Objekte volkskundlichen Interesses zu »studieren«, vielmehr um sie zu ermutigen, das zu sein, was sie waren: Frauen, die ihre Reize feilbieten. Sie sollten sich selbst respektieren, ein neues Selbstverständnis finden, indem sie eine bewußte Gruppe bildeten. Der Therapeut ist nicht eine besondere Art von Mensch, sondern jeder Mensch ist besonderer Therapeut; jedermann kann zumindest in bestimmten Augenblicken einem andern unversehens zum Helfer und Heiler werden. Auch an diese Einsicht hat sich Moreno sein Leben lang gehalten.

Als junger Arzt arbeitete er während des Ersten Weltkrieges im Flüchtlingslager Mittendorf, wo ihm die sozialen und psychischen Wurzeln somatischer Krankheiten deutlich sichtbar wurden. Er studierte Strafgefangenengruppen in Sing-Sing und entwickelte aus Formen des Stegreifspiels das Psychodrama oder Soziodrama als »Tiefentherapie der Gruppe«. Es ist dies ein Theater ohne geschriebenes Stück, ein Theater ohne Zuschauer, weil alle Teilnehmer Schauspieler sind und die gesamte Handlung improvisieren. Die Couch des Psychoanalytikers wird durch die offene Bühne ersetzt, auf der Menschen ihre Spannungen, Konflikte und ungelebten Rollen zur Darstellung bringen. Der freien Assoziation des einsamen Patienten bei Freud stellt Moreno die spontane Aktion und Interaktion der therapeutischen Gruppe – meist acht bis zwölf Mitglieder umfassend – gegenüber. »Handeln ist heilender als reden«, sagt Moreno. »Die Wahrheit der Seele wird durch Handeln ergründet« – durch freies Rollenspiel in kleinen Gemeinschaften. Jeder kann mitmachen, jeder ist beteiligt, jeder kann sich selbst produzieren, wörtlich: hervor- und emporbringen, im Spannungsfeld der Gruppe, die anregt, bestätigt und kritisiert. Psychodrama und Soziodrama ist ein Theater der Katharsis, in dem das Leben selber, auch das ungelebte und unausgelebte Leben, auf die Bühne tritt; der Therapeut ist keine übergeordnete Autorität, sondern nur Mitspieler und »Hilfs-Ich«. Er sammelt die im kathartischen Spiel auftauchenden Fingerzeige, er stimuliert die Gruppe, sorgt sich darum, daß möglichst alle latenten Antriebe und Kräfte zur Entfaltung gelangen. Der Rollentausch gehört dabei zu den wichtigsten gemeinschaftstherapeutischen Techniken. Der Sohn soll, zum Beispiel, die Rolle seines autoritären Vaters spielen, der Vater die des gegen ihn aufbegehrenden Sohnes; der Ehegatte soll sich so benehmen, als sei er die Ehefrau, und umgekehrt.

Psychodrama, Gruppentherapie und Soziometrie bilden die drei Zweige des sozialtherapeutischen Lehrgebäudes von Moreno, der sich wünschte, die Nachwelt möge seiner als des Mannes gedenken, »der das Lachen in die Psychiatrie eingeführt hat«.

Morenos Bedeutung reicht jedoch weit über das Gebiet der sich mit Neurosen, Geisteskrankheiten und anderen psychischen Leiden beschäftigenden Wissenschaften hinaus. Sein erstes Buch trägt den Titel: »Einladung zu einer Begegnung.« Dies könnte auch die Formel sein, die sein gesamtes Lebenswerk auf einen Nenner bringt. Bewußt oder unbewußt hat Jakob L. Moreno, zuerst in Österreich, dann in Amerika, wo er am 14. Mai 1974 im Alter von zweiundachtzig Jahren starb, uralte Einsichten, Grundsätze und Übungen in die moderne Sozialpsychologie, Mikrosoziologie und Kleingruppenforschung eingebracht: Weisheiten archaischer Heilkunst, Exerzitienregeln gewisser Mönchsorden, den der Antike vertrauten Gedanken von der therapeutischen Funktion des Dramas, die mystische Vision von der Welt als Spiel, vom Spiel des Lebens, vom spielenden Gott. Selbstfindung, Dialog mit dem andern und Wir-Bewußtsein gehören zusammen. Weder in der Vereinzelung noch in der anonymen Masse, sondern in überschaubaren Gemeinschaften wird der Mensch mündig. In den kleinen Gruppen werden spielerisch neue Formen menschlicher Verbundenheit vorbereitet, neue Möglichkeiten eines freieren, offeneren und innigeren Zusammenlebens modellhaft erprobt. Sie bergen Quellen schöpferischen Aufschwungs, die noch der Erschließung harren. Sie sind theo-dramatische Zellen. Eine elementar-religiöse Bedeutung kommt ihnen zu. Dies ist die Botschaft Morenos, dieses charismatischen Theatermanns, Psychiaters und Soziologen, der auch ein expressionistischer Dichter, visionärer Kinderfreund und mit einer Leidenschaft für das Utopische wie das Praktische begnadeter Therapeut war. Kurz vor seinem Tode – dem er heiter gelassen entgegensah – schockierte er auf einem Kongreß in Barcelona seine Zuhörer mit den blasphemisch frommen Worten:

»Das Bild Gottes kann Gestalt gewinnen und sich durch jeden Menschen verkörpern – den Epileptiker, den Schizophrenen, die Prostituierte, den Armen und Ausgestoßenen. Sie können alle jederzeit auf die Bühne treten, im Augenblick der Inspiration ihre Vision zum besten geben: das Bild des Universums, so wie es sich ihnen darstellt. Gott ist immer in uns und unter uns, wie er es für die Kinder ist. Statt vom Himmel herabzusteigen, kommt er durch die Bühnentür herein. Gott ist nicht tot. Er lebt: im Psychodrama!« (1980)

ADOLF PORTMANN

Wenn es stimmt, daß echte Konservative einen ausgeprägten Sinn für das Organische haben: eine innige Beziehung zu allem, was wächst, blüht und sich lebendig entfaltet; eine tiefe Affinität zur Fülle jener Erscheinungen, die wir nicht »machen«, herstellen oder sonst fabrizieren, sondern nur hüten, pflegen und fördern *oder* verderben, ausrotten und töten können, – dann müßten sie zu den Werken eines seit fünfzig Jahren im stillen arbeitenden Forschers und Denkers mit besonderer Aufmerksamkeit, ja bewundernder Sympathie, um nicht zu sagen: hingebungsvoller Begeisterung greifen. Die Rede ist von dem Basler Biologen, Anthropologen und Naturphilosophen Adolf Portmann, der am 27. Mai 1897 geboren wurde. Tiefschürfende Geister wie Arnold Gehlen und Martin Heidegger haben sich zu Portmann hingezogen gefühlt. Karl Jaspers, der Philosoph, sprach einmal rühmend von Portmanns »Biologie großen Stils«, und der Verhaltensforscher Joachim Illies bezeichnete den in keiner »Schule« unterzubringenden Wissenschaftler als »Repräsentanten des ganzheitlichen, synthetischen Denkens«.

Schon die Titel seiner Bücher und Schriften lassen ahnen, daß Portmann nicht zu jenen Reduktionisten und Simplifikateuren gehört, die die Lebensforschung bloß als Spezialfach der Chemie auffassen: »Biologie und Geist«, »Die Idee des Humanen in der gegenwärtigen Biologie«, »Natur und Kultur im Sozialleben«, »Die Tiergestalt«, »Das Tier als soziales Wesen«, »Biologische Fragmente zu einer Lehre vom Menschen«, »Vom Lebendigen«, »An den Grenzen des Wissens«, »Sinnvolle Lebensführung«, »Der Pfeil des Humanen«. Der zuletzt genannte Band enthält, nebenbei gesagt, eine überaus noble Auseinandersetzung mit Teilhard de Chardin, dem katholischen Priester, Paläontologen und Zukunftsdenker. Mehr als zu Teilhard fühlt sich Portmann freilich hingezogen zu Männern wie Goethe, Alexander von Humboldt und Jean Henri Fabre, dem in Deutschland viel zu wenig bekannten »Brehm des Insektenlebens«. Fügen wir noch hinzu, daß der schweizerische Biologe auch eine Reihe von Büchern und Abhandlungen über die Welten der Meerestiere, Vögel und Insekten vorgelegt, sich als Maler und Zeichner betätigt sowie mit – in buchstäblichem Sinne! – maß-gebenden Stellungnahmen zu bildungspolitischen, ökologischen und Erziehungsfragen exponiert hat – dann ergibt sich das Bild eines kompetenten Forschers und Gelehrten, der über der Fülle zoologischer Details den Blick für den ganzen Kosmos des Lebendigen nicht verloren hat; eines vielseitigen Wissenschaftlers, dem auch die Dimensionen des Ästhetischen und Musischen unverschlossen sind; eines exakt vorgehenden Spezialisten, der zugleich als anregender Vermittler, Brückenbauer und »Integrator« zwischen den verschiedensten Fachbereichen tätig ist. Portmann gehört zu jenen immer seltener werdenden Entdecker- und Forschernaturen, deren Arbeitsweise und Denkstil Goethes schönes Wort bestätigt, es gäbe »eine zarte Empirie«, die sich ihrem Gegenstande so innig nähert, daß sie dadurch zur eigentlichen Theorie wird. Zu all dem paßt auch Portmanns Selbstbekenntnis, daß sein Schaffen »im Zeichen der Einheit einer geistigen Polarität« stehe, der »Polarität von rational forschender und gefühlsstarker Beziehung zu Mensch und Welt«.

In Fachkreisen spricht man mittlerweile vom »Portmann-Phänomen«, worunter man die Summe jener die Sonderstellung des Menschen betreffenden Entdeckungen und wohlbegründeten Vermutungen versteht, die der Gelehrte in jahrzehntelanger Arbeit vorgelegt hat. An diesen Ergebnissen kann heute kein Biologe, kein Anthropologe, kein Psychologe und Erzieher vorbei, und es stünde auch bei den Konservativen manches besser, wenn sie endlich davon gebührend Kenntnis nehmen wollten.

Am bekanntesten ist wohl Adolf Portmanns Lehre vom »extra-uterinen Frühjahr« in der menschlichen Entwicklung; bereits sie allein würde ausreichen, um dem Basler Forscher den elitären Rang eines Klassikers der modernen biologischen Anthropologie zu sichern. Es handelt sich dabei, stark vereinfacht gesagt, um die Tatsache, daß das Kleinstkind auch nach seiner Geburt noch ein Embryo ist, daß das erste Lebensjahr im Grunde ein Embryonaljahr darstellt. Weit entfernt, daß die Biologie, wie viele christlich-humanistisch orientierte Konservative befürchten, den Menschen zum bloßen Tier unter Tieren erniedrigt, liefert sie vielmehr Einsichten und Befunde, die die Einzigartigkeit der menschlichen Entwicklung bezeugen. Der Mensch hat bei der Geburt ein Hirngewicht, das etwa dreimal so hoch ist wie das der neugeborenen Anthropoiden, also der höchststehenden Affen, und auch ein entsprechend höheres Körpergewicht. Doch die artgemäße aufrechte Körperhaltung und die ersten Ansätze sprachlicher Kommunikation gewinnt er erst nach Ablauf eines Jahres, manchmal sogar noch später. Das Neugeborene ist eine Art von »physiologischer«, das heißt: konstitutioneller Frühgeburt, ein »sekundärer Nesthokker« – der *einzige* Fall dieser Art unter den Wirbeltieren. Erst nachdem das erste Lebensjahr verstrichen ist, erlangt der Mensch den Ausbildungsgrad, den ein seiner Art entsprechendes echtes Säugetier bereits zur Zeit der Geburt aufweisen müßte. Würde dieser Zustand im Stil der Säugetiere herbeigeführt, so müßte die menschliche Schwangerschaft etwa einundzwanzig Monate betragen, also ungefähr um ein Jahr länger sein, als sie tatsächlich ist. Dieses »extra-uterine Frühjahr« ist von fundamentaler Bedeutung – sowohl phylogenetisch wie ontogenetisch. In ihm findet – verbunden mit dem Einströmen unzähliger Erlebnisse von außen – eine ganze Reihe von Prozessen der Reife statt, die für die Entstehung der Sondermerkmale des Menschen ausschlaggebend sind: aufrechte Haltung, Sprache, Einfügung in bestimmte soziale Beziehungen. Entscheidende Ausbildungsphasen humanen Verhaltens werden erworben in enger Wechselwirkung von körperlichen, psychischen und sozialen Geschehnissen außerhalb des Mutterleibes, gleichsam in einem »sozialen Uterus«, in einer familiären Beziehung – vor allem zur Mutter oder einer ihr gleichwertigen Person –, aber auch in einem vorverlegten Kontakt mit der Fülle der aus der umgreifenden Natur wirkenden Reizquellen. Das hilflose neugeborene Menschenwesen muß in eine Lebensform eingegliedert werden, für die es nur dürftig durch erblich bestimmtes Verhalten vorbereitet ist. Der Rhythmus seiner Nahrungsaufnahme, seiner Entleerung, Sprache, seine Körperformung, sogar Gehen und Stehen – all dies muß ihm »von außen« beigebracht werden.

Das bedeutet aber auch: Menschwerdung vollzieht sich durch »Manipulation«, durch von Gruppe zu Gruppe verschiedene Weisen der »Indoktrination«, durch »Dressur« und Lebensführungssysteme, denen unaufhebbar in hohem Maße ein »willkürlicher« Charakter eignet. Der Arbeitersohn Adolf Portmann hat aufgrund seiner anthropologischen Erkenntnisse den linksromantischen Kult der »Natürlichkeit« sein Lebtag abgelehnt. Des Menschen Natur ist – *Kultur*. Und Kultur, unsere »zweite Natur«, ist nicht auf einem System vollentwickelter Instinkte aufgebaut. So sehr auch hier Erbanlagen mitwirken, so sind sie doch, verglichen mit denen der Tiere, weitgehend »offen«. Sie bestimmen in hohem Maße Umfang, Richtung und Stärke der menschlichen Leistungen, nicht aber deren Inhalt, die konkrete Gestalt der kulturellen Hervorbringungen. Das zeigt sich besonders deutlich am Phänomen der Sprache. Als Werk von Erbfaktoren bereits in den ersten Lebensmonaten einsetzend und zu einer reichen Lautproduktion führend, wird in der zweiten Hälfte die Rolle der Anregung durch gehörte Laute, des dialogischen Verhältnisses immer mächtiger. Fand in der frühen Periode noch ein lallendes Durchproben aller Möglichkeiten einfacher Lautbildung statt, so wird diese anfängliche Offenheit für potentiell sämtliche Sprachen der Welt im Laufe eines zunehmend intensiveren Sozialkontakts beschnitten und einem bestimmten humanen Milieu angepaßt. Der Mensch ist, so lehrt Portmann, eine qualitativ neue Stufe des Lebens; doch ungeachtet seiner Sonderstellung bleibt er eingefügt in die kosmische Symphonie der lebendigen Erscheinungen. Er hat teil am »Geheimnis des Lebendigen« – so der Titel der von Joachim Illies verfaßten Portmann-Biographie. Zu diesem Geheimnis gehört, daß jedes Lebewesen gekennzeichnet ist durch ein wenn auch noch so bescheidenes »*Selbst*«, eine wenigstens keimhaft vorhandene »Innerlichkeit«. Portmann hat mit diesem Ansatz den Weg für eine nach-cartesianische Lebensforschung freigelegt, die die jahrhundertelange Sonderung von Leib und Seele zu überwinden sich anschickt. Das entscheidend Neue ist die Anerkennung der Tatsache, daß alle Lebewesen – Pflanzen wie Tiere – in der Welt als »Subjekte« auftreten, daß sie als relativ autonome Zentren in ihre Umwelt eingreifen, in einer »Weltbeziehung« stehen: kraft ihrer Selbsthaftigkeit den Einflüssen des Milieus nicht nur ausgesetzt, sondern aktiv und passiv auf die Umwelt reagierend.

»Weltbeziehung durch Innerlichkeit« ist jedoch nur eines der beiden vornehmsten Merkmale des Lebendigen. Das zweite ist die spezifische *Gestalt*, insbesondere die sich in Formen, Gebilden und Signalen ausdrückende »Selbstdarstellung der Innerlichkeit«. Nun gibt es viele solcher Erscheinungen und Gestaltmerkmale, die der Lebenserhaltung des betreffenden Individuums und seiner Art dienen – sei es, daß sie den Träger tarnen oder ein gegnerisches Tier abschrecken oder als Signal der Werbung dienen, wie die Augenflecken des Argusfasans. Biologisch »nützliche« Phänomene dieser Art werden von der Verhaltensforschung eifrig studiert. Portmann erblickt freilich in diesen Erscheinungen von Selbstdarstellung nur einen morphologischen Sonderfall. Tausende von faszinierenden Merkmalen des Lebendigen, die seit jeher ästhetisch aufgeschlossene Naturforscher wie naturkundlich interessierte Künstler entzücken, sind nämlich »funktionslos«. Sie lassen sich nicht durch die Theorie von der Auslese des Zweckmäßigen erklären. Sie sind weder an anschauende Augen noch an hörende Ohren und andere Sinnesorgane adressiert; sie haben keinen Wert für Tarnung und Anlockung – sie sind einfach da, wie etwa die kunstvoll geordneten Muster der Seeanemonen. Sie spielen keine zweckdienliche Rolle, sondern bezeugen verborgen wirkende Formgesetze, einen »élan figural« – eben »Selbstdarstellung einer Innerlichkeit«, wobei Innerlichkeit nicht immer mit Bewußtsein identisch ist. Es gibt eine schier unerschöpfliche Fülle lebendiger Erscheinungen, die mit der neodarwinistischen Theorie von Zufallsmutation und Auslese nach dem Maßstab der Überlebensfähigkeit allein nicht erklärt werden können. Auch die reizend bizarren Muster der Eisblumen sind schließlich kein Ergebnis irgendeines »Kampfes ums Dasein«, sondern gewissermaßen spielerische Selbstdarstellungen der dem Auge verborgenen atomaren Kraftfelder. Organismen sind nicht bloß zu dem Behufe da, daß Stoffwechsel betrieben wird.

Portmann ist ein überzeugender Anwalt der *ästhetischen* Funktion in Wissenschaft, Erziehung und Leben. Er mahnt uns, über den uns durch technische Instrumente immer mehr zugänglich gemachten makro- wie mikrokosmischen Extremen nicht den sinnlich-ästhetisch wahrnehmbaren »Mediokosmos« und seine zur Mitte, zur Mäßigung anhaltenden Maße zu vergessen. Der Mensch ist ein geborener Ptolemäer, und er muß es um seiner Menschlichkeit auch bleiben – trotz Kopernikus, Kant und Einstein. Er muß, wenn er nicht unheilbar erkranken soll, den Blick immer wieder auf das richten, was er nicht gemacht hat und auch nie wird machen können – auf die Vielfalt der organischen Erscheinungen, auf das Geheimnis der Wirklichkeit, das mit zunehmender wissenschaftlicher Einsicht nicht geringer wird, sondern größer. Es bleibt ihm aufgegeben, immer wieder zu den ursprünglichen Quellen lebendiger Erfahrung im Umgang mit Menschen und Naturgestalten, in der Begegnung mit Landschaften, Jahreszeiten, Tieren, Blumen und Wolken zurückzukehren. »Was ist doch ein Lebendiges für ein köstliches, herrliches Ding! wie abgemessen in seinem Zustand, wie wahr, wie seiend!« jubelte Goethe angesichts der Taschenkrebse, Fische und Meeresfrüchte in Venedig. In diesem Sinne spricht auch Portmann von dem »weit offenen Schatzhaus«, das die Naturformen rings um uns sind. »Wie wenige sehen die Beglückungen in den Variationen der Herbstfarben, die ein einziger Spitzahorn uns mitten in der Großstadt während des Herbstes ausgestreut hat. Daß die Fülle der Blattgestalten, der Früchte, der Flug der Vögel oder deren Gesang Freudenquellen sind, die allen zugänglich wären – wie wenige wissen es! Daß jeder perlmutterfarbene Abendhimmel ein Fest ist, jeder Blick durch das Blättergold besonnter Buchen in das kühle Blau des Herbsthimmels ein erregendes Schauspiel, das von der schlichten Sinnenfreude bis zu den schwindelnden Phantasien des Welterfahrens sich steigern kann!«

Wissenschaft kann die »Poesie des Intellekts« sein, wie Durrell es einmal ausgedrückt hat. Sie kann darüber hinaus auch Ausdruck einer undogmatischen, wirklichkeitsfrommen Religiosität sein. Sie erforscht dann die Phänomene, ohne sie zu profanieren. Ihr sind, nach einem schönen Wort von Portmann, »die Schlüssel übergeben zu den Schatzkammern des Wunderbaren«. Nicht nur ihr Ursprung ist das Staunen, es ist auch ihr Ende und ihre Erfüllung. Es hängt unendlich viel davon ab, daß immer wieder forschende, sinnende und erziehende Menschen vom Schlage Adolf Portmanns dieses große Staunen zu ihrem Aufenthaltsort wählen. Wir bedürfen ihrer, weil auch morgen und übermorgen – jenseits der Delirien eines lebensfeindlichen, lieblosen und prahlerischen »kritischen Bewußtseins« – uns das Geheimnis aufgegeben sein wird, was denn nun ein Kristall, ein Grashalm oder eine Katze wirklich sei.

(1977)

ARNOLD GEHLEN

Bei einer Diskussion in Paris kam die Rede auf Gerhart Hauptmann. Arnold Gehlen erinnerte sich an die Ausstrahlung des Dichters und berichtete, daß man sich erhob, wenn Hauptmann den Raum betrat. Ein jüngerer Gesprächsteilnehmer meinte grinsend: »Ich hätte mich nicht erhoben.« Gehlen antwortete: »*Ich* aber erhob mich . . .«

Wer jemals Arnold Gehlen, dem am 30. Januar 1976, einen Tag nach seinem zweiundsiebzigsten Geburtstag, verstorbenen Philosophen, Psychologen, Anthropologen, Soziologen, Kunstkenner und politischen Denker, begegnet ist, weiß, daß er einen überaus seltenen Typus verkörperte: den Gelehrten als Grandseigneur, wie er in Deutschland vielleicht nur alle Jahrhunderte einmal auftritt. Leibniz und die Brüder Humboldt gehörten dazu, auch Schelling und Schopenhauer – nicht von ungefähr hat sich der junge Gehlen mit diesen Denkern viel befaßt. Dieser halb wie ein preußischer Generalstabsoffizier, halb wie ein englischer Lord aussehende Deutsche studierte in den zwanziger Jahren bei Max Scheler und Hans Driesch. 1930 habilitierte er sich mit einer Schrift »Wirklicher und unwirklicher Geist«, deren Denkweise und Pathos den späteren Existenzialismus vorwegnahm, und 1933 legte er eine »Theorie der Willensfreiheit« vor, in der er die Leistungsfähigkeit transzendental-idealistischer Spekulation an einem der Hauptprobleme der klassischen Philosophie erprobte. Gehlen hatte, wie diese ersten Veröffentlichungen zeigen, das Zeug sowohl zu einem Existenzphilosophen als auch zu einem Dialektiker in der Tradition eines spekulativen Idealismus. Doch er wollte diesen Weg nicht beschreiten. Er räumte das Feld, als ihm bewußt wurde, daß diese Denkstile ihm auf die Dauer zu »leicht« fielen: Gegen rückhaltlosen Subjektivismus gibt es keine Argumente, und was die Dialektik anbelangt, so teilte der geborene Großbürger wohl Nietzsches Verdacht, daß mit ihr »der Pöbel obenauf kommt«. Von der Universitätsphilosophie wandte er sich der Anthropologie und schließlich der Institutionenlehre zu.

Ausgangspunkt des Gehlenschen Denkens über den Menschen ist der auf Herder zurückgehende Gedanke vom »Mängelwesen«. Der Mensch besitzt, zum Unterschied von den Tieren, weder spezialisierte Wahrnehmungs- und Verhaltensorgane noch eine intakte, ihn in eine bestimmte Umwelt einpassende Instinktausstattung. Um zu überleben, muß der Mensch dieses biologische Defizit durch kulturelle Leistungen ausgleichen. Gegen die »Reizüberflutung« von innen und außen, das ihn bedrängende Chaos von Eindrücken, Begierden und Orientierungsmöglichkeiten, setzt er die sein Dasein stabilisierende Grammatik der »Institutionen«. Die bedeutendste institutionelle Schöpfung des Menschen ist der Staat. Der Staat ist für Gehlen die bisher rationalste Gestalt sozialer Selbstbehauptung.

Der Mensch ist, wie Gehlen ausdrücklich sagt, »von Natur aus ein Kulturwesen«. Die Gesamtheit seiner phylogenetisch ererbten Verhaltensweisen ist gleichsam so »programmiert«, daß sie nur mit einem »Überbau« kulturell erworbener Verhaltensweisen zu funktionieren vermag. Unser Sprachhirn, zum Beispiel, ist in der Weise gebaut, daß es nur dann tätig werden kann, wenn ihm ein überaus kompliziertes System von Wortsymbolen zur Verfügung steht, das sich nicht genetischen Mechanismen verdankt, sondern von jedem Individuum in vieldimensionalen soziokulturellen Verfahren – durch Erziehung, Tradition, Kommunikation – angeeignet werden muß. In den Keimzellen des Menschen ist die Sprache, die der Mensch einmal sprechen wird, ebensowenig vorgeprägt wie sein religiöses Bekenntnis. Selbst wenn man versuchte, ein genetisch gesundes neugeborenes Menschenkind so aufzuziehen und am Leben zu erhalten, daß ihm jeder Kontakt mit kultureller Überlieferung vorenthalten würde, so wäre das Ergebnis dieses grausamen Experiments nicht etwa der von zivilisatorischer Verfälschung befreite ursprüngliche »Urmensch«, sondern ein stumpfsinniger Krüppel. In Europa wurden in früheren Jahrhunderten gelegentlich solche armseligen Wesen aufgefunden, die fern von jedem menschlichen Umgang in den Wäldern überlebt hatten. Sie glichen einander in so hohem Grade, daß Linné sie für eine eigene Art hielt, die er als *homo ferus* bezeichnete. Es waren dies zwergenhafte Kretins, völlig desinteressiert an allem, was um sie herum vorging, taktmäßig hin und her schwankend wie wilde Tiere im Zoo, unempfindlich gegenüber Eiseskälte und siedendem Wasser. Linné wollte nicht glauben, daß jene unglücklichen Kreaturen als gesunde Kinder geboren worden waren, denen nichts fehlte als der normale Umgang mit Menschen, in dem allein die menschlichen Anlagen entwickelt und geformt werden können. Sie waren im frühesten Alter ausgesetzt worden.

Gehlen ist der deutsche Anti-Rousseau. Er wußte um die gefährliche Instabilität, Entartungsbereitschaft und Asozialität des »natürlichen« Menschen. Ohne ihn fordernde, formende, aber auch entlastende Institutionen, die stets ein hohes Maß an Willkürlichkeit, Zwang und Inappellablem enthalten, erliegt das Mängelwesen Mensch sehr schnell der Primitivisierung. Im Widerspruch zum Zeitgeist der sechziger und beginnenden siebziger Jahre forderte deshalb Gehlen: »Zurück zur Kultur! Denn vorwärts geht es offenbar in schnellen

Schritten der Natur entgegen, da die fortschreitende Zivilisation uns die ganze Schwäche der durch strenge Formen nicht geschützten menschlichen Natur demonstriert!«

Gehlen hat diesen Ansatz in einem Streitgespräch mit Theodor W. Adorno im Jahre 1965 näher ausgeführt. Im Namen der Autonomie des Menschen kritisierte damals Adorno nicht nur bestimmte Institutionen, sondern die Institution als Institution selbst. Ihre »Fatalität« liege darin, »daß menschliche Verhältnisse und Beziehungen zwischen Menschen in ihnen sich selbst undurchsichtig geworden sind«. Ihr Wesen sei Zwang und Repression. Die Möglichkeit des Menschen verkümmerten dadurch, da jede Institution Anpassung und Unterordnung erheische, somit einen gegenemanzipatorischen Effekt habe. Gehlen hingegen betonte gegenüber Adorno, »daß die Institutionen Bändigungen der Verfallsbereitschaft des Menschen sind«, daß sie zwar auch die subjektive Freiheit beschränken, doch immerhin den Menschen vor sich selber schützen. Ausdrücklich nannte er Recht, Ehe, Familie und Eigentum »Bestände, die mit dem Menschen wesensmäßig zusammenhängen«. In unserem Jahrhundert sei bereits ungeheuer viel an institutioneller Kultur zerrieben und abgebaut worden: »Der Erfolg ist eine allgemeine innere Unsicherheit und das, was ich als subjektivistisch mit einem Minuszeichen versehe. Ich meine das innere Gewoge. Das wird jetzt laut, das ist die Öffentlichkeit. Und dagegen habe ich einen therapeutischen Standpunkt. Da bin ich doch dafür, daß man das, was an Institutionen da ist, nun auch – jetzt nehme ich das Wort –: *konserviert.*«

Auf den ersten Blick könnte man meinen, als stünde der freischwebende Marxist Adorno für das Glück und die Freiheit menschlicher Subjektivität, der konservative Anthropologe Gehlen hingegen für einen menschenverächterischen Pessimismus, der das Individuum der totalen Entfremdung durch die Institutionen überantwortet. Am Schluß des erwähnten Gesprächs plädierte freilich Adorno für die Verzweiflung als das eine, das not tut. Gehlen hingegen wandte ein, daß Adornos utopischer Radikalismus den Menschen maßlos überfordere und ihn sogar mit dem bißchen unzufrieden mache, was uns nach all den Katastrophen noch in den Händen geblieben sei.

Diese Denkweise und Haltung – niedergelegt in den Büchern »Der Mensch« (seit 1940 immer wieder neu aufgelegt), »Die Seele im technischen Zeitalter« (1957), »Urmensch und Spätkultur« (1956), »Moral und Hypermoral« (1969) sowie in einigen Essay-Bänden – haben liberale und spätmarxistische Intellektuelle als biologistisch, faschistisch und elitär denunziert. Gehlen hat in der Republik der Preisverleihungen keinen einzigen Orden, keine Auszeichnung und keine Berufung an eine große Universität erhalten. Er lehrte nach dem Kriege in Speyer und dann – bis zu seiner Emeritierung – an der Technischen Hochschule in Aachen. Ihn hat diese Einsamkeit nicht verbittert. Er war ein kultivierter Mann, ein *Herr* mit dem Wirklichkeitsverständnis eines unsentimentalen, skeptischen Konservativen. Er spielte sich nicht zum »Gewissen der Nation« auf, und er hatte auch nicht die Absicht, den Agitator einer »Tendenzwende nach rechts« zu spielen. Wenn man ihn gelegentlich nach seiner Meinung über irgendwelche spektakulären politischen Ereignisse fragte, über die alle redeten, dann pflegte er mit Vorliebe zu antworten: »Ich kann Ihnen dazu nichts sagen, ich habe darüber nur in der Zeitung gelesen.« Er sagte lieber

einmal zuviel »ich weiß es nicht«, als daß er sich den Wonnen der heute so penetranten Moralappelle, Schwungradvorstellungen und volkspädagogischen Utopismen hingab. Als er kurz vor seinem Tode über seine Meinung zum Thema Konservatismus in Deutschland gefragt wurde, meinte er: »Hitler hat ihn geächtet. Es ist sehr schwer, ihn jetzt wieder irgendwie zur Geltung zu bringen, wenngleich ich glaube, daß sich einige Anzeichen in dieser Richtung geltend machen. Der Konservative hat keine Ideologie. Es widerstrebt ihm, seine Ahnenbilder zu verramschen. Auch ist das, was man jetzt Fortschritt nennt, nur zu oft die Vernichtung von Einrichtungen mit bekannten Fehlern zugunsten von neuen Einrichtungen mit noch unbekannten Fehlern, die sich dann meistens sehr schnell herausstellen. Ideologen sind weltfremd. Sie sehen die Realitäten nicht. Aus diesem Grunde hat der Konservative heute Chancen. Und schließlich darf ich offen sagen: Ich verachte Praktiken, welche bestehende Einrichtungen – sei es Familie, sei es Staat, sei es Militär, sei es Kirche oder was immer – nur am Ideal messen. Am Ideal gemessen macht jede Einrichtung und jeder Mensch eine schlechte Figur.«
In seinem letzten Buch »Einblicke«, das einige Monate vor seinem Tode erschien, stehen folgende Sätze, die als das Vermächtnis dieses Philosophen hinter der Maske des Sozialwissenschaftlers, anthropologischen Realisten und konservativen Skeptikers verstanden werden müssen:
»Man kann seine Würde behalten, wenn man das stützt, was über Wasser gehalten werden muß, ich meine die historische und die gesellschaftliche Tradition, denn sonst sind wir Opportunisten, und dazu armlose. Wir haben auch noch Zähigkeit nötig, und nicht zuletzt eine endlose Geduld in der auszehrendsten und zweideutigsten, ja verlogensten Kultur, die es je gab, in der die drängelnden Karrieremacher reihenweise ins Nichts versinken. Und endlich Wachsamkeit, denn die Barbaren sind mitten unter uns. Das ist es, was ich zu sehen glaube und zu sagen verantworten kann.« (1976)

Alphabetische Reihenfolge der Gestalten, die in diesem Band behandelt werden

Die in diesem Band behandelten Gestalten nach Ländern geordnet

DEUTSCHLAND

FRANKREICH

Inhalt der Bände II und III

(in alphabetischer Reihenfolge)

BAND II

BAND III

GERD-KLAUS KALTENBRUNNER

gibt seit 1974 das Taschenbuch-Magazin Herderbücherei INITIATIVE heraus, das im Dreimonatsrhythmus erscheint. Jeder Band ist einem Schwerpunktthema gewidmet, zu dem sich jeweils sieben bis zehn Autoren essayistisch äußern. Die Fülle der behandelten Probleme mögen die Titel einiger Nummern andeuten: »Rechtfertigung der Elite«, »Verweiblichung als Schicksal?«, »Auf dem Weg zum Richterstaat«, »Kapitulation des Bürgers«, »Die Macht der Meinungsmacher«, »Sprache und Herrschaft«, »Europa — Weltmacht oder Kolonie?«, »Bereiten wir den falschen Frieden vor?«, »Kapitalismus — Nutzen und Moral«, »Unser Epigonen-Schicksal«, »Macht der Masken«, »Überleben und Ethik«, »Tragik der Abtrünnigen«, »Rhythmen des Lebens«, »Was sagen die Propheten?«, »Plädoyer für die Vernunft« und »Was gehört mir? — Vom Nutzen und Nachteil des Eigentums«.
Man findet die Bände der INITIATIVE in den Taschenbuchständern in jeder guten Buchhandlung. Man kann aber auch das Magazin wie eine Zeitschrift abonnieren. Dann spart man pro Band jeweils DM 2,—.
Der Historiker Peter Berglar (Universität Köln) nannte das Taschenbuch-Magazin INITIATIVE »die einzige formierte geistige Widerstandsbewegung im gesamten deutschen Sprachraum«. Der bekannte österreichische Publizist Kurt Skalnik erklärte 1980: »Die Bände der INITIATIVE seien allen jenen zur Lektüre und zum anregenden Studium empfohlen, die über die nächste Wegbiegung den Pfad in die Zukunft zu erkunden trachten und die über den heutigen Tag hinaus zu denken willens sind«. Der Philosoph Michael Landmann (Freie Universität Berlin) schreibt: »Immer geht es um Grundsatzfragen, so daß man sagen könnte: der Blickpunkt ist eigentlich ein geschichtsphilosophischer und anthropologischer; bloß daß er sich nicht im Allgemeinen verliert, sondern die Sorge um das Fernziel erprobt an der Härte des Wirklichen, am Nahen, an dem, was uns allen täglich über den Weg kreuzt. Die Zeitschrift trägt also ein Doppelgesicht: ein meditativ-reflexives und ein politisch-aktuales, wobei jedoch keine unreine Mischung entsteht; vielmehr wird die Spannung zwischen den beiden gegensätzlichen Perspektiven durchgehalten«.
Ein Sonderprospekt mit einer Gesamtübersicht über die vorliegenden Bände kann beim Verlag angefordert werden.